SHENGLIYOUTIANNIANJIAN

胜利油田年鉴

2004

胜利石油管理局
胜利油田有限公司 主办
政策研究室 编纂

中国石化出版社

SHENG LI YOU TIAN NIAN JIAN

《胜利油田年鉴》编辑委员会

《胜利油田年鉴》编辑人员

编辑说明

BIAN JI SHUO MING

一、《胜利油田年鉴》是按年连续出版的综合性资料，2004版是第19册。本年鉴全面、系统、翔实地记述了2003年胜利油田各行业、各单位工作的基本情况、发展成就、最新成果及有关资料。旨在油田改革和发展进程中，为各级领导制定政策、实施决策提供依据和信息服务。同时，为各界人士全面了解、认识胜利油田起媒介作用。

二、本刊采用分类编辑和条目式记述方法。主体内容为类目、分目、条目3个层次，体现以事件为记载和编目主线。为适应形势，提高参阅价值，增大了专题性条目分量和生产经营、管理、科技、改革等方面的信息量。

三、本年鉴设概况、大事记、特载、专文、胜利文化、抗击“非典”、工作综述、二级单位、局属实体和控股公司、先进集体·先进个人、人物、文件选辑及索引、资料数据等13个类目。还配有反映重大活动、发展成就、科技成果和油田风光的照片。

四、本年鉴所刊载的单位名称均按内部习惯称呼。“中国石油化工集团公司”称为“中石化集团公司”或“集团公司”；“胜利石油管理局”和“胜利油田有限公司”按习惯统称为“胜利油田”；“胜利石油管理局”简称为“管理局”、“局”；“胜利油田有限公司”简称为“有限公司”，请辨析。

五、本年鉴所摘录和引用的资料、数据截止到2003年12月31日，特殊情况，时间上有上溯或下延。

六、本年鉴所载资料主要由各业务部门、二级单位提供，部分为编辑部收集。综合性统计资料及数据来源于信息中心和规划计划部（处）。

七、谨向为本年鉴撰文、供稿和提供资料的单位及个人表示感谢。

ZONG LEI MU 总类目

亲切关怀　殷切希望

9月28日，中共中央总书记、国家主席胡锦涛在中国工会第十四次全国代表大会上亲切接见胜利油田基层工人代表——陈景世　（摄影 王英春）

10月4日，中共中央政治局委员、中央书记处书记、国务委员、公安部部长周永康视察胜利油田　（摄影 丛范滋）

7月25日，中共中央政治局委员、新疆维吾尔自治区党委书记王乐泉在乌鲁木齐听取胜利油田西部勘探工作汇报　（摄影　丛范滋）

5 月 25 日，原全国人大常委会副委员长姜春云到胜利油田参观考察　（摄影 赵汝国）

10 月 4 日,山东省委书记张高丽视察胜利油田　（摄影 丛范滋）

6 月 24 日，山东省委副书记姜大明听取胜利油田工作汇报 （摄影 李怀原）

1 月 28 日，山东省副省长王仁元在胜利油田检查指导工作 （摄影 丛范滋）

1月2日，原中石化集团党组书记、集团公司总经理、股份公司董事长李毅中在胜利油田检查指导工作　（摄影　丛范滋）

6月19日，中石化集团党组书记、总经理、股份公司董事长陈同海，党组成员、纪检组长王作然在胜利油田检查指导工作

（摄影　丛范滋）

4月2日，集团公司党组成员、股份公司副总裁牟书令在胜利油田高等人才培训中心检查指导工作　（摄影　丛范滋）

①

年初，在油田召开的管理局党委全委（扩大）会议和五届二次职代会上，明确提出了「十一五」期间油田整体发展目标：油气主业油气当量重上三千万；存续经济总量比「九五」末翻一番；职工的生活质量和生活环境有明显提高和改善。

发展为本

②

效益至上

①②管理局党委全委（扩大）会议和油田五届二次职代会（摄影 王英春）
③油田勘探在老区新区和国内国外捷报频传。
图为在西部勘探的董 1 井试油成功 （摄影 王英春）
④油田开发各项指标进一步好转 （摄影 丛范滋）
⑤科技成果转化率、科技进步贡献率进一步提升（摄影 陈俊）
⑥精细油藏管理。图为生产人员对井下情况进行参数分析（摄影 王英春）
⑦利用信息化手段整合业务流程 （摄影 李怀原）

管理局石油开发中心草104-1井开钻仪式
①

胜利251
SHENGLI
②

①向难动用储量要效益,难采储量开发成为胜利油田效益增长点（摄影 赵汝国）

②提高海上生产装备水平。图为胜利油田第一艘破冰船——胜利251号建造成功（摄影 李怀原）

③热闹非凡、兴旺发达的胜利油田商饮服务业（摄影 赵汝国）

④胜利油田农副业生产硕果累累（摄影 李怀原）

⑤供发电成为管理局的支柱产业之一。图为胜利电厂二期工程三号机组运行生产 （摄影 赵汝国）

④

③

⑤

蓄势待发——重组后的胜利油田运输业（摄影 李怀原）

深化改革 增强活力

石油大学胜利学院、山东胜利职业学院揭牌。两所学院具有独立法人资格，按民营机制运作 （摄影 丛范滋）

首届“胜利油田技能大奖”获得者：陈景世、王天正、代旭升、刘景斌、高志鹏、姚光凯、吕幸端、孙秀峰、王绍智、王俊学　（摄影　丛范滋）

加强队伍建设
提高整体素质

技术比武现场

走出胜利 发展胜利

②

④胜利铁军在西气东输施工现场（摄影 从范滋）

③承担伊朗卡山项目钻探任务的「长城钻井队」——黄河钻井四公司5002队启程（摄影 从范滋）

②加强国际合作。图为黄河钻井固井公司与法国斯伦贝谢公司签定联合作业协议

①胜利油田为阿帕契赵东开发项目建造的OPA平台（摄影 李怀原）

胜利油田施工的中石化西部最大联合站
——塔河 2 号联合站 （摄影 李怀原）

①

在陕北施工的胜利铁军

③

④

①

②

XIN XI QUN ZHONG

心系群众　造福职工

ZAO FU ZHI GONG

进一步改善职工群众的生活环境和生活质量是油田“三大目标”之一。坚持把维护职工根本利益、让职工群众享受改革发展成果，实现长远发展，作为胜利油田一切工作的立足点和出发点

③

④

⑦努力提高职工生活质量。图为建成后的胜利广场二期工程（摄影　从范滋）

⑤⑥景色怡人、环境优美的职工住宅小区（摄影　王英春）

④高度重视再就业工作，千方百计为下岗职工创造再就业条件（摄影　王英春）

③深入一线，关心基层（摄影　李怀原）

①②心系群众，访贫问苦。图为油田领导探望困难职工家庭（摄影　王英春）

⑤

⑥

⑦

弘扬胜利精神

建设胜利文化

建设新时期胜利文化，提出「从创业走向创新，从胜利走向胜利」的新时期胜利精神，及「创业、创新、竞争、发展」的胜利文化核心内涵

讲文明　树新风

胜利油田获第二届中国企业文化大奖　（摄影　赵汝国）

爱岗敬业　积极进取

众志成城 抗击"非典"

ZHONG ZHI CHENG CHENG KANG JI FEI DIAN

①高度重视"非典"防治工作，及时部署防治措施（摄影 李怀原）
②模拟实战演练（摄影 郭安民）
③快速高效建成的救治中心（摄影 郭安民）
④确保高考期间的防治工作万无一失（摄影 李怀原）

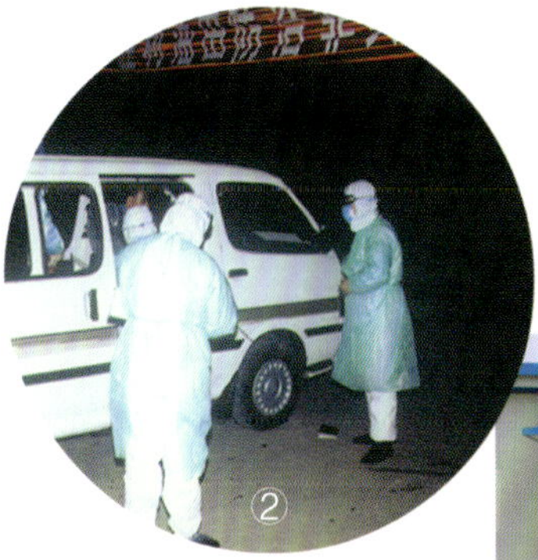

胜利威风——在中石化职工运动会上大型锣鼓表演 （摄影 王英春）

丰富多彩的群众文化生活

WENHUA SHENGHUO

工作之余自娱自乐 （摄影 王英春）

文化下基层演出现场 （摄影 李怀原）

胜利人昂首阔步奋勇前进 （摄影 王英春）

图书下基层 （摄影 芮怀华）

油区风光

YOU QU FENG GUANG

(摄影：丁洪安)

目 录

概 况

大事记

特 载

专 文

胜利文化

抗击"非典"

工作综述

二级单位

局属实体和控股公司

先进集体　先进个人

人　物

文件选辑及索引

资料数据

概 况

胜利油田现是胜利石油管理局、胜利油田有限公司的统称,工作区域主要分布在山东省东营、滨州、德州、济南、潍坊、淄博、聊城、烟台等8个市的28个县(区)内,主体位于黄河下游的东营市。按地质构造区划,山东省境内可供找油找气的勘探区域属于渤海湾盆地,主要有济阳、昌潍、胶莱、临清、鲁西南等5个坳陷,总面积约6.1万平方千米,油田已取得探矿权面积4.5万平方千米,其中济阳坳陷和浅海地区是胜利油田勘探开发的主战场。1996年以来,胜利油田先后参与了新疆塔里木盆地和田探区、安徽合肥盆地、浙江长兴地区、新疆准噶尔盆地的风险勘探。2002年登记了宁夏中卫东北部、潍北凸起、辽东湾东部3个区块。国内探矿区域扩大至全国5大盆地中的4个。油气资源总量达170亿吨,比“八五”末增加了1倍多。2001年走出国门,在伊朗卡山地区中标了0.5万平方千米的风险勘探区块,2002年在吉尔吉斯斯坦阿拉伊、邱伊、巴扎—卡尔高盆地中标5368平方千米风险勘探区块。截至2003年,胜利油田取得探矿权的勘探面积达17万平方千米,其中国外风险勘探面积近1万平方千米。

油田发展历程及基本特点

胜利油田是在华北地区早期找油的基础上发现并发展起来的。从1955年起,国家地质部和石油工业部的勘探队伍,在华北平原进行石油地质普查和地球物理勘探。先后在沧县隆起、临清坳陷、开封坳陷及太康隆起上连续打了井号为华1—华6的6口基准井,均未发现油气显示。1960年11月,在山东省商河县境内打的华7井,在济阳坳陷第三系地层中发现了良好的生油层和储油层,使勘探出现转机。1961年4月16日,在山东省垦利县东营村附近打的华8井,首次见到工业油流,日产原油8.1吨,从而发现了胜利油田。1962年9月23日,在东营构造上打的营2井,获日产555吨的高产油流,这是当时全国日产量最高的1口油井。胜利油田始称“九二三厂”即由此而来。1964年1月25日,中共中央正式批准组织华北石油勘探会战,将山东东营地区作为重点区域,形成了继大庆石油会战之后的又一场声势浩大的石油勘探和油田开发建设会战。1965年3月,坨11井和坨9井分别获日产1134吨和1036吨的高产油流,是国内首次发现的千吨级油井。1966年2月,探明了山东境内第1个大油田——胜坨油田。由于该油田位于东营地区胜利村一带,为了纪念石油会战取得的重大胜利,1971年6月11日,“九二三厂”更名为“胜利油田”。在1964—1966年的3年会战中,胜利探区先后发现和初步探明了胜坨、东辛、永安、滨南、现河庄、郝家、纯化等7个油田,在黄河以南地区形成了比较大的场面,使胜利油田初具规模。此后,自70年代开始,相继在黄河以北组织开展了河口、临盘、孤岛等地区的勘探开发会战,实现了胜利油田由黄河南向黄河北的跨越。到1978年,胜利油田原油产量上到1946万吨,跃居全国第二位并保持至今。

十一届三中全会后,自1981年开始,国家对胜利油田实行原油产量包干政策,对胜利油田的发展产生了重要的推动作用。随着对地下情况认识的深化,进入80年代后,特别是经过80年代中期的孤东、滨海等油区开发建设会战,胜利油田原油产量大幅度增长,1984年突破2000万吨,1987年突破3000万吨,1991年达到历史最高水平,年产原油3355.19万吨。1989年8月,经国务院批准,“胜利油田会战指挥部”更名为“胜利石油管理局”,结束了胜利油田20多年的会战体制。

进入上世纪90年代,油田步入持续稳定发展阶段,原油产量保持均衡稳产,连续9年保持在3000万吨以上。特别是油气勘探开发大步向海上挺进,实现了胜利油田由陆上到海上的跨越。1993年海上埕岛油田投入开发,累计生产原油1376万吨。2003年生产原油201万吨。在此期间,胜利油田积极利用国际国内“两种资源”,开辟国际国内“两个市场”,大力实施“走出去”战略,既“立足胜利发展胜利”,又“跳出胜利发展胜利”。1996年,胜利油田以参与新疆塔里木和田探区风险勘探为标志,实现了由“胜利本土”向国内新区的跨越。2001年,胜利油田走出国门,在伊朗卡山地区中标了0.5万平方千米的风险勘探区块,实现了由国内向国外的跨越。1998年6月,根据国务院关于石油石化体制改革的决定,胜利油田划归中国石油化工集团公司领导和管理。

2000年5月28日,根据中国石化重组上市的整体部署,“胜利油田有限公司”挂牌成立,胜利油田目前的机构、资产、人员从机构上分为胜利油田有限公司(上市)和胜利石油管理局(非上市)两部分。胜利油田有限公司是中国石油化工股份有限公司下属的全资子公司,胜利石油管理局是中石化集团公司的下属企业。

自1964年1月25日经中共中央批准组织华北石油勘探会战至今,胜利油田已走过40年历程。40年来,胜利油田的发展走过了不平坦的路程,主要经历了4个阶段。

——艰苦创业发展阶段(1964—1972年)。1955年,国家地质部和石油工业部相继在华北平原进行石油地质普查和勘探,历经艰难曲折,于1961年4月16日钻探的华8井首次获工业油流,从而发现了胜利油田。1962年9月23日,在东营地区打的营2井,获得日产555吨高产,这是全国产量最高的1口油井,由此胜利油田早期称为“九二三厂”。1964年1月25日,中共中央正式批转石油工业部党组《关于组织华北石油勘探会战的报告》,此后数以万计的石油工人汇集东营,展开了继大庆会战之后又一次大规模的石油勘探和油田开发建设会战。到1972年底,经过油田广大干部职工自力更生、艰苦创业,胜利油田在黄河尾闾两侧共找到21个油田,累计探明石油地质储量18.15亿吨,累计生产原油3526.45万吨,油田初具规模。

——快速攀升发展阶段(1973—1988年)。经过14年艰苦拼搏,1978年原油产量达1946万吨,成为我国第二大油田,并一直保持到现在。1984年突破2000万吨,1987年突破3000万吨,1988年上升到3330万吨。

——持续稳定发展阶段（1989—1997年）。1989年胜利油田结束会战体制，在大打勘探进攻仗的同时，及时果断地把工作重点转移到提高油田勘探开发管理水平上来。1991年原油产量达到3355万吨，创历史最高水平。向海上进军，1993年建成了我国第1个百万吨级浅海油田。到1995年，原油产量连续9年保持在3000万吨以上。

——全面提升整体发展水平阶段（1998—至今）。1998年，国家为适应建立社会主义市场经济体制的需要，进行石油石化大重组，胜利油田划归中国石化集团公司领导和管理。2000年重组改制为胜利石油管理局（油田存续部分）和胜利油田有限公司（油田上市部分）。在整体重组改制的基础上，油田上下努力，加大组织结构、产业结构、队伍结构和产量结构的调整力度，资源基础进一步增强，经济效益和实力较快增长，经济运行质量明显提高。截至2003年，油气主业逐步进入良性发展的轨道，已连续21年保持年探明石油地质储量1亿吨以上，已连续7年实现储采平衡，连续5年原油产量稳定在2670万吨左右。油田存续经济5大板块内强素质，外拓市场，发展活力进一步增强，生产经营并驾齐驱，大多数生产经营单位走上了自立自强的道路。

40年来，胜利油田广大职工众志成城创大业，艰苦奋斗建油田，开拓进取闯新路，兴油报国做奉献。为经济振兴和社会发展，为国家昌盛和地区繁荣做出了巨大贡献。

——为国民经济建设做出了重大贡献。40年来，胜利油田把以国为重，以苦为荣、多产原油、多做贡献作为矢志不渝的追求，累计为国家生产原油79917.6万吨，生产天然气357.90亿立方米，实现工业总产值（现价）3952.56亿元，上缴利税1164.67亿元，为国民经济建设做出了重大贡献。

——为祖国石油工业的改革与发展做出了重大贡献。1998年石油石化重组改制前，特别是上世纪80年代中后期和90年代中前期，胜利油田作为石油工业原油上产主力军，为实施“稳定东部、发展西部”总体战略做出了重大贡献。重组改制后，胜利油田作为中石化集团公司上游“龙头”企业，始终把顾全大局、为祖国石油石化发展分忧排难作为义不容辞的职责，连续多年一直是中石化集团公司的上交利润大户，为中国石化集团公司成功上市和建设发展做出了重大贡献。

——为山东省和东营市的经济发展做出了重大贡献。胜利油田根植齐鲁大地，与当地政府和人民唇齿相依，休戚与共，无论是工农共建，还是参与区域经济建设，油田始终尽其所能，给予大力支援。GDP、企业增加值及上缴税费在山东省及东营市均占有很大比重，同时为山东省和东营市区域经济社会的发展做出了重大贡献。

胜利油田属于资源采掘业，主要有以下特点：

（一）油田资源的隐蔽性决定了勘探开发工作的风险性

油气资源埋在千米或数千米深的地下，看不见摸不着，只能借助于地球物理勘探、钻井、测井等手段探索地下资源状况，因而对油气资源状况的认识，需要经历“认识——实践——再认识——再实践”这样一种循环往复、艰难而曲折的过程。由于在油气勘探开发过程中不确定因素较多，每前进一步总要经历由不知到知之的探索过程，由知之不多到知之较多的积累过程，因而风险性始终与勘探开发相伴相随。胜利油田地下情况特别复杂，世界上大部分油藏类型在胜利油田都能找到，被称为石油地质“大观园”，因而油气勘探开发的风险性更高。

（二）资源的不可再生性和产量的递减性，决定了石油企业必须实施多元经济战略

油气属于一次性能源，不可再生，所以油气田的开采总是受自然规律的影响。就整个油气田开采过程而言，一般经历高产——稳产——递减 3 个阶段，直至丧失开采价值而停止生产。要实现油田的可持续发展，既要大力实施“走出去”战略，充分利用国内、国外“两种资源”、“两个市场”，努力拓展生存发展空间，把油田产业链变粗拉长。又必须汲取国内外资源性城市发展的经验教训，未雨绸缪，超前考虑产业结构调整，实施“一业为主，多元发展”战略，大力发展替代产业，形成多元经济结构。

（三）资金密集、技术密集

从资源勘探到油气田建设再到投入商业性开采，整个投入产出的过程很长，工程量很大，每个工程甚至每一道工序都需要高额投入。与油田勘探开发相配套的建设项目多且工作量大，如新区产能建设必须征地、修公路、铺管道、建集油站等，并且要上水、电、讯等配套设施，配套资金所占的比重也很大。勘探程度越深、勘探难度越大，开发期越长、自然递减率和含水上升率越高是油田勘探开发的客观规律，这种规律决定了油田企业的投入水平是逐步增高的。就胜利油田的生产情况来讲，由于受油气勘探开发客观规律的影响，经过 40 年的开采，从总体上讲，已开发油田生产能力已呈递减趋势，不要说提高生产能力，就是维护简单再生产，也需要较高的资金投入。况且，胜利油田面对的是极其复杂的复式断块油藏，必须依靠高科技战胜高难度。所以，油田勘探开发不仅资金密集，而且技术密集，科技含量很高，生产装备、设施大都比较昂贵。随着勘探开发程度的加深，剩余油气资源的开发主要依靠科学技术，基本上是“以技术换资源”。技术方面的储备、引进、研制及更新，都需要必要的投入做保证。

（四）地质条件的复杂性决定了胜利油田生产建设具有滚动勘探开发的特点

胜利油区地质条件的复杂性一方面决定了勘探开发的艰巨性，另一方面也孕育了丰富的石油资源。从本质上讲，勘探开发复杂油藏的过程，是一个循序渐进的过程，随着对地下情况认识的深入，油田的许多工作计划和前期安排部署都需要及时进行调整。尤其是对那些比较好的储量区块一经发现就要立即投入开发，而前一年计划所要动用区块的工作就要相应延缓。因此，油田生产建设具有明显的滚动勘探开发特点。近几年，油田新建产能区块的调整率大都在 40% 以上。这种工作模式需要有过硬的勘探技术做基础，需要企业拥有相对大的生产经营自主权，才能保证工作的连续性和机动性。

（五）点多线长面广，野外流动作业，工农关系复杂

胜利油田 4 万多平方千米的主力油区，涉及山东省的 8 个市 28 个县区，工作、生活区域相当分散。由于油田工作的特殊性，油田职工尤其是一线生产单位的职工大都露天野外流动作业，生产、生活条件十分艰苦。油田是一个没有围墙的工厂，点多线长面广，工作、生活区域和机构设置分散，城乡兼有、油地交叉，与周围城镇、乡村有着错综复杂的联系。由于各种因素影响，工农关系日益复杂，局部油区治安状况一直较差，盗抢原油、哄抢油田生产物资和堵塞路桥的案件不断发生，油田生产和职工人身安全都受到威胁。处理工农关系已

成为油田生产经营中一项十分重要的工作。

（六）企业办社会包袱沉重

胜利油田是在“头上青天一顶，脚下荒原一片”，几乎是在一穷二白的盐碱荒滩上创业并发展起来的，是典型的经济欠发达地区。尤其是成立之初，由于国家困难，政府职能不到位，所以胜利油田从诞生之日起就承担了办社会的职能。办社会的目的就是为了稳定队伍，发展生产。早期主要是解决职工和家属的衣、食、住、行之需，包括农业户口农属的吃粮、就业，子女上学及职工、家属、子女的就医等问题。按照“工农结合、城乡结合、有利生产、方便生活”的原则，在特殊的历史条件下，胜利油田逐步建立了功能比较齐全的办社会体系，并且在油田发展中发挥了不可缺少的和至关重要的作用。即使是1983年东营市成立后，由于地方财力有限，油田办社会负担依然没有减轻。上世纪90年代以来，为解体“大而全”、“小而全”，油田做了大量工作，进行产业和队伍结构调整，一是大力发展多元经济，扩大经济总量，壮大经济实力。二是将办社会部分集中起来，按区域成立了10个社区管理中心。三是对分离办社会部分进行了积极的探索。

油田基本构成

截至2003年底，胜利油田机构、人员、队伍、资产、设备的基本构成是：

（一）机构设置

胜利石油管理局：下设43个二级单位，678个三级单位，2556个四级单位。有12个局属经济实体，12个管理局控股公司，1个直属处的机构，2个直属处级单位。管理局机关设26个职能处室，23个直属单位，另有1个派出机构。

胜利油田有限公司：下设22个二级单位，289个三级单位，1866个四级单位。有限公司机关设14个职能处室，5个直属单位。

（二）人员、队伍构成

胜利石油管理局：现有用工总量132710人，其中固定职工101629人，劳动合同工21987人，集体工5068人，临时工4026人。固定职工中，有干部41638人，工人59991人。有女职工32873人。有党员81997人，团员44848人。管理离退休职工25058人。管理局有各类专业技术人员39749人，其中高级技术职称的4469人。中级技术职称的16130人。

管理局所属石油专业服务队伍有：地震队14个，测量队2个，地质队5个，化学、放射性勘探队1个，电测队60个，射孔队26个，气测队18个，钻井队131个，水井队1个，固井队6个，综合录井队27个，管子站（队）7个，井架安装队10个，钻井搬迁队5个，油田建筑安装队29个，汽车运输队84个。

胜利油田有限公司：有员工97820人，其中固定职工75801人，非固定工22019人，劳动合同工17409人，集体工1140人。固定职工中，有干部22831人，工人52970人。有女职工22493人。管理离退休职工12583人。有限公司有各类专业技术人员21997人，其中高级技术职称职1978人，中级技术职称7782人。

有限公司所辖石油专业队伍主要有：采油队304个，稠油热采注汽队26个，采气队5个，试油队36个，井下作业队258个，修井队31个，酸化压裂队3个，试井队19个，输油（气）队84个。

（三）资产、装备

胜利石油管理局：固定资产原值208.01亿元，净值131.10亿元。资产负债率为69%。机械装备总量17571台。装机总功率463.65万千瓦,其中大型钻机124台,钻井平台8座,作业平台4座。平均设备新度系数为0.43。

胜利油田有限公司:固定资产和油气资产总量为1115.82亿元,其中固定资产原值158.59亿元,净值96.14亿元,油气资产原值957.23亿元,净值360.21亿元。资产负债率为24.17%。机械装备总量33187台,装机总功率278.23万千瓦,平均设备新度系数为0.43。

(四)科学技术

油田拥有科研院(所)11个,各类专业技术人员61746人,其中具有高级职称的6447人。有中国工程院院士1人。自1978年全国科学大会以来,胜利油田累计取得各类科研成果4586项,其中95项获国家级奖励,453项获省部级奖励。共取得专利986件。"关于渤海湾盆地复式油气聚集(区)带勘探的研究",荣获国家科技进步特等奖;"胜利2号步行式浅海钻井平台",荣获1992年国家十大科技成就奖。最近几年油田每年科技直接增油量在300万吨左右,科技成果推广率85%。

生产、建设、经营能力

(一)油气勘探

地质理论和认识取得创新性发展,在复杂潜山油藏、下第三系隐蔽油藏和上第三系地层油藏等成藏理论方面取得突破性进展。对压扭性盆地成盆理论、有机质富集层成烃理论有了新的认识,有效推动了勘探工作的开展。到2003年底,胜利油田共做二维地震测线250444千米、三维地震资料面积18612平方千米,济阳坳陷三维覆盖面已达70%以上。共打探井5765口,累计探井进尺1450万米。已找到72个不同类型的油气田,其中海滩地区6个,海上油田1个。累计探明石油地质储量44亿吨,其中海上地区探明石油地质储量3.8亿吨。探明天然气地质储量2074.8亿立方米,其中气层气382.4亿立方米。

2003年油田新增探明石油地质储量1.13亿吨,新增可采储量1835.6万吨,连续7年实现储采平衡。探明天然气地质储量1.13亿立方米。从1983年开始,已连续21年新增探明石油地质储量保持在1亿吨以上。

(二)油田开发

截至2003年,已投入开发68个油气田,动用石油地质储量36.14亿吨。有油井18696口,目前原油生产能力2643万吨。已累计生产原油7.9918亿吨。2003年油田平均综合含水90%,自然递减14.18%,综合递减6.08%,剩余可采储量的采油速度为0.75%,储采平衡率104.15%。

现有气井368口,累计生产天然气357.98亿立方米。2003年生产天然气8.10亿立方米,向齐鲁石化供气0.63亿立方米。

有注水井6835口,开井4847口,日注水平60万立方米。累计注水413701万立方米。累计注采比0.79。

(三)油气生产设施建设及专业工程技术服务情况

油气生产系统:原油集输系统共有计量站1402座,原油处理联合站51座,大型油库7座,集输油管道1.8万千米。原油外输管道2630千米,其中大管道2条:东营—辛店胜利油输油管道长73.4千米,年输油能力4000万吨。东营—辛店含硫油输油管道长73.4千米,年输油能力280万吨。天然气集输系统共有集(配)气站74座,压气站2座,集(输)气主干线522.2千米。

注水和水处理系统有注水泵站236座。污水处理站48座，日污水处理能力104万立方米。

钻、测、录系统：现已累计钻井37691口，进尺8094.6万米。2003年完成各类测井、射孔、井壁取心7534口，资料解释1293口。2003年钻井1347口，进尺292.34万米。钻探井158口，进尺45.01万米。钻定向井563口，其中水平井73口。

电力系统：全油田拥有自备电厂2座，装机容量50.8万千瓦，自发电能力47.5万千瓦，其中胜利电厂装机容量40万千瓦，自发电能力40万千瓦。孤北电厂装机容量10.8万千瓦，自发电能力7.5万千瓦。有变电所172座，总容量379.47万千伏安，输配电线路总长11319千米。2003年油田自发电34.5亿千瓦·时，用电量60.05亿千瓦·时。

通讯系统：共建成光缆通讯线路852千米，数字微波线路总长732千米，全网交换机总容量26万线。有10个电话独立局，70个分局。

供水系统：建成库容200万立方米以上的平原水库16座，总蓄水能力4.23亿立方米。其中库容1000万立方米以上的水库10座，占总蓄水能力的92%。建成净化站10座，日供水能力96.5万立方米。全年用水5827万立方米，生活用水2927万立方米，向地方供水2130万立方米。

水陆交通系统：共建成油田专用公路2700千米，铁路专用线52千米。建设了黄河海港、龙口码头和广利河码头，吞吐能力分别为180万吨、20万吨和10万吨。兴建大、中型桥梁100余座，其中投资9820万元的胜利黄河大桥于1987年9月正式通车。

机修系统：有机械制造、修理厂（公司）5个。

运输系统：共有各类运输车辆11261台，其中载货车辆5566台，客运车辆5319台，辅助专用车782台。

（四）对外开放

正在进行的对外合作项目有5个，外方共投入资金2.47亿美元。油田反承包合同金额累计达1.4亿元。

分别在美国、秘鲁、埃及、阿塞拜疆、阿尔及利亚、蒙古、哈萨克斯坦、吉尔吉斯斯坦、印尼、土库曼斯坦、伊朗、尼日利亚、加拿大、阿联酋等国设立境外办事机构（公司或代表处）。2003年投标海外工程8项，有6项中标并签订合同。

2003年，外经外贸系统完成引进项目31个，合同金额1244万美元。出口贸易全年实现5264.2万美元，比上年增长14.3%。

油田分别在北京、上海、海南、深圳、济南等地设立了20个对外窗口和办事机构。

2003年，有31个二级单位的667支队伍、1.5万人次走出胜利油田，分别闯入全国31个省（市）、23个油田和海外6个国家及国内4个反承包市场进行施工作业和技术服务，共实现外部市场收入36.6亿元，比上年增长13.9%。

（五）油田集体经济

油田有集体法人企业257个，其中年销售收入上亿元的企业集团17个。2003年销售收入41.32亿元。自油田开发建设以来，共组织职工家属开荒种地12万亩。油田集体企业有从业人员24609人，其中固定职工9125人，集体职工3343人，就业青年9470人。

职工生活和社会服务

职工生活方面：油田共设立10个社区管理中心，有物业管理公司32个，物业管理站 103 个,为 15.3 万户家庭 58.1 万居民服务。现已建成配套完善的不同规模的职工住宅小区 157 个,住宅建筑总面积 1067.11 万平方米。有 21 个住宅小区被评为国家示范(优秀)小区,39 个被评为省级文明小区,71 个被评为局级文明住宅小区,物业管理优秀住宅小区占 83.4%。职工住宅中,有 100 型(及以上)590 套,90 型楼房 1444 套,80 型楼房 6713 套,70 型楼房 29667 套,60 型楼房 45039 套,50 型及以下楼房 78408 套。有平房 440 栋。全油田累计归集住房公积金余额 51.5 亿元。

社会服务(文教卫生)方面:有托幼园(所)93 所,入园(所)幼儿 21279 人。中小学 63 所,在校生 66396 人。有职业学校 2 所,在校生 7096 人。高培中心 1 所,职工培训学校(中心)38 所。共有教职工 10286 人,其中专任教师 6627 人。有一二三级医院 33 所,疗养院 3 所,卫生防疫站 1 所,卫生室(所)199 个。医疗单位有职工 6760 人,其中卫生技术人员 5093 人。

精神文明建设

截至 2003 年,油田共有二级单位党委 72 个,三级单位党委 345 个,有党总支 317 个,党支部 5301 个,党小组 10427 个,党员 81997 人。各级各类党校 37 个。各类报刊和内部资料性出版物 25 份。企业有线电视台(站)31 个。有专职政工干部 8000 人。胜利油田在发展中,不断加强职工队伍建设,大力加强思想政治工作,精神文明建设取得了显著的成绩。1986 年以来,胜利油田连续保持"山东省思想政治工作优秀企业"和"全国思想政治工作先进企业"荣誉称号。进入新世纪以来,胜利油田进一步加强企业文化建设,提炼和形成了"从创业走向创新、从胜利走向胜利"的新时期的胜利精神,并确定了"以人为本,科技领先,效益至上,竞争发展"的经营理念,"打造胜利品牌,实现持续发展"的经营战略,"经济效益最大化,社会效益最优化"的经营宗旨,"诚信规范,科学高效"的经营准则,形成了"创业、创新、竞争、发展"的胜利文化核心内涵。胜利文化建设,集中展示了胜利人新世纪、新时期、新的发展阶段昂扬向上、开拓创新、超越自我的精神风貌。

油田工作思路、目标和措施

党的十六大以后,在认真分析形势的基础上,确定从 2003 年开始,胜利油田要进入全面提升油田整体发展水平的新阶段。今后一个时期全面提升油田整体发展水平的奋斗目标是:**在优化结构和提高效益的基础上,油气主业到"十一五"期间,油气当量重上 3000 万吨以上;油田存续经济总量到"十一五"末比"九五"末翻一番;油田职工的生活质量和生活环境有明显改善和提高。**

到 2006 年力争实现"油气当量重上 3000 万"的奋斗目标主要由 4 部分构成。

一是胜利老区原油年产量保持在 2660 万—2670 万吨的稳产水平。首先,有可靠的资源基础。通过近几年的谋划、论证和扎实工作,到 2006 年,保持年均增加探明储量 1 亿吨以上有较大把握,2003 年新发现 3 个储量大于 5000 万吨级的整装区块,基本可以保证今后 3 年每年上报 1 个 5000 万吨级的整装区块。近几年滚动勘探每年新增探明储量都稳定在 2000 万吨以上。其次,稳产基础较好。从 1998 年以来,胜利油田原油年产量连续 5 年基本稳定在 2670 万吨左右,连续 7 年实现储采平衡。开发指标明显好转,每年都有不同程度的提高。

二是天然气产量到 2006 年达到 10 亿立方米，折合实现油当量 100 万吨。按照“一年准备、两年突破、三年发展”的部署，甩开天然气生产建设工作。初步计划，2004 年生产天然气 9 亿立方米，2006 年生产天然气 10 亿立方米（折合油当量 100 万吨）。今后两年重点做好孤北低潜山、阳信等重点地区的天然气勘探工作。同时加快海上埕岛油田、渤深 6 等区块的开发工作，加快海底天然气大口径管线的敷设进度，使“海气”及早上岸。

三是加大难动用储量开发力度，到 2006 年争取新增原油产量 100 万吨。主要通过两条途径实现。①新组建的石油开发中心到 2006 年生产原油 100 万吨以上。重点目标为草 4、草 104、草 705、草 109 区块及乐安油田老区、郑 411 和郑 408 的沙三段、盐 100 等区块。②东胜、鲁胜等现有的 6 家“油公司”加快已投放难动用储量的开发步伐。对已投放而尚未动用的难采地质储量，以国际油价为基准进行一次全面的技术、经济评价，只要内部收益率超过 12%，就加大上产力量，放手开发。

四是加快西部新区和海外新区的勘探开发步伐，争取到 2006 年形成 150 万吨的规模。西部新区立足准噶尔，尽快形成大场面。在董 1 井、排 1 井取得新突破的基础上，乘势而上，把工作做深做细，力争年内在产能建设上见到眉目，明后两年实现突破性进展。对海外合作勘探开发项目，锁定目标，重点突破，其中伊朗卡山风险勘探项目、阿尔及利亚扎尔则油田开发项目、蒙古国宗巴音勘探项目和吉尔吉斯斯坦阿拉依盆地开发项目加快节奏，强化运行，争取到 2006 年在海外拿回 50 万—70 万吨的份额油。

“存续经济总量翻一番”的内涵和基本构成。今后一个时期，管理局将从更宽的视野想问题、谋发展，坚持改制分流与整体发展相统筹、发展总量与提升效益相统筹、做精做强与放小搞活相统筹，油田内部市场、国内外部市场和海外市场相统筹。2004 年管理局实现经济总量 220 亿元以上，主要措施是：①电厂二期等重点工程发挥效益。②外部市场加快滚动发展，2004 年全油田外闯市场总额达到 40 亿元以上。③难动用储量开发成为新的增效点，2004 年油田难动用储量板块计划生产原油 90 万吨左右。④油田土地基金的提取及“油气当量重上 3000 万”的拉动力等，也是存续经济大发展的重要因素。

改善和提高职工群众的生活环境和生活质量。关心职工群众生产生活，多为职工群众办实事、办好事，是油田以实际行动践行“三个代表”重要思想，落实以人为本、一切为民发展观的具体表现。今后一个时期油田要集中力量办好 6 件实事。①进一步完善深化职工住房建设工作。按照“3 年建房 2.8 万套”的总体目标，在 2002 年竣工 6000 套职工住房的基础上，2003 年确保剩余住房全部开工，到年底再竣工 1.2 万套，明显缓解职工住房紧张的矛盾。②进一步推进就业再就业工作。继续开展“结对帮扶再就业”活动，争取为有就业愿望的油田协解人员及待业子女提供就业机会。同时要按照市场需求，有针对性地开展以提高就业技能为核心内容的培训和帮促活动。③切实抓好弱势群体的帮扶工作。实施“送温暖”活动，建立“互助互济”基金、“大病医疗”保险、“意外伤害”保险及最低生活保障线制度，使油田大部分特困职工、特困家庭及残疾人等弱势群体同广大在岗职工一样享受到油田改革发展带来的实惠。在此基础上成立胜利油田帮扶中心，进一步完善油田救助帮扶网络，加大对特困群体的救助力度。④开展创建平安油田活动。以创建"平安油区"、"平安社区"和"平安单位"为载体,重点解决影响油田生产秩序、威胁职工群众生命财产安全的问题。重点要害部位技防覆盖率达到100%,年内大多数居民小区达到封闭小区的水平,50%以上小区实现零发案率。搞好社会公共场所治安,提高广大居民的安全感,努力创造安全、文明的生产生活环境。⑤进一步改善职工家属的居住生活环境。发挥社区服务的规模效应,重点完善小区文化体育设施,亮化、美化、绿化小区及周边环境。⑥启动并加快油田"数字生活"建设工程。在油田范围内加快实现有线电视网、宽带互联网和电话网的互联互通。

2004年油田工作的指导思想是:认真学习践行"三个代表"重要思想,以党的十六大、十六届三中全会和中央经济工作会议精神为指针,坚持以人为本、一切为民,以科学的发展观统揽全局,进一步加快"三大目标"的实现步伐。以主辅分离、改制分流为战略突破口,实施产业、产权结构调整,进一步深化内部改革。以科技创新、科学管理为先导,继续开展"对标、追标、创标"活动,严格管理、强基固本,全面提升油田的综合竞争实力。

主要生产经营指标:①利润目标:有限公司实现利润103.6亿元(油价按22.93美元/桶测算),力争完成106.7亿元。管理局亏损控制在7.3亿元以内。②投资、成本目标:有限公司投资规模为95亿元,原油单位完全成本815元/吨。③生产目标:新增探明石油地质储量1亿吨,生产原油2667万吨,生产天然气9亿立方米。管理局实现总收入204亿元,其中集体经济实现收入40亿元。

为全面完成上述任务,胜利油田2004年的重点工作是:

(一)立足当前,兼顾长远,推动油气主业实现有效发展

勘探工作按照"坐稳老区、强化新区、油气并重"的总体思路,集中力量,把握重点,按照到2006年实现"油气当量重上3000万吨"的目标要求,努力寻求大突破、抓住大场面。胜利老区突出抓好桩海地区、陈家庄凸起北坡等5个整装区块,对东营南坡深层、孤西潜山带等10个重点区带甩开勘探,同时加大天然气勘探力度。外围新区勘探重点加快准噶尔盆地和伊朗卡山的勘探工作,加快滚动,强化研究,扩大规模。

开发工作按照储量、产量、投资、效益"四统一"的原则,抓好油藏经营管理,全面提高油田稳产水平。明确不同油藏类型的开发调整方向,依靠水平井、三次采油等新技术强化老区的深度精细挖潜,全面打响提高老油田采收率的攻坚战。强化增储建产,提高新区产能建设效益和运行质量,确保完成新区145万吨的产能建设任务。坚持"油气并举"的工作方针,继续加大天然气的产能建设力度,力争有新的突破。把难动用储量开发纳入油田整体产能建设计划,加快节奏,加大力度,确保完成年度增产指标。西部新区按照产油1万吨的要求,超前部署,超前运行,为今后增储上产、扩大规模做好充分准备。全年自然递减控制在15%以内,含水上升率控制在0.3%以内,继续保持年度储采平衡。

(二)以改制分流为突破口,加快产业结构调整,继续深化和推进油田内部改革

对已经具备条件的单位和企业,加快改制分流步伐。对暂时不具备条件的,积极创造条件,尽快实施改制分流。今后3—5年,通过改制分流和移交办社会职能分流职工2万—5万人以上。2004年分流

职工5000人以上。有限公司从加强油藏经营管理入手，加大勘探成果尽快转化为油田产能的考核力度，提高油气成本考核指标测算的科学性和合理性。管理局针对集团公司逐年大幅度压缩费用补贴的实际情况，在承包中进一步体现过紧日子的思想，促使各单位降本减费，逐步消灭经营性亏损。

（三）降本减费、外拓市场，有效提高油田经济运行质量

在健全完善成本管理组织网络和成本价格消耗定额的基础上，实施成本控制的精细化运作和全员、全方位、全过程管理，把降本减费的目标和责任层层分解、层层落实。加强油田内控制度建设，发挥机关职能部门的作用，强化油田生产管理全过程管理，杜绝资金体外循环、效益流失等现象。树立经营资产的新观念，加强资产现场管理工作，通过重新划分资产类别属性和经济属性，建立新型的资产经营管理体制。坚持依靠技术创新和科技成果推广，以示范区工程为载体，全面推行以提高系统效率为目标的节能降耗技术改造工作，提高“五大系统效率”。

实施“走出去”战略，推动开拓外部市场的大发展。加大重点区域市场的宏观组织协调力度，完善外闯市场工作的指导与管理，探索外闯市场的新形式新实践，形成既符合产业活动规律又适应外部市场运作的一体化协作配合体系，提高油田外闯市场的竞争力。2004年作为油田外闯市场“经济运行质量年”，实现外部市场发展由总量型向总量效益型转变，外部市场收入力争完成40亿元以上。

（四）加强科技创新和“数字油田”建设，为油田加快发展提供强有力的技术支撑

按照“基础理论研究、核心技术创新和重点成熟技术的集成和推广”3个层次全面展开。强化以隐蔽油气藏勘探理论为重点内容的勘探开发基础理论研究，尽快形成几个能够消除制约油田生产发展瓶颈的“引航灯”。坚持“有所为，有所不为”的方针，集中精力搞好以提高油田采收率为中心的油田核心技术创新和先导实验，为加快实现“三大目标”提供一批具有胜利特色的先进管用的“杀手锏”。走技术改造和新产品开发之路，大力发展高新技术产业和产品，培植和发展一批拥有自主知识产权、具有竞争优势的高新技术产品和企业。实施“141”工程，全面推进“数字油田”的建设步伐。主要内容包括建成1个数据资源中心，实现综合研究、生产运行、经营管理、社会化服务等4项应用，建成1套辅助决策系统。

（五）继续开展“三标”活动，强化“三基”工作，全面提升油田基层管理水平

把“三老四严”的优良传统作风与现代企业管理有机结合起来，全面夯实“三基工作”。以“达标、创优、争强、夺牌”活动为载体，加强以党支部为核心的基层队伍建设，以岗位责任制为中心的基础管理，以岗位练兵为主要内容的基本功训练，实现基层建设的标准化、规范化、信息化。加强一人多岗、一人多证的培训，建设一支素质突出、作风过硬的技术型操作层员工队伍。重点提高基层干部执行政策、理解政策、宣传政策、解决实际问题的能力和水平，把基层建设成发展先进生产力的排头兵、参与市场竞争的主力军、宣传执行政策和化解矛盾保持大局稳定的坚强基石。

（六）做好公益事业，不断改善矿区环境和职工生活条件

科学划分社区业务和类别，使社区管理工作更细化、更科学、更专业，按照市场化的要求，引导鼓励物业公司在经营方向

上走品牌化、规模化、集约化、规范化发展之路。加大小区基础设施的维修改造力度，创造条件缩小老区与新区的差距，力争再创建1—2个国家级、2—3个省级、4—5个局级住宅小区，尽最大努力改善职工的居住生活环境。进一步深化教育管理体制和办学体制改革，探索企业教育改革的新途径、新形式，促进社会化办学、多元化投入、产业化发展，进一步增强办学活力，满足职工子女日益增长的多层次、多元化的受教育需求。提高医院的医疗和服务水平，建立健全油田疾病预防控制体系，加强传染病救治体系建设，高度重视“非典”防治工作，确保油田不发生重点疫情爆发流行。

（七）深化思想政治工作和企业文化建设，做好大局稳定工作

开展“学精神、转观念、见成效，争做‘三个代表’忠实实践者”主题活动。加强各级领导班子和干部队伍建设，提高各级领导干部的分析判断能力、科学决策能力、市场应变能力、经营管理能力。全面落实人才政策，努力建设一支具有胜利特色的人才队伍。进一步深化公民道德教育和诚信实践活动，使每一名职工都能做到守责、守法、守信、守德，在全油田形成“争当诚信单位、争创诚信工程、争做诚信职工”的良好局面。积极探索建立稳定工作网络预警机制，努力把各种不稳定因素消灭在萌芽状态，消灭在基层。高度重视改制分流全过程的稳定工作，确保油田大局稳定。以增强吸引力、形成凝聚力、提高竞争力为目的，推进油田企业文化建设。以“胜利文化建设深化年”为载体，以构建完整体系为目标，以学习培训为先导，以品牌建设为重点，以健全工作机制为保证，把胜利文化建设推向深入。做好胜利文化的“物化”和“转化”工作，把胜利文化的先进理念尽快物化到推动油田发展的制度、品牌和形象当中，把新时期胜利精神的价值追求转化到广大干部职工的实际行动当中，使胜利文化成为推动油田三大目标加快实现的强大动力。

机构设置

（一）管理局机关处室

1. 党群系统

党委办公室
党委组织部
党委宣传部（企业文化处）
党委统战部
工会委员会
团委
社会治安综合治理办公室

2. 行政系统

局办公室
政策研究室

3. 生产管理系统

生产管理部
基建处
设备管理处
油地工作处（土地管理处）
科技处（技术中心）
油气管理处
石油工程技术管理处
集体资产管理处（集体资产管理中心）

4. 经营管理系统

经营管理部（改革办公室）
规划计划部
财务资产部
劳动工资处
法律事务处（合同管理处）

5. 监督约束系统

纪委监察处
审计处

技术监督处
安全环保处

(二)局直属单位和派出机构

直属机关党委(机关管理处)
人民武装部
卫生管理中心(卫生处)
计划生育办公室
公共事业管理部(房产管理处、住房资金管理中心、经济适用房开发中心、住房交易中心)
普法办公室
定额价格管理中心(石油工程造价管理中心)
财务结算中心
劳动就业服务中心(再就业服务中心)
生活管理中心
油田物资稽查大队
审计中心
社会保险管理中心
信息中心
文化事业中心
老年管理中心(老年工作处、老干部处)
档案管理中心(档案馆)
黄河口治理工程办公室
地震台
气象台
浅海石油工程技术检验站
咨询委员会办公室
住房公积金管理中心
西部工作委员会
局属经济实体管理部

(三)局属经济实体

中胜实业集团公司
胜利石化产品销售中心
国际经济贸易公司(外事外经处)
机械公司
工益集团公司
环发实业总公司
接待旅游公司(接待处)
银杏开发中心
金秋工贸总公司
胜工实业集团公司
建设项目经济技术评估咨询公司
石油开发(难动用储量开发)中心

(四)管理局控股公司

胜利石油化工建设有限责任公司
胜利工程建设(集团)有限责任公司
胜利泵业有限责任公司
胜利动力机械有限责任公司
胜利工程设计咨询有限责任公司
东胜精攻石油开发集团有限公司
长安实业(集团)公司
长龙橡塑(集团)有限责任公司
山东胜利药业有限责任公司
胜利建设监理有限公司
胜利资产调剂租赁有限责任公司
胜利化工有限责任公司

(五)直属处级单位

伊朗勘探项日部
阿尔及利亚扎尔则油田开发项目部

(六)管理局二级单位

地球物理勘探开发公司
渤海钻井总公司
黄河钻井总公司
钻井工程技术公司
塔里木胜利钻井公司
地质录井公司
海洋钻井公司
测井公司
供水公司
电力管理总公司
胜利发电厂

通讯公司
运输总公司
工程运输公司
总机械厂
工程机械总厂
钻井工艺研究院
胜利日报社
石油学校
师范专科学校
职工大学
党校
教育培训处(中心)
中心医院
胜利医院
青岛疗养院
烟台疗养院
胜大集团总公司
驻北京办事处
济南办事处
仙河社区管理中心
孤岛社区管理中心
河口社区管理中心
胜北社区管理中心
胜中社区管理中心
胜东社区管理中心
胜南社区管理中心
滨南社区管理中心
纯梁社区管理中心
临盘社区管理中心
山东省滨海公安局
广播电视中心(广播电视管理处)
机关车辆管理中心

(七)有限公司机关处室及直属单位

经理办公室
勘探处
开发处
生产管理处
技术发展处(技术中心)
规划计划处
财务资产处
人力资源处
企管法规处
审计处
监察处
安全环保处
质量技术监督处
油地工作处
勘探项目管理部
勘探监理部
开发管理中心
销售公司
财务预算管理中心

(八)有限公司二级单位

胜利采油厂
东辛采油厂
现河采油厂
滨南采油厂
纯梁采油厂
临盘采油厂
河口采油厂
孤东采油厂
桩西采油厂
孤岛采油厂
海洋石油开发公司(港务管理处)
新疆勘探公司
井下作业公司
油气集输公司
海洋石油船舶公司
地质科学研究院
采油工艺研究院
物探研究院
技术检测中心
物资供应处
石油化工总厂
经济开发研究院

(供稿:劳资处)

胜利石油管理局领导成员

中共胜利石油管理局委员会

书　记　董丕久

副书记　曹耀峰　聂绍光　王立新　席秀海

常　委　曹耀峰　董丕久　李　阳　聂绍光　王立新　席秀海　郭长玉　李丕龙　李玉卿　刘中云

胜利石油管理局

局　长　曹耀峰

副局长　郭长玉　孙奎荣　赵金洲　薛万东

副总工程师　宗承云　郝洪友　尚泽民　刘国庆　周长江　孙启忠　周　伟　亓和平　王振光　张　毅

副总地质师　毕义泉　张善文　窦之林　时华星　王端平

副总经济师　杨瑞贞　陈兴元　孙仿文　李叶山　王德明　张卫东　崔家泉　张卫国　仝兆松

副总会计师　王光汉

副总审计师　侯显邦

总法律顾问　詹回生

中共胜利石油管理局纪律检查委员会

书　记　席秀海

胜利石油管理局工会委员会

主　席　李玉卿

胜利油田有限公司领导成员

董事会成员

董 事 长　曹耀峰

副董事长　董丕久

董　　事　李　阳　李丕龙　李玉卿　裘国泰　赵寿森　孔凡群　孙焕泉　张　煜

经理班子成员

总 经 理　李　阳

副总经理　李丕龙　裘国泰　赵寿森　孔凡群　孙焕泉　张　煜

总地质师　李丕龙

总会计师　赵寿森

监事会成员

主　席　席秀海

监　事　孙仿文　李叶山　詹回生　赵修永　李国瑾　侯显邦　张良信

咨询委员会成员

主　任　张宗义

副主任　李人学

委　员　李继顺　唐生海　丁恩海　张长利　何富荣　[illegible]连成　[illegible]元林　[illegible]汝成　黄　敏

局机关处室负责人

党委办公室

主　任　魏衍珠

副主任　许同海　李凤来　王爱军

保密办主任　魏衍珠(兼)

副主任　尹兰萍

610 办公室主任　许同海(兼)

信访办公室主任　李凤来(兼)

副主任　孙东升

密码工作领导小组办公室主任　张召欣

党委组织部

部　长　刘中云(副局)

副部长　杨春林　王勇义　杨昌江

党委宣传部(企业文化处)

部　长　刘建忠

副部长　王建刚　李昌民

新闻出版办公室主任　丁东龙

精神文明建设办公室主任　李玉琢

党委统战部

部　长　杜中武

工会委员会

主　席　李玉卿(副局)

副主席　陈关瑞　李慎忠　周洪成　刘海章

劳动争议调解办公室主任　邢振湘

办公室主任　王如涛

经济事业保险部部长　陈建华

组织民管部部长　吴明凯

劳保部部长　温　伟

女工委员会主任　苏凤真

团委

书　记　张　立

副书记　宁　龙　舒　健

社会治安综合治理办公室

主　任　肖荫桥

副主任　高明亮　王元升　王少华

局办公室

主　任　李叶山(兼)

副主任　贾文昌　屈永峰　苏立岭　阮德茂

油地校结合办主任　贾文昌(兼)

副主任　薄传华(兼)

史志编纂办公室主任　贾文昌(兼)

政策研究室

主　任　邹登礼

副主任　徐淑娟

主任经济师　张洪滨　马祥民

生产管理部

主　任　刘国庆(兼)

副主任　杜世华　孙开林　刘　军　徐金波　周林森

水利办主任　燕峒胜

电力办主任　刘　军(兼)

生产综合室主任　于宗吉

生产运行室主任　张洪才

海工办主任　孟凡生

产能建设室主任　杜世华(兼)

交通管理办主任　黄象泉

省油区办驻胜利油区工作办公室

副主任　孙开林(兼)

工农处副处长　孙现海

综合处副处长　朱大亮

基建处

处　长　王　文

副处长　肖文功　王新年　刘声祥

主任工程师　宋成贵

设备管理处

处　长　亓和平(兼)

副处长　金石璞　刘长儒　王　泉

主任工程师　刘炜光

油地工作处(土地管理处)

处　长　王德明(兼)

副处长　薄传华　魏增成　刘忠武　徐文晓

科技处(技术中心)

处 长 王增林
副处长 易文所 陈业泉 曹钧合 陈建平
主任工程师 孙德驹
山东石油学会秘书处秘书长 张福禄
副秘书长 孙德驹(兼)
技术中心副主任 王增林

经营管理部(改革办公室)

主 任 许卫华
副主任 王修荣 胡建国 张政建 王春云
主任经济师 李太永
企业管理委员会办公室主任 王修荣(兼)
有限公司董事会秘书 胡建国

规划计划部

主 任 乔恩言
副主任 刘 明

财务资产部

主 任 宋振国
副主任 王光友 吴方健
主任会计师 何绍恩 王春焱

劳动工资处

处 长 石 峰
副处长 商桂秋 王政忠
主任经济师 王民先

法律事务处(合同管理处)

处 长 詹回生(兼)
副处长 殷寿先
主任经济师 徐明德

集体资产管理处

处 长 彭成山
副处长 张传新 王永贵
主任经济师 周广森

纪委监察处

副书记 李国瑾
副书记、处长 梁春庭
副书记、副处长 丁锡富
常委、副处长 王光生
办公室主任 王光生(兼)
常委、案件审理室主任 孙溪尧
常委、信访室主任 张承国
常委、教育研究室主任 宋耀泽
案件检查室主任 黄明田
执法监察室主任 李顺祥
监察专员室主任 张玉钦

审计处

处 长 侯显邦(兼)
副处长 刘奉华 孙格非
主任审计师 李宗杰

技术监督处

处 长 隋新华
副处长 王华容 魏增祥 向 浩 王全华

安全环保处

处 长 周长江(兼)
副处长 张富均 刘洋明 杨洪旭 粘振龙 王来忠 姚亦华

油气管理处

处 长 李安夏
副处长 张广卿

石油工程技术管理处

处 长 程华国
副处长 任洪明 曲华铣
主任工程师 张桂林

直属单位负责人

直属机关党委(机关管理处)

书记 刘 杰
处长、副书记 时学军
副书记 隋明玲
常委、纪委书记 任尚敦
常委、工会主席 田月梅
副处长 宿铁军

人民武装部

部 长 贾锡坤

副部长 张兆波 亓德兴
人防办主任 张兆波

卫生管理中心(卫生处)

主 任 李明平
副主任 袁廷吉 刘玉东

卫生防疫站

书 记 张韶经
站 长 方岱山

计划生育办公室

主 任 刘宗怀
副主任 于 斐

公共事业管理部(房产管理处、住房资金管理中心、经济适用房开发中心、住房交易中心)

主 任 马永亮
副主任 苏士林 田建国
主任会计师 高向众

普法办公室

副主任 张守仁 徐 宏

定额价格管理中心

主 任 任曙光
副主任 崔桂禄

中石化股份公司石油工程造价管理中心

主 任 王凤阁(副局)
副主任 任曙光
副主任经济师兼定额价格处副处长 崔桂禄
地面工程造价处处长 马书林
副处长 吴广翔
信息管理处副处长 董光生
石油专业工程造价处副处长 周传甫
综合处副处长 徐瑞坤
定额价格处副处长 杨继红

财务结算中心

主 任 李东汉
副主任 宋道强 王益华 孙新永

劳动就业服务中心(再就业服务中心)

主 任 陈 涛
副主任 吴长亭 张佃友

生活管理中心

主 任 李国兴
副主任 孟庆勋

油田物资稽查大队

大队长 陈根田
教导员 孙书明

审计中心

主 任 侯显邦(兼)
胜西审计分处副处级审计员 王希照
胜北审计分处副处级审计员 徐 波
滨海审计分处副处级审计员 张吉荣
胜东审计分处副处级审计员 李开广
滨南审计分处副处级审计员 黄正雨

社会保险管理中心

书记、副主任 王敦恕
主任、副书记 冯庆芝
副主任 焦安康

信息中心

主 任 李 琳
副主任 徐杰锋

文化事业中心

书 记 陈战魁
主任、副书记 侯喜武
副主任 张玉玺 窦有奎
工会主席 张继良
电影公司经理 朱兰州
青少年活动中心主任 罗小平
文联副主席 张玉玺(兼) 李溪源 张建东

老年管理中心(老年工作处、老干部处)

书记、主任 陈永生
副主任 陈福星 齐洪明 张顺成 郑贵增 郭仁荣
老年大学副校长 陈福星(兼)

档案管理中心(档案馆)

主 任 葛庆海
副主任 丛范滋

黄河口治理工程办公室

主　任　邓国利

地震台

台　长　杨占宝

气象台

台　长　杨占宝

浅海石油工程技术检验站

站　长　张剑波

局咨询委员会办公室

主　任　李建民

局属经济实体负责人

中胜实业集团公司

书　记　张振江

总经理、副书记　周华山

副书记　徐淦儒

副书记、纪委书记　袁庆池

副总经理　徐淦儒　刚守祯　吕奎勇　冉向东　杨　华

胜利石化产品销售中心

经理、副书记　张卫国(兼)

书　记　吴宝云

副书记、副经理　温中珉

副经理　赵志刚　曲衍森　刘廷桢　袁茂京　王会臣　林　辉

国际经济贸易公司(外事外经处)

经　理　王玉田

副经理　季龙光　唐　军　薛清泉

总工程师　季龙光(兼)

机械公司

书记、总经理　杨献平

副书记、纪委书记、工会主席　陈风亭

副总经理　肖绍嵩　郑水荣　钱　江

总工程师　吴苗法

工益集团公司

经　理　李国平

副经理　王新华

环发实业总公司

经　理　张凤和

副经理　魏学津　李凤恩

接待旅游公司(接待处)

经　理　于正明

副经理　潘立忠

胜利宾馆

经理　李金山

黄河饭店

经理　樊光彩

银杏开发中心

主　任　田常杰

建设项目经济技术评估咨询公司

经　理　姜传胜

副经理　吴风柱

副经理兼总经济师　张洪臣

石油开发(难动用储量开发)中心

经理　史有刚

副经理　张继国

局控股公司负责人

胜利泵业有限责任公司

副董事长、总经理　孙殿甲

副总经理　陈建雄　张云安　王希军　李永吉　马运堂　孙振江　纪炳元　周茂群

纪委书记、监事会主席　郭泮明

工会主席　李大法

总工程师　周茂群(兼)

胜利动力机械有限责任公司

董事长　陈宜亮

书记、总经理、副董事长　王志春

副书记　张志坚　苏茂鹏

副总经理　付希君　张国昌　韩景山　王金江　季魁玉　宋启迅

纪委书记、监事会主席　苏茂鹏

工会主席　赵祥发

总工程师　牟善祥

胜利石油化工建设有限责任公司

书记、董事长　苏福成

副董事长、总经理　崔光明

副书记　于为华　段云礼

副总经理　谢孟坚　桑运水　丁玉华　秦永远　王希华　孙连芬

纪委书记、监事会主席　段云礼

工会主席　杜夕虹

总工程师　臧全斋

胜利工程建设(集团)有限责任公司

书记、副董事长　王凤翔

总经理　刘清涛

副书记　苗发亮

副总经理　张现顺　赵风华　刘博军　杨兴武　刘振岱　王庆水　安博生

纪委书记、监事会主席　苗发亮

工会主席　王家文

总工程师　王庆水(兼)

总经济师　刘振岱(兼)

总会计师　刘博军(兼)

大桥管理处

书　记　解长信

主　任　张建明

胜利工程设计咨询有限责任公司

书记、董事长　李瑞成

副董事长、总经理　冯永训

副书记　郭金民

副总经理　刘　杰　刘绍亮　赵　帅　邹积山　张　建　王育明　王立德　贾玉德

纪委书记、监事会主席　郭金民

工会主席　李平杰

总工程师　赵　帅(兼)　张　建(兼)

东胜精攻石油开发集团有限公司

书记、经理　刘晓明

副书记、纪委书记、副经理　王学春

副经理　李晓清　戴树高　张晓华

工会主席　贾成学

总地质师　李晓清(兼)

总会计师　张殿锋

大明集团股份有限公司

总裁、副书记　李荣兴

书记、常务副总裁　李宗勤

副书记、纪委书记、工会主席、监事会主席　李树荣

长龙橡塑(集团)有限责任公司

董事长、总经理　张凤文

监事会主席　孙传明

山东胜利药业有限责任公司

董事长、总经理　李西廷

胜利建设监理有限公司

董事长、总经理　艾万发

董事、副总经理　李德安

监事会主席　张玉茂

资产调剂租赁有限责任公司

总经理　郭华林

副总经理　李银安

胜利化工集团有限责任公司

总经理　李新华

副总经理　赵永峰　张玉学

金润农业发展有限责任公司

经　理　秦　韧

书　记　郑存虎

胜利软件有限责任公司

总经理　徐亚飞

委内瑞拉项目经理部

经　理　祝俊峰

胜利油田长安实业(集团)有限责任公司

书记、副董事长　李绪月

副董事长、总经理　夏春良

副书记、监事会主席　阚　伟

副总经理　梁立稳　贾同春　向　民

董事　栾庆民　刘福林

局派出机构负责人

西部工作委员会

书记、主任 赵金洲(副局,兼)
副书记、纪委书记 王 敏
常委、副主任 王东延
常委、工会主席 张维宗
常委 刘传虎 杨东福 郭金民
党群部主任 崔佃明
经营协调部主任 刘光耀

局属经济实体管理部

书记、主任 徐光合
副主任 徐平厚
纪委书记 华允贝
工会主席 宋仁斌

伊朗勘探项目部

总经理 李进龙
副总经理 陈东敬 王世虎

阿尔及利亚扎尔则油田开发项目部

负责人 魏旭光 邓 伟

二级单位负责人

地球物理勘探开发公司

书 记 侯有益
经 理 宋玉龙
副书记 张书欣
副经理 李东合 张振宇 宋立兴 丁 伟 于富文 王增明
纪委书记 张书欣
工会主席 叶晓东
总工程师 吕功训 魏福吉 王新红
总经济师 高光贵

渤海钻井总公司

书 记 贾乃新
经 理 魏文忠
副书记 王 军 高相夫
副经理 贾乃新(兼) 唐共民 郭义昌 薛洪升 毛俊华 刘长礼 吕从先 王昭林 江金汉 薄和秋
纪委书记 高相夫
工会主席 郑爱国
总工程师 薄和秋(兼)
总经济师 江金汉(兼)
总会计师 汪瑞领
党委常委 张富新

钻井一公司

书 记 张仁坚
经 理 徐富修

钻井二公司

书 记 刘育才
经 理 王卫彬

钻前公司

书 记 刘国宝
经 理 王克河

固井公司

书 记 张言杰
经 理 张明昌

管具公司

书 记 朱茹元
经 理 张玉英

黄河钻井总公司

书 记 袁建国
经 理 李忠华
副书记 孙浦华 赵西英
副经理 尤作霖 张大奋 熊国明 刘俊成 王继皋 于文平 刘成贵 赵吉平 曾 光
纪委书记 赵西英
工会主席 王养科
总工程师 李真祥

钻井三公司

书 记 解学高
经 理 肖忠平

钻井四公司
书　记　黎克诚
经　理　庞尚利
钻井五公司
书　记　吕建奎
经　理　张新旭
主任工程师　王学乐
固井公司
经　理　曹新华
钻前公司
书　记　唐玉明
经　理　崔文国
管具公司
书　记　王俊岐
经　理　徐爱民
机械公司
书　记　王景全
经　理　杨忠宇
农副业公司
书　记　宿官礼
经　理　陈崇清

钻井工程技术公司
书　记　杨立业
经　理　史建刚
副书记　齐志毅　李佃鑫
副经理　张茂玉　周跃云　盛明仁　刘淑明　田树林　孙海芳
纪委书记　李佃鑫
工会主席　孙敬军
总工程师　都振川
总会计师　张必成
定向井公司
书　记　张国峰
经　理　盛明仁
泥浆公司
书　记　李新玉
经　理　关增臣
钻井职工培训中心
书　记　赵希柱
主　任　焦和平

塔里木胜利钻井公司
经　理　王振光(兼)
书　记　张维宗
副经理　魏祖宽　施　进　罗大博　李景华　韦文翔　舒世林　王友泉
纪委书记、工会主席　胡　罡
总工程师　韦文翔(兼)

地质录井公司
书　记　赵长贵
经　理　张殿强
副书记　于书亮　于德河
副经理　翟慎德　孟平安　冀登武　李联玮　刘其春
纪委书记　于德河
工会主席　张　力
总地质师　刘宗林

海洋钻井公司
书　记　孙曰明
经　理　党良昌
副书记　王光胜　高庆祥
副经理　王　魁　刁克勇　王　玲　成维松　陈建忠　安长武　赵振华　符学辉
纪委书记　高庆祥
工会主席　范景元
总工程师　孙献蔚
总会计师　符学辉(兼)

测井公司
书　记　张世荣
经　理　陈序三
副书记　庞志江　齐殿峰
副经理　梁继德　董经利　段金强　张国栋　邵在平　王学元
纪委书记　齐殿峰
工会主席　于太尧

总工程师　李山生　侯庆功
总会计师　窦连池

供水公司

书　记　董怀志
经　理　马俊德
副书记　张学义　潘清和
副经理　谢树强　孔令武　王佐臣　刘德功　戴显庆　高树福　王季良　于方田
纪委书记　潘清和
工会主席　范廷水
总工程师　于　江
总经济师　陈法亮

滨河供水分公司

书　记　祝锡光
经　理　曲明敏

电力管理总公司

书　记　孙光普
经　理　李中树
副书记　陈宝寿　贾志毅
副经理　刘志华　刘克勤　石少君　勾松波　胡西平　倪承波
纪委书记　贾志毅
工会主席　张玉华
总工程师　张学明
总会计师　胡西平(兼)

滨海供电公司

书　记　李浩军
经　理　常新成

河口供电公司

书　记　杨同明

滨纯供电公司

书　记　王国民
经　理　崔永谦

胜利发电厂

书　记　刘志国
厂　长　张振阳
副书记　吴敬民　张宝光
副厂长　阎志平(兼)　刘豫龙　王树立　姬广勤　聂新甫　刘金锋　王敬和(兼)　高守营(兼)
纪委书记　张宝光
工会主席　商兴堂
总工程师　马玉峰
总会计师　魏东明

电厂二期工程项目部

经　理　阎志平
副经理　刘豫龙　王敬和　高守营

通讯公司

书　记　马玉河
经　理　刘显阳
副书记　刘嘉禾　董金梅
副经理　陈占伟　张宝镜　马　震
纪委书记　董金梅
工会主席　刘嘉禾
总工程师　肖建国　杨辉勋
总经济师　邢贵川
总会计师　胥兆庆

运输总公司

书　记　蒿振亮
经　理　周焕波
副书记　王信福
副经理　蒿振亮(兼)　苏文刚　吴荣彪　张青生　周登学　姜衍奎　陈瑞喜
纪委书记、工会主席　王信福
总工程师　陈瑞喜(兼)
总会计师　匡兆文

工程运输公司

书　记　盛呈东
经　理　刘吉奎
副书记　居冠军
副经理　卢雷鸣　刘新海　苑桂敏　赵焕同　金同勇
纪委书记、工会主席　居冠军
总工程师　卢雷鸣(兼)

总会计师 荣敦河

总机械厂

书　记 程厚启

厂　长 王之亮

副书记 乔利民

副厂长 公维礼 张成亮 张喜庆 杨松筠 王建松 尹胜利

纪委书记 刘德法

工会主席 耿延成

总经济师 王建松（兼）

总工程师 张喜庆（兼）

工程机械总厂

书　记 马厚全

厂　长 吴德奇

副书记 王　龙

副厂长 沈中华 顾雪林 刘仁卯 陈成华 周继华

纪委书记 王　龙

工会主席 卞凤义

总工程师 顾雪林（兼） 梁立移

总经济师 刘仁卯（兼）

制管公司

书　记 张华平

经　理 张必壮

钻井工艺研究院

书　记 张云连

院　长 韩来聚

副书记 李安禄 邵雪廷

副院长 张慧峰 李作会 杜德隆 王正湖 丁希军 范英强 杨玉坤 孙东昌

纪委书记 邵雪廷

工会主席 姚军生

总工程师 顾心怿 杲传良

师范专科学校

书　记 徐钦智

校　长 崔国斌

副书记 范德民

副校长 杨秋泽 刘恩辉

纪委书记、工会主席 范德民

胜利石油学校

书　记 李子俊

校　长 刘卫东

副书记 孙正义 赵宪强

副校长 马存栋 殷树清 丁桂田 乔　军 单方利 单连金 廉庆存

纪委书记 赵宪强

工会主席 王志恒

建设技校

校　长 单方利（兼）

交通技校

校　长 单连金（兼）

职工大学

书　记 孙恒志

校　长 秦建民

副书记 王尔波

副校长 张学顺 刘建亭 张玉珍

纪委书记 王尔波

工会主席 张　荣

党校

书记、校长 董丕久（正局，兼）

常委、副校长 颜　谱

副书记 王传志

副校长 刘金文 郑庆江 王晓义 邢建军

纪委书记、工会主席 王幼民

教育培训处（中心）

书　记 金家民

处　长 李从涛

副书记 杨志高 曲作彬

副处长 金家民（兼） 诸葛绪成 刘志春 马海雁 周建林

纪委书记 曲作彬

工会主席 张　欣

总会计师 张贤云

党委常委　毛有富

油田一中

校　长　毛有富

副校长　张克举　王繁国　史本泉　王　涛

油田二中

校　长　刘志春(兼)

中心医院

书　记　朱有志

院　长　沈维前

副书记　张承勋　王明泉

副院长　刘传木　蒋正怀　陈　丹　路希敬　李明平(兼)　徐爱云　王世奎

纪委书记、工会主席　王明泉

总会计师　王洪华

胜利医院

书　记　宋吉华

院　长　董继俊

副书记　李相如　董书平

副院长　雷胜利　赵金禄　王鹏霄　康新立　薛　波

纪委书记　董书平

仙河社区管理中心

书　记　苏昭祥

主　任　李　涛

副书记　李　敏

副主任　苏昭祥(兼)　程守同　刘国增　于本义　王金山　李长喜

纪委书记　李　敏

工会主席　邵彩贺

滨海医院院长　高宏才

孤岛社区管理中心

书　记　李文善(兼)

主　任　崔建生

副书记　张瑞迎

副主任　王忠训　唐进成　李榆昌　王启福

纪委书记　张瑞迎

河口社区管理中心

书　记　郭跃华

主　任　马保太

副书记、纪委书记　刘焕江

副主任　孙昌营　裴金华　马汝忠　魏吉臣　侯宝森

工会主席　秦之斌

第四医院院长　宋华安

胜北社区管理中心

书　记　吕福元

主　任　李随生

副书记　李家森　王立明

副主任　李仕会　柳丙文　高爱国　刘文峰　于曰有　陈梓祥

纪委书记　王立明

工会主席　王治明

总会计师　赵爱梅

矿建公司

经　理　闫向军

教培中心

主　任　李天祥

胜北医院

院　长　王有生

安泰物业公司

经　理　朱培海

胜兴物业公司

经　理　于方洲

景苑物业公司

经　理　王炳栋

景安物业公司

经　理　杨洪金

锦霞物业公司

经　理　肖海山

通明苑物业公司

经　理　王可珍

胜中社区管理中心

书　记　车继华

主　任 韩希忠
副书记 吴保成
副主任 孙怀通 王培湖 杨国军 王长安 李国庆 蒋建华 霍连永
纪委书记 吴保成
工会主席 王福新
总经济师 宋志杰
总会计师 孙茂华

馨园物业公司
书　记 赵贵生
经　理 刘群章

物华物业公司
书　记 季茂堂
经　理 郑汝成

玉山物业公司
书　记 车述飞
经　理 徐向业

胜东社区管理中心
书　记 邱守仁
主　任 赵良庆
副书记 李景和
副主任 韩　康 刘卫民 李振明 孙钢锋 潘逢勇 蔡　亮
纪委书记 李景和
工会主席 刘　杰
总会计师 陈衍欣

辛兴物业公司
经　理 程玉顺

瑞康物业公司
经　理 刘冠国

瑞达物业公司
经　理 杨树宝

莱建物业公司
经　理 林相会

教育中心
主　任 刘卫民(兼)

胜南社区管理中心
书　记 刘加龙
主　任 王升春
副书记 孙忠起
副主任 商汉英 庞恩河 吴继荣 辛维江 季允俭 梁修云
纪委书记 孙忠起
工会主席 朱嘉兴

兴河物业公司
经　理 吴树元

聚华物业公司
经　理 刘瑞祥

滨南社区管理中心
书　记 徐书孔
主　任 马新江
副书记 顾本彤 李君武
副主任 邢召才 柳跃平 魏代珂 陈炳和 朱吉忠
纪委书记 李君武
工会主席 张进生

纯梁社区管理中心
书　记 慕千秋(兼)
主　任 顾宗福
副书记 王保平
副主任 邹原平 杨永才 金印平
纪委书记、工会主席 王保平

临盘社区管理中心
书　记 李连江(兼)
主　任 齐传勇
副书记 张希成
副主任 李安友 刘建国 李宗信
纪委书记、工会主席 张希成

青岛疗养院
院　长 王　毅
副院长 庄午晨 孙明学
工会主席 刘胜群

烟台疗养院
书　记 赵全堂
院　长 张富强

副院长　罗仪田

纪委书记、工会主席　孔令山

驻北京办事处

主　任　姜毓敏

副主任　翟乃斌

济南办事处

主　任　李林胜

副主任　梁义柱　李光泉

胜大集团总公司

书　记　刘长安

经　理　张光廉

副书记、纪委书记　张秀思

副经理　巩向臣　马明月　张学民　杨国宁　康俊水　徐同兴　王汝民　江成国　田振明　张奉常

工会主席　范建国

总工程师　汪景营

总畜牧师　谢宜孔

胜利日报社

书　记　李耀光

社　长　李博生

副社长　张可春　李尚坤　王喜春

中国石化报社胜利记者站站长　张可春(兼)

山东人民广播电台驻胜利记者站长　杨春茂

大众日报社胜利油田记者站站长　葛明军

广播电视中心(广播电视管理处)

书记、主任　邵英功

副书记　吕英娟

副主任　吕功德　纪兆逢　冯传俊

纪委书记、工会主席　吕英娟

机关车辆管理中心

书　记　穆宝玉

主　任　李德安

副书记　张东峰

副主任　陈立德　陈清河　谷柏堤

纪委书记　张东峰

山东省滨海公安局

局长、书记　金云鸿

政　委　左明亮

副书记　左明亮　陶廷来

副局长　陶廷来　胡尊涛　陈　军　郭桂军

政治部主任　郭桂军(兼)

副处级公安侦察员　刘惠民　刘宗建　张海泉　尹元贵

刑警支队

支队长　乔兆生

政　委　王慎林

经警支队

支队长　李好芳

政　委　张树范

消防支队

支队长　桑希忠

基地分局

局　长　陶廷来(兼)

政　委　谭家范

滨南分局

局　长　李成学

政　委　蒋子广

滨东分局

局　长　张青林

副处级侦察员　尤正海

滨北分局

局　长　苏学柱

临盘分局

副处级侦察员　袁启益

河滨分局

局　长　赵朝荣

海滨分局

局　长　于洪信

政　委　郑永成

胜利采油厂

书　记　张毓华

厂　长　袁　谋
副书记　李振江　张良信
副厂长　张毓华(兼)　黄守先　孙梦茹　焦立华　施必华　曲晓论　高建刚　申保谦　李延明　连经社　赵　勇　许士真
纪委书记　张良信
工会主席　臧卫宁
总工程师　连经杜(兼)
总会计师　李延明(兼)

东辛采油厂

书　记　张孝伦
厂　长　田仲强
副书记　王忠义　姜仁国
副厂长　赵树洋　姜凤玖　牟善林　孙军强　郑力平
纪委书记　姜仁国
工会主席　刘加顺
总经济师　卢明昌
总地质师　史文东　王洪宝
总会计师　王正伟

现河采油厂

书　记　满园春
厂　长　宋书君
副书记　张文通　齐长兴
副厂长　贺宗泉　闫洪彬　单用进　崔文俊　马　晖　孙永壮　李博明
纪委书记　齐长兴
工会主席　王作洲
总工程师　孙永壮(兼)
总地质师　王新征　许　星

滨南采油厂

书　记　王茂义
厂　长　邱新德
副书记　王新东　范晶章
副厂长　李洪刚　王敦生　顾国兴　刘玉山　韩允祉　王兴勤　朱桂林　沈国华　董显堂
纪委书记　范晶章
工会主席　卞　谦
总工程师　朱桂林(兼)
总地质师　沈国华(兼)

纯梁采油厂

书　记　慕千秋
厂　长　荣启宏
副书记　庄建华　扈胜信
副厂长　王心照　李照水　焦　臻　王志刚　李道轩　吴致斌　徐　亮
纪委书记　扈胜信
工会主席　李鲁平
总工程师　吴致斌(兼)
总地质师　李道轩(兼)

临盘采油厂

书　记　李连江
厂　长　陈永红
副书记　张云星　孙柏林
副厂长　曹清水　付金华　李安洪　刘广东　王美一　范凤英　熊　敏　许荣奎
纪委书记　孙柏林
工会主席　臧文东
总工程师　范凤英(兼)
总地质师　付金华　熊　敏(兼)
总会计师　王美一(兼)

河口采油厂

书　记　张洪山
厂　长　张本琪
副书记　刘朝斌　唐金吉
副厂长　刘亚东　朱培通　金同义　康仁华　高新华　王　辉　商同林
纪委书记　唐金吉
工会主席　赵芳忠
总地质师　康仁华(兼)　黄高健

总会计师　崔会然(兼)

孤东采油厂

书　记　惠承龙

厂　长　王东海

副书记　袁仲胜　白林虎

副厂长　郑连华　王乐鹏　陈建邦　郭雄华　曾流芳　刘广友

纪委书记　白林虎

工会主席　高月敏

总地质师　曾流芳(兼)

桩西采油厂

书　记　刘明岱

厂　长　李庆云

副厂长　曹连玉　缪明才　郑成山　刘法银　田　波　杨学旺

纪委书记　李培智

工会主席　王剑亚

总工程师　钱　钦

总地质师　刘泽俊

总会计师　耿文奎

孤岛采油厂

书　记　李文善

厂　长　张绍东

副书记　李世喜　郝轮光

副厂长　范胜德　刘　平　齐明友　公维清　陆先亮　李　平　冯志强

纪委书记　郝轮光

工会主席　张德胜

总工程师　申惠民　肖建洪

总地质师　陆先亮(兼)　束青林

总会计师　李青云

海洋石油开发公司(港务管理处)

书　记　朱庆国

经理、处长　董法昌

副书记　陈鸿亭

副经理　牛世龙　张国明　梁新义　李　龙　刘新章　侯增周

徐英霞　李学富　文世鹏

纪委书记　初玉秀

工会主席　李　鄂

总工程师　梁新义(兼)

总地质师　徐英霞(兼)

总会计师　侯增周(兼)

新疆勘探公司

书　记　杨东福

经　理　刘传虎

副书记　罗复兴

副经理　杨东福(兼)　李　涛

纪委书记、工会主席　罗复兴

井下作业公司

书　记　董秀杰

经　理　彭洪军

副书记　刘洪禄　李生春

副经理　郝文广　李　云　刘茂堂　李学景　寇水强　刘晋禹　来庆良　李跃海

纪委书记　李生春

工会主席　高寿华

总工程师　寇永强(兼)

总地质师　王绍光

油气集输公司

书　记　周秉凯

经　理　史殿义

副书记　王贞顺　黄振华

副经理　韩树森　付庆祥　张光华　徐　川　宋宜四　李　敏　刘加运

纪委书记　黄振华

工会主席　王其敬

总工程师　宋宜四(兼)

总地质师　李　敏(兼)

总会计师　牛爱民

海洋石油船舶公司

书　记　李书勤

经　理　张韶光

副书记 魏 东
副经理 李树清 陈秀林 胡立怀
吴洪辉 曲广仁
纪委书记 魏 东
工会主席 张同忍
总工程师 吴洪辉(兼)
总会计师 曲广仁(兼)
海洋应急中心主任 李树清(兼)
龙口基地管理中心主任 胡立怀(兼)

地质科学研究院

院 长 王端平(兼)
书 记 王玉谦
副书记 孙喜新
副院长 王玉谦(兼) 孙德鼎 宋国奇
刘显太 付洪仁
纪委书记 孙喜新
工会主席 张吉堂
总工程师 李振泉 吕成远
总地质师 隋风贵 肖焕钦
南方勘探所所长 宋国奇(兼)

采油工艺研究院

院 长 张 毅(兼)
书 记 吕学加
副书记 石超英
副院长 王世虎 仲如冰 汪庐山
李希明 王民轩
纪委书记 楚振鲁
工会主席 石超英
总工程师 冯永泉
财务总监 王丙军

物探研究院

书 记 徐观学
院 长 韩文功
副书记 肖景星
副院长 徐观学(兼) 张海臣 王延光
于建国 贺业林
纪委书记 肖景星
工会主席 周学邦
总工程师 单联瑜
总地质师 谭明友

经济开发研究院

院 长 周 文
副院长 于学智 檀俊铭 许凤民
冯启海

技术检测中心

书 记 于清海
主 任 王同义
副书记 陈淑芹 尹德法
副主任 师祥洪 何国阳 夏光远
龙凤乐 闫毓霞 吴金柱
纪委书记 尹德法
工会主席 李志成
总工程师 龙凤乐(兼)

物资供应处

书 记 刁可福
处 长 卜照坤
副书记 辛成堂
副处长 宋绍典 吴亚东 徐金山
王 恒 赵万清 荀光辉
冉志成 崔树杰 王 东
纪委书记 栾 强
工会主席 任长奇
总会计师 崔树杰(兼)
物资经济贸易中心经理 宋绍典(兼)
驻沪联络处主任 荀光辉(兼)
无锡培训中心主任 刘玉智
驻济购销办主任 王向东

石油化工总厂

书 记 闫允生
厂 长 董 伟
副书记 韩发宽
副厂长 朱虎刚 李自力 伊树法
苏冠江 李西国
纪委书记 韩发宽
工会主席 贾宝臣
总工程师 王爱民

总会计师　陈永生

有限公司机关职能部门和直属单位负责人

勘探处

处　长　运华云

副处长　郭汝泰　吕希学　施凤成

主任地质师　泰　都

开发处

处　长　窦之林(兼)

副处长　蒋贤儒　卢广钦　刘建民

主任工程师　刘建民

规划计划处

处　长　刘会友

副处长　冯来田　李建平

主任经济师　张永辉

财务资产处

处　长　李济东

副处长　李东汉　李新成　解宝贵

主任会计师　张洪庆

勘探项目管理部

主　任　时华星(兼)

副主任　陈喜禄　黎　洪　宋明水

主任工程师　刘成斋　于敦源

开发管理中心

主　任　郭洪金

副主任　杨权一　张宗檩　杨　军

销售公司(运销处)

经理、副书记　张卫国(兼)

书　记　吴宝云

副书记、纪委书记、工会主席　金建军

副经理　高剑侠　田成贵

闫照志　刘进寿

丁景山　鞠宇翔

总工程师　张好民

勘探监理部

主　任　翟庆龙

副主任　张允建　宋浩生

(供稿:组织部)

各单位人员分类

单位	总计	用工总量							直接生产人员	非直接生产人员	从事多种经营人员	其他人员
		正式职工			其他用工							
		合计	干部	工人	合计	集体职工	劳动合同工	临时工				
胜利油田	230530	177430	64469	112961	53100	6208	39396	7496	108963	63233	31031	27303
管理局	132710	101629	41638	59991	31081	5068	21987	4026	39202	44678	29564	19266
渤海钻井总公司	6729	5050	1128	3922	1679	221	1058	400	3802	912	1494	521
黄河钻井总公司	11408	8431	2068	6363	2977	599	2122	256	5192	1807	3447	962
钻井工程技术公司	1278	1075	527	548	203	51	152		704	266	216	92
塔里木胜利钻井公司	722	410	163	247	312		65	247	667	55		
地质录井公司	1583	1436	658	778	417	6	141		1125	394	79	75
海洋钻井公司	1828	1565	486	1079	263	29	234		1057	274	425	72
测井公司	2581	2377	1021	1356	204	57	147		1517	545	306	213
地球物理勘探公司	4802	2646	927	1719	2156		273	1883	3994	471		337
钻井工艺研究院	1044	886	590	296	158	61	97		626	99	233	86
化工建设集团	6700	5164	1462	3702	1536	156	1380		3524	1600	761	815
胜利建设集团	3342	2459	905	1554	883	117	766		1784	712	541	305
规划设计研究院	934	922	684	238	12		12		714	145		75
总机械厂	1585	1435	368	1067	150	50	100		1058	138	218	171
工程机械总厂	2474	1936	529	1407	538	97	441		909	280	1023	262
无杆采油泵公司	1514	1026	352	674	488	52	436		544	155	766	49
动力机械厂	1898	1666	523	1143	232	39	193		1383	225	110	180
胜利日报社	266	205	114	91	61	17	44			206	37	23
广播电视中心	257	197	155	42	60	7	53			193	60	4
教培处(中心)	2369	2360	1975	385	9	4	5			2009	19	341
职工大学	413	387	307	80	26		26			380	5	28
油田党校	355	334	210	124	21	1	20			283	21	51
石油学校	930	912	598	314	18	5	13			807	6	117
师范学校	436	430	347	83	6	3	3			381	10	45
仙河社区管理中心	2339	1869	1100	769	470	44	426			1919	116	304
孤岛社区管理中心	2085	1665	952	713	420	21	399			1781	37	267

单位	总计	用工总量							直接生产人员	非直接生产人员	从事多种经营人员	其他人员
		正式职工			其他用工							
		合计	干部	工人	合计	集体职工	劳动合同工	临时工				
河口社区管理中心	2905	2470	1491	979	435	67	368			2377	107	421
胜北社区管理中心	4571	4082	2285	1797	489	95	358	36		3709	128	734
胜东社区管理中心	3696	3043	1810	1233	653	166	487		1	3068	53	574
胜南社区管理中心	2854	2585	1437	1148	269	48	221			2269	91	494
滨南社区管理中心	1923	1583	874	709	340	64	276		14	1476	115	318
胜中社区管理中心	4504	3118	1363	1755	1386	350	792	244		3464	435	605
纯梁社区管理中心	1218	805	374	431	413	58	320	35		610	487	121
临盘社区管理中心	2200	1553	786	767	647	180	458	9		1391	475	334
龙口托管中心	513	230	144	86	283	19	264		70	314	117	12
济南办事处	73	56	34	22	17	3	14			53	14	6
驻北京办事处	239	40	29	11	199		67	132		238		1
供应处托管	24	23	11	12	1		1			22		2
滨海公安局	867	607	436	171	260		170	90		756		21
中心医院	1794	1730	1424	306	64	22	42			1486	116	192
胜利医院	1122	1092	921	171	30	9	21			995	41	86
青岛疗养院	123	115	52	63	8	1	7			101		22
烟台疗养院	142	123	95	28	19		19			121	5	16
供水公司	3031	2368	729	1639	663	94	569		1850	412	479	290
电力管理总公司	5062	4303	1224	3079	759	79	680		3465	671	634	292
胜利发电厂	2371	1857	702	1155	514	30	368	116	1096	377	848	50
运输总公司	2129	1548	420	1128	581	116	465		1101	323	431	274
工程运输公司	2530	2183	463	1720	347	14	333		1662	509		359
通讯公司	2258	1959	512	1447	299	65	234		1343	308	361	246
胜大集团公司	2742	1302	759	543	1440	413	605	422		498	1948	296
油田机关及直属	2572	2413	2134	279	159		56	103		2464	33	75
机关车辆管理中心	726	684	120	564	42		42			657	30	39
局属实体管理部	3646	2044	1248	796	1602	290	1312			32	3353	261
再就业服务中心	26	25	17	8	1	1					1	25
人才交流中心	2	2	2								2	
劳动就业服务中心	8693	2727	1301	1426	5966	1202	4721	43			8693	

单位	总计	用工总量							直接生产人员	非直接生产人员	从事多种经营人员	其他人员
		正式职工			其他用工							
		合计	干部	工人	合计	集体职工	劳动合同工	临时工				
局属经济实体	7628	7628		7628								7628
东胜精攻	547	391	272	119	156	45	111					
西部工委	34	24	20	4	10			10		30		4
其他	73	73		73								73
有限公司	97820	75801	22831	52970	22019	1140	17409	3470	69761	18555	1467	8037
井下作业公司	5294	4258	1287	2971	1036	78	558	400	4318	675		301
海洋石油开发公司	1658	1315	496	819	343	1	307	35	1430	186		42
临盘采油厂	8231	6031	1635	4396	2200	171	1579	450	5868	1357		1006
河口采油厂	9187	7218	1897	5321	1969	111	1803	55	6491	1855		841
孤岛采油厂	9764	7604	1971	5633	2160	90	14		7064	1846		854
孤东采油厂	8012	6057	1686	4371	1955	52			6021	1468		523
桩西采油厂	3319	2455	896	1559	864	12	85	2367	1468	753		199
胜利采油厂	8069	6627	1916	4711	1442	98		5811	753	1435		823
滨南采油厂	7671	5988	1684	4304	1683	53	370	5349	1435	1636		686
现河采油厂	8135	6179	1538	4641	1956	67	1889		6534	1328		273
东辛采油厂	7635	6344	1494	4850	1291	71	1220		5798	1310		527
纯梁采油厂	4684	3541	934	2607	1143	67	1016	60	3472	805		407
油气集输公司	3431	2653	753	1900	778	112	608	58	2152	928		351
海洋石油船舶公司	1293	1068	367	701	225	3	215	7	857	377		59
物资供应处	2089	1994	770	1224	95	15	80		946	617		526
石油开发总公司	2416	1970	615	1355	446		446		1315	738	33	330
地质科学研究院	1182	1182	916	266					905	203		74
采油工艺研究院	551	551	376	175					420	101		30
物探研究院	1112	1112	771	341					788	182		142
技术检测中心	528	528	327	201					396	95		37
新疆勘探公司	35	35	25	10					10	25		
经济开发研究院	40	40	36	4						37		3
大明股份公司	3158	725	441	284	2433	139	358	1936	1449	272	1434	3
销售公司	95	95		95						95		
上市公司机关	189	189		189						189		
其他	42	42		42						42		

大事记

2003 年胜利油田大事记

1 月

1 日　油田海上探井获高产油流，位于埕岛北部的埕北 805 井，10 毫米油嘴放喷，日产油 222.9 立方米，显示了埕岛东斜坡具有较大勘探潜力。

2 日　中石化集团公司党组书记、集团公司总经理、股份公司董事长李毅中，集团公司党组成员、股份公司副总裁牟书令率集团公司有关部门负责人到油田视察工作，在黄河北的王庄油田看望正在承钻郑 370 井的渤海钻井 4577 钻井队职工，并与 4577 钻井队职工合影留念。

同日　中石化胜利油田有限公司召开首届董事会第七次会议。中石化集团公司人事教育部主任王培军宣读中石化股份有限公司《关于中国石化胜利油田有限公司有关领导人员职务任免决定和建议的通知》，经研究决定，曹耀峰任中国石化胜利油田有限公司董事长，席秀海任中石化胜利油田有限公司监事会主席，李玉卿、孙焕泉、张煜任中石化胜利油田有限公司董事。宋万超不再担任中石化胜利油田有限公司董事长、董事，王立新不再担任中石化胜利油田有限公司监事会主席，黄敏、沈琛不再担任中石化胜利油田有限公司董事。与会董事表决通过了首届董事会第七次会议决议，表决通过《关于解聘曹耀峰有限公司总经理、沈琛有限公司副总经理职务的议案》，表决通过《关于提名李阳为公司总经理的议案》，表决通过《关于提名李丕龙兼任公司总地质师，孙焕泉、张煜为公司副总经理的议案》。

同日　埕北 306 井中途测试获高产工业油气流，日产油 217.5 立方米、气 14200 立方米，可望实现桩海地区与埕北潜山含油连片，增加探明储量 2000 万吨。

3 日　管理局暨有限公司召开领导干部会议，集团公司党组、集团公司和股份公司对胜利石油管理局和胜利油田有限公司领导班子作出调整。集团公司党组书记、集团公司总经理、股份公司董事长李毅中，集团公司党组成员、股份公司副总裁牟书令到会并发表重要讲话。集团公司党组研究，宋万超调集团公司总部工作，曹耀峰任胜利石油管理局局长、党委副书记、有限公司董事长，李阳任有限公司总经理，席秀海任局党委副书记、纪委书记、有限公司监事会主席，李丕龙任局党委常委、有限公司副总经理、总地质师，李玉卿任局党委常委、工会主席，孙焕泉、张煜任有限公司副总经理，刘中云任局党委常委、组织部长。

同日 在中石化西部新区勘探工作会和表彰大会上，胜利测井巴州分公司施工的新1井获得西部新区重大勘探突破奖。

5日 由中国文联、中国舞蹈家协会主办的“第二届全国中老年广场舞蹈大赛”在广州举行，胜利油田代表队夺得两项大奖，两个一等奖。

同日 《胜利日报》载，油田三中学生安刚、梁海宁获高中数学奥林匹克竞赛山东赛区一等奖，董超、邱杰获二等奖，安刚取得山东赛区普通高中第一名的好成绩。

7日 《胜利日报》载，油气集输公司101油库自1964年10月建成投产后，已安全生产37年，居全国油气站库安全生产天数之首。经中石化企业管理协会推荐，中国企业新纪录审定委员会认定，101库创国内油气站库安全生产新纪录。

8日 管理局和有限公司在黄河饭店召开安全生产工作会议，总结2002年安全生产工作，表彰安全生产先进单位和先进个人，部署2003年安全生产任务。

同日 由胜利油建八分公司建造的海上2H10单井平台投产一次成功。ZH10单井平台是油田海上产能建设重点工程，由井口平台、火炬平台、栈桥支撑平台等组成，建安量1015万元。

9日 胜利发电厂顺利通过中方委山东认证中心第二阶段贯标审核。审核小组认为，胜利发电厂环境和职业健康安全体系文件符合标准要求。标志胜利发电厂以质量、安全、环境、思想政治工作为中心的“四标一体”全部通过认证考核。为创建国家一流电厂打下了坚实基础。思想政治工作贯标认证，在中石化和电力系统均属首家。

9—10日 管理局党委全委（扩大）会议在胜利宾馆召开。管理局局长、党委副书记、有限公司董事长曹耀峰作《坚持创新，勇于超越，全面提升胜利油田的整体发展水平》的工作报告。明确油田今后一个时期油田整体发展的奋斗目标：在优化结构和提高效益的基础上，油气主业到“十一五”期间，油气当量重上3000万吨以上；油田存续经济总量到“十五”末达到240亿元，到“十一五”末比“九五”末翻一番。到“十五”末，油田存续经济基本实现盈亏平衡；油田职工的生活质量和生活环境有明显提高和改善。

14日 管理局共青团工作会议在胜利宾馆召开。表彰共青团工作先进集体和先进个人，总结2002年工作，安排部署2003年工作任务。通报表彰第九届“油田十大杰出青年”。十大杰出青年分别是：胜大集团总公司胜大中心超市经理张强、测井公司副总工程师兼三分公司经理郑明春、物探研究院副总工程师兼科技科科长王兴谋、物资供应处国外材料科科长张圣、技术检测中心副总工程师阎毓霞、纯梁社区锦绣物业管理公司经理贾长林、胜利采油厂副总工程师赵勇、井下作业公司试油一队党支部书记兼作业一号平台经理孙治国、胜利发电厂锅炉部副经理王庆、桩西采油厂地质研究所副所长冯斌。

同日 由中石化股份公司油田部与中加阿尔伯达石油中心举办的中石化提高稠油油藏经济采收率技术研讨会在胜利油田召开。20年来，胜利油田稠油开发快速发展，已形成年产200万吨热采规模。会议主要是学习借鉴国内外先进开发管理经验和开采技术，有效开发动用难采稠油资源，提高稠油油田的经济采收率。

15日 油田领导分8路到生活困难的职工家庭走访慰问，为油田特困户家庭送去党的关怀和组织的温暖。

16日 管理局暨有限公司召开思想

政治工作会议。会上，宣读了《关于表彰2002年度思想政治工作创新奖、优秀研究成果、先进单位和优秀思想政治工作者的通报》和《关于表彰名牌基层队、行业一强和优秀基层队的通报》。管理局党委副书记王立新作工作报告。

同日 《胜利日报》载，采油院团委被团省委命名为“山东省青年创新创效活动示范基地”，成为油田惟一获此殊荣的单位。

17 日 由井下作业公司试油二大队承担商务通测试任务的中石化集团公司重点探井——毛坝1井，中途测试采用22毫米孔板和10毫米油嘴放喷，折合日产气34万立方米，基本不含硫化氢。该井的成功施工，扩大了四川东北地区的勘探领域，为南方海相深层气勘探开发提供了重大理论依据。

同日 “全国技术能手”、“全国自学成才标兵”、全国“五一”劳动奖章获得者，胜利采油厂高级工人技师陈景世被评为“山东省十大新闻人物”。

17—19 日 中石化油气集输及注水技术研讨会在胜利油田召开。会议总结回顾了近几年中石化股份公司所属油田油气集输及注水工作取得的成绩，研究讨论油田注水水质标准制定，探讨加强油气集输及注水工程管理，进一步提高各油田开发管理水平。

21 日 《胜利日报》载，胜利高原公司通过美国API的ISO9001：2000和API SPECQ1质量体系认证，抽油泵、钻杆、套管取得API会标使用许可证。年内同时取得API颁发的5个证书，在油田属首次。

23 日 《胜利日报》载，新疆勘探公司经理刘传虎、渤海钻井总公司经理李在胜被山东省委组织部、山东省人事厅和科学技术协会联合授予了“第七届山东省青年科技奖”荣誉称号。

24 日 管理局、有限公司举行油地军校迎春茶话会，共议油田和黄河三角洲经济发展大计。

同日 油田各界人士迎春茶话会在胜利宾馆召开，党外知识分子、民主党派、台胞等油田各界人士50人参加茶话会。

25 日 山东省军区司令员张齐红、副政委黄辉道及东营军分区领导到油田走访慰问。

26 日 中石化集团公司党组成员、股份公司副总裁牟书令一行8人，在管理局和有限公司领导陪同下，到黄河钻井四公司3252队承担施工的四川毛坝1井，慰问参战的全体职工。

27 日 管理局接待处所属的黄河饭店、钻井工艺研究院所属的聚丰大酒店分别被国家旅游局评定为三星级旅游涉外饭店。

28 日 山东省副省长王仁元代表省委、省政府到油田走访慰问。

同日 钻井院承担的“十五”国家重大科技攻关项目——《复杂油气藏配套钻井技术及关键装备研究》，通过国家科技部中期评估。

同日 胜建集团被国家工商行政管理局评为全国“守合同重信用”企业。

2 月

1 日 正月初一，油田领导分6路到生产一线慰问节日坚持生产的岗位工人。

同日 东营市委书记石军到东辛采油厂辛三联合站，代表市委市政府看望坚持节日生产的油田职工。

10 日 胜利60501队承钻的亚洲第一号难井——英买力7—1H井完井，6.35毫米油嘴求产，日产油34.6立方米、天然气 15 万立方米。

同日 胜利油田有限公司召开首届董事会第八次会议，表决通过《胜利油田有限公司 2002 年度财务决算及 2003 年度财务预算报告》、《胜利油田有限公司 2002 年投资计划实行情况及 2003 年投资安排》、《胜利油田有限公司 2002 年勘探成果及 2003 年勘探部署》、《胜利油田有限公司 2002 年开发成果及 2003 年开发部署》。

11 日 油田召开 2003 年度平等协商会议。油田领导、油田工会负责人及职工代表共同讨论修改《2003 年度集体合同》。

13 日 中石化集团公司党组成员、股份公司副总裁牟书令到胜利油田在新疆的施工单位看望慰问一线职工，并在塔里木胜利钻井公司 7036 队施工的固 1 井现场，听取西缘精河区块地质情况和固 1、固 2 井施工情况汇报。

14 日 油田召开纪检监察暨组织工作会议。表彰 2002 年度纪检监察先进单位、优秀纪检监察干部和组织工作创新单位、优秀组织工作者，总结工作经验，安排部署油田 2003 年度组织纪检监察工作。

18 日 油田西部工委迁址揭牌暨胜利日报社西部分社成立挂牌仪式在乌鲁木齐举行。

19 日 管理局召开四届职代会第十五次代表团长（扩大）联席会议，通过《胜利石油管理局经济适用房开发建设意见》和《胜利广场扩建工程规划方案》。

同日 油田召开社会治安综合治理暨公安保卫工作会议。总结上年工作，安排 2003 年任务，表彰社会治安综合治理模范单位、先进个人，优秀综治办、先进公安分局、优秀人民警察。

20 日 管理局暨有限公司 2003 年物资工作会议召开。提出开展“撤站设科、分区设库”，调整现行供应站点布局，开展“三流合一”（物流、资金流、信息流）项目。

23 日 共青团山东省委书记陈伟一行到油田检查指导共青团工作。

25—27 日 胜利石油管理局、胜利油田有限公司召开第五届职工代表大会第一次会议。山东省总工会副主席陈维义、中国能源化学工会副主席张萌萌出席会议。管理局局长、有限公司董事长曹耀峰作题为《开拓创新，奋发进取，谱写胜利油田改革发展新篇章》的工作报告。会议讨论审议了关于深化改革的若干意见和关于“十五”后 3 年及“十一五”部分经济技术指标的安排意见。进一步明确了管理局党委（全委）扩大会议提出的油气主业到“十一五”期间，油气当量重上 3000 万吨以上等三大目标。

27 日 《胜利日报》载，主探埕北 306 潜山的评价井——埕北 306 井，在下古生界及沙河街组见到良好油气显示。10 毫米油嘴求产，获日产油 216 立方米、天然气 14200 立方米的高产工业油气流。

28 日 承担伊朗卡山项目钻探任务的“长城钻井队”——黄河钻井四公司 5002 队启程。伊朗卡山项目是中石化集团与伊朗国家石油公司共同开发的风险区块，是中石化集团的第一个海外风险项目。

同日 胜利发电厂二期工程铁路专用线扩建工程举行开工典礼。二期铁路专用线扩建工程全长 12 千米，每年运输能力达 360 万吨。

3 月

1—3 日 中石化集团公司和吉尔吉斯斯坦的地质专家在北京联手攻关阿拉伊盆地。双方交流了研究成果，深化了对阿拉伊盆地的地质认识，对勘探开发盆地合作项目的前景表示乐观。从 2002 年开始，胜利油田工益集团受中石化集团公司委派，进入吉尔吉斯斯坦石油开发市场，与吉方签订了马利苏油田800口井修井、阿拉伊盆地等5个地质研究和勘探开发合作项目。

4日 吉尔吉斯斯坦共和国地矿部部长姆尔扎卡耶夫·舍伊舍纳雷，吉尔吉斯斯坦驻华大使阿勃德达尔耶夫率领的吉尔吉斯斯坦能源代表团一行14人在油田领导陪同下，到胜利油田参观考察。代表团参观了科技展览中心、物探研究院和黄河钻井五公司50116钻井队。

6—20日 全国人大十届一次会议在北京召开。胜利石油管理局局长、党委副书记、胜利油田有限公司董事长曹耀峰，胜利采油厂二矿纪委书记、工会主席李梅，物探公司总工程师王新红，河口采油厂副总地质师、地质研究所所长赵淑萍参加了会议。

6日 山东省第1个国家级劳动防护用品检验机构——东营国家劳动防护用品检验中心揭牌仪式在油田技术检测中心举行。东营国家劳动防护用品检验中心是中石化集团公司劳动防护用品检测中心经国家安全生产监督管理局认可命名的全国仅有的4个国家级护品检验机构之一。标志着胜利油田的技术检测综合实力跃居国内领先水平。

同日 山东省共青团权益和希望工程工作会议在油田拓展训练基地召开。会议总结了2002年全省共青团在权益和希望工程等方面取得的经验和存在的不足，对2003年的工作进行全面部署。团省委副书记王磊，团省委权益部、希望办负责人及全省17个地市和3个大企业的团委负责人参加了会议。

7日 管理局文学艺术界联合会第五次代表大会在黄河饭店召开。大会选举产生184名第五届文联委员，选举李玉卿为文联主席。

同日 《胜利日报》载，国家卫生部人教司在全国医疗系统全民健康消费调查中，油田中心医院在就医环境、社会信誉、医疗服务等方面得分领先，被评为“首批全民健康消费诚信单位”。

8日 中石化集团公司思想政治工作调研组到油田调研。听取油田党建和思想政治工作汇报，参加部分二、三级单位思想政治工作座谈会。调研组认为，胜利油田的思想政治工作在围绕企业中心工作、服务大局，探索加强和改进党建及思想政治工作的新途径、新方法上，采取了行之有效的方法措施，为油田改革、发展和稳定提供了坚强的思想政治保证和精神动力。

10日 油田领导分6路到各二级单位和局属实体进行调研，主要是了解和把握各单位贯彻落实局党委全委（扩大）会和五届一次职代会精神，全面提升各项工作整体发展水平的工作部署和起步情况。

同日 中石化集团公司采油高级培训班在职工大学举行开学典礼。集团公司将“油气勘探开发继续教育胜利基地”和“高级技师胜利培训基地”两块牌匾授予油田职工大学高培中心。参加采油高级技师培训班的36名学员，分别来自中石化系统的各个油田。

15日 《胜利日报》载，胜利海洋钻井5号钻井平台施工的油田海上水平位移最大定向井——CB30A—2井完井投产。CB30A—2井设计井深4645米，完钻井深4630米，水平位移1570米，是海上重点超深高难度双靶点定向开发井。完井作业获日产油210立方米、天然气2万立方米高产油气流。

18日 《胜利日报》载，孤岛采油厂荣获中央精神文明建设指导委员会颁发的

“全国精神文明建设工作先进单位”称号。

同日 挪威船级社(DNV)高级副总裁Hafnor先生向胜利油田东胜精攻石油开发集团有限公司颁发ISO9001、ISO14001、OHSAS18001证书,这是挪威船级社(DNV)在中国大陆首家一次性颁发3套体系整和认证证书。标志着东胜公司成为国内首家通过3项国际管理体系认证的石油公司。

20日 油田总机械厂加工生产的50吨油管由天津港运往北美加拿大。这是总机械厂的油管产品首次出口进入国际市场。

同日 东辛采油厂新大安装工程有限责任公司和电力管理总公司恒源电器有限责任公司被山东省劳动就业办公室、省劳动就业服务企业协会评为“山东省劳动就业服务企业明星企业”。

23日 国家“863”计划海洋资源开发技术主题专家组在青岛组织召开审查会,胜利钻井院两项“863”计划课题——“海底管道内爬行器及检测技术”和“正压冲固平台技术”通过了专家组评审。

同日 《胜利日报》载,胜利工程设计咨询公司成功中标新星西北分公司“塔河油田重质稠油储运系统”工程设计。工程包括120千米输油管道、120千米110千伏输电线路、5座站场、3座110千伏变电所,总投资4.3亿元人民币。

同日 《胜利日报》载,胜建集团第三工程处承建的油田设计院科普楼获山东省建筑工程质量领域最高奖——“泰山杯”。工程主体9层、局部10层、地下室1层,总高度47.4米,建筑面积9928平方米,抗震设防裂度7度。

28日 《胜利日报》载,胜利石油管理局被国家质量监督检验检疫总局授予“2002年度全面质量管理普及教育最佳组织奖”。

30日 张维迎、魏杰等国内著名经济、管理界专家参加“大明集团十年发展研讨会”,解析企业发展战略,为大明集团注入智力支持。

31日 胜利油建有限公司被评为“2002年度全国优秀施工企业”,公司总经理崔光明被评为“全国优秀施工企业家”。

4月

1日 《胜利日报》报道,管理局将重新划分资产性质。新的资产性质分高效、有效、低效和无效资产,改变以往经营与非经营性资产的划分方式。管理局开始构建新型的资产经营管理模式,按照市场经济的观点重新审视资产的价值。

同日 胜利油建公司承担施工的西气东输工程第9标段正式打火开焊。9A标段位于甘肃省张掖市山丹县境内,管道总长88.8千米。

2日 中石化集团公司党组成员、中石化股份公司副总裁牟书令到油田听取勘探工作汇报时指出,要开放思维,大胆探索,重点搞好实验室建设,举一反三地开展勘探研究工作。牟书令到王庄油田,启动了“郑408块敏感性稠油油藏火烧驱油先导试验”点火按钮。

同日 中石化股份公司副总裁牟书令在油田高级人才培训中心,为“中石化油气勘探开发继续教育胜利基地”揭牌。

同日 《胜利日报》载,临盘采油厂监测大队测井2中队发布的“提高测试一起打捞一次成功率”成果,在“全国优秀QC成果”、QC小组荣获“国家优秀QC小组”荣誉称号。

8日 油田基地集中供热工程开工仪式在胜利电厂二期工程举行。集中供热工程利用电厂锅炉发电后排出蒸汽中的大量热量供热，总投资 2.5 亿元。供暖面积 892 万平方米，年可替代原油 10 万吨，投资回收期预计 8 年。

10 日 大明集团股份有限公司创立 10 周年庆祝大会在大明大厦召开。原石油部部长王涛，中石化集团公司党组成员、纪检组组长王作然到会祝贺。大明集团创立于 1993 年 4 月 10 日，是以胜利石油管理局为主要发起人，以定向募集方式发起设立的全国石油系统首家股份制试点企业。1996 年 6 月，“石油大明”股票在深圳证券交易所挂牌上市，成为“中国石油第一股”。

同日 原石油部部长王涛在管理局有关领导陪同下，到物探研究院检查指导工作。

同日 胜北体育馆举行“大明集团股份有限公司成立 10 周年大型文艺晚会”。晚会由著名主持人赵忠祥、倪萍主持，著名歌唱家杨洪基、董文华，著名小品演员黄宏等表演了精彩节目。

同日 《胜利日报》载，在中国企业联合会、中国企业家协会、全国企业管理现代化创新成果审定委员会举办的第九届全国企业管理创新大会上，油气集输公司企业管理成果《提高职工满意度的优化管理》获二等奖。

11 日 中石化安全检查组到油田进行为期 5 天的安全大检查。

15 日 “国际项目管理专业资质认证（IPMP）石油石化认证培训中心”在胜利油田高级人才培训中心授牌成立，首期培训班开学。国际项目管理专业资质认证中国认证委员会主席、首席评估师钱福培教授参加了开学典礼。IPMP 资质认证，具有广泛的国际认可度和专业权威性，代表了当今项目管理专业资质认证的国际水平，被誉为管理精英的国际“名片”、项目管理人员的“国际通行证”。胜利油田高级人才培训中心成为石油石化行业惟一的国际项目管理专业资质认证培训中心，承担着石油石化行业国际项目管理专业资质认证培训及考点的职能。

同日 《胜利日报》载，钻井院承担完成的两项中石化重点攻关项目——“分支井钻采配套技术研究”和“特殊地层钻头研制及应用技术”通过中石化专家组鉴定。

18 日 物探公司中标南方勘探开发分公司宣汉—达县地区山地三维高分辨率地震资料采集项目，项目满次面积为 317 平方千米，为国内目前最大的山地三维地震勘探项目。

20 日 胜利油田为石油大学（华东）胜利奖学金追加 100 万元，使该项基金总额增至 400 万元。胜利油田于 1994 年在石油大学（华东）设立了 100 万元的胜利奖学金，1998 年、2000 年分别增加 100 万元。胜利奖学金设两个奖项———“胜利育才奖”和“胜利成才奖”，前者用于奖励石油大学（华东）成绩突出的教学人员，后者奖励品学兼优的大学生。

21 日 油田召开防治非典型肺炎工作领导小组会议，传达全省非典型肺炎防治工作会议精神，研究部署油田非典型肺炎防治工作。

22 日 油田在胜利宾馆召开领导干部会议，传达贯彻党中央、国务院和省委、省政府及中石化集团公司关于防治非典型肺炎工作的最新要求，安排部署油田非典型肺炎防治工作。

同日 胜利油建公司在新疆塔河油田 2 号联合站施工现场举行开工誓师大会。塔河油田二号联合站集原油计量、分离、脱水、沉淀、外输、污水处理为一体，设计原油处理规模 150 万吨/年。胜利油建公司于

2003年2月26日中标。塔河油田2号联合站是中石化集团公司最大的产能建设项目。

23日 《胜利日报》载,在水利部举行的第二届国家水利风景区评审工作会议上,供水公司天鹅湖景区被命名为“国家级水利风景区”。

28日 由胜利作业2号平台施工的大港海上张海4井,对中生界2224—2229米井段油层采用射孔测试联作工艺,7毫米油嘴放喷,获日产原油183.77立方米、天然气7820立方米的高产工业油气流。

29日 胜利物探院地震处理系统(IBMSP并行计算机)升级改造工程投入使用。升级后的系统软件成为国内规模最大的计算机系统,浮点运算速度达到每秒540亿次,微机集群计算机运行能力每秒超过万亿次。

同日 胜利钻井工艺研究院承担的国家“863”重点攻关项目——“浅海海底管线电缆检测与维修装置”在长江试验成功。

30日 《胜利日报》载,在山东省委宣传部、省委组织部、省经济贸易委员会、省总工会联合举办的“八喜”杯企业文化建设文艺比赛上,油田参赛的《井场交响曲》获一等奖,《同路三人行》获二等奖,胜利油田获组织奖。

5月

1日 胜利油田SARS应急救治中心动工兴建。治疗中心占地10000平方米,建有37个单间病房和医护人员工作及休息场所,66个床位,建筑面积3119平方米。工程开工后实行24小时连续施工,全部工程于5月8日竣工。

5日 由胜利油田运作执行的伊朗卡山区块油气勘探服务项目的第1口探井——Arn-1井开钻。伊朗国家石油公司官员和专家、中国驻伊使馆官员、卡山驻地政府和驻军官员及胜利油田有关人员参加Arn-1井庆祝仪式。

同日 管理局、有限公司研究决定,设立胜利石油管理局石油工程技术管理处(胜油局发[2003]100号)。石油工程技术管理处属管理局机关处(室)序列,主要负责石油工程技术服务各专业系统(物探、钻井、测井、录井等)的技术管理。

13日 《胜利日报》载,钻井工艺研究院研制的“液压蓄能石油修井机”在2002年度国家科学技术奖励大会上,获国家发明二等奖。

同日 中共中央政治局委员、新疆维吾尔族自治区党委书记王乐泉到黄河钻井固井公司新疆轮台作业基地视察工作。

15日 管理局石油开发(难动用储量开发)中心研究部署的第1口井——草104-1井开钻。草104-1井设计井深1350米,完钻层位沙三段,钻井目的是落实沙二段、沙三段油藏产能及进行钻井、试采工艺试验。

同日 根据国家、山东省和东营市关于从事特许经营业务的有关规定要求,油田将分散在有关二级单位和多种经营集体企业的道路危险品运输车辆移交运输总公司,成立专业化的危险品运输公司。

18日 胜利油建公司承揽的大型国际反承包项目——阿帕契赵东开发项目OPA平台从位于龙口的胜利油建第二海工基地起航出海。OPA平台长53米、宽44米,甲板高23米、重48000吨。

同日 由胜利5号钻井平台施工的胜利海上第1口重点套管开窗侧钻井——CB30A-侧3井完井,完井井深4520米。CB30A-侧3井开窗位置在2860—2862.6米,井眼尺寸小,双靶点,技术要求高,施工难度大。

22—29日　中石化集团公司党组成员、股份公司副总裁牟书令在油田领导陪同下，在新疆准噶尔胜利区块及和田探区调研考察。

24—25日　原全国人大常委会副委员长姜春云在山东省人大副主任曹成学及东营市领导的陪同下，到胜利油田参观考察。

27日　山东省防治非典指挥部医疗救护组到胜利医院和油田SARS应急救治中心督导检查。了解救治中心和胜利医院发热门诊建设情况，对医护人员进行现场提问，观摩油田应急医疗救护小分队实地演练。

同日　《胜利日报》载，由地质院研究完成的岩心孔缝自动描述分析技术，使孔洞裂缝型油藏描述实现了自动识别、计算与分析，在计算岩心孔缝相关参数方面填补了国内空白，达到同行业国际先进水平。

29日　《胜利日报》载，黄河钻井三公司32676队运用新技术、新工艺，优质快速钻成草104块第1口难动用储量先导试验井——草104　1井。完钻井深1350米，井径扩大率1.8%，水平位移10米，固井质量合格率100%。

30日　《胜利日报》载，中石化集团公司命名表彰2002年度有突出贡献的科技和管理专家、优秀青年知识分子。胜利油田有10人获"石化集团有突出贡献的科技和管理专家"称号，18人获"石化集团优秀青年知识分子"称号。

6月

2日　《胜利日报》载，胜利钻井院生产的P265MF—215.9钻头在克拉玛依油田K1077井钻进中，创国产钻头最佳使用指标。

5日　管理局、有限公司召开信息化工作电视电话会议。会议提出，到2005年，使信息技术在勘探、开发上的应用整体接近国际水平，管理上的应用达到国内先进企业水平，初步实现企业信息化。到2010年，油田信息化整体水平达到国际一流水平，建成"数字油田"。确定2003年为胜利油田信息化建设"推进发展年"。

同日　黄河钻井四公司3252队承钻的中石化集团公司重点探井——毛坝斜2井开钻。毛坝斜2井设计井深4444.95米，靶点垂深4205.5米，水平位移926.1米，完钻层位中生界下三叠统飞仙关组二段。钻探目的是落实毛坝场——双庙场潜伏背斜带南部油气情况。

6日　渤海钻井二公司32656队在桩12—平2井施工中，创出海油陆采水平段最长(702米)、同类型井建井周期最短(15天11小时)、利用FEWD地质导向水平段最长3项全国纪录。

7日　山东省军区副司令员刘龙光率省军区勘察组到孤东海堤现场勘察，了解油田防汛工作。

8日　中共山东省委副书记王修智到油田检查指导工作，对油田近年工作表示满意，对油地共建黄河三角洲取得的成果给予高度评价。

9日　油田总机械厂生产的2台电动换向抽油机及45台特种抽油泵出口阿塞拜疆。

11日　油田开展首届青工网上技能比赛。1200名选手参加主赛场竞赛，9名青工获"胜利油田青年岗位明星"称号，21名青工获"胜利油田青年岗位能手"称号。

12日　由黄河钻井五公司4532队施工的油田重点科学探索井——郑科平1井开钻。郑科平1井设计垂深1357米，水平井段598米,钻探成功后,将与郑411、郑418两口直井结合,利用水平井配合直井注蒸汽采油技术,突破郑—王地区沙三段超稠油开发难关。

13日 中石化集团公司在济南胜利石油大厦召开油田区域专项整治工作座谈会,研究部署在山东全省输油管线沿线开展治安秩序专项整治行动。集团公司党组成员、纪检组组长、股份公司监事会主席王作然到会并讲话。

16日 井下工艺所施工的油田最大规模酸压井——渤古1井完工。渤古1井完钻井深5129.6米,施工目的层位寒武系凤山组及奥陶系冶里—亮甲组,施工井段4013.3—4087.0米。

同日 渤海钻井二公司50115队施工的渤601井,在4733.82—4862米井段加深测试,10毫米油嘴求产,获日产油85.7吨、天然气40774立方米高产油气流。

17日 全国人大常委、农业工作委员会副主任委员李春亭到油田检查指导工作。

同日 中石化集团公司首期采油高级技师培训班结业典礼在油田职工大学举行。培训班历时3个月,完成了专业理论、新技术新工艺、计算机和外语等方面的知识培训。32名学员分别来自中石化系统5个油田。

18日 石油大学胜利学院、山东胜利职业学院正式揭牌,标志着油田高等教育体制产生重大变革。石油大学胜利学院是石油大学与胜利石油管理局合作建立的全日制本科普通高校,前身是胜利油田师范专科学校。2003年3月31日经教育部正式批复同意建立。山东胜利职业学院是在整合原胜利油田师范专科学校资源与胜利石油学校本部资源的基础上组建的,是专科层次的全日制普通高等学校,同时兼顾中等职业教育任务。2003年5月15日经山东省人民政府正式批复同意建立。两所学院都具有独立法人资格,并按民营机制运作。胜利学院现有9个系,计划开设12个本科专业。山东胜利职业学院现有14个系,27个专业。

同日 油田"5152"社会化再就业工程全面启动。油田再就业服务部门将走访5000个社会用工单位,挖掘搜集10000个社会用工岗位,筛选推荐5000个适合下岗人员再就业的有效岗位,争取2000人实现社会化就业。

19—21日 中石化集团公司、股份公司领导陈同海、刘根元、王作然等到胜利油田检查指导工作。中石化集团公司党组书记、总经理、中石化股份公司董事长陈同海听取了胜利油田分配制度改革、降本增效等有关情况的汇报,并在油田两级领导干部会上作重要讲话,要求胜利油田解放思想、转变观念,做好改革、发展、降本增效3篇大文章,加快"油气当量重上3000万,存续经济总量翻一番"目标的实现。

24日 中共山东省委副书记姜大明到油田考察工作。

26日 胜利石油管理局工会第五次代表大会召开。参加会议的正式代表316人,大会选举产生了37人组成的胜利石油管理局工会第五届委员会,李玉卿当选工会主席。

28日 管理局党委发出《关于在全油田兴起学习贯彻"三个代表"重要思想新高潮的通知》。要求油田各级党组织认真贯彻中央和山东省委、集团公司党组的《通知》精神,学习好、贯彻好、落实好"三个代表"重要思想,为全面建设小康社会、完成油田三大战略目标做出贡献。

同日 胜利油田海胜实业有限公司与北京泰远有限公司正式签约,投产建设年产20万套汽车自动防撞器项目。该汽车智能防撞技术获得国家专利。

29日 胜利石油管理局干部人事档案工作目标管理经中央组织部验收批准达到国家一级标准，成为中石化集团公司第一家达国家一级标准的单位。

同日 胜利油田首家社区图书馆胜中社区玉山图书馆落成。该馆藏书25000册，与胜利油田图书馆实行联网运行，资源共享。胜利油田图书馆是管理局惟一的综合性图书馆，拥有中文图书和期刊102万件（册）。

30日 管理局党委、管理局和有限公司召开庆祝建党82周年暨思想政治工作会议。会议对油田思想政治工作作出部署：以十六大精神为指导，全面兴起学习贯彻“三个代表”重要思想新高潮，紧紧围绕油田改革、发展、稳定的大局，深入开展“学转谋见”（学精神、转观念、谋发展、见成效）教育活动和“企业文化建设年”活动，扎实推进油田党的建设、基层建设和精神文明建设，以优异成绩迎接油田勘探开发建设40周年。会议要求各级党组织和广大党员干部迅速兴起学习贯彻“三个代表”重要思想新高潮，进一步解放思想，干事创业，全面提升油田整体发展水平。

7月

1日 由塔里木胜利钻井公司60129队承钻的HD4－30H井，8毫米油嘴求产，获得日产337.92立方米高产油流。

4日 国家人民防空办公室主任王胜利一行到油田考察工作。

同日 由采油工艺研究院承担的多油层分层挤压砾石充填防砂工艺技术在尚9－13井首次试验获得成功，填补了国内技术空白，整体达到国际先进水平。

6日 由井下海洋试油作业大队施工的油田海上重点探井——桩海102井，获日产原油119立方米、天然气26713立方米的高产工业油气流。

7日 中石化集团公司西部事迹报告团到胜利油田作报告。

同日 阿尔及利亚驻华公使衔参赞马迪·纳吉伯一行到胜利油田考察访问。

8日 《胜利日报》载，胜利油田首次按凹陷规模展开三维地震资料连片处理。满次覆盖面积达4600平方千米的东营大连片，在物探研究院进入处理阶段。这是济阳坳陷首轮资料连片中面积最大的一块，标志着油田连片处理技术迈上新台阶，并继续保持国内领先水平。

10日 《经济日报》报道，国家统计局按照新标准划分的2002年全国大型工业企业排序，中石化胜利油田有限公司名列第7位。新的标准参照国际通行惯例，确定了以从业人员数、销售额和资产总额3项指标共同作为划分工业企业规模的依据。

同日 《胜利日报》载，胜利石油管理局获国家“第五次全国人口普查先进集体”称号。

11日 山东省物业管理统计工作会议在胜利油田召开。来自全省17个地市的物业管理人员参加会议，参观考察油田物业公司440服务系统和小区智能化管理。

同日 管理局暨有限公司召开安全生产工作会议，总结上半年安全生产工作，部署安排下半年安全生产工作。

15日 同井台多目标丛式井组营28丛式井组开钻。营28断块含油面积0.9平方千米，地质储量234万吨。营28丛式井组平均井深3300米，计划投资近亿元，钻定向井6口，水平井4口，建成年生产能力5万吨。

同日 油田物资供应管理中的"三流(物流、资金流、信息流)合一"项目通过专家评估,完成总体规划方案的设计和主机系统平台建设。该网络系统以胜利油田物资供应处为核心,用户覆盖全油田的二级供应部门和物资资源入网供应商,形成开放式、全方位的网络平台。"三流合一"项目可实现从物资的需求计划提报——计划汇总平衡——网上采购——物资检验——物资配送——网上结算的现代物流规范化管理。

16日 胜利石油管理局党委在《求是》杂志第14期上发表文章《从艰苦创业到全面创新》,系统介绍了油田以"三个代表"重要思想为指导,全面提升油田整体发展水平的新经验。

同日 山东省委、省政府在济南召开全省防治非典工作先进集体、先进个人表彰大会。胜利油田中心医院荣立集体一等功,成为东营地区惟一获此殊荣的单位。

20日 胜利油建公司承建的国内浅海规模最大的综合性石油平台——赵东开发区块ODA/OPA平台正式投产。ODA平台是国内最大的海上石油钻井平台,OPA平台是国内浅海海域最大的石油工艺开发平台。工程由美国阿帕契公司代表业主负责项目实施,美国布朗—鲁特公司负责工程合同全过程管理,中国船级社天津分社为第三方检验机构,是一项施工方式、技术工艺、建造模式完全与国际标准接轨的特大型石油工程项目,也是目前胜利油田承建的最大的国际反承包工程。

24日 管理局团委书记张立当选为共青团第十五届中央委员会委员。张立是本次团代会上中石化系统当选的两位团中央委员之一,也是山东省五位当选团中央委员中惟一的大企业代表。

同日 由钻井工程技术公司负责技术服务、钻井一公司4574钻井队承钻的油田特高难度大位移海油陆采定向井——桩斜146井完钻。创油田定向井施工3个"第一":第一次在极其松软的平原组地层220米井深处,以25度/100米的高造斜率实施定向作业;第一次在"13·5"大井眼内进行定向施工;第一次完成油田水平位移与垂深比最大(1.08:1)的定向井。

25日 中共中央政治局委员、新疆维吾尔自治区党委书记王乐泉在乌鲁木齐接见管理局党委书记董丕久一行,听取了胜利油田西部工作情况汇报,对胜利油田提出希望和要求。

同日 油田召开"结对帮扶再就业"活动经验交流会。目前,全油田结成帮扶对子13185对,占下岗失业人员总数的62%;全油田累计实现再就业7815人,其中通过结队帮扶实现再就业1218人。

同日 《胜利日报》载,自8月1日起,胜利油田经济民警支队改为胜利油田护卫支队,其所属大、中队相应更名为护卫大、中队。胜利油田经济民警队伍自1981年组建,由原来的几百人发展到目前的26个警队、2290人。

29日 在山东省举办的"群康杯"2003年少年象棋锦标赛上,胜利油田青少年活动中心代表队获团体第四名,并获体育道德风尚奖。

30日 公安部、人事部召开电话会议,表彰全国公安系统优秀单位和优秀人民警察。滨海公安局海滨分局刑警大队、滨海公安局滨南分局副局长赵焕峰分别被授予"全国优秀公安基层单位"和"全国优秀人民警察"荣誉称号。

31日 中东石油公司总裁阿卜杜巴里一行4人到胜利油田考察访问。

8 月

3 日 中华全国总工会副主席、书记处书记倪豪梅到油田调研。了解油田改制以后的民主管理、生产经营及职工医疗、住房、生活保障等方面情况。

5 日 《胜利日报》载，山东省精神文明建设委员会命名表彰2002年度省级文明单位。河口采油厂、胜中社区被授予省级文明单位。

7—8 日 中石化股份公司副总裁王志刚到胜利油田检查指导工作。

8—9 日 胜利油田潜山油藏勘探开发技术研讨会在黄河饭店召开。

9 日 国家"863"计划海洋资源开发技术主题组，对胜利油田承担的3个海洋项目进行2003年度课题执行情况中期检查。

11 日 由钻井工程技术公司提供技术服务、渤海钻井二公司32694队承钻的桩139-平2井完钻。标志国内最大的海油陆采丛式井组桩139平台21口井全部完钻，总进尺46762米。平台首次全部采用导向钻井技术，标志着胜利油田海油陆采取得新突破。

12 日 油田召开非典防治工作总结表彰大会。会上表彰了63个防治非典工作先进集体和399名先进个人。

14 日 山东省副省长张昭福到临盘采油厂调研油区治理整治工作。

同日 《胜利日报》载，由钻井工程技术公司提供技术服务，塔里木第三勘探公司承钻施工的高难度超深开窗侧钻井——库1井顺利钻成，创出国内开窗侧钻点最深6335米纪录。

同日 山东省人大《建筑法》执法检查团到油田检查指导工作。

15 日 中国海洋石油股份有限公司高级副总裁李宁率考察团一行11人到油田考察。

16 日 在郑科—平1井施工中，测井公司首次采用大孔径、高孔密、深穿透水平井射孔工艺，对496米水平井段分三次下井射孔一次成功，发射率100%。

17 日 由黄河钻井三公司70126队承钻的河坝1井发现高压气层。河坝1井是中石化集团公司部署在四川东北部的一口最深的重点探井，设计井深6100米。

18 日 胜利发电厂二期工程3号机组总启动一次成功，并网负荷升为1万千瓦。3号机组投入商业运行后，每天可向油田电网输出700万千瓦·时电量。

同日 以胜利油田物探院为主体研制的国内第一套复杂地质体波动方程深度成像软件系统——"神通"软件系统，通过中石化股份公司组织的鉴定。标志着胜利油田叠前深度偏移技术研究及应用达到国际先进水平。

19 日 阿联酋国家石油公司副总裁依萨先生到胜利油田参观考察，并签署了合作意向书。

20 日 王古1井钻至奥陶系灰岩潜山3438米时喷出高凝油、天然气，折合每小时产油10吨，证实东营凹陷南斜坡通王潜山带的含油气性。王古1井是东营凹陷潜山最深的出油井，打开了东营凹陷斜坡带深层潜山勘探的大门，为整个济阳坳陷类似潜山的勘探提供了借鉴。

同日 由胜利油建管道容器制造公司自行设计、施工完成的山东省最大的热处理炉投产。炉体长21米、宽5.4米、高6.4米，集自动点火、自动控温、自动记录于一体。

22 日 山东省厂务公开督导调研组到胜利油田检查指导工作。

26 日 管理局暨有限公司召开技术

监督“四法”大检查活动动员大会。自8月26日至10月25日，油田全面开展以《产品质量法》、《标准化法》、《计量法》、《节能法》为主要内容的技术监督大检查活动。

27日 中石化廉洁勤政优秀领导干部先进事迹演讲团到胜利油田巡回演讲。

28日 中石化股份公司高级副总裁牟书令到准噶尔盆地胜利中部4区块董1井检查指导工作。

同日 中石化股份公司副总裁李春光及山东石油分公司领导一行来油田检查指导工作，并就帮助油田下岗失业人员向山东石油分公司输出劳务工作作出安排部署。

31日 井下海洋试油作业大队施工的CB4B－1井，顺利完成海上第1口复合整体式精密微孔防砂管砾石充填防砂试验施工。

9月

1日 《胜利日报》载，由钻井工程技术公司提供技术服务的埕北307井获高产工业油流。8毫米油嘴求产，日产油142立方米，日产天然气42717立方米。

1—3日 中石化集团公司老干部考察团一行45人到油田考察。

2日 管理局暨有限公司召开第五届职代会代表团长联席（扩大）会议，讨论审议通过了《胜利油田内部分配制度改革指导意见》。

3日 现河采油厂研制的电潜泵液压电缆排放机获得国家实用新型专利。

5日 《胜利日报》载，顾心怿被确定为山东省委领导联系的专家；曾文冲、杜贤樾、杨云岭被确定为省委组织部联系的专家。被联系的专家对省委省政府重大决策，全省经济社会发展，重要政策法规的制定实施，科技、教育、人才工作，以及个人政治、工作、生活方面的意见和建议，可以直接与省领导和省委组织部联系。

同日 中石化集团公司暨股份公司审计检查组到油田检查指导工作。

同日 国家工程建设质量奖审定委员会公布的“2002年度国家优质工程奖获奖工程”名单上，由胜利工程设计咨询公司监理的“牙哈凝析气田产能建设工程”获得惟一“国家优质工程金质奖”。

9日 油田召开内部分配制度改革工作会议，传达贯彻集团公司暨股份公司内部分配制度改革会议精神，安排部署油田内部分配制度改革工作。重点解决当前分配关系不顺和人才流失严重等问题，促进企业经营机制转换。标志油田内部分配制度改革进入全面实施阶段。

11日 胜利测井公司完成中石化集团公司西部新区最深探井——中4井测井任务，创出测井新纪录。中4井井深6745米，测量井段长2250米，井底最高温度162摄氏度，最大压力80兆帕，多项数据接近或超过测井仪器及电缆的极限技术指标。

同日 《胜利日报》载，地质科学研究院与石油大学外国语学院合作编著，地质科学研究院解曙巍主编的《石油地质实用英语》，由石油大学出版社正式出版。这是国内第1套石油地质专业方面的英文书籍。

15日 胜利油田首艘万匹马力多用途工作船——胜利291轮投产。船体总长74米，型宽15.6米，型深7.1米，吃水5.8米，主机功率4140千瓦×2，系柱拖力140吨，B2级冰区加强，配备FF2对外消防系统，可承担平台远距离拖航、就位、物资供应、安全守护任务、恶劣天气紧急救助等功能。

同日 中石化集团公司油气田开发重

大先导试验项目——孤东油田七区西南部Ng54－61层二元复合驱油先导试验项目投产，标志着胜利油田三次采油迈出新步伐。这是国内首例二元复合驱油项目。复合驱油是通过注入两种或两种以上的驱油剂，提高洗油效率，增大驱油体积。

16日 东营市中心城防潮体系工程竣工。这是东营市建市以来与胜利油田合作投资最多、规模最大的水利工程，具备阻挡50年一遇大海潮的能力。工程位于黄河三角洲莱州湾西岸，大堤全长41.4千米，由胜利油田和东营市共同投资，总投资3.06亿元。

17日 《胜利日报》报道，胜利油田首次实现年度三级石油地质储量"三个一"，即探明1亿吨，控制1亿吨，预测1亿吨。

18日 国务院治理油气管道专项行动检查小组到油田检查指导工作。

同日 《胜利日报》载，阳信油田上报控制石油地质储量达1005万吨，千万吨级油田阳信油田被成功发现，成为胜利家族的第72个油田。阳信油田位于山东省阳信县西南部，构造属于惠民凹陷东北部的阳信凹陷，是胜利探区外围。阳信油田的发现，展示阳信凹陷良好的勘探前景，预示着临清、潍北、胶莱等地将有良好的油气储量。

24—25日 油田在准噶尔盆地部署的第1口区域探井——董1井获高产油气流。4.7毫米油嘴测试，折算日产油84.3立方米，气48675立方米。打破了胜利西部勘探8年沉闷的局面，展现出西部胜利探区良好的勘探前景。胜利油田在准噶尔盆地登记14个区块的探矿权，勘探面积54354平方千米。董1井位于昌吉凹陷较深部位，设计井深6300米，主探侏罗系、兼探白垩系地层含油气情况。

21—27日 胜利油田科学探井郑科平1井热试获得成功。平均日产油24.02立方米。郑科平1井钻探和热试的成功，标志着胜利油田超稠油热采技术达到世界领先水平。

25日 2003年油田高考录取本科生1189人，专科生1257人。自恢复高考制度以来，油田共考取本科12509人，专科、高职11736人。其中，考取清华大学、北京大学62人。

26日 胜利油田召开西部工作会议。会议明确今后一个时期西部市场的奋斗目标：勘探尽快实现大突破，在胜利和田区块和准噶尔胜利区块找到大储量，形成高产能，为油气主业重上3000万吨打下坚实基础；西部大市场的拓展要有新突破，2003年市场份额力争达到8亿—10亿元，以后每年按15%的速度递增，为存续经济总量翻一番、油田职工生活质量和生活环境明显改善和提高做出贡献。

28日 胜利采油厂职工陈景世作为油田基层工人代表参加了中国工会第十四次全国代表大会，并受到中共中央总书记、国家主席胡锦涛接见。

30日 胜利广场改、扩建工程竣工投产。改、扩建工程于2003年5月6日动工兴建，由胜利油田正大工程开发设计有限公司与天津中天建筑设计院联合设计，由胜利油田胜建集团总体承包施工。改建后的胜利广场北起济南路，南至聊城路，总面积76280平方米（其中原广场部分面积为25200平方米）。广场分8个部分：沿广场中心南北主轴为水景大道，全长156米，布置6列喷泉水柱，创意为时空隧道。主轴南端为表演广场，由演出舞台、主喷泉、激光与水幕电影、电子大屏、空中飞瀑等组成，引用先进的声、光、电高科技技术。广场东南为儿童嬉水及健身活动区，布置趣味喷水、游戏健身器械。西南为老年活动区，为老年人专用健身舞蹈场所。西部为密林广场，是青年人和老年人修身养性的好去处。西北为灯柱广场，水面设置冷雾系统。广场东北为原有广场，于2000年9月30日竣工，原广场地上为公益活动及集会场所、地下为停车库及商业活动区。

同日 东营市南二路改建后正式通车。工程总投资1.2亿元，于9月20日竣工。

10月

1日 油田领导分6路到基层，了解节日生产情况，看望、慰问节日期间坚守岗位的一线职工。

同日 《胜利日报》载，由井下作业公司试油的重点预探井——渤古1井获日产油11.04立方米、天然气34008立方米的工业油气流。

同日 《胜利日报》载，仙河社区污水处理站通过国家环保局"双创"验收。

2日 《胜利日报》载，在山东省环境污染防治示范工程评选中，石化总厂生化污水处理工程获"优秀运行管理"项目称号。这是省内惟一获此殊荣的企业。

4日 石油大学举行50周年校庆。中共中央政治局委员、中央书记处书记、国务委员、公安部部长周永康，山东省委书记、省人大常委会主任张高丽，教育部副部长张保庆，省委副书记、省政协主席吴爱英，石油部老领导王涛出席庆典。

同日 中共中央政治局委员、中央书记处书记、国务委员、公安部部长周永康，山东省委书记、省人大常委会主任张高丽，省委副书记、省政协主席吴爱英，省委常委、政法委书记高新亭，在油田和东营市领导的陪同下，先后到东辛采油厂14队、王古1井施工现场看望慰问油田一线职工。

同日 由海洋试油作业大队施工的海上第1口"PND"分层测试井CB11D—4井施工成功。

6日 中石化股份公司高级副总裁牟书令到王古1井，看望国庆节期间坚持生产的黄河钻井三公司50623钻井队职工。

7—9日 低渗透油藏开发学术研讨会在胜利油田举行。来自全国各地石油战线的23位专家教授以及187名代表参加了会议。大会共收到论文55篇，有40篇论文获奖。

9日 《胜利日报》载，现河采油厂设计开发的简易油套管悬挂装置被国家专利局授予新型专利。

10日 《胜利日报》载，胜利油田首张以地震资料专用格式(SEG—Y格式)转储地震资料的DVD光盘在物探研究院制作成功。DVD光盘具有存储要求低、易于携带、便于读取、容量大等优点，为地震资料存储特别是为异地地震资料的处理提供了很大的便利。

同日 渤海钻前公司研究开发的"桩箱混凝土疏导透水结构进海路施工方法"，获国家实用新型专利。

11日 油田遭受风暴潮袭击。孤东、桩西海堤遭到不同程度的损毁，河口、孤东、桩西沿海油田遭受大面积水淹。这是继1997年"8·20"风暴潮以来油田遭受最大的风暴潮。灾情发生后，油田主要领导奔赴一线指挥抢险救灾。至13日，被困潮水中的职工全部脱险，受灾单位生产基本恢复，将风暴潮带来的损失降低到最低限度。

11—16日 中石化集团公司党组成员、股份公司高级副总裁牟书令，集团公司党组成员、股份公司高级副总裁张家仁，股份公司副总裁王志刚到西部新区检查指导工作，慰问油田一线职工。

13日 山东省老年大学、老干部活动中心工作会议在胜利油田召开。来自全省的与会人员参观了胜利油田老年大学、老年公寓、仙河老年活动室和孤东海堤。

15 日 油田召开思想政治工作座谈会。表彰了油田 11 个中石化集团公司优秀思想政治工作基层单位，35 名中石化集团公司优秀思想政治工作者。

15—18 日 2003 年全国石油物探系统政工研讨会在胜利油田举行。来自全国物探系统 30 个单位的近百名代表参加了会议。

16 日 山东省首届园林苗木生产与应用研讨会在胜利油田召开。来自中国林业科学院、北京林业大学等研究机构的园林专家、全省 17 个地市的林业部门主管领导等 180 余人参加了会议。

同日 《胜利日报》载，由胜利油建公司承担的西气东输工程中的 26 标段和 18 标段工程投产一次成功。

同日 《胜利日报》载，由海洋石油船舶公司建造的油田首艘万匹马力多用途工作船——胜利 291 船投入油田海上生产。船体总长 74 米，型宽 156 米，型深 71 米，总重 2416 吨，主机功率 11000 马力，航速 16 节，是胜利油田功率最大、技术性能最先进、自动化程度最高的多用途工作船。

17 日 《胜利日报》载，由钻井工程技术公司提供技术服务、渤海钻井一公司 45011 队承钻施工的孤平 1 井完钻。该井水平段长 1054. 15 米，创国内水平井水平段最长纪录。

18 日 东营市举行建市 20 周年庆祝大会暨经贸洽谈会。中共中央政治局委员、书记处书记、国务委员、公安部部长周永康发来贺信，原山东省委书记苏毅然、梁步庭，省人大常委会副主任时立军，副省长孙守璞，省政协副主席王志民等出席开幕式。

19 日 油田二中学生王鹏在第二十届全国中学生物理奥林匹克竞赛（决赛）中，以 158 分的优异成绩夺得山东省第 1 名（全国第 8 名）。

21 日 管理局党委、管理局、有限公司发出文件，要求全油田掀起向“新时代劳动者的旗帜”——陈景世学习的高潮。

同日 《胜利日报》载，中国饭店协会认定 400 名“中国烹饪大师”，滨南采油厂华滨大酒店行政总厨王俊学榜上有名。

22 日 油田召开“双创”工作暨环卫工人节表彰大会。表彰在双创工作中涌现出的创城先进单位 28 个，创城先进集体 32 个，十佳环卫班组 10 个，环卫先进班组 18 个。7 人获创城领导杯，226 人被评为创城先进工作者，127 人被评为环卫先进工作者，并表彰了十佳环卫工人。

同日 胜利油田为山东省发生洪涝灾害的灾区捐款 180 余万元。

23 日 东营市总工会举行全国“五一”劳动奖章获得者陈景世事迹报告会。会议号召全市广大职工群众向陈景世学习，在全市营造学知识、学技术、学先进、赶先进的良好氛围。

同日 胜利油田驻阿拉伯埃及共和国办事处成立，在埃及首都开罗举行揭牌仪式。埃及办事处的成立，标志着胜利油田开拓埃及石油市场上了一个新台阶。

23—29 日 中石化安全检查组一行 10 人到胜利油田对海洋开发公司等 11 个单位进行安全生产大检查。检查包括安全生产责任制落实情况等 9 个方面的内容。

25 在第二届全国房地产与建筑业领先企业信息发布会上，胜建集团获 2002—2003 年度“全国建筑业领先企业”称号。

25—26 日 中石化集团公司党组成员、股份公司高级副总裁王天普，股份公司副总裁章建华一行到胜利油田考察。

25—30 日 全国行业职工乒乓球赛在胜利油田举办。这次比赛由中华体育总会群体部、行业体育协会主办，中石化体协承办。来自全国各行业 15 个体协代表队共 140 名运动员参加比赛。

27—29 日 中国企业联合会、中国企业家协会联合清华大学、中国人民大学共同举办的第二届（2003）中国企业文化年会在北京隆重举行。胜利油田等 30 家企业获得第二届中国企业文化大奖。油田领导曹耀峰、王立新应邀出席年会领奖，曹耀峰出席企业家、专家高层论坛并作了题为《企业文化推动国有企业胜利发展》的主题演讲。30 家获奖企业是从全国 40 万家会员企业中，按照公开、公平、公正的原则以及严谨、科学、规范的程序，在专家评审委员会认真评审的基础上，经中国企业联合会理事长办公会审定产生的。胜利油田在 30 家获奖企业中名列第七，是中国石油石化系统惟一获此殊荣的企业。

30 胜利油田召开安全生产工作紧急会议。会议对中石化集团公司安全检查团在胜利油田的安全检查情况进行了讲评。

同日 《胜利日报》载，由滨南采油厂华滨公司创新攻关的《关于防盗散热型油井变压器房的研究》获国家 QC 小组优秀质量管理一等奖。

30 日—31 日 中石化集团公司博士后工作交流研讨会在胜利油田举行。

11 月

5 日 美国米德兰市政府代表团到胜利油田参观访问。代表团参观了科技展览中心、油田一中和物探研究院。

同日 《胜利日报》载，桩海地区完钻的 27 口井累计探明石油地质储量 4546 万吨，2004 年可整体探明石油地质储量 5000 万吨，预测桩海地区的资源量可达 1.5 亿吨以上。胜利油区出现又一个亿吨级规模勘探目标区。

同日 《胜利日报》载，在全省企业文化建设优秀论文和优秀企业报刊展评活动中，胜利油田获得活动组织奖，并有 7 篇论文获奖。《胜利日报》获企业报刊一等奖，《胜利油田党校学报》获三等奖。

同日 《胜利日报》载，油田 34 中学承担的国家教育科学“十五”规划重点课题——《学生责任意识和良好习惯的研究与实践》开题。该校将用 2 年时间在 5 个年级中开展此项课题。

8 日 胜利新邦天鹅湖旅游开发有限责任公司天鹅湖度假村，经过山东省旅游局考核验收，被国家旅游局评为二星级饭店。

12 日 在第四届全国公开发行企业报评选中，《胜利日报》获“全国先进企业报”称号。该项评选活动由中国企业报协会组织，由国家新闻出版总署、中国记者协会等新闻部门组成评委会进行评审，在全国公开发行的 140 余家企业报中评出 30 家先进报纸，这是全国企业报系统的最高评选活动。《胜利日报》已连续四届获该项评选的最高荣誉称号。

同日 由胜利工程设计咨询公司承担的埕岛油田 CB30A 中心平台设计完成。该平台是自中心 1 号、2 号平台后最大的中心平台。

13 日 《胜利日报》载，油田中心医院近日成功为一位心脏高危患者实施联合瓣膜置换与同期冠状动脉搭桥术。为目前国内心脏外科领域中复杂程度最高的一项手术，标志油田中心医院心外科及综合技术水平达到国内先进水平。

14 日 管理局暨有限公司主辅分离、

改制分流工作会议召开。会议传达了中石化集团公司暨股份公司主辅分离、改制分流工作座谈会精神，对油田主辅分离、改制分流工作进行了安排部署。

同日　山东省人大常委会副主任、财经委主任委员黄可华，率山东省立法调研组到油田考察调研，就新制定的《山东省油区管理条例》（草案）征求修改意见。

同日　《胜利日报》载，在山东省少儿游泳锦标赛上，油田二中学生陈宇飞获蛙泳全能第 1 名和 100 米蛙泳第 3 名。

16 日　山东省副省长赵克志带领省有关部门人员来到胜利油田考察，并与油田及东营市领导进行座谈。

17 日　物探公司引进法国 CGG 公司研制生产的 WR—MSR 8 级数字信号 VSP 测井系统，标志物探公司 VSP 测井装备居世界一流水平。

17—19 日　中石化胜利油田 2004 年重点产能建设方案审查会召开。由中石化股份公司总裁助理、总工程师宋万超任组长的专家组对有限公司 2004 年第一批重点产能建设方案进行审查。

18 日　油田"学转谋见"活动创新发展思路交流暨总结大会召开。黄河钻井总公司等单位介绍了创新发展思路和"学转谋见"活动成果。会议表彰了 10 个征文优秀组织单位、10 个合理化建议征集优秀单位，85 篇优秀征文和 100 条优秀合理化建议。

同日　《胜利日报》载，在第五届全国中老年人无极健身球操比赛中，黄河钻井总公司代表队获全国"优胜奖"和"编排奖"。

19 日　全国最大的燃煤供热发电机组——胜利发电厂二期工程 3 号机组通过 168 小时满负荷试运行，正式移交试生产。3 号机组的移交试生产，缓解了胜利油田供电紧张的局面，实现了东营地区胜利油田基地内集中供热。

20 日　胜利油田第十届"十大杰出青年"评选揭晓。分别是：黄河钻井总公司 30557 队队长周飞、东辛采油厂副总地质师王国壮、渤海钻井总公司化验员颜小宁、海洋钻井公司胜利三号钻井平台经理张金龙、现河采油厂采油二矿党委书记韩辉、供水公司新邦设计开发有限公司副总经理张文庆、职工大学管理系教研室主任张建波、山东广域科技公司总经理李志宏、滨南社区环卫绿化治安队副队长时新春、物资供应处设备科科长沈岳。

21 日　《胜利日报》载，自 9 月 16 日—11 月 17 日，进行组合式 SAGD 试油开采的郑—王地区郑 411 块累计产油 2223 吨，油气比达 0.26。标志采油院超稠油 SAGD 热采技术现场应用获得成功，胜利油田超稠油热采技术达到世界领先水平。

23 日　"胜利油田注聚区污水处理技术研究"项目通过油田专家组技术鉴定。该成果对于提高注聚区采出液处理效果，降低污水对聚合物粘度的影响，改善回注污水水质有重要意义，总体达到国际先进水平。

24—26 日　中石化股份有限公司 2003 年度"五项劳动竞赛"总结表彰大会在胜利油田召开。中石化股份有限公司高级副总裁牟书令、副总裁王志刚、总工程师宋万超，及来自中石化各企业先进单位的近 300 人参加大会。这次活动经过自查整改申报、检查考核推荐、复查整改验收 3 个阶段，先后对 10 个油田的 27 个采油（气）厂、229 个基层单位进行检查验收，评选出 11 个红旗采油（气）厂、50 个金牌基层队和 49 个五星级站库。

25 日　山东省工会工作座谈会（中片）在胜利油田召开。会议对贯彻中国工会十四大和省工会十二大精神的情况及工会工作进了交流、探讨。省委常委、省总工会主席阎启俊到会讲话。

26日 中石化集团公司暨股份公司召开安全生产工作电视电话会议,强调要深刻吸取事故教训,切实加强安全生产工作。集团公司总经理、股份公司董事长陈同海到会并讲话。电视电话会议结束后,管理局党委书记董丕久和有限公司总经理李阳分别就落实会议精神、强化安全生产工作提出严格要求,确保油田各项生产任务的顺利完成。

同日 《胜利日报》载,在共青团山东省委主办的"趵突泉啤酒之春"山东青年美术、书法、摄影大赛中,胜利油建公司职工荀秦军获二等奖,并被授予"山东省青年高级摄影师"荣誉称号。

同日 河口采油厂高级工程师王身强等研制的"油田污水中杂质的清除处理的方法和污水处理装置",被国家知识产权局授予发明专利。

28日 胜利油田召开人才工作会议。提出了今后一个时期油田人才工作指导思想,确立了重点目标和基本任务,确保从现在起到2010年,全油田平均每年新补充本科以上毕业生1000人以上,平均每年新增高级职称人员1000人左右,保持与油田发展相适应的人才资源总量,重点实施"三大高层次人才工程",着力建设"五支人才队伍"。出台《胜利油田人才队伍建设实施意见》。宣读《关于表彰胜利油田杰出人才的决定》,对50名胜利油田杰出人才进行了表彰奖励。

29—30日 原中纪委副书记刘丽英,在省委副书记、纪委书记赵春兰,中石化集团公司党组成员、纪检组长王作然的陪同下,到胜利油田检查指导工作。

30日 中国企业管理研究会2003年年会在胜利油田召开。来自中国社会科学院、国务院发展研究中心、30所高校及部分企业的89名专家,共同研讨中国能源企业的改革与发展大计。全国人大常委、中国企业管理研究会会长、中国社会科学院副院长陈佳贵到会讲话。

同日 由电力管理总公司负责施工的油田220千伏杨九线开断及电网主构架调整改造工作顺利完成,标志着胜利油田大电网大电厂的格局基本形成。

同日 由黄河固井公司施工的重点探井塔河油区T737井顺利完工。该井完钻井深6077米,水泥浆设计密度为1.2克/立方厘米,是国内第1口超深超低密度水泥浆固井作业。

12月

1日 在中国企业文化研究会主办的中外企业文化2003年峰会上,胜利油田获企业文化建设实践奖,"胜利文化"获设计案例奖,曹耀峰获个人贡献奖。东胜公司获企业文化建设实践奖,刘晓明获个人贡献奖。

2日 部分驻东营全国人大代表和省人大代表在油田和东营市有关领导的陪同下,到胜利油田视察。

同日 第十四届"山东省十大杰出青年"评选结果揭晓。胜利油田物探公司特种设备队队长朱玉雷榜上有名。

4日 油田召开2003年秋季勘探论证会总结会。此次地质论证会自10月27日开始,对前3个季度勘探成果及认识进行总结,对今冬明春的勘探部署进行落实。600人次参加会议,听取36份正式报告。总结会传达了中石化油气勘探例会总结会精神,对2002年度6个优秀勘探项目组、13个勘探先进集体和11个勘探优秀基层队进行表彰。

同日 油田残疾人联合会第一次代表大会召开。大会选举产生首届残疾人联合会领导机构，通过有关残疾人工作报告决议。大会选举管理局党委常委、工会主席李玉卿为残联主席。聘请油田领导曹耀峰、董丕久为名誉主席。山东省残疾人联合会副主席白志学到会并讲话。

4—5 日 山东省社会治安综合治理检查团到油田检查工作。

6 日 全国部分企业工会经济技术创新工作研讨会在胜利油田召开。来自 18 个省的 25 个大型企业代表参加了会议。

同日 国内首次可膨胀管技术试验在黄河钻井三公司 32697 队施工的通 61—侧 162 井成功完成。该技术是一项当前世界领先的石油工程技术。

9 日 临盘采油厂研究的《高泥质疏松砂岩油藏解堵防砂技术》、《临南油田注入水水质改性技术》、《临盘机采井综合节能技术》等 3 项成果通过省级技术成果鉴定。

12 日 油田举行向首届“胜利油田技能大奖”获得者学习座谈会。会议表彰了陈景世等 10 名“胜利油田技能大奖”获得者，并颁发奖金 5 万元。所在单位获“技能人才培育突出贡献奖”。

13 日 中国石油记协第二届“十佳百优”新闻工作者颁奖暨座谈会在胜利油田召开。胜利油田 7 名新闻工作者榜上有名。

15 日 由石化总厂、胜利发电厂、电力管理总公司合资兴建的油田首家水煤浆发电项目投入运营。

同日 电力管理总公司职工王德华研究设计的“双绞线二分配器”与“交叉模块”获得由国家知识产权局颁布的实用新型专利证书。

16 日 2003 年油田第二批探明储量通过国家储委验收。2003 年胜利油田新增探明石油地质储量达到 1.1301 亿吨。油田已连续 21 年新增探明储量过亿吨。

18 日 由管理局团委组织的“我心中的胜利油田”演讲比赛结束。这次活动旨在纪念胜利油田开发建设 40 周年，50 个二级单位上千名选手参加。经过决赛，局直属机关、现河采油厂选手获一等奖，油田教培处、海洋钻井公司选手获二等奖。

22 日 胜利油田 2003 年度西部工作总结表彰大会在乌鲁木齐召开。

23 日 国家环境保护总局授予东营市“国家环境保护模范城市”称号。

同日 油田共青团工作会议召开。会议总结、部署了共青团工作，表彰了第十届“油田十大杰出青年”、共青团先进集体及个人。

24 日 山东省人民防空检查团到油田检查指导工作。

25 日 胜利油田物流、资金流、信息流“三流合一”系统工程全面运行。标志着油田物资供应的管理体系和运转机制迈上了新台阶。

26 日 胜利测井公司顺利完成中 4 井的完井测井施工，创国内超深井测井施工新纪录。

同日 在第五届全国教育网络系统建设工作会议上，油田三中被授予“全国教育网络系统建设示范单位”称号。

28 日 胜利油田医疗信息系统和社会保险信息管理系统对接成功，油田社会保障 IC 卡投入使用。社会保障卡具有信息记录、电子凭证、信息查询和电子存折等功能。信息卡的投产应用为油田参保职工提供了更为便利的就医条件。

特　　载

陈同海总经理在听取胜利油田生产经营情况汇报时的讲话

（根据录音整理，未经本人审阅）

（2003 年 6 月 21 日）

胜利油田多年来取得了很大成绩，特别是今年上半年生产经营形势良好，这与广大干部职工的共同努力是分不开的。胜利油田在集团公司、股份公司中占有至关重要的地位，占集团公司原油供应总量的四分之一、占总利税的 40%。胜利油田重组，已是第六个年头，已经换了三茬领导班子，但胜利油田的工作一直往上走，工作非常有序、稳定地接班，不断地发展。胜利油田出原油、出效益、出人才。耀峰你们这届班子相对很年轻，更要把胜利油田下一步的发展和改革考虑的更多一点、更长远一点。这次来目的，就是通过调查研究，把国内外的形势、集团公司总部的形势和胜利油田的形势结合得更好一些，进一步推动胜利油田的工作，使油田发展更好、改革更快。在这种形势下，我们要考虑几个问题。

第一，国民经济总量"翻两番"的目标当中，我们怎么办。十六大提出了迈入新世纪的 10 到 20 年的奋斗目标，国内生产总值到 2020 年比 2000 年"翻两番"，全面进入小康社会。集团公司党组首先考虑的问题，是中国石化作为国有支柱企业，作为四地上市的公司，在国家"翻两番"的总目标中要怎么办。

第二，在解决制约我国经济发展的主要战略问题中，中石化和胜利油田怎么办。我国要实现"翻两番"的战略目标，面临着许多重大制约，其中油气资源制约是重要的方面。中石化作为以油气资源为主要产品的国有企业，考虑和解决资源制约问题是我们的责任。江泽民同志在三年前提出，要把石油资源和水资源、粮食资源放在同等重要的地位。在江泽民同志的指示下，中央、国务院有关部委积极行动，三大石油公司一起参与，研究了国家石油发展战略问题和战略储备问题。前不久，在抗击"非典"的特殊时期，温家宝总理亲自主持国务院办公会，听取石油可持续发展战略问题的汇报，研究明确了方向和任务。从我们国家的石油天然气短缺情况看，不解决石油天然气资源问题，"翻两番"的目标是达不到的。去年我们是 2.1 亿吨原油、200 多亿方天然气的需求，预测到 2010

年需3亿吨原油，到2020年要超过4.3亿吨，这还是比较保守的预测。而我们国家的原油产量现在是1.6亿吨，专家预测可能增长到2亿吨左右。那么到2020年预计缺口将会达到一半，天然气缺口约1000亿立方米。兄弟企业为了解决我们石油天然气资源短缺的状况，中石油、中海油都提出了海外发展战略，目标投向了国外资源。中石油规划到2020年，海外份额油要达到5000万吨，在海外再“产”一个大庆。甚至中化也提出到2010年，要在海外拿到1000万吨份额油。我作为中石化的总经理，对此很感慨。中国石油短缺主要在我们中石化，进口油的90%是在我们这里；我们原油的自供率不到30%，国内供给率不到50%，另一半完全靠进口。因此，解决了中国石油战略安全问题也就解决了中石化的石油战略安全问题。兄弟企业在做这些工作，是为了中国经济的发展，实际上也是等于在支持我们中石化的发展。在这种形势下，我们自己怎么办。这不仅仅是个脸面问题，更是个责任问题。因此，解决我们在国民经济“翻两番”中怎么办的问题，压力可能更多的是在我们上游，在我们油田板块。

第三，面对油价可能下降的趋势，我们怎么办。最近我非常焦虑，分析了公司四个主要业务板块的情况。其中研究到上游板块，不仅仅是油气资源、产量短缺，还有一个迫在眉睫的威胁，就是油价问题。美国用了几十万大军、上千亿美元，冒天下之大不韪，对主权国家伊拉克发动了战争，所有借口都是假的，它的核心就是一个字“油”。占领伊拉克不仅从政治上改写了中东版图，而且维护了美国最根本的利益——石油。全球每年原油产量40多亿吨，但是真正商品化的不多，美国一家就采购4亿多吨，它一年消耗8亿多吨。相对比较高的油价拖累了美国经济，原因就是欧佩克对它的影响很大。美国占领伊拉克后，下一步就将开始大规模地开发伊拉克石油，一方面可以为美国提供稳定可靠的石油资源，另一方面通过大量出口石油，打掉欧佩克的组织功能，至少使欧佩克臣服。中东的原油成本很低，1～3美金一桶，高的也就是五六美金，赢利空间是很大的。美国通过大量的低成本廉价原油，左右世界市场石油价格，因此必然会出现油价大幅下滑的局面。这就是美国不惜成本打这场战争的根本利益所在。我们作为石油企业，必须把这种大的趋势看清楚。我们胜利油田的完全成本是14美金一桶。1998年油价跌到9美金，那年胜利油田只有3亿元左右的利润，跌得一塌糊涂。如果到了那个份上，不仅没有效益，连投入的资金也没有了。胜利油田如果一年没有100个亿的投入是过不下去的。如果出现这种局面，胜利油田怎么办。

党组想的这三个“怎么办”，特别是最后一个“怎么办”是直接和胜利油田有关的。这三个“怎么办”是中国石化91万职工共同面临的任务，是我们各级领导干部考虑和解决的问题。

第四，要克服困难，迎接挑战。石油、石化人没有服过输，胜利人更没有服输的传统。江泽民同志给胜利油田的题词是“从胜利走向胜利”。胜利油田也有自己的困难和矛盾，“家家都有一本难念的经”、“人人都有难唱的曲”。我们必须坚定信心，围绕生存和发展，进一步解放思想，拓展思路，加大工作力度。既要克服当前的问题，更要迎接未来的挑战、困难和矛盾。总的来说，办法有三个。

一是求发展，这是任务和责任之所在。小平同志讲，发展是硬道理。只有发展，才能解决前进道路上遇到的问题和矛盾，才能够经得起未来的挑战。

二是抓改革，改革也是硬道理。不改革是没有出路的。国有企业正处在改革的攻坚阶段，只有通过改革才能消化和消除我们过去存在的矛盾和问题；也只有通过改革，才能提高我们的竞争力，迎接未来的挑战。

三是抓结构调整。我们的结构是多方面的结构，不是单方面的结构，现在的结构不令人满意。要考虑国有资产战略性结构调整、产业结构调整、生产能力结构调整等重大课题，要考虑它们在胜利油田如何破题。结构调整是广义的，也是多方面的。要坚持集团公司在“十五”提出的“改革、改造、加快发展”的8字调整方针，同时还要不断的走自我创新之路。要坚定信心，拿出勇气，拿出办法，解决好业已存在的问题和矛盾。做好准备，迎接新的挑战和新矛盾的产生。同时，更要树立信心。目前我们还是盈利企业，我们的资产是优质的，我们的队伍是过硬的。来胜利之前，我向国务院领导汇报了工作，国务院领导非常赞成我们的发展和改革思路。黄菊同志还强调，你们还有实力搞发展、搞改革，你们比西部的企业、比军工、比煤炭企业强得多，可以用自己的力量来进行发展，来进行改革，来进行结构调整，来进行创新，而不需要国家拿出更多的钱、更多的政策来扶持。

第五，胜利油田的发展潜力巨大。来胜利油田这几天，感到胜利油田潜力很大，特别是增储上产、深化改革、降本增效的潜力巨大。这些潜力给我们的发展、改革和结构调整，创造了非常好的条件。我结合这三个潜力，讲一下胜利油田如何破“三个怎么办”的题目。

一是增储上产潜力巨大。能源是重要的战略物资，属于政治范畴，国际石油资源是不会轻易让中国企业染指的，我们集团公司在国外一些投标项目的失败就是这个原因。我们实施“走出去” 战略，包括胜利油田也花了很大精力，现在还没有拿到真正象样的区块。原因就是，对它们来讲，中国是潜在的对手。所以我们干石油的，一定要头脑清醒。现在研究证明，当一个国家对石油的依存度达到30%的时候，就威胁到国家安全，达到50%的时候，就必须建立远洋舰队护航，保证石油通道。现在我们的6000万吨进口油，每天海上为我们服务的、20万吨以上的船只是40条。所以海外油的运输也是问题。因此，要解决中国石油天然气短缺的问题，主要还是立足国内。听到重上3000万的奋斗目标，感到很欣慰，“十一五”末时间长了点，要快字当头。石油属于深埋矿产资源，有它自身的生成理论、规律和特点。寻找石油资源首先要解决认识论问题。40多年前，老一辈的革命家和石油工业的创始人，创造了“两论起家”，成功指导了中国石油工业的创业。作为马克思主义作为指导思想的党，首先承认物质是第一性的，存在是决定的因素。对石油资源勘探不要轻易下结论，你们的实践也证明了这一点。阳信洼陷的“三下四上”、郑家王庄地区的新发现是很好的证明。人类认识问题，永远受到自然界的限制，但是永远不要轻易说没有。要把我们头上的“金箍”拿掉，要按我们党的思想路线、马克思主义认识论和事物发展的基本规律来看待石油资源勘探。并且，随着外部因素的变化，事物也是在变化的。随着技术的进步，手段的提高，理论的创新，就会有新的发现，胜利油田近20年每年探明1亿吨以上储量的勘探实践就是一个很好的说明。目前胜利油田与西部比，丰度要高得多，勘探成本也低。因此，重上3000万吨，首先解决的不是产量问题，而是思想路线、认识、方法问题。要按照科学方法不断探索新的储量。发现大油田，发展新中国的石油事业，靠的是“两论”；在老油田上继续发展，也要靠“两论”。再加上我们有利条件很多，新区、海上、深层、未认识到的储层还很多，还在不断地发现。工作上要扎扎实实，以提高最终采收率为目标，科学合理地制定开发方案。油田到了中后期，有“三高”，但也有“三降”啊！每年20亿老油田改造资金的效果就在这里。电耗量、注水量在降，开发质量指标在升，这是很大成绩，要充分肯定。要在保持老油田、老区块产量稳定的同时，在老油田里寻找新油田，在老层系里寻找新层系，打好重上3000万的物质基础。要充分利用目前油价高的大好形势，干得再快些。

二是深化改革的潜力巨大。总部今年正在积极推进分配制度改革，胜利油田拿出的方案，听后感到总体上是可以的。一是为什么要进行分配制度改革。中石化2000年上市，拿回了34亿美金。当时对于上不上市，各方面的意见不尽一致，直到今天也有不同意见，这是正常的。集团公司到海外上市的最终目的，并不是差这部分美金，出发点是要花点代价，买回一个新的体制和机制，通过进入资本市场，来解决国有企业的体制机制问题。上市后，体制解决了，资本多元化了，外部的监管机制也有了，但是我们企业内部的许多机制还没有完善，不符合上市公司的要求。分配制度改革就是其中一个方面。分配制度改革不是单纯的工资制度改革，它包含用工制度改革、干部制度改革、工资制度改革等多个方面的内容，是整个改革环节不可缺少的重要一环。分配制度改革首先要解决一个大的认识问题，就是如何认识劳动力价值的问题。进入市场经济后，劳动力是不是特殊商品？马克思在《资本论》里讲得很明确，在商品经济下，人是特殊商品，既然是特殊商品，就有特殊的价值和使用价值。使用价值可以既反映在工作能力、水平、专业上，又反映在工资、奖金、各种待遇上。和一般商品不一样，比较特殊。所以进入市场经济以后，我们对分配制度的改革，实际上就是引进了市场价值的观念。这种价值观念是以效率为前提的。江泽民同志在十六大报告里阐述得非常清楚，进入市场经济后，是效率优先。“优先”是两个概念，一个是强调效率对整个分配制度的重要性，二是“效率优先”是指在国民收入一次分配中的优先。我们企业的分配就属于一次分配，政府的分配是二次分配，也叫再分配。所以江泽民同志又讲了“兼顾公平”。这两句话指的不同范畴，对企业而言，只有“效率优先”，没有“兼顾公平”，“兼顾公平”的职责在政府。企业能不能在市场竞争中取胜，主要看你的效率如何，不是看你的公平水平；一个社会能不能稳定、能不能发展，就看政府的公平水平，政府要提高低收入家庭的收入，要建立社保基金，通过对高收入者进行征税等，来使社会二次分配相对公平。企业既然讲“效率优先”，具体做法上是引进市场劳动力价格机制，不是直接引进劳动力价格。象我们的劳动力市场发育的并不完整健康，我们的市场劳动力价位定的也不是完全合理，只能把这种机制引进来，而不是直接引进劳动力价格。这次分配制度改革，首先就是要遵循这些基本原则。你的效率高、贡献大，收入就高；你是简单重复劳动，收入就低。公平不是“平均主义”，“平均主义”在企业是失败的。企业就是“不以水平论高低，以成败论英雄”。这就是以效率优先，谁运用资产的增值率高，谁在市场中就能存活。这些基本概念理清楚了，大部分干部职工对方案就可以理解了。

二是进一步改制分流。我们属于资源性企业。过去我们看到资源型企业未来的危机,提出多元化经营,作企业发展的接替准备,具有战略性意义。但后来因为经验不足、管理不严、人才不够,市场经济也不规范,造成了过程中有些投资失败,产生了争论。对这个问题,要历史地看、辩证地看。首先,对资源性产业如何接替的构思是正确的,否则煤矿工人的今天就是石油工人的明天。其次,投资失败的原因是运行机制错误,体制不到位。现存的多元经济,有三分之一盈利、三分之一处于亏损边缘、还有一部分破产几次都够了。胜利油田要进行国有资产战略化重组,就要搞清楚油气主业和存续部分的定位。全球大企业破产的原因无非是两条,一是做假账破产,二是搞多元化。搞多元化企业没有不破产的。美国安然、日本、韩国的一些企业就是因为搞多元化破产,其实就是搞了许多它不懂、也管理不了的业务。任何公司只有拥有核心业务、核心技术和核心产品,才有竞争力。所以我们既要搞多元化,又不能在一个公司里搞多元化。也就是说从产业接替的角度要搞多元化,但是在一个企业里搞多元化是要失败的。怎么处理这两者之间的关系。我看了胜利的情况以后,给我以很大的鼓舞。我们搞多元化产业的体制机制要改,不一定是我们国有企业来做,不一定由油气专业公司来搞,而是要走改制分流的路子。上市以后,我们前两年搞了一次大规模的"协解",这个方法是对的,这也是市场经济所要求的。我们一下子"协解"了约21万人,这是一个巨大的成绩、巨大的进步。但是我们要看到我们的社会环境、改革的环境,不可能完全用"协解"的办法来解决国有企业人员过多的问题和效率低下的问题。怎么办?走改制分流之路,现在看来也是可行的道路。改制分流能够解决几个比较大的问题。一是职工带着资产、生产岗位走,没有下岗问题,维护了社会稳定。二是消除了企业多元化带来的风险,多元经济的经营体制、机制与油公司没有关系。胜利油田多年来的工作有成功的经验,经过十来年的努力,打下了一个很好的基础,当然也有失败的教训。这么大的物质基础怎么办,要通过体制机制的转变来解决,量化给职工个人,让它们到市场上去。胜利油田集体经济总资产大约是50多个亿,有不少企业还是盈利的,给转制创造了很好的物质条件。集团公司存续部分每年亏损近100个亿,如果不改制搞活,同样是国有资产流失。胜利油田改制分流的内容很多、潜力很大。

三是降本增效的潜力巨大。我们家大业大,可以降本增效的方方面面很多。你们进行的燃料结构调整,节约原油15万吨,而15万吨原油投资需要6个亿。你们现在还有40万吨的生活用油,如果油改煤、油改气、油改水煤浆等措施上来,潜力巨大。你们前面做得很好的就是注水系统改造、供配电系统改造,这些都抓得很好。这两年注水量、用电量大幅度下降。除了这些,还有大量的事情可做。例如,在电力结构调整上,把埕岛的机组停了,把供机组的天然气再卖掉。把电网改造一下,使胜利电厂的机组有更多的负荷电量。这两笔账一算下来,效益是很可观的。目前中石化系统有10万辆车,一辆车10万元,10万辆车就是说100亿元。胜利油田还有3万辆车,有没有必要养这么多车。还要通过强化管理和精细管理挖潜力。因为油气资源受市场价格的影响,你不降本,就走不出发展之路,包括油气主业生产也要降本。如果将来油价跌到12美金、10美金,那么胜利油田怎么办,中石化怎么办。要把降本增效这篇文章做好。

第六，年轻干部选拔使用后，要加强培养，使年轻领导干部健康成长。目前新提拔的许多干部，年龄轻、文化程度高、专业性强，要从多方面加强培养。我提几点希望。

一要珍惜自己的事业。年轻同志遇到了国家发展经济的大好机遇，成长进步比较快，有的很年轻就走上了重要的领导岗位，要珍惜机遇，把事业放在第一位。不要过分追逐个人的升迁荣辱，把工作岗位当作自己升迁的台阶。

二要政治上更加坚定。年轻同志要提高政治上的坚定性，坚定社会主义事业必须坚持党的领导，绝对不能动摇对党的信心，只有中国共产党才能领导中国事业的发展。什么是中国特色的社会主义，就是中国共产党领导下的、公有制为主体的市场经济。中国要统一、稳定和发展，没有一个政治核心是不可能实现的。无数的历史也说明了这个问题，我们遇到了严重的通货膨胀，靠党的领导遏制住了；我们遇到了特大洪水，靠党的领导顶过去了；我们遇到了“非典”，靠党的领导控制住了。要把这些问题从历史的角度看清楚，提高政治上的坚定性。

三要在实践中不断磨练自己。我们面临的问题不少，遇到越来越多人民内部矛盾，也可能遇到一些重大问题。各级领导班子，遇到重大问题，要处事不惊、稳定自若，不能慌了神。这是一种政治上的锻炼。古人云“泰山崩于前而目不瞬”，要培养自己政治上的良好素质。

四要培养科学的思维方法。不仅仅是科学家们要有正确的思维方法，各级领导者也要掌握科学的思维方法，也就是党的思想路线。学习辩证唯物主义和历史唯物主义，掌握了这些科学方法，有助于我们更全面、更客观地分析和认识问题，找到解决问题和矛盾的方法和途径。希望年轻领导干部更快、更好地成长起来，这是我最大的希望所在。

胜利油田增储上产的潜力巨大、改革的潜力巨大、降本增效的潜力巨大、人才发展的潜力巨大，所以我给你们的一句话是“争取更大的胜利”。这是两个意思，从字面上看是争取更大的胜利；从内涵来讲是争取搞一个更大的“胜利油田”出来。

开拓创新　奋发进取
谱写胜利油田改革发展新篇章

——2003年2月26日在胜利石油管理局 胜利油田有限公司第五届职工代表大会第一次会议上的工作报告(摘要)

胜利石油管理局局长
胜利油田有限公司董事长　曹耀峰

一、2002年油田工作回顾

2002年,是胜利油田适应重组改制上市后新体制、新形势的要求,在战胜各种困难中实现新发展的一年。回顾过去一年的工作,在生产经营压力不断加大、改革处于攻坚阶段、热点难点问题日趋增多的情况下,油田广大干部职工在中石化集团公司和山东省委、省政府的领导下,在油区特别是东营市各级党政组织及人民群众的大力支持下,认真贯彻落实"三个代表"重要思想,牢牢把握改革发展稳定的大局,团结一致,开拓创新,励精图治,攻坚破难,圆满完成了上次职代会确定的各项工作任务。全油田合并实现利润97.36亿元,实现税费96.04亿元。有限公司实现总收入364.02亿元,总支出251.16亿元,实现利润112.86亿元,完成年计划的105.53%;生产原油2671.5万吨,天然气产量7.5亿立方米,均完成年度计划;实现企业增加值256.76亿元。管理局实现总收入160.86亿元,总支出176.36亿元,亏损15.5亿元,控制在预算指标之内,实现企业增加值42.96亿元。

2002年,有限公司和管理局主要抓了以下工作,并见到明显成效。

(一)坚持外延扩张与内涵发展并重,油田生产经营呈现出持续稳定发展的良好态势

油气资源的战略基础地位继续得到强化,勘探地盘进一步得到拓展,2002年新登记宁夏中卫东北部、潍北凸起、辽西凹陷东部三个采矿区块,面积1.2万平方千米。截至目前,油田可供勘探的总面积由以往的6万平方千米扩大到17万平方千米,油田的探矿区域已扩展到全国五大盆地中的四个,油气资源总量已达170亿吨,比"八五"末增加了一倍多。地质理论和认识取得创新性发展,对压扭性盆地成盆理论、有机质富集层成烃理论有了新的认识,在复杂潜山油藏、下第三系隐蔽油藏和上第三系地层油藏等成藏理论方面取得突破性进展,有效地推动了勘探具体工作的开展。全年新增探明石油地质储量1.07亿吨,完成年计划的107%,已连续20年保持年新增探明储量1亿吨以上;全年新增控制储量8567万吨,新增预测储量8700万吨,新增天然气地质储量15.19亿立方米。储量品位有较大提高,主要表现为整装区块增多,储量在1000万吨以上的有4个,在500万吨以上的有3个,而且明确了一个亿吨

级的整装稠油大油田；储量单元规模增大，由“九五”末的140万吨/块提高到的184万吨/块；超稠油储量比例由“九五”末的30%下降到8.5%。勘探效益有所提高，吨油勘探成本控制在21.3元，比上年降低1个百分点。

油田开发上，坚持效益优先方针，注重处理当前与长远、上产与稳产的关系，在积极推进工艺技术配套应用和开发基础理论研究的同时，强化日常生产组织的衔接与协调，油田开发工作运行平稳，整体水平又有了新的提高。滚动勘探针对产能建设阵地落实程度低的矛盾，开展精细研究工作，实现了“规模储量、优质高产”，全年滚动探明地质储量2884万吨，当年动用率达到81.1%。新区产能建设坚持快节奏、快结合、快调整和高效益的原则，优化部署，新建产能区块60个，新建产能145万吨。油藏经营管理工作以提高老油田采收率为重点，强化了精细油藏描述、三次采油、水平井等开发主体技术的完善和应用，使单元调整治理和油水井措施等工作更具有针对性和有效性，老油田继续保持了高水平、高效益稳产。同时，“矢量井网”、低渗透油藏机理、聚合物加合增效等方面的研究，取得了不同程度的进展，为老油田深入挖潜提供了新的理论支持和储备。整体开发状况进一步改善，储采平衡率为103.54%，连续6年实现储采平衡，年自然递减率为14.5%，综合递减率6.3%，含水基本保持稳定。

管理局各单位积极适应形势变化和市场需求，实施市场化经营的意识和能力明显增强，不仅以高水平、高质量的服务为油气主业的持续稳定发展提供了坚实的生产生活保障，而且采取依靠科技进步、优化运行机制、实施科学管理等措施，全力打造和提升核心竞争力，各单位呈现出蓬勃向上的良好发展态势，管理局的整体竞争力和经济运行质量明显提高。钻井、油建、机修等系统和单位的经济总量和效益有了大幅度的增长，部分亏损单位的扭亏效果明显，展现出良好的发展势头。全年钻井1296口，钻井进尺293.47万米，完成油建施工产值27.87亿元，供水量1.66亿立方米，供电量52.72亿千瓦·时，发电量31.77亿千瓦·时，运输工作量4.22亿吨·千米，机械修造系统实现产值13.6亿元。

（二）积极稳妥地推进内部改革和产业结构调整，油田发展活力不断增强

按照整体规划、分步实施、配套改革、择机推进的整体思路，深化油田内部改革。专业化重组迈出新步伐，将黄河钻井总公司的机修公司、物资供应处的套管生产部分剥离出来，并入动力机械厂，提升了动力机械厂的规模效益；对钻井系统进行主辅分离、内部整合，将“渤海”、“黄河”两个钻井总公司的多种经营分离出来，精干了钻井主业；社区内部结构的优化重组有了新的进展，压缩物业公司10%，压缩物业站22%，热力、环卫、绿化等专项工作也实现了内部层面的专业化重组。按照优化资源配置、提升规模效益的原则，对文教卫生系统的结构布局进行了调整，中小学由原来的77所调整为71所，卫生所由102所调整为75所。完成了地球物理勘探开发公司由上市划入存续部分的置换准备工作。产权制度改革继续深化，长安集团、管理局资产调剂租赁中心分别改制、改造为多元投资主体的有限责任公司，创立了多家参股的胜利软件有限责任公司，成为油田新的高新技术产业增长点。此外，按照集团公司的要求，在移交办社会部分方面进行了有益探索。

（三）坚持制度创新和严格管理并重，经营管理工作创出新水平

适应重组改制上市后油田新形势的发展需要,对不同系统和单位的经营承包政策进行调整和完善,逐步理顺了油田各个层面的经济关系,进一步调动了各单位增收节支的积极性,促进了油田整体经济运行质量的提高。进一步完善和强化投资管理,全面推广项目管理,投资管理更加规范,基本消除了“三超”和重复建设现象。财务管理在依靠信息化技术提升整体管理水平上取得了明显成效,各二级单位内部存款比上年降低3.9亿元,流动资金周转缩短4.5天,年节约资金占用成本3000万元。物资管理在积极推行“零库存”的同时,按照物流、资金流、信息流“三流合一”的方向,塑造新的物资供应管理业务流程,加大集中招标采购力度,节约成本1亿元,挽回和避免经济损失2.4亿元。节能工作积极向整体系统技术改造的方向转变,强化了技术创新和先导性实验,全年耗能435万吨标准煤,同比减少35万吨,其中采暖燃料结构调整项目完成后,全年顶代原油10万吨,节约支出7000万元。审计工作进一步加强,全年直接审计成果1.5亿元。油田内部市场规范管理力度不断加大,对井下作业、采油助剂、钻井和测井市场进行了清理整顿,净化、优化了市场秩序。坚持严打、严防、严管、严治相结合,标本兼治,综合治理,油区治安和生产秩序进一步好转。努力做好就业和再就业工作,全年提供就业岗位7485个,安排就业人员3189人。安全、销售、土地、设备、合同、信息、技术监督、定额价格、外事、咨询、档案等项工作也取得了新的成绩。

(四)坚定不移地实施“走出去”战略,外闯市场取得突破性进展

油田上下外闯市场的竞争意识和机遇意识普遍增强,从组织协调、力量配置等方面加大了工作力度,形成了全方位、多形式的对外创收格局。全年完成外部市场创收31.45亿元,超年计划1.45亿元,比上年增长5.7亿元,增幅为22.1%,比1999年翻了一番还多。全油田有53个二级单位、2000多支队伍、1.7万多人(次),进入国内29个省市、105个地区、22个油田以及卡塔尔、美国、日本等13个国家和美国EDC公司等5个反承包市场领域。油田在外部市场的竞争力有较大提升,承揽1000万元以上的大项目36个,其中有34个项目相继开工,累计创收17.3亿元,占同期总创收的58.8%。各单位开拓外部市场的积极性明显提高,外部市场创收占单位总收入的比例进一步提高,胜建集团、胜利油建公司、海洋钻井公司、动力机械厂等单位外部市场创收比例超过50%,总机械厂、钻井工程技术公司、泵公司等单位外部市场创收比例超过30%。国际市场的开拓力度进一步加大,伊朗卡山勘探项目、阿尔及利亚扎尔则油田开发项目等海外勘探开发业务进展顺利,并以此为突破口,带动相关设备出口、劳务输出、工程承包、技术服务的发展,有力地促进了油田经济总量的增长。

(五)大力实施“科技兴油”战略,油田的核心竞争力得到进一步提升

重点关键项目的攻关和成熟配套技术的完善、推广工作都有了新的进展。以国家级攻关项目和集团公司“十条龙”项目为重点的科研攻关取得阶段性成果。全年共承担各类科研课题470多项,其中国家级课题17项、集团公司课题42项、管理局研究课题411项,共完成各类科技成果300多项。大批成熟配套的核心技术在油田生产经营实践中不断得到完善和提高,并切实发挥出第一生产力的作用。高分辨地震勘探技术、特高含水油田提高采收率综合配套技术、聚合物驱油技术、水平井采

油技术、滩海石油工程综合配套技术等，不断扩大推广应用范围和规模，为油田的稳产、增产和经济效益的提高提供了有力的技术支撑。全年依靠科技进步新增探明储量6781万吨，新增可采储量1288万吨，预测天然气远景储量98亿立方米，新增原油产量125.13万吨。超高分子量聚丙烯酰胺、石油磺酸盐等项目，按照“集成、联合”的原则，积极推进产业化发展，取得了实质性进展。高分辨率多任务测井系统、综合录井仪、天然气发电机组等高新技术的开发不同程度地取得了阶段性成果，有的形成了一定的生产能力。一批高层次的科技人才脱颖而出，全年油田有3人被批准享受国务院政府特贴，160多人进入集团公司学术技术带头人队伍，新推荐集团公司专家12人、优秀青年知识分子20人，在站博士后已达43人。

（六）坚持规范与创新并重，多种经营保持强劲的发展势头

2002年多种经营经济总量和经济运行质量有了新的提高，全年实现生产经营总值58亿元，实现销售收入56亿元，完成年计划的105.7%，其中社会销售收入20亿元；实现利税5.6亿元，完成年计划的112%，其中利润2.8亿元；实现企业增加值15亿元，出口交货值1.4亿元。油田多种经营的地位和发展问题，在新的历史条件下得到重新审视和谋划，编制了《2003—2007年全局多种经营产业结构调整与发展计划纲要》，筛选编制了新的经济增长项目。产业结构调整出现好势头，科技对多种经营企业的贡献率逐步提升，以东辛玻璃钢产业、测井公司仪器制造业为代表的一批名牌主导产业发展迅速；电力广域公司和新大玻璃钢安装工程公司，分别通过山东省高新技术企业的省级评估和初审；在上年改革试点的基础上，又有5家企业完成了产权制度改革，新体制、新机制的优势与活力逐步显现。招商引资取得新突破，先后从澳大利亚、山东力诺集团引进外资近亿元，合资建设太阳能项目和医用玻璃生产线。农业产业化建设迈出新步伐，成立金润农业发展公司，开发种植的8000亩芦竹获得成功，组织实施了油田农业开发史上最大的孤东10万亩土地开发项目。社会市场开拓取得新突破，不仅产品和劳务走向国内外市场，而且利用管理和技术实现外部扩张，在油田和东营市春季产品订货会上，油田产品签约订货额达到8亿元；在对外招商和经贸合作中，成交经贸项目28个，成交额约3.5亿元。

（七）努力维护职工群众的切身利益，矿区环境和职工生活条件明显改善

认真实践“三个代表”重要思想，妥善处理好发展生产与改善职工生活的关系，积极争取政策，油田工资总额有了一定增长，职工实际收入得到新的提高。在搞好生产经营、提高经济效益的同时，下大气力改善矿区生产生活环境，提高职工生活水平。继续对西城道路进行改造，胜利明珠广场投入使用，建成了仙河、纯梁、龙口三个中水利用项目。下达4批11374套经济适用房建设计划，截至2002年底交工2666套，在建2582套。社区物业管理服务逐步走上规范化、标准化、市场化的轨道，截至目前，全油田有9个社区组织开展了ISO9001质量认证，有30个物业公司获得省级物业管理二、三级企业资质，全年新增国家级文明小区4个、省级文明小区5个、局级文明小区6个。到2002年底，油田已建成局级文明小区68个、省级文明小区39个、国家级优秀小区21个。医疗、教育水平又有新的提高，兴建了中心医院影像中心等一批医疗设施，建设中小学用房3.2万平方米，并为所有初中学校配备了微

机网络教室。油田高考取得历史性突破，录取率达72%，其中本科录取率达38.5%，比上年提高12个百分点，有10名学生被清华大学和北京大学录取。

（八）大力强化党的建设、思想政治工作和精神文明建设，油田大局保持稳定

深入学习贯彻党的十六大和十五届六中全会精神，大力加强党的建设和领导班子建设，结合“观念与作风转变年”、“党员先进性教育”活动的开展，在广大党员干部中又进一步开展了“学决定、正党风、讲责任、做表率”主题教育、预防职务犯罪专题教育以及“亲情廉政”活动，党风廉政建设责任制得到有效落实，各级领导班子和党员队伍的思想和作风明显进步。注重干部素质和能力的提高，一批思想政治坚定、具有专业知识、有改革创新精神的优秀年轻干部走上领导岗位。按照“统一思想、凝聚力量，坚定信心、创新发展，团结一致、保障有力”的思路，切实加强和改进思想政治工作，为油田改革发展稳定提供了坚强保证。形势任务教育突出解放思想、转变观念，“发展是第一要务”，“改革是发展动力”，“稳定压倒一切”四个主题，始终保持了强大的舆论声势和正确思想导向。坚持依法治企与以德治企相结合，继续深入开展“三学三创”活动，大力推进油田精神文明建设。评选表彰了10个油田道德建设示范点、10个油田道德建设优秀单位、十佳文明窗口、十佳文明新事。积极探索实行量化考核、动态管理的创建机制，基层建设扎实推进。截至目前，油田已有3120个基层队跨入达标行列，涌现出528个优秀基层队、184个行业一强和89个名牌基层队。公安、综合治理等部门全力维护油区治安，为油田生产经营和职工安居乐业创造了良好环境。工会、共青团、老年、计划生育、人武等工作坚持不断创新，为保持大局稳定做出了贡献。本着统筹兼顾、共同发展的原则，工农共建、油地结合工作向纵深展开，呈现出前所未有的共建黄河三角洲的良好局面。

在过去的一年里，油田取得了来之不易、令人振奋的好成绩，但也要冷静而清醒地看到工作中存在的矛盾和问题。主要是，资源接替不足的矛盾还没有从根本上得到解决，老油田稳产基础尚需进一步夯实；资产运营效率、科学管理水平和职工队伍整体素质还需进一步提高，高水平的管理创新成果和高层次的人才不够多；按照市场经济和现代企业制度的要求，在管理体制、经营机制、管理方式等方面还存在着许多不适应，整体协调发展的机制需要进一步完善；在深化改革中化解矛盾、稳定大局的工作还需进一步加强，等等。对于这些矛盾和问题，必须高度重视并积极采取切实措施加以解决。

总结2002年工作，有以下几个方面的认识和体会。

一是以发展的思维来统领全局，努力实现胜利油田整体协调发展。重组改制后，经过几年的不懈努力和战略性调整，油田的整体管理素质和市场竞争力有了进一步提升，发展活力有了新的增强。在这样的形势和环境下，按照油田目前的条件和能力，平平淡淡、安安稳稳地也能过下去，但经过深入缜密地分析讨论，感到绝不能安于现状，而是要义无反顾地选择发展，高举发展是硬道理的旗帜，聚精会神搞建设、一心一意求发展，以创新性的思路和举措，全面提升胜利油田的整体发展水平，为40万职工家属创造更加美好的未来。一年来，油气主业突出创新发展的主题，以实现资源接替上的良性循环和利润最大化为目标，积极实施资源扩张、资源储备和良性开采战略，有限公司的发展空间得到较大扩

展,油田发展后劲进一步增强。油田存续部分在内强素质、优化结构、讲求效益的前提下,全力拓展生存发展空间,滚动式地膨胀经济总量,通过实施服务范围由油田内部向"走出家门"、"走出国门"的扩张和延伸,发展领域由为油田主业服务向多元开发的拓宽和跨越,实现了油田存续经济的良性发展。"一花独放不是春,百花齐放春满园",只有全油田各行各业都能高扬起发展的旗帜、高奏出发展的凯歌,实现油田的整体协调发展,胜利油田的前景才能光辉灿烂。

二是坚持用市场经济的理念审视并指导工作,在全面参与竞争中提升油田的综合发展实力。思路决定出路。面对全面融入市场,各方面竞争日趋激烈的新形势,油田积极主动地调整工作的指导思想和发展思路,在加强宏观调控的同时,更加注重以市场化的手段来调节油田内部的生产经营运行。在更大的领域和范围引入竞争机制,充分发挥市场调节和价格杠杆在资源配置中的基础性作用,用经济和市场手段来解决生产经营中出现的新情况、新问题,较好地调动了局处两个层面的积极性,使油田这样一个国有特大型企业的发展潜力得到了有效的挖掘,在全油田形成了众志成城闯难关、依靠市场谋发展的良好氛围。通过不断修订完善价格定额体系,实施工程建设项目管理、规范关联交易、强化财务管理和会计核算,加大技术改造力度和实施科学增效新思路等措施,有力地促进了内部经济运行质量的提高,有效地促进了各单位在市场经济条件下求生存、谋发展的综合竞争实力。

三是坚持在攻坚啃硬中不断深化改革,为油田持续稳定发展注入新的活力。目前油田的管理体制和运行模式,还都是从计划经济条件下逐步演化来的,人们的思想观念、思维方式都带有浓重的计划经济痕迹。油田要实现"生产实体"到"经济实体"到"市场主体"的现代企业制度的转变,必须实施改制、改组、改造和加强管理"三改一加强"战略,坚定不移地推进改革,在攻坚破难中求发展。近年来,胜利油田按照专业化、市场化和社会化的方向,坚持"有所为、有所不为",加快油田经济结构调整步伐,基本完成了管理局层面的结构调整,注重培育有盈利能力的主营业务和新的效益增长点,同时退出不适合直接经营的业务领域,对那些扭亏无望、低水平重复建设的项目和企业,坚决"关停并转",腾出时间和精力抓好主导产业和优势产业。与此同时,积极推进产权制度改革和改制分流,加快油田迈向现代企业制度的步伐,逐步分离办社会职能,按照政府职能与经营职能、管理行为与服务行为"两个分开"的原则,扩大服务领域,改善经营方式,社区改革得到不断深化。所有这些改革举措,都有效地促进了油田生产力发展水平的提高。

四是始终不渝地坚持全心全意依靠工人阶级办企业的方针,积极稳妥地处理改革、发展和稳定的关系。实践证明,重组改制后,在改革不断深入、利益格局和价值取向多元化的新形势下,保持大局稳定和各项事业的协调发展至关重要。这就客观地要求胜利油田,一方面,要围绕改革发展中的热点、难点问题,大力强化形势宣传和思想教育工作,努力营造勇于创新、善于创新的良好氛围,组织引导广大职工群众用新思想、新观念、新知识、新技术武装头脑、提升素质,使油田职工队伍始终有一种昂扬向上的精神,有一种知难而进的毅力,有一种开拓创新的思维,有一种踏踏实实的作风。另一方面,又要坚持以人为本的思想,关心职工群众的利益,积极主动地为职工群众办实事，解决实际困难，超前打好稳定的基础，这是思想政治工作贯彻“三个代表”重要思想必须履行的职责，是思想政治工作的生命力之所在、凝聚力之所在、说服力之所在。去年以来，油田在加强党的建设、抓好基层建设、落实厂务公开等方面都进行了创新和探索，广大职工对油田发展的关切度、对改革的承受度都比以往有了显著的增强。同时，坚持以提高职工群众的生活水平为根本出发点和归宿，努力提高职工收入，千方百计改善职工家属的生活环境和生活质量，营造了人心稳、士气足，团结一致，奋发有为的良好氛围。

二、今后一个时期油田发展的总体目标和构想

党的十六大明确提出了到2020年“全面建设小康社会”的奋斗目标。中石化集团公司根据十六大精神，进一步充实完善了“十五”发展规划和2020年远景目标，提出到2010年把中石化股份公司建成主业突出、资产优良、股权多元、技术创新、财务严谨，具有国际竞争力的世界一流的一体化能源化工公司；存续企业在“十五”末基本扭亏的基础上进一步重组改革调整，适应市场要求，实现自立发展。到2020年中石化上游油气生产力争形成东部老区、西部新区和海外3个2500万吨的大格局。瞻望我国21世纪头二十年，可以说是形势喜人，形势逼人，不进则退，时不我待。我们必须紧紧抓住重要的战略机遇期，高举发展的旗帜，以鼓舞人心、凝聚人心的发展目标为引领，以创新性的思路和措施，全面提升胜利油田的整体发展水平，在迎接各种挑战中创造新的辉煌。为此，在认真分析形势，深入研究影响油田发展的各种因素的基础上，经管理局党委扩大会讨论，明确了今后一个时期油田发展的整体奋斗目标。即：在优化结构和提高效益的基础上，油气主业到“十一五”期间，油气当量重上3000万吨以上；油田存续经济总量到“十五”末达到240亿元，到“十一五”末比“九五”末翻一番。到“十五”末，油田存续经济基本实现盈亏平衡；油田职工的生活质量和生活环境有明显改善和提高。

油气当量重上3000万吨由三部分构成：①济阳老区要保持高水平、高质量稳产，“十一五”期间油气当量保持在2700万吨左右，主要通过挖掘老油田内部潜力，较大幅度地提高油田采收率、加大难动用储量开采实现。同时保持良好的开发状况，储采平衡率达到100%，自然递减和综合递减保持稳定，综合含水上升率严格控制在合理范围之内。②海外油气勘探开发要有新进展，形成150万—200万吨的份额油。目前，已与阿尔及利亚扎尔则油田签订了开发合同，蒙古国宗巴音油田已进入具体操作期。同时中石化集团公司海外资源扩张势头良好，油田将承担起主要的开发任务。③国内新区要有大突破，形成150万—200万吨的能力。主要是在准噶尔盆地和渤海海域要有突破，合肥、临清、胶莱等外围新区要成为战略接替阵地。此外，天然气的勘探开发在和田、昌潍和济阳深层等地区也要有突破。

管理局到“十五”末经济总量达到240亿元，主要通过三年形成50亿—60亿元的增量来实现。目前经济总量为180亿元，增量由四块构成：闯外部市场增加20亿元；多元经济增加20亿元；电厂二期增加10亿元；油气当量重上3000万吨拉动增加5亿—10亿元。“十一五”期间，通过多元开发不断投入大型、高效益项目，保持每年总量增加20多亿元的水平。

提出这一目标，是基于对胜利油田今后一段时期面临形势的判断和分析，基于油田对目标可行性的认真论证。可以说，提出和实现这一目标，胜利油田已经具备了多方面的有利条件。一是基础条件已经具备。石油石化大重组以来的这几年，胜利油田从总体上基本处于战略调整阶段。从“九五”末到2002年，油田注重在结构调整上用大手笔、作大文章，在圆满完成整体重组改制的基础上，加大了对组织结构、产业结构、队伍结构和产量结构的调整。这些大调整基本达到了预期目的，胜利油田的资源基础有了进一步增强，经济效益和实力有了较快增长，经济运行质量明显提高，油地关系更加协调，油田大局基本稳定。这些调整完善阶段取得的成果，为油田进入新的发展阶段、实现新的发展目标奠定了基础。二是经济技术上具备可行性。油田比较大的优势是有充分的资源保证和比较高的开发水平。从近年来的勘探情况看，通过理论创新、技术进步和保证投入，“十五”后三年乃至“十一五”期间，保持年新增探明储量1亿吨是有可能的，并且资源质量也有提高的可能性。开发上也已连续6年实现储采平衡和含水不升，连续4年油气产量稳定。从胜利老区的情况看，提高采收率的空间和潜力还比较大。从老区外围、西部新区和海外的情况看，势头比较喜人。从技术创新和管理创新的能力看，油田的潜力比较大，存续经济的盈利能力明显增强，外部市场的经济增量膨胀势头强劲。三是集团公司的指导和支持力度加大。几年来胜利油田以高回报赢得了集团公司的高投入，集团公司明确表示，在中石化上游东部老区的勘探开发上，投资向胜利油田倾斜，加快胜利滩海地区勘探步伐，深化济阳坳陷的油气勘探，扩大储量规模。在西部新区和实施“走出去”战略方面，胜利油田是中坚力量，有实力有能力获得优先发展的机遇。四是国际国内经济环境非常有利。国际经济呈现出复苏趋势，有利于油田开拓国际市场。我国未来15年内，国民经济将以7%的速度发展，原油需求将以4%左右的速度增加，同期国内原油产量增长速度只有2%左右，低于原油需求增长速度，国内原油供需缺口逐年加大。可以说，石油将在长期内处于卖方市场，胜利油田的发展将具有得天独厚的优势和广阔的市场空间。

在看到有利条件的同时，也清醒地认识到，要实现既定的奋斗目标，还必须克服存在的一些困难和矛盾，化解一些经济技术风险和不确定因素的制约。需要正确分析和克服的不利因素，一是许多深层次矛盾需要逐步解决。主要是，油田还处于刚刚融入市场经济的初始阶段，所获得的发展还是低水平的、不全面的，各业务板块之间、各单位之间的发展也存在较大的不平衡；资源接替不足的矛盾尚未得到根本性解决，企业的发展后劲还不够足；科技创新能力与先进企业比尚有较大差距，企业的核心竞争力还不够强；提供就业岗位和社会保障的压力大，潜伏的不稳定因素较多，特别是伴随着油田改革进程的不断加快，改革带来的震动也会超过以往任何时候，保持大局稳定的任务比较重。二是经济技术上存在风险因素。主要是勘探对象日益复杂，开发难度日益增大，支撑老油田稳定发展的重大核心技术，特别是隐蔽油气藏勘探开发技术和高含水主力油田提高采收率技术的突破还需假以时日。国际油价起伏不定，市场竞争日趋激烈，对油田实施市场化经营的能力和水平提出了更高的要求。三是要想争取足够的政策支持，必须付出更大的努力，进一步提高油田的投入产出水平。

总体上看，油田确定这一新的奋斗目标，是胜利油田在新世纪实现新发展的内在要求。这一目标符合十六大提出的“发展是第一要务”的精神,对于在全油田凝聚人心、鼓舞斗志、振奋精神、催人奋进,意义重大;对于增强科技进步的紧迫感,依靠科技创新降本增效,提升产业发展水平,意义重大;对于全油田积极参与国际国内两个市场、两种资源的竞争,推动存续经济的发展,意义重大;对于协调处理国家、集体和个人三者之间的利益关系,改善职工群众的生活环境,提高石油职工的生活质量,意义重大。各单位和广大职工要按照油田的整体规划,进一步解放思想,转变观念,调整思路,以积极进取的主人翁姿态为本单位的改革与发展出奇谋、献良策,并制定相应的中长期发展目标和规划,明晰思路和措施,坚定不移地全面提高自身的发展水平。

三、2003 年油田工作目标、任务和措施

2003 年,是油田深入学习贯彻党的十六大精神,全面提升整体发展水平的第一年。到“十一五”期间,能否实现油气主业重上 3000 万吨、存续经济总量翻一番的整体发展目标,开局之年至为关键。今年油田的生产经营面临着比较大的压力。集团公司按照到 2005 年存续部分要基本实现盈亏平衡的目标,又大力度减少了管理局的补贴,今年的补贴额是 13.1 亿元,比上年减少 2.4 亿元。投资紧张的压力也很大。今年有限公司的投资计划为 93 亿元,比上年减少 10 亿元,这不仅影响油气主业的发展,而且对于存续部分也将产生较大影响。为此,在新的一年里必须按照十六大精神要求和集团公司的工作部署,以奋发有为、昂扬向上的精神状态,坚持发展,坚持创新,坚持超越,以优异成绩、良好开局,推动油田整体发展水平不断实现新的跨越。

2003 年油田改革发展的主要目标是:①利润目标,有限公司实现利润 103.2 亿元(按油价 23.1 美元/桶测算),管理局亏损控制在 13.1 亿元以内。②投资、成本目标,有限公司投资规模为 93 亿元,原油单位完全成本为 837 元/吨;管理局的投资规模为 13.5 亿元。③生产目标,新增探明石油地质储量 1 亿吨,新增探明天然气储量 8 亿立方米,生产原油 2660 万吨,生产天然气 8.1 亿立方米;管理局实现总收入 204 亿元,其中外部市场创收 36 亿元,集体经济实现收入 55 亿元。④改革目标,以“三改一加强”为主线,初步构建油田资产管理体系和产业发展格局的新框架。

为确保完成上述目标,2003 年全油田要重点做好以下几个方面的工作。

(一)坚定不移地贯彻实施资源扩张和良性开采战略,努力提升油气主业的核心竞争力

勘探工作要以实现大突破为目标,努力为油气主业提供充足的资源支持。在集团公司提出的“立足东部、发展西部、准备南方、开拓海外”的战略格局中,胜利油田无论是在老区的稳产上,还是在新区的开拓中都将起到事关大局的作用。当前和今后一个时期,勘探上要做好三个层次的工作:一是在胜利老区,要切实抓好郑家——王庄、桩海地区、垦东北部、基山砂体、埕东北坡极浅海等地区 5 个主阵地和渤深 6 潜山等 6 个富集区块的勘探和评价,努力寻找整装区块、规模储量,为油田开发提供现实的资源接替阵地。同时加大对孤西潜山带、长堤东斜坡等 11 个预探区甩开勘探的力度,优选有利目标,力争勘探目标上实现较大突破和发现。二是在外围新区,继续深化塔里木和田、准噶尔探区的地质认识,突出目标评价,争取早日见到比较大的场面。三是在国际资源利用上,按照“打破常规、早日突破”的思路,加快伊朗区块的工作节奏，力争见到新的突破。通过三个层次的工作，全年计划新增探明储量1亿吨、控制储量8000万吨、预测储量8000万吨，力争储量的丰度和可动用程度有新的提高。

开发工作要以油藏经营管理为根本途径，努力增强油田开发的可持续发展能力。要把油藏经营管理作为贯穿油田开发全过程、实现高效开发的有效手段，予以重视和强化。当务之急就是要在摸清现状、认真分析把握矛盾和潜力的基础上，从产量、成本、投资、效益统一协调的角度，进一步调整开发思路和部署，搞好衔接和运行，在确保完成2660万吨产量指标的同时，稳定并提升综合开发水平。要着力抓好增储建产工作，深化滚动勘探开发，落实探明储量2000万吨。要强化前期研究，优化井位和方案设计，扩大储量动用规模和质量，确保完成今年140万吨的新区产能建设任务。要加大老区综合调整治理力度，精选部分有代表性的开发单元，进行探索研究，揭示油藏内在规律，力争单井增加可采储量比“九五”平均水平提高20%以上。要以开发单元为对象，重新划分油藏类型，细化研究，促进老区采收率的进一步提高。今年，储采平衡率要达到100%，确保连续第7年实现储采平衡，自然递减率控制在14.6%以内，综合递减率7%，油田含水继续保持稳定。

（二）以调整结构和理顺资产管理体制为重点，进一步深化并加快油田改革

要以产权结构多元化和产业结构多元化为主线，构建油田存续经济的管理构架和产业格局。重组改制后，管理局形成了二级单位、局属经济实体和多种经营集体企业共同发展、多种经济成分并存的格局，呈现出产业多元化、产权多元化的发展趋势。在这种情况下，需要进一步理顺资产管理体系，改进、完善国有资产和集体资产的管理方式，形成一套与管理局发展思路和定位相适应的管理体制，彻底改变对主体二级单位和改制企业统得过死、对局属实体和集体企业放得过松的状况。同时，通过加快内部重组整合步伐，积极调整产业结构，培育和催生新的经济增长点。今后一个时期，管理局改革的方向和重点是，加快进行专业化、公司化、社会化和市场化的重组改革，形成层次分明、产权清晰、权责到位的管理框架，在大部分二级单位和局属经济实体完成公司制改造的基础上，最终完成管理局层面上的公司制改造，建立起较为完善的现代企业制度。2003年的工作重点，主要是构建国有和集体两大资产管理体系，实施三种管理模式，形成五大经济板块。

国有资产管理体系，主要有两种具体的管理模式：①按分公司模式管理。主要包括石油工程板块的钻井、测录井、物探和生产服务板块的供发电、供水等。管理局针对不同单位的生产经营特点，采取投资、成本、费用控制，内部资产经营，以收抵支等管理模式。②按子公司模式管理。包括两个油建公司等已经改制的二级单位，勘察设计、机修等准备改制的二级单位，局属经济实体中管理局全资和控股的子公司。管理局对其生产经营主要实施以股权管理为主、按股分红的管理模式。

集体资产管理体系，主要采取组建集体资产管理中心进行管理和运营的模式。该中心作为直属管理局的企业法人，行使集体资产管理和资本运营等职能。为理顺产权关系，消除体制性障碍，将局多种经营处调整为集体资产管理处，与集体资产管理中心一套机构两块牌子，按照“管资产与管人、管事相统一”、“所有权与经营权相分离”的原则，对目前二级单位兴办或托管

的集体企业，以产权管理为主，推进制度创新和管理创新，充分发挥各集体企业的积极性，使其依法自主经营、自负盈亏，实现集体资产的保值增值。

培育和发展五大经济板块：①管理局难动用储量开发板块。管理局自筹资金，与有限公司合作开发难动用储量，既有利于盘活油气资源中的存量资产，也有利于上市与存续双赢互利，提高油田的整体效益。管理局要组建“难动用储量开发中心”，注册为企业法人，加大开发难动用储量的力度。通过努力，要由难动用储量开发中心、东胜及各小“油公司”，共同构筑起难动用储量开发板块，成为管理局新的效益增长点和重要的经济支撑。该中心要采用新体制、新机制，按“油公司”模式运作。管理局机关已专门设立负责难动用储量开发管理的油气管理处，负责综合协调。②工程技术服务板块，是油田勘探开发的重要技术支撑和管理局赖以生存的主导业务，要本着做大做强的目标，大力推进主辅分离和内部整合重组，精干主体，改善装备，增强市场生存能力。③生产服务板块，要根据同油田和社会市场的关联度采取不同的改革发展措施。发电业务要进一步优化资源配置，尽快做大做强；供电供水系统要在满足油田生产生活需求的基础上，拓展服务范围，谋求长远发展；通讯公司要在内部整合的基础上改制为多元投资的市场竞争主体；机械制修系统在调整产品结构的同时，深化产权制度改革，探索新的发展路子；运输总公司要按服务区域和服务对象进行组织结构调整，尽快扭转亏损局面。④社会服务板块，要加大整合、改制和市场化运作的力度，尽快实现自主经营、自负盈亏。社区物业要继续深化内部整合，按照社会职能与物业管理职能分开的原则，对费用要素进行分类管理、考核和补贴；油田普教工作要按集团公司统一部署，结合实际探索移交地方政府的方式；医疗卫生、职工培训等单位要优化资源配置，探索自立自强、自负盈亏的路子。⑤集体经济板块，主要包括上市单位分离出来的集体企业、管理局二级单位兴办的集体企业和以集体资产为主的局属实体企业等。发展集体经济，作为管理局长远发展的重要战略，要放到与其他业务板块比肩并行的位置予以高度重视，进一步解放思想，开拓创新，实现突破性、跳跃式发展。各集体企业要加快改制、重组和结构调整，在产权多元化的基础上，放开搞活，做大做强一批具有竞争力的骨干企业，使其逐步成为油田提高经济效益、安置效益、社会效益和实现可持续发展的强力支撑。要配合农业种植结构调整，积极稳妥地推进农业重组整合，改变分散经营的局面，走农业产业化的路子。

要继续对有限公司进行内部整合，不断完善“油公司”管理体制。有限公司下步改革的方向和重点是，进一步优化队伍结构和组织结构，持续进行内部整合，突出核心业务，精干管理层次，通过制度创新和精细化、规范化管理，增强科技开发能力和核心竞争力，做大经济总量，提高经济运行质量。在做好地球物理勘探开发公司、规划设计研究院整体划入管理局的调整工作的基础上，继续进行重组整合，精干油气主业。在采油系统积极探索适应油藏经营管理和市场经济要求的组织结构和管理方式，精干管理层次，优化队伍结构。对物资供应系统按照“三流合一”的总体思路，对现行布局进行调整，通过撤站、撤库、设科、按生产区域设立供应点，实行区域配送供应制，逐步建立起“两级管理、分区设库、配送供应”的管理模式。

进一步深化三项制度改革。深化分配制度改革，建立与市场经济相适应、工资能升能降的激励机制。同时,继续探索、实践特岗特薪制度,建立稳定骨干、吸引人才的良好机制。要建立以岗位管理、竞聘上岗为主要内容的干部管理机制。打破原有的干部、工人界限,实行岗位管理。领导干部的选拔要引入竞争机制,逐步建立领导干部竞聘上岗、改制企业经营者公开招聘和定期进行岗位交流的新机制。大力实施人才工程,引进一批高层次人才,构建油田人才高地。积极探索建立高级技工培养机制,逐步解决目前存在的工人技术骨干断层问题。通过建立二级单位内部项目管理式的用工形式、实施非技术性岗位劳务输出的用工制度、推进“三岗制”动态管理等措施,调整控制用工总量。

(三)坚持市场化经营的方向,内强管理,外拓市场,全力提升油田经营管理水平

要从提升油田核心竞争力的实际需要出发,深入开展“对标、追标、创标”活动。从去年开始,集团公司向全系统发出“上游学胜利”的号召。要求胜利油田不仅要成为效益上的龙头,而且要成为经济运行质量的标杆、各项先进经济技术指标和管理指标的创造者和率先垂范者。要实现这一目标,胜利油田还有很大差距,必须保持清醒头脑,找好自身定位,深入开展“对标、追标、创标”活动,扎扎实实地练好内功,全面提升经营管理水平和经济运行质量。总的思路和目标是:客观地审视自身工作的不足,认真查找与上游兄弟油田之间存在的差距,制定目标和措施,进一步提升工作质量,确保在集团公司上游板块保持全面领先水平。在此基础上,瞄准全国同行业先进水平,开展整体性的对标、追标活动,经过一段时间的努力,使胜利油田的综合实力和经济运行质量达到全国同行业领先水平。在此基础上,油田要对照国际同行业的先进水平,实施以追赶国际水平为核心的创标活动,力争把胜利油田建设成为国内同行业指标一流、与国外同行业竞争有多方面比较优势的现代企业。

从严治内,强化成本、投资等专项管理。在成本管理上,继续落实精细化、规范化管理,扩大要素法配置成本范围,试行油气生产成本价格定额,争取实现油田财务预算管理质的飞跃。针对各单位成本还原不够、运行机制和经济关系难以完全理顺的状况,为明晰各单位的赢利能力,传递全局经营压力,从今年起将进一步明确管理局和各二级单位的经济责任。在成本还原方面,要把按照省市社会市场确定的物业费用、内退人员工资及相关费用还原到各单位。与此同时,在目前油田办社会格局尚未发生根本性变化的情况下,对于文教卫生补贴、社区公益性事业等有关费用,由管理局统一承担,明晰管理局的经济责任。在此基础上,确定各单位的资产收益和内部利润上交指标,确保全局经营目标的实现。要继续推广完善网上结算业务,尽快将管理局和有限公司各种劳务及物资购销纳入其中。在投资管理上,进一步完善项目管理办法,落实项目承包责任制,完善技改投入回报机制。坚持从严治企,依法治企,加强法律事务和合同管理工作,强化内部审计监督,对油田内部各种形式的违规违纪现象,要严格管理,坚决取缔。要加大市场整治力度,严格执行项目法人负责制、招投标制、工程监理制等监督程序。要加大技术质量监督力度,高度重视安全生产工作,落实安全生产责任制,完善安全管理、安全教育和设备安全三大预防措施,确保油田生产经营环境的安全与稳定。

调整改进激励机制,进一步增强发展活力。在继续对增储、增产、超产进行奖励的基础上,加大对以提高采收率、增加可采储量为主要内容的勘探质量和开发质量的

奖励力度。加大对外闯市场工作的奖励力度,实行与全额创收指标挂钩考核的办法,并提高奖励比例和奖金额度。加强天然气生产计量和销售的组织管理,加强考核奖励,堵塞天然气管理上的漏洞。加强安全生产的监督和考核,将安全生产指标纳入承包范畴,实行重奖重罚,严考核、硬兑现。要进一步强化对法人实体的规范化监督管理。通过规范管理体制、加强经营监督、完善激励约束机制等措施,加强法人实体管理和调控,堵住效益流失的明沟暗渠,使其充分发挥应有的潜力和活力。

坚定不移地实施"走出去"战略,膨胀管理局的经济总量,拓展生存空间。要转变观念,解放思想。各业务板块、各系统、各单位要敢闯敢干敢试,切实把开拓外部市场当作生存与发展的一个重大战略选择来强化和推进,切实把闯外部市场作为关系前途和命运的根本大计来抓。要用大思路、大手笔、大意识,谋划外部市场开拓的大规划。明确外闯市场的发展方向,有序推进外闯市场工作,对国内行业市场、社会市场、海外市场要分梯次推进,以此带动各行业的劳务、技术、产品走出家门、走出国门。2003 年油田外部市场收入力争达到 36 亿元,到"十五"末力争达到 50 亿元。要加强外闯市场工作的组织领导和协调,在西北、新疆、南方等重点外部市场,要强化油田宏观管理组织机构的建设和职能到位,解决散、乱的问题,尽快形成合力。充分发挥局处两级积极性,加大奖励力度,逐步探索并建立一套既适应市场经济内在规律又有利于外闯市场发展的管理模式和运行机制。

(四)加大科技创新的工作力度,为全面提升油田整体水平提供强力支撑

加大科技创新步伐,"科技兴油"战略要有新的突破。要充分发挥理论创新和技术创新的先导和支撑作用,不断提高勘探开发复杂油气藏的认识能力,切实用发展着的勘探开发理论指导新的勘探开发实践。要充分发挥重点实验室的原创作用,加大基础理论研究力度,争取在隐蔽油气藏成藏机理、提高采收率,老区二次找油、西部新区找油、南方海相找油、海外找油等理论研究方面,尽快取得突破性进展。重点搞好国家"973"、"863"项目基础理论研究,力争在突出影响油田开发的高温高盐油藏化学驱、泡沫驱、微生物驱等接替技术和裂缝潜山油藏及低渗透油藏渗流机理、井网控制等基础理论的探索和研究上,取得重大突破。要精心组织好事关油田勘探开发关键技术的科研攻关和重点项目科技先导试验,在老区和新区因地制宜地探索新技术,试验新工艺,配套新措施,逐步打破影响油田发展的技术瓶颈制约,尽快形成勘探开发的接替技术系列。要加大"211"科研攻关计划组织工作力度,抓好济阳坳陷隐蔽油气藏地质评价和勘探关键技术等 20 个重点科研课题的攻关,组织好泡沫驱油、火烧驱油等 10 项富有导向性和超前性技术的科研先导试验,积极推广特高含水油田提高采收率、高精度三维地震等 10 项技术。要充分调动油田各个层面的科技资源,推进关键技术的创新和集成,构建一个能够充分发挥整体优势,既有基础研究、又有开发应用,既有明确分工、又有密切合作,既有统一规划、又能独立作战,各方面有机结合的科技创新体系。要大力实施人才战略,加强党务政工、经营管理、专业技术、工人技工四支队伍建设,为油田发展提供强有力的智力支持。突出抓好高技能职工和高层次人才培训两个重点,加大对外合作人员、专业技术人员的培训力度,分层次、有计划地对专业技术人员和管理干部进行培训,着力提高职工的创

新能力和岗位能力，搞好一线人才接替，努力实现油田人力资源开发与利用的良性循环。

要从战略发展的高度进一步推进和提升油田信息化建设。信息化建设是先进企业的发展方向，是现代经济中提高竞争力的重要手段。油田信息化建设经过多年的发展已有很好的基础，但其核心优势并没有充分发挥出来，需要从宏观和整体上对信息化建设进行把握和推动。当前和今后一个时期，必须牢牢把握信息化带来的机遇，着眼经济全球化的大趋势，重视利用信息技术、信息网络和信息资源，将信息流与物流、资金流有机结合起来，优化资源配置，全面提升油田的市场竞争力。初步明确今后一个时期信息化建设的思路和目标是：瞄准国内外先进水平，"十五"后三年逐步实现与国际石油公司信息化建设格局上的接轨；到 2005 年，信息技术在勘探开发上的应用要整体接近国际水平，在管理上的应用要达到国内先进企业水平，初步实现企业信息化；到 2010 年，油田信息化整体水平要达到国际一流，建成"数字油田"。各单位、各部门一定要结合自身的实际情况，细化规划目标，找准自身建设的突破口，在统一规划、协调一致的基础上，加强领导，加大投入，努力做好油田的信息化工作。当前首先要转变局处两级领导干部的观念，提高对信息化建设的认识，通过利用局处两级党委中心组学习、专题讲座、举行专题培训班等形式，集中力量解决领导层的认识问题。各级领导干部尤其是党政一把手要充分发挥主观能动性，带头学、亲自干，不等不靠，结合本单位实际创造性地开展工作，切实把信息化建设提上重要议事日程抓紧抓好。

（五）高度重视和关心职工群众生活，努力改善和提高职工群众的生活质量和水平

各级党政组织要切实把改革与发展的基本着眼点统一到代表最广大人民的根本利益上来，统一到正确反映和兼顾不同方面群众的利益上来，积极创造条件，在发展生产、提高效益的同时，稳步提升油田职工群众的生活水平和生活质量。

在国家政策允许的范围内，多形式、多渠道地提高油田职工的收入水平。要建立企业补充养老保险制度，在油田形成多层次的养老保险保障体系，切实维护职工的长远利益。在深入调研的基础上，经过多方努力，油田正在筹建补充养老保险基金，主要用于养老保险制度改革后，补偿新办理退休人员养老金实行地方统筹的差额部分，稳定退休职工的收入水平。从今年起，改革住房补贴的记存办法，实行按月随工资一起发放，增加职工的货币收入。将一次性奖励改为每人每月增加浮动效益工资 150 元，暂时并入岗位工资发放，解决长期不涨基本工资职工心理不平衡的问题。根据国家对水、气价格的提升幅度，相应地提高职工水电气补贴标准，以不降低职工的实际收入水平。按照山东省有关文件精神，进一步提高内退人员的生活费。

进一步深化住房制度改革，到"十五"末明显改善职工的居住条件。最近几年，油田职工住宅的建设与分配正处于新旧体制交替的特殊时期，计划经济体制下的建房模式受到的制约越来越多，而市场化的建房售房体制还没有真正建立，再加上规划、土地、资金、政策等方面受到不同因素的制约，致使住宅建设与分配的运行机制不畅，无房户逐年增多、分散居住户盼望回调和小房型比重过大等矛盾日益突出。为解决这些矛盾和问题，要进一步转变观念，调整思路，完善运行机制，在积极争取政策支持的同时，落实措施，深化改革，加快住

房建设速度。为此,一方面要向上级积极反映油田独立工矿区住宅建设、分配的特殊性,争取相应的政策支持。另一方面,积极创造条件,通过深化改革和加大工作力度,自力更生解决问题。从今年开始,要探索试行双轨制的建房售房机制,用足用好各级政府的政策,调动各方面的积极性,加快经济适用房的建设步伐,探索实施市场化运作、货币化售房的新模式,以充足的房源和合理的价格满足职工群众的需求。通过努力,到"十五"末从整体上明显改善油田职工的居住条件。

努力解决下岗失业职工和子女的就业问题。就业是民生之本。要通过经济总量的增长和拉动,创造更多的就业岗位。同时,在国家政策规定下,按照市场化运作的原则,开辟多种用工形式,积极为下岗失业职工和子女提供就业岗位,力争在"十五"末有效缓解就业压力。努力改善职工生活环境。社区工作要进一步提高服务意识,加大内部改革力度,提高工作效率、服务水平和物业管理水平,为职工群众创造安居乐业的社区环境。实施胜利广场二期扩建等工程,加大住宅小区绿化、美化的工作力度,进一步改善职工群众的生活环境。继续加大燃料结构调整的力度,在油田基地和仙河社区实施热电联供,在节约能源、降低采暖成本的同时,减少污染,改善区域性空气质量。

全力支持教育事业的改革与发展,稳定并提升教育质量。教育涉及千家万户的切身利益,事关油田改革发展稳定的大局。必须在稳定办学、保证质量的基础上,立足体制改革和机制创新,谋求新形势下油田教育的发展提高。要抓住国家促进教育多元化发展的机遇,积极探索教育与企业分离的途径和形式,努力减轻企业负担。通过社会化办学,促进教育产业化发展,逐步形成办学形式多样化、投资主体多元化的新格局,满足职工子女多层次的受教育需求。油田将一如既往地坚持重视教育、重视教师的既定政策,为广大教职员工的工作和生活创造更好的条件和环境。全力支持医疗卫生事业的改革与发展,加强全行业管理和行风建设,努力提高医疗质量和服务水平。

（六）深入贯彻十六大精神,不断强化思想政治工作和企业文化建设,为实现发展目标营造健康向上的氛围和环境

要把学习贯彻十六大精神与油田改革发展的工作实践有机结合起来。油田各级党政组织要积极创造条件,努力营造有利于油田事业发展的大环境,认真贯彻干部队伍"四化"方针和德才兼备原则,深刻领会集团公司工作会议上对各级领导干部提出的四种能力要求,突出抓好领导班子建设,全面落实党风廉政建设责任制,努力形成一支能够担当重任、经得起风浪考验、奋发有为的干部队伍。

要以创建"学习型组织"为载体,努力营造勤于学习、善于思考、勇于实践、积极向上的良好氛围,教育引导干部职工牢固树立与社会主义市场经济相适应的经营理念。要深入开展"企业文化建设年"主题活动,全面构建和实践具有时代特色的"胜利文化"。今年要以"企业文化建设年"活动为载体,有计划、按步骤、分层次地把胜利文化建设推向高潮。全面宣传落实"从创业走向创新、从胜利走向胜利"的新时期胜利精神,强化对"创业、创新、竞争、发展"核心内涵的认识和领会。各级党政工团组织和领导干部,要通过艰苦细致、潜移默化的工作,把胜利文化的核心内涵渗透到生产经营和改革发展的具体工作中去,切实发挥凝聚人心、鼓舞士气的重要作用。

要坚持厂务公开,强化群众观念,尊重

职工群众的首创精神，放手发动群众，鼓舞群众，振奋群众，让一切劳动、技术、知识、管理和资本的活力迸发出来。要下力气做好老年工作，提高计划生育工作水平，进一步活跃共青团工作，突出油区和社区社会综合治理工作。要高度重视稳定工作，进一步健全完善稳定工作预防预警机制，在油田形成党委统一领导、党政一把手负总责，上下一致、共同维护油田稳定的坚强力量。要高度重视油地军校的合作与团结，按照“双赢互利、共同发展”的原则，充分调动各方的积极性，把建设“油洲加绿洲”这一崇高事业不断推向前进。

曹耀峰在管理局暨有限公司主辅分离、改制分流工作会议上的讲话（摘要）

（2003 年 11 月 14 日）

一、充分认识实施主辅分离、改制分流的重大现实和深远意义

首先，必须充分认识到实施主辅分离、改制分流是大势所趋、势在必行

在座的大家都比较清楚，党的十一届三中全会以来，特别是党的十五大以来，我们党和国家所追求和向往的基本经济制度，就是建立并形成优于资本主义经济制度的社会主义市场经济体制，即以公有制为主体、多种经济成分并存的社会主义市场经济体制。而要建立并最终形成这一基本框架和基本目标，必须有数以万计，甚至数以千万计的市场竞争主体（企业）为载体、为基础。这些市场竞争主体，既包括培养和发展一批具有国际竞争能力的大公司、大集团，又包括大量充满生机和活力，具有新体制、新机制特征的中小经济实体。也就像大家平常比喻的那样：在全球市场经济的海洋里，既有一批重量级、抗风浪能力较强的巨型航母，又有一大批千帆竞发、百舸争流、充满机智和活力的大中小船只。实践证明，要创造这一景观、达到这一境界，仅靠现有的国有企业的体制和机制是远远做不到的。最有效的途径，就是在政企分开的基础上，对现有大中型国有企业实施主辅分离、辅业改制分流。正如胡锦涛总书记多次在会议上强调的那样：国内要建立社会主义市场经济体制，必须对国有经济实施战略性改组，对国有大中型企业实行主辅分离、辅业改制分流。这既可以使企业集中资源做大做强主业，切实解决主业不突出和富余人员的问题，提高竞争能力；又可以使大多数富余人员不进入下岗行列，只变更劳动关系就能在由辅业改制的企业中继续就业，寻求新的发展。

事实上，回顾这些年来中国石油石化的改革发展历程，胜利油田正是按照党中央、国务院关于政企分开、主辅分离、辅业改制分流这条基本路线走过来的。1998年以前，国有大型或特大型企业，特别是资源型大企业，实现了矿区党委、政府与企业领导职能的分离分设，企业党政主要领导不再担任地方党政主要领导职务。从1998 年以来，油田朝着主辅分离、辅业改制分流的方向，经历了三次大的重组。第一次是 1998 年，根据全国九届人大一次会议通过的国务院机构改革方案，按照上中下游一体化的原则，重组了中国石油天然气总公司和中国石油化工集团公司，突出了石油石化上中下游的主营业务，使油田初步具备了参与国际竞争的基本条件。第二次是2000年，按照集团公司内部重组改制上市的整体部署，勘探开发等业务成为主业上市部分，存续部分作为为油气主业提供工程与技术服务的主营业务继续发展，实现了集团公司层面的主辅分离。第三次就是今年这一次，通过改制分流，使一大批非主营经营单位成为若干个自主经营、自负盈亏、自我发展、自我约束的市场竞争主体。由此可见，国有企业实施主辅分离、辅业改制分流是建立社会主义市场经济体制的需要，与国家提出的对国有经济进行战略性重组的政策是一脉相承的，是时代潮流，大势所趋，不可阻挡。

第二，必须充分认识到实施主辅分离、改制分流是解决油田一系列深层次矛盾的有效形式，特别是油田存续部分谋求自立生存发展的最好机遇

长期以来，石油石化行业从计划经济向市场经济的过渡中，总体上是缓慢滞后的，因而积累了一系列深层次的问题和矛盾。一方面主营业务纷繁庞杂，核心业务不突出，核心竞争力不强。特别是油田非上市部分横跨多个行业，产业结构高度分散，除为油气主业服务的主营业务外，还有大量的社会通用行业以及大量的办社会职能等。油田上市部分除勘探开发以外，也有一部分辅助生产、特车、维修甚至多种经营等等。再加上油田企业具有点多、线长、面广的特点，城乡兼有，油地交叉，工农关系比较复杂，社会负担比较沉重等。另一方面大而全，小而全，人员多，劳动生产率低下。目前，在国内外上市的中国石化股份公司职工总数比世界石油石化前四名员工总和还多7、8万人，而人均原油产量、炼油能力、成品油经营量、乙烯生产能力，只相当于四大公司的1/50、1/8、1/20、1/10。至于非上市部分就更不可比了。胜利油田人员富余的状况也与集团公司差不多，有21万职工、40多万职工家属，企业办着社会，完全是个小城市、小社会，这样一个队伍怎么去和国际大公司抗衡。再一方面，还有相当一部分经营单位体制僵化、机制不够灵活，发展后劲不足。同时还应该充分看到，尽管这几年油田先后实施了人员零增长、保持3%的下岗常量、协议解除劳动合同等改革措施，用工总量有了一定程度的减少，但也暴露出了一些问题，油田提供就业岗位和社会保障的压力比较大，潜伏的不稳定因素也不少。要解决这些深层次问题，只有通过抓大放小、改制分流，把主业做专做精做强，把辅业放开搞活，才能从根本上解决国有企业的顽疾，既建成富有竞争力的大公司、大集团，又形成若干个充满生机和活力的经济实体。

当前和今后一个时期是油田实施主辅分离、改制分流的最好机遇。在7月底集团公司暨股份公司工作会议上，陈同海同志代表党组向大家提出了四个“怎么办”：如果国际原油价格下跌到每桶20美元以下，油田企业怎么办？如果2007年成品油价格完全市场化，炼油企业怎么办？如果国外大公司与民营企业联手进入成品油销售市场，销售企业怎么办？如果国外大公司与国内化工经销商联手抢占石化产品市场，化工企业怎么办？具体到胜利油田来说，如果胜利油跌到每桶18美元以下，胜利油田应该怎么办？再从油田存续部分近几年的经营补贴看，2001年是24.9亿元，2002年是15亿元，今年是13.1亿元，到2005年除社会职能以外就是零补贴了，到那时候存续企业靠什么生存发展。最近，

国资委又做出规定，从明年起，国家将给中央企业两年时间自主发展，并努力成为行业前三名。如果届时达不到这一要求，国家将对其进行调整。国资委做出这一规定的目的很明确，就是在今后两三年内，国内首先要培育出30—50个具有国际竞争力的企业集团，使行业前三名无愧于中央企业的称号。因此，无论是从客观环境看，还是从主观环境看，实施主辅分离、辅业改制分流对油田来说，是“时不我待，机不可失”。所谓时不我待，就是必须抓住目前油田油价比较高、生产经营形势比较好的时机，把改制分流这个攻坚仗拿下来。油田产业结构基本调整到位了，就能实现持续快速的发展。否则错过这个时机，油田有些经营单位就可能陷入难以为继的困境。所谓机不可失，是指今后几年是大力推进改制分流最好的历史机遇，有国家的大力倡导，有优惠的扶持政策，有兄弟单位的成功经验。再加上这次改制分流政策时效性极强，一旦错失良机，再要改就晚了、难了。同时，还必须对改制分流工作抱有必胜的信心，油田企业特别是存续部分单位的资产比一些民营企业优良、人员素质比他们高、创新能力比他们强，加上改制分流后先进而灵活的管理体制和经营机制，别人能做到的，油田的企业一旦摆脱束缚，肯定比别人干得更好。改制分流后的企业一定会实现新的腾飞，创造出新的辉煌，这是勿庸置疑的。

第三，必须充分认识到实施主辅分离、改制分流有利于企业的长远发展，也最大限度地维护了职工个人的切身利益

这些天来，通过学习消化集团公司暨股份公司主辅分离、改制分流座谈会精神，感到这次改制分流，对企业、对职工至少有七个方面的优越性：①可以调整优化产业结构。通过实施主辅分离、改制分流，可以进一步去枝强干，突出主营业务，使油气主业及存续公司的主营业务做精做专做强，有效地提升综合竞争力；同时也可以使原来的非主营业务放开搞活，使辅业不再作为主业的附属，可以在更广阔的天地里谋求更大的发展。②可以调整优化资产结构。在改制分流过程中，可以合理利用处置非主业资产、闲置资产和关闭破产企业的有效资产等“三类资产”，如资产评估缩水、妥善处理呆坏账等，能够把企业内部的生产力充分释放出来，使每一份资产都能最大限度地创造效益。③有利于改制分流企业轻装上阵。目前，油田除对办社会部分进行补贴外，对其他二级单位、子公司和集体企业都要求上交一定利润并承担自身的成本和费用，而且越往后承担的负担和上交利润的压力就越大。改制分流后，企业可以不再受管理局的制约，轻装上阵。同时，改制企业不参加改制的内退职工、伤残职工以及离退休人员、协解人员等，都将留在管理局统一管理，这更减轻了改制企业的负担。④可以使改制分流企业享受充分自主权。多年来，油田各单位呼声最高、最希望解决的就是人、财、物、产、供、销等权力不到位的问题。由于油田经营的是国有资产，就必须有一套与之相适应的管理体制和经营机制，包括决策权高度集中、折旧要上交、采购权要集中、工资总额要控制等等。改制分流后，这些问题都能迎刃而解，企业可以真正在分配制度上实现放开搞活了。⑤可以最大限度地调动职工工作积极性。实施规范化的改制分流后，企业由原来的全民或集体企业转变为公司制企业，职工由原来的国有职工转变为现代企业制度下新公司的员工，而且企业产权关系、劳动关系明晰，职工和企业的利益更加一致，能够充分激发广大职工的主观能动性和工作积极性，全心全意为企业发展出

谋划策、献计献力，同时还可以真正建立起能上能下、能进能出的用人机制。⑥有利于企业和社会稳定。改制分流的一个最突出的优点，就是整个单位实施改制成为市场主体，资产和人一起走，既盘活了存量资产，又解决了职工就业问题。如果改制企业进一步扩大资本积累，在市场中得到了发展，还可以提供更多的就业岗位，为油田和社会稳定做出更大的贡献。⑦地方政府大力支持。最近几年，从山东省到胜利油区所在地的各级地方政府，都相继制定和出台了一系列包括税收、土地使用等方面在内的支持改制分流企业的优惠政策，这些政策油田在改制分流过程中都可以充分利用和享受。当然，改制分流的优越性还有很多，这里就不一一列举了。

总之，这次改制分流绝不是甩包袱，而是不同类型、不同所有制的经营单位通过改制分流成为市场竞争主体，各得其所，共同在社会主义市场经济条件下、在市场经济的海洋里各展所长，谋求更大的发展。正如集团公司所指出的：主辅分离、改制分流，对社会来说没有增加就业压力，对个人来说没有失去劳动岗位，对母体企业来说减轻了人员负担，对国有资产来说可以发挥更好的作用，是一个一举多得的好办法。当然，改制分流企业成为市场竞争主体以后，也存在着一定程度的风险。特别是经营管理者由于失去了对油田主体的依赖，尽管有一定的油田市场份额作保证，但责任和压力更大了，市场竞争更加激烈了。风险是客观存在的，但更应该看到，各种形式的束缚解脱了，企业可以完全按照“四自”要求，放开手脚，干一番大事业了。

二、精心运筹，强化运行，积极稳妥地把改制分流工作不断向纵深推进

今年以来，胜利油田的新老矛盾表现得十分突出，工作头绪比较繁多。对此油田先是提出了今后一个时期油田整体发展上水平的“三大目标”，并做了大量打基础的工作；同时又在集团公司的领导和帮助下，比较妥善地解决了长期积累形成的家属遗留问题、协解人员再就业问题、分配制度改革过程中各种矛盾的妥善处理问题，以及油田的住房建设问题。这些都为实现油田“三大目标”和今后一个时期的改革奠定了比较好的基础，营造了比较宽松和谐的环境。也正是因为如此，前段时间胜利油田在改制分流工作上，步子显得比较慢，工作展开的广度和深度与兄弟单位相比存在一定的差距。这种差距一方面能给油田带来改制分流的紧迫感和压力感，促使胜利油田更快更主动地工作；另一方面，作为后行者，总是有许多经验和教训值得学习和借鉴，这对于少走弯路，加快工作节奏是十分有利的。希望大家回去以后，要虚心学习借鉴先进单位的经验，精心筹划，精心运作，加大力度，加快进度，积极稳妥地把改制分流工作不断向纵深推进。

第一，各单位领导班子特别是党政一把手，要更新观念、精心组织，切实担负起领导责任

要强化责任意识。对地方政府官员来说，为官一任就要造福一方；对在座的各位企业领导来说，就必须要对本单位未来的生存和发展有所作为，对辛勤工作的广大职工负责。在市场经济条件下，企业要生存发展，必须有一支优秀的经营管理者队伍。油田各级领导班子要坚决摈弃图清闲、享太平、无所作为的思想，不能因为企业目前的状况还过得去，就不敢、不愿触及那些深层次矛盾。市场竞争如逆水行舟，不进则退，回避改革发展中必须解决的矛盾，勉强维持现状，只能把企业带到被市场无情淘汰的绝境，那就辜负了国家把上千万、上亿元的资产，成千上万的职工交给大

家的重托。只有超前思维、正视困难、敢于碰硬,把企业的长远发展和职工的切身利益放在首位,把个人的荣辱得失、既得利益置之度外,才是真正对企业和广大职工负责。要强化机遇意识。这次集团公司出台的改制分流政策表明,改制分流越早越优惠,改制分流越晚补偿比例越小。俗话说的好,“难得者时,易失者机”,机遇稍纵即逝,机遇可遇不可求。各级领导干部必须要以抢抓机遇的意识,以大公无私的精神来对待这次改革,大胆尝试,积极推进,做到早改制,早分流,早主动,早受益。要动员一批机关党政干部、管理和技术人员投身于改制分流事业,率领改制企业员工重辟天地、再创新业。对不能胜任改制分流工作的领导班子,要果断进行调整,不能因此而影响一个单位的改制分流工作。要强化风险意识。从集团公司试点的情况看,主辅分离、改制分流工作能否抓出成效、实现突破,关键在于领导班子的观念是否转变到位、认识是否一致、决心大不大、敢不敢于承担风险。大家必须充分认识到,企业改制分流后可能会遇到不少风险和压力,但是,只要锐意进取,严格按照现代企业制度和市场经济规律去筹划、去运作,一定会闯过险关是坦途,病树前头万木春。

要进一步强化改制分流工作的组织领导。改制分流是一项复杂的系统工程,油田各级党政工团和机关各部门要全力以赴,密切配合,协同推进这项工作。管理局和有限公司各分管领导要积极投身到这次改革中来,全程参与,切实靠上去抓。要根据油田改制分流范围和计划,亲自上手在所分管的系统内选择改制分流单位,制定具体方案,待油田改制分流办公室审批后,还要全程督导所分管单位改制分流工作的实施。各单位必须从战略高度认识改制分流工作的重要性和紧迫性,将其列为本单位的“一把手”工程来抓。党政一把手要统筹安排,亲自挂帅,务必做到善始善终,万无一失。要在现有领导小组、工作班子的基础上,进一步抽调精兵强将,加强力量。油田重新调整了领导小组成员,充实了改制分流工作办公室,现已初步列出运行步骤和日程安排。改制分流是继分配制度改革后对各级领导和机关部门驾驭复杂局面能力和水平的又一次考验。分配制度改革时,各二级单位独立思考,精心运作,赢得了改革的主动和成功。这次改制分流也是一样,大的政策已经有了,具体到每个单位就是要结合自身实际,按照“一企一策”的原则,选择适合自身的改制形式,进行独立的实施和运作。各级机关相关业务部门要深入基层调查研究,指导和帮助各单位做好各项工作。油田和各二级单位都要建立改制分流工作例会制度,定期交流进度、发现问题、总结和部署工作。

第二,要善于谋全局、把方向、管大事,把积极稳妥的原则贯穿于改制分流工作的全过程

要坚持稳中求快、稳中求好的原则。对改制分流工作,要分析到位、认识到位,做好打持久战、攻坚战的思想准备。要正确把握好改革的力度、发展的速度、职工与社会可承受的程度的关系。在现阶段,一个企业的兴衰成败,是企业内部改革发展稳定综合作用的结果。发展是目的,改制分流是手段、是过程,是为了解放和发展生产力。要为发展而改革,千万不要为了改革而改革。要本着“成熟一个、改制一个;改制一个、成功一个”的原则,分阶段、分步骤、有计划地向前推进,切不可不顾实际条件草率推进、一哄而上。在制定和实施改革方案时,都必须充分考虑改制单位的资产状况、经营者素质、职工承受能力等多种因素,尽可能把矛盾和困难想得多一点,把

工作做得细一点。改制方案必须要经过职工代表大会讨论通过，充分听取职工意见，取得职工的理解和支持，平稳妥善实施。要认真学习集团公司内部已改制企业的经验，注意坚持已有的成功做法，不犯与其他单位类似的失误。对改革中的难点、热点问题要做到心中有数、未雨绸缪，把问题解决在事发之前，把矛盾消化在萌芽之中，切实维护大局稳定。

要坚持一企一策、逐步推开的原则。对于不同类型的企业要因地制宜、因企制宜，结合实际情况分别制定方案。对那些条件成熟的企业要抓紧时间早改，抢赶头班车。对那些难以一步完全到位或暂不具备改制分流条件的企业，要积极创造条件，认真分析主要矛盾、解决具体问题，待条件成熟后择机改制分流。属于资产不足的，可以适量注入有效资产或资金，优化资产结构后改制；属于人员包袱重的，要先减员瘦身再改制分流。目前，一些单位还有不少几个人、十几个人的小公司，对这些公司必须认真进行清理、合并，实现规模经营。对那些经营不善、资不抵债的经营单位，该重组的一定要重组，该关闭的一定要关闭，该破产的一定要破产。

要坚持有情操作、共谋发展的原则。改制过程中有关部门要帮助企业做好各种关系的转移接续工作，做到全面服务、全程服务。对改制分流后的企业，一方面，一切经济往来必须按照市场规则进行；另一方面，在市场、工作量、货款结算、原材料供应等方面，要按照同等优先的原则给予支持和帮助，为他们创造较好的外部环境，“扶上马，送一程”，使大多数企业在改制后不仅能够生存下去，而且还要有一定的发展，甚至能开辟新天地、实现大跨越。只有这样，职工的根本利益才能得到保障，企业才能稳定，油田的改革才算成功。

第三，要认真学习、大力宣传、严格执行并不断完善改制分流的一系列政策，确保改制分流工作顺利推进

改制分流工作政策性强，影响面广，涉及到国家、企业和职工个人三者的利益关系，实际操作中一定要严格执行有关政策规定，规范运作。同时，在改制分流过程中既要用足、用好、用活上级的各种政策规定，在国家政策允许的范围内，尊重大多数职工的意愿，维护企业和职工的合法权益，保护职工的切身利益；还要结合实际，不断研究、细化油田的具体相关配套政策。制定出台的政策要有理有据、合规合法，注意与集团公司的大政策保持好协调性和配套性。在油田范围内要统一改制政策，规范改制运作，绝不能在政策执行上独出心裁，搞灵活、搞变通、乱开口子。对实际工作中出现的违反政策规定的事，油田将严肃查处，以确保政策的严肃性、权威性和一致性。

要大张旗鼓地做好宣传动员工作。改制分流的形势任务教育要分层次展开，油田要注重大形势、大政策、大方案的宣传解释工作，报纸、电视对上级和油田改制分流政策以及兄弟单位的先进经验要大力度地进行连载、不间断地滚动播出。各单位要结合自身实际，做好深入细致的分析工作，采取多种形式，有针对性地开展宣传教育工作。各级业务部门和专门办事机构，要公开办公场所、公开办事程序、公开办公电话，随时解疑释惑，确保改制分流工作顺利推进。要强化思想政治工作的有效性，因势利导，理顺情绪，努力使广大职工以正确、平和的心态来对待改制分流，参与改制分流，做到改革与稳定的和谐统一。

第四，要加强有关方面协调和政策研究工作，为油田改制分流工作提供有效支持

改制分流涉及地方政府诸多部门，特别是产权变更、土地处置、财税政策和职工党团组织关系、社会保险关系、人事档案管理等问题，都需要地方政府给予理解、支持和帮助。同时，存续企业改制分流也有利于地方经济社会的发展，有关部门和单位要积极与地方进行沟通，主动汇报情况，共同研究办法，为改制分流创造良好的外部环境。要特别注重强化国家和地方各级政府有关改制分流政策的研究工作。油田有关部门，包括政研室、改革办、经开院等，除了要吃透上级政策、完善油田配套政策外，也要抓紧研究山东省、东营市有关这方面的优惠政策，该利用就要利用，该纳入就要纳入。另外，还要做好深化研究和延伸研究工作。要对改制后企业生产经营可能遇到的问题进行超前研究，拿出意见，做好改革的后续工作。

董丕久在胜利石油管理局党委全委（扩大）会议上的讲话（摘要）

（2004 年 1 月 6 日）

一、努力营造干事创业的浓厚氛围，充分发挥领导干部在推进“三大目标”实现中的带头作用

政治路线确定之后，干部就是决定的因素。在刚刚结束的集团公司工作会议上，陈同海总经理对领导班子和干部队伍建设专门提出要求，强调必须全面贯彻“三个代表”重要思想，把各级领导班子建设成为议大事、谋全局、负责任、有能力的领导班子。油田“三大目标”能否实现，2004 年的各项任务能否完成，关键在各级领导班子和领导干部。

第一，要始终保持朝气蓬勃、奋发有为的良好精神状态。实践一再证明，在压力和困难面前，在机遇和挑战面前，一个始终保持与时俱进、奋发有为精神状态的领导班子，一支始终保持蓬勃朝气、昂扬锐气、浩然正气和饱满工作热情的领导干部队伍，对工作、对事业的推动作用是至关重要的。

保持良好的精神状态，必须进一步解放思想，转变观念，勇于创新。从目前油田改革发展和稳定工作实际情况看，思想观念不适应仍然是制约胜利油田前进的最大障碍点。解放思想，转变观念，首先要加强学习。只有不断加强学习，才能开阔眼界，增长学识，清晰思路；才能使各项工作体现时代性，把握规律性，富于创造性；才能始终保持与时俱进的前进方向。现在，有些领导干部借口工作忙，不学习，不读书，以致讲话没有新观念，部署工作没有新思路，群众不满意。各级领导干部必须看到，当今社会发展日新月异，群众的实践创造丰富多彩，不坚持学习、不刻苦学习，势必会落伍，就难以胜任我们所肩负的重要职责。勤于学习，善于学习，是无产阶级政党的本色，当前尤其要学好马克思列宁主义、毛泽东思想、邓小平理论和“三个代表”重要思想，学会运用马克思主义的立场、观点、方法来分析和解决改革发展中的实际问题。要积极投身油田今年组织开展的“学精神、转观念、谋发展、见成效，争做‘三个代表’

忠实实践者”活动。把这一主题活动作为促进思想解放、观念转变的总抓手。通过主题活动的开展，掀起解放思想，转变观念的新高潮。解放思想，转变观念，必须树立科学的发展观。中央经济工作会议提出要树立科学的发展观，即坚持以人为本，树立全面、协调、可持续的发展观。这是党中央在新的历史时期为全党竖起的一个新标杆。油田各级领导干部都应该在“五个统筹”、“五个坚持”原则指导下，从油田的具体实际出发，妥善处理好“三大目标”之间、改革发展稳定之间、增收与节支之间的关系，不断探索全面、协调、可持续发展的新途径，以新的实践推动思想解放，观念转变。

保持良好的精神状态，必须要有强烈的事业心和高度的责任感。加快实现“三大目标”步伐，完成2004年的任务，面临诸多矛盾、困难和不利因素，不是轻而易举的事情。各级领导干部必须要有迎难而上、敢于胜利的勇气和信心，要有强烈的事业心和责任感。但实事求是地讲，在油田干部队伍中确实还程度不同地存在一些不良心态和现象。有的“官本位”思想比较重，功利意识比较强，热衷于传播小道消息，热衷于研究人际关系，心思不在工作上；有的作风浮躁，不思进取，期盼“等、靠、要”；有的存在畏难情绪，面对困境一筹莫展，缺少招数；有的过多强调客观，不善于从主观找原因，过多强调已取得的成绩，不愿意触及深层次矛盾和问题；有的推一推，动一动，工作缺乏主动性和原动力。这与加快实现“三大目标”的形势要求是格格不入的。能不能在困难的条件下完成好艰巨繁重的任务，是对每个班子的挑战和考验，是对领导能力、决策水平的检验。各级领导班子和领导干部要善于用辩证唯物主义的观点指导工作，既要看到不利，看到困难，更要看到有利，看到机遇；既要看到物，更要看到人，进而建立起必胜的信心。从大的外部环境来讲，世界经济结构调整加快，我国国民经济正处于新一轮增长周期的上升阶段。这是难得的战略机遇期。抓住了机遇，我们就能赢得历史性发展；失去了机遇，发展前景就可能变得艰难。从油田内部来讲，经过40年的勘探开发建设，形成了比较雄厚的物质基础、技术支撑和人才队伍；经过去年一年的努力工作，“三大目标”开局良好。只要油田各级领导班子充分相信群众，紧紧依靠群众，善于运用职工群众的首创精神，挖掘出蕴藏在职工群众中的巨大潜能，许多难题就能得到破解。各级领导班子和领导干部要努力提高领导能力和领导水平，都应解放思想，与时俱进，开拓创新，用全新的观念和战略思维来深入研究、精心筹划本单位深化改革和有效发展的新思路、新举措，把今年的各项目标和任务落实好、完成好。

第二，要做改革攻坚和结构调整的坚定推动者和实践者。十六届三中全会提出，要适应经济市场化不断发展的形势，进一步增强公有制经济的活力，大力发展国有资本、集体资本和非公有制资本等参股的混和所有制经济，实现投资主体多元化，使股份制成为公有制的主要实现形式。这为油田深化国有企业改革，解决长期困扰油田的一些深层次体制性机制性障碍，提供了理论上的依据和政策上的支持。各级领导班子和领导干部要从巩固执政党地位的高度，从实践“三个代表”重要思想的高度，提高认识，坚定信心，克服畏难情绪，切实担负起不断深化改革的历史重任。改革就是攻坚啃硬，肯定有难度、有阻力、有风险。无论遇到什么困难，都不能动摇改革的决心，都不能放弃改革的责任，都要百折不挠。各级领导班子和领导干部要认识到，主辅分离、改制分流，作为油田今年改革的重头戏，是党中央、国务院关于深化国有企业改革的重大决策，是国有资产战略性重组的客观要求，是国有企业转换机制、减员增效和再就业有机结合的最佳途径。要进一步统一思想，提高认识，抓住当前的有利时机，明确责任，落实措施，积极推进。改制中要维护好职工的合法权益，维护好债权人的合法权益，防止国有资产流失。只有这样，才能无愧于国家，无愧于油田，无愧于职工群众。

第三，要努力提高驾驭市场经济和应对复杂局面的能力。在完善社会主义市场经济体制、加快实现油田“三大目标”的进程中，迫切需要我们提高驾驭市场经济和应对复杂局面的能力。

要在开拓国内外市场的实践中提高驾驭市场经济的能力。当前，胜利油田已经从区域市场、国内市场，逐步转向了国际市场，面对全面开放、自由竞争的市场经济环境，各级领导班子、领导干部必须具备驾驭市场经济的能力。要加强对市场经济相关知识的学习，进一步深化对市场经济规律的再认识和运行规则的把握，自觉按市场经济规律办事，带领职工队伍在复杂的市场竞争中占据主动，有所作为。要善于站在国内外政治经济大环境上看问题，善于分析探讨一些前瞻性的趋势和认识，善于在纷繁复杂的表象中抓住本质的东西。变幻莫测的市场竞争形势，要求我们必须有更高的决策水平。各级领导班子必须认真执行民主集中制，特别是重大决策、重大项目安排、重要人事任免和大额度资金使用等，必须按照“集体领导、民主集中、个别酝酿、会议决定”的原则，完善议事规则和决策程序，做到集体决策。要充分发挥班子每一名成员的积极性，各抒己见，集思广益，形成整体合力。只有这样，才能更好地化不利因素为有利因素，变被动为主动，才能实现决策的科学性、合理性，才能更好地有利于发展，有利于改革，有利于稳定。

要不断提高应对复杂局面的能力。善于协调各种不同的利益关系，把握各种问题，应对各种风险。在我们前进的道路上，总会遇到各种各样预料之外的突发性问题。但这些突发性问题并不是凭空出现的，多多少少都有些前兆。这就要求各级领导干部必须具有见微知著的敏锐性、入木三分的洞察力和泾渭分明的鉴别力，对那些容易引发问题的因素要做到心中有数，未雨绸缪，做出正确判断，并拿出切实有效的预防措施。只有这样，才会在复杂形势面前，应对自如，处置得当。

第四，要树立“为民、务实、清廉”的领导干部形象。在推进“三大目标”实现过程中，各级领导班子、领导干部都要自觉端正自己的思想作风、学风、工作作风、领导作风和生活作风，切实做到为民、务实、清廉。

为民，就是要坚持立党为公、执政为民。作为油田的各级领导干部，做到立党为公，执政为民，第一位的就是心里始终装着群众，凡事想着群众，工作依靠群众，一切为了群众。在做决策、想问题、办事情的时候，时刻把实现好、维护好、发展好职工群众的根本利益作为出发点和落脚点。在开展每一项工作中，都要注意听取职工群众的意见，把职工群众的呼声作为第一信号，把职工群众的满意作为第一标准，真正做到权为民所用，情为民所系，利为民所谋。要放下架子、扑下身子，深入基层、深入实际、深入群众，到最困难的地方去、到群众意见多的地方去、到工作推不开的地方去，了解职工群众的意见和要求，帮助解决实际困难和问题，为职工群众办实事、解难事、做好事，保持与职工群众的血肉联系。

务实,就是勤奋工作、埋头苦干,坚持不懈地带领职工群众艰苦创业,扎扎实实地做好各项工作。各级领导班子、领导干部要牢记“两个务必”,紧紧围绕“三大目标”,找准自己扮演的角色,提高干事创业、加快发展的本领,千方百计搞好本单位、本部门的改革发展,真正做到为官一任,发展一方,造福一方。要坚持鼓实劲、办实事、求实效,不图虚名,不务虚功,不做华而不实的表面文章,坚持一切从实际出发,因地制宜地做好工作,扎扎实实地把集团公司党组和局党委的各项决策部署,创造性地落到实处。

清廉,就是要坚持严以律己、廉洁奉公。各级领导干部要增强反腐倡廉的自觉性,坚持以身作则,树立正确的世界观、人生观、价值观,解决好权力观、地位观、利益观,自觉同各种腐败现象作斗争。要高度重视生活作风建设,一些领导干部走上腐败犯罪的道路,都是从生活作风不检点开始的。各级领导干部,要坚持良好的生活作风,采取正确的生活态度,追求高尚的生活情趣,经得起权力、金钱、美色的考验,坚决做到不该办的事情不办,不该去的地方不去,不该拿的东西不拿,坚决做到拒腐蚀,永不沾,堂堂正正做人,清清白白为官,永葆共产党人的浩然正气。

二、树立科学的人才观,充分发挥人才队伍在推进“三大目标”实现中的支撑作用

人是生产力中最积极、最活跃的因素。小康大业,人才为本。实现油田“三大目标”,人才是关键。去年12月份召开的全国人才工作会议和《中共中央国务院关于进一步加强人才工作的决定》,是指导当前和今后一个时期油田人才工作和人才队伍建设的重要依据。

要树立适应新形势新任务要求的科学人才观。牢固树立人才资源是第一资源的观念。当今世界,人才已经成为一个国家综合国力和国际竞争力的决定性因素。对企业来说,谁拥有了人才优势,并把它转化为知识优势、科技优势、产业优势,谁就能最终赢得市场竞争的优势。所以说,人才资源是企业最宝贵、最具开发潜力的资源,人力资本是企业的第一资本。胜利油田经过40年的勘探开发建设,无论是勘探开发还是工程技术服务领域都面临越来越多的技术难题,无论是加强内部管理还是开拓外部市场都大有文章可做。解决这些问题,需要资金、设备,需要好的体制、机制,但更需要的是人才。没有人才作保障,一切都无从谈起。

要牢固树立人人都可以成才的观念。中央提出,要努力造就数以亿计的高素质劳动者、数以千万计的专门人才和一大批拔尖创新人才,建设规模宏大、结构合理、素质较高的人才队伍。要坚持德才兼备原则,把品德、知识、能力和业绩作为衡量人才的主要标准,不唯学历,不唯职称,不唯资历,不唯身份。我们要以这些新的精神为指导,做到不拘一格识人才、用人才。要树立有较高知识水平、创新能力的拔尖人才和有丰富经验与一技之长的技能人才都是人才的观念,努力在干部职工中形成谁勤于学习、勇于投身干事创业的伟大实践,谁就能获得发挥聪明才智的机遇,就能成为对国家、对人民有用之才的良好氛围,创造人才辈出的生动局面。

要牢固树立以人为本的观念。人才工作首先是做人的工作,必须把促进人才的健康成长和充分发挥人才的作用放在首要位置。要关心人才、爱护人才,支持人才干事业。对待人才,第一,要指导他们,使他们敢于负责,敢于创造性地工作;第二,要提高他们、教育他们，使他们的理论水平和实践能力不断提高；第三，要正确对待他们，用其所长，不能求全责备；第四，要严格要求他们，帮助他们总结经验，克服缺点和不足；第五，要用心照顾、帮助他们解决好实际困难。努力营造鼓励人才干事业、支持人才干成事业、帮助人才干好事业的社会环境，包括好的政策环境、工作环境、生活环境、人际环境、舆论环境等，使各类人才创业有机会、干事有舞台、发展有空间。

要坚持党管人才原则，切实加强和改进人才工作。要正确认识和理解党管人才原则。坚持党管人才原则是适应全面建设小康社会、完善社会主义市场经济体制的新形势，实施人才强国战略的需要；是改革和完善党的领导方式和执政方式、提高党的执政能力的需要；是确保人才工作沿着正确方向有序推进、开创人才工作新局面的需要。党管人才，主要是管宏观、管政策、管协调、管服务，重点做好制定政策、整合力量、营造环境的工作，努力做到用事业造就人才、用环境凝聚人才、用机制激励人才、用法制保障人才。

加强和改进人才工作，要着眼于人才总量的增长和人才素质的提高。树立大教育、大培训观念，在提高全体职工的思想道德素质、科学文化素质和健康素质的基础上，重点培养他们的学习能力、实践能力，着力提高他们的创新能力，促进人才总量、人才结构和人才素质同油田可持续发展和实现“三大目标”相适应。要坚持改革创新，注意处理好党管人才与尊重人才成长规律的关系，党管人才与市场配置人才的关系，遵循人才资源开发规律，坚持市场配置人才资源的改革取向，加强和改善宏观调控，建立充满生机和活力的人才工作体制和机制。要以培养造就高层次人才带动整个人才队伍建设，促进各级各类人才协调发展。坚持领导人才、专业技术人才、经营管理人才、党务政工人才、技能人才五支队伍一起抓，尽快形成一支门类齐全、梯次合理、素质优良、新老衔接、充分满足油田改革发展需要的宏大人才队伍。

三、调动一切积极因素，充分发挥思想政治工作在推进“三大目标”实现中的保证作用

思想政治工作是经济工作和其他一切工作的生命线。充分发挥油田思想政治工作优势，调动一切积极因素，为推进“三大目标”的实现创造稳定和谐的发展环境，是摆在各级党组织面前的一项非常重要任务。

一是要加强基层党组织建设，充分发挥广大党员在实现“三大目标”过程中的先进性作用。加强基层党组织建设的根本目的，是使党有一个赖以执政的强大而坚实的基础。正是因为坚持不懈地加强和改进基层党组织建设，才使我们在油田勘探开发建设40年中取得了辉煌的业绩，才使我们战胜了各种艰难困苦的考验，推动了各项事业的蓬勃发展。但是，也有少数基层党组织战斗堡垒作用和党员干部先锋模范作用难尽人意，在发展中不是开拓进取，而是得过且过；在改革中不是坚定不移，而是畏首畏尾；在稳定中不是主动应对，而是推诿等靠。在个别范围内，基层已经成为执行政策、落实决策的瓶颈，应该引起高度注意和深刻反思。我们要从加强党的执政基础，增强党的执政能力，提高党的执政威望的高度，大力加强和改进基层党组织建设，通过实施凝聚工程、创新工程和表率工程，使基层党组织始终保持强大的凝聚力、战斗力、创造力，确保党委的政治核心作用、党支部的战斗堡垒作用、党员的先锋模范作用得到有效发挥。

在实现“三大目标”中，广大党员首先

要在解放思想中发挥先进性。要带头解放思想，转变观念，在扫除思想障碍，冲破惯性思维、定势思维的禁锢上下功夫，不断深化对新时期胜利精神和胜利文化内涵的理解，努力促进和形成创新思维，以此在深化改革、加快发展的实践中提高开展各项工作的自觉性和主动性。其次要在技术升级中发挥先进性。科学技术是企业的核心竞争力之一，广大党员必须认清并紧跟技术进步潮流，提高自身的技术素质和技能，在产业技术的高级化进程中发挥作用，体现优势，提升科技进步对经济增长的贡献率。再是要在“走出去”战略中发挥先进性。外部市场是实现“三大目标”的战略阵地，也是广大党员体现先进性的重要阵地。要按照“特别能吃苦、特别能战斗、特别能开拓、特别能自律”的要求，建设好外部市场中的基层党组织。在远离上级组织，远离油田基地的情况下，广大党员更要时时自警、自律、自励，永葆共产党员的本色。

基层党员管理必须形成无空白覆盖。随着改革的深化，特别是主辅分离、改制分流的启动，改制企业基层党组织建设和非在职党员的管理，已经成为现实课题。但是，无论体制怎么改，机制怎么变，党的建设只能加强，不能削弱；哪里有党员，哪里就有党的组织；哪里有党的组织，哪里就有健全的组织生活和坚强的战斗力，这是不可动摇的原则。要继续做好非在职党员日常教育管理工作，引导非在职党员自觉维护大局稳定，为油田改革发展起到先锋模范作用。

二是要增强稳定工作的主动性，创造有利于实现“三大目标”的和谐环境。要用辩证、发展的眼光，来看待油田改革发展中的稳定问题，树立科学的稳定观。改革发展稳定三者之间存在着相互依存、互为条件的辩证关系。实践已经并将继续证明，要解决国有企业体制机制上的各种弊端和深层次矛盾，充分释放内在活力，就必须坚定不移地深化和推进改革，只有真改革才会实现真稳定，不改革、慢改革只能造成假稳定，只是推移了不稳定的时间而已。确保稳定不是求稳怕乱，不是停滞不前，不是一潭死水，而是在改革中促进发展，在发展中寻求稳定，在稳定中推进改革。工作中，要把改革的力度、发展的速度和职工可承受的程度结合起来，始终把握好改革与稳定的动态平衡关系。要处理好客观存在与主观作为的关系。在社会转型时期，不稳定因素大量存在和集中出现，是不可避免的客观事实。客观矛盾的解决，离不开主观能动性的发挥，主观的不作为只能导致客观的矛盾扩大化。各级领导干部要增强主动性，为实现“三大目标”积极创造和谐环境。第一位的就是要狠抓领导责任制的落实。各级领导特别是党政一把手，要进一步增强政治意识、大局意识、责任意识，严格按照“谁主管，谁负责”的原则和“重心下移、责任下移”的方针，切实承担起确保一方平安的政治责任。要特别注意因某些干部的思想、工作和生活作风等问题而引发的不稳定因素，把它与改革中的不稳定因素区别开，有针对性的采取措施加以解决。要切实做好关心职工群众生产生活的各项工作，密切与职工群众的血肉联系，增进与职工群众的感情，促使职工从内心深处自发、自愿、自觉地维护稳定的局面。

要按照“关口前移、重心下沉、源头防范”的要求，健全完善维护稳定工作的长效机制。要建立行之有效的预警防范机制和面向基层的责任落实机制。基层是政策落实的终点，也是矛盾暴露的起点。要把维护稳定的责任，分解、落实到基层，一级抓一级，一级对一级负责，采取有力措施，抓早抓小，做到不延误，不推诿，不上交，千方百计把矛盾解决在内部，解决在基层，解决在萌芽状态，真正把基层建设成为维护稳定的前沿阵地和“第一道防线”。要建立“事前有目标、事中有督导、事后有奖惩”的考核机制，把维护稳定工作的成效，作为检验党委领导工作水平高低的重要标准，把职工队伍的稳定状况纳入文明建设考核的重要内容，逐步形成维护企业稳定的长效机制。

三是要广纳民意，广聚民智，广集民力，充分发挥职工群众在“三大目标”实现中的能动作用。职工群众是企业的主人，也是企业改革发展的实践主体。油田40年的发展成就，无一不是职工群众勇于实践，开拓创新的结果。在新的形势下，要实现“三大目标”，必须更好地坚持群众路线，把职工群众的积极性、主动性、创造性保护好、引导好、发挥好。只有这样，“三大目标”才能够获得最广泛、最可靠的群众基础和力量源泉。要把广大职工群众是否赞成、是否满意作为决策的重要标准，决策前要考虑职工群众意愿，决策中要征求职工群众意见，决策后要听取职工群众反映。各级领导干部必须增强宗旨意识、民本意识、服务意识，把对上级负责与对职工群众负责更好地统一起来，努力实现群众的愿望，满足群众的需要。要尊重职工群众的民主权利。一方面要加强民主管理，拓宽民主渠道，保障民主监督，把权力运行置于有效的群众监督之下，另一方面要充分认识“三大目标”与群众利益具有本质上的一致性，把解决职工群众的实际问题作为“三大目标”与群众利益的结合点，通过实施一系列关注民生的举措，增强职工队伍的凝聚力和向心力，把实现“三大目标”转化为职工群众的自觉行动。

兴起学习贯彻“三个代表”重要思想新高潮
解放思想　干事创业　加快油田改革与发展

——董丕久在胜利油田庆祝建党八十二周年暨思想政治工作会议上的讲话（摘要）

（2003年6月30日）

一、兴起学习贯彻“三个代表”重要思想新高潮，推进新一轮思想大解放，观念大转变

最近一段时间，中共中央先后下发了关于印发《“三个代表”重要思想学习纲要》的通知和《关于在全党兴起学习贯彻“三个代表”重要思想新高潮的通知》。在前一段学习贯彻十六大精神的基础上，兴起学习贯彻“三个代表”重要思想新高潮，意义重大。我们必须从党和国家工作全局，从中国特色社会主义事业长远发展，从中华民族伟大复兴的高度，充分认识兴起学习贯彻“三个代表”重要思想新高潮的重要性，把兴起学习贯彻“三个代表”重要思想新高潮作为当前首要的政治任务,抓紧抓好。要突出重点,区分层次。各级领导班子和领导干部要带头抓好学习,下半年,各级党委中心组要认真研读十六大报告和党章,认真研读江泽民同志《论“三个代表”》、《论党的建设》等重要著作,要把《“三个代表”重要思想学习纲要》作为重要辅助材料,在认真学习的基础上展开深入研讨。与此同时,要采取多种形式,组织好基层党员、干部和职工群众的学习。通过学习,要在对“三个代表”重要思想的时代背景、实践基础、科学内涵、精神实质和历史地位的认识上达到新高度,在认真贯彻“三个代表”重要思想的根本要求、始终做到“三个代表”上取得新成效,在着力解决油田改革、发展、稳定的实际问题上取得新进展。要牢牢把握关键在坚持与时俱进、核心在坚持党的先进性、本质在坚持执政为民的根本要求,增强实践“三个代表”重要思想的自觉性和坚定性。要把广大党员干部群众的思想进一步统一到“三个代表”重要思想和十六大精神上来,把智慧和力量凝聚到全面提升油田整体发展水平、实现三大奋斗目标上来。

兴起学习贯彻“三个代表”重要思想新高潮,关键是要牢牢把握解放思想、实事求是、与时俱进这个精髓,进一步解放思想、转变观念。去年油田开展的“观念与作风转变年”活动和今年开展的“学、转、谋、见”主题活动,使油田广大干部职工思想解放的程度进一步提高,观念转变的力度进一步加大。但是,与时代发展的要求相比,与省委工作会议精神和集团公司领导的要求相比,我们还存在很大差距。要缩短差距,就要审时度势,乘势而上,把“学、转、谋、见”活动不断引向深入,通过思想的大解放,观念的大转变,思路的大突破,促进油田的大发展。

解放思想,就要创新思维,不断转变观念。思维与观念是行动的先导,思维不创新,观念不转变,行动上就不会有突破,事业上就不会有飞跃。由于长期受计划经济体制的影响,油田在各方面的工作中,形成了诸多的思维定势,它在无形中影响着我们的观念,制约着我们的思路,束缚着我们的手脚。我们必须突破定势,打破常规,适应变化了的新情况,大力进行创新思维。要靠创新思维实现油气勘探上的新突破、开发技术上的新进步,靠创新思维解决好存续企业的自求生存与发展,靠创新思维增强思想政治工作的感召力和说服力,靠创新思维掌握做好新形势下维护稳定工作的主动权。要坚决冲破一切妨碍发展的思想观念,牢固树立起超常规、高速度、跨越式的发展观念,全球化、社会化、多元化的大市场观念,优胜劣汰、适者生存、强者发展的竞争观念,市场为导向、效益为中心的经营观念,奋发有为、永不自满、勇于开拓、敢试敢闯的创业观念。切实做到我们党所反复要求的“把思想认识从那些不合时宜的观念、做法和体制的束缚中解放出来,从对马克思主义的错误的和教条式的理解中解放出来,从主观主义和形而上学的桎梏中解放出来”。

解放思想,就要永不满足,不断超越自我。勇于超越自我是跟上时代发展步伐的前提,是激发人们干事创业的强大动力。先进地区和先进企业之所以发展快,很重要的一点就在于他们有干大事、创大业的气魄,在于他们勇于超越自我,永不满足。超越自我,就要眼睛向内审视自我,不断寻找自身的差距和不足,虚心向先进地区和先进企业学习。超越自我,就要眼界宽远,把胜利油田和本单位的发展放到全系统、全国、全球发展的总体坐标中去审视、去定位,谋划大思路,用大手笔做大文章,以大举措寻求大突破。生产经营比较困难的单位，必须增强危机感、责任感和紧迫感，打好翻身仗，尽快扭亏脱困。经营情况比较好的单位，则要居安思危，在更高的起点上自我加压，不能小富即安，小成则满。要在“对标、追标、创标”活动中有新的作为，自觉抬高工作标准，争取更上一层楼。我们所处的时代，是一个充满机遇、也充满挑战的时代，必须要有敢想敢干的勇气，有敢为天下先的胆略，敢冒风险，勇立潮头。要充分利用胜利油田多年来形成的资源优势、技术优势、人才优势、品牌优势、企业文化优势，大胆地走出去，不断开创外拓市场工作的新局面。同时，要从战略的高度破除小农经济的思维，大胆地引进来，采取合资、合作等一切灵活多样的形式，优化产权、产业结构，发展多元经济，膨胀经济总量。要敢于改革一切阻碍生产力发展的生产关系，放手让一切劳动、知识、技术、管理和资本的活力迸发出来，让一切创造财富的源泉充分涌流，不断壮大油田的整体经济实力。

二、抓住第一要务，振奋精神，坚定信心，加快改革与发展

这次集团公司陈同海总经理来油田调研时，结合国际、国内形势的发展，给我们出了“三个怎么办”的题目，即在实现国民经济总量“翻两番”的战略目标中、在解决制约我国经济发展的重大战略问题中、在应对可能出现的国际油价下跌中，胜利油田应该怎么办？要求我们坚定信心，克服困难，深挖增储上产、深化改革和降本增效三大潜力，加快“重上3000万”的步伐。各级党组织和广大党员干部一定要明确所肩负的神圣责任，紧紧抓住重要战略机遇期，创造性地开展工作，进一步深化改革，加快发展，确保油田“十一五”期间油气当量重上3000万、存续经济总量翻一番、职工生活水平要有新提高三大奋斗目标的实现。

要始终保持锐意改革、奋发有为的精神状态。良好的精神状态是深化改革、加快发展的前提，也是衡量党员干部是否能够做到与时俱进、开拓创新的重要标准。一是必须要有加快发展的责任感、紧迫感和危机感。发展是执政兴国的第一要务。油田作为从事资源采掘的国有特大型企业，在国家实施石油发展战略和实现国民经济总量翻两番的目标中占有举足轻重的地位。我们必须站在实现中华民族伟大复兴和国家经济安全的高度，以更强烈的责任感和使命感来研究和规划油气资源的发展问题。面对国际石油资源严酷的竞争形势和油价的风险，我们要切实增强忧患意识和危机意识，超前谋划，积极应对，做好胜利油田增储上产和降本增效的大文章，为全面建设小康社会做出我们应有的贡献。二是必须要有强烈的改革意识。发展是硬道理，改革也是硬道理，改革出动力、出生产力。目前，国企改革已进入攻坚破难阶段，改革每往前推进一步，都会遇到来自各方面的阻力和压力，但是无论困难多大，不管任务多么艰巨，改革一定要坚定不移，这应该成为我们各级领导干部的共识和决心。实践证明，只有通过改革，才能解决目前我们面临的诸多矛盾和问题；只有通过改革，才能提高我们的竞争力，迎接未来的挑战。要积极深化内部分配制度改革，大力推进结构调整和改制分流工作。要通过深入持续地改革，逐步为油田加快发展革除一切体制和机制障碍，不断注入新的生机与活力。三是必须要有加快改革发展的信心和勇气。胜利油田经过40年的勘探开发建设，已经拥有了雄厚的物质基础，积累了宝贵的实践经验，目前又有一定的效益，具备深化改革、加快发展的实力和条件。特别是山东省委工作会议后，全省掀起了新一轮思想解放的热潮，又相继出台了一系列深化改革、加快发展的重要举措，这给我们提供了难得的机遇，我们要充分利用这种良好的区域经济发展环境，利用好每一项可以利用的政策、机制和措施，大力推进油田改革发展大业。

要在加快油田改革发展中发挥好服务保证作用。各级党组织和广大党员干部要紧紧围绕企业的中心工作，充分发挥好党组织的政治核心作用、党支部的战斗堡垒作用和党员的先锋模范作用。要旗帜鲜明地支持改革，积极主动地投身改革，做改革的促进派。要深入研究国家关于国有企业改革的路线方针政策和上级党组织的部署要求，保证企业改革的正确方向。要根据企业生产经营形势的变化，不断进行党建工作自身的改革与创新。随着勘探区域的扩张，外闯市场队伍的增多，多种所有制经济组织的出现和不同党员群体队伍的产生，不断完善党的基层组织建设；结合当今时代人们思想观念、价值取向、行为方式的日趋多元化，不断加强党的思想建设；根据市场化程度的不断加深和体制机制的转轨变型对党员干部拒腐防变能力的新要求，不断加强党的作风建设。通过以上各方面的创新和改进，切实强化保证和服务职能。

要努力营造深化改革、加快发展、干事创业的良好氛围。干部使用是最好的工作导向，用好一个干部就等于树起了一面旗帜。要坚持干部“四化”方针和德才兼备原则，坚持以成败论英雄、凭实绩用干部，真正把那些政治上靠得住，业务上有本事，锐意改革，大胆创新，想干事、肯干事、干成事的干部充实到各级领导班子中来。要积极鼓励锐意改革、干事创业者，鞭策因循守旧、落后无为者。干事创业必然要冒风险，对创业者在工作中所走的弯路、可能存在的失误，不能求全责备，要帮助总结经验教训，鼓舞创业者的斗志，保护创业者的热情。要大力弘扬干事创业的进取精神，积极选树和宣传干事创业的典型，对一切符合“三个代表”要求和“三个有利于”的创举，都要大张旗鼓地宣传，努力营造人人想干事、人人想创业的良好舆论氛围。

三、牢记“两个务必”，勤政廉政，始终保持干部队伍过硬作风

务必继续保持谦虚谨慎、不骄不躁的作风，务必继续保持艰苦奋斗的作风，树立正确的世界观、人生观、价值观，树立正确的权力观、地位观、利益观，始终做到立党为公、执政为民，是我们党对党员干部郑重而严肃的要求。在兴起学习贯彻“三个代表”重要思想新高潮，解放思想，干事创业，加快改革发展的过程中，各级党组织要教育和引导广大党员干部牢记“两个务必”，按照“八个坚持、八个反对”的要求，切实抓好作风建设。

第一，要牢记“两个务必”，大力弘扬艰苦奋斗的传统作风。胡锦涛总书记号召全党尤其是各级领导干部要牢记“两个务必”，大力发扬艰苦奋斗的优良传统和作风，具有很强的时代性和针对性，深得民心，我们要站在事关执政党的建设、事关油田长远发展的高度来认识保持牢记“两个务必”的重要性。艰苦奋斗是我们的传家宝，丢掉了艰苦奋斗的优良传统，就等于丢掉了我们的优势，丢掉了立业之本。同时，艰苦奋斗也是油田进行“二次创业”，加快改革发展，实现三大奋斗目标的迫切需要。大力弘扬艰苦奋斗精神，关键是领导干部要以身作则。油田各级领导干部特别是年轻干部，要自觉发扬脚踏实地、真抓实干的作风，弘扬艰苦朴素、勤俭建国的精神，在实践中不断加强自身修养，磨练艰苦奋斗的意志，自觉加强党性锻炼，不辜负广大职工的重托和殷切期望。

第二，要坚持标本兼治，持之以恒地抓好党风廉政建设。总体来讲，油田干部队伍的主流是好的。但在市场经济形形色色的诱惑面前，个别人经受不住考验，干部队伍中也确实出现了一些问题。这一方面是由于个别领导干部党性修养不够、拒腐防变能力不强、自我要求不严造成的，另一方面也与我们制度还不够健全，监督还不够到位，管理还存在漏洞有关。下一步，要强化廉洁自律教育，落实好中纪委关于领导干部廉洁自律的最新要求，筑牢党员干部拒腐防变的心理防线。要针对干部队伍中存在的突出问题，针对权力运行中的关键部位和容易发生问题的关键环节，落实和完善各项制度，规范领导干部的权力运作。要以正面教育为主、预防为主、事前监督和过程监督为主，综合运用纪律检查、效能监察、财务审计、厂务公开、舆论监督等各种手段和措施，强化干部监督工作，发现问题，及时诫勉纠正，防微杜渐，促进干部健康成长。要大力学习先进，弘扬正气。郑培民同志是继焦裕禄、孔繁森之后，党的领导干部忠诚实践“三个代表”重要思想的优秀代表，他的“做官先做人，万事民为先”的崇高精神得到党中央的高度评价，各级党组织一定要认真组织好向郑培民同志学习活动。同时要注意选树和宣传我们身边的优秀领导干部典型，组织好向李文善等10名集团公司勤政廉政优秀领导干部典型学习活动，进一步倡导清廉之风，营造学先进、当先进的浓厚氛围。

第三，要进一步强化宗旨意识，密切与职工群众的血肉联系。密切与职工群众的血肉联系，是加强作风建设的核心。实践证明，哪个单位的领导心里始终装着职工群众，始终把职工群众的利益放在第一位，哪个单位职工队伍的凝聚力和向心力就强，各方面的工作就开展得好。因此，各级领导干部一定要牢记全心全意为人民服务的宗旨，把职工群众的冷暖时刻挂在心上，真正承担起为官一任、造福一方的责任。要怀着对职工群众的深厚感情去做工作，把职工群众的疾苦当作自己的疾苦，把职工群众的困难视为自己的困难，真正做到权为民所用，情为民所系，利为民所谋，事为民所办。只有这样，才能赢得威信，树起形象，求得作为。

四、坚持“党管人才”原则，创造性地做好新形势下的油田人才队伍建设工作

目前，世界已进入以人才和信息为基础的知识经济时代，人才资源成为第一资源。油田必须从战略的高度，在更高的起点上，抓好人才队伍建设，构筑油田发展的人才高地，为全面提升油田整体发展水平、实现三大奋斗目标提供强力支撑。

要从提升企业核心竞争力、实现油田可持续发展的战略高度来认识人才工作的重要性。前不久，中央政治局召开会议，专题研究和部署进一步加强人才工作等问题。会议强调，人才问题是关系党和国家事业发展的关键问题，人才资源是第一资源，并提出要坚持“党管人才”原则，实施人才强国战略，着力建设党政人才、企业经营管理人才和专业技术人才三支队伍。多年来，胜利油田一直十分重视人才问题和人才队伍建设，各级党组织围绕人才队伍建设做了大量扎实、细致、有效的工作。但也应当看到，有些单位对人才工作重要性的认识还不到位，对人才问题可能给发展带来的制约认识还不足。结合学习领会中央关于人才工作的指示精神，各级党组织和领导干部要牢固树立人才资源是第一资源的观念，充分认识人才在企业发展中的基础性、战略性地位和决定性作用。要看到，加入WTO后，油田面临着越来越激烈的市场竞争，这种竞争归根结底是人才的竞争，没有一大批党务政工、经营管理、专业技术等各方面的优秀人才，没有足够的高层次、复合型、外向型人才，就无法在竞争中赢得优势地位。科技是第一生产力，而科技的背后是人才。各级领导干部一定要有爱才之心、识才之智、容才之量、用才之艺，把各类人才集聚到我们的事业中来。

要拓宽思路，创新机制，切实做好油田各类人才的培养、引进和使用工作。近年来，油田在人才队伍建设上遇到了一些实际困难和问题，比如高层次人才引进难，部分人才留不住，人才出现流失等。要解决这些困难和问题，必须解放思想，转变观念，拓展思路，创新机制。一是要用市场经济的眼光来审视和指导人才队伍建设。要认识到，在市场价值规律的作用下，人才流动是正常的，关键是如何让这种流动向着有利于我们的方向发展。这就需要我们按照市场价值规律的要求，将事业留人、感情留人、待遇留人、文化留人融为一体，扬长避短、统筹兼顾、主动出击，做好运用市场价值规律加强人才队伍建设这篇大文章。二是要进一步建立健全有利于培养人才、吸引人才、使用人才和留住人才的机制。不断深化干部人事制度改革，建立公开、平等、竞争、择优的用人机制，完善对人才的激励和考核监督机制，加快建立有利于留住人才和人尽其才的薪酬机制。当前要抓住油田内部分配制度改革和实行特人特薪这一契机，建立起有效的人才激励机制，保证能够引得进、留得住、干得好。三是要抓好人才队伍的结构调整。尤其要在专家队伍建设、党务政工队伍建设、女干部培养和工人队伍建设上狠下功夫，实现人才队伍结构的进一步优化。四是要强化对知识分子特别是新走上工作岗位的大学毕业生的思想政治教育。要针对年轻人接受能力强、可塑性比较强的实际，强化对他们的理想信念、道德法纪、艰苦奋斗传统教育，解决好世界观、人生观和价值观问题，从根本上打牢敬业奉献的思想基础，在推进油田各项事业的发展实践中实现人生价值。

广大党员干部也要适应形势发展的需要，不断提高自身素质，努力成长为优秀人才。要担重任，先强自身。作为各级领导干部来讲，在目前这种大发展的氛围中，既有守土之责，又有拓疆之任，如果没有先人一步的观念、高人一筹的思路，就不能从战略和全局的高度谋划本单位的未来发展，就不能破解难题，造就辉煌，就不能带领职工群众奔小康。作为普通党员干部来讲，自身能力素质不过硬，也就无法体现党的先进性。因此，广大党员干部要充分认识自己所肩负的神圣使命，下大气力提升自己的素质、能力和水平。在油田开展的创建学习型组织活动中，干部要成为学习型干部，党员要成为学习型党员。要增强政治上的坚定性，掌握辩证唯物主义和历史唯物主义的科学思维方法，加强实践锻炼，真正把自己培养成为能够带领职工群众干事创业的优秀人才。

五、大力加强思想政治工作，为加快油田改革与发展营造和谐稳定的环境

保持和谐稳定的环境，是深化改革、加快发展的前提。各级党组织和领导干部要牢固树立稳定压倒一切的思想，正确处理改革发展稳定的关系，在保持稳定中推进改革发展，在改革发展中维护大局稳定。对做好维护稳定工作的长期性、艰巨性和复杂性要有更加清醒的认识，要继续强化领导责任制，进一步完善预防预警机制，充分发挥基层党组织在维护稳定中主力军的作用，发挥思想政治工作解疑释惑、理顺情绪、化解矛盾、凝聚人心的作用。具体抓好以下四个方面的事情。

一是要坚持不懈地抓好基层党建工作。基层稳则全局稳。要坚持围绕中心、服务大局，拓宽领域、强化功能，扩大党的工作的覆盖面，不断提高基层党组织的凝聚力和战斗力。

要进一步落实党代表大会（党员大会）制度，抓好基层党组织的改选换届。按期召开党代表大会（党员大会），是落实党的组织生活制度的一项重要内容。按照新党章和《中国共产党基层党组织选举工作暂行条例》要求，局党委进一步明确、规范了油田各级党组织改选换届的年限。油田有50个二级单位委和200多个三级单位党委（总支）需要召开党代表大会（党员大会）。现已确定28个条件相对成熟的二级单位党委，要召开党代表大会（党员大会）。目前已有15个党委上报了召开党代表大会的请示，1个党委召开了党代表大会，完成了改选换届工作。下半年要继续抓紧抓好。条件成熟而还没有请示的党委，要抓紧上报，做好前期准备工作；已经上报了的党委，要抓紧运作，按期召开党代表大会（党员大会），切实做好改选换届工作。

要进一步加强油田经济实体党群工作。油田各类经济实体，是适应社会主义市场经济发展要求，实现油田产业和产品结构调整，拓展油田发展空间而兴办起来的，已成为油田经济发展的新的增长点，对于胜利油田实现全面提升整体发展水平的奋斗目标，进一步推进改革发展稳定，有着重要的作用。虽然经济实体在产权构成、经营方式、管理模式等方面与油田主体单位相比有其不同之处，但党群工作仍是油田党群工作的重要组成部分，应从巩固党的经济基础、阶级基础和党的执政地位的高度来认识加强和改进经济实体党群工作的重要性。各类经济实体经营管理的国有资产数额较大，如何确保国有资产保值增值是各级党群组织的重要政治责任。因此，各类经济实体要进一步增强责任感和紧迫感，采取积极有效措施，下决心加强和改进党群工作，发挥党群组织的保证和监督作用，推进油田党群工作整体水平不断提高。

要进一步加强离退休职工党员、协解职工党员、家属党员等非在职党员的教育管理。目前，油田共有非在职党员32337名，占油田党员总数79435名的40.71%。这部分党员虽然离岗离职，但仍是党的一支重要力量，各级党组织要格外关心和重视。要与在职党员一样，抓好教育和管理。各级党组织必须根据非在职党员的自身特点，有针对性地加强教育和引导，通过组织开展学十六大精神和“三个代表”重要思想、忆革命传统、继续为油田改革发展稳定做贡献的活动，进一步增强非在职党员的大局意识、改革意识和党员意识。要切实尊重和保障他们的党员权利，严格落实好党内生活制度，该参加的会议一定要通知他们参加，该学习的文件一定要及时传达到，使他们多听大道消息，少听小道消息。同时，各级党组织要关心照顾老党员、老同志，满腔热情地发现和帮助他们解决思想和生活中的实际困难，多做得人心、暖人心、稳人心的实事好事，使他们时刻能感受到党组织的关怀和温暖，增强党组织的凝聚力和战斗力。

二是要抓好深化改革过程中的稳定工作。随着油田内部改革的不断深化，难免会带来一些新的矛盾和问题，而原有的一些矛盾和问题还没有彻底消化和解决，维护稳定的任务十分艰巨。各级党组织要切实增强政治意识、大局意识和责任意识，充分发挥职能作用，认真做好内部分配制度改革和企业改制分流等改革过程中的思想政治工作，向职工群众讲明改革的意义、目的、原则，讲清改革的政策和方案，最大限度地取得职工群众的理解和支持。要注意摸清不同利益群体的思想动态，搞好矛盾的排查调处，有针对性地做好工作，特别是要做好一人一事的思想政治工作。要不断加强信访工作，畅通与职工群众联系的渠道。要切实抓好法轮功处理工作，坚决打击邪教组织的破坏活动。要深入开展严打整治斗争，认真落实社会治安综合治理的各项措施。

三是要扎实开展好“结对帮扶再就业”活动。在党员干部与下岗失业人员中开展“结对帮扶再就业”活动，是局党委为促进下岗失业人员再就业、维护油田大局稳定做出的一项重要举措。活动开展以来，各二级单位普遍比较重视，在下岗失业人员再就业问题的认识上往前迈进了一步，并逐步落实了一些措施，取得了阶段性的成果。但目前仍然存在面上工作开展不平衡的问题。下一步最重要的还是要提高认识。就业是民生之本，各单位要站在落实十六大精神、实践“三个代表”重要思想的高度，切实把这项工作当作一件大事，坚定不移地抓实抓好。要落实领导责任制。采取措施把领导责任制层层落到实处。要拓宽工作思路。大力挖掘社会岗位，引导社会就业；通过发展多种经营促进就业，通过开拓外部市场带动就业；倡导自谋职业，鼓励自主创业。要注意领导方法和工作方式。要继续搞好自主创业典型的宣传，发挥典型的导向示范作用。

四是要通过加强企业文化建设凝聚职工队伍。增强职工队伍的凝聚力和向心力，是企业实现长期稳定的关键。今年是胜利油田的“企业文化建设年”。要通过“企业文化建设年”活动的开展，推动胜利文化建设不断向纵深发展，使“从创业走向创新，从胜利走向胜利”的新时期胜利精神和“创业、创新、竞争、发展”的胜利文化核心内涵更加深入人心，变为提升胜利油田整体发展水平、实现三大奋斗目标的强大精神动力。要以迎接胜利油田勘探开发建设40周年为契机，加大胜利文化的建设力度，展示胜利石油产业大军与时俱进、昂扬向上的精神风貌，激励广大干部职工进一步解放思想，坚定发展信心，搞好二次创业，再铸新的辉煌。

加强管理　优化部署
为实现油田持续稳定发展而努力奋斗

——李阳在胜利石油管理局党委全委（扩大）会议上的讲话（摘要）
（2004年1月6日）

一、管理局、有限公司2003年生产经营建设情况

2003年，是不平凡的一年。上半年，全油田广大干部职工团结一心，众志成城，夺取了抗击“非典”的重大胜利；下半年，面对多年不遇的风暴潮自然灾害袭击，全力以赴，知难而进，顽强奋战，把各种损失降到了最低限度。一年来，全油田各条战线、各单位，广泛发动群众，紧紧围绕“三大目标”，克服重重困难，扎实工作，埋头苦干，确保了本单位承包经营任务的圆满完成，确保了油田主要生产经营指标创出新水平，为油田发展和经济效益的逐年提高，做出了新的贡献。通过全油田各单位上下一致的共同努力，2003 年油田主要生产经营指标完成得较好，特别是经济效益指标创出了历年最好水平，为中石化经济效益增长做出了重大贡献。

2003 年管理局、有限公司主要生产经营指标完成情况是：

生产原油：2665.51 万吨。

原油配置量：2533.64 万吨。

天然气产量：8.1 亿立方米。

天然气商品量：3.56 亿立方米，其中供山东省网及齐鲁 0.77 亿立方米。

总收入：有限公司 421.5 亿元，管理局经济总量 202.6 亿元。

利润总额：有限公司 152 亿元，管理局补贴 13.1 亿元。

管理局钻井：1382 口，进尺 294.8 万米。

外部市场创收：36.1 亿元。

企业增加值：有限公司 310 亿元，管理局 56.6 亿元。

吨油完全成本：837 元/吨，油气单位现金操作成本 53.26 元/桶。

资产保值增值率：有限公司 112.65%，管理局 64.82%。

净资产收益率：有限公司 25.33%，管理局 -17.8%。

资产负债率：有限公司 19.84%，管理局 67.26%。

集体经济实现销售收入 39 亿元，实现利润 1.8 亿元。

总结 2003 年工作，主要取得了以下几个方面的成绩：

（一）坚持勘探重中之重地位不动摇，解放思想，大胆探索，油气储量首次实现“三个超亿吨”

2003 年，是实现“油气当量重上 3000 万”目标的开局之年，油田坚持勘探重中之重地位不动摇。勘探系统解放思想，大胆探索，全年探井交井 234 口，进尺 54.54 万米。其中，预探井 37 口，评价井 105 口。电测解释油气层井 104 口，解释成功率 73.2%。试油交井 116 口、208 层。通过勘探系统各单位的共同努力，取得了“四大突破、八个进展、七个扩大”的勘探成果。

四大突破：①东营南坡深层勘探取得重大突破。优选四个圈闭实施钻探孔店组均获成功，新增预测储量 5048 万吨。②阳信洼陷勘探取得突破。阳 101 井获得稀油工业油流，打破了阳信洼陷石油勘探多年来的徘徊局面，展现了良好的勘探前景。③西部准噶尔探区取得战略性突破。董 1 井首次突破了胜利西部探区的出油关，也是中石化西部新区的第一口百吨井。④伊朗卡山勘探取得突破。Arn - 1 井正在试油求产，获得高产油气流。

八个进展：郑家—王庄地区勘探取得重要进展。该区完钻探井 21 口，其中有 17 口井获工业油流。新增探明石油储量 6119 万吨，新增预测石油储量 1947 万吨；桩海地区三套层系勘探取得重要进展。其中埕北 306 井奥陶系日产油 178 吨、气 14826 立方米。埕北 307 井奥陶系获日产油 141.5 吨、气 42717 立方米。老斜 292 井中途测试折算日产油 154 立方米，气 3170 立方米；另外在罗家—垦西地区稠油、埕东凸起北坡馆陶组河道砂体、孤西潜山带、陈家庄凸起东段、东营凹陷中央带浅层、基山砂体等地区勘探取得新进展。

七个扩大:通过对孤岛油田南部馆陶组、孤东油田西部馆陶组、孤北洼陷深层、东营北带、东营中央带及周围岩性油藏、郭局子洼陷、纯北沙四段等区块勘探,使其含油范围不断扩大。

滚动勘探增储建产成效显著。2003年完钻滚动探井80口,进尺18.79万米。发现了孤岛南区东扩、坨143扩、河43-30等62个含油区块,在26个区块探明含油面积35.4平方千米,探明储量3199万吨,其中上报国家储委2436万吨。

经过全年努力,新增预测石油地质储量12988万吨,完成年计划的162.3%;新增控制石油地质储量11574万吨,完成年计划的144.7%;新增探明石油地质储量11301万吨,完成年计划的113.0%。取得了历年来首次实现储量任务"三个超亿吨"的显著成绩,为实现油气当量"重上3000万"的战略目标奠定了基础。

(二)开发生产水平不断提高,原油生产任务超额完成,经济效益实现大幅度增长

开发战线面对产量任务艰巨、"三高"开发矛盾突出、产能建设难度大、老油田技术改造投入减少等不利因素,克服"非典"影响,战胜了风暴潮袭击,及时处理海上电缆故障,全力以赴狠抓灾后恢复生产工作,在克服重重困难和各种复杂矛盾的严峻形势下,夺取了原油生产的新胜利。经过全油田上下的共同努力,圆满完成了超产任务,经济效益实现大幅度增长。

一是加强方案优化和工艺技术配套,新区产能建设水平不断提高。狠抓了油藏、工艺、地面、经济评价四个方案的相互整合,对方案设计进行整体优化,实现了埕北30潜山、桩139等难采储量的有效开发;加强了方案实施的跟踪分析和质量监控,对24个区块及时调整,提高了经济效益。全年新建产能60个区块,投产新井288口,日产油能力2590吨,建成产能141.1万吨,超额完成了计划任务。

二是老油田调整治理工作取得新成绩。全年完成调整治理46个单元,新钻井541口,46个单元日产油能力由6160吨上升到8291吨。新增原油生产能力141.3万吨,增加可采储量1164万吨,提高采收率3.1%。狠抓"三个结合",确保治理一块、见效一块。全年完成技术改造区块22个,实施总工作量595井次,恢复产能30万吨。22个技改单元日油能力上升了495吨。

三是实施"三大工程",取得明显成效。①套损井治理工程:治理套损井370口,成功率91%,增油8.9万吨;②分层注水示范工程:完成水井工作量252口,增加水驱储量1109万吨;③提高系统效率示范区工程:对14座注水系统进行了改造,实现年节电2043万千瓦·时。提高机采系统示范区实施油井544口,平均系统效率提高7.64个百分点,取得理想效果。

四是天然气管理成效显著。先后召开了天然气勘探开发务虚会、天然气工作会和现场会,实施了老区潜力调查、技术挖潜和综合治理改造工作,天然气管理水平明显提高。通过综合治理和技术改造,天然气日商品量比上年提高10万立方米以上,经济效益显著。

(三)生产保障更加有力,切实发挥了保驾护航作用

2003年,黄河、渤海、海洋等钻井公司牢固树立为甲方提供优质服务的思想,千方百计强化队伍管理,努力抓住钻进速度和钻井质量不放松。各单位坚持以提高经济效益为中心,科学合理地组织生产。一方面下大力气做好重点区块、重点探井的组织工作,保证钻井质量,另一方面在新井

投产、井位搬迁和日常管理等方面加强监控，严格控制成本，圆满完成了全年的生产任务。2003 年共交井 1382 口，完成进尺 294.8 万米。

物探公司大力开拓西部和南方市场，完成二维地震 3815 千米，三维地震 3165 平方千米，完成工作量和外部市场收入均创历史最好水平。测井公司完成各类测井、射孔、取心及资料解释井 8980 口，与上年同期相比增加 350 井次。录井公司累计完成录井 1206 口，完成录井进尺 261.3 万米。钻井工程技术公司按照“扩大定向井、水平井市场，努力突破泥浆技术服务市场”的总体思路开展工作，全年实现劳务收入 1.8 亿元。

水电讯系统从保障油田生产出发，加强运行管理，各项工作出现明显起色。完成供水量 1.5 亿立方米，总发电量 34.5 亿千瓦·时。

地面建设系统施工单项工程 264 项，完工 210 项。电厂二期工程、西城道路改造、油田基地集中供热项目以及埕岛东区产能建设、东营原油库改造等多项地面重点工程项目按计划运行。

运输、机加工和服务行业各单位努力克服内部市场趋于饱和、原材料涨价、用户采购权上移和上半年“非典”因素等不利影响，坚定不移地实施“走出去”战略，大力拓展外部市场，见到明显成效。

公共事业管理方面，各社区在补贴费用缩减的情况下，积极采取应对措施，优化结构，完善机制，保持了社区经济运行质量和服务水平的稳步提升，职工队伍素质不断提高。

(四)科技进步成为油田发展的有力支撑，重点科研项目攻关取得丰硕成果

科技战线进一步解放思想，创新管理模式，按照“有所为，有所不为”的方针，重点组织油田“211”科技工程，围绕资源战略接替和提高采收率两大主题，强化油田勘探开发基础理论研究，突出油田可持续发展接替技术的攻关试验，加快科技成果转化和产业化步伐，以理论和技术上的突破带动油田核心竞争力的提高，为全面提升胜利油田的整体发展水平提供了技术支撑。在油田勘探开发理论和关键技术上取得了新的突破，进一步提高了油田科技水平和技术实力。在新技术推广以及产业化等方面创造性地开展工作，科技增油达到 300 万吨左右，取得了明显的经济效益。水平井技术日趋完善，全年投产水平井 69 口，增加可采储量 150 万吨。全年取得国家级科技进步奖 2 项，省部级奖 26 项，局科技奖 303 项，申请专利 120 件，已获得专利权 65 件。

(五)加强专业管理，各路工作水平实现新的提升

2003 年，以中石化股份公司推行内控管理为契机，从完善制度、建立程序、规范管理入手，进一步加强各专业管理，各单位、各部门做了大量卓有成效的工作，管理水平明显提高。

财务管理，立足于精细化和全过程控制，为油田节省了大量资金。油气营销管理，在确保管线安全运行的前提下，努力提高输油效率，加大了调度调控的管理力度，管理水平进一步提高。设备管理，在提高人机素质和设备运行质量上狠下功夫，取得明显经济效益。技术监督工作，开展了“四法”大检查，通过对 236 种不合格产品采取退货、换货、降价、索赔等处理措施，为油田挽回直接经济损失 1103 万元。审计部门共开展各类审计项目 85 项，实现增收节支金额 3.01 亿元。油区管理部门在维护油田利益、促进油田生产经营顺利进行方面，做了大量工作。安全管理注重加大

隐患治理力度，积极推进 HSE 管理体系，取得了新成效。“10.27”事故发生后，油田深刻吸取事故教训，开展了五项检查，召开六次专题会议，举一反三，进一步增强了全油田广大干部职工的安全意识。信息化建设全面推进，在勘探、开发、生产经营、物资管理、社会化服务等方面全面提升信息化工作，取得长足进步。定额管理、外经外事、计划生育、生活管理、社会保险、医疗卫生等方面，都有新的发展。

（六）内部市场管理更趋规范，外部市场开拓再创新水平

内部市场整顿效果显著。一年来，开展了油田采油助剂市场的清理整顿工作，进一步规范了钻井液用化学剂产品市场；针对井下工具质量水平较低的现状，处置了违章厂家；进一步规范了外部队伍准入程序，开展了钻井、测井和修井作业市场的整顿规范工作；取消了 14 家涉案违纪队伍的准入资格，维护了油田利益。

外部市场开拓再创历史新水平。坚定不移地实施走出去战略，大力开拓外部市场，圆满完成了全年创收目标。全油田共有 31 个二级单位，进入国内 29 个省市、135 个地区、23 个油田以及伊朗、埃及、土库曼等 15 个国家和美国阿帕奇公司、EDC 公司等 4 个反承包市场，实现收入 36 亿元。2003 年各单位进一步转变观念，克服重重困难，以大手笔、大思路做市场开拓的大文章，外部市场创收实现“五个明显增长”：一是国内市场进一步巩固，市场创收明显增长；二是物探、钻井等施工单位抓住机遇抢占西部勘探开发市场，西部市场收入明显增长；三是工程机械总厂等四家产品单位克服“非典”不利影响，勇闯外部市场，实现创收明显增长；四是纳入承包考核的 22 家单位开拓外部市场的积极性明显提高，市场创收明显增长；五是瞄准国际市场，加大开拓力度，国际市场创收有了明显增长。

（七）多种经营路子更加宽广，呈现稳步发展势头

2003 年多种经营完成生产经营总值 42 亿元，实现经营销售收入 39 亿元，实现利税 4 亿元，利润总额 1.8 亿元，企业增加值 11 亿元。

农业方面，改良盐碱地 2 万亩，抢种芦竹 1.5 万多亩，种植速生杨 6000 亩。机电制造业，以市场为导向，狠抓科技进步和产品升级，积极抢占市场，扩大出口，以优势项目带动产业发展。胜岛公司氮化防腐油管占领大庆、长庆、新疆油田等外部市场；黄河钻井胜华集团投资 1200 万元对精密铸造项目扩建，目前产品已实现出口。商饮服务业，积极发展商业连锁经营，形成网络经济。胜大超市 2003 年实现营业收入 1.5 亿元。化工业，大力开展对外科技合作，已初见成效。建筑建材业，重点发展水泥及预制件、玻璃钢管材、佛泰铝板、塑钢管材等产品。东辛新大公司中低压玻璃钢大规模扩产，高压玻璃钢项目前期工作业已完成。

二、2004 年一季度生产经营建设部署及重点工作要求

2004 年，是全面贯彻落实党的十六届三中全会精神，进一步加快改革和发展的开局之年，是胜利油田继续向着“重上 3000 万”等三大战略目标不断迈进的一年。2004 年，要以发展为主题，以效益为中心，以改革促发展，精心组织勘探开发和施工作业生产，确保油田生产经营平稳运行；进一步深化生产经营管理，积极稳妥地做好以主辅分离、改制分流为重点的油田内部改革工作，加快经营机制转换，推进产业结构调整，内挖潜力，外拓市场，依靠科技，降本减费，努力提高经济效益和经营管

理水平;加强思想政治工作,推进精神文明建设,确保油田改革、发展和稳定的大局。

最近,中石化集团公司召开了年度工作会议,给我们下达了2004年主要生产经营计划指标。根据中石化要求,2004年油田主要生产经营指标安排是:有限公司上缴利润103.6亿元,生产原油2667万吨,新区建成原油生产能力140万吨,新增探明石油地质储量1亿吨,生产天然气9亿立方米;管理局实现经济总量220亿元,补亏7.3亿元,钻井交井1310口,进尺280万米。

根据全年计划指标,部署一季度生产经营指标是:

有限公司

生产原油:664.3万吨;

原油配置量:632.06万吨;

天然气工业产量:2亿立方米;

天然气外供:2800万立方米;

实现总收入:82.33亿元;

实现利润:25.8亿元;

安排投资:22.7亿元,其中勘探6.2亿元。

管理局

实现总收入:49.8亿元(含外部市场收入3.8亿元),其中:

油气开发3.9亿元;

石油工程21.5亿元;

公用工程14.1亿元;

社区服务3.3亿元;

集体经济6.3亿元;

其他业务收入0.7亿元。

主业实现利润:-1.78亿元;

主业实现增加值:11.5亿元;

安排投资:3亿元。

一季度,是生产建设比较困难的时期,存在许多不利因素。一是开局呈爬坡走势。尽管2003年油田超额完成了原油生产任务,但四季度平均生产水平为72600吨,而一季度安排73000吨,净增400吨,增幅较大。二是新区产能建设难度加大,对当年产量接替的贡献率减小。主要表现在低品位储量建产比例大、投资高。三是海上埕岛油田开发管理难度增大。注水矛盾日益突出,进入含水快速上升阶段,采油工程管理难度大等不利因素的存在,影响了海上原油生产的平稳运行。四是春节放长假,对油田生产的稳定运行带来一定影响。上述这些问题的存在,成为制约一季度乃至全年生产经营平稳运行的重要因素。我们要在充分认识一季度严峻生产经营形势的基础上,超前预测,超前应对,超前采取措施。要增强生产经营的紧迫感、危机感、压力感,坚定信心,加大措施,克服困难,全力以赴确保一季度生产经营建设开门红。

要按照一季度计划目标,精心组织,精心运行,扎扎实实抓好以下几个方面的工作:

(一)抓住时机,加大勘探工作力度,争取实现新突破

一季度是勘探的黄金季节,勘探系统要加大工作力度,加快评价步伐,打好落实含油范围的歼灭仗,确保全年储量任务的完成。同时,要加强风险勘探和预探,力争有新的发现。

一季度,动用钻机38台,开钻40口,交井45口,进尺12万米。动用试油队22个,交井40口80层。完成三维地震采集420平方千米。要切实搞好阳信、官7、王庄北、胜利村、王14等地区三维地震的野外资料采集工作。要抓好浅海、惠民凹陷区带、东营凹陷新带新层系、沾化凹陷新带新层系、车镇凹陷区带、天然气、济阳外围新区、辽东湾东部区块、合肥盆地及宁夏中卫区块等重点勘探项目的施工。

要积极做好探井设计、工农关系处理、施工管理等工作。特别是对莱64？孤北古1？孤古26？王斜71？王斜136？郑421等22口重点探井，要科学组织，加快施工节奏，拿到新的成果，为尽快落实储量争取主动。同时，要抓好桩602？王46？垦629？高89？阳27等11口重点试油井施工。要严把施工工序关，资料录取关，不断提高施工质量。钻井、井下、测井、录井、钻井技术公司、钻井院、地质院等勘探系统各单位以及有关部门，要加强协作配合，加强施工衔接，加强工程质量监督，以高度负责的精神做好勘探各项管理和服务工作，确保一季度勘探目标的实现。

要加强滚动勘探工作。一季度安排钻滚动井34口，进尺8.2万米，控制储量2095万吨，尽快落实今年待落实的30万吨规模的产能阵地。重点抓好坨143、辛11、河4等10个区块的勘探工作。

（二）咬定目标不放松，强化稳产基础，确保开发生产平稳运行

一季度，是一年原油生产的起步阶段，也是全年生产的关键时期。要求开发战线各单位变不利因素为有利因素，加大工作力度，加强原油生产运行，强化生产衔接，全力以赴，确保原油均衡生产。一季度，安排生产原油664.3万吨，日产水平73000吨；其中有限公司生产原油622.35万吨，日产水平68390吨。清河1900吨，大明970吨，管理局1740吨。

孤岛采油厂：10900吨；
胜利采油厂：7960吨；
孤东采油厂：7360吨；
东辛采油厂：8000吨；
现河采油厂：5400吨；
河口采油厂：6830吨；
临盘采油厂：4470吨；
滨南采油厂：5050吨；
纯梁采油厂：2690吨；
桩西采油厂：2430吨；
海洋开发公司：5340吨；
鲁　　胜：660吨；
清河采油厂：1900吨；
大　　明：970吨；
管　理　局：1740吨。

开发战线各单位，要按照上述日产计划指标，强化措施工作量的实施，强化生产运行管理，千方百计保持原油生产平稳运行。要重点抓好以下几项工作。

一是强化新区产能建设。2004年计划在35个区块，新钻井421口，（其中水平井16口），钻井进尺89.35万米，新建生产能力145万吨。目前第一批方案28个区块已通过审查，已完成方案编制21个区块，产能106.9万吨。一季度安排在王庄等28个区块，钻井133口，进尺25.78万米，新建产能12.8万吨。各有关单位、部门要加快产能建设方案设计、上报、审批、实施等工作进度，确保新区产能建设任务的圆满完成。

二是强化老区调整治理工作。要突出调整治理重点，扩大整装油藏挖潜、断块油藏细分层系调整规模。继续扩大水平井应用规模。注重完善注采井网，有针对性地加大转注、攻欠增注、大修及扶停工作量，增强稳产基础。2004年安排调整单元40个，新钻井470口，其中水平井86口，钻井进尺98.96万米，新增产能140万吨。一季度安排在30个单元钻井211口，进尺41.83万米，投产152口，日产油能力1585吨，油井转注28口。

三是加强老油田技术改造。要以增加有效注水储量、提高注水质量、改善水驱开发效果为中心，突出抓好以更新、侧钻恢复注采井网、完善注采关系为主的综合治理；应用大修等配套工艺技术恢复停产停注

井;要做好以提高水质达标率、地面工程配套能力和适应性为主要内容的地面工程技术改造。2004 年安排技术改造单元 44 个,其中侧钻井 82 口,更新井 130 口,恢复停产、停注井 190 口。一季度要做好技术改造单元方案的落实和前期准备工作。

四是抓好三次采油及先导试验工作。2004 安排新投注聚区块 3 个,现场先导试验 4 个,地面新建配注站 11 座,当年增油 140 万吨。一季度,要加快已实施项目工程收尾和投注进度,搞好胜二区、孤东二区两个扩大注聚项目的评估论证,力争 3 月中下旬开始现场实施。

五是搞好天然气开发工作。要搞好天然气新区产能建设,2004 年安排在盐北和三合村地区新钻井 35 口,进尺 4.13 万米,建成年生产能力 8300 万立方米。一季度盐北地区安排新钻井 10 口,实施渤南天然气集输系统改造、更新与维护陈气 12 集气站外输管线。完成花沟气田调整方案、埕北古 5 气井措施方案。同时,进一步加强天然气管理,加快天然气深穿工程实施进度,加大非法盗气治理力度,提高天然气商品量,确保天然气供应。

(三)强化生产保障工作,努力拓展生存和发展空间

加强钻井、测录井生产管理。一季度计划钻井 372 口、进尺 79.05 万米,其中有限公司钻井 328 口、进尺 70.5 万米,清河钻井 5 口、进尺 0.6 万米,小"油公司"钻井 13 口、进尺 3.6 万米,外部市场钻井 26 口、进尺 4.35 万米;实现钻井施工收入 11.99 亿元。钻井系统要克服冬季生产施工的困难,精心组织,统筹调用钻机,加快工作节奏,缩短钻井周期,组织好钻井现场施工及科研项目的现场实施与管理工作。同时提高测录井施工质量,确保为油田勘探开发提供优质服务。要降低钻井生产成本,增强全员降本增效意识。积极开拓国内外市场,努力拓展生存空间。

加强水、电管理。一季度安排销售水量 0.26 亿立方米,实现销售收入 0.58 亿元。供电总量 13.13 亿千瓦·时(其中:胜利发电厂 9.9 亿千瓦·时,含电厂二期 3.3 亿千瓦·时),销售电量 12.12 亿千瓦·时,实现销售收入 6.35 亿元。电力系统要加强日常运行管理,加大电网巡线力度,彻底消除电网和发电机组潜在的事故隐患,确保安全供电。胜利电厂要在保证#1、#2、#3 机组稳定运行的同时,全面抓好 4#机组的安装、试运等工作。供水系统要在做好引水工作的同时,认真抓好冬季"六防"工作。要高度重视做好防凌工作,做到人员、物资、措施三到位,确保油田冬季生产安全运行。水电系统各单位要从大局出发,全力做好春节期间的安全优质供水、供电工作。

加强机加工运输管理。一季度安排机加工实现销售收入 3.1 亿元,其中泵公司 0.8 亿元,总机械厂 0.6 亿元,工程机械总厂 0.7 亿元,动力机械厂 1 亿元。机加工系统各单位要认真做好新项目的调研和立项工作,力争多开发高科技含量和高附加值的产品,为企业发展打好基础。运输系统要进一步拓宽经营思路,安排实现总产值 0.8 亿元,其中:运输总公司 0.35 亿元,工程运输公司 0.45 亿元。要面向油田内、外两个市场要效益,争取工作量,开拓更大的生存发展空间。

要加快难动用储量开发工作。要以加快储量动用为主线,组织开展前期研究和工艺试验,突破关键技术瓶颈,依靠科技降本增油;强化组织协调,加快已有海外项目实施,逐步发展壮大成为今后减亏和增效的主要依托。一季度难动用储量开发安排生产原油 17.67 万吨,平均日产 1941 吨。

其中:东胜公司12.94万吨,中胜公司0.85万吨,工益集团0.13万吨,胜大集团3.1万吨,难动用储量开发中心0.65万吨。

加强社区管理。冬季供暖工作是今冬明春的重中之重,社区各单位要从安全、优质、高效几个方面下功夫抓实抓好,切实为居民提供优质服务。继续抓好小区创建工作,提高"440"服务水平。要坚持公平、公正、公开的原则,认真做好住房分调交易工作。

(四)强化重点工程管理,确保工程正点运行

一季度,安排完成建安工作量5亿元,其中胜利油建有限公司2亿元,工程建设有限公司3亿元。要继续把重点工程项目建设好,工作重点是胜利电厂二期工程、埕岛油田东区产能建设、东营原油库扩建等工程。要抓好新建工程的前期工作,做好限额设计管理。要继续加强地面建设市场管理,努力提高主体施工企业的内部市场占有率。

油田矿区建设方面,在抓好跨年8500套住宅工程建设的同时,要重点抓好新开住宅的开工建设工作,保证工程质量和进度,确保按计划完成施工。

(五)大力推进科技攻关,确保重点项目取得新进展

一是组织好"济阳坳陷低电阻油藏评价技术与勘探潜力研究"和"气雾钻井技术研究"等35项申报集团公司项目的开题论证工作。二是认真组织好产业化项目,开辟新的经济增长点。对"聚硅纳米增注剂"、"阳离子驱油剂"等项目,加快进行现场试验,完善机理与现场应用研究,促进新产品的快速推广应用。对2004年新开题的项目做好启动工作,落实好每一个项目的技术运行方案及进度计划,努力实现资金与项目配套的最优化运行。三是抓好专利技术实施和专利"一奖两酬"工作,促进专利技术向生产力的转化,形成具有自主知识产权的新技术、新产品。

(六)全力做好改制分流工作,全面加强内部经营管理

要全面实施改制分流工作。"主辅分离、改制分流"是2004年的重点工作任务。各单位要从四个方面着力抓好改制分流工作。一是要加大宣传力度,引导职工理解、支持改制分流。二是要全力抓好改制分流计划的落实。三是在工作中要严细认真、高度负责,注意不断发现问题,解决问题,趋利避害,卓有成效地把工作做好。四是要在大力推进改制分流工作的同时确保企业稳定。通过扎扎实实的工作,积极稳妥地推进油田改制分流工作顺利开展。

要加强承包经营管理工作。2004年要按照油田总体部署,继续落实精细化、规范化管理,调整完善经营运行机制。一季度,要做好2003年承包经营情况的考核、分析与奖惩兑现工作;要制定出2004年内部承包方案,做好2004年承包责任书签订工作;制定出胜利油田有限公司与管理局关联交易总协议、分协议。同时,要求各有关部门进一步加强调查研究,积极发现和协调解决生产经营中存在的矛盾和问题,制定有关措施和办法,确保生产经营平稳运行。

要认真抓好各个专业的管理工作。要进一步加强财务管理,配合毕马威审计,做好2003年度决算的各项后续工作。要抓好审计监督管理,全面开展内部承包经营等各项审计工作。要加强设备管理,提高设备利用率和完好率。加强技术监督工作,对不合格产品的"后处理"情况进行跟踪检查。积极抓好再就业工作,努力创造条件,提供更多的就业岗位,保持油田大局稳定。要采取积极措施,进一步搞好油区

秩序的治理整顿工作，加大非法盗油、盗气、盗电、盗水的治理力度，维护油田利益和正常的生产经营秩序。要加强信息化建设，做好勘探开发、经营管理、社会化服务等信息系统的开发完善工作，确保工作进度。

（七）继续加大市场管理力度，进一步开拓市场，增强外部市场创收能力

2004年，要进一步加大外拓市场的宏观管理和协调力度，逐步建立信息共享、相互配合、形成合力闯市场的运行模式，打造和提升外拓市场的胜利品牌，在保持外部市场创收稳步增长的同时，不断提高外部市场创收的运行质量，确保全年实现40亿元创收目标。一季度，一是要分解落实全油田40亿元外部市场创收目标，完成4亿元的外部创收任务。二是开展外部市场创收质量年活动，要求外闯市场各单位在完成创收数量的同时，提高外部市场的运行质量。在内部市场管理工作方面，按照“总量平衡、适度竞争、先内后外”的原则，从严控制与油田富余生产能力和优势产品相冲突的外部队伍准入，采取多种措施，规范内部市场运行秩序。

（八）强化管理，深挖潜力，加快多种经营发展

一季度，安排实现销售收入6.3亿元，实现利润0.3亿元。一是抓好集体经济板块产权制度改革，尽快建立适应市场要求的企业运行机制，走上健康发展之路。二是加强产、学、研的进一步结合，大力开展科技招商，加强与大专院校、科研院所的联系，积极引进科技人员和先进技术，努力培育科技含量高，市场前景好的拳头产品、品牌项目，为实现企业的跳跃式发展积蓄力量、寻找出路。三是强化市场营销工作，做好油田内部产品春季订货会的筹备工作，争取把握全年经营销售的主动权。四是抓好农业重点项目开发的组织协调运行。

（九）强化工作措施，狠抓安全生产和油区治理工作

各单位、各部门要从讲政治、保稳定、促发展的高度切实抓好安全生产，全面落实安全责任制，严格安全管理，强化安全监督，深入开展安全教育，彻底治理事故隐患，推行HSE管理，促进安全科技进步，提高安全科学管理水平，为油田改革和发展创造良好的安全生产环境。一是要加强海上安全生产管理。特别是沿海各单位，要认真学习执行油田最近下发的海上安全生产、海油陆采应急预案、管理办法等文件，加大隐患整改力度，确保海上及海油陆采施工安全。

二是加强关键装置、要害部位的安全管理。对于工业动火、设备检修、钻机开钻、平台拖航、移位、重大设备吊装、野外队搬迁等现场施工作业，按照HSE要求切实加强安全生产，落实安全承包责任制，抓好安全检查，确保生产安全。

三是抓好春节期间的安全工作。各单位要在春节前，普遍开展安全教育和安全检查，发现问题，及时整改。各级领导干部要认真履行安全承包职责，到要害部位进行安全生产检查指导。节日期间加强干部值班，抓好公共场所的消防安全，做到安全使用天然气，过一个安全、文明、祥和的春节。

四是加强交通安全管理。各单位要进一步强化车队的集中管理，重点抓好大客车、小客车的季检和春运安全检查。春节期间，对非值班车辆继续实行“三交一封”，认真落实长途车一支笔审批制度和公休日准驶证制度，严格执行副科级以上干部驾驶车辆管理规定，杜绝重大交通事故的发生。

五是抓好油区治理工作。要从严打击

各种涉油犯罪活动，增强反盗、防盗和打击的能力，确保涉油案件明显减少。积极开展非法用电、用气和“三小一点”的治理工作，防止出现反弹和死灰复燃。积极探索适应油田内外关系变化的新的工农工作运行机制，加强工农协调，密切油地关系，为油田改革和发展营造良好的外部环境。

李阳在有限公司秋季地质勘探论证会上的讲话(摘要)

(2003 年 12 月 4 日)

一、始终保持必胜的信心和旺盛的斗志，谦虚谨慎、戒骄戒躁、开拓创新，推动勘探工作勇攀新的高峰

今年以来，经过油田广大干部职工的辛勤工作和艰苦努力，油田改革发展稳定都取得了重大进步，“三大目标”深入人心，开局良好。岁末年初，在总结全年工作、谋划明年工作思路的关键时期，有限公司如何按照“油气当量重上 3000 万”的既定部署，在新的一年里做成几件大事，实现新的发展，是摆在我们面前的重大课题。实现“油气当量重上 3000 万”是有限公司今后几年的奋斗目标，需要一步一个脚印地扎实推进。好的开局不等于好的结果，要最终实现既定目标，油田还要付出更加艰苦的努力。对勘探工作来讲，尽管工作比较主动，但远未到举杯欢庆的时刻。从资源总量看，今后两年以及“十一五”期间，老区必须每年保持 1 亿吨探明储量，“十一五”期间，新区需要新增 3 亿—5 亿吨储量，总数保持 8 亿吨以上的规模，只有这样，“油气当量重上 3000 万”才有基本的资源保障。但是能否实现这些目标，还存在很多不确定因素。首先，要完成 8 亿吨的储量目标，还需要做大量的研究、论证和具体工作。特别是老区深层、外围新区还处于起步阶段，理论认识尚不完整、不成熟，有些目标只是有了一个粗线条的轮廓。其次，从已探明储量的品位看，尽管储量规模有了较大幅度的提升，但资源质量并不高，经济可采储量偏少，储量升级的任务十分繁重。从 1999 年以来，新建产能一直保持在 150 万吨左右，去年和今年都是 145 万吨，也就是说如果要建成 1 万吨能力，至少要有近 100 万吨储量作保证。当然，出现这个问题，主要是客观条件限制，说明勘探对象日趋复杂、日趋隐蔽，品位逐渐变差。但是从更深层次上看，还是勘探、开发的理论认识、工艺技术没有跟上。经过 40 年的勘探开发，胜利油田每年还能完成 150 万吨左右的产能，至少说明资源是客观存在的，只是还没有找到高速、高效勘探开发的有效手段和途径。这也说明油田的工作还大有潜力，前途大有可为。第三，从资源序列看，今年首次实现了三个“同时过亿”，成绩很大，令人振奋。但是不能仅仅满足于此，还要在资源序列的结构优化上作出更大的努力。目前，油田的探明储量、控制储量和预测储量都是 1 亿吨多一点，基本是 1 : 1 : 1 的比例，处于平行排列的结构，从油田的长远发展看，还不足以形成有效的战略接替。今后要通过加倍工作，争取做到预测储量大于控制储量、控制储量大于探明储量，使三级储量之间保持合理的梯次结构，为油田持续稳定发展建立稳固的资源接替。

总的来讲，当前油田勘探形势很好，但是我们的工作还任重而道远。特别是在成绩面前，一定要保持清醒的头脑，真正做到胜不骄。地质勘探工作是一项“永葆青春”的事业，需要不间断地开拓创新。越是在形势好、比较顺的环境里，越是要坚持理论创新。如果长期停留在已经取得成绩的光环里，就容易形成思维定式，形成固化模式，从而束缚住自己的手脚，导致工作停滞不前。油田勘探实践已经反复证明，油田储量增长的每一次高峰都是靠深刻的理论创新实践推动的；相反，一旦形成自我封闭，固化思维模式，就会出现发展缓慢、迟滞不前的被动局面。在前段时间召开的集团公司勘探工作会议上，集团公司和股份公司的领导对油田勘探工作提出了更高的要求，希望油田能早日实现“油气当量重上3000万”的奋斗目标。这既是集团公司和股份公司对油田工作的关心和重视，也是对油田工作的殷切期望。实现“油气当量重上3000万”，勘探工作首当其冲，责无旁贷。希望勘探战线的同志们要进一步增强做好勘探工作的紧迫感和使命感，以百倍的信心、旺盛的斗志，积极投身理论创新和勘探工作实践，按照曹局长在去年春季地质论证会上要求的那样，始终保持“战略家的胆略、哲学家的思维、艺术家的想象力和探险家的精神”，不断解放思想，开拓创新，在新的起点上争取新的突破，努力攀登新的高峰。

二、把握全局，突出重点，狠抓落实，确保油气勘探工作持续有效发展

对明年以及今后勘探工作的总要求，就是要坚持立足济阳、强化外围、油气并举、开拓海外的工作方针，依靠理论创新、技术进步和强化管理，努力寻找大场面、实现大突破、争取大效益，为油田全面提升整体发展水平，顺利实现“油气当量重上3000万”提供可靠的资源保障。明年重点是做好储量升级、扩大亮点、强化外围及海外新区等工作，力争再次实现“三个过亿”。

对天然气勘探，有限公司一直十分重视。近年来，也取得不少成绩，但是与集团公司和股份公司的要求相比差距很大，与石油勘探相比，明显滞后。尽管多年来油田一直坚持“油气并举”的勘探工作方针，但是在天然气的勘探上并没有取得突破性的进展。从近年来天然气的储量和产量的增长趋势看，天然气工作基本处于徘徊不前的状态。从2000年开始到今年，油田每年新增天然气探明储量分别为15.16亿立方米、10.6亿立方米、15.19亿立方米和亿立方米，天然气产量分别为6.88亿立方米、8.5亿立方米、7.5亿立方米和8.1亿立方米。与同时期原油勘探工作相比，形成了强烈反差。与国内兄弟油田的天然气工作相比，胜利油田的差距更大。近年来，天然气作为一种清洁优质能源，在世界能源消费结构中的地位直线上升，受到消费市场的广泛青睐，市场潜力巨大，不仅经济效益十分可观，而且社会效益十分突出。如果天然气工作今后不能尽快实现大的突破，不仅无法占领近在咫尺的山东市场，油田职工群众的生活用气都会成问题。分析其中的原因，反思我们的工作，在很大程度上是由于“油气并举”的勘探方针没有得到很好地贯彻和落实。

在今后的工作中，勘探和开发系统都要牢固树立并认真落实“油气并举”的工作方针，把天然气作为有限公司的主业来抓，像找油一样找天然气，真正做到用大手笔、拿大区块、上大产量、占大市场。在具体工作中，要从解放思想、理论创新、投资扶持、强化力量做起。过去，我们一直说“油在地质家的脑子里”，同样，“天然气也在地质家的脑子里”。广大地质勘探工作者要切实改变“重油轻气”的思想观念，铺下身子，深化研究，加大力度，加快节奏，尽快扭转天然气勘探工作的被动局面，努力推动油、气勘探同步发展。

三、始终坚持勘探工作“重中之重”的战略方针，为勘探工作积极创造良好的工作环境和氛围

勘探工作是油田各项事业的“龙头”，只有“龙头”抬起来，龙身和龙尾才能摆起来。因此，在任何时候，都要始终把勘探工作摆到“重中之重”的战略位置，作为“一把手工程”来实施和推进。各单位、各部门都要关心、重视和支持勘探工作的开展，多为勘探工作添砖加瓦，努力创造良好的环境和条件。

一是要关心重视勘探人才队伍的建设。多年来，胜利油田为国家石油工业培养、输送了一大批优秀的地质勘探工作者，其中也涌现出了一些在全国具有较高知名度的勘探家和地质家。目前油田地质勘探队伍不论是素质，还是能力和水平在中石化内部都是一流的，但是勘探工作发展需要的拔尖人才和权威还不够，人才的梯次结构还不是十分理想。人才队伍建设，是百年大计，是事业兴盛的根基。胜利油田作为全国第二大油田和集团公司上游最大规模的企业，我们应该有信心培养出全国一流、世界知名的大地质家，尽快建设一支老、中、青结合，各学科合理搭配，能够胜任各种地质构造勘探任务的勘探人才队伍。勘探人才队伍建设，既要高度重视人才引进工作，为油田勘探战线始终充实新鲜的血液，同时要大力加强勘探人才的培养。在今年的秋季地质论证会上，作报告的有不少是70年代出生的，这是一个很好的现象，充分说明勘探战线后继有人。今后，要继续坚持这种好的做法，放手使用、大胆提拔青年地质勘探人才，使其在丰富的勘探工作实践中迅速成长、成才。有关单位和部门要重视勘探人才的培养和发展，切实关心他们的工作和生活，努力帮助他们解决实际困难。特别是在培训深造、职称评审、福利待遇等方面，要根据不同单位的情况，进行有区别的对待，在全油田努力营造重视勘探从重视人才做起的导向和氛围。在人才问题上，也要强调“事业留人，感情留人，待遇留人”，创新留人方式，创造条件，在勘探领域优先和倾斜落实油田人才队伍建设优惠政策。

二是要努力创造思想活跃、畅所欲言、有利交流的工作氛围。勘探工作是一项复杂的系统工程，需要多学科、多兵种联合作战。系统之间、行业之间、部门单位之间保持和谐、畅通的交流渠道十分重要。搞好地质勘探工作，一定要摒弃门户之见，注意加强横向间的交流与合作。最近几年，勘探和开发两大系统一直合作得比较好，双方优势互补，互助互动，加快了工作节奏，提高了工作质量。特别是今年以来，经常是一起开会、一起研究论证、一起部署安排，勘探工作主动向开发延伸、开发工作针对油藏情况也超前介入，成效十分明显。今后，要进一步做好勘探、开发的有机结合，充分发挥综合优势，在储量升级、加快隐蔽油气藏有效开发等方面密切配合，力争实现新的突破。

三是要进一步加大技术创新力度，切实加强勘探工作的设备引进和实验室建设等基础工作。勘探技术是油气勘探获得突破、提高效益的重要保障和关键因素。近年来，油田勘探技术包括地震勘探技术、钻井技术、录井技术、测井技术、试油测试技术等都取得了重要进展。但是,胜利油田的技术接替问题尚未从根本上得到有效解决。特别是在对付隐蔽油气藏方面,还缺乏“杀手锏”。今后,要进一步加快技术发展步伐和技术创新力度,特别是要进一步强化各专业的集成和协作,提高油田勘探工作的综合技术水平,解决“油气当量重上3000万”的技术瓶颈问题。同时,要进一步加强装备更新、技术引进和试验室建设等基础工作。今后几年,油田将根据工作需要,不断加大投资力度,使油田勘探工作理论创新和技术创新的基础条件得到明显改善。

专　文

2003年春季油田领导调研活动综合报告

一、油田各单位改革发展稳定工作出现的新变化

“两会”结束后，各单位按照油田的总体部署，以实际行动积极贯彻落实会议精神，突出体现在对关于加快实现“三大目标”的认识高度统一，信心更为坚定，工作思路和工作部署更加切合实际。“三大目标”日益成为推动各单位加快发展，促进广大干部职工干事创业的强大动力，油田上下“聚精会神搞建设”、“一心一意谋发展”的态势基本形成。

（一）各单位以良好的精神状态谋发展、抓改革，实现“三大目标”的基础更加牢固

去年油田提出“三大目标”以来，各单位坚持一手抓谋划、一手抓发展，“九牛爬坡，个个出力”，表现出良好的精神状态。有限公司抓住核心业务不放松，不断加快油气主业发展步伐，勘探开发亮点频频，“油气当量重上3000万”的形势更加明朗，为实现“三大目标”振奋了精神，提高了士气。管理局坚持内强素质、外拓市场，集中优势力量做精做强主营业务，向着整体扭亏目标迈出了实质性的步伐。钻测录系统等主营业务单位大力开展“对标、追标、创标”活动，市场竞争力和综合实力得到很大提升。工程建设系统以改制促发展，大力开拓外部市场，进一步拓展了生存发展空间。机械制修系统以产品结构调整为主线，努力培植新的创收增效点，大部分单位初步完成了产品结构调整过程，并形成了一批新的市场发展前景看好的主导产品。社会服务板块在补贴费用大幅压缩的情况下，坚持自立自强，积极压扁管理层次，调整内部结构，大幅压缩了内部费用。

（二）各单位适应加快实现“三大目标”的新要求，求真务实、理性思考、定位准确

党委扩大会和五届二次职代会明确提出，到2006年实现“油气当量重上3000万吨”，进一步加快推动“三大目标”迈向更高层次。面对新形势和新要求，各单位以求真务实的科学态度，审时度势，理性思考，在油田整体加快发展的战略布局中找位置、定方向，自觉抬高工作起点，大局意识、机遇意识和攻坚破难的意识得到充分体现。

围绕到2006年实现“油气当量重上3000万吨”，勘探开发单位结合自身实际，纷纷调整规划，落实部署，在资源、技术和管理等各方面超前谋划、超前运行。特别

是几个主力采油厂，面对资源接替不足，开发难度日益加大的严峻形势，以“老骥伏枥，志在千里”的气魄，决心依靠技术创新和管理创新，坚决遏制产量递减，使老油田焕发青春，在“油气当量重上 3000 万吨”的进程中，勇立排头，强烈地表现出稳中有增、稳中有上的势头。胜利采油厂在勘探开发 40 年、含水高达 96% 的情况下，明确提出到 2006 年油气当量保持 300 万吨不动摇。孤岛采油厂坚持“成本最小化、效益最大化和结构最优化”的发展思路，不断提高老油田高含水期开发水平，努力延长稳产期。地质院、采油院、钻井院、设计院等科研单位，紧密结合实现老区稳产、新区突破及加快海外油气资源勘探开发步伐的生产实际，整合资源，集中力量，不断加大理论创新、技术攻关和工艺集成的力度，着力锻造实效性、适用性的“引航灯”和“杀手锏”，努力为油田上产提供强有力的技术支撑。

存续各板块面对加快发展和辅业改制分流的双重压力，在理性思考的基础上，积极调整思路，发展定位更加实际，从过去片面强调做大做全向做精做强转变，集中目标，缩短战线，努力培育主导产业，大力发展主营业务。黄河、渤海两大钻井公司制定了做精、做强、做赢的思路，积极调整产业结构，提升装备水平，增强核心竞争力，将主要方向锁定在提升钻井专业技术水平，打造胜利钻井品牌，为油田勘探开发提供优质服务上。测井、录井、钻井技术公司等单位，提出做精、做专、做强的发展思路，结合自身优势，立足科技创新，走技术服务和仪器研发制造一体化之路，将目标定位于国内领先，创国际品牌上。两个工程建设公司在加大外拓市场力度的同时，主动调整内部产业结构，逐步由单纯靠劳务创收，向产业制造、区域化发展转移。生产服务板块各单位，以提高油田生产保障效率，增强自身实力为方向，调整结构，优化运行，加强管理，努力在挖潜增效上做文章。

（三）坚持走群众路线，妥善处理改革发展稳定的关系，民生问题得到普遍关注

“群众的生活环境和生活质量要有新的改善和提高”这一奋斗目标提出后，在油田上下引起强烈反响，得到全面落实。各单位普遍反映，油田将以人为本、一切为民的发展观落到了实处，一致认为油田领导在把握改革发展稳定的关系上态度开明，注重实际，特别是在解决“三大矛盾”和推进内部分配制度改革上堪称是坚持走群众路线的典范。从各单位的具体工作看，基本上做到了令行禁止，特别是向油田喊困难、向上移交矛盾的非常少，基本上立足单位内部实际，从解决职工群众的具体问题入手，把大量不稳定因素消化在基层，消化在萌芽状态，为保持油田大局基本稳定做了大量细致入微的扎实工作。五届二次职代会上提出的为职工群众办的“6 件实事”，目前在各个层面已经取得不同程度的进展。

二、调研中发现的普遍性和倾向性问题

调研过程中，各单位反映了不少具体问题，总体来看，都是在“三大目标”推进过程中需要通过加快发展和依靠深化改革途径解决的问题，同时，这些问题也是油田今后调整工作部署的依据，加快改革发展的动力。

（一）加快实现“三大目标”面临一系列内部结构性矛盾，需要在高度统筹、全面协调的基础上，逐步加以解决

是在加快实现“油气当量重上 3000 万”的过程中，把资源优势转化为现实生产力，把探明储量转化为油气产量的任务非

常艰巨。实现“油气当量重上3000万吨”,资源接替是基础,老区稳产是关键。从胜利老区看,近些年通过解放思想,理念创新,每年探明的储量都在亿吨以上,特别是2003年三级储量同时“过亿吨”,从资源总量上可以说,基础比较厚实,但是由于大部分油藏品位较差和开发技术工艺不配套等方面的问题,致使这些储量得不到有效动用。近几年开发各单位完成新建产能任务,有近一半是通过当年滚动、当年建产的。从储量动用的情况看,“九五”以来新区探明储量的动用率只有51.3%,截至2003年底,油田已探明未动用储量已达7亿吨左右,出现了“勘探上捷报频传,开发上无米下锅”的尴尬局面。出现这个矛盾,反映了油气主业存在的两个现实性的问题。一个是胜利老区的资源潜力远未穷期,济阳坳陷的勘探工作大有可为;另一个是加快隐蔽油气藏开发成为实现“油气当量重上3000万”的主攻方向。这充分表明在实现“油气当量重上3000万”的过程中,我们已经步入了一个崭新的阶段,即由去年的战略谋划转移到战略展开的“大决战”阶段,主要包括提升“低渗”、“潜山”、“稠油”“海上”“隐蔽”等油气藏动用程度以及保持“高含水期稳产”等几个大的战役。取得这几个大战役的全胜,需要油田科学统筹各方的优势兵力,锁定目标,集智攻关,既需要理论创新和技术进步做支撑,也需要机制创新和管理创新的新突破做保障。

二是在存续经济发展上,主要存在产业结构调整不到位、主营业务不突出和市场竞争力不强等矛盾。按照集团公司要求,存续部分今后的发展方向是做精、做强主营业务,加快主辅分离和辅业改制分流。从管理局主营业务当前的发展现状看,产业结构调整的任务非常艰巨,仍有不少单位贪大求全、乱铺摊子,致使优质资源得不到有效整合,不良资产得不到清理整顿,总量过剩与专业优势不突出、市场竞争力不强的矛盾仍然比较突出,在外拓市场方面,主要靠劳务创收,缺乏技术含量和品牌优势。从属于改制分流的单位看,除动力机械厂、泵公司和机械公司等单位初步完成产品结构调整外,仍有许多单位由于历史包袱沉重或起步较晚等原因,发展定位刚刚明确,调整工作刚刚起步;有的甚至还没有找到新的增效点,离实现自立生存的目标差距较大,达不到改制分流的条件。在集体经济的发展上,定位比较模糊,目前,还没有形成整体性的改革发展框架,对改制分流的紧迫性、艰巨性认识不足,产业结构、产品结构、组织结构和队伍结构调整的工作量都比较大,需要在今后的工作中加快调整节奏,加大改革力度,实现以改制促发展,以发展保稳定。

三是在民生问题上,经费压减与提高职工群众生活质量的矛盾日益突出。民生问题是油田三大目标的重要组成部分,关系油田改革、发展、稳定的大局。随着集团公司对管理局补贴费用的不断压减,解决民生问题的经费渠道日益狭窄,职工群众的生活福利在暗补向明补转变过程中还面临一系列问题和矛盾。一方面,由于历史欠帐多、积累的矛盾大,比如职工住房问题、子女就业和下岗职工再就业等问题将长期存在。特别是随着社区费用补贴逐年减少,不少边远职工住宅小区环境出现恶化趋势,子女就学、入托和职工就医等老问题再度出现,对此职工反映强烈,职工生活福利的公平性遭受质疑。另一方面,油田职工队伍结构多元化的趋势也影响了民生问题的解决,除在岗职工外,“协解”人员、内退和退休人员总量都比较大,加上广大家属,解决任何一项具体问题都需要反复研究，处理不好就会引发新的矛盾。解决这些问题和矛盾，关键是要尽快实现职工生活福利的货币化和市场化，用市场的办法来解决历史遗留问题和新出现的矛盾。

（二）在深化内部改革上，各单位对改制分流消极等待、观望的气氛比较浓厚，主辅分离、改制分流工作面临严峻考验

主辅分离、改制分流是油田今年深化改革的重头戏。但从改制分流工作的整体推进情况看，进展很不均衡，普遍缺乏积极进取、主动改革的精神状态和工作劲头。有的单位对改制分流思想准备不足，对解决改制分流过程中可能产生的问题存有畏难情绪，不敢改；有些经营状况比较好的单位，压力不大、动力不足，想看看再说，不想改；有些基础比较差的单位，担心改革后生存状况还不如现在，担心离开油田这个依托，无法生存，害怕改；有些单位思想落后、观念陈旧，贪图安逸、求稳怕乱，对改革见识迟、行动慢，不愿改。从各单位上报的改制分流时间表看，大多数单位把改制分流日期排到2006年，等待、观望的特点非常突出。造成这种情况的原因是多方面的，主要有：①因为目前属改制范围的企业效益还可以，舍不得下手、狠不下心来，特别是有些领导干部害怕失去既得利益。②看不清方向，目光短浅，心存畏难情绪。③思想错位，仍用计划经济惯性思维审视市场经济的事物，等、靠、要的思想根深蒂固。这些问题的存在，看似是思想问题，更多的是利益关系，怕在改革中失去利益，丢失位子；看似是职工的问题，更多的是领导班子特别是党政一把手的问题。因此，要解决这些问题，推进油田整体改革，首先要解决的是思想观念的问题，特别是领导干部的思想认识问题。

（三）干部形象问题成为职工群众密切关注的焦点问题

当前油田正处于加快推进“三大目标”的爬坡时期和深化改革的攻坚阶段，实现油田新时期提出的新目标，领导干部的作风形象和能力水平是一个重要因素。俗话说，“兵熊熊一个，将熊熊一窝”。提高各级领导干部的综合素质和管理水平，建设一支高水平的企业家队伍，是油田今后一个时期的重要任务。从职工群众对领导干部反映比较集中的问题看，主要有以下三个方面：一是廉政建设问题。许多职工群众反映部分干部工作生活严重脱离群众，在生活享受上盲目攀比，对“高档手机经常换、超标小车年年换”等现象非常厌恶，严重影响了干群关系。二是认为部分领导干部思想僵化，观念落后，跟不上形势的发展，仍用计划经济那一套理论指导当前的改革发展实践，拖累了单位的整体发展，影响了职工群众的根本利益。三是认为部分年轻干部应酬多、学习少，热衷钻营庸俗的官场学，不安心搞工作，作风浮漂，年轻气躁，对市场经济和复杂局面的驾驭能力偏弱。对这些问题，需要引起我们的高度重视，从油田持续长远发展的角度出发，尽快建立有效的干部监督约束和干部合理流动机制，切实增强各级领导干部的廉洁自律能力和从政勤政水平。

三、调研中形成的几点思考和建议

（一）要坚持用科学的发展观指导油田改革发展实践，进一步加快“三大目标”的推进步伐

在加快推进“三大目标”的进程中，既要重视量的扩张，又要重视质的提升，没有一定量的积累，不可能实现质的升华；单纯追求数量扩张，不计算效益和质量同步发展，就难以保持健康快速稳定发展。加快实施“三大目标”，必须立足于高水平、高

效益,可持续和人与自然的和谐发展。因此,加快实现“三大目标”必须将勘探与开发高度统筹,做精做强与改制分流高度统筹,技术进步与机制创新高度统筹、内部挖潜与外部创收高度统筹。

一是要积极采取革命性措施,进一步加快将资源优势转化为现实生产力的步伐,努力实现“油气当量重上3000万”的高水平、高效益和可持续发展。我们不仅到2006年实现“油气当量重上3000万”的目标,还要在此基础上,力争保持有限公司的持续稳定发展。实现这一目标,关键在于保持胜利老区的良性健康发展。从胜利油田40年的勘探开发历史看,如果我们把前40年勘探开发复式油气藏视为一次革命的话,那么40年后的今天,随着勘探理论和实践的进一步深化,我们就可以把勘探开发隐蔽油气藏称之为二次革命。当前,为进一步加快将探明储量转化为原油产量的工作步伐,可分三个层面同时推进,并作出长期安排。首先,有限公司要将勘探开发一体化向更高层次、更高水平推进,在决策程序、运作机制、工作部署、技术交流等各个领域都要互相延伸,互相推进,切实做到勘探开发浑然一体,做到勘探找资源出题目,开发在资源向产能的转化上做文章。二是要有效地集合油田科技资源和广大干部职工的聪明才智,抓住重点,锁定目标,迅速兴起“二次技术革命”攻关热潮,在采油工艺配套和采油工程方面,尽快形成几个对付隐蔽油气藏的“杀手锏”。三是要坚持机制创新,为加快隐蔽油气藏开发提供可靠保障。同时,在新区和海外资源的勘探开发上,要锁定目标,抓大放小,对50万吨级以下的项目,油田层面原则上不予考虑,集中资金、集中精力搞几个大项目,切实为“油气当量重上3000万”做出实质性贡献。

二是要坚持做精做强,大力发展主营业务,努力提高存续经济的运行质量和经济效益。管理局要集中力量将热电产业、难动用储量开发和外部市场尽快做大做强,使其尽快成为存续经济扭亏增盈的排头兵。钻、测、录等主营业务要坚持做精做强,进一步提高市场竞争力和综合实力。机修运输和集体经济板块,在完成产业、产品结构调整的基础上,要加大外拓市场力度,加快新产品的开发,努力培育一批有市场、效益好的主导产品;那些尚未完成产品结构调整的单位,要加快结构调整步伐,增强生存发展实力,努力为改制分流做好嫁妆。社区系统要进一步明晰产业结构,努力做精做强物业管理服务,做专做优热力产业,大力发展家政服务,不断拓宽生存发展空间,提高自立生存能力。

三是坚持“三大目标”协调推进,为提高职工群众的生活质量努力创造条件。在管理局补贴费用不断压减的情况下,坚持开源节流并举,多层次、多形式筹措资金,切实为职工群众解决实际问题。一方面,要通过深化改革、移交办社会途径,逐步把一些历史负担移交社会;另一方面,要坚持挖掘内部潜力,实施“双压三减”活动,大力压缩管理费用,把有限的资金用在为老百姓解决实际困难上。最关键的还是要不断加快发展步伐,提高油田综合实力,增加就业再就业空间,努力通过发展解决民生问题。

(二)坚持引导与“促、逼”相结合,切实加快主辅分离、改制分流步伐

改制分流是油田今年深化改革的重头戏,也是改革的热点、难点。对全油田来说,是一次战略调整;对改制单位来说,是一次战略突围。在这种时候,解放思想、转变观念,是非常必要的,但更需要服从大局、敢于牺牲和勇于牺牲的“突击队员”当

先锋、打头阵。这也是考验一个干部、一个单位、一个组织讲不讲大局,有没有能力,听不听指挥的关键时刻。改制分流对油田来讲,是没有多少成功经验可资借鉴的,改革中所涉及的问题都是计划经济条件下国有企业深层次问题的暴露,解决起来难度必然也是前所未有的。如何做到既要让改制分流企业顺利地走出去,并且能生存发展起来,同时又不留下隐患,需要做好以下工作:一是要有针对性地加大政策宣贯力度,做好动员工作。特别是要教育引导各级领导干部进一步转变观念,顾全大局,不讲客观,不讲价钱,不讲条件,坚决完成油田改制分流任务。二是加强对改制分流工作的具体指导。油田有关部门要主动地走出去,做好上下沟通的工作,针对改制分流企业存在的问题解疑释惑,提出符合实际的政策措施。三是加大"促、逼"力度。百想不如一动。任何改革,方案再细,考虑再周全,在实际运作中也需要调整,有些事情是越想越不敢改,越想越不能动。在这方面,我们完全可以先动起来再说,遇到问题解决问题,坚持边走边改,逐步扩大改制范围。四是加大配套改革力度。将改制分流与"压扁管理层、压缩管理费用"、深化劳动人事制度和组织队伍结构调整有机结合起来,使其互动互促,协调推进。

(三)重视培育"硬实力"的同时,不断提升油田"软实力"水平

在装备"硬实力"水平不断提高的今天,企业文化、管理创新、人力资源开发等方面的"软实力",日益成为影响并主导企业发展的核心力量。油田应顺应这一变化的客观形势,加大对"软实力"的培育,进一步提高油田的整体发展水平和核心竞争力。一是树立科学的人才观,加大人才资源开发力度。要统筹好借用外脑与自行培养的关系。将借助外脑作为一种有效手段和辅助手段而不是根本手段,眼睛向内,注重内部挖潜。重点是通过培训,提高员工素质,挖掘油田内部人才资源潜力,着眼油田需要,分层次构建"经营管理人才、技术专业人才和技术操作人才"三支队伍,为油田的全面发展提供人才支持。二是探索科学调配、定期交流,能激发各级领导干部持续创新能力的途径。今年调研中发现,有些过去工作上多年打不开局面甚至很被动的单位,新班子到位后,在短期内开拓出令人耳目一新的局面。这一方面说明,局党委在选配干部、选人、用人上是成功的,同时,除了用换班子这种办法外,用什么办法能使我们的干部队伍保持持久的创新力,也是一个需要探索的问题。三是要加强对企业文化建设的指导力度。重点是在胜利精神指导下,构建系统的子文化,基层单位应立足于培育符合实际的"团队精神",防止出现"文化泛滥"现象,企业文化建设更要避免流于形式。

(四)坚持历史、全面、辩证地看待稳定问题,把稳定工作作为一项长期的任务坚持不懈地抓好

从整个国家、社会层面上看,我国目前总体上已进入不稳定的高发期。从油田层面上讲,随着改革力度的进一步加大、各种利益格局的调整,一些新的热点、难点问题必然会出现,可能引发一些新的不稳定因素。就是当前比较稳定的单位,随着形势和周边环境的变化,也可能出现新的情况。因此,不管从国家社会大背景看,还是从油田实际情况看,稳定工作都将是一项长期的任务。对于稳定问题,我们既要做到临危不乱、处事不惊,又要把工作做细、做实、做到前面,解决好具体问题;既要抓好事关稳定的一人一事工作,又要从大局着眼、长远考虑,努力探索建立稳定的长效机制,做到未雨绸缪。当前,一是要认真落实稳定

工作领导责任制，党政工团齐抓共管，上下形成合力，持之以恒地抓好稳定。二是要认真做好改革中的思想政治工作，既要促进改革的顺利进行，又要保证职工队伍的稳定。三是要心系群众，切实关注弱势群体和不稳定群体，认真做好“结对帮扶”、就业和再就业工作，确保油田大局稳定。四是要进一步改变机关作风和领导干部作风，以密切干群关系为切入点，以反对官僚主义、形式主义为重点，以干事创业、求真务实为根本要求，大兴求真务实之风，解民难，解民忧，做到与职工群众心连心。

胜利文化

胜利文化形成的时代背景和环境条件

以胜利精神为核心的胜利油田企业文化是在特定的时代背景和环境条件下形成的。1964年1月25日，经党中央批准，在渤海之滨的黄河三角洲地带，拉开了大规模石油勘探开发的序幕。油田会战初期，正值中国在国际上受到重重封锁、国内遭受三年严重自然灾害后经济尚未恢复时期，油田是“青天一顶、盐碱一片”，生产和生活条件都极为困难。从祖国四面八方汇集而来的建设者们，承接了黄河儿女勤劳智慧的优秀品格，带来了石油行业艰苦创业的优良作风，他们以大庆为榜样，发扬“有条件要上，没有条件创造条件也要上”的革命精神，保证了会战的顺利进行。没有公路，职工就自己动手修筑；没有吊车和运输工具，就人拉肩扛把钻机搬到井场和钻台；没有房子住，就自己搭帐篷，挖地窝子，打“干打垒”；口粮不足，就到野外摘黄蓿菜、草籽掺和在粮食里吃；没有水喝，就自己挖井，积雨水，喝雪水，喝泥塘里的苦水、咸水。靠这种创业精神和冲天干劲，勘探开发了一个又一个新油田，在一片盐碱荒滩上建起了我国东部地区重要的石油工业基地，同时逐渐形成了胜利石油职工不怕困难、艰苦创业、敢打硬仗、能打胜仗的会战传统，这就是“胜利精神”的萌芽和雏形。

胜利油田位于黄河尾闾、渤海岸边，经常受到黄河洪汛、凌汛以及海潮、台风、风暴潮等自然灾害的侵袭。面对当时各种自然灾害和井喷等突发事故，广大干部群众坚持以国家利益为重，不顾个人安危，英勇冲锋陷阵，宁肯牺牲自己，也要保证国家财产不受损失。油田生产不同于一般行业，常年野外施工作业，工作环境差，劳动强度大。广大职工一年四季风餐露宿，夏斗酷暑，冬战严寒，生产建设每向前发展一步，都要付出艰苦的努力和巨大的代价。油田党委始终坚持抓生产从思想入手，抓思想从生产出发，大力加强党的建设和思想政治工作，大力倡导自觉加压、勇挑重担、逆水行舟、滚石上山的拼搏精神，先后涌现出创钻井年进尺15万米全国纪录的3252钻井队、科学管理油田创出高水平的胜利采油22队等一批先进基层单位和以顾心怿、王为民等英模人物为代表的一大批先进典型。以这些先进单位和模范人物为代表的胜利石油职工队伍，坚持爱国家、爱油田、爱岗位的有机结合，艰苦奋斗，无私奉献，使胜利精神不断增加新的内涵并发扬光大。

胜利精神的形成及其内涵

(一)20世纪80年代总结形成的“胜利精神”

1985年底,油田党委将“胜利精神”归纳为5种精神,即立志改革、开拓前进的创新精神;自觉加压、勇挑重担的进取精神;滚石上山、逆水行舟的拼搏精神;大胆探索、勇于实践的求实精神;同心同德、团结战斗的协作精神。1989年5月,在油田企业精神不断发展及吸收各二级单位企业精神建设成果的基础上,进一步把胜利精神用16个字来概括,即“艰苦奋斗,科学求实,团结协作,开拓奉献”。对“胜利精神”的这种概括,真切地反映了胜利油田特殊的生产环境、经营管理方式及在国民经济中的地位作用。胜利油田地处“春天白茫茫,夏天水汪汪,秋天地里不打粮,冬天鸟兽饿断肠”的盐碱滩,油田的生产岗位多在荒郊旷野,不但要遭受暴风雨、冰凌、河洪、海潮等自然灾害的袭击,还要经受失火、爆炸、井喷等意外事故的干扰。这种艰苦环境就规定了“胜利精神”中“艰苦奋斗”的含义;油田勘探开发,是一门难度很大的综合性科学。它要研究几十亿年、几千万年的地质演变情况,从地下几千米深处错综复杂的地层构造中寻求油气生成、运移和聚集的规律。从地震到钻井、采油、集输、储运,哪个步骤、哪个环节都有严格的操作管理规程,这就规定了“胜利精神”中“科学求实”的含义;油田是多工种联合作战的特大型企业,生产流程前后承接、相辅相成,各项工作环环紧扣、相互制约。只有全体职工牢固树立“一条龙”、“一盘棋”、同心协力、顾全大局的整体观念,才能实现全面完成各项生产建设任务的目的。这种多门类、多工种的联合生产方式,就规定了“胜利精神”中“团结协作”的含义;胜利油田是我国第二大油田,是“七五”期间全国原油增储上产的“主战场”。1989年,胜利油田年产原油3330万吨,占全国同期原油年增长量的58.6%。胜利油田在石油工业以至国民经济发展中的地位和作用,就规定了“胜利精神”中“开拓奉献”的含义。

(二)1992年总结形成的“胜利精神”

为了总结弘扬胜利精神,使其成为推动油田改革与发展的强大动力,在山东省社科联组织多学科专家来油田考察的基础上,1992年4月份,山东省在济南和油田召开了“胜利精神理论讨论会”。局党委总结汇报了胜利精神的基本内容和油田多年来培育、弘扬胜利精神的主要工作。省委领导和与会专家对胜利精神做了高度概括和总结,给予充分肯定。根据这次研讨总结,对胜利精神的主要内容取得了基本一致的认识,这就是“坚定不移的政治信念,以国为重的主人意识,以苦为荣的奉献精神,求实创新的科学态度”。1992年油田抗击风暴潮的斗争,对胜利精神又是一次严峻的考验和升华。面对严重的自然灾害,全局干部群众表现出了高度的政治觉悟,严密的组织纪律和舍生忘死、无私奉献的主人翁精神,打了一场声势浩大的抢险抗灾、恢复生产的硬仗。这是胜利精神在新形势下的具体体现,也为胜利精神丰富了新的内容。为了弘扬抢险抗灾精神,局党委专门召开总结表彰大会,通过电视、报纸、广播、报告会等多种形式进行了广泛宣传,使全局职工、家属又一次受到了胜利精神的深刻教育。山东省精神文明建设委员会专门下发文件，要求把胜利油田在抢险抗灾中表现出的革命精神当作全省人民的精神财富，使“胜利精神”在全省发扬光大。中共中央政策研究室对胜利油田以培养“胜利精神”为重要目标，加强思想政治工作和企业文化建设的做法给予充分肯定，并撰写调研报告，向全国宣传。这些情况说明，胜利精神具有广泛的影响力和强大的生命力，是推动油田改革与发展的强大动力。

（三）胜利精神主要内涵

1. 以坚定不移的社会主义信念为强大精神动力，把爱党爱国的政治热情凝聚在石油事业的发展上，立足本职岗位，脚踏实地干社会主义事业

胜利油田职工无论是在大的政治风浪考验面前，还是在大自然的挑战面前，始终具有一种对党、对祖国、对社会主义的深厚感情和对社会主义制度发展前途坚定不移的政治信念。这是全体职工共同的精神支柱，是油田发展最根本的内在凝聚力和驱动力，也是胜利企业精神最本质的特征。

胜利油田职工始终是一支具有坚定不移的政治信念、坚决走社会主义道路的产业队伍。这支队伍的第一代职工大都经历了旧社会的苦难岁月和新中国石油工业的初创时期及 20 世纪 60 年代的大庆会战，是新中国石油工业从无到有、从小到大，从靠洋油过日子到甩掉石油落后帽子这一段艰难创业史的直接参加者和历史见证人。从切身体验中，他们深刻感受到，只有社会主义才是民族振兴、国家富强的惟一依靠。随着党的教育和社会实践的不断深入，他们对社会主义的认识也不断深化，越来越成为一种自觉的政治信念和理想追求。油田的第二代职工是在新中国成长起来的，从小受到良好的社会主义思想教育，大都参加了胜利油田的初期会战和大规模勘探开发建设，经受了艰苦创业生活的锻炼和考验。他们从理论到现实，对社会主义有比较深刻的理解和认识，他们当中的大多数人已经成为今天油田发展的骨干力量，许多人走上了各级领导岗位。

油田职工对党、对祖国、对社会主义的深厚感情和坚定信念，不是通过口号，而是通过脚踏实地大干社会主义事业的实际行动表现出来的。他们信奉铁人王进喜说过的话：“社会主义是干出来的，不干，半点马列主义也没有！”他们把坚定的社会主义信念凝结在一个“干”字上，发扬“宁肯少活 20 年，拼命也要拿下大油田”的革命精神，为石油工业的发展“献了青春献终身，献了终身献子孙”。油田高级工程师、全国劳动模范、共产党员顾心怿，从 50 年代末就来到华北地区找油，他参加了胜利油田第一只千米钻头的研制；参加了全国第一口日产千吨高产井的设计和施工；他以主要贡献者的身份，发明并研制成功了我国第一台链条式抽油机；他先后设计了我国第一艘坐底式浅海钻井船和世界第一艘极浅海步行式钻井船。中国革命历史博物馆曾陈列三位石油职工的先进事迹，其中的铁人王进喜和新一代铁人王光荣已经去世，惟一健在的就是胜利油田的顾心怿。

油田职工坚定的社会主义信念，还突出地表现在党的组织在油田具有崇高的威望和强大的凝聚力。广大职工群众从党员干部吃苦在前，冲锋在前，牺牲在前，为石油事业呕心沥血、无私奉献的事实中，深刻认识到，共产党员是最值得崇敬、最可信赖的引路人，纷纷向党组织递交入党申请书，积极向党组织靠拢，努力加入党组织。

2. 牢固树立工人阶级主人翁意识，胸怀国家发展强盛的大局，自觉加压，勇挑重担，以多找储量、多产原油的实际行动，为国分忧，为国献力

以国为重的主人翁意识，是社会主义时期工人阶级最根本的政治觉悟，是油田几代职工一脉相承的共同意识和政治本色，也是胜利精神的主要内容和鲜明特征。

以国为重的主人翁意识，集中体现在油田职工闻油则喜、为油而战的强烈的“油意识”上。广大职工深深懂得，石油是国民经济的支柱产业，石油工业的发展影响着国民经济的全局。胜利油田作为我国第二大油田，在国民经济发展中具有重要地位和作用。全国每四辆汽车中，就有一辆烧的是胜利油。对油田职工来讲，油就是义务，油就是责任，油就是大局，油就是奉献，油的多少决定着油田的前途和命运，关系到国家的发展和振兴。正是因为有这样一种强烈的责任感，广大职工对石油有一种特殊的感情。一旦听说哪里找到了新油田，就精神振奋，闻风而动；只要为油而战，不管多么恶劣的自然环境都能适应，不管多大的困难都能战胜，不管多么艰巨的任务都能完成。1986 年春，油田党委决定组织孤东油田开发建设会战。职工家属听到这一消息，奔走相告，整个矿区一片欢腾。请战书、决心书、军令状像雪片一样飞向各级组织。许多青年男女推迟了婚期、疗养和求学深造的机会，纷纷打点行装，参加会战。一时间，出现了父送子，妻送郎，夫妻双双上前线，一家数口齐参战的动人景象。三万多名参战职工云集孤东，在一片烂泥滩上，拦河填海，铺路架桥，令大海后退，逼黄河让路，在一片人造陆地上建成了一个现代化的大油田。

以国为重的主人翁意识，还突出表现在油田职工自觉加压，勇挑重担的主动精神上。广大干部群众都了解，新中国的石油工业虽然有了突飞猛进的发展，但离世界先进水平还有很大差距，能源紧张局面一直是国民经济发展的重要制约因素。全局上下，干部群众，随时都有一种增储量、上产量的紧迫感和责任感，总想千方百计为国家多生产一点原油。在稳产难度越来越大的情况下，广大职工以大局为重，克服困难，仍然保证了原油生产箭头向上，每年产量稳中有增。

当油田发展遇到矛盾和困难的时候，广大职工首先想到的是国家的困难，自觉坚持把国家利益放在第一位。1990 年 7 月份，油田连遭十几场暴风雨和特大暴风雨袭击，一个月的降雨量就高达 404 毫米。整个油区多次处在沟满壑平、一片汪洋的包围之中，造成井架倒塌，通讯中断，被迫关油井 16019 井次，累计减产原油 17 万多吨。同时，一些生活区被淹，许多职工住房漏雨、进水，电冰箱、家具、衣物被泡在水中。在遭受严重自然灾害的情况下，国家非常体谅我们的困难，油田也可以要求国家调整生产计划。但是，我们没有这样做，而是紧急动员广大干部职工群众，打了一场声势浩大、异常艰苦的抗灾抢险、恢复生产的攻坚战。各级领导干部亲临抗灾抢险第一线，强化组织指挥，与广大职工同甘共苦，与暴风雨搏斗。广大职工群众响亮地喊出了“舍小家顾大家，水不退不回家，夺油上产为国家”的战斗口号，夜以继日地抢开油井，恢复生产。许多职工冒着高温酷暑、忍着蚊虫叮咬，在泥里水里连续工作十几个小时甚至几十个小时；有的双腿泡得发炎不叫一声苦；有的同志妻子临产、亲人伤病顾不上照看；有的家中屋顶被掀开漏雨、电器被淹没顾不得料理；有的多次经过家门而不入，一心扑在抗灾抢险上。经过全局职工的艰苦努力，原油日产量很快恢复到灾前水平，圆满完成了全年 3350 万吨原油生产任务。

3. 坚持发扬石油战线的优良传统作风，以油为业，以苦为荣，为石油工业的发

展，艰苦创业，无私奉献

石油行业是一个艰苦的行业，广大职工常年在野外作业，生活环境差，劳动强度大。在一些勘探新区，由于偏僻荒凉，交通不便，吃不上新鲜菜，喝不上清洁水是常有的事。特别是在生产施工中，还可能遇到像井喷、洪水、冰凌、海潮等突发性灾害事故，给油田生产和职工生命财产带来威胁。石油工业的特殊性决定，没有艰苦奋斗的精神就一事无成。可以说，石油工业的发展史，就是一部艰苦奋斗的创业史。胜利油田的发展壮大，每前进一步都是同艰苦奋斗分不开的。

有一位会战初期就来到胜利油田的老知识分子曾经说，“对于我们石油工人来说，苦和乐，就像一对孪生兄弟，同生共存。没有苦，就没有油；没有油就没有乐，是石油把我们的苦和乐联在一起”。“石油滚滚流，心里乐开了花”，这是石油工人苦乐观和价值观的真实写照。“新铁人”张富新，为了多打井，在当钻井队长的14年里，他天天工衣不离身，往往在井场上一干就是十几个小时，困了，就裹着油工衣睡一会儿；渴了，就摘下安全帽舀水喝。他曾在风雨之夜带领职工爬上42米高的井架，用棕绳把自己捆在井架上处理险情；他曾在发生井漏的危急时刻跳进泥浆池，用身体搅拌泥浆，使油井转危为安。他由于长期劳累，患有严重的胃病，曾几次累得吐血，却不吭一声。他入厂19年，总共与家人团聚109天，独生儿子长到11岁，仅见过5面。张富新当了副经理以后，仍然不离油工衣、安全帽、指挥哨——钻井队长那“三件宝”。许多人说：“60年代大庆出了个王铁人，如今胜利出了个张铁人”。改革开放以来，随着科技进步和条件改善，人们的思想观念也发生了很大变化。但是有一点没有变，就是胜利人以苦为荣、以苦为乐的传统没有变，艰苦奋斗、无私奉献的精神没有变。许多年近半百的老同志在生产一线奋斗了几十个春秋，仍然舍不得离开自己的岗位；许多老同志看到年轻人对生产施工不太熟悉，就主动要求返回一线，进行传帮带；还有更多的老同志鼓励子女到自己过去工作过的一线岗位拼搏奉献。新一代石油职工继承和发扬了老石油“以油为业，以苦为乐”的传统作风，在改革开放的新形势下，树立了艰苦奋斗、无私奉献的苦乐观和价值观。

4. 坚持把革命精神和科学态度结合起来，求实务实，开拓创新，把油田的发展建立在科学管理和科技进步的基础之上

胜利油田的艰苦创业历程，也是在勘探开发和建设的实践中，不断研究新情况，解决新矛盾，认识新事物，大胆探索，勇于实践的过程。长期以来，广大职工坚持“两论”起家，坚持两分法，运用辩证唯物主义思想作指导，求实务实，开拓创新，使油田的发展不断增添新的动力源泉，始终保持生机和活力。特别是改革开放以来，油田各级干部和广大群众，把继承和发扬优良传统同改革创新结合起来，从油田实际出发，大胆探索实践。既讲艰苦创业精神，又注重依靠科技进步发展生产；既坚持和发扬“三老四严”、“四个一样”的严细作风，又注重加强科学管理，向管理要质量，要速度，要效益；既充分发挥生产指挥系统强有力的职能，又注重转换管理机制，逐步实现由生产型向生产经营型的转变；既坚持弘扬无私奉献精神，又认真贯彻按劳分配原则，建立起精神激励和物质激励紧密结合的新的激励机制。因而，使油田在管理方式、科技水平、经济效益和职工思想观念上都产生了一个飞跃。

首先是紧跟时代步伐，积极推进企业改革。从1981年开始，胜利油田认真贯彻国家的原油包干政策，全面建立了经营承包责任制，把原油包干任务和各项主要经济技术指标，逐级分解，层层落实，并改革劳动用工制度，进一步调动了广大职工增储量、上产量的积极性，使油田的勘探和开发都取得了突破性进展。原油年产量从1611万吨猛增到3300万吨，石油地质储量平均每年增长1亿多吨，成为全国油田中储量和产量增长最快的油田。后来又根据油田发展的新形势，全面推行项目管理和甲乙方合同制，强化横向上的经济责任，使油田的管理方法和运行机制又发生了新的变化，经济效益有了进一步提高。

油田广大干部群众求实务实、开拓创新精神，还突出表现为具有一种浓厚的科技兴油意识，坚持把油田的发展建立在科技进步的基础上。油田开发建设以来，逐步建立和完善了自己的科研队伍和科研工作体系，取得了一大批对油田发展具有巨大推动作用的科研成果。油田紧紧抓住影响勘探、开发、建设的主要矛盾，以提高勘探精度、提高探井成功率、控制油田递减和提高采收率为主攻目标，广泛发动群众，大搞科研攻关，发展具有胜利特色的科研工艺技术系列，形成了自己的技术优势。先后在石油勘探理论与方法、油田地面建设、油气集输工程及浅海油气勘探等多项领域，取得了一批具有国内外先进水平的科技成果。特别是对渤海湾盆地复式油气藏的勘探实践与研究，获得了地质理论上的新突破。胜利油田所处的济阳坳陷，油藏类型多，油气富集，分布广泛，地下情况被人形容为一个打碎了的盘子，又被踢了一脚，七零八落，非常复杂，被地质家称为石油地质"大观园"。油田的地质科技人员解放思想，大胆实践，精心研究复杂的地质情况，努力探索地下石油王国的奥秘，突破传统地质理论的束缚，探索并总结了勘探开发复式油气区复杂油气藏的规律，逐步形成了一套具有胜利特色的复式油气区的地质理论。运用这一理论指导油田的勘探开发，取得了事半功倍的效果。胜利油田钻井在全国一直处于领先水平。70年代，"铁人"式的英雄钻井队3252队曾创造了年进尺15万米的世界纪录。以水平井技术为代表的高新技术，在增储上产中发挥了重要作用。通过应用高分辨率地震、三维地震、地球化学勘探和油藏描述技术，大大提高了勘探精度。推广应用稠油热采技术，形成了150万吨生产能力。这些科研成果、先进工艺技术的广泛推广应用，进一步扩大了油田勘探开发领域，提高了经济效益，展现出良好的发展潜力。

在不断研究新理论、推广新工艺、采用新技术的同时，油田建立了完备的职工培训网络。以岗前应知应会系统培训、在职划岗升档培训和脱产更新知识培训为主要内容，形成了完整的培训体系。在一线基层队，通过"对抗赛"、"对手赛"、"百问不倒问答赛"等形式，广泛开展岗位技术练兵活动。全局每年都组织各主要工种参加的大型技术比赛，推动全局上下形成了认真学习技术，自觉加强岗位技能训练，大搞技术革新的浓厚风气。临盘采油厂采油3队焊工王为民，克服文化低的困难，十年如一日利用业余时间搞技术革新。为了研制"抽油杆防脱导向器"，他一年利用业余时间跑井120多次，行程2500多千米，绘制图纸80余张，累计加班加点1400多个小时。就这样，先后革新成功了12个项目，其中有两项获得国家专利，共创造直接经济效益上百万元。1989年他被授予全国劳动模范光荣称号。1991年，这个只有初中文化程度的普通工人被中国石油天然气总公司聘任为高级技师。

胜利文化初步形成及其重要意义

以胜利精神为核心的胜利文化，在油田生产经营和改革发展的实践中，在由传统的计划经济体制向社会主义市场经济体制转变的过程中，不断丰富内涵，创新载体，逐渐形成了基本的层次架构。

胜利精神是胜利油田的宝贵财富，是加快油田改革开放和经济发展的动力源泉，无论过去、现在、还是将来，都是胜利石油职工始终保持的传统本色。油田宣传部门常年坚持把开展胜利精神教育作为思想政治工作和精神文明建设的重要任务，大力总结、宣传体现胜利精神的先进典型。以中国工程院院士顾心怿、“铁人式的好工人”王为民、“新时期青年的楷模”刘汝山、“新时代青年创业者”国梁等为代表的数以百计的先进模范人物，构成了一个宏大的典型群体。他们是油田价值观的集中体现，在他们身上充分展现了胜利精神的支柱作用、时代价值和人格力量。胜利电视台先后开辟“胜利人”、“胜利群英”专题节目，《胜利日报》设立“胜利风采录”专栏，《宣传月刊》设立“今日风流”等栏目，常年宣传先进典型和胜利精神。油田先后编辑出版了《英雄谱》、《胜利创业之路》、《覆地翻天人》、《黄河口的觉醒》、《铁人式的好工人——王为民》、《新时期青年的楷模——刘汝山》、《新时代青年创业者——国梁》、《胜利巾帼》、《胜利风范》等十几本、十万多册宣传先进典型的书籍，对胜利精神教育产生了积极的推动作用。

在大力弘扬和培育胜利精神的同时，油田不断加强教育和文化阵地建设，主要是：①以“一碑”、“两馆”为主的石油工业传统教育阵地。“一碑”是指为纪念胜利油田会战初期打出的第一口工业油流井而建的“华 8 井纪念碑”。“两馆”是指以实物、模型、文字等形式，全面真实地记录胜利油田 40 年来勘探开发曲折历程、重大成就和精神文明建设重要成果的“胜利油田科技展览馆”和纪念王为民事迹的“王为民事迹展览馆”。②以管理局党校、各二级单位党校、三级单位业余党校和职工培训学校为主的思想政治理论教育阵地。目前，全局共有二级党校 39 所，三级业余党校 184 所，各类培训学校 47 所。③以《胜利日报》、胜利电视台、胜利有线广播电台和各二级单位转播台为主的舆论宣传阵地。作为管理局党委机关报的《胜利日报》，已发展成为对开四版，日发行量 3.6 万份的地区性大报，先后被评为“全国企业十佳报纸”、“山东省十佳报纸”。胜利电视台从 70 年代末的电视转播台已逐步发展成为拥有 50 多个二级台（站）、有线电视联网 12 万户、传送 50 余套电视节目和 20 套立体声广播的全国最大企业电视台。1997 年被全国企业电视台公推为“全国企业电视会长台”。《中国石化报》、《大众日报》、山东人民广播电台在油田均设有记者站。此外，还拥有图书馆 100 多座，藏书 300 多万册。④以分区域建成的住宅公园、街心花园、体育公园、水上公园及局处两级的文化宫（站）为主的职工群众文化娱乐阵地，组织开展丰富多彩的广场文化活动，为广大职工群众休闲娱乐创造了良好的环境。⑤以“职工之家”、“青年之家”、“党员活动室”为主的前线岗位职工文化活动阵地。全局4400多个基层队都建立了“职工之家”、“青年之家”，配备了彩电、收录机、图书、VCD等文体设备，使广大一线干部职工能够享受到丰富多彩的精神文化生活。⑥以局处两级少年宫、青少年活动中心以及管理局儿童影剧院为主的青少年活动教育阵地，为油田子女创造了一个环境幽雅、寓教于乐的课外活动天地。各级各单位都充分利用现有条件，经常性地广泛开展各种小型多样、群众喜闻乐见的文化体育活动。从1987年开始，胜利油田先后组织5届“黄河杯”歌咏大赛。1991年，胜利油田《黄河入海流》春节文艺晚会在中央电视台播放，获全国“星光杯”二等奖。1992年，为庆祝“五一”劳动节，组织《咱们工人有力量》文艺晚会，在中央电视台播放。1993年胜利油田合唱团参加了第二届北京国际合唱节。1994年1月，胜利油田合唱团参加纪念毛泽东诞辰100周年全国群众业余合唱大赛获得一等奖。1994年“五一”期间，胜利油田与山东电视台联合举办“胜利交响曲”文艺晚会，通过卫星进行了现场直播。1994年6月30日，雕塑剧《战井喷》在中央电视台举办的“纪念建党73周年庆祝晚会”演出，产生强烈反响。油田从“八五”开始，每两年组织一次精神文明建设“精品工程”评选活动，到2003年已进行了六届，评选出了一大批理论文章、报纸新闻、典型经验、图书、音乐舞蹈、书法摄影等各类优秀作品。

油田不断加强制度建设，广泛开展创建文明单位、文明社区、文明窗口、文明机关、文明家庭和争做双文明职工等活动，每项活动都有具体措施，有检查考核，并逐步实现制度化、规范化。特别是通过岗位责任制大检查、行风评议、厂务公开、民主管理等活动，各行各业都建立健全了管理制度，形成了照章办事的行为规范。同时，进行企业标识设计。1998年设计制作了胜利油田标志，随后又将“胜利油田”标志和名称加以注册并下发了有关使用规定，使“胜利油田”这一无形资产得到了有效利用和保护。这样，经过在各个层面上的探索实践，就初步形成了以胜利精神为核心、具有石油行业特点和鲜明企业个性的胜利油田企业文化。把胜利油田企业文化提升、凝炼、命名为“胜利文化”，既是油田改革发展的现实要求，也是水到渠成的历史必然。

以胜利精神为核心的胜利文化体现了胜利油田作为国有特大型企业的地位和作用，它既继承了民族的传统精神和石油工业的优良传统，又借鉴吸收了国内外建设先进文化的经验，既具有继承性和民族性，更具有时代性和创新性。它以“闻油而喜、为油而战”，“艰苦为荣、野战为乐”，“自觉加压、滚石上山”，“攻坚啃硬、精雕细刻”等生动丰富的形象语言，而具有鲜明的行业特点和企业个性，对于培养塑造胜利职工队伍，推动油田的生产经营和精神文明建设，具有无可替代的重要作用和深远的历史意义。这主要表现在以下几个方面。

（一）教育作用

胜利文化的形成和发展过程，同时也是教育和培养“胜利人”的过程。它可以渗透到企业中的各个岗位和各个角落，使每个职工从进厂那天起就耳濡目染，在潜移默化中受到教育和熏陶，使胜利油田的职工队伍始终保持着“胜利人”的本色，焕发着勇攀高峰、奋发向上的活力。

（二）导向作用

胜利文化通过明确的可望可及的企业目标及实现企业目标的措施与战斗口号，把企业职工的主要精力集中到实现企业目标和高层次的需要上来，使职工正确处理好企业目标与个人目标、国家、企业利益间个人利益、社会需要与个人需要。高层次需要与低层次需要等各方面的关系，各尽其能，争做贡献；通过“胜利精神”中的“科技兴油”、“改革创新”等内容，引导职工积极学习科学文化知识，不断提高业务技术水平，以适应石油开发建设和科学技术发展的需要；通过提倡发扬“同心同德、团结协作、顾全大局、多做贡献”的精神，引导广大职工自觉遵守法纪法规、道德规范及各项规章制度，从而形成良好的社会风尚和道德风尚。胜利精神既是一种精神动力，又是一种衡量行为善恶、美丑的是非标准。它能引导广大干部职工强化积极的美好行为，反对或消除消极的丑恶行为，使人们向着行为美的方向发展。

（三）凝聚作用

胜利文化具有强大的凝聚力。这种凝聚力能使企业全体成员的思想和行为凝聚在一起，形成一个同心同德，团结一致，战无不胜，攻无不克的坚强的战斗集体。尽管石油战线多工种联合，行业分工不同，岗位成千上万，但战斗在各个岗位上的人员心里想的都是“我为祖国献石油”，奋力干的是“早出油，多出油”，“振兴胜利，发展石油”。正是由于胜利文化这种强大的凝聚力，才使油田各个层次的先进典型层出不穷，勘探开发一个胜利接着一个胜利，油田的物质文明和精神文明建设连年取得新成绩。

（四）约束作用

胜利文化对“胜利人”具有无形的约束力，它是约束人们行为的一种群体行为规范。凡是胜利油田的职工，都必须自觉地接受胜利精神，并以此指导和约束自己的行为。胜利文化的这种约束作用，来自“胜利人”的共同理想、共同目标、共同价值观及对高层次需要的追求。“胜利人”为追求并奋力实现崇高的理想和目标，就必须按胜利精神的要求躬身践行，违背了胜利精神，就会内疚不安，甚至导致心理冲突。

（五）激励作用

胜利精神的激励作用主要表现在它能激励广大干部职工奋发向上，充分发挥自己的聪明才智，为油田的建设与发展献策献力，为实现企业目标及各项任务而努力奋斗。正是在这种精神激励的鼓舞与鞭策下，胜利油田才涌现出一大批像张富新那样舍家忘我，奋力拼搏，一心为油田发展争做贡献的先进个人，才培养出像2186“六连冠”金牌地震队、519“七连冠”金牌作业队一样的诸多先进集体，才出现了孤东会战、滨海会战等团结战斗、顽强拼搏、战天斗地的动人会战场面。

（六）辐射作用

胜利文化也是社会文化的重要组成部分，它不仅对本企业有重大影响，也必然对社会产生重大影响。这种影响作用，一方面表现在它能为培养良好的社会心理和社会风尚提供基础条件，对人们的观念更新起着潜移默化的作用。另一方面它对强化人们的积极行为具有一定的影响作用。“胜利精神”中的崇高理想，激动人心的奋斗目标和战斗口号，扣人心弦的豪言壮语，都会成为催人奋进的精神力量。这种精神力量，不论对本企业还是对企业外的各界人士都能起到鼓舞和激励作用。

（七）和谐作用

胜利精神同其他企业精神一样，能使企业全体成员形成统一的奋斗目标和价值理念，彼此之间有共同的理想，共同的语言，心往一处想，劲往一处使，思想沟通及时，信息交流快捷，企业成员之间平等相处，团结互助，相互理解，相互尊重，相互关心，相互信任，这就为建立良好的人际关系奠定了坚实的思想基础。与此同时，由于企业精神注重维护企业形象和信誉，能及时沟通企业内外联系，这对建立企业之间、企业与社会之间和谐良好的人际关系具有积极的意义。

总之，以胜利精神为核心的胜利文化特色鲜明，内涵丰富，是胜利油田宝贵的财富。胜利文化在油田长期的生产建设和经营管理中孕育产生，并随着时代的发展充实丰富，成为凝心聚力、促进发展的重要力量，推动了油田生产经营任务的完成和改革发展目标的实现。

胜利文化创新发展

一、新形势下加强胜利文化建设的重要性和紧迫性

胜利文化是凝聚和激励油田全体干部职工的重要力量，是胜利油田综合实力的重要标志和竞争力的核心。建设先进的胜利文化，能够为油田的持续稳定发展提供强大的精神动力，能够有效地塑造和提升胜利油田的品牌形象，使胜利油田保持强劲的发展势头。在新形势下必须大力加强胜利文化建设。

（一）全面建设小康社会、加快推进社会主义现代化的客观要求

党的十六大提出了全面建设小康社会的奋斗目标，这个目标展示了我国社会主义现代化建设的壮丽前景。国有企业特别是国有大中型企业，在全面建设小康社会、加快推进现代化建设过程中肩负着神圣的历史使命和重要责任，必须把发展作为企业的“第一要务”，创造良好的经营业绩，充分发挥其在我国国民经济中的支柱作用。胜利油田作为国有特大型石油企业，不仅是举足轻重的经济实体，是社会先进生产力发展的直接承担者，而且也是重要和强大的政治力量，是发展壮大社会主义先进文化、建设社会主义精神文明的重要阵地。因此，必须大力加强胜利文化建设，总结提炼新时期的胜利精神，推动油田的改革、发展和稳定，使胜利油田在社会主义文明建设中始终走在全社会的前列，从而为全面建设小康社会做出更大的贡献。

（二）全面提升胜利油田整体发展水平的现实需要

在经过这几年的大重组、大调整之后，胜利油田进入了“全面提升整体发展水平”的新的历史阶段。根据党的十六大精神，结合油田“十五”计划纲要，紧紧抓住十六大之后全国各地各行各业大有作为、竞相发展的重要战略机遇期，高举发展旗帜，提出了今后一个时期油田整体发展的奋斗目标，即：在优化结构和提高效益的基础上，油气主业到“十一五”期间，油气当量重上3000万吨以上；油田存续经济总量到“十一五”末比“九五”末翻一番；油田职工的生活质量和生活环境有明显改善和提高。这一鼓舞人心，催人奋进的宏大发展目标，对胜利文化建设提出了新的更高要求，特别是加快培植和形成具有石油石化行业特点、符合胜利油田改革发展要求的企业理念，推动油田生产经营和各项工作的顺利开展奠定坚实的思想基础，提供先进的观念指导，就成为亟待研究解决的重大课题。

（三）胜利油田内强素质、外树形象的必然选择

随着社会主义市场经济体制的建立完善和我国加入世贸组织，胜利油田要在更大范围、更广领域和更高层次上实施市场化经营，必须立足国内国际市场求生存谋发展。从总体上讲，胜利油田的生产经营和各项事业都保持了良好的发展势头，但油气资源接替和开发技术储备不足的矛盾仍然比较突出，干部职工的思想观念还需进一步转变，企业的整体素质和胜利油田的品牌形象亟需有一个比较大的提升。这就要求我们必须围绕资源扩张、技术创新、跳出石油发展胜利、跳出胜利发展胜利的战略选择，大力加强胜利文化建设，瞄准国际同业和国内同业的先进水平，广泛深入地开展“对标、追标、创标”活动，向先进水平看齐，向先进水平挑战，内强素质、外树形象，不断提升胜利油田的市场竞争力，在激烈的国内国际市场竞争中占得先机，立于不败之地。

二、对胜利文化的创新研究

根据管理局党委的部署安排和局领导的一系列指示要求，由宣传部牵头，从有关单位抽调人员，于2002年3月份成立了油田企业文化研究小组，主要是对以胜利精神为核心的胜利观念形态文化进行攻关研究，以推动胜利文化建设取得实质性进展。

油田企业文化研究小组成立以后，按照“着眼长远抓规划，立足当前出成果”的工作要求，明确目标任务，展开研究工作。一是集中学习。主要是学习了中石化企业文化的新内涵和加强企业文化建设的系列评论员文章以及油田领导的有关重要讲话精神，并把油田35个名牌基层队和160个行业一强的“团队精神”进行汇总，通过多种途径把国内外60多家知名企业的精神和理念整理汇集成册，研究参考。二是外出考察。先后到青岛海尔集团、上海宝山钢铁集团公司、上海石化股份有限公司、上海高桥石化公司、兖矿集团公司等单位进行考察学习，通过听介绍、座谈、参观现场、索取资料等形式，了解到了这些单位企业文化建设的一些基本情况，特别是了解了这些单位的企业精神和理念的总结提炼情况，开阔了眼界，拓宽了思路。三是内部调研。先后到孤东采油厂、井下作业公司、河口采油四矿、胜建集团等单位，了解基层企业文化建设情况，与基层干部职工座谈交流。还召集了部分有代表性的油田二级单位的宣传科长座谈会，听取了这些单位开展企业文化建设的有关情况及对油田企业文化建设的意见和建议。四是公开征集。从3月20日开始，在《胜利日报》、胜利电视台、局域网上同时发布了《胜利油田企业文化标志性语言征集启事》，对胜利精神、经营理念等8个方面的内容，在全油田范围内进行公开征集。截至4月25日，在1个多月的时间里，共收到应征作品36件、169条，进行了整理归类和汇总分析。五是确立框架。参考国内外企业对企业文化的一般提法和中石化集团对企业文化的新概括，结合胜利油田的实际情况，将现阶段胜利油田观念形态文化的基本构成确定为新时期的胜利精神和油田经营理念、经营战略、经营宗旨、经营准则。六是研究攻关。小组成员进行了具体分工，每人重点负责一项，并对其他各项都分别提出个人方案，然后集中进行讨论。大家都紧密结合油田生产经营管理实际，注重从油田领导近年来的重要讲话精神及油田一些重大典型的先进事迹和崇高精神中得到启示，受到教育，进行深入思考和反复推敲，本着气势宏大、简明精炼的原则，提出自己的意见。经过多次集体讨论和反复推敲修改，形成了《胜利油田观念形态文化（草案）》。草案形成以后，先在宣传部征求意见，又在油田文学创作专家和新闻记者中进行座谈交流，认真听取了他们的意见和建议，对草案进行了补充修改，形成了《拟提出的胜利精神及有关理念（讨论方案）》。七是专家论证。5月下旬，邀请山东省社科界专家来油田对研究小组的初步研究成果考察论证。专家组由省社科联副主席包心鉴教授等7人组成，他们认真听取了油田的情况介绍和企业文化研究工作汇报，深入到部分基层单位调查研究，并与油田研究小组的同志进行了充分讨论，深入交换了意见。专家组对研究小组的工作给予了很高评价并充分肯定研究小组取得的研究成果，在此基础上提出了一些建设性的意见。综合专家组意见，研究小组对《拟提出的胜利精神及有关理念（讨论方案）》又进行了修改，形成了《胜利观念形态文化》（草案）。

2002年10月26日，局领导中心组对油田企业文化进行专题研究，研究小组就胜利文化研究情况进行了汇报，局领导和有关处室负责同志对《胜利观念形态文化》（草案）进行了热烈地讨论，提出了一些指导性的意见。根据中心组会议精神，研究小组对胜利观念形态文化的标志性语言及其阐释进行了修改完善，并归纳出了胜利观念形态文化的核心内涵，形成了《胜利观念形态文化标志性语言及其阐释》（审议稿），在11月22日局党政领导务虚会上又进行了讨论，并在11月29日的职代会代表团长联席会议上一致通过。至此，胜利文化研究取得了实质性的重大创新成果，这是加强胜利文化建设的关键性步骤，对胜利油田的持续稳定发展具有十分重要的实践价值，并将产生深远的历史影响。

三、胜利文化的层次结构

胜利文化是一个不断发展和完善的框架体系，它包括观念形态文化、制度行为文化和物质形态文化三个层次。胜利文化在横向上通过建设勘探文化、开发文化、经营管理文化、科技文化、质量文化、安全文化、社区文化和人才文化等子系统文化，而呈现出系统性和多元化；在纵向上通过发展以二级单位为主各具特色的子文化而呈现出层次性和多样化，从而构建起科学完整的胜利文化大厦。

1.胜利观念形态文化

胜利文化中的观念形态文化，是胜利油田在多年的生产经营实践中，受一定的社会文化背景和意识形态影响而形成的一种精神成果和文化观念，其基本内容包括新时期的胜利精神，先进的经营理念、经营战略、经营宗旨和经营准则。**新时期胜利精神**是胜利文化的灵魂，是胜利油田全体干部职工的共同意志和思想境界，展现胜利人在新的历史条件下昂扬向上、负重奋进、超越自我的时代精神风貌，反映胜利人实现更大发展、为国家做出更大贡献的雄心壮志和崇高的理想追求。**经营理念**，是企业生产经营活动的理性依据、观念指导和价值标准，是油田生产经营的指导思想，改革发展一系列重大决策的思想基础，在企业文化建设中具有先导作用，是经营战略、经营宗旨和经营准则的理性依据。**经营战略**，是企业发展的宏观思路和整体的自我设计，是根据油田面临的内外部环境和比较优势，从提升企业核心竞争力出发，作出的事关全局的筹划和谋略。**经营宗旨**，是企业从事生产经营的主要目的和意图，是油田不懈追求的目标和生存发展的根本，要体现国有企业的责任、使命和职工根本利益的一致性。**经营准则**，是企业经营管理的标准和经营活动的行为法则，是油田在市场经济条件下的经济道德原则和经营管理标准。

加强观念形态文化建设，就是发展新时期的胜利精神，培植先进的企业理念，为油田生产经营提供理性依据和观念指导，为油田改革发展稳定提供强大的精神动力。要以新时期胜利精神和先进的企业理念为指导，设计培育和总结提炼各具特色的勘探文化、采油文化、油建文化、社区文化以及经营文化、管理文化、安全文化、质量文化、服务文化等各个行业、各个系统的文化，在更高层次和较大范围扩展胜利观念形态文化的内涵和外延，使胜利观念形态文化不断发展完善。要发挥宣传舆论媒体的作用，大力宣传新时期的胜利精神和新的企业理念内涵，以树立正确的企业价值观，使新的精神理念成为油田全体干部职工共同的价值判断和行为准则，成为振奋精神、凝聚队伍、激励士气的强大精神力量。

2. 胜利制度行为文化

制度行为文化是观念形态文化的动态反映，是塑造胜利精神，培植先进企业理念的主要机制和载体。制度行为文化建设，就是把观念形态文化渗透到企业管理体制和运行机制等管理制度层面上，结合管理体制、组织形式、队伍结构的新变化，进行制度创新，在全油田范围内修订、完善各种规章制度，逐步建立起既符合国际规范和现代企业制度要求又符合油田实际的全新的规范制度。油田有限公司要根据国际市场规则和中石化股份公司要求，针对油田上市与非上市分开、分立后的形势变化，对过去的管理制度进行全面调整和完善，使其更具可操作性。同时做好投资管理制度、财务管理制度、分配激励制度、物资供应管理制度、油地关系协调制度、行政管理等各方面制度的创新，并根据国内外上市公司的惯例建立对外信息披露制度、关联交易制度等。管理局各单位要适应市场竞争需要，尽快建立与市场经济和现代企业制度相适应的管理制度和运作规范。在有限公司与管理局的关系处理上，建立协调议事制度，协调解决双方在生产经营和生活服务等方面遇到的矛盾和问题。同时，要加强思想道德教育，突出抓好岗位责任制和职工道德规范的落实。建立完善评比奖惩制度，形成一级抓一级、一级对一级负责的责任保证体系，把企业精神及有关理念落实到生产经营管理之中，真正实现硬管理和软约束的有机结合，使油田的文化力和制度力形成合力，具体转化为不同层次、不同岗位的行为规范，使胜利职工队伍真正成为“爱国家、爱油田、爱岗位，讲道德、讲责任、讲奉献，文明施工、文明操作、文明服务”的石油产业大军。

3. 胜利物质形态文化

物质形态文化反映了油田的生产经营环境、技术装备水平和目标任务完成情况，是胜利油田良好企业形象的外在表现。加强物质形态文化建设，就是要围绕生产经营目标任务，进行技术创新，形成油田各行业的核心技术，提高油田的技术装备水平，进行有形产品和施工劳务的品牌包装，提升油田的整体实力和核心竞争力；加强基层建设，进一步改善职工的工作环境和生活条件，改善厂容厂貌、队容队貌；加强文化设施和文化阵地建设，组织开展丰富多彩的群众文化活动，形成健康向上的浓厚氛围；加强企业形象的策划和宣传，构建富有个性的油田形象识别系统，包括进一步规范“胜利油田”标志的管理使用，确定企业形象口号和公益广告用语，扩大对外宣传，扩大影响，提升胜利油田在社会上的知名度和美誉度。

4. 胜利子系统文化

胜利子系统文化，是指油田各行业各专业系统的企业文化。子系统文化是胜利文化完整体系中不可缺少的重要组成部分。

在大力加强胜利文化建设的过程中，油田还注重对各行业的子系统文化进行研究和建设，成立了胜利勘探、开发、经营管理、科技、质量、安全、社区和人力资源等八个子系统文化课题研究组，主要是对各系统的文化理念、制度规范和质量品牌进行总结提炼和形象策划宣传。

5. 胜利子文化

胜利子文化是指以油田二级单位为主体、各基层单位积极参与而建设发展的基层企业文化。胜利子文化是胜利文化完整体系中不可缺少的重要组成部分。胜利子文化的研究建设由各二级单位完成。

各二级单位都以“企业文化建设年”活动为载体，对本单位的企业精神和价值理念进行总结归纳和研究创新，有的已经形成了初步成果。这样，通过层次展开和全面推进，构筑起胜利文化的雄伟大厦，在上下共同努力下逐步把胜利文化建设成为国有企业的知名品牌。

四、胜利文化标志性语言及阐释

胜利文化就是胜利油田的企业文化，包括观念形态文化、制度行为文化和物质形态文化。观念形态文化是胜利文化的核心，主要包括新时期胜利精神和油田经营理念、经营战略、经营宗旨、经营准则以及胜利文化的核心内涵，其标志性语言及阐释如下：

新时期胜利精神：**从创业走向创新，从胜利走向胜利**

胜利精神，是胜利文化的灵魂，是胜利油田全体干部职工一致的信念追求和共同的价值目标。新时期胜利精神的标志性语言确定为“从创业走向创新，从胜利走向胜利”，这是在新的历史条件下对过去的继承和发展，也是对过去的创新和超越，它集中展现了胜利人在改革发展的新形势下昂扬向上、负重奋进、开拓创新、超越自我的时代精神风貌。

从创业走向创新：艰苦创业是中国石油工业的优良传统，是中华民族精神的具体体现，也是胜利油田的发家之宝。胜利油田的发展史，就是一部艰难创业史。在20世纪60年代国家最困难的时期，胜利人肩负着为国家贡献石油的艰巨使命，在“青天一顶、碱滩一片”的恶劣环境中，在生产生活极为困难的条件下，战天斗地，顽强拼搏，克服了重重困难，取得了一个又一个石油会战的胜利，勘探开发了一个又一个新油田。进入70—80年代以后，虽然油田职工的生活条件、工作环境随着生产的发展有了较大的改善，但广大干部职工依然保持着艰苦创业的光荣传统，在孤东油田会战、乐安油田会战、临南油田会战以及抗击黄河洪汛、风暴潮等自然灾害的战斗中，始终表现出了顽强拼搏、为国奉献的艰苦创业精神。

创业反映的是在艰苦的环境条件下胜利石油职工一种战天斗地的拼搏奉献精神，而创新则体现了新时代胜利人敢于超越、与时俱进的一种新的思想观念和新的精神状态。胜利油田历史上的每一次大发展，都是求实创新的成果。上个世纪90年代以后，在建立社会主义市场经济体制和经济全球化进程日益加快的时代背景下，油田的生产经营环境、勘探开发地域布局、产业结构、经济增长方式、经营管理工作等都发生了深刻而重大的变化，胜利油田逐渐把工作的着眼点转移到依靠科技进步、坚持内涵发展上来，不仅注重油区探区面积的扩大和经济总量的增长，更要注重企业经济运行质量和经济效益的提高，从而开始了油田二次创业的过程。二次创业与一次创业有着本质的不同。一次创业主要是按照国家计划经济的需要，以原油产量为中心，开展石油大会战，为国家尽可能多地贡献原油。而二次创业则是按照“三个代表”重要思想的要求，适应建立社会主义市场经济的需要，从企业自身的生存和发展出发，大力推进理论创新、制度创新和科技创新。理论创新是前提和先导，思想观念的更新必然带来广大干部职工积极性、主动性和创造性的极大发挥；制度创新是基础和保障，企业制度的不断健全完善，使束缚生产力发展的体制性障碍逐步消除，必然带来企业整体素质和面貌的重大变化；科技创新是重点和关键，加快科技进步，对于增强企业实力和提高市场竞争力具有决定性意义。要围绕这三大创新，以扩大资源、扩展市场、降本减费、增加效益为目标，全力推进市场化运作、规范化管理和集约化经营，积极加快结构调整步伐，努力转换经营机制，着力完善现代企业制度，推动企业生产经营和各项工作的顺利开展，使胜利油田始终保持强劲的发展势头。

从胜利走向胜利：“胜利”二字，既是地域名词和企业名称，又具有达到预定目标、取得成就之意，一语双关，意境高远。“从胜利走向胜利”，这是我们胜利油田一个独有的特色和优势。“从胜利走向胜利”，也是江泽民同志1999年视察胜利油田时题词的内容，寓意非常丰富，而且已经深入人心，在广大干部职工中形成了共鸣。江泽民同志对胜利油田的亲切关怀和殷切期望，使广大干部职工受到巨大的鼓舞，进一步增强了战胜一切困难、不断夺取新胜利的信心和勇气。“从胜利走向胜利”，不仅反映了胜利油田过去几十年的辉煌成就，而且反映了胜利人在新的历史条件下实现更大发展、为国家做出更大贡献的雄心壮志、崇高追求和豪迈气概。

经营理念：**以人为本，科技领先，效益至上，竞争发展**

经营理念是企业生产经营活动的理性依据和观念指导，是企业经营管理思想的核心和基础。油田经营理念确定为“以人为本，科技领先，效益至上，竞争发展”，这是油田生产经营的指导思想，是油田改革发展一系列重大决策的思想基础，它在胜利观念形态文化中具有先导作用。

以人为本：以人为本是现代管理思想的最根本理念，是现代企业管理实践的客观要求。以人为本理念也是我们国有企业的本质特征。工人阶级的主人翁地位，决定了国有企业的经营管理必须全心全意依靠职工群众，以实现广大职工的根本利益为目的，使职工个人价值的实现以企业的发展为依托，从而使国家、企业、职工三者利益相统一。胜利油田历来注重发挥党组织的政治核心作用和思想政治工作的优势，培养塑造职工队伍，选树先进典型。这实质上就是以人为中心，以理想信念和思想道德教育凝聚队伍，调动职工的积极性、主动性和创造性。在油田改革发展的新形势下，要进一步确立人本管理理念，在企业管理的一切活动中，始终把人放在核心位置，把职工看作企业的主人和最重要的资源。在手段上，要强调一切依靠人，着眼于充分调动所有职工的工作积极性，实现人力资源的优化及合理配置；在目的上，要强调一切为了人，充分尊重职工的尊严、劳动、个性和一切法定权利，追求职工个人价值的充分实现和企业价值最大化。

科技领先：当今时代，科学技术已经成为生产力中最活跃的因素，科技创新能力越来越决定着一个国家在国际竞争中的地位，也越来越成为一个企业有无较强市场竞争力和发展后劲的决定性因素。胜利油田历来重视科技进步和技术创新，经过油田广大科技人员长期不懈的探索，已基本形成了具有胜利特色的油气勘探开发配套技术系列，对胜利油田的持续稳定发展起了重要的支撑作用。随着油田勘探开发对象的日趋复杂和勘探开发程度的不断加深，迫切需要创新地质理论以支撑和指导新形势下的勘探开发实践，创新石油技术以形成面向国际国内两个市场的竞争优势。要大力实施“科技兴油”战略，密切跟踪国内国际石油科技领先水平，抓住制约油田总体发展的关键技术，以勘探开发、多元经济领域中的技术难题为攻关对象，以地质理论、技术、装备、产品创新为目标，努力实现勘探开发主体技术、多元经济开发技术的战略接替和跨越式发展，争取在各领域内的全国同行业中保持领先水平，形成较强的科技创新能力，掌握先进配套的核心技术，从而不断提升油田的市场竞争力。

效益至上：效益是企业的生命，是企业生存发展的根本。企业作为现代社会的组成部分，其生存价值主要体现在为社会创造财富，改善人民生活。没有效益的企业不会被社会认可，也没有生存的理由。在市场经济条件下，效益理应是我们追求的直接目标，只有获得良好的效益，才能增强企业的实力和竞争力，才能实现企业生产经营的良性循环，也才能为国家和社会做出较大的贡献。近年来，油田特别对上市部分提出了“以高效益、高利润赢得高投入、高回报”的经营思想，实践证明是正确的，效果是明显的。在市场化经营的过程中，要进一步确立“效益至上”的思想，切实从过去以产量为中心转变到以效益为中心的观念上来，把降本增效作为油田经营管理中的第一要务来抓，作为油田实现持续稳定发展的根本性措施来抓，采取有效措施，创造良好效益，为国家多交利润，多做贡献，同时使职工群众的生活水平和生活质量不断得到提高和改善。

竞争发展：竞争是市场经济的基本法则，是企业活力的源泉；“发展是硬道理”，发展是企业一切工作的主题。在由传统计划经济向市场经济转变以及重组改制的过程中，胜利油田已经成为市场竞争的主体，面对着激烈的国内国际市场竞争的巨大压力，而且随着深化企业改革，一些深层次矛盾和问题逐渐显现出来，成为油田稳定发展的制约因素。为此，必须牢固树立竞争发展的理念，把在市场竞争中求生存谋发展作为自身的根本追求，用发展的办法来解决油田改革发展过程中遇到的各种矛盾和问题。同时引入市场竞争机制，深化劳动人事分配三项制度改革，积极“调整和规范国家、企业和个人的分配关系”，实行竞聘上岗，推行“岗效薪点”制，建立起干部能上能下、职工能进能出、收入能多能少的新机制，使广大干部职工自觉地按照市场经济的要求去做，形成“一切围着市场转，一切围着效益转”的良好局面，从而增强自立生存、自我发展的能力，推动油田不断实现新的发展。

经营战略：**打造胜利品牌，实现持续发展**

经营战略是企业发展的宏观思路和整体的自我设计，反映了企业经营的战略方向和策略原则。油田经营战略确定为“打造胜利品牌，实现持续发展”，这是根据油田面临的内外部环境和自己的比较优势，作出的事关油田未来发展的筹划和谋略，是“竞争发展”这一经营理念的客观要求和直接体现。

打造胜利品牌：品牌是企业的旗帜，是企业生存的重要依托，是企业的无形资产，它集中体现着企业的形象。知名品牌是企业的一种核心竞争力，它能给企业带来巨大的竞争优势和经济效益。在当今国内国际市场竞争中，所有知名企业都无一例外地注重打造自己的品牌来提升核心竞争力，以求占得更多的市场份额。胜利油田作为国有特大型石油企业，向来以实力雄厚、技术先进、攻坚啃硬、重信守诺、敢为人先、乐于奉献享誉全国。今天，胜利油田要在激烈的市场竞争中求生存谋发展，必须大力实施品牌战略，精心打造胜利油田的队伍品牌、技术品牌、服务品牌和名优产品，靠品牌制胜，树立自己的良好形象，开拓占领外部市场。

实现持续发展：持续发展在这里就是指“可持续发展”。胜利油田作为开发油气资源的能源行业，要实现可持续发展，必须走内涵发展与外延扩张相结合的路子，一方面要科学合理地开发油气资源，有效地保护和利用好资源，使有限的资源发挥出最大的效益，实现眼前利益与长远利益的统一，推动油田的持续稳定发展；另一方面要充分挖掘和发挥自身的比较优势，使企业具有强势发展的后劲和潜力，保持蓬勃发展的活力和态势，立足胜利发展胜利，跳出胜利发展胜利，积极拓展市场，不断扩大资源，坚持以油为主，实现多元发展。

经营宗旨：**经济效益最大化，社会效益最优化**

经营宗旨是企业生产经营的主要目的和意图。油田经营宗旨确定为“经济效益最大化，社会效益最优化”，是“效益至上”这一经营理念的必然反映和追求，体现了胜利油田作为国有特大型企业的历史使命和社会责任。

经济效益最大化：经济效益是企业追求的最直接目的，也是企业生存发展的生命线。追求经济效益最大化的经营宗旨，有利于使广大干部职工牢固树立效益中心观念、投资回报观念、资本运营观念、市场利润观念，进而增强创造最大效益实现更大发展的紧迫感和责任感。胜利油田只有追求和实现经济效益最大化，才能为国民经济的发展做出应有的贡献。对油田上市部分来说，就是要集中精力把油气勘探开发水平搞上去，把油气综合勘探开发成本降下来，以高效益、高利润赢得高投入、高回报；对非上市部分来说，就是要依靠科技进步和管理创新，对传统产品进行升级换代，积极培育和发展新的经济增长点，不断增强自身的造血功能，创造良好的经济效益。

社会效益最优化：追求社会效益也是国有企业的历史使命和重要责任。胜利油田不仅要大力发展先进的社会生产力，努力实现经济效益最大化，而且要大力建设社会主义精神文明，大力提高职工群众的思想道德素质、科学文化素质和健康素质，积极追求社会效益最优化，使国家、集体利益得到充分体现，职工利益得到切实保障。只有这样，才能充分体现胜利油田作为国有特大型企业的地位和作用，才能使胜利油田在全面建设小康社会中做出更大的贡献。因此，胜利油田要坚持经济效益和社会效益并重，一方面努力完成生产经营任务，创造出最大的经济效益；另一方面，要给社会、职工和股东以最大的回报，真正使国家、企业和个人三者利益统一起来，从而促进油田三大文明建设的协调发展。

经营准则：**诚信规范，科学高效**

经营准则是企业经营活动的道德原则和管理标准。油田经营准则确定为“诚信规范，科学高效”，这体现了油田适应社会主义市场经济、参与国内外竞争的必然要求，也是强化自我约束、提高管理水平的现实需要。

诚信规范：市场经济是信用经济，诚信是建立和规范市场经济秩序的重要保证，也是促进企业健康发展的必要条件。市场经济也是法制经济，要求企业必须按照市场经济的法规办事。我国加入 WTO 后必然要和国际惯例、国际标准接轨，企业在市场竞争中要遵守共同的游戏规则。因此，必须树立诚信规范的经营准则，把"以德治企"与"依法治企"结合起来，坚持以诚信建设为重点，营造良好的企业信誉，不断扩大企业的知名度和美誉度。同时树立新的规则意识，按照国际惯例和国际标准的要求，加快推进采用国际标准和国外先进标准的步伐，使油田各项工作进一步走上制度化、标准化和规范化的轨道。

科学高效：科学主要是指经营中的科学决策，这是决定企业经营活动成败的基础和关键。企业只有保证决策的科学性，才能保证企业"做正确的事"。高效是经营活动追求的目标，高效的含义，一是高效率，二是高效益。坚持这一原则，有利于实现投资回报、投入产出、成本收益的最大化，保证企业能够"正确地做事"，从而使油田能够保持旺盛的生命力和强大的竞争力，在市场竞争中永远立于不败之地。

胜利文化核心内涵：**创业、创新、竞争、发展**

胜利文化的核心内涵，是胜利观念形态文化的精髓，是对新时期胜利精神和经营理念、经营战略、经营宗旨、经营准则的高度浓缩，是指导油田改革发展和一切生产经营活动的主线。

创业，是胜利油田的传家宝，创业精神任何时候都不能丢。胜利油田的发展史是一部艰苦创业史，胜利油田的改革发展实践也是一个不断创业的过程。要按照党的十六大报告的要求，"形成与社会主义初级阶段基本经济制度相适应的思想观念和创业机制，营造鼓励人们干事业、支持人们干成事业的社会氛围，放手让一切劳动、知识、技术、管理和资本的活力竞相迸发，让一切创造社会财富的源泉充分涌流，以造福于人民"。胜利油田在二次创业过程中，不仅要继续加大勘探开发力度，扩大油气资源，进一步夯实油田发展的基础，而且要大力发展多元经济，培植新的经济增长点，不断增强自立生存、自我发展的能力。继承和发扬创业精神，体现了企业不吃老本、不断发展的自我追求，反映了油田广大干部职工强烈的使命感和高度的责任意识，以及创造新业绩、做出新贡献的积极进取精神。**创新**，是企业发展的不竭动力。油田二次创业的过程实质上是一个全面创新的过程，要按照党的十六大报告的要求，"深化国有企业改革，进一步探索公有制特别是国有制的多种有效实现形式，大力推进企业的体制、技术和管理创新"，建立完善适应现代企业制度和国际标准要求的管理体制、经营机制，大力推进科技创新和技术进步，强化企业管理，以创新精神推动油田生产经营和各项工作的顺利开展。从艰苦创业走向全面创新，体现了现代企业的时代特色和要求，反映了油田广大干部职工与时俱进、锐意创新的改革精神和先进的经营管理思想。**竞争**，是企业活力的源泉，油田作为市场竞争的主体，必须以开放的思维筹划未来，把在市场竞争中求生存谋发展作为自身的根本追求。竞争必须诚信、规范。要牢固树立市场竞争意识，大力加强诚信建设，着力打造胜利品牌，树立良好的企业信誉，不断改善和提升企业形象，进一步增强油田的实力和市场竞争力。竞争理念体现了市场经济的基本法则和企业的经营准则，反映了油田广大干部职工开放的胸襟和讲诚信、守规则的良好道德素质。**发展**，是企业一切经营活动的主旋律。胜利油田只有坚持发展，实现经济效益最大化和社会效益最优化，才能充分体现它作为国有特大型企业的地位和作用，也才能从根本上解决油田改革发展中遇到的各种矛盾和问题。要进一步解放思想，更新观念，把发展作为企业的“第一要务”，大力发展先进的生产力，发展先进的企业文化，实现广大干部职工的根本利益。发展观念，体现了企业的经营宗旨和历史使命，反映了油田广大干部职工创造新的辉煌，实现更大发展，推动油田不断“从胜利走向胜利”，为全面建设小康社会做出重要贡献的价值追求和崇高理想。

创业 创新 竞争 发展

——胜利文化建设专题论述之一

“创业、创新、竞争、发展”是胜利文化的核心内涵，这一核心内涵是对新时期胜利精神和经营理念、经营战略、经营宗旨、经营准则的高度浓缩，体现了全面建设小康社会、加快推进社会主义现代化的必然要求，反映了胜利油田深化改革、实现持续稳定发展的现实需要。创业、创新、竞争、发展这四者互为条件，相辅相成。创业是根本，是创新、竞争、发展必备的基础条件；创新是动力，是创业、竞争、发展必需的灵魂和源泉；竞争是手段，是创业、创新、发展必须遵循的规律和法则；发展是目的，是创业、创新、竞争必然造成的态势和结果。四者辩证统一，构成了完整丰富的观念体系。总结提炼和弘扬升华胜利文化的核心内涵，将进一步统一思想、振奋精神、凝聚力量，有力地推动胜利油田整体发展水平的全面提升。

一、发扬艰苦创业精神，营造干大事业的良好氛围

创业精神是中华民族的优良传统，是胜利精神的核心，是胜利油田的传家宝。胜利油田40年的发展史，是一部艰难创业史；胜利油田在新世纪的新发展，仍然是一个不断创业的艰苦过程。创业精神是胜利油田的旗帜和方向，任何时候都必须继承和发扬。上个世纪六十年代初期，从祖国四面八方汇集来的石油职工队伍以黄河三角洲为主战场，展开了声势浩大的石油会战。在“青天一顶，盐碱一片”的恶劣环境中，在生产生活极为困难的条件下，广大职工风餐露宿，夏斗酷暑，冬战严寒，以顽强拼搏、为国奉献的创业精神，克服了重重困难，取得了一个又一个石油会战的胜利，不仅建起了我国东部重要的陆上石油工业基地，而且实现了由陆地向海上跨越，形成了陆海并进格局。在大规模石油会战中形成的创业精神，是胜利油田广大干部职工创造的宝贵精神财富，也是胜利油田继往开来的思想动力和精神支柱。

社会在前进，时代在发展，创业精神的内涵也在不断地丰富和深化。党的十六大提出了全面建设小康社会的奋斗目标，全面建设小康社会是一项艰巨的历史任务，是一次伟大的创业实践。创业就会有艰辛，艰辛孕育新的发展。十六大报告指出：“要形成与社会主义初级阶段基本经济制度相适应的思想观念和创业机制，营造鼓励人们干事业、支持人们干成事业的社会氛围，放手让一切劳动、知识、技术、管理和资本的活力竞相迸发，让一切创造社会财富的源泉充分涌流，以造福于人民。”这些闪光的思想既是对艰苦创业这一民族精神的发扬广大，又赋予了新时代的创业精神以更丰富、更深刻的内涵，是鼓舞全国各族人民艰苦创业奔小康的冲锋号角，更是指导油田广大干部职工勇于开拓进取、实现更大发展的强大精神力量。

在新的历史条件下，胜利油田要实现新的更大发展，实际上就是要在更高的层次和更广的领域进行新的创业。大力加强油气主业，不断扩大探区面积，进一步提高油田开发水平是新的创业；大力发展多元经济，积极培育和发展新的经济增长点，膨胀经济总量也是新的创业；主动实施“走出去”战略，在外部市场闯出一片新天地，扩大油田生存发展空间更是新的创业。因此，创业精神不仅不能丢，而且还要进一步发扬光大。油田各级党政组织要加强对职工进行优良传统教育，特别是艰苦创业精神教育，努力营造和形成干大事业促新发展的良好氛围，使广大干部职工增强使命感、责任感和成就感，激发创业热情，调动工作积极性，勤俭自强，敬业奉献，在全面建设小康社会、推动油田改革与发展的实践中创造新业绩，做出新贡献。

二、不断开拓创新，永葆生机活力

创新是一个民族进步的灵魂，是一个国家兴旺发达的不竭动力，也是胜利油田永葆生机和活力的源泉。40 年来，胜利油田紧跟时代潮流，不断改革创新，一直走在社会发展的前列。特别是近几年油田以建立现代企业制度为目标，以专业化、系统化管理为重点，在深化改革方面取得了一系列重要进展，尤其是战略性的结构调整工作已经见到了初步成效。但是我们也应该清醒地看到，油田还处在由计划经济向市场经济转轨变型时期，油田的经营方式、管理体制和经营机制还没有从根本上转到市场经济的轨道上来，还习惯于用计划经济的思路和方法解决在市场经济中面临的问题，部分干部职工的思想观念还有待进一步转变。因此，创新对于新形势下胜利油田的改革与发展具有特别重要的意义。

在经济全球化和我国加入世贸组织的时代背景下，油田内外部生产经营环境条件发生了深刻变化，新问题、新矛盾不断涌现，迫切需要我们总结新经验，扩展新视野，明确新思路，开拓新局面，使油田生产经营等各项工作更好地体现时代性，把握规律性，富于创造性。我们要按照党的十六大报告的要求，“深化国有企业改革，进一步探索公有制特别是国有制的多种有效实现形式，大力推进企业的体制、技术和管理创新”，坚决破除一切妨碍发展的思想观念，坚决改变一切束缚发展的做法和规定，坚决革除一切影响发展的体制弊端，“自觉地把思想认识从那些不合时宜的观念、做法和体制的束缚中解放出来”，想没有想过的，做不曾做过的，使我们的思想认识更加符合变化了的实际，以思想观念的创新推动企业制度创新、科技创新和文化创新以及其他各方面的创新，形成较强的创新能力，进一步提升企业的核心竞争力，推动油田生产经营和各项事业的全面发展。

三、强化市场竞争观念，全力推进市场化经营

竞争是市场经济的普遍规律，是胜利油田走向市场、立足市场必须遵循的天然法则。胜利油田作为市场主体，必须在激烈的市场竞争中求生存谋发展。由于长期受计划经济的影响，部分干部职工的市场竞争观念还不强，在生产经营和企业管理工作中还不同程度地存在着等靠要思想和平均主义大锅饭现象，还没有形成全方位、各领域的市场竞争机制。对此，我们要进一步强化市场意识和竞争观念，以市场为生存之基、发展之本、效益之源，以竞争的姿态迎接市场经济的挑战。要按照十六大“适应经济全球化和加入世贸组织的新形势，在更大范围、更广领域和更高层次上参与国际经济技术合作和竞争，充分利用国际国内两个市场，优化资源配置，拓宽发展空间”的要求，树立全新的市场经济理念，全面深入地实施市场化经营，破除市场有内、外之分的旧观念，立足于通过竞争抢市场。竞争应是全方位、多层次的，既有内部竞争，也有外部竞争，既有行业和单位之间的竞争，也有不同群体和职工个人之间的竞争。对油田来说，就是要内部通过竞争提高管理水平和经济运行质量，外部通过竞争拓展市场空间和膨胀经济总量。要按照市场经济规律的要求，在生产经营和各项工作中遵循竞争法则，坚持公开、公平、公正的原则，做到规范诚信、科学高效，营造良好的竞争环境，通过深化劳动人事分配制度改革和竞聘上岗，建立有效的激励约束机制，最大限度地激发职工的潜能，充分调动职工的积极性，大力提高劳动生产率。同时，要打破一味寻求内部保护的思想观念，通过规范整顿内部市场，按照关联交易的原则，建立有序的竞争机制，促使各单位不断提高市场化经营的能力和水平，尽快走上市场竞争条件下的自立自强、自我发展之路。

胜利油田要广泛地参与市场竞争，必须加快和大力实施“走出去”战略。我们既要立足胜利发展胜利，更要跳出胜利发展胜利，进一步明确和提升外闯市场工作在油田整体发展中的地位，把开拓外部市场作为事关油田生存发展的重大方针来予以强化和推进，作为事关油田前途和命运的根本大计来抓，充分发挥油田技术、经济的综合实力，全方位、多形式、多渠道、多层次地开拓国内外市场，进一步探索外部市场激励与外部创收规范运作的有机结合，继续将外部市场创收直接纳入各单位经营目标予以考核，加大奖励范围和力度，激励和调动油田各单位外闯市场的积极性，以保持和不断扩大油田的竞争优势，使胜利油田在市场竞争中占得先机，永远立于不败之地。

四、把发展作为第一要务，全面提升油田整体发展水平

发展是我们党执政兴国的“第一要务”，也必然是国有企业的第一要务，是解决胜利油田一切问题的关键。改革需要发展创造宽松的环境条件，稳定需要发展提供雄厚的物质基础。胜利油田作为国有特大型企业，在全面建设小康社会、加快推进社会主义现代化建设过程中肩负着神圣的历史使命和重要责任，必须牢固树立发展是硬道理的思想，把发展作为企业的根本追求，集中全体干部职工的智慧和力量，聚精会神搞建设，一心一意谋发展。通过持续稳定发展，实现油田经济效益最大化和社会效益最优化，从根本上解决我们前进中遇到的各种矛盾和问题，从而使胜利油田在全面建设小康社会中做出积极的贡献。

发展未有穷期，发展任重道远。多年来，胜利油田始终坚持把发展放在首位，每年都有新思路，每年都有新发展。根据党的十六大精神，结合油田“十五”计划纲要，在今年的管理局党委全委（扩大）会议上，局党委在认真总结近几年工作经验的基础上，以创新性的思路，提出从 2003 年开始，“十五”后三年乃至“十一五”期间，胜利油田将进入“全面提升整体发展水平”阶段。根据这一新的历史定位，紧紧抓住十六大之后全国各地各行各业大有作为、竞相发展的重要战略机遇期，高举发展旗帜，以鼓舞职工、催人奋进的发展大计为引导，提出了今后一个时期油田整体发展的奋斗目标，即在优化结构和提高效益的基础上，油气主业到“十一五”期间，油气当量重上3000万吨以上；油田存续经济总量比“九五”末翻一番；油田职工的生活质量和生活环境有明显改善和提高。这一宏大目标，已经在油田第五届职工代表大会第一次会议上通过确认。这是管理局与有限公司在业务和利益上作为一个双赢互利的整体，相互依存、共同发展的目标，是油田先进生产力和先进政治文化全面发展的目标，既符合“三个代表”重要思想的要求，也符合胜利油田的实际情况，集中反映了油田40万职工群众的愿望和意志。全面提升胜利油田的整体发展水平，必然使油田的综合实力更加雄厚，经济效益更加显著，胜利文化更加繁荣，矿区秩序更加和谐，职工生活更加殷实。经过持续不断地稳定发展，胜利油田的前景必将更加美好灿烂。

从创业走向创新　从胜利走向胜利

——胜利文化建设专题论述之二

“从创业走向创新，从胜利走向胜利”，是胜利油田全体干部职工一致的价值追求和共同的奋斗目标，这一新时期胜利精神集中展现了胜利人在改革发展的新形势下昂扬向上、负重奋进、开拓创新、超越自我的时代精神风貌。

一、新时期胜利精神是对历史的继承和发展

胜利精神是油田广大干部职工在长期生产建设和经营管理实践中创造形成的。“从创业走向创新，从胜利走向胜利”的新时期胜利精神，是对历史的继承和发展。从上个世纪60年代初期以黄河三角洲为主战场展开声势浩大的石油会战，到80年代末90年代初期开始的油田由陆地向海上跨越形成陆海并进格局，这是胜利油田的艰苦创业时期。这一时期总结形成的以“坚定不移的政治信念，以国为重的主人意识，以苦为荣的奉献精神，求实创新的科学态度”为主要内容的胜利精神，是几代胜利人创造的宝贵精神财富，对统一职工思想、振奋职工精神、凝聚和塑造职工队伍发挥了巨大的作用。胜利精神是随着时代的发展而发展的。在新的历史条件下弘扬和培育胜利精神，必须把石油石化特别是胜利油田的优良传统精神和时代的发展要求结合起来。管理局党委按照党的十六大的要求，把进一步总结提炼新时期胜利精神作为一项极为重要的任务，纳入油田精神文明建设全过程，使全体干部职工始终保持昂扬向上的精神状态。在继承胜利油田优良传统精神的基础上，借鉴吸收国内外知名企业的优秀文化，提炼形成了“从创业走向创新，从胜利走向胜利”的新时期胜利精神。这是在继承中进行创新，在创新中实现超越。新时期胜利精神适应了新形势发展的要求，从根本上保证了胜利文化具有与时俱进的先进性。这种先进性主要表现在：**一是具有鲜明的民族特点。**企业文化是社会主义文化的重要组成部分，企业精神是民族精神的具体体现。胜利油田作为我国国民经济的支柱力量，不仅是发展先进生产力的重要承载者，而且也是发展社会主义文化，弘扬民族精神的重要阵地。新时期胜利精神把中华民族勤劳勇敢、自强不息的优良传统和社会主义企业艰苦创业、求实创新等多种精神因素结合起来，使之“深深熔铸在民族的生命力、创造力和凝聚力之中”，从而具有鲜明的民族特点，能够激励广大干部职工始终保持积极进取、昂扬向上的精神状态，艰苦创业，竞争进取，用勤劳的双手和不懈的奋斗创造我们的幸福生活和美好未来。**二是具有强烈的时代特征**。在世界政治多极化和经济全球化的时代背景下，在科技进步日新月异，综合国力竞争日趋激烈的形势下，我国进入了全面建设小康社会、加快推进社会主义现代化的新的发展阶段。综合国力的竞争，在经济上主要表现为各国大企业、大公司之间的竞争，其得失兴衰主要决定于企业有无较强的创新能力以及由创新能力所形成的企业核心竞争力。强烈的使命感、责任感和巨大的市场竞争压力，要求我们必须解放思想、实事求是、与时俱进、开拓创新，在总结提炼新时期胜利精神时突出“创新”这个灵魂，使胜利文化体现时代性，保持先进性，从而为胜利油田的持续稳定发展注入勃勃生机和活力。**三是具有独特的企业个性**。“从胜利走向胜利”着意在“胜利”二字，它既是地域名词和企业名称，又具有达到预定目标、取得成就之意，一语双关，意境高远。“从胜利走向胜利”，这是我们胜利油田一个独有的特色和优势。在国有企业中一说到“胜利”，人们自然就会想到是胜利油田，就会想到胜利油田的雄厚实力和良好形象，从而使“胜利油田”这块金字招牌产生巨大的品牌价值。“从创业走向创新，从胜利走向胜利”这一新时期胜利精神，以其鲜明的个性化语言，不仅反映了胜利油田过去几十年的辉煌成就，而且反映了胜利人在新的历史条件下实现更大发展、为国家做出更大贡献的雄心壮志、崇高追求和豪迈气概。

二、“从创业走向创新”是全面提升油田整体发展水平的必然要求

“从创业走向创新”是一个辩证发展的过程，反映了胜利油田在不同的历史发展阶段所面临和要解决的不同的主要矛盾。胜利油田艰苦创业的历程，也是在改革与发展的实践中，不断认识新事物，研究新情况，解决新问题，大胆探索，开拓创新的过程。胜利油田每一次大的发展，都是在创业中求实创新的结果。在上个世纪80年代末，胜利油田结束了石油会战体制，进入了以油为主、多元发展的二次创业时期。二次创业与一次创业有着本质的不同。一次创业是在高度集中统一管理体制下，按照国家计划经济的要求，以原油生产为中心，开展石油大会战，为国家尽可能多地贡献原油，对油田来说主要是追求量的扩张积累，并适应独立矿区建设需要，形成了大而全、小而全的企业办社会格局。而二次创业则是适应经济全球化和建立社会主义市场经济的需要，根据中央对国有企业深化改革的部署，以建立现代企业制度为目标，通过实行规范的公司制改造，完善法人治理结构，使企业真正成为适应市场竞争要求的法人实体和市场主体。在这种时代背景下的二次创业，就不能只是追求量的增长，更要注重质的提高，而且要努力实现量和质的统一。这就要求我们必须牢固树立经济总量与经济效益相统一的观念，在优化结构和提高效益基础上，全面提升油田的整体发展水平，争当走新型工业化道路的排头兵，为全面建设小康社会做出重要贡献。

胜利油田二次创业的过程实质上是一个全面创新的过程。对油田有限公司来说,就是要以全面提高油气勘探开发核心竞争力为主线,在勘探开发的理论创新与资源突破,主体关键技术的创新与突破,生产组织结构的调整与优化等方面,取得突破性进展。对管理局来说,就是在内强素质、优化结构、讲求效益的前提下,大力实施品牌战略,全力拓展生存发展空间,扩展和延伸服务领域,做大做强一批具有竞争力的骨干企业和区域性龙头企业,实现超常规、跳跃式发展。具体目标,油气主业"十一五"期间油气当量重上3000万吨;存续部分经济总量"十五"末达到240亿元,到"十一五"末,比"九五"末翻一番以上。这一新的发展目标,是在优化结构和提高效益基础上的发展目标,其检验标准是油田综合实力和市场竞争力的明显增强,矿区文明程度进一步提高,职工生活更加殷实。要实现这一宏大目标,我们需要探索很多未知的领域,需要解决许多矛盾和问题,需要应对各种困难和挑战,必须以创新精神坚持深化改革,优化结构,不仅要使胜利油田的勘探开发地域布局发生重大变化,探区面积进一步不断增加,而且要使企业的经营策略、产业结构、经济增长方式、经营管理工作等都发生更加深刻的变化,以促进油田生产经营和各项事业的蓬勃发展。

三、在全面创新中从胜利走向胜利

胜利油田二次创业过程中的全面创新,就是要按照党的十六大的要求,"通过理论创新推动制度创新、科技创新、文化创新以及其他各方面的创新,不断在实践中探索前进",不断从胜利走向新的胜利。当前和今后一个时期,要突出抓好以下几个方面的创新:

*一是要大力推进观念创新。*观念创新是推动胜利油田持续稳定发展的力量源泉。实践表明,每当油田干部职工思想得到解放,观念发生转变,就会推动油田事业实现新的发展和跨越。今年我们要以开展"学精神、转观念、谋发展、见成效"活动为契机,使广大党员干部和职工群众的思想来一次大解放,观念来一次大更新,认识来一次大飞跃。"一定要适应实践的发展,以实践来检验一切,自觉地把思想认识从那些不合时宜的观念、做法和体制的束缚中解放出来"。通过解放思想,创新观念,努力实现由计划经济向市场经济、由粗放经营向集约经营的转变,把思维方式、行为方式和工作方式真正转变到市场经济轨道上来,大力培植和实践先进的企业理念,充分发挥广大干部职工的积极性和创造性,以思想观念的转变更新推动胜利油田的生产经营和各项工作不断取得新的进展。

*二是要大力推进制度创新。*制度创新是根本保障,制度的健全完善和束缚生产力发展的体制性障碍的消除,必然带来企业整体素质和面貌的重大变化。要以建立现代企业制度为目标,按照"产权清晰,权责明确,政企分开,管理科学"的要求,通过加快进行专业化、公司化、社会化和市场化的重组改革,形成层次分明、产权清晰、权责到位的管理框架。油田和各单位要认真研究行业特点和工作规律,制定完善各个岗位规范的工作标准和考核奖惩制度,逐步建立起既适应现代企业制度要求又符合企业发展实际的制度体系。要以市场化经营为导向,坚持体制改革与结构调整相结合、机制调整与制度创新相统一,通过专业化重组和以产权结构调整为重点的公司制改造,逐步建立起与市场经济相适应的管理体制和运行机制。体制、机制到位了,才能推动干部职工自觉地按市场经济的要求去做,才会形成"一切围着市场转,一切围

着效益转”的良好局面。

三是要大力推进科技创新。科技创新是重点，加快科技进步，对于增强油田实力和提高市场竞争力具有决定性的意义。要按照十六大“鼓励科技创新，在关键领域和若干科技发展前沿掌握核心技术和拥有一批自主知识产权”的要求，根据石油行业特点和各单位实际，以地质理论、技术、装备、产品创新为目标，精心组织好事关油田勘探开发关键技术的科研攻关和重点项目的科技先导实验，在老区和新区因地制宜地探索新技术，实验新工艺，配套新措施，逐步打破影响油田发展的技术瓶颈制约，形成先进配套的核心技术。以勘探开发、多元经济领域中的技术难题为攻关对象，努力实现勘探开发主体技术、多元经济开发技术的战略接替和跨越式发展，争取各领域在全国同行业中都保持领先水平。同时把科技成果及时转化为现实生产力，形成独有的技术优势和质量信誉，不断提升油田在市场中的核心竞争力。

四是要大力推进胜利文化创新。全面提升胜利油田整体发展水平，必须全面创新胜利文化，建设油田精神文明。要坚持好传统，总结新经验，以油田生产经营管理为中心，与企业思想政治工作、党的建设、基层建设和精神文明创建工作紧密结合，建立完善工作运行机制，深入开展“企业文化建设年”主题活动，围绕弘扬新时期胜利精神，自觉当好油田主人，组织广大干部职工广泛深入地开展以“树立一种新理念，掌握一门新技能，提出一条新建议，攻关一项新课题，创造一份新效益”为主要内容的群众性创新创效活动，充分调动职工群众的积极性、主动性和创造性。同时，以迎接胜利油田勘探开发建设40周年为契机，通过各种新颖活泼的载体形式，充分展示胜利油田的辉煌成就，大力宣传胜利油田的良好形象，进一步鼓舞士气，坚定信心，增强职工队伍的凝聚力，不断提升油田的市场竞争力，推动油田整体发展目标的顺利实现。

以人为本　科技领先　效益至上　竞争发展

——胜利文化建设专题论述之三

经营理念是企业经营管理思想的核心，是企业生产经营活动的指导思想。“以人为本，科技领先，效益至上，竞争发展”的经营理念，是胜利油田改革与发展一系列重大决策的思想基础，它在胜利文化建设中具有先导作用。

一、突出以人为本，充分调动职工的积极性

“以人为本”是现代企业管理思想的根本理念，是现代企业管理实践的客观要求。人本理念也是对国有企业传统管理思想的升华。胜利油田历来注重发挥党组织的政治核心作用和思想政治工作的优势，大力培养、选树不同层次和各种类型的先进典型，用坚定的理想信念和高尚的思想道德教育和塑造职工队伍，这实质上就是以人为中心，体现了国有企业工人阶级的主人翁地位。以人为本的核心价值导向，主要有三个层次的内容：一是企业即人。企业是由人组成的集合体，企业无“人”则

“止”。日本著名企业家松下幸之助曾说，人是万物之王，是伟大而崇高的存在。经营就是处理与各方面的人的关系，是人们相互依存地为人类的共同幸福而进行的活动。因此，企业是社会法人。也可以说，企业是培养人性的学校，优秀企业是培养崇高人格的学校。人是企业活动的主体，是企业最重要的资源。人本管理要求在企业管理的一切活动中，始终把人放在核心位置，充分尊重职工的尊严、劳动、个性和一切法定权利，不仅使职工有高度的认同感和归属感，而且有强烈的责任感、成就感和荣誉感，使职工个人价值的实现以企业发展为平台，自觉地把本职岗位工作与自己的人生目标结合起来，尽其才，展其能，刻苦自励，敬业奉献。**二是企业为人**。强调满足人的需要，重视人的培养，促进人的全面发展。要根据油田各行业对人才的需求，制定职工培养发展的阶段性目标和总体规划，把提高职工思想道德素质、科学文化素质和健康素质以及劳动技能、创造才能统一起来，建立有利于培养、使用、激励人才，提高队伍整体素质的机制，追求职工个人价值的充分实现和企业价值最大化。建立科学、合理、公正评价人才绩效和价值的标准，按照十六大的要求，“确立劳动、资本、技术和管理等生产要素按贡献参与分配的原则，完善按劳分配为主体、多种分配方式并存的分配制度。”既要注重效率，按照“特岗特薪”、“特人特薪”的原则，对有突出贡献的科技专家、技术能手、劳动模范进行奖励，也要注重公平，以实现职工群众的共同富裕为目标，不断提高广大职工的生活水平和生活质量。**三是企业靠人**。国有企业职工的主人翁地位，决定了必须全心全意依靠职工办企业，必须依靠全体职工的智慧和力量，进一步加强形势任务教育，把油田和各单位的目标责任分解到基层，把面对的巨大竞争压力传递给每一个职工，实行“全员经营”和民主管理，推行厂务公开，充分发挥职代会的作用，凡是生产经营决策及重大改革政策的出台，都要广泛征求群众意见，最大程度地体现和维护职工利益。通过开展各种群众性的经济技术创新活动和思想政治工作主题活动，充分调动广大职工的积极性、主动性和创造性，促进生产经营和各项工作的顺利进行。

二、坚持科技领先，为油田发展提供技术支撑

当今时代，科学技术已经成为生产力中最活跃的因素，科技创新能力越来越决定着一个国家在国际竞争中的地位，也越来越成为一个企业特别是石油企业有无较强市场竞争力和发展后劲的决定性因素。随着油气勘探开发程度的加深，遇到的技术难题越来越多，只有大力实施技术创新，抢占石油科技制高点，形成核心技术储备，才能为油田的持续稳定发展提供强力支撑，并在市场竞争中占据主动。胜利油田地质条件极其复杂，被称为“石油地质大观园”。这对油田的勘探开发技术提出了很高的要求。几十年来，胜利油田一直十分重视科技进步和技术创新，坚持实施“科技兴油”战略，经过广大科技人员长期不懈的探索，形成了具有胜利特点的复式油气区勘探开发理论，三维地震、精细油藏描述、定向井水平井钻井、浅海油田开发、低渗透和难动用储量开采、计算机综合运用等配套工艺技术系列，使胜利科技整体上在全国同行业中保持了先进水平，有些保持了与国际先进水平的同步发展，这不仅对胜利油田连续 20 年探明石油地质储量 1 亿吨以上，原油产量多年保持在 2650 万吨以上发挥了极为重要的作用，而且是胜利油田保持强劲发展，并取得国内国际市场竞争优势的强力技术支撑。

胜利油田发展到今天，随着勘探程度的不断提高，勘探对象已主要向隐蔽性强、规模小的油藏以及外围新区发展，进一步深化勘探的难度增大，对勘探理论和技术提出了更高的要求。理论和技术创新能否取得突破，已成为胜利油田在老区难度日益增加、新区情况十分复杂的大环境、大形势下油气勘探能否取得大突破、大发展的最重要的因素。油田开发总体上已经处于“三高”开采阶段，油藏生产条件更加复杂化，自然递减加剧，保持稳产的难度越来越大，开发技术储备不足的矛盾亟待解决。同时油田发展多元经济，发展壮大一批主导产业，加快新产品的研制开发，也需要较强的技术创新能力作支撑。在“九五”实施“45143”科技发展纲要的基础上，油田确立了“十五”期间科技工作的总体思路，即以跟踪90年代国际科技领先水平为方向，以勘探开发、多元经济领域中的技术难题为攻关对象，以地质理论、技术、装备、产品创新为目标，努力实现勘探开发主体技术、多元经济开发技术的战略接替和跨越式发展，争取在各领域内胜利科技在全国同行业中保持领先水平。依据这一思路，我们要牢固树立“科学技术是第一生产力”的思想，积极实施人才战略，引才引智并举，外引内培并重，加强高层次、复合型人才的培养工作，建设油田专家队伍，建立完善技术创新体系，大力实施技术创新工程和高新技术产业化工程，突出油田可持续发展接替技术的先导攻关实验，努力形成主体技术的战略接替和跨越式发展，加快高新技术成果转化和产业化步伐，使技术创新成为油田发展的主要推动力。积极推进信息化建设，坚持以信息化带动产业化，以工业化促进信息化，走出一条以信息化提升油田整体运营水平的新路子。

三、强调效益至上，努力追求企业价值最大化

效益是企业的价值体现，是企业生存发展的根本目标。企业作为现代社会的组成部分，其存在价值主要体现在为社会创造财富，改善人民生活。因而，“效益”应是经济效益和社会效益在企业中的有机统一，经济效益最大化和社会效益最优化是企业价值最大化的必然反映和直接体现。国有企业作为我国国民经济的支柱，如果不能实现良好的经济效益和社会效益，全面建设小康社会的宏伟目标就无从实现，人民群众生活水平和生活质量的提高就得不到切实的保障。在由计划经济向市场经济转变的过程中，胜利油田逐步由以产量为中心转变为以效益为中心，不仅注重原油稳产和经济总量的增加，而且遵循“储量、产量、效益”三统一的原则，注重经济运行质量和效益的提高，从而使油田的综合实力和竞争力不断增强，并且基本实现了勘探开发和生产经营的良性循环。

在油田全面深入实施市场化经营的过程中，必须进一步确立“效益至上”的观念，切实从过去以产量为中心转变到以效益为中心的观念上来，把降本增效作为油田实现持续稳定发展的根本性措施来抓。对于有限公司各单位来说，就是要集中精力把油气勘探开发水平提上去，把油气综合勘探开发成本降下来，牢固树立利润观念、资本运营观念、投资回报观念，以高效益、高利润赢得高投入、高回报，力争在资源储备能力、盈利能力等方面始终走在全国同行业前列。对于管理局各单位来说，就是要牢固树立市场服务观念，自觉履行关联交易协议，在长期稳固地为油气主业提供优质服务的同时，把技术、劳务、产品最大限度地投放到国内外市场中去。依靠科技进步和管理创新对传统产品进行升级换代,积极培育和发展新的经济增长点,以不断增强自身的造血功能,增强"自立生存、自我发展"的能力。总之,要通过采取各种有效措施,壮大油气主业,发展多元经济,创造出反映油田雄厚实力和良好形象的综合效益,实现企业的最大价值,为国家多交利润,为全面建设小康社会多做贡献,同时使职工群众的生活水平和生活质量不断得到提高和改善。

四、立足市场竞争,实现油田更大发展

竞争是市场经济的基本法则,发展是企业的第一要务。在由传统计划经济向市场经济转变以及重组改制的过程中,胜利油田已经成为市场竞争的主体,面对着激烈的国内国际市场竞争的巨大压力,而且随着深化企业改革,一些深层次矛盾和问题逐渐显现出来,成为油田稳定发展的制约因素。为此,必须把立足于市场求生存谋发展作为自身的根本追求,建立完善市场竞争机制,不断增强油田活力和发展后劲。既要通过竞争这个手段,逐步完善内部管理体制和运行机制,不断提升油田管理水平和经济运行质量,推进油田内部的市场化有序和规范运作,实现科学高效;更要通过竞争这个手段,促进企业在市场中实现新的更大发展。油田要在更大范围、更广领域和更高层次上参与市场竞争,既要立足于内部和石油行业市场,更要立足于外部和社会市场,要把开拓外部市场作为一项极其重要的工作来抓,通过外闯市场,不断扩大油田特别是非上市部分的生存发展空间。近年来,油田的外闯市场工作取得了很大的进展,形成了全方位、多形式的对外创收格局。目前油田在国内29个省市、105个地区、22个油田以及卡塔尔、美国、日本等13个国家和美国EDC公司等5个反承包市场领域,都占有一定份额,闯外部市场的队伍发展到2067支,17939人次。2002年油田外部市场创收31.45亿元,实现了递进式突破和跨越式发展。

但我们外闯市场的规模,与胜利油田的整体实力还不相匹配,与油田比较庞大的综合施工能力还不相匹配,还不能完全满足非上市部分实现扭亏目标的需要。我们参与市场竞争的潜力还很大,参与市场竞争的领域还很宽,必须进一步强化市场竞争意识,立足于一个"闯"字,把开拓外部市场作为油田特别是管理局各单位生存发展最直接、最现实的战略选择,制定"跳出胜利,发展胜利"的总体规划,明确外闯市场的发展方向,国内行业市场、社会市场、海外市场要梯次推进,全面开花,以此带动各行业的劳务、技术、产品走出家门、走出国门。加大外闯市场的宏观管理和协调力度,逐步建立信息共享、相互配合、共闯市场的运行模式。尤其是在外部重点市场,要加强油田宏观管理机构的建设,推进管理协调职能到位,解决力量分散且比较混乱等问题,形成合力闯市场。同时继续加大政策激励力度,以激发和调动各单位外闯市场工作的积极性,把我们综合实力上的优势转化为竞争结果上的胜势,2004年力争使油田外部市场收入有新的增长,以外闯市场工作的突破性进展推动油田发展目标的顺利实现。

打造胜利品牌 实现持续发展

——胜利文化建设专题论述之四

"打造胜利品牌,实现持续发展",是胜利油田根据内外部环境条件的变化和自己的比较优势,确立的企业经营战略。它是事关油田未来发展的整体自我设计和宏观思路,是"以人为本,科技领先,效益至上,竞争发展"经营理念的必然追求,反映了油田生产经营的策略原则和战略发展方向。

一、充分认识品牌价值,发挥油田比较优势

品牌是企业核心价值理念的体现,是企业的重要无形资产,是企业生存发展的主要依托,是企业开拓占领市场的名片和通行证。品牌是企业无形资产的最主要表现形式,是企业信用的标志,也是企业经营活动中最为重要的竞争载体,它集中展现着企业的整体实力和信誉形象。在现实经济生活中企业的品牌一般有三种表现形式,最高级的是企业品牌,其次是产业品牌,第三是产品品牌。企业要充分利用品牌资源,使自己的品牌不断升级,即从产品品牌走向产业品牌,从产业品牌走向企业品牌。品牌一经形成就难以模仿和超越,它作为企业最重要的核心竞争力,在时间上具有持久力,在空间上具备扩张力,能使企业获得巨大的竞争优势。在当今国内国际市场竞争中,所有知名企业都无一例外地实施品牌战略,不断增强市场竞争能力,以求占得更多的市场份额。可以说企业有无品牌是企业市场竞争力强弱的重要标志,是企业能否保持强势发展的关键性因素。

品牌的产生,主要的是靠企业在发展中形成的宝贵资源和比较优势。胜利油田作为国有特大型石油企业,具有可持续发展的资源基础,具有鲜明的行业特点和得天独厚的比较优势。胜利油田已经连续20年保持每年新增探明石油地质储量1亿吨以上,济阳坳陷及滩海地区储量增长还有较大的空间,同时积极"走出去"拓展新区卓有成效,目前油田可供勘探的总面积已达17万平方千米,油气资源总量已达170亿吨。经过40年的开发建设,胜利油田不仅积累了雄厚的物质技术基础,为国民经济的发展作出了巨大贡献,而且锤炼塑造了一支素质过硬、作风顽强的石油产业大军,特别是造就了一大批具有较高理论水平和丰富实践经验的技术专家,培养了一大批技艺精湛和敢拼善战的能工巧匠,这是我们最宝贵的财富和最大的优势。广大干部职工特别是技术专家队伍卓有成效的创造性劳动,极大地促进了胜利油田的勘探开发建设和技术水平的提高,形成了较为成熟配套的核心技术,在全国同行业诸多领域保持了胜利科技的领先地位。大力挖掘和充分发挥这些比较优势,将为我们打造胜利品牌,实现油田的持续稳定发展奠定坚实的基础。

二、打造胜利品牌,提升油田核心竞争力

品牌的形成是一个需要全力打造并持续动态优化的过程。打造胜利品牌,就是不仅要形成一大批名牌产品和精品工程，形成一大批行业技术和服务品牌，更重要的是要形成胜利油田的企业品牌，最大限度地发挥“胜利油田”的巨大品牌价值，不断提升油田的核心竞争力。胜利油田在适应社会主义市场经济和建立现代企业制度的过程中，注重发挥自己的比较优势，不断加强和改进思想政治工作，选树培养了一大批各种类型和不同层次的先进典型，特别是通过大力加强基层建设等创建活动，培养塑造了89个名牌队、184个行业一强队和528个优秀基层单位，在窗口服务行业形成了公安“110”和社区“440”及“十佳文明窗口”等品牌，并注重挖掘模范人物的品牌资源组成“王学辉维修队”、“寿云维修队”等服务品牌，充分体现了油田“以人为本”的经营理念。同时依靠科技进步和加强企业管理，在油田各行业各单位都初步形成了各具特色的技术服务品牌。如在勘探开发领域形成的地震资料处理解释一体化、勘探开发一体化技术、定向井、水平井技术、PDC金刚石钻头、三次采油、稠油热采等先进技术，都反映了胜利油田领先的科技水平和较强的技术创新能力。在闯外部市场过程中，形成的胜利钻井、胜利井下、胜利油建等行业品牌享誉全国，为胜利油田在更大范围、更广领域和更高层次上实施市场化经营，参与国内国际竞争创造了良好的环境条件和市场信誉。

从胜利油田品牌建设的现实情况看，我们的品牌还没有形成持久的竞争优势和较大的规模效益，还远没有发挥出“胜利油田”的巨大品牌价值，这与市场经济的要求还有很大差距，与胜利油田的雄厚实力和良好形象也不相匹配。因此，从油田生产经营特别是外闯市场工作的要求来说，打造胜利品牌应着力在以下几个方面下功夫：**一是打造队伍品牌**。要以创建学习型团队为突破口，继续深入开展“达标、创优、争强、夺牌”活动，使大多数基层队特别是外闯市场的队伍，以过硬的素质作风，做最好的最优秀的事情，创出过硬的经济技术指标和过硬的管理经验，形成“独有的技术优势，独有的攻坚能力，独有的质量信誉”，在外部市场上打出胜利人的威风，展示油田广大干部职工的良好形象。**二是打造技术服务品牌**。要密切跟踪国际石油科技领先水平，加强高新技术研究，推进关键技术创新和系统集成，实现技术跨越式发展，在油田发展的关键领域和若干科技发展前沿掌握核心技术和拥有一批自主知识产权，使胜利油田的勘探开发技术更臻完善，并在工程技术服务、水电讯、机械制修、社区及教育卫生等系统，形成一批技术服务品牌，开发一批技术含量高、市场前景好的新产品，实现技术升级和产品换代，努力提高盈利能力。**三是打造文化品牌**。要通过系统地形象策划和宣传，把“胜利文化”打造成为国有大中型企业文化建设的一个范例。同时以二级单位为主，形成各具特色的胜利文化的子文化。成立胜利文化子系统专业课题组，对油田的科技文化、人才文化、勘探文化、钻井文化、采油文化、井下作业文化、营销文化、社区文化、医院文化、校园文化等子系统文化，进行研究整合，形成一大批具有行业特性和单位特点的文化品牌，建设胜利品牌的“百花园”，扩大胜利油田和各系统各单位的知名度、信誉度和美誉度。

三、实施品牌战略，走可持续发展之路

“打造胜利品牌”的经营战略，就是要充分发挥我们的比较优势，优化资源配置，创造出最大效益和最大价值，推动油田的持续稳定发展。胜利油田实施品牌战略，既是适应发展社会主义市场经济的要求，同时也是打破受资源条件和资源状况制约的战略需要。石油是一种不可再生的稀缺性资源。拥有资源的多少、质量的优劣直接影响和决定着油田的生存和发展。胜利油田老区经过40年的勘探开发,总体上已经进入“高含水、高采出程度、高采油速度”阶段,资源接替不足的矛盾仍然比较突出。胜利油田作为开发油气资源的能源企业,必须走可持续发展的路子,也就是要按照十六大的要求,“走出一条科技含量高、经济效益好、资源消耗低、环境污染少、人力资源优势得到充分发挥的新型工业化路子”。这就要求我们把胜利油田的整体发展建立在扩大资源的基础之上,把强化勘探、增加接替资源作为工作的重中之重。一方面要进一步提高勘探开发水平,增加经济储量,提高产量效益,实现眼前利益和长远利益的统一。另一方面要立足于国内国际两个市场,充分吸纳和利用两种资源,积极加入到国际油气资源勘探开发的行列中。而无论是立足胜利发展胜利,还是跳出胜利发展胜利,我们都必须把内涵发展和外延扩张相结合,积极拓展市场,不断扩大资源,坚持以油为主,实现多元发展。这从本质上说,就是要建立和形成品牌机制,以品牌制胜战略走可持续发展之路。

一是要树立和强化品牌质量意识和争先创优意识,制定争创品牌目标规划。各行业各单位要把争创品牌作为转变企业经营方式的重要途径,瞄准国内和国际同行业先进水平,找准自己的不足和差距,以对标公司为参照,认真执行HSE和ISO9000等国际先进的管理质量标准,广泛深入地开展“对标、追标、创标”活动,在生产经营和各项工作中,超前思考想一流,奋发有为干一流,开拓进取创一流,创出名牌产品,打造品牌企业。

二是建立完善激励机制,营造争创品牌的浓厚氛围。对油田各系统各单位的名牌队伍、技术、服务品牌和名优产品,根据其知名度和创效益情况进行奖励,在资金投入和技术指导上予以政策倾斜,并纳入油田企业形象识别系统,进行包装设计和广告宣传,以此鼓励各行业各单位争创名牌产品,优化产业结构,提高技术水平和产品质量,加快品牌的培育步伐,力争油田每个行业每个单位都创造出驰名商标和名牌产品。

三是精心搞好新技术、新产品的研究开发,培育名牌优质产品和新兴产业。对那些技术含量比较高、市场前景比较好的项目和产品,要加大资金投入,加强技术开发力量,努力做大做强,实现产业化生产。要大力培育和发展具有自身优势、社会通用性强、有辐射带动作用的非油替代产业,形成一批市场定位明确、产业集中度高、产品开发能力强的大公司和企业集团。做大做强一批竞争力强的骨干企业和区域性的龙头企业,从而带动相关产业的发展,实现企业规模和效益的同步增长。

总之,要通过实施品牌战略,形成胜利油田的品牌优势,增强整体实力,不断扩大资源,稳固油田发展的基础。同时积极培育和发展新的经济增长点,有效扩大经济规模,努力降本增效,进一步调整和优化结构,提高经济运行质量,实现胜利油田的持续稳定发展。

经济效益最大化　社会效益最优化

——胜利文化建设专题论述之五

“经济效益最大化，社会效益最优化”的经营宗旨，是胜利文化“竞争发展”核心内涵的现实反映，是“效益至上”经营理念的必然追求，体现了胜利油田作为国有特大型企业的历史使命和社会责任。

一、经济效益最大化是油田发展先进生产力的必然要求

全面建设小康社会，最根本的是坚持以经济建设为中心，不断解放和发展社会生产力。十六大提出“走新型工业化道路”，其中一条主要标准就是“经济效益好”，这是生产力发展水平的集中体现，也对国有企业提出了新的更高的要求。胜利油田作为国有特大型石油企业，集勘探、开发、施工作业、辅助生产、多元经济、社会化服务为一体，行业门类齐全，技术密集、资金密集、人才密集，在中国石油石化工业发展格局中具有十分重要的地位，这就要求我们必须大力提高生产力的发展水平，适应市场变化，优化资源配置，降低生产成本，努力实现经济效益最大化。对有限公司来说，主要是扩大资源，增产增效。要继续强化勘探重中之重的地位，立足胜利探区，依靠勘探理论和技术创新，努力寻找剩余储量，确保胜利油区新增可采储量和原油产量稳定。要积极参与国际竞争，努力开辟新区，寻找新的资源接替阵地，实现资源接替上的良性循环。同时，要进一步提高油田开发水平，大力研究提高采收率的问题。按照目前可以达到的采收率水平，我们现在只能采出30%左右的资源，还有近70%的资源留在地下，如果我们每年提高采收率1个百分点，便可增加十分可观的经济效益。从胜利老区的情况看，提高采收率的空间和潜力还很大，要从政策引导和技术保障上采取硬措施，“十五”期间力保采收率提高2－3个百分点。通过提高采收率有效化解老油田产量下跌的风险。在国际油价比较高的情况下，增加产量是提高效益最主要的途径。各采油单位要抓住现在国际油价比较高的有利时机，对自身的资源状况作深入分析，找准挖潜方向，优化生产运行，在不损害稳产基础的前提下多增产原油，多创造利润。对管理局各单位来说，主要是通过增收实现增效。要实施品牌战略，提高市场竞争力，不断扩大市场份额，增加产值收益。积极寻找新的经济增长点，做大做强一批产品开发能力强的大公司和企业集团，膨胀经济总量，提高经济运行质量，逐步实现扭亏增盈。无论是上市部分还是非上市部分，都要依靠科学管理，实现降本增效。要按照集团公司的要求，大力推进体制和机制创新，提高决策效率和工作水平。依法治企，从严治内，坚决堵住效益流失的明沟暗渠。在此基础上进一步强化成本管理。成本是市场竞争的关键因素，是企业竞争力的基础。只有在不断降低成本的基础上，利润的提高才有真正的意义。目前尽管油田和各单位的成本压力很大，但降本增效仍有潜力。要把成本定位在跟踪国际同类大公司先进水平上，依靠精细管理和科技进步，加强资产、资金、资源的全过程全方位优化，千方百计降低成本，减少费用开支。同时加强投资管理，优化投资结构。要切实以效益为中心来谋划总体投资规模，科学编制投资方案和进行效益预测，提高资金投入产出率，实现经济效益的最大化。

二、社会效益最优化是油田讲政治和发展先进文化的集中体现

胜利油田作为国有特大型石油企业，不仅是举足轻重的经济实体，是社会先进生产力发展的直接承担者，而且也是重要和强大的政治力量，是发展壮大社会主义先进文化的重要阵地。因此，我们不仅要以经济效益为中心，努力实现经济效益的最大化，而且要以回报社会为目标，积极追求社会效益的最优化。社会效益最优化主要表现为：

一是在文明建设中走在社会前列。几十年来，油田各级党政组织团结带领广大干部职工艰苦创业，顽强拼搏，不断加强企业精神文明建设、党的建设和基层建设，以强有力的思想政治工作为油田的改革发展稳定提供了强大的精神动力和思想保证，使胜利油田的文明建设取得了丰硕成果。在全面建设小康社会、加快推进现代化建设的过程中，我们要大力弘扬新时期胜利精神和胜利文化的核心内涵，以与时俱进的创新精神和崇高的企业价值理念推动油田的改革与发展，使胜利油田在社会主义文明建设中始终走在全社会的前列。

二是职工生活更加殷实。十六大报告指出，“发展经济的根本目的是提高全国人民的生活水平和质量”，要“调整和规范国家、企业和个人的分配关系”，以共同富裕为目标，深化分配制度改革，建立正常的工资增长机制。国民经济保持较快的增长，为企业发展提供了广阔的市场空间，也为实现职工根本利益创造了前提条件。企业作为联系国家与职工的纽带和桥梁，既要为国家多缴利税、多做贡献，又要维护和保证广大职工的根本利益。因而随着油田发展和经济效益的提高，应努力增加职工收入，拓宽消费领域，优化消费结构，满足职工多样化的物质文化需求。进一步加强职工生活服务、文化教育和娱乐设施建设，改善职工居住条件，不断提高职工的生活质量和水平。

三是改善生态环境，建设绿色油田。胜利油田作为开发油气资源的能源企业，必须讲求生态效益，切实注重和加强环保建设，科学开发、利用自然资源，保护生态环境，促进人与自然的和谐，实现环境保护与油田开发长期协调发展。进一步搞好矿区的绿化、美化工作，建设油洲加绿洲的绿色油田。要加强文明小区、文明油区的创建工作，调动和发挥各方面的积极性，努力把矿区建设成为环境优美、方便生活、治安良好、安居乐业的美好家园。

四是积极参加各种社会公益活动。要深入贯彻落实《公民道德建设实施纲要》，在职工群众特别是广大团员青年中继续深入开展“志愿者”、“希望工程”、“手拉手”等社会公益活动，捐资助学，帮贫扶困，扶残助残，救助灾区，大力弘扬团结友爱、济贫救困的传统美德，展现胜利油田的良好形象与新时期胜利人的崇高精神和道德风貌。

三、经济效益最大化与社会效益最优化辩证统一，相互促进

经济效益最大化与社会效益最优化，是辩证统一的整体，与党的十六大提出的“发展社会主义市场经济、社会主义民主政治和社会主义先进文化，不断促进社会主义物质文明、政治文明和精神文明的协调发展”是完全一致的。经济效益最大化是油田物质文明建设的最高追求，社会效益

最优化是油田政治文明和精神文明建设的最高境界。二者相互促进,相互保障。

一方面,经济效益最大化是社会效益最优化的前提和基础。经济效益最大化体现了先进生产力的高度发展。社会主义现代化必须建立在发达生产力的基础之上,我们为全面建设小康社会的目标而奋斗,最根本的就是通过改革与发展,形成发达的生产力。只有极大地提高生产力的发展水平,才能不断提高经济效益,才会有高度的物质文明。而只有在高度的物质文明的基础上,政治文明、精神文明才会顺利发展。因而要坚持以经济建设为中心,始终紧紧抓住发展这个第一要务,集中职工群众的智慧和力量,聚精会神搞建设,一心一意谋发展。制定和实施正确的生产经营策略,采取切实的工作措施,不断促进生产力的发展,实现经济效益最大化,这是胜利油田始终走在时代前列,并保持胜利文化先进性的集中体现和根本要求。我们要立足油田实际,顺应时代潮流,不断开拓先进生产力发展的新途径,充分发挥我们的比较优势,依靠科学管理和科技进步,打造胜利品牌,提升油田的核心竞争力,把膨胀经济总量和提高经济运行质量统一起来,实现效益的最大化,为深化内部改革创造宽松的环境条件,为保持大局稳定和职工生活水平的提高提供雄厚的物质基础。

另一方面,社会效益最优化是经济效益最大化的政治保障和智力支持。油田的政治文明和精神文明建设都是为物质文明建设服务的,政治文明建设为物质文明的发展提供方向指导和政治保障,精神文明建设为物质文明建设提供精神动力和智力支持。发展油田的政治文明,最根本的就是坚持党的领导,充分发挥企业党组织的政治核心作用,积极参与重大问题的决策,保证油田的国有企业性质和社会主义发展方向,保证党和国家的方针政策在企业的贯彻落实。坚持依法治企,从严治内,加强民主管理,推行厂务公开,巩固和发展民主团结、稳定和谐的政治局面。建设油田的精神文明,首要任务就是要大力培育和弘扬"从创业走向创新,从胜利走向胜利"的新时期胜利精神,使职工队伍始终保持昂扬向上的精神状态。同时大力加强思想道德建设,建立与社会主义市场经济相适应,与社会主义法律规范相协调,与中华民族传统美德相承接的社会主义道德体系,引导职工树立正确的世界观、人生观和价值观。大力发展油田的科学教育和各项公益事业,广泛深入地开展各种群众性的精神文明创建活动,进一步提高职工群众的文明素质和油田的文明程度。总之,要通过加强油田的政治文明和精神文明建设,实现社会效益最优化,促进油田物质文明建设和实现经济效益最大化,从而全面提升油田的整体发展水平,顺利实现发展目标,使油田的文明建设不断迈上新的台阶。

诚信规范 科学高效

——胜利文化建设专题论述之六

“诚信规范,科学高效”的经营准则,是胜利油田生产经营活动的道德原则和管理标准。这一经营准则,是油田竞争发展理念的素质基础,是实施品牌战略的前提条件,是实现经济效益最大化和社会效益最优化的必然要求。

一、加强诚信建设,树立良好企业信誉

诚信就是诚实守信,能够履行承诺取得他人信任,它是人们内在意志信念和外部行为活动的基本准则。诚实守信要求各自独立的市场主体之间在经济往来交易中讲求信用,杜绝欺诈行为,减少交易成本,实现互利双赢。社会主义市场经济是信用经济。没有信用,就没有秩序,市场经济就不能健康发展。信用是社会关系的基本准则,既属于道德范畴,又属于经济范畴,良好的社会信用是建立规范社会主义市场经济秩序的重要保证。因而加强诚信建设,是适应扩大对外开放的新形势、整顿和规范市场经济秩序、促进先进生产力发展的根本要求,是维护群众根本利益、提高群众文明素质和社会文明程度的具体体现。

胜利油田在几十年的发展中培养形成了良好的社会信誉和企业形象。在全面提升整体发展水平的新的历史阶段,胜利油田立足油气主业,大力发展多元经济,积极“走出去”参与外部市场竞争,加强诚信建设就越来越成为事关油田发展目标能否顺利实现的一项重要工作。我们要按照市场经济的规则要求和中央精神文明建设指导委员会印发的《关于深入开展创建文明行业工作的若干意见》的安排部署,结合各行业各单位实际,广泛深入地开展“诚信为本,操守为重”、“诚信兴业、文明服务”的宣传教育,通过电视、报纸、网络等宣传媒体的正确引导,使干部职工牢固树立诚信为本的思想观念,形成倡导诚实守信、有序竞争、守法经营、优质服务的良好氛围。各行业各单位要根据诚信建设的要求,以严格生产标准、讲究环境道德、确保安全生产和产品质量为着力点,认真研究自身特点和工作规律,制定出适合行业和单位特点、简明具体、易于操作、便于考核的规范化服务标准和保证措施,落实到每个岗位和每个职工,真正做到诚信经营、文明服务。要规范关联交易,在管理局和有限公司各单位的甲乙方之间,特别是在外闯市场的单位中,深入开展“重合同,守信用”活动,树立油田的良好信誉和形象。在窗口服务行业继续深入开展创建“十佳文明窗口”活动,大力推行服务承诺制,既要量力而行,对做不到或没有条件做的事情不要轻易承诺;又要一诺千金,对承诺的内容要掷地有声,如社区“440”服务,就要努力做到事事灵、时时灵,说到哪里就做到哪里,不折不扣地兑现承诺,为广大居民提供快捷高效的优质服务。继续深入开展创建文明机关活动,不断提高各级机关干部队伍的整体素质,以良好的形象和作风为油田的诚信建设作出表率。

二、完善制度规范,塑造职工群体行为

社会主义市场经济是法制经济,它有

一套严格的法律制度约束企业经营活动，规范职工行为。市场经济要求企业作为参与市场竞争的主体，必须按照市场法则，自觉维护正常的市场经济秩序，依法规范经营，严格执行有关法律法规。在国家法律制度的规范和指导下，企业内部要结合实际制定实施有利于契约履行的各种规则，修订完善企业内部规章制度并落实到位。要强调法律制度高于一切，无论是党政干部还是职工群众，都必须自觉遵守国家法律和企业的制度规定，严格按规则和程序标准办事，以此来规范和塑造职工的群体行为，培养高素质的职工队伍。

多年来胜利油田不断加强制度建设，各行业各单位都制定了以岗位责任制为中心的各种规章制度，许多有条件的单位还积极推行了 HSE 管理、ISO9000 质量体系等国际先进的制度标准，使油田的生产经营和各项工作能够有法可依，有章可循。随着加入世贸组织后和国际惯例的逐步对接，原有的制度体系和一些具体的制度规定已经不能适应新形势新任务的要求，对此我们必须树立新的规则意识，按照国际标准和国际惯例的要求，以及我们的国情和油情，对过去的制度规定进行修订完善，建立起既符合国际规范和现代企业制度要求又符合油田实际的全新的制度体系。各行业各单位要根据自身特点和工作岗位要求，健全完善《职工文明公约》、《职工道德规范》、《职工岗位职责》、《居民公约》等制度规定和实施细则。在广大党员干部中，要不断充实完善《党风廉政责任制》和实施办法，加强对党员干部的监督和约束。要突出抓好岗位责任制和职工道德规范的落实，把社会公德、职业道德和家庭美德，变成职工群众普遍认同和自觉遵守的行为准则。要完善学习培训制度，优化教育培训资源，采取多种有效形式，突出抓好新知识和新技能培训，全面提高干部职工的技术本领。要规范地开展企业的各种活动，特别是创建文明单位、文明窗口、文明机关、文明社区、文明家庭和争做先进职工等活动，都要制定相应标准条件，建立完善检查评比机制，有计划安排，有落实措施，有检查考核，有表彰奖励，使职工群众在广泛参与中受到教育，提高素质。要建立培养典型制度，大力培养选树不同层次和各种类型的先进典型，进行大张旗鼓地广泛宣传，使之成为体现新时期胜利精神和价值理念的人格化身，成为展现胜利文化的品牌资源。要充分发挥先进典型的示范导向作用，以其崇高精神和先进事迹教育和塑造职工群体行为，使广大干部职工学有目标，赶有方向，营造争先创优的良好氛围，从而保证胜利职工队伍始终是一支“爱国家、爱油田、爱岗位，讲道德、讲责任、讲奉献”的石油产业大军。

三、坚持科学高效，提高经营管理水平

油田经营准则中的“科学”主要有两层含义，一是指科学决策，二是指科学管理。科学决策，主要是对油田各级领导干部提出的素质要求。企业领导干部作为企业文化的倡导者和实践者，作为企业生产经营和改革发展的决策者和组织实施者，其决策水平和管理能力的高低，直接影响和决定着企业的盛衰荣辱。因此，各级领导干部要加强学习和修养，不断提高自身素质，具备石化集团公司领导要求的“四种能力”，特别是把握大局，准确分析国内外政治经济发展趋势，具有理论和战略思维的科学判断和决策能力。大力推行民主管理和厂务公开，凡属重大问题一定要认真听取职工群众的意见，由领导班子集体研究，科学决策。要加强对油田改革发展政策的前瞻性研究，使出台的各项改革政策既符合上级精神，又符合油田实际；既体现以国为重的大局意识，又体现职工群众的切身利益，这样才会有比较好的能顺利贯彻实施的群众基础。科学管理是现代企业制度的一项重要内容，要求我们按照市场经济规律推进制度创新，强化企业管理。就油田目前的情况来说，主要是加强油藏经营管理，进一步提高油田开发的可持续发展能力；理顺资产管理体制，形成层次分明、产权清晰、权责到位的管理框架；强化成本、投资、物资供应、设备等专项管理，特别是要切实加强安全管理，实现安全稳定运行。依法治企，从严治内，不断提高经营管理水平。

经营准则中的“高效”主要也有两层含义，一是指高效率，二是指高效益。高效率是一种工作标准，体现了企业职工的高素质，也反映了队伍的过硬作风，是企业实现高效益的基础。它与“打造胜利品牌”的经营战略是相辅相成的。品牌实际上体现了一个企业的生产经营是高效的，它表明企业本身是具有高效率和具有创新能力的。要实现工作的高效率，一方面要有敬业奉献精神，勤勤恳恳，兢兢业业，聚精会神尽职责，踏踏实实干工作。另一方面要借助高新技术，加强信息化建设，广泛应用先进信息技术，优化人力资源配置，提高全员劳动生产率。只有实现高效率，才能创造高效益。高效益是“效益至上”经营理念的必然反映，与“经济效益最大化，社会效益最优化”的经营宗旨高度一致，是高效率的价值追求和最终结果。胜利油田经过几十年的艰苦奋斗，油田勘探开发高效运行并逐步走上良性循环，连续 20 年年增探明石油地质储量 1 亿吨以上，连续 18 年原油产量稳定在 2660 万吨以上，油田生产经营呈现出持续稳定发展的良好态势。胜利油田在为国家生产大量物质财富的同时，还锤炼造就了一支能征善战的石油产业大军，开创了黄河三角洲发展的新局面，这充分体现了胜利油田工作的高效率和发展的高效益。在党的十六大“全面建设小康社会”的总体目标指引下，管理局党委审时度势，提出了油田“十一五”期间油气当量重上 3000 万吨，“十一五”末存续经济总量翻一番的宏伟发展目标，充分体现了油田广大干部职工解放思想、与时俱进、抢抓机遇、加快发展的创业、创新精神，生动反映了通过全面提升整体发展水平必将实现油田新的更大发展的喜人局面，具体展现了职工生活水平和质量将会得到明显提高和改善的美好前景，每一个胜利人都应当为此而欢欣鼓舞，为此而努力奋斗。

抗击“非典”

胜利油田
防治传染性非典型肺炎应急预案

第一章　总　　则

第一条　传染性非典型肺炎是一种主要通过近距离空气飞沫传播的急性呼吸道传染病，主要表现为高热、干咳、少痰，同时伴有头痛、关节酸痛、全身乏力、呼吸困难，少数病人发展为I型呼吸衰竭，甚至进展为呼吸窘迫综合症，临床检查白细胞正常或偏低，肺部X线有片状浸润性阴影，在家庭和医院有明显的聚集现象，有较强的传染性，对社会和家庭有一定的危害。近期非典型肺炎在我国局部地区发生流行。党中央、国务院非常重视非典型肺炎的防治工作，要求各级党委和政府一定要从实践“三个代表”重要思想和贯彻十六大精神的高度，进一步认识做好非典型肺炎防治工作的极端重要性，把它作为当前的一项重大任务抓紧紧好。要按照沉着应付、措施果断、依靠科学、有效防治、加强合作、完善机制的总体要求，切实做好非典型肺炎的防治工作。为了紧急预防控制非典型肺炎，确保全油田广大职工群众的身体健康，维护油田的稳定和发展的大好局面，根据《中华人民共和国传染病防治法》、国家卫生部和山东省的有关规定，特特定本预案。

第二条　本预案适用于胜利石油管理局、胜利油田有限公司。

第二章　组织建设

第三条　提高认识，增强做好传染病防治工作的责任感和紧迫感。非典型肺炎传染性强，流行范围广，危害大，疫情一旦发生，将对广大职工群众的身体健康和社会稳定带来不良影响。因此，各单位要以对党、国家和人民高度负责的态度，以主人翁责任心和使命感，从维护社会稳定的大局出发，切实提高对非典型肺炎防治工作重要性的认识，要把非典型肺炎防治作为当前卫生工作的头等大事抓好，切实落实好各项防治措施，在思想上、技术上、人力和物力上做好充分的准备。

第四条　加强领导，健全组织。各单位要切实加强领导，把防治非典型肺炎的工作纳入重要议程，党政一把手要亲自抓，主管领导要靠上抓，成立相应的防治工作领导小组和防治工作小分队。一旦发生疫情，立即采取相应措施，防止疫情蔓延和扩散，并严格按规定逐级上报疫情，同时组织好积极有效的诊断与治疗。

为加强组织领导，油田成立非典型肺炎防治工作领导小组、专家组和防治工作

组(组成人员名单附后)。主要责任分工如下:

(一)领导小组具体负责非典型肺炎防治工作的领导与组织工作,统一领导、综合协调全油田非典型肺炎的防治工作。

(二)专家组具体负责可疑病人的会诊、确诊工作,制定综合性隔离、消毒、治疗措施,并负责病原体采集、检测、鉴定等技术性指导工作。

(三)防治工作组具体负责流行病学调查、疫源地处理、标本采集、检测及疫情收报等管理工作。

第三章 保障工作

第五条 各单位要设立足够的防疫经费,保证人、财、物到位。

第六条 交通工具。指定的非典型肺炎治疗医院,要确保1辆救护车辆24小时值班,专车专用。车中要配备足够的物品,如:急救药品、消毒药品、医护人员防护眼镜、连身服、隔离衣、口罩、鞋套和帽子等。

第七条 消毒药品。要配足必要的消毒药品,如:过氧乙酸、含氯消毒剂等。

第八条 卫生隔离用具。如:口罩、手套、连身服、隔离衣、防护眼镜、鞋套、长筒胶靴等。

第九条 配足消毒专用工具。如:机动喷雾器、背服式喷雾器等。

第十条 备足现场应用的各类流行病学个案调查表、人员登记表以及所用的各类表格和登记用品。

第十一条 要建立疫情通讯专用电话和咨询电话,参加抢救的人员和专家组成员在疫情未解除前禁止出差,并保证24小时电话畅通。

(一)油田咨询电话:

局卫生防疫站疾病控制科 8552610 8556668。

(二)中心医院:总值班室 8552224
传染科 8770484
呼吸内科 8770590
医务处 8770238(白天)
(三)胜利医院:传染科 8811158
医务处 8811087(白天)
(四)河口医院:传染科 8672054
医务处 8671936

第四章 人员培训

第十二条 加强对医务人员的培训,进一步提高诊断水平和应急处理水平。各级医疗卫生保健机构要迅速组织医务人员集中培训与个人自学,认真学习卫生部疾病控制司统一下发的《非典型肺炎的临床诊断标准》(试行)、《非典型肺炎病例或疑似病例的推荐治疗方案和出院诊断参考标准》(试行)、《非典型肺炎试验室标本采集、运送及检验技术指南》(试行)和《非典型肺炎流行病学调查提纲》(试行)等技术方案,提高医务人员的业务水平和自我防护能力(详见卫生处胜油卫发〔2003〕9号文件)。

第五章 应急处理措施

第十三条 加强疫情管理,努力提高疫情收报水平,为非典型肺炎的防治工作提供可靠信息。各级医疗卫生机构要密切注意疫情动态,时刻提高警惕,加强疫情监测检索,在非典型肺炎感染期间,实施疫情“零病例”报告制度,即各社区卫生科和局属医疗卫生机构,无论有否疫情,每天下午3:00前都必须向局卫生防疫站疾病控制科报告当天疫情监测情况,疫情报告电话:8552610,夜间值班电话:13706368001、13005469655、13605462605,疾病控制科将有关情况汇总后,按程序报山东省疾病预防控制中心。同时,要做好疫情处理工作，一旦发生疫情或疑似病例，要按规定以最快捷的通讯方式逐级上报，并派人进行疫情处理及指导，确保早发现、早诊断、早治疗、早处理，严防疫情扩散及蔓延。

第十四条 严格控制疫点、疫区。中心医院、胜利医院、河口医院为油田非典型肺炎病人的指定治疗医院，均要设立发热门诊。非指定医疗机构发现疑似病人后，在采取相应隔离消毒措施的同时，应及早转入指定医院进行隔离治疗，传染性非典型肺炎必须收治于指定医院的专门病房，疑似病人与确诊病人应收入不同的病房并对病人实施严格的防护。住院病人均需戴口罩，严格隔离，严格管理，不得离开病区。严格探视制度，不设陪护，不得探视。如遇病人危重等情况，确需探视的，探视者必须戴 12 层棉纱口罩、帽子、鞋套、隔离衣，严格做好个人防护。对病人的密切接触者，要开展流行病学调查和必需的医学观察，必要时可采取强制控制措施。

第十五条 积极治疗非典型肺炎病人。要采取综合治疗手段，根据病情采用一般性治疗、对症治疗、器官功能保护、防止细菌感染、糖皮质激素、抗病毒药物或增加免疫功能的药物应用以及中西结合等综合治疗措施，对重症病人要进行监护，提高治愈率，减少病死率。

第十六条 运送病人车辆必须用专用救护车，车内要有隔离条件，要有专门的污物放置区域，配备手消毒设备，接送结束后车辆要按规定严格消毒，确保安全。

第十七条 现场调查

出现可疑似病例或临床确诊病人后，防治工作组应迅速赶往疫点、疫区，对所有出入疫点、疫区的相关人员认真开展流行病学调查，必要时可采取强制性控制措施。调查按《非典型肺炎病例流行病学调查提纲》（试行）及相应的《非典型肺炎病例个案调查表》进行。对调查的结果进行总结分析，总结出发病的三间分布（人间、地间、时间），找出发病的危险因素，为预防控制提供理论依据。

第十八条 参加现场调查和治疗的所有工作人员要注意加强个人防护，严格操作规程，接触病人必须戴口罩和防护物品，避免交叉感染。抢救和转运病人过程中医护人员个人防护流程如下：

（一）转运流程

穿、戴全套防护物品→出车至医疗机构接病人→将病人安置车厢→将病人转运至接收医疗机构→更换全套防护物品→返回→车辆及设备消毒（污染物品按照有关规定处理）→人员防护消毒。

（二）治疗过程中穿戴及脱防护物品流程

穿戴防护物品流程：连身服→长筒胶靴→防护头套→口罩→防护眼镜→隔离衣→胶皮手套。

脱防护物品流程：隔离衣→防护眼镜→口罩→防护头套→长筒胶靴→胶皮手套→连身服。

（三）参加护送和接触病人的人员要建立隔离观察制度，至少在 7—10 天内不可与家人接触。

第六章 预护措施

第十九条 非典型肺炎的预防要遵照呼吸道传染病控制的基本原则，采取以保护易感者为中心的综合性预防措施。

（一）搞好家庭、工作单位及医疗机构的常规通风换气。研究证明，目前怀疑的几种可能的非典型肺炎的病原体对外环境和抵抗力均很弱，一旦离开人体，多在数小时内即可灭活或失去感染性，所以注意日常生活和工作中室内的通风换气是重要的、易于操作的、有实效的措施。基本要求是每日通风不少于 2 次，每次不小于 1 小时。

（二）医疗卫生机构及人口集聚场所的消毒工作。对于消毒工作推荐以下方法：

1. 紫外线消毒灯照射，基本要求是：灯以 1.5 瓦/立方米的容量配备，每次消毒时间不少于 1 小时，每日 2—3 次；

2. 0.5% 的过氧乙酸喷雾，以 20—30 毫升/立方米计量，作用 30 分种以上，每日一次（过氧乙酸应在用前 24 小时制备）；

3. 1500 毫克/升有效氯的含氯消毒剂喷雾，以 20—30 毫升/立方米计量，作用 30 分钟以上，每日一次。

4. 地面、家具、用具等应用 0.2% - 0.5% 过氧乙酸或 1000 - 2000 毫克/升有效氯的含氯消毒剂进行喷雾或擦拭消毒，每日 1—2 次。

5. 病人的分泌物和排泄物应用 1500—2500 毫克/升有效氯的含氯消毒剂进行浸泡消毒，作用 30—60 分钟，消毒随时进行。

（三）隔离病房要标识清楚，病房门口地面要设有 2000 毫克/升有效氯含氯消毒剂浸泡过的脚踏垫；病房空气、地面、用具、医护人员及患者衣物、床上用品要定时进行消毒处理。

（四）搞好个人防护，保持办公室通风换气。进入病区必须戴 12 层棉纱口罩，4 小时定期更换一次。进入病房均要着隔离衣、戴手套、工作帽和鞋套。医护人员在每次接触病人后应注意手的消毒和清洗，手的消毒选用 0.3%—0.5% 碘伏浸泡或擦拭，时间为 1—3 分钟。

（五）注意日常身体保健，多进行室外活动，增加机体的抗病能力，是预防非典型肺炎的重要手段，尤以对年老体弱和身患严重疾病者更为重要。

第七章　实验室检测

第二十条　按照《非典型肺炎病例实验室检测标本采集、运送及检测技术指南》（试行）的要求，认真开展病毒分离标本、细菌培养标本及血清标本的采集和送检工作。应用现有的设备，尽可能地开展实验室检测，特别是血清学分析工作。

第八章　社区干预

第二十一条　开展冬春季呼吸道传染病预防的科普宣传，使群众了解此病的特征与预防的办法，争取做到早发现、早报告、早隔离治疗病人，避免群众乱投医乱服药。

第二十二条　户内经常通风换气，促进空气流通，勤打扫环境卫生，勤晒衣服和被褥等。

第二十三条　经常到户外活动，呼吸新鲜空气，增强体质。

第二十四条　对出现一例或多例病人的家庭，应进行医学监测，并由当地疾病控制机构采取消毒措施。

第二十五条　保持良好的个人卫生习惯，打喷嚏、咳嗽和清洁鼻子后要洗手。洗手后用清洁的毛巾和纸巾擦干。不要共用毛巾。

第二十六条　注意均衡饮食、定期运动、充足休息、减轻压力和避免吸烟，根据气候变化增减衣服，增强身体的抵抗力。

第二十七条　出现病例较多的局部地区要加强卫生宣传，还要在病人周围加强监测，避免前往空气流通不畅、人口密集的公共场所，减少群众性集会。

第二十八条　要保持空调设备的良好运行，并经常清洗隔尘网，保证商场、超市、影剧院等场所中央空调系统的送风安全，必要时应对供送气设备进行消毒（方法同公共场所）。根据季节变化，尽可能开窗通风换气。

第九章 督　导

第二十九条 各级医疗卫生机构要按照本《应急预案》的要求，认真贯彻落实，做到岗位到人、工作到位、分工明确、定期督导检查，发现问题，及时纠正，不留隐患。要克服麻痹思想，认真对待非典型肺炎的防治工作，局防疫站对各单位预防非典型肺炎防治工作的落实情况每2—4周检查一次，并不定期随时抽查，对发现问题不整改者要予以通报。

第十章 奖励与罚则

第三十条 各社区卫生科、局属医疗卫生单位及各单位相关部门要健全奖罚制度，对在防治传染性非典型肺炎工作中做出突出贡献的单位和个人给予表彰和奖励。对因工作不力造成严重后果的，依照《中华人民共和国传染病防治法》有关规定严肃处理，直至依法追究法律责任。

认清形势　狠抓落实
夺取防治“非典”斗争的全面胜利

自4月22日油田召开领导干部大会，全面部署油田非典防治工作以来，按照中央提出的“沉着应对，措施果断，依靠科学，有效防治，加强合作，完善机制”的总要求，全油田迅速展开了一场阻击非典型肺炎的特殊战役。经过上下共同努力，油田非典防治工作紧张有序地进行，取得了初步的效果。

一、近期油田非典防治工作的回顾

近一个时期以来，针对非典防治工作面临的严峻形势，油田深入贯彻党中央、国务院和山东省委、省政府以及中石化集团公司的指示精神和最新要求，在东营市的统一部署下，从实践“三个代表”重要思想和贯彻十六大精神的高度，不断提高对做好非典防治工作极端重要性的认识，结合油田实际，围绕山东省委、省府提出的“堵住源头不输入，一旦输入不扩散，医护人员不感染，及时救治不死亡”的目标，确定了“党政统一领导，卫生组织协调，各方密切配合，全员积极行动”的工作思路，细化深化各项防治措施，油田非典防治工作取得一定的成效。

（一）加强组织领导，健全工作体系，突出一个“严”字

管理局党委、管理局和有限公司领导对非典防治工作高度重视，从4月初开始，先后组织召开了3次全局性会议，部署非典防治工作。在全油田形成了自上而下统一领导，横向联合分工协作的非典防治工作体系。

一是建立非典防治组织网络体系。成立了由油田党政主要领导为组长的非典防治工作领导小组，形成了主要领导靠前指挥负总责，主管领导坚守岗位靠上抓的领导机制。领导小组下设办公室和专家组，负责指挥、协调日常工作。纵向上借鉴运用了由一级到三级的行政指挥体系、自上而下直接到门卫的综合治理体系、进家入户的民用天然气管理体系和具体落实到个人的计划生育等四大体系。横向上，财务、公安等有关部门紧密配合，按照特事特办

的原则,在人财物等方面都给予了大力支持。各二级单位也相应成立了由党政负责同志任组长的非典防治工作领导小组,并设立了专职的防治办公室,明确了疫情报告员、流动人口管理员、疫情督察员、督导检查员、日常工作联络员。建立完善了油田非典防治网络体系。

二是建立了非典防治专业技术保障体系。形成了以中心医院、胜利医院、河口医院等3个定点医院为主导,以社区医院、卫生院为依托,以基层卫生院所为基础的医疗防治网络;构筑了以局卫生防疫站为总领,各社区卫生防疫站为支撑的疫情监测体系;组建了由医学专家、医护人员参加的医疗救护队伍和防疫队伍。

三是建立了疫情预防调查体系和疫情报告体系。进一步强化了各级医疗和疾病预防控制机构的职能和责任,严格规定了疫情报告制度。要求各单位各部门要按照上级有关要求和当地政府的要求,如实填写上报。充实加强了流行病学调查队伍,开展对油田流动人员的流调工作,形成了全方位覆盖的油田疫情预防和监测体系。

四是形成了群众监督、领导督办的监督检查防疫网络体系。各级非典防治机构通过设立群众监督举报电话、网上信箱、网上留言,畅通群众监督渠道。根据职工群众反映的重点问题和热点问题,非典防治办公室采取电话督查、行文督查、网上通报等形式,提出整改要求,主管局领导亲自过问,被督查单位及时反馈落实、整改情况。截至目前,已下发《工作督查》20期,电话督查落实整改措施1000多个。“五一”期间,油田领导带领局机关各处室,分别对各二级单位进行了现场检查督导,推动了油田非典防治工作整体水平的进一步提高。同时,严格责任追究制度,对因工作不力,整改不到位,措施不严密,造成防治工作被动的,责令其写出书面检讨。

(二)科学引导,广泛动员,突出一个“早”字

“非典”防治的关键是做到“早观察、早发现、早报告、早隔离、早治疗”。围绕“五早”我们着重做了以下几个方面的工作:

一是加强宣传教育,引导广大职工群众树立科学的“非典”防治观。各级各单位利用电视、报纸、宣传栏、黑板报等各种宣传阵地,通过专家报告、编发宣传材料等多种形式,大力宣传“非典”预防知识,共编印各种宣传材料40多万份,张贴宣传画10000张。油田“非典”防治办公室还专门制作了“非典”防治专题网页,从4月13日—5月11日,网页浏览量已超过45万人次,留言近千条。通过深入广泛的宣传教育,大大提高了油田广大职工群众的防范意识,使职工群众对待“非典”既不恐慌、也不大意。纯梁采油厂一名职工得知在外地上学的孩子要回来,没让进家门,主动带孩子先去医院查体,并进行了隔离治疗,纯梁卫生院在处理的过程中,高度警惕,尽可能地把医务人员的接触范围控制在最小限度。胜东社区按照出租房“谁出租、谁管理”的原则,在查得一租房的住户将由北京返回油田的消息后,立即组织专门力量赶赴火车站,按照防护技术要求迅速将其转运到医院查体,并进行隔离观察。前一段时间,机关某处室有一名同志在北京即将出院返回油田,机关党委得知这一情况后立即采取措施,对返回人员进行了隔离观察。

二是不断完善医疗机构的基础设施,提高应急处理能力。在各级医院、卫生院设立了发热门诊,指定中心医院、胜利医院、河口医院为收治“非典”病人的定点医院。对油田医疗卫生资源进行了详细调

查,做到心中有数,掌控有度。油田投入大量资金对定点医院进行了改造,订购了一批“非典”防治的急需设备,购买了大量预防用消杀药品,强化了防治药品的储备。在胜利医院新建了油田“非典”应急救治中心,改造了中心医院传染病房,完善了河口医院传染科配套设施。需要指出的是,在建设油田“非典”应急救治中心的过程中,按照油田安排,胜利医院精心运筹,做了大量工作;东辛采油厂也给予了大力的支持和密切配合;特别是胜建集团顾全大局、勇挑重担,吃苦耐劳、连续作战,夜以继日、加班加点,仅用8天时间就完成了施工任务。该中心占地1万平方米,建筑面积3000平方米,设计科学、设施完善。

同时,各级医院制定切实可行的防治技术方案,不断完善技术流程。油田“非典”防治工作指挥部组织医护专家制定了《胜利油田传染性“非典”型肺炎防治技术方案(试行)》,并及时转发卫生部和上级有关部门最新技术方案。总的来看,方案越来越周密细致,流程越来越优化可行。4月28日晚,在测井卫生院进行了由中心医院、胜利医院和局卫生防疫站参加的模拟实战演练。对演练中暴露出来的问题,根据专家意见进行了修改和优化。专家组成员对油田发热门诊进行了技术指导,各单位早整改、早落实,做好一切充分准备。广大医务人员主动请缨,要求到油田“非典”防治一线,体现了以国为重的政治本色,救死扶伤的高尚道德,为民服务的奉献精神。中心医院、胜利医院、河口医院的广大医护人员主动向医院递交请战书,申请到防治“非典”的第一线工作,为提高油田“非典”防治能力提供了人力保障。

三是广泛动员群众,深入开展“三项活动”。自4月22日开始,油田领导带头,在油田范围内开展了以预防春季呼吸道传染病为主要内容的爱国卫生运动,共清理卫生死角1000处,清除积存垃圾2000立方米,动用各种车辆800车次,参加环境整治的人数达18万人次。全面开展了全民健身运动,进行锻炼的人多了,生活不良习惯少了。开展了以普及预防知识为主要内容的健康教育活动,许多单位通过印发“明白纸”、举办小型讲座等多种形式,普及卫生防疫知识,增强职工群众的个人卫生意识,提高自我防护能力。

四是关口前移,提前动手,防患于未然。在国家明确提出“非典”医学观察对象这一概念之前,油田提出了“可疑疑似病人”的概念,之后又规范为“特别关注的发烧病人”,对似是而非、难以确诊的发烧病人强化了监控诊治措施。至5月11日,已先后对12位受到特别关注的发烧病人进行了医学观察和隔离治疗,对其密切接触者及可疑接触者采取了果断措施。经过鉴别诊断,现有7人已经排除,有3人近期就可排除,其他2 人正在治疗观察。在上级还没有明确的要求以前,我们就对外来人员的生活垃圾按医疗垃圾进行处理,对油田饮用水源实行了封闭管理。供水公司加大措施力度,强化水源、水质监测,保证了职工群众饮用水安全。胜北社区、胜中社区接到“非典”防治办公室的通知后,立即采取措施,投入大量的人力物力,对那些与关注的发烧病人相关的住户按规定进行了隔离。

(三)抓住关键,强化措施,突出一个“实”字

一是狠抓流动人口管理,在堵住疫病输入渠道上下功夫。油田细化流动人员分类和管理方式,先后制定下发了7个关于加强流动人员管理的文件,把流入油田人员分成油田职工外出归来的、来油田出差的、在外地就学返回油田的学生、来油田探

亲或打工的等4个类别，采取公寓居住观察，招待所隔离，在家自我监测、单位备案管理等三种方式进行追踪观察。同时，严格控制油田人员外出。自5月2日起，对来自疫区的人员实行分类集中定点居住管理，油田外出归来人员，集中居住在各二级单位指定的宾馆；外来人员集中安排在油田确定的定点宾馆居住管理，并明确了相关配套措施。要求二三级单位动员各种力量，利用多种渠道、多种形式劝阻在外就学、务工、经商的人员不要返回油田，在居住地安心学习、工作和生活。建立了统计报告制度。制定了详细的隔离观察、监测管理办法和各类统计报表，对4月20日以来的各类流动人员一个不漏，逐级统计上报。局党委组织部及时传达、贯彻油田关于“非典”防治工作要求，在24日将在京学习的学员接回东营后，在第一时间组织所有学员到局机关卫生院接受严格的查体检疫，并进行了定点隔离居住观察。4月24日，井下作业公司刚刚收到油田《关于加强“非典”型肺炎防治工作的特别规定》，就接到有19名外出人员当日就要到东营的消息。为落实油田规定，确保在第一时间实行集中隔离观察，连夜组织人员腾出隔离观察点，进行卫生清理和消毒，细化隔离观察防范措施，对返回人员按要求及时进行了隔离和医学观察。胜采、东辛、纯梁、供水、黄河钻井、胜东社区、胜中社区、胜北社区等单位创造性地开展工作，把流动人员管理措施逐一落到实处。

二是狠抓医护人员自我防护意识和能力的提高。中心医院、胜利医院、河口医院等各医院、卫生院都先后组织医务人员开展业务培训，学习卫生部关于“非典”临床诊断标准和“非典”病例或疑似病例推荐治疗方案等，提高医护人员操作技能和临床工作水平。油田“非典”防治办公室专门印发了《关于加强医护人员防护工作的规定》。各级医院为一线医护人员配备了必要的防护用品。纯梁卫生院、胜东社区卫生科注重平时的技术练兵，在接治曾受到高度关注的发烧病人时，措施果断，行动有序，诊治过程有条不紊，使直接接触病人的医护人员控制在最低限度，既保证了临床诊治需要，也减少了医护人员被感染的概率。

三是狠抓重点部门、重点单位和重点人群防治措施的落实。如，局直属机关党委结合油田机关人员集中、流动频繁等实际情况，有针对性地制定防治工作预案，控制外来人员进入，并设立专门接待室用于对外接洽。地质院、物探院等科研单位明确责任，严格落实各项防治措施。教培中心直属学校、幼儿园加强预防性消毒，实行封闭管理，及时了解师生员工的健康状况。运输总公司对公交车、通勤车采取严格的消毒措施。胜大集团对食品加工、超市、餐饮等企业实行晨检制度，发热人员必须进行诊治观察。局公共事业部、基建处等部门结合行业特点，配合“非典”防治办制定管理措施，加强了对出租房、施工队伍的管理。公安民警队伍坚守岗位，恪尽职守，严格执行油田“非典”防治工作的各项规定，有效促进了各项防治措施的落实。

面对“非典”防治工作的严峻形势和艰巨任务，广大职工群众积极响应油田红十字会的号召，纷纷伸出双手，自愿捐款、捐物表达爱心，支持油田“非典”防治工作。参与捐赠的人中有领导同志、党员干部，也有一线职工和协解人员，充分体现了胜利人团结一心，众志成城，共同抗击“非典”的信心和决心。

油田社会生活秩序稳定，生产经营继续稳步发展。在这里，我代表油田向奋战在“非典”防治一线的广大医务人员和工作人员表示诚挚的慰问,向关心和支持油田“非典”防治工作的各级领导和基层群众表示衷心的感谢。

二、当前油田“非典”防治工作面临的形势和存在的薄弱环节

经过最近一段时间的运作,油田在“非典”防治上做了大量艰苦细致的工作,取得了值得充分肯定的成绩。但从周边环境看,外在疫情的压力仍然比较大,从油田自身的情况看,仍然存在一些问题和不足,防治形势依然严峻。

(一)周边地区“非典”病例增长的态势增加了油田防治“非典”工作的压力

自4月22日以来的20天时间里,全国“非典”病例日均增长140例左右,与山东临近的北京、天津、山西、河北、河南等五地的日均增长量就占到了100例左右。由于油田是开放型企业,具有地域跨度大、业务范围广、人员流动多的特点,增加了油田防治“非典”工作的难度。

(二)流入油田人员存量比较大,影响“非典”防治的不确定性因素增多

由于全国其他地区疫情的发展,油田一些在外工作、学习、经商、打工的人员大量返回油田,从4月20日—5月11日,短短二十几天时间,油田流动人员存量已超过4000人,从北京、广东、山西、天津、内蒙、河北等6个地区来人的总量超过1300人,按21天的追踪观察期限,大部分仍在规定的观察期内。在相对集中的时间内聚集了这么多人,给油田的“非典”防治造成了很大的压力,这些人中一旦有人发病,将给油田“非典”防治工作增加难度。再加上高考、暑假临近,大中专院校毕业生分配等因素,人员聚集、人员流动将不可避免地增加,因此,今后一段时间油田“非典”防治工作仍然任重道远。

(三)油田内部仍有部分单位重视程度不够,思想上存在误区

自油田“非典”防治工作开展以来,油田领导都高度重视,特别是党政主要领导精心组织,靠前指挥;大部分二级单位都积极行动起来,层层动员,严密组织,紧密部署,有力地保证了“非典”防治工作的正常开展。但也有部分单位重视程度不够,行动不够迅速,个别单位仍处于应付状态;有的单位遇到问题,不是按油田防治工作文件精神和要求想办法、抓落实,而是心存抱怨,有时还把问题不负责任地上推;有的单位认为疫病距离太远,思想上麻痹大意,等等。

(四)防治工作还存在一些漏洞,离无缝隙覆盖还有一定的差距

从前一段时间油田收治的12例高度关注的发烧病人看,前9例中有7例没有在油田的控制观察视线之内。通报的青岛航班中油田的5个人,没有一个是及时上报并采取措施的。这些都反映出,我们的防治措施还存在漏洞和不足。

(五)对医护人员的防护措施还有待于加强,应急技术流程还存在薄弱环节

尽管我们进行了模拟实战演练,接收过几例高度关注的发热病人,医护人员有了较为稳定的心理准备,也积累了一些实战性的经验,但仍然存在一些缺陷和不足。比如,平时的警惕性、应急防护能力和防护措施还有待于进一步提高;在接治一些发热病人和留观病人的具体环节上还存在漏洞。

总的看,油田“非典”防治工作的形势是比较严峻的,问题也是客观存在的。但我们有管理局党委、管理局和有限公司的坚强领导,有油田上下的共同努力,有比较雄厚的物质基础,特别是有一支医德高、技术精、作风硬的医疗卫生队伍,这些都是我们争取最后胜利的优势所在。只要我们团

结协作、万众一心、同舟共济、科学防治，就一定能够打赢这场抗击“非典”的特殊战争。

三、明确目标，狠抓落实，全力打赢防治“非典”攻坚战

“非典”是人类在新世纪遭遇的严重传染病，是全世界面临的新的医学课题，人们对“非典”的认识还处在初始阶段，知之不多，知之不详，还有许多难以预见的困难。今后一段时期，将是油田“非典”防治工作的关键时期，各级各单位务必要充分认识“非典”防治工作的长期性、艰巨性和复杂性，务必克服麻痹大意、掉以轻心的侥幸心理，务必加大措施力度，狠抓措施落实。要牢固树立打大仗、打恶仗、打持久战的思想，把形势看得更加严峻一些，把困难估计得更加充分一些，把问题分析得更加透彻一些，把措施准备得更加全面一些，按照省委、省政府“非典”防治的统一部署以及市和油田的各项要求，进一步抓巩固、抓完善、抓创新、抓提高，努力实现省委省政府提出的“堵住源头不输入，一旦输入不扩散，医护人员不感染，及时救治不死亡”的目标。

当前，要重点抓好以下几项工作：

（一）进一步健全组织领导机构和防治工作体系

一是要进一步健全组织领导机构，对“非典”防治工作实施高效有力的指挥。按照上级要求，油田决定把各级“非典”防治工作领导小组统一改为“非典”防治工作指挥部或指挥中心。各级各单位要选调精兵强将充实防治力量，强化各级“非典”防治机构统一指挥、协同作战的能力。要建立严格的责任制，坚持党政主要领导亲自抓，主管领导靠上抓，各部门齐抓共管，密切配合、协调一致的防治工作体系。领导干部要把“非典”防治工作当成一项重要的政治任务，把做好“非典”防治各项工作的具体行动作为检验自身作风转变的重要内容，高标准严要求，敢于领导，善于领导，大胆领导，以铁的手腕采取果断措施，抓好“非典”防治工作。党员干部要发挥模范带头作用，始终保持昂扬的斗志，无私无畏，勇往直前。要严肃工作纪律，严格执行各项规章制度，决不允许脱岗失职，决不允许推诿扯皮，决不允许贻误工作，对在“非典”防治工作中因领导不力、措施不到位而出现问题的要坚决追究领导责任，对玩忽职守、推诿扯皮、违反纪律的要坚决追究有关责任人和单位负责人的责任。

二是要继续完善疫情监测和疫情预警体系。按照反应灵敏、渠道畅通、数据准确、上通下达的要求，建立无缝隙覆盖的油田疫情报告信息网络。各级各单位“非典”防治工作机构要坚持24小时值班，严密关注责任区内的疫情动态，在早观察的基础上对“非典”疫情实现“早发现、早报告、早隔离、早治疗”。严格监督管理、准确统计、及时上报，对群众举报的问题认真进行调查核实，抓紧督促整改；决不允许出现误报、瞒报、漏报导致疫病输入和扩散。

三是健全宣传教育体系，坚持正确的舆论方向。充分利用报纸、电视、网络等媒体，调动局处两级的积极性、创造性，形成广覆盖、立体化的宣传教育网络。要加大宣传力度，搞好三项教育。首先是搞好“非典”防治形势任务教育，使广大职工群众既充分认识到“非典”防治工作的长期性、复杂性、艰巨性，又知道“非典”可防、可控、可治，引导职工群众以冷静、平和的心态正确对待疫情。其次，要加强社会公德、职业道德、家庭美德教育。积极引导各行各业尤其是医疗卫生行业的工作人员，强化为人民服务的宗旨意识，正确对待国家、集体和个人利益，在国家和油田遇到困难的时候,勇于牺牲个人利益,舍小家顾大家,恪尽职守,无私奉献。大力宣传一线医护人员和各行各业防治“非典”的感人事迹和奉献精神,弘扬正气,树立新风。第三,要广泛开展科普教育活动,宣传《传染病防治法》和预防“非典”的科学知识,切实提高群众的自我防护意识和能力。

(二)狠抓流动人员管理,堵住源头不输入

当前,油田“非典”防治的重点是堵住源头,斩断渠道,防止疫病输入。各级各单位一定要把流动人员管理摆在防治工作重中之重的位置上,下大力气抓紧、抓实、抓好。

一要严格按照油田规定,加大对流入人员防治措施的落实力度。要做到六个清楚:外来人员要清楚,归来人员要清楚,在外人员要清楚,在外人员是否返回油田要清楚,对在外人员的身体状况要清楚。要像胜东社区那样,凡是属于单位控制管理范围内的人员,都要坚决做到及时发现、及时报告、及时隔离、及时治疗。外来人员必须到油田确定的定点宾馆居住。油田外出归来人员要按有关规定到单位指定的宾馆、招待所、公寓集中居住观察,或在家进行为期2周的医学观察,医学观察期满,再追踪观察7天。期间,如有身体不适,要立即送往就近的发热门诊进行诊治,并及时报告有关情况。按照“谁主管、谁负责”的原则,要强化出租房、民工队伍、在外施工队伍等薄弱环节的管理。要按照5月8日管理局、有限公司《关于进一步加强流动人员管理的紧急通知》(胜油机发B30号)要求,强化措施,抓住重点,明确责任,加强监督,做到单位负责,责任到人,逐户检查,逐户登记,不留死角,并逐级签订责任书,强化责任区追究制度。力求达到一人不漏、追踪监测的各项规定逐条得到落实。

二要加大对在外就学、务工、经商、出差等人员返回油田的劝阻力度。通过多种形式、多种渠道,说服在外人员不要返回油田,安心就地学习、工作和生活。各单位要帮助他们解决实际困难,减少他们的后顾之忧。

三要协助地方政府搞好路检、路查。按照属地管理原则,进一步完善监测手段,充实监测力量,积极配合地方政府搞好卫生检疫,本着高度负责的精神,坚决把住疫病输入关。

(三)关口前移,细化措施,一旦输入不扩散

一是加强对宾馆、饭店、招待所的管理。按照胜油局发97号文件,坚决执行外来人员分类集中居住管理的规定,除白云饭店、金岛宾馆外,油田所属的宾馆、饭店、招待所一律不准对外接待,确有特殊情况的,必须报经油田“非典”防治办公室批准。

二是加强对高度关注的发烧病人及其接触者的管理。对其密切接触者,采取果断措施,实行严密的隔离、治疗、观察,对一般接触者也要采取相应的预防措施。宁可信其有,不可信其无,宁教千人麻烦,不教一人感染。

三是搞好发热门诊和留观病房的建设。要严格按照“非典”防治技术方案,规范发热门诊和留观病房,避免交叉感染。

四是加强重点人群预防措施的落实。坚持在学校、幼儿园、机关、饭店、餐厅、商店、超市等人员聚集的单位推行晨检制度,发现有发热等身体不适者,立即采取相应措施。

五是群防群控,深入开展“三项活动”。要广泛深入开展爱国卫生运动,美化净化油田卫生环境。大力开展全民健身活动,提高全民身体素质,增强身体抵抗力。

积极开展科普知识普及活动，使职工群众掌握科学的防治方法，养成良好的生活习惯。

（四）增强意识，提高能力，医护人员不感染，及时救治不死亡

各级医疗卫生院所在抗击“非典”的斗争中担负着保障广大职工群众身体健康和生命安全的重要职责和光荣使命，广大医务工作人员战斗在抗击“非典”的第一线，必须高度重视对医务人员的防护，提高他们的自我防护意识，严格按规定的标准落实各项防护措施，确保医务人员健康、安全、不受感染。各级领导要关心一线医护人员的工作和生活，努力改善工作和生活条件。中心医院、胜利医院、河口医院作为防治“非典”的定点医院，尤其要保证各项防护措施和基本设施的落实到位。要采取多种形式，继续加强对医务人员防治“非典”业务知识的培训，在模拟实战演练和对高度关注的发烧病人的诊治过程中，不断完善应急医疗救护预案，提高应急救护能力。同时，要做好药品的储备，加强对现有医疗器械、救护设备的检修，使之处于良好的状态。要加强对外来信息交流，吸取外地“非典”防治的经验和教训，开展科技攻关，提高诊治水平，确保疫情突发时能召之即来，来之能战，战之能胜。

同志们，抗击“非典”是我们面临的一场严重、复杂而特殊的斗争，事关大局。我们的责任重大，任务艰巨。让我们紧密团结起来，在局党委、管理局、有限公司的坚强领导下，按照党中央、国务院和山东省委、省政府以及中石化集团的要求，接受当地政府的领导，广泛动员职工群众，万众一心，众志成城，科学防治，坚决夺取油田“非典”防治攻坚战的最后胜利。

从油田实际出发，努力做好防治“非典”工作

一、缜密组织，精心运筹，油田防治工作取得阶段性成果。

进入5月以来，油田继续深入贯彻党中央、国务院和山东省委、省政府以及中石化集团公司的指示精神和要求，在东营市的统一部署下，结合油田实际，围绕“堵住源头不输入，一旦输入不扩散，医护人员不感染，及时救治不死亡”的目标，不断细化深化各项防治措施，切断疫病输入渠道，防治工作取得了阶段性成果。

（一）加强领导机构和组织体系建设，责任主体更加明确

5月13日，管理局党委决定，将油田原“非典”防治工作领导小组正式改为防治指挥部，进一步加大了油田“非典”防治工作的力度，明确了指挥部、各工作组及办公室的职责。下发了《关于实行SARS防治责任制的通知》（胜油防非典发［2003］22号）等一系列文件规定，明确了各级各单位应负的主要责任，进一步完善、规范了对各类流动人员的管理措施。各二级单位按照油田的要求，纷纷制定出台了有关责任落实的实施细则，逐级签订责任书。油气集输公司、石油学校、供水公司、总机械厂、胜建集团等单位与所属单位负责人逐一签订了预防“非典”工作领导责任状，明确了各级领导干部对本单位预防“非典”工作所负有的政治责任、领导责任和管理责任。

（二）深入开展宣传教育活动，营造了

群防群控的良好社会氛围

一是充分利用报纸、电视等新闻媒体，通过领导宣讲、编发《形势任务教育报告材料》组织学习等多种方式，大力宣传《传染病防治法》和《突发公共卫生事件应急条例》等法律法规，增强了职工群众依法防治的意识。

二是正确把握舆论导向，积极选树先进典型，大力营造抗击“非典”的良好舆论氛围。组织召开了模范护士座谈会，表彰奖励了一批奋战在“非典”防治一线的优秀护理工作者。加强策划，报纸、电视、网络三位一体，形成合力，大力宣传防治“非典”一线工作人员的感人事迹和奉献精神，展现了胜利人团结一心、众志成城、顽强拼搏、共渡难关的精神风采。

三是深入开展“三项活动”，引导职工群众破除陋习，破除迷信，相信科学，依靠科学，有效防治，使广大职工群众在“非典”面前不恐慌，不盲从。形成了全民动员、全民参与的良好防治氛围，真正体现了“万众一心、众志成城，团结协作、和衷共济，迎难而上、敢于胜利”的民族精神。

（三）进一步加强对流动人员的管理，基本实现了无缝隙覆盖

首先是完善了相关制度。先后印发了《关于邀请外地人员来油田工作的管理规定》、《关于对油田外出和返回人员车辆进行卫生检疫检查等有关事宜的通知》等有关文件35个，对邀请外来人员到油田工作做出了明确规定，实行审批制度，要求各单位制定好接待预案，落实接待地点和工作场所的防护措施、接触人员的防护措施、工作环节中的防护措施以及事后的处理措施等等。

其次，进一步严格落实各项管理措施。5月12日油田电视电话会议以来，油田防治指挥部和各单位都加大了对防治措施的督查力度。总的看，油田上下都能按照“五个清楚”的要求，切实把流动人员管理摆在了防治工作重中之重的位置上，加大了防治措施的落实力度，加强监督，逐户检查，逐户登记，不留死角，基本上做到了一人不漏，各项规定逐条得到落实。

此外，各单位还进一步加大了对在外就学、务工、经商、出差等人员返回油田的劝阻力度。河口采油厂等单位严格控制本单位职工家属在外地的亲友来东营探亲、访友，动员全体干部、职工、家属、离退休职工，对在外人员采取写信、打电话等多种形式，要求他们安心就地学习、务工、经商和生活，不要返回。

（四）加强防治应急能力和医疗救护队伍建设，不断提高防治水平

一是继续加强发热门诊建设。对发热门诊进行了相对集中，组织有关专家加强对这些门诊的检查、督导，对发现的问题当场进行指导，同时对整改情况进行跟踪检查。不断完善发热门诊的硬件和软件建设，提高医护人员自我防护的意识和能力。

二是在油田SARS应急救治中心组织进行了实地操练。5月18日先后对应急救治中心和定点医院的发热门诊、病人转运、病人隔离治疗等环节进行了实地操练，针对存在的问题提出了进一步整改意见，促使油田SARS应急救治中心流程不断优化，应急措施和能力不断提高。

三是加强了对应急救治队伍的建设。进一步调整充实了“非典”防治专家委员会，组建了由精干人员组成的5个防治“非典”应急预备梯队，进行了强化培训，随时做好迎战准备。

四是加强了流调队伍建设。根据山东省的要求，制定了《关于对油田流动人员进行流行病学调查的通知》，加强了油田流行病学调查队伍建设，明确了“非典”流调的

主体单位和工作流程，开展了技术培训，流行病学调查在油田全面展开。在党中央和国务院的正确领导下，按照山东省、东营市的工作部署，经过油田上下共同努力，油田的防治“非典”工作取得了重要的阶段性成果，油田防治形势平稳。昨天上午，省防治“非典”指挥部医疗救护组来油田检查指导工作，对油田“非典”防治工作给予了充分肯定和高度评价，称赞胜利油田有政治眼光，有责任意识，应对“非典”的措施准备非常充分。我们要以此为动力，始终保持清醒头脑，时刻牢记“两个务必”，再接再厉，坚决做好防治“非典”和生产经营的各项工作。

二、当前油田“非典”防治形势依然严峻，防治工作任重道远

前一阶段，油田上下在防治“非典”方面做了大量艰苦细致、卓有成效的工作，通过大家缜密组织，精心运筹，共同努力，油田防治“非典”工作取得了重要的阶段性成果。但是，从周边环境和油田内部看，油田的“非典”防治形势依然十分严峻。

一是油田周边地区疫情仍有发展。我们油田毗邻的华北地区，特别是北京、天津、河北、山西、内蒙古等省(市、自治区)，尽管疫情趋于平缓，但每天仍有新增确诊病例和疑似病例。从5月12日—27日，上述五地区日均新增“非典”确诊病例18例。在全国5322例“非典”确诊病例中，有2507例仍在住院治疗。同时还应该看到，不能排除正常人群中还存在处于潜伏期的病毒携带者。“非典”是一种传染病，只要每天有新发病例，就说明疫病没有根除，就有发生流行的可能。

二是夏季生产带来新的压力。第二季度是油田生产建设的黄金季节，随着各项生产建设任务的全面展开，油田各单位的对外交流合作和人员流动势必增多，人流、物流、车流的增加不可避免地会给防治“非典”工作增加难度。同时，农村“三夏”生产即将到来，可能形成第二次民工返乡高峰，各单位防止民工返乡的工作任务将异常繁重。

三是高考将使防治工作面临新的考验。今年油田参加高考的学生和工作人员将在四千人以上。在高考期间的短短几天里，这么大规模的人群集中聚集在三个考点及其附近的几个宾馆，必然使得卫生防疫和“非典”防治形势陡然紧张，各项防治措施面临着严峻的考验。

四是暑假来临，学生放假和高校毕业生就业等人员流动也将给油田防治“非典”增加新的难度。据统计，我们油田在外就学的学生有6700多人。暑假期间，这些学生将从四面八方返回油田。另外，今年我们将从全国各地的高校，招收1000多名本科以上学历的应届毕业生来油田工作。因此，人员的大规模、大范围流动在所难免，防治工作任务有增无减。

与依然严峻的防治形势不相适应的是，在“非典”防治工作中我们还有不少的薄弱环节。在思想认识上，由于全国疫情趋于平缓，山东省和我们油田的防治工作初见成效，不少单位和干部职工滋生了麻痹思想和盲目乐观情绪，出现麻痹、松劲、厌战等错误倾向，对防治“非典”的长期性、艰巨性和复杂性缺乏清醒的认识，对“非典”疫情的严重性、反复性缺乏清醒的认识，对油田“非典”防治形势缺乏清醒的认识。部分职工群众的自我防护意识越来越淡漠，觉得“非典”疫情已远离我们而去，未采取任何防范措施的聚餐、聚会等人群聚集活动明显增加，紧张的神经变得松弛了，预防措施也逐渐地松懈了。

在防控措施上，我们的疫情监测报告网络，离无缝隙覆盖的要求还有一定的差距;流入人员管理措施有的还没有完全落到实处,民工管理还需要进一步加强;发热门诊和留观病房建设仍然需要规范和完善,定点医院和卫生防疫机构设施条件有待于进一步改善;“三项活动”刚刚拉开帷幕,人们良好的卫生习惯和健康的生活方式还没有真正养成,环境卫生还有很多不尽如人意的地方。总之,我们在思想上、工作上都存在差距,存在隐忧。对此,我们必须引起高度的重视,尽快地加以研究解决。

三、加大力度,狠抓落实,切实把各项防治措施考虑得更周密细致,做得更扎实有效

要认真贯彻党中央提出的24字总体要求,按照省委、省政府确定的“五早”方针和“四不”目标,悉心领会山东省电视会议精神,针对夏季来临油田防治“非典”的实际情况,精心组织,周密部署,加大力度,再接再厉,坚决打好夏季防治“非典”攻坚战。

(一)要始终保持清醒的头脑和高度的警觉,坚决克服麻痹、厌战和松劲的情绪

从油田各级防治组织正式运作以来,油田投入了大量的人力物力财力,防治指挥部的同志,防治一线的医护人员,各单位的执勤人员、流调人员和路检人员都处于高度紧张的状态,一个多月下来,可以说是人困马乏。再加上这些天来全国疫情趋于平缓,山东省和油田的形势平稳,这个时候极容易出现麻痹、厌战和松懈的情绪。在疫情趋缓的时候,我们更应该清醒地看到,随着疫情初步得到遏制,人员流动和聚集正在逐步增加,如果我们稍有松懈,不能及时堵住、果断切断病源的输入,随时都可能发生问题。千里之堤,溃于蚁穴;一着不慎,满盘皆输。因此,越是在疫情趋缓的时候,越不能放松警惕。今后,不能因为油田的形势比较平稳,精神状态上就出现松懈,要始终保持高昂的斗志。那种以为疫情平缓就是大的疫情已经过去的思想,是非常有害的,必须坚决克服。我们决不能满足已有的成绩,决不能有任何松懈麻痹的思想,决不能丝毫掉以轻心。我们必须居安思危,把困难估计得严重一些,把问题考虑得多一些,把形势看得严峻一些,充分认识同“非典”斗争的长期性、艰巨性、复杂性,做好防大疫、打攻坚战、打持久战的准备。油田从上到下都要认真总结、重新审视我们的工作,认真进行分析排查,找问题、找差距、找漏洞、找薄弱环节,落实责任,强化措施,加大力度,严防死守,夺取抗击“非典”斗争的全面胜利。

(二)进一步突出当前的防治工作重点。

一是继续加强流动人员管理,堵住疫病输入的渠道。严格落实邀请外地人员来油田工作的各项规定,对油田出差人员也要出台控制的规定和措施,减少流动人员的数量,把疫病输入的可能性降到最低限度。

二是安排好高考期间的防治工作。今年高考提前到6月7—8日,油田的考生数量比较多,要精心准备,完善预案,搞好演练,为广大考生创造良好的食宿环境和考试氛围,确保万无一失。5月30日要专门搞一次高考期间预防“非典”的演练。

三是抓好学校放暑假和毕业生择业期间的防治工作,油田在外上学和油田招收的应届毕业生加起来近8000人,要未雨绸缪,及早研究对策,拿出预案,做好这些人的防治工作。

四是按照地方政府要求,“三夏”期间不停工、不放假,减少民工返乡给农村防治工作带来压力。加强建设工地的卫生管理,组织好生产,谁的工地谁负责,谁主管谁负责,哪个工地出现停工、人员放假等问

题，坚决追究业主和施工方的责任。五是继续完善和强化发热门诊建设，优化病人到发热门诊就医的流程，确保病人信息的真实程度，增强流调的可靠性和准确性。

（三）搞好舆论宣传，实行群防群控，建立防治“非典”的长效机制

一是各级宣传部门和新闻媒体要进一步增强政治敏锐性，按照防治“非典”指挥部的要求，紧跟防治工作进程，密切围绕防治工作重点，搞好“非典”防治的宣传和舆论引导。要大力宣传《传染病防治法》和最近颁布的《突发公共卫生事件应急条例》、《传染性“非典”型肺炎防治管理办法》，坚持依法防治，引导群众增强法制观念。要大力宣传先进人物的奉献精神，弘扬社会正气。

二是要发挥职工群众的积极性、主动性，形成人人关心、人人监督的防治氛围，真正打一场群防群控的防治“非典”的人民战争。通过职工群众的监督和参与，让外来人员自觉接受防治措施，让油田的职工群众都要有意识地不接触或少接触疫区来人。要深入开展“三项活动”。引导群众养成良好的卫生习惯，养成自觉参加体育锻炼、强身健体的习惯，提高免疫能力。

三是既抓眼前，又抓长远，着手建立油田的“非典”防治长效机制，提高油田应对突发公共卫生事件的能力。要依法制定出台应对突发性公共卫生事件的应急处理办法，加强疾病预防控制机构网络建设，完善疫情监测和疫情预警体系，健全宣传教育体系，建立信息搜集体系，及时掌握最新预防和救治的信息。

（四）狠抓落实，进一步加大责任追究的力度

目前，油田已经建立了一系列防治“非典”的规章制度、防治预案和网络，制定了比较得力的工作措施，下一步的关键是狠抓落实，特别是要把疫情报告体系、流调体系和防治工作体系真正落到实处。油田5月12日防治“非典”电视电话会议召开后，经油田研究决定，油田防治“非典”指挥部要同各单位签订防治“非典”责任状，进一步明确防治的责任主体和考核内容。在责任追究上主要突出三点：①对达不到防治要求的，要追究责任单位和责任人的责任。②因单位管理不力、工作失误造成重大问题的，要严厉追究当事人的责任，同时对单位第一责任人给予党纪政纪处分；情节严重的，移交司法机关追究其法律责任。③根据“非典”防治工作开展落实情况，对各单位和责任人的双文明评比实行一票否决。今天会上先与几家代表单位签一下，会后要尽快签完。

（五）坚持两手抓，坚决夺取油田防治“非典”和生产经营的双胜利

我们一定要正确处理防治“非典”和油田生产经营的关系。实践证明，只有“非典”防治工作做好了，油田才能有一个人心稳定的生产生活环境。今年1—4月份，有限公司累计实现利润67.3亿元，同比增长47.23亿元。管理局实现主营业务收入48.34亿元，同比增加10.78亿元；同比减亏0.82亿元。这些成绩的取得，可以说这与我们防治“非典”工作抓得紧、抓得好是分不开的。从全国和山东省的形势看，并没有因为遭受了“非典”的灾难就放松了经济发展的目标。油田也要从讲政治、顾大局的高度出发，坚持发展，加快发展。

一是要坚持年初确定的工作目标不变、重点部署不变、工作标准不变，不折不扣地完成各项既定生产经营任务。“非典”疫情发生以来，油田部分工作如对外交流、外闯市场、物资供应等受到一定影响。另外国际油价最近一个时期起伏变化比较大，下降的幅度和趋势也比较明显，加大了

油气生产和完成效益指标的难度。但是，各单位必须坚持把发展作为第一要务，不断加大工作力度，努力扩大资源、拓展市场、增加效益，确保各项生产经营目标的实现。勘探工作要抓住当前有利时机，乘势而上，力争尽早拿到完成全年储量的主动权，进一步落实资源基础。开发工作要强化油藏管理，继续保持高效稳产。在摸清现状、分析矛盾和潜力的基础上，从产量、成本、投资、效益统一协调的角度，进一步调整开发思路和部署，稳定并提升综合开发水平。要根据集团公司和股份公司的要求，做好分配制度改革和改制分流工作。管理局要紧紧围绕“构建国有和集体两大资产管理体系，实施三种管理模式，形成五大经济板块”的总体框架，加快专业化、公司化、社会化和市场化的重组改革步伐。要加快重点工程的建设力度，加大重点部署的运作力度，使之尽快投入运作，见到效益，形成拉动。要加大管理创新的力度，积极探索有利搞活、适应发展的新办法、新模式。

二是要抓好安全生产和大局稳定工作，为油田改革发展创造安全、稳定的工作环境。在防治“非典”的特殊时期，再加上即将进入高温雷雨季节，油田安全生产和大局稳定的形势比较严峻，我们要一如既往地高度重视和加强安全生产和维护稳定工作。严格执行安全生产责任制，强化重点区域、要害部位和关键生产装置的安全管理，狠抓安全隐患的整改和落实，坚决杜绝各类重大恶性事故的发生。要开展经常性的安全大检查活动，坚决纠正“失之于宽”、“失之于松”的现象。对事故主要责任者实行一警告、二处分、三撤职，对性质严重的要追究法律责任。针对下岗失业人员再就业、家属诉讼等突出矛盾和问题，进一步健全预警机制，加强对不稳定因素和矛盾纠纷的排查调处，超前预测、超前准备。继续深入开展党员干部与下岗失业人员“结对帮扶再就业”活动，积极推进下岗失业人员再就业工作。进一步加强社会治安综合治理和油区治安集中整治工作，密切把握社会动向，强化治安巡逻、防范和控制，坚决依法严厉打击影响油区治安秩序的不法分子，为防治“非典”和生产经营的顺利进行创造一个稳定、安全的工作环境。

做过细工作，齐心协力抗击“非典”

一、从实践“三个代表”重要思想和贯彻十六大精神的高度，进一步提高对做好“非典”型肺炎防治工作极端重要性的认识，切实把防治工作作为当前的头等政治任务抓紧抓好

最近一个时期，在一些地区发生的“非典”型肺炎疫情，是一场突如其来的重大灾害。党中央、国务院对此十分关心，高度重视。4 月 14 日，胡锦涛总书记到广东省疾病预防控制中心考察，强调始终把人民群众安危冷暖放在心上，全力以赴做好“非典”型肺炎防治工作。4 月 17 日，胡锦涛总书记主持召开中共中央政治局常务委员会会议，专题研究进一步加强“非典”型肺炎防治工作，强调做好“非典”型肺炎的防治工作，关系到广大人民群众的身体健康和生命安全，关系到我国改革发展稳定大局。要求各级领导干部一定要切实把广大人民群众的身体健康和生命安全放在第一位,党政主要领导要亲自抓、负总责。4月18日,温家宝总理到北京市大中小学和幼儿园检查“非典”型肺炎防治工作,强调一个负责任的政府,必然时刻把人民的利益放在第一位。要以对人民高度负责的态度,及时发现、报告和公布疫情,绝不允许缓报、漏报和瞒报。4月20日,胡锦涛总书记到军事医学科学院和中科院考察工作,勉励科研人员再接再厉、坚定信心,继续发扬爱国奉献、勇攀高峰、为民造福的精神,为战胜疫病、保护人民的身体健康和生命安全做出更大的贡献。中央办公厅、国务院办公厅专门下发了《关于切实加强领导,进一步做好“非典”型肺炎防治工作的通知》。

山东省委、省政府对这项工作也极为关心。张高丽、韩寓群、吴爱英等领导同志,多次召开会议研究部署“非典”型肺炎防治工作,成立了以韩寓群省长为组长的“非典”型肺炎防治领导小组,建立了联席会议制度,组织开展了模拟演练和业务培训,取得了较好的效果。中石化集团公司以“内部明电”的形式,下发了《关于加强“非典”型肺炎防治工作的通知》,提出了相关要求。

山东和胜利油田尽管没有疫情发生,但油田党政领导和有关部门对“非典”型肺炎防治工作极为重视。4月15日,油田召开“非典”型肺炎防治工作会议,全面部署油田“非典”型肺炎预防、控制工作。油田成立了以曹耀峰、董丕久、李阳同志为组长的“非典”型肺炎防治工作领导小组和专家组,具体领导油田“非典”型肺炎防治工作,协调解决防治工作中的重大问题。4月21日,油田防治工作领导小组召开全体成员会议,专题研究进一步做好油田“非典”型肺炎防治工作的措施。以局党委文件的形式,印发了《胜利油田防治传染性“非典”型肺炎应急预案》。油田卫生部门未雨绸缪,提前动手,扎实开展了必要的“非典”型肺炎防治的准备工作。4月4日,卫生处在油田卫生工作会议上对“非典”型肺炎防治工作提出了明确的要求,会后对卫生机构进行了专门的部署安排。此后,卫生部门先后成立了“非典”型肺炎防治领导小组和专家组;建立了例会制度,加强了日常工作运行;严格执行了零病例报告和日报告制度,24小时有人值班;局卫生防疫站制作了“非典”型肺炎防治专题网页,编印了2万多份卫生宣教材料,加大了健康教育的力度,积极普及卫生防疫知识;在消毒药品、器械、交通工具、通讯工具等方面做了必要的准备;对一中、职大、局机关会议室、高考学生查体现场等人群聚集场所进行了预防性消毒;指定中心医院、胜利医院、河口医院为收治“非典”型肺炎病人定点医院,印发了一系列“非典”型肺炎防治技术方案,对“非典”型肺炎防治骨干技术力量进行了业务培训,强化了医护人员防护措施。油田学校、医院、机关、企事业等大多数单位都采取了积极的预防措施。总的看来,这些防治措施是及时的、得力的、有效的,保护了油田职工群众的健康,维护了油田的社会稳定,保障了正常的生产生活秩序。

但是,也应当看到油田“非典”型肺炎防治工作仍然存在隐患。主要表现在以下几个方面:①少数单位对“非典”型肺炎防治工作认识不高,重视不够,预防措施还不严密、不到位。有的医院休息日无人值班,存在推诿病人的苗头,医护人员的防护意识还不够强,防护用品、防护措施也没有完全到位。②宣传力度还不够大,缺乏有效的正面的舆论引导,从而造成一部分人心存侥幸心理,一部分人心存恐慌心理。这两种心理都是要不得的。③防治物资准备还不够充足，一旦发生较大的疫情，将会难以应付。④应急处理机制还很脆弱，防治手段和防治设施有待于改进。对此，我们必须要高度重视，抓紧时间切实加以研究解决。

油田地域跨度大，人员流动广，对外交往多，有许多难以预料的因素，发生输入性病例的可能性是很大的。大家必须要有一个清醒的认识，做好充分的思想准备和工作准备，决不能掉以轻心，绝不能有丝毫的麻痹思想和懈怠情绪。人民健康重于泰山，群众疾苦事关大局。由于“非典”型肺炎传播快，危害大，社会影响大，卫生部已将其列为《传染病防治法》法定传染病进行管理，提出了更高的防治工作要求。人命关天，不容懈怠。人们常说“奔小康，要健康”。没有健康就没有小康，也就没有经济发展、社会进步、人民群众幸福安康。“非典”型肺炎防治工作直接关系到油田职工、家属、学生的身体健康和生命安全，直接关系到油田的改革发展稳定，直接关系到油田的企业形象。各级各单位一定要以对党、对人民、对社会高度负责的态度，把对“非典”型肺炎防治工作的认识统一到中央和省委的要求上来，从实践“三个代表”重要思想和贯彻十六大精神的高度，进一步提高对做好“非典”型肺炎防治工作极端重要性的认识，按照党中央、国务院提出的“沉着应对、措施果断，依靠科学、有效防治，加强合作、完善机制”的总要求，进一步加大预防、控制措施力度，切实把油田“非典”型肺炎防治工作抓紧抓好，严防疫情发生，务求取得实效。

二、全面落实预防、控制措施，严防“非典”型肺炎疫情在油田发生

“非典”型肺炎是全国乃至全世界面临的一个新课题。如何防治“非典”型肺炎，没有经验可循。面对复杂的防治形势，党中央、国务院审时度势，沉着应对，果断决策，采取了一系列积极有效的措施，遏制了疫情蔓延势头，但是防治形势依然严峻。从近期全国疫情看，总的发病人数有所增加，个别省份新发生了疫情。我们油田人员往来和对外交往频繁，对“非典”型肺炎防治工作不能有丝毫麻痹大意。凡事预则立，不预则废。我们必须立足于预防，全面落实各项防治措施。

一是要做好疫情观察、监测和报告，千方百计做到早发现、早报告、早隔离、早治疗。要充分估计可能发生的疫情，宁可信其有，不可信其无；宁可信其大，不可信其小，有针对性地研究制定有效的应对措施。要进一步完善并严格落实油田“非典”肺炎防治预案，按照反应灵敏、报告及时、处理得当的要求，做好组织、人员、物资、设备等方面的准备。防治药品、器械由局卫生处组织局卫生防疫站、药械供应中心统一采购，以便保证质量，统一调剂余缺。各单位要备足备齐相关的药品、器械、专用工具，做到有备无患。各级卫生部门要加强疫情监测和报告，严格执行零病例和日报告制度，有疫情报疫情，没有疫情报平安。要做到24小时全天候接报，确保在第一时间上报和控制疫情。要严格疫情报告制度，各级医疗机构都要加强疫情监测，及时准确地核实疫情，如实上报，绝不允许缓报、瞒报、漏报。这要作为一条纪律。对工作不力、不能准确掌握疫情或故意隐瞒疫情的，要严肃追究单位领导和当事人的责任。疫情汇总、审核、上报、公布，归口油田“非典”型肺炎防治工作领导小组办公室管理。中心医院、胜利医院、河口医院和局卫生防疫站要设立疫情咨询电话，并保证24小时畅通。与疫情防治相关的人员，在疫情没有解除之前不准出差。

从当前全国“非典”型肺炎防治的经验看，控制疫情的主要手段在于早发现、早诊断、早隔离、早治疗。各单位对从疫区出差归来的人员或从外部来油田的人员，一定要抱着对其本人高度负责的态度，在两个星期之内，进行跟踪观察，一旦发现可疑情况，要坚决果断地采取有效防治措施。对“非典”型肺炎确诊病例和疑似病例要隔离治疗，对其接触者要开展流行病学调查和密切观察，必要时可依法采取强制控制措施。各级医院要制定好预案，加强培训，研究好隔离办法，对疑似病人要及时与指定医院联系，并采取相应措施。在接诊疑似传染性“非典”型肺炎病人时，不管病人来自哪里、是何身份、经济状况如何，都不得以任何理由推诿、拒收。这要作为一条硬纪律，必须严格执行。

二是要做好重点人群和重点环节的防治工作。学校、幼儿园、医院、机关、车间、超市、宾馆、影剧院、外来施工队伍和赴外施工队伍驻地，以及公共交通工具等，都是我们防治的重点人群和重点环节。由于人群比较集中，必须把定期消毒等各种有效措施落实到位，切实搞好预防。各单位对各类群体都要进行细致地摸查，做到底数清楚，有针对性地把各项防治工作真正抓紧、抓早、抓实、抓好。特别是学校和托幼机构，要抓紧制定预案，指定专人负责，把预防知识教给孩子和家长，落实消毒措施，建立晨检制度，加大防范措施力度，教育孩子养成良好的卫生习惯，增强自我保护能力，努力做到思想认识到位、宣传知识到位、预防措施到位。要进一步细化预防措施，加大预防工作覆盖面，有重点地搞好高考学生的预防工作，千方百计保证高考工作顺利进行。三个已经确定为收治“非典”型肺炎病人的指定医院，一定要召开专门会议，拿出可操作的行动预案，准备好病区、病房、医护人员、药品器械等医护设施和人员，制定出切实可行的隔离措施，力求做到没有或最小的感染率。要加强医护人员的培训和医护人员的自身防护工作，努力做到医护人员不被感染。在这些工作中，决不能麻痹大意，掉以轻心。各种公共交通工具，都要按照规定及时消毒，加大检疫力度，密切观察、监测疫情动态。要关心在油田工作的外国人的健康问题，外事部门、接待部门要指定专人，了解清楚外国人在油田的团组、人数、国别、合作单位、吃住地点、健康状况等动态信息，提前靠上做工作，主动搞好宣传和服务，做到强化防治，万无一失。

各单位要积极实施社区干预。会后，要立即全面开展以预防春季呼吸道传染病为主要内容的爱国卫生运动，结合“双创”工作的开展，彻底清理卫生死角，使周围环境有一个大的改观，达到优美、整洁、卫生。要搞好全民健康教育和全民健身活动，广泛开展科普宣传，使职工群众了解“非典”型肺炎的特征与预防方法，避免乱投医乱服药。要把户内经常通风换气、保持良好的个人卫生习惯、均衡饮食、适当运动等预防方法告诉职工群众。要引导职工群众积极参加健身活动，呼吸新鲜空气，增强体质。通过健康教育和全民健身活动，使广大职工群众树立正确的防治观念，养成基本的、良好的卫生行为和生活习惯，提高自我保健意识和自我保护能力，增强免疫功能，减少疾病的发生。各单位要适当控制人员外出和对外往来，暂时不要组织春游或旅游，减少集体活动，教育职工、家属不到或少到人群聚集的场所活动。要少召集大型会议，必须召开的专业会议，能用电视电话会议形式召开的就不要召集起来开，以减少聚集，防患于未然。

三是要搞好业务培训，提高预防和诊

治水平。各级医疗卫生机构要抓紧组织医务人员学习卫生部印发的《“非典”型肺炎的临床诊断标准》、《“非典”型肺炎病例或疑似病例的推荐治疗方案》等技术方案，使他们熟练掌握技术方案的各项要求，努力提高预防、诊断和治疗水平，防止误诊和漏诊。要严格执行技术方案，落实医护人员自身预防措施，严格消毒隔离制度，严防误诊、错诊。要加大对外学术交流和信息沟通，认真吸取外地“非典”型肺炎防治的经验和教训，组织精兵强将合力攻关，力争在“非典”型肺炎防治方面取得一定的进展，以增强预防、治疗效果，提高治愈率。中心医院、胜利医院、河口医院要按照国家标准和上级业务部门的要求加以规范，做好收治病人的充分准备，搞好模拟实战演练，做到召之即来，来之能治，不能有丝毫的懈怠，不能有丝毫的麻痹，不能有丝毫的耽误。

三、加强组织领导，完善工作机制，齐心协力做好“非典”型肺炎防治工作

搞好“非典”型肺炎防治工作，严防“非典”型肺炎疫情发生，是当前摆在油田各级党政组织面前的第一位的政治任务，事关全局，责任重大。同时，防治工作十分复杂，涉及方方面面，是一项系统工程。各单位、各部门和各级领导干部要切实把“非典”型肺炎防治工作放到重中之重的位置，进一步明确责任，恪尽职守，扎实工作，切实把各项防治措施落到实处。

一是要切实加强领导，建立严格的责任制。当前，“非典”型肺炎防治工作，已经不是一个单纯的医疗卫生问题，而是关系全局的重大的经济社会问题、政治问题。各级领导干部一定要切实把职工群众的身体健康和生命安全放在第一位，把“非典”型肺炎防治作为当前的头等政治任务。各单位的党政主要领导要亲自抓，负总责，直接参与“非典”型肺炎防治的领导工作，了解掌握疫情动态，主持研究应对措施，协调解决实际困难。分管领导要靠上抓，把防治工作目标、任务、措施分解到单位、部门，明确工作要求，狠抓措施落实。油田已经成立了“非典”型肺炎防治工作领导小组，各单位和有关部门也要建立由主要领导挂帅的领导机构，领导本单位、本部门开展“非典”型肺炎防治工作。要层层建立领导责任制和责任追究制度，把防治工作的责任层层分解落实到具体部门和具体人，落实到基层单位，把专业防治和社会防治结合起来，保证人员到位、物资到位、资金到位、责任到位、措施到位。对因工作不力、措施不当造成疫情发生或疫情扩散的，依照有关规定对责任人和当事人进行严肃处理。当前和今后一段时间，各二级单位党政主要领导、分管这项工作的同志，要坚守工作岗位，不要外出，遇有特殊情况必须外出的，要按规定向局党委、管理局和有限公司报告，卫生技术人员外出要向卫生处请假。

二是要建立有效的工作机制和协调机制，形成防治合力。各单位各部门一定要增强政治意识和大局观念，主动参与，积极配合，共同努力，油田上下拧成一股绳，各司其职，各负其责，齐心协力把防治工作做得更细、更实、更好。卫生部门要把“非典”型肺炎防治作为当前压倒一切的任务，精心组织，周密部署，强化运行，加强指挥调度，严格检查落实。卫生处要切实履行职责，一旦发生疫情，要在局党委、管理局和有限公司的领导下，实行统一指挥，统一部署，统一行动，做出快速反应，采取果断措施，控制疫情发展。计划、财务部门要保证必要的投入。为了预防、控制疫情，该花的钱，一定要给予全力保障。在这一点上任何人、任何单位都不要含糊。工会、社会保障等有关部门要建立经济困难病人救治制度。在胜利油田绝对不能出现因经济困难问题而使患者得不到及时诊治，以至造成生命危险和疫情扩散。同时，从“非典”型肺炎防治工作实际看，我们还要针对突发公共卫生事件建立应急处理机制，提高应急反应能力。有关部门要根据上级的要求，抓紧研究具体意见和措施。中央和省里都已经明确，“非典”型肺炎防治工作实行属地管理。各单位要紧密配合当地政府开展工作，在防治工作中按照当地政府的统一要求做好工作。特别是东营地区以外的临盘、滨南、纯梁、海洋船舶等单位和社区，要加强与地方政府的联系，相互支持，密切协作。油田各级医疗机构和医疗技术力量既要听从油田“非典”领导小组办公室的统一指挥和调度，又要与当地政府协调好。油田各单位、各部门之间也要加强信息沟通与交流，及时解决工作中遇到的困难和问题。

三是要加强对防治工作的督查落实。按照省里的要求，从今天开始，油田将组织督导组到各单位检查、指导，对工作不到位、措施不力的单位，要提出批评，限期整改到位。特别对医疗卫生机构，要重点检查有无应急预案，医护人员、设备、药品、病房等相关救治准备工作做的如何，医护人员的防护措施落实了没有，接收病人的态度是否端正等。油田将定期通报督查落实的情况。各单位也要加大内部自查力度，查漏洞，找不足，抓紧整改，切实加强预防控制工作力度。

四是要搞好舆论宣传和正面引导，维护油田大局稳定。“非典”型肺炎防治工作是全国上下关心的焦点问题，油田职工群众也非常关注，坚持正确的舆论宣传和正面引导至关重要。各级宣传部门和新闻媒体，要按照中央确定的“澄清事实、以正视听、引导舆论”的方针，结合油田的实际，坚持正面宣传，把握正确的舆论导向。要大力宣传油田在“非典”型肺炎防治工作上采取的有效措施，大力宣传防治知识，用强有力的宣传来防止谣言的滋生和传播。宣传部门要搞好策划，组织开展相关报道，使大家每天都能看到有关的消息。通过正确的积极的舆论引导，使广大职工群众对“非典”型肺炎防治有一个全面的认识，知道“非典”型肺炎可防、可治、可控，消除漠不关心的思想状态，消除不必要的恐慌心理，保持正常的工作、学习和生活秩序，维护油田大局稳定。新闻媒体关于“非典”方面的报道，要严格宣传纪律，认真把关，反复审核，尤其要注意与中央和省里的宣传口径相一致；凡涉及油田疫情防治等具体情况的报道，统一由油田防治工作领导小组办公室提供初稿，按有关程序报批后以统一的口径向社会通报。公安、社会治安综合治理等部门要做好基层基础工作，密切关注社会动态，坚决打击借机行骗、造谣滋事等不法行为，维护社会稳定。

在抓紧抓好“非典”型肺炎防治工作的同时，要毫不放松地抓好油田生产经营和其他各项工作。今年以来，全局上下、各个单位围绕油田“十一五”期间油气当量重上3000万、管理局经济总量翻一番、职工生活质量与生活环境有明显改善和提高三大奋斗目标，广泛开展“学精神、转观念、谋发展、见成效”活动，一季度生产经营任务全面完成，目前各项工作发展势头良好。在新的形势任务面前，我们一定要统筹兼顾，合理安排，既坚决打好“非典”型肺炎防治工作这场攻坚战，又不断把油田的改革发展事业推向前进。

做好“非典”型肺炎防治工作，既是对各级党政组织应对复杂局面能力的实际考验，也是对各单位、各部门大局意识、政治意识和工作能力的实际考验。保障职工群众健康,维护油田大局稳定,是我们各级领导干部义不容辞的神圣职责。只要我们坚定信心,齐心协力,科学防治,扎实工作,全面贯彻"三个代表"重要思想,就一定能够夺取"非典"型肺炎防治工作的全面胜利,为油田改革发展稳定做出新的贡献。

工作综述

经营决策

【工作思路】　认真学习践行“三个代表”重要思想,以党的十六大、十六届三中全会和中央经济工作会议精神为指针,坚持以人为本、一切为民,以科学的发展观统揽全局,进一步加快发展,加快“三大目标”的实现步伐;以主辅分离、改制分流为战略突破口,实施产业、产权结构调整,进一步深化内部改革;以科技创新、科学管理为先导,继续开展“对标、追标、创标”活动,严格管理,强基固本,全面提升油田的市场竞争力。

【管理局及有限公司主要生产经营指标】2003年,全油田实现经济总量624.1亿元,其中有限公司实现总收入421.5亿元,管理局经济总量202.6亿元。共实现企业增加值366.6亿元,同比增长13.8%,占东营市同期GDP的60%左右,占山东省同期规模以上工业企业增加值的9%左右,其中有限公司310亿元,管理局56.6亿元。共实现利润138.9亿元,其中有限公司152亿元,完成年度预算的147.3%;管理局-13.1亿元,同比减亏幅度17.45%。共实现税费130.5亿元,其中上缴中央税费78.5亿元,上缴地方税费52亿元。

【工作部署】　一是加快节奏,推动油气主业的持续有效发展。勘探上,按照“2006年油气当量重上3000万”的目标要求,寻求大突破、实现大发现、抓住大场面。对老区的新发现和新区的新突破进一步加快节奏,逐级落实储量,落实动用程度,落实产能建设日程。西部新区重点加快准噶尔盆地的勘探工作,强化研究,扩大规模。海外新区和天然气勘探也要进一步加大力度,力争早日取得重大突破。开发上,按照储量、产量、投资、效益“四统一”的原则,狠抓油藏经营管理,精雕细刻,全面提高油田稳产水平。加大老油田综合调整和技术改造恢复产能力度,加快先导试验和技术接替步伐,有效增强老油田稳产基础。坚持“油气并举”的原则,继续加大天然气的勘探开发力度,力争有所突破。把难动用储量开发纳入油田整体产能建设计划,加快节奏,确保完成年度增产指标。西部新区要按照产油1万吨的要求,超前运行,为今后增储上产、扩大规模做好充分准备。

二是深化和推进油田内部改革。对已经具备条件的单位和企业,加快改制分流步伐;对暂时不具备条件的,积极创造条件，尽快实施改制分流。同时开展持续重组和内部整合，大力调整产业结构、组织结构和队伍结构，突出强化主营业务，为顺利实施主辅分离、改制分流创造条件。今后3—5年，通过改制分流和移交办社会职能分流职工2.5万人以上，其中2004年分流职工5000人以上。要积极稳妥地推进各项配套改革。分配制度改革要逐步实现与社会劳动力市场价位接轨，进一步完善岗效薪点、特岗特薪等分配奖励办法。要继续推行“三岗制”动态管理，提高人力资源的活力，挖掘人力资源的潜力。要积极探索与实施业务流程再造，调整优化组织结构，科学定编定岗。要积极稳妥地推进各级机关的改革，使各级机关真正做到精干、高效。要合理控制科处级干部总量，对生产经营业绩不佳、干部超编和存在高职低聘现象的单位，要按照一定比例压缩干部职数。要进一步完善物资供应配送体系建设，大力发展电子商务和第三方物流，努力实现由企业物流向物流企业的转变。要适应油田改革发展的形势变化，进一步完善内部承包机制，鼓励各单位内控成本，外拓市场，实现有效发展。

三是加快科技兴油工作步伐。要重点加强济阳坳陷隐蔽油气藏富集规律与成藏机理研究、油藏开发后期渗流机理、井网控制理论等5项勘探开发等基础理论研究，抓好注聚合物驱后提高采收率、油藏综合地球物理等5项储备技术攻关，开展天然气藏识别和分布预测技术、低渗透油气藏开发配套技术研究等10项配套技术的攻关，重点推广特高含水主力油田提高采收率综合配套技术、高精度地震勘探综合配套技术等4项成熟技术。要不断丰富完善隐蔽油气藏勘探理论，力争到“十五”末形成适合不同地质条件的勘探理论体系。要进一步加强高精度三维地震、油层保护及改造等新技术的攻关和应用，逐步形成适应不同勘探开发对象的配套技术系列。要进一步明确不同油藏类型的开发调整方向，依靠水平井、三次采油等新技术强化老区的深度精细挖潜，全面打响提高老油田采收率的攻坚战。要以示范区工程为载体，全面推行以提高系统效率为目的的节能降耗技术改造工作，提高“五大系统效率”，向科技进步要效益。

四是拓宽油田的生存发展空间。要继续坚定不移地实施“走出去”战略，推动外部市场开拓的大发展。要加大油田对重点区域市场的宏观组织协调力度，相对集中力量，实施重点突破。要进一步完善对外闯市场工作的指导与管理，积极探索外闯市场的新形式、新实践，全面提高油田外闯市场的能力和效益，逐步实现外部市场发展由总量型向总量效益型的转变，外部市场收入力争完成40亿元以上。

五是强化油田“三基”工作。要在全油田范围内深入扎实地开展以“落实安全责任，执行安全制度”为重点的“79次岗位责任制大检查”活动，以案例解剖、现场演练、突击查访为主要形式，以反“三违”、反“低老坏”、反粗放为主要内容，对全油田每个专业、每个系统、每个岗位责任制落实情况进行全面检查，同时用新的安全制度覆盖全员、覆盖生产经营服务的全过程，务必做到无漏项、无死角。要全面推进“对标、追标、创标”活动。管理局和有限公司要根据各自不同的核心能力和业务范围，分别研究确定独立的追赶目标、追标方向和追赶措施；分油田、二级单位和基层三个层面，明确各自的具体功能和责任。

六是加快“数字油田”建设步伐。要把“数字油田”建设作为一项系统工程组织好、协调好，各单位、各部门、各系统都要围绕油田已经确定的总体目标和实施步骤,深化、细化工作措施,确保“数字油田”建设整体平稳健康推进。要加大“数字油田”技术及应用的培训力度,集中对处级以上干部进行脱产培训。对专业技术人员要重点提高应用水平和能力,使其尽快适应“数字油田”建设需要。对岗位操作人员要根据“数字油田”建设对岗位要求带来的变化,重点采取专业培训、师傅带徒弟和岗位练兵等形式,不断提高岗位工人的素质和岗位操作技能。

七是大力推进油田企业文化建设。要把全面推进胜利文化建设,作为实现油田持续稳定发展的重要战略举措来重点推动。要以创建学习型企业为载体和突破口,组织局中心组、机关有关处室、各二级单位党政领导参加的各种层次的学习班、培训班,强化对油田各级领导干部文化先进理论、基本知识的学习培训。要落实人才政策,加大人才队伍建设力度。要大力推进胜利品牌建设,发挥品牌集成的功能。把胜利文化的先进理念尽快物化到推动油田发展的制度、品牌和形象当中,使胜利文化成为推动油田“三大目标”进程的强大动力。

(刘明亮)

(审核　邹登礼)

油　气　生　产

油气勘探

【综述】　2003年胜利油田共完成二维地震采集2318.2千米,完成三维地震采集1069.61平方千米(满次面积)。VSP测井5口。出站地震资料二维6059.75千米,三维36块,面积7116.09平方千米。全年完成探井153口,进尺357559.5米。其中预探井41口,评价井112口。电测解释有油气层井127口,见油气显示井12口,下油层套管井93口。试油交井107口交层200层,新获工业油气流井75口101层,其中当年完钻井获工业油气流井52口72层。预探圈闭41个,电测解释见油气层圈闭28个,仅见油气显示圈闭5个,下油层套管圈闭15个。

油气储量增长情况。2003年新发现油田1个——阳信油田。全年新增探明含油面积72.6平方千米,探明石油地质储量1.13亿吨(不包括八面河油田)。新增控制含油面积97.4平方千米,控制石油地质储量1.16亿吨。新增预测含油面积93.2平方千米,预测石油地质储量1.3亿吨。截至2003年底,胜利油田(山东探区)共发现油气田72个(包括八面河油田),其中天然气田2个,有探明石油储量的油田68个,有探明天然气储量的油气田34个,有控制石油储量的油(气)田36个。共计探明含油面积2374平方千米,石油地质储量44.1亿吨(包括八面河油田)。控制含油面积467平方千米,石油地质储量4.8亿吨。预测含油面积798.1平方千米,石油地质储量7.8亿吨。探明天然气含气面积246.2平方千米,天然气地质储量382.39亿立方米。

【伊朗卡山风险探区获得重大突破】　伊

朗卡山风险勘探项目于2001年5月正式启动。已完成地面地质调查、重力、磁力勘探,完成1055千米二维地震采集及处理,完钻第1口预探井Arn-1井,钻井过程中在库姆组C段录井见油气显示2段11米。电测解释一类层5层41.2米,二类层2层6.6米,三类层8层41.3米。库姆组C段3499—3545米井段套管射孔酸化试油,9.25毫米油嘴求产,折算日产油579.1立方米,气10536立方米。卡山区块油气勘探的重大突破,为“2006年油气当量重上3000万吨”奠定了资源基础。

【东营南坡深层前景广阔】 东营南坡深层主要指东营南坡东段王家岗油田及周围地区的孔店组及其以下层系。王斜131井电测解释孔店组油层24层37.4米,油水同层8层27米,孔店组两段试油,分获日产油5.4吨和16吨。王斜140井沙四段见油层2层8.4米,日产油11.4吨,孔店组见油层6层13.2米,日产油20.4吨。王斜132井孔店组解释油层12层26.1米,油水同层5层11.3米,试油日产油2.02吨。王斜133井孔店组解释油层13层32.9米,油水同层3层10.3米。王斜135井孔店组见油层7层10.5米。王斜136井孔店组解释油层1层2.2米。全年新增预测储量5048万吨。新部署的王古1井对3421.46—3447米井段进行中途测试,12毫米油嘴日产油467立方米,气3504立方米,突破东营深层潜山出油关。打开了东营凹陷斜坡带深层潜山勘探的大门,展示出潜山勘探的广阔前景。

【阳信洼陷勘探潜力巨大】 阳信洼陷是惠民凹陷的次级构造单元。部署钻探阳101井,钻遇沙四段油层7层13.6米,沙一段气层7层8.6米。沙四段试油,日产油20.2吨。阳101井获得稀油工业油流,证实沙四段成熟生油的巨大潜力,为济阳坳陷及外围小盆地深化勘探提供了借鉴。阳信地区全年新增预测石油地质储量1037万吨、控制石油地质储量1005万吨,被命名为阳信油田,成为胜利油田第72个油气田。

【西部准噶尔探区取得战略性突破】 胜利油田在准噶尔盆地负责勘探的面积4.3万平方千米。位于中部4区块的董1井、西缘区块的排1井,乌伦古坳陷南斜坡的滴北1井钻探均获成功。董1井在白垩系吐谷鲁群—侏罗系头屯河组4571—5309.5米井段录井发现油气显示15层39.45米。对白垩系吐谷鲁群4871.18—4873米井段进行中途测试,4.7毫米油嘴放喷,获折算日产油82.31立方米、气47261立方米。董1井测试获得高产油气流,首次突破胜利西部探区出油关,为中石化西部新区的第1口百吨井。排1井在白垩系吐谷鲁群—侏罗系706.45—782.18米井段取心9筒,油气显示心长45.05米,油斑以上岩心长23.06米,测井解释白垩系吐谷鲁群—侏罗系油水同层4层23.6米。滴北1井在侏罗系八道湾组见到良好显示,测井解释(1552.0—1833.8米)见油层10.8米/3层,含油水层3.6米/1层。

【郑家—王庄地区勘探取得重要进展】 郑家—王庄地区地处东营凹陷北部陡坡带西段。按照“总体解剖、加强试油、整体探明”的勘探思路,对该区进行整体部署,共完钻探井22口,完成试油21口,其中16口井获工业油流。郑418井钻遇沙三段砂岩厚度近50米,解释油层29.8米。郑408-02井钻遇沙一段油干层27.6米。郑415井解释沙三段油层1层14.1米,油水同层2层14.3米。郑417井沙三段解释油层1层5.3米,郑419井沙三段解释油层2层15.6米。郑420井解释馆陶组油层2层5.2米,沙三段油层2层16.9米。

郑360井解释油层馆陶组1层3.0米，坨823井解释油层沙一段2层12.2米，沙三段5层128.9米。郑365、369、372、373等新探井沙一段试油分别获得日产油16.9、19.9、16.2、21.5吨的高产工业油流。对沙三上稠油油藏，利用郑科平1井配合郑411、418两口直井采用蒸汽辅助重力泄油技术进行试采工艺攻关，3口井累计注汽8597立方米，累计产油2597.22立方米。王庄—宁海地区新增探明石油储量6119万吨，新增预测石油储量1947万吨。郑415井于1644米进入古生界下奥陶统灰岩地层，取心见富含油显示，成为该地区潜山勘探的又一新发现。

【桩海地区3套层系勘探取得新进展】 桩海地区处于埕岛、桩西、长堤潜山带结合部。2003年整体解剖该区潜山，部署桩海101、102、103、埕北305、埕北306、埕北307、老301、老292、桩古斜471、埕北古8等井。埕北306井奥陶系八陡组10毫米油嘴试油，日产油178吨、气14826立方米。奥陶系下马家沟组10毫米油嘴试油，日产油81.7吨、气25600立方米。埕北307井奥陶系底部冶里－亮甲山组中途测试，10毫米油嘴，获日产油112吨、气42717立方米。老301井对奥陶、前震旦系试油，获日产油19.4吨。老斜292井中途测试3921.03—4017.0米井段，8毫米油嘴试油，折算日产油154立方米，气3170立方米。桩海102井奥陶系八陡—上马家沟组和冶里—亮甲山组中途测试，分获日产油96.1吨、气26713立方米和日产油26.7吨。桩古斜471井在中生界电测解释油层7层11.6米，3851.4—3868.2米井段试油，获日产油5.1吨。埕北306井对沙河街组两段试油，分获日产油64.1吨、气3364立方米（8毫米油嘴）和76.1吨、气3325立方米（10毫米油嘴）的高产工业油气流，馆陶组试油获日产油54.3吨。桩海101井钻遇馆陶组油层2层7.6米，同层2层15.7米，东营组油层1层4.5米，同层1层13.5米。埕北305井钻遇馆陶组油层4层9米，东营组油层1层1.3米，馆陶组试油，日产油44.3吨。通过钻探，证实埕岛和桩西地区古生界潜山带含油连片，展现出该带为下古生界潜山和上、下第三系构造—岩性油藏多层系、多种油气藏叠合连片的良好勘探前景。2003年中生界新增控制储量3255万吨。

【罗家—垦西地区稠油勘探取得新成果】 罗家—垦西地区位于沾化凹陷南部斜坡。部署的罗9－试1井常规试油，日产油14.6吨，属一般稠油，具备勘探开发的经济价值。垦628井钻遇油层2层40.5米。罗651井电测解释沙河街组油层5层23.4米，沙四段试油日产油2.68吨，不含水。探明储量规模可达5000万吨以上，是近几年增加储量较为现实的地区之一。

【埕东凸起北坡馆陶组河道砂体勘探取得重要进展】 埕东北坡馆上段地层广泛发育各种类型的河道砂体沉积，已发现飞雁滩、老河口两个陆上油田。以“上第三系网毯式油气运聚”理论为指导，加强对老河口油田的解剖分析，利用各种新技术进行砂体识别和描述，优选部署老斜162和老163井，均获成功。老163井钻遇馆陶组油层1层6.6米，馆陶组试油，日产油37.4吨。老斜162井电测解释馆陶组气层1层1.4米，油干层1层10.1米，油水同层1层3.4米，馆陶组试油，日产油24.2吨。老河口—飞雁滩北部新增预测含油面积35.2平方千米，储量3644万吨。

【孤西潜山带油气藏勘探取得重要进展】 孤西潜山带位于埕东断裂带与孤西断裂带交汇处。2003年部署钻探渤古1、渤601、孤北古2等井。渤古1井在钻井过程中油气显示活跃，显示井段达550米，对奥陶系试油，获日产油16吨、气33816立方米。渤601井对奥陶系两段试油，分获日产油85.7吨、气47426立方米和日产油36.6吨、气20782立方米。新增探明储量433万吨，控制储量1933万吨，新增预测储量528万吨。

【陈家庄凸起东段馆陶组地层超覆油藏勘探取得新进展】 陈家庄凸起位于东营、沾化两大生油凹陷之间。2003年部署陈311、312、315、46等探井。陈311井于馆下段测井解释油层11.8米，试油获日产油3.2吨。陈312井馆陶组测井解释油层10.5米，试油获日产油8.1吨。陈315井馆陶组测井解释油层3层12.1米，油水同层4层16.5米，试油日产油9.2吨。陈46井馆陶组测井解释油层2层6.2米，油水同层1层1.6米，试油日产油4.5吨。预探陈家庄凸起北坡东段垦68井电测解释馆陶组见油层1层1.5米、油水同层2层3.1米。垦69井电测解释馆陶组见油层2层8.0米、油水同层2层8.1米。馆下段试油，获日产油5.4吨。新增控制储量1825万吨。

【东营凹陷中央带6浅层勘探取得新进展】 东营构造上部署的辛斜651井在馆陶组钻遇油层6.4米/4层，东营组钻遇油层13.4米/5层，沙一段钻遇油层4.0米/1层。对东营中央带2316口探井及开发井进行了复查，共查出馆陶组油层789层2293.2米，东营组油层775层2990米，辛48－13井馆陶组试油获成功，日产油3吨。新增控制石油地质储量1511万吨。

【基山砂体勘探取得新进展】 基山砂岩体是惠民凹陷沙三中期发育的大型三角洲砂体。2003年部署钻探的商549、550、商643、商848、商849等5口探井，实施后取得较好效果。商549井钻遇油层38米，商848井钻遇油层18.8米。商550井于基山砂体钻遇油层32.9米，沙三上三层试油，分获日产油9.94吨、6.38吨、17.1吨。商849井侧钻后在基山砂岩段电测解释油层1层22.6米，油水同层1层5.3米，上油层下油水同层1层7.9米。商543井压裂后日产油4.32吨。商847井沙三上压裂试油，日产油8.03吨，沙二下试油，获日产油11.9吨。商541井3197.0—3225.0米井段压裂试油，日产油7.24吨。商548井3280.5—3297.0米井段压裂试油，日产油5.15吨。商74－7井压裂后日产油37.8吨。为全面认识基山砂体，对钻遇基山砂体的93口井进行了全面的测井重新认识和二次复查，共增加油层44层110.8米。2003年该区新增控制储量1293万吨，探明储量1577万吨。

【孤岛油田南部馆陶组含油范围扩大】 运用“网毯式油气运聚模式”成藏新认识在孤岛油田部署钻探孤古斜25井、孤南斜209井。孤古斜25井馆陶组解释油层12层62.1米，明化镇组气层3层10.9米。馆陶组试油日产13.2吨。孤南斜209井馆陶组见油层6层18.2米。馆陶组试油两层，分获日产油4.47吨和6.77吨。

【孤东油田西部馆陶组含油范围扩大】 在孤南洼陷东坡的孤东油田西翼部署钻探孤深2井，电测解释馆陶组油层1层12.7米，预计含油面积8平方千米，储量规模800万—1000万吨。

【孤北洼陷深层勘探范围扩大】 在五号桩断层下降盘发育一系列低位扇体，选择有利部位部署桩601井，钻探沙四段水下冲积扇获得成功。完钻后电测解释沙四段见油层3层29.7米，试油获7.59吨工业油流。扩大了该地区含油范围，预计储量规模1000万吨以上。

【东营北带含油砂砾岩体范围扩大】 东

营北带部署坨166、168、利96和坨710井。坨166井钻遇沙三、沙四段扇体油层30.2米，对沙四段试油，获日产油8.08吨。坨168井沙三段测井解释油层12.8米，对3088.7—3112米井段试油，日产油37.8吨。利96井沙四段解释油层12层35米，试油日产油15.7吨。坨710井在沙四段钻遇油层11米/3层，自喷日产油34.9吨。扩大了胜北地区含油扇体的范围。全年发现扇体预计储量规模600万—800万吨。

【东营中央带及周围岩性油藏勘探领域扩大】 对中央隆起带主体地区东营三角洲的沉积分布进行研究，认为辛镇复杂断裂带沙三段仍发育三角洲前缘浊积岩沉积，并进行精细的构造解释和储层描述。部署钻探了牛876、878、879、史138、辛170、辛斜651、辛170-1井等7口探井。史138井沙三中见油层1层8米，沙三段两层试油，分获日产油6.99吨和5.38吨。沙一段试油，获日产油24.2吨。辛170井电测解释油层3层6.6米，沙三中试油获日产油5.62吨，辛170-1初期日产油16立方米。牛斜879井沙三中见2层10米的油浸显示。拓宽了东营中央带的勘探空间，浊积岩油藏呈现出连片扩大的趋势。

【郭局子洼陷勘探范围不断扩大】 郭局子洼陷是车镇凹陷东部沙四段生油岩的主要发育区。2003年在大6—大33沟谷部署了大33井、郭深7井。大33井钻遇沙四段油层11.1米，对2912—2944米井段7毫米油嘴试油，日产油23.1吨，气2241立方米。郭深7井钻遇沙四段油层5层7.5米。该地区部署钻探的大359井在沙二段见油层31.1米，1908—1924.4米井段试油，获日产14.5吨工业油流。大斜361井沙二段钻遇油层5层15米，试油日产油10.2吨。预计该地区储量规模可达800万—900万吨。

【纯北沙四段勘探范围不断扩大】 纯化—小营鼻状构造带位于东营凹陷的南部。通过三维地震精细构造解释和利用相干分析技术，在梁16井北圈闭高部位部署了梁112井，在沙四段钻遇油层11层23.8米，沙四段试油，日产油22.2吨。其构造较低部位梁9-3井沙四段投产日产油18吨，不含水。预测含油面积5平方千米，地质储量300万吨。

（方小东）

（审核　时华星）

油田开发

【综述】 截至2003年底，胜利油田共探明油田68个，气田2个。探明含油面积2374.8平方千米，探明石油地质储量44.1亿吨。

投入开发油田67个，动用面积1824.4平方千米，动用地质储量36.1亿吨，动用程度81.9%。现有井网、工艺条件下标定可采储量10.4亿吨，标定采收率28.8%。全年新增探明含油面积89.7平方千米，新增探明地质储量1.23亿吨。新增动用含油面积61.9平方千米，地质储量8628万吨。

整装构造油田4个，动用储量11.95亿吨，占油区动用储量的33.1%。标定可采储量4.20亿吨，平均采收率35.1%。年均综合含水93.5%，已采出地质储量的30.6%，采出可采储量的87.1%，剩余可采储量采油速度15.1%。中高渗透断块油田22个，动用储量10.6亿吨，占油区动用储量的29.3%，可采储量3.52亿吨，平均采收率33.2%。年均综合含水89.4%，已采出地质储量的24.6%，采出可采储量的74.1%，剩余可采储量采油速度8.0%。低渗透断块油田27个，动用储量7.57亿吨，占油区动用储量的20.9%，标定可采储量1.61亿吨，平均采收率21.3%。年均综合含水78.4%，已采出地质储量的14.2%，采出可采储量的66.8%，剩余可采储量采油速度7.6%。特殊岩性油田5个，动用储量5901万吨，占油区动用储量的1.6%，标定可采储量1009万吨，平均采收率17.1%。年均综合含水68.1%，已采出地质储量的12.9%，采出可采储量的75.3%，剩余可采储量采油速度10.8%。稠油断块油田8个，其中以稠油热采为主的油田3个，常规注水开发油田5个，动用地质储量3.64亿吨，占油区动用储量的10.1%，标定可采储量6312万吨，平均采收率17.4%。年均综合含水84.8%，已采出地质储量的11.3%，采出可采储量的65.2%，剩余可采储量采油速度8.4%。海上埕岛油田，动用储量1.8亿吨，占油区动用储量的5.0%，标定可采储量分别3511万吨，标定采收率19.5%。年均综合含水40.4%，已采出地质储量的8.8%，采出可采储量的44.9%，剩余可采储量采油速度9.4%。

截至2003年底，共投产油井20234口，开井14089口，日产油水平72454吨，综合含水90.0%。平均单井日产油5.1吨，平均单井日产液48.9吨。采油速度0.75%。2003年产油2665.5万吨，累计产油79929万吨，地质储量采出程度22.1%，可采储量采出程度76.8%，剩余可采储量采油速度9.9%。投注水井6975口，开井4949口，日注水平58.9万立方米，月注采比0.76，累积注采比0.79。

天然气开发概况。胜利油（气）区累计探明70个含气区，探明天然气地质储量2074.8亿立方米。动用地质储量1647.7亿立方米，标定可采储量525.6亿立方米，标定采收率31.9%，累计产气389.8亿立方米，动用地质储量采出程度23.7%，动用可采储量采出程度74.2%。其中探明气层气含气面积246.2平方千米，探明天然气地质储量382.4亿立方米，动用地质储量314.01亿立方米，标定可采储量134.7亿立方米，标定采收率42.9%，累计产气92.3亿立方米，采出程度29.4%。溶解气累计探明地质储量1692.4亿立方米，动用储量1333.7亿立方米，标定可采储量390.9亿立方米，标定采收率29.3%，累计产气297.5亿立方米，采出程度22.3%。截至2003年底，投产气井354口，开井96口，日产气水平35.79万立方米。

油气生产指标完成情况。全年生产原油产量2665.5万吨，完成年计划（2660万吨）的100.21%。新井年产油163.1万吨，老井措施年增油215.9万吨，新井和措施产量占总产量的14.2%。其中热采稠油年产油176.6万吨，三次采油年增油145.1万吨。

天然气工业产量8.1亿立方米，完成年计划的100%，同比增产0.6亿立方米。油田年注水21503万立方米，平均日注水平58.92万立方米。

有限公司全年新建（增）原油生产能力314.1万吨，其中新区在58个区块（单元）新建生产能力140万吨，老区通过综合调整、技术改造、三次采油等工作新增生产能力174.1万吨。

全年新增可采储量2776万吨，其中新区新增可采储量1584万吨，老区新增可采储量1192万吨。

自然递减14.18%，与上年基本持平。综合递减6.08%，比上年降低0.13个百分点。年均综合含水由上年的89.9%下降到89.8%。含水上升率0，比上年下降0.22个百分点。年度储采平衡率1.04。

全年完钻开发井908口，钻井进尺192.28万米，比上年减少76口、16.38万米。新井投产 1215 口，2003 年 12 月开井 1053 口，日产油水平 6776 吨，综合含水 74.0%，平均单井日产油水平 6.4 吨。全年投转注水井 409 口，开井 370 口，增加日注水平 33115 立方米。

全年实施各类油井措施 4239 井次，有效率 66.5%，年增油 215.9 万吨，平均单井次年增油 509 吨。工作量比上年减少 66 井次，增油量增加 5.0 万吨。实施各类水井增注措施 483 井次，增加日注水量 14108 立方米。

采油工程生产技术指标完成情况。全年完成井下作业总工作量 28296 井次，同比减少 655 井次。其中油井措施工作量完成 12170 井次，大修交井 158 口，维护作业 10952 井次。水井措施工作量完成 1423 井次，大修交井 63 口，维护作业 1760 井次。

注水系统效率 51.0%，机械采油系统效率 24.5%，输油系统效率 49.2%。同比分别提高 0.82%、0.4%、1%。污水水质达标率 63.8%，同比提高 6.3%。油井平均免修期达到 494 天，同比延长 19 天。

【滚动勘探】 滚动勘探以复杂断块油藏和隐蔽岩性油藏为主要目标，加强区带沉积体系和成藏规律研究，拓宽相控储层描述技术的应用领域，提高储层预测精度，在孤岛南区、滨南凸起南坡等地区找到了一批较大规模的隐蔽岩性油藏。全年完钻滚动探井 86 口，新增探明石油地质储量 2436 万吨，超年计划 436 万吨。强化滚动勘探开发一体化工作，当年动用孤岛南区东等 43 个区块，动用储量 3055 万吨，建成产能 75.7 万吨。

【新区产能建设】 全年新建产能 58 个区块，动用地质储量 7072 万吨。完钻新井 321 口，进尺 71.55 万米，投产新井 284 口，新建原油生产能力 140 万吨。新区累计投产 333 口，开井 309 口，日产油能力 3039 吨，当年产油 67.6 万吨。加强油藏前期研究和开发准备工作，跟踪分析产能建设实施情况，及时调整部署，停、缓建 9 个区块，减少能力 26.8 万吨，新增产能建设区块 21 个，新建能力 31.1 万吨，提高了产能建设效益。桩 139 滩海深层稠油油藏、渤深 6 复杂潜山油藏、林 102 出砂稠油油藏的产能建设均取得较好效果。

【老油田综合调整】 整装油藏继续搞好细分韵律段挖潜，探索层内精细挖潜新方向。断块油藏注重细分开发层系与完善注采系统的结合。热采稠油油藏加大加密调整和井网完善力度，扩大整体调整规模。低渗透油藏稳步推进以井网优化、注采完善为主的配套治理。全年安排整体调整治理 46 个单元，覆盖地质储量 38065 万吨。完钻新井 478 口，进尺 97.3 万米，投产新油井 321 口，实施各类油水井措施工作量 699 井次，开油井增加 294 口，日产油能力上升 2334 吨，采油速度提高了 0.22 个百分点，综合含水下降了 1.3 个百分点。注水井开井增加 68 口，日注能力增加 14955 立方米，增加水驱控制储量 4450 万吨，新增原油生产能力 140 万吨。

【三次采油技术】 三次采油技术应用规模稳步扩大，实施新注聚项目 4 个（孤岛渤 61、孤岛中一区南 + 渤 72 + 渤 64 块、老河口油田桩 106 块、孤东六区），覆盖储量 4600 万吨。二类油藏三采配套技术取得突破，胜一区沙二$^{1-3}$二类储量聚合物驱扩大试验取得明显降水增油效果，油井见效率 45.5%，见效井平均单井增油 1837 吨，含水比注聚前下降 4.7 个百分点，累计增油 11 万吨。

截至 2003 年底，胜利油田共实施三次采油化学驱项目 24 个，覆盖储量 26475 万吨。除孤东小井距外，有注聚项目 23 个，转后续注水项目 12 个（储量达 11866 万吨),现场注入项目11个(储量14609万吨)。投注聚井468口,12月开井450口,日注溶液54301立方米/天,月注聚合物干粉3040吨,年注干粉33577吨。共有油井1788口,开井1514口,日产液110916吨,日产油水平9088吨,综合含水91.8%,年产油319万吨。除年内新投注项目外,有见效油井971口,日增油水平3990吨,年增油145.1万吨,同比增加10万吨,累计增油766.2万吨。当年增加可采储量185万吨,累计上报增加可采储量1068万吨。

【油田开发重大先导试验】 全年组织开展集团公司级重点先导试验项目4个(孤东七区西南 $Ng5^4-6^1$ 层二元复合驱、坨11南区沙二^{8}耐温抗盐聚合物驱、埕东西区泡沫复合驱、郑408块敏感性稠油油藏火烧驱油),有限公司先导试验项目1个(辛50块沙二^{8}耐温抗盐交联聚合物驱)。二元复合驱注入前置聚合物保护段塞,辛50交联聚合物驱注入第一段塞,火烧驱油试验点燃油层,坨11南有机交联单井试注试验转注第二段塞。泡沫复合驱单井(GD2-28-8井)试注试验初见效果,试验井组12口观察井中有8口含水下降,日产油量上升。

【采油工程重大技术改造】 逐步建立不同类型油藏的工艺技术系列,加快工艺技术的配套完善和技术集成。

提高注采输系统效率示范区。对10个示范区的注采输系统进行了技术改造。注水系统改造以优化泵型、泵组匹配、注水站自动调控寻优、管网优化、分压分注为主,推广高效KGF系列注水泵等新技术,注水系统效率由46.9%上升到54.9%,注水单耗由5.2千瓦·时/立方米降至4.68千瓦·时/立方米。机采系统改造采取系统优化设计、高效节能设备、井筒举升工艺优化相结合的措施,使示范区机采系统效率由20.7%提高到28.6%。集输系统形成以高含水期先分水后加热、高效加热、低温破乳、油水复合处理、原油密闭处理、工艺过程实时监控和机泵变频闭环控制为主的提高集输系统效率技术系列,示范区原油集输泵机组平均运效由42%提高到53%,加热炉平均运效由66%提高到85%,原油损耗率由0.49%降到0.31%。年可节燃油7643吨,燃气166万立方米,节电497万千瓦·时。

分层注水示范区。通过配套分层注水工艺,形成以锚定补偿式分层注水管柱、封隔器在线验封、防腐油管、测试调配、欠注层改造为主的分层注水技术系列。10个示范区的水井分注率由81.3%上升到95.0%,层段合格率由48.6%上升到81.7%,注采对应率由69.6%提高到80.5%。

套损井防治与治理。投入专项资金,配套应用套管检测、修胀套、爆炸整形、打通待道、取换套、套管加固、套管堵漏等技术,治理套损井370口,成功率91%,增油8.9万吨,增注52.4万立方米,恢复水驱控制储量1677万吨。

(廖成锐)

(审核　窦之林)

难动用储量开发

【综述】 胜利油田于2003年1月组建难动用储量开发板块(管理局5大经济板块之一)。由东胜、大明、鲁胜、中胜、胜大、工益和难动用储量开发中心等7个油公司组成,其中大明油公司为上市公司,鲁胜油公司属于胜利油田有限公司,石油开发中心为2003年1月30日成立的管理局直属企业法人单位(胜油局发编字[2003]3号)。油气管理处(胜油局发编字[2003]4号)作为管理局职能处室全面负责管理和协调难动用储量开发工作。

强化开发生产运行，圆满完成全年开发生产任务。板块全年生产原油117.12万吨，超年计划4.12万吨，其中上市油公司(大明、鲁胜)生产原油58.66万吨，存续油公司生产原油58.46万吨。东胜512640吨，超计划1.26万吨，大明352747吨，超计划0.27万吨，鲁胜233884吨，超计划1.38万吨，中胜34314吨，超计划0.43万吨，胜大27000吨，超计划0.5万吨，工益8005吨，超计划5吨，石油开发中心年产原油2621吨。

全年新钻井94口井，总进尺17.4万米，投产84口，年产油7.5万吨，其中新区37口，建成能力6万吨。年措施335井次，增油13.9万吨。转注22口，年注水38万立方米，年注采比0.1。综合含水68.4%，自然递减17.3%，综合递减5.3%。

板块发展工作思路和目标。工作思路：坚持经济效益优先，加强开发技术管理，提高难动用储量开发水平。坚持走出去战略，加强组织协调，开拓海内外石油开发市场。工作目标：保持原油产量箭头向上，在保持老区产量稳中有增的前提下，到2006年产量净增100万吨。围绕工作思路和工作目标，重点突出抓好老区挖潜调整，增强稳产基础，抓好新区产能建设，提高产能建设质量，抓好开发技术管理，规范油田开发行为，抓好组织协调，加快海外项目实施。

【老区调整工作增强稳产基础】 加强以完善注采井网为基础的注采调整工作，计划调整区块17个，地质储量7935万吨，钻井52口，其中水井9口，水平井3口，转注16口。经过实施，老区新钻井57口，比计划多钻5口，完善曲堤、营13、桩11、坨28等区块，新增注水区块5个，增加注水储量1500万吨，其中整体转注区块坨28，小砂体牛1-b“一注二采”效果显著。钻水井19口，转注21口，增加日注水能力638立方米，比上年多注水6万立方米。老区新井单井日平均4.3吨，新增能力6.0万吨。新增可采储量63万吨。

应用水平井技术，桩11块挖潜稳产效果显著。桩11块含油面积2.2平方千米，探明地质储量203万吨。分别在断层附近、韵律层顶部等剩余油富集部位，投产3口水平井，年产油10966吨，其中断层附近的桩12-平1井年产油5788吨。3口水平井月产量是同层8口直井月产量的1.24倍，水平井单井产量是直井的3.3倍。水平井技术对桩11块“水上漂”油藏挖潜的成功，提高了桩11块开发效果，为同类油藏开发提供了经验。

牛1-b块含油面积0.9平方千米，地质储量41万吨，为岩性油藏，有油井3口，报废1口，日产液11吨，日产油6.1吨，综合含水64.5%，累计产油4.7万吨，采出程度11.5%，动液面1900米。区块长期处于低压、低产的弹性开采状态。通过修复转注1口水井(N1-x1)，见到好效果。日产液16吨，日产油10吨，年产油3034吨，分别比同期增加日产液5吨，日产油3.9吨，年产油550吨。

【油藏前期综合研究】 全年计划新建产能区块4个(樊4、樊7、沾14西、沾5)，新钻井39口，利用老井17口，动用储量1039万吨，建成能力8.5万吨。实际新钻井32口，投产30口，建成能力6.0万吨。

沾14西块含油面积11.3平方千米，地质储量1070万吨，平均井深1500米。油层发育，层薄、出砂、横向纵向变化快，原油性质差异大。通过开展沉积相研究和精细油藏描述，对主力层河流相沉积有了初步认识。规划总井28口(老井10口)，单井设计能力6吨/日，区块能力3.5万吨。经过滚动开发、跟踪分析、适时调整、工艺配套、精细施工,全年完钻8口,投产7口,恢复老井5口,日产油60吨,建成能力2.0万吨,完成年度计划。

【措施增油】 贯彻低成本战略,走成熟技术与油藏特点相结合的路子,形成许多适应低效低品位油田开发的配套工艺技术。草104块储层敏感性,配套排砂冷采工艺,突破出油关。稠油防砂引进配套PF－C固砂、PS压裂防砂、树脂防砂及机械防砂等系列稠油防砂采油工艺,油层处理、地填、循环挤压充填相结合,采用电热螺杆泵举升。低孔低渗油藏,应用酸化压裂和高能气体压裂增产技术,结合压裂引效措施,提高产能。注采配套实施注水精细过滤、净化输送,注氮气泡沫控水稳油和小泵深抽系列工艺,收效明显。全年措施工作量335井次,有效措施287井次,措施有效率85.7％,单井次措施增油442吨,与上年同期相比,措施有效率提高11％,单井次措施增油增加22.8吨。

【开发技术管理和储量管理】 规范油公司油藏经营行为,组织制定《油藏开发管理规定》、《开发方案审批管理规定》、《零散井位审批管理规定》、《开发动态监测管理规定》《开发数据管理规定》《管理局 有限公司合作开发油田(难动用储量)管理办法》《管理局难动用储量管理办法》等规章制度。

组织对难动用储量板块家底进行梳理,做到总量清楚、分布清楚、类型清楚、潜力清楚。按照"地质落实、技术可行、经济有效"标准,对板块实际动用储量和未动用储量进行评价,搞清实际动用储量的动用状况和未动用储量潜力,为前期准备、开发试验、产能建设等奠定了基础。

【海外油气市场开拓】 胜大集团签订了阿塞拜疆比尔沙卡特油田开发合同和卡拉丘湖、苏拉罕内、比那嘎地3个油田技术服务合同意向。年底,比尔沙卡特油田开发合同获得阿议会通过,进入实施阶段。工益集团前期运作的吉尔吉斯斯坦伊斯巴垦特油田开发和马里苏四油田技术服务项目,由管理局作为合同主体和投资主体管理,实现正常运作,作业队伍和钻井队伍按照项目实施进度进入现场。东胜公司蒙古项目新发现储量400万吨,2000吨份额油运回国内,实现了油田海外份额油零的突破。

(柳兴邦)

(审核 李安夏)

钻井生产

【综述】 胜利油区全年开钻1213口,完井1243口,进尺268.2万米。完成井平均井深2207.72米,平均机械钻速17.91米/小时。平均钻井周期14天3小时,平均建井周期20天22小时。同比开钻减少64口,完井减少14口,钻井进尺减少16.6万米。探井开钻118口,完井143口,进尺336.45千米,同比减少开钻23口,完井增加16口,钻井进尺减少28007米。塔里木胜利钻井公司全年开钻17口,完井16口,钻井进尺8.52万米。

【特殊井施工】 水平井共开钻70口,完井73口。孤平1井完钻斜深2843米,垂深1769.71米,水平段长1054.21米,创同类型井水平段最长全国纪录。海洋钻井公司施工的海上第1口水平井——CB246A－平1井,实现了油田海上水平井零的突破。以FEWD为核心技术的超薄油藏水平井钻井配套技术,创出6项国内外钻井新纪录。全年完成欠平衡井施工28口(含新疆3口),同比增加17口。

【钻井外部市场情况】 全年外部市场收入7.65亿元。在外部市场的钻机48套,钻井施工和技术服务队伍遍布国内19个油田市场和社会市场,在国外成功进入埃及、伊朗、卡塔尔、蒙古国等7个国家。

【钻井队伍建设】 5月上旬,成立了石油工程技术管理处。在中石化油田企业金银牌队评比活动中,胜利石油管理局石油工程系统共有42支基层队荣获金银牌队称号(金牌队17支、银牌队25支),其中钻井系统有金牌队8支、银牌队14支。经中石化资质认证委员会现场考核和综合评议,共有95支钻井队获得资质等级,其中甲级队27支、乙级队39支、达标队29支。

(张万军)

(审核　程华国)

基本建设

【综述】 油田基本建设系统全年完成施工产值51.5亿元。其中,主体施工企业完成33.4亿元,油田其他企业完成18.1亿元,油田主营及自营企业完成外部市场产值18.5亿元。

【重点工程建设】 新建产能280万吨,其中新区140万吨,老区140万吨,年度实施单项工程264项,完工210项,当年完工率为79.5%,跨年项目54项。电厂二期工程3#机组于9月份按期实现总启动,11月份投入商业运行。4#机组按计划正常运行。电厂二期220千伏输变电工程及配套供水工程同时投产。海工工程建设创历史最好水平,建成平台13座,海底管线15.1千米,建成产能25.2万吨。孤岛、孤东等采油厂的7个注聚工程全部实现当年开工、当年建成投产。

【建设市场管理】 贯彻落实国家、山东省、集团公司建设市场管理的方针政策,抓好建设市场管理队伍准入、市场动态检查和年度油田市场检查工作。严格施工队伍资质审查,坚决执行施工质量和廉政建设一票否决制,防止资质低、信誉差的施工队伍进入油田市场。全年准入施工队伍223个,同比压缩18个。对部分建设单位进行专项治理和动态监督检查,重点查处装饰装修工程规避招标和违法转包、分包、挂靠等行为,对规避招标的建设单位,下发《建设工程招标投标督办通知书》,并按照有关规定进行了通报。组织建设市场联合检查,对建设单位队伍录用、招标投标、廉政建设、合同管理情况等进行检查,并予以通报。检查结果表明,油田建设市场管理工作更加规范有序,内部施工企业市场占有率达到87.5%,同比增加4.5%。招投标管理严格按照国家、集团公司和油田有关规定,统筹安排、规范运作。全年矿建工程、油建工程、装饰装修工程及大宗材料主要设备共招标448项,招标金额20.7亿元,累计中标价比标底节约1829万元。

【工程质量管理】 围绕强化质量意识,规范参建主体各方质量行为,加大质量动态管理工作力度,查处质量问题和质量隐患,油田建设工程质量水平不断提高。油田第26次工程质量大检查共抽查29个建设单位的133个单位工程,检查722个分项工程,分项工程一次合格率97.0%,优良率44.9%。局级以上工程合格率100%,优良率51.7%。其中油建工程优良率53.6%，同比提高4.3个百分点，矿建工程优良率47.9%，同比提高3.8个百分点。主体施工企业的工程质量优良率69.5%，同比提高6.6个百分点。

【公用设施建设】　住宅工程累计施工11250套，建筑面积97.7万平方米，竣工2722套，建筑面积23.2万平方米，7142套完成招标工作。完成油田基地集中供热、3座锅炉房烧水煤浆改造，优化采暖燃料结构。完成胜利广场二期和济南路、淄博路、北一路、59中教学楼、胜利宾馆改造等公共市政建设工程。完成抗震鉴定30万平方米，抗震加固24万平方米。

【外部市场开拓】　油田主营及自营企业全年完成外部市场产值18.5亿元，胜利油建公司中标西气东输工程、塔河2#联合站、西南成品油管道等大型工程项目，外部市场创产值8.12亿元，占公司施工总产值的45.5%。胜建集团公司中标达渝、川九、大新等高速公路，新疆引额济乌工程等大型项目，外部施工产值7.53亿元，占公司施工总产值的48.2%。滨南、供水、仙河、河口等油田自营企业中标滨州开发区、新疆乌什防渗工程、齐河、广饶商贸城等工程任务，创外部施工产值2.56亿元。设计院承揽了塔河油田110万吨产能建设工程等任务，外部市场收入3015万元，同比增加100.1%。监理公司先后承揽到长—呼输气管道工程、西气东输B25标段工程等，外部市场累计工程总投资额7.6亿元。

（秦志铭）

（审核　王　文）

生　产　管　理

生产运行管理

【综述】　围绕油田生产经营建设，突出勘探开发重点，加快钻前、钻井、作业、采油各系统的工作节奏，保证新区尽快见到产能。开展大面积扶长停井、上措施井等手段，保证老区稳产。密切关注各采油厂产量计划的实施和完成情况，及时对各种影响产量因素进行预测、分析，及时采取应对措施。通过组织召开现场办公会、旬度生产例会和各种专题会议，及时指挥部署、调配力量、多方协调支持，解决了大量影响原油正常生产的焦点和难点问题。

【天然气管理】　天然气领导小组制定具体措施，完善计量系统，拨出专项资金，购置天然气计量表628块，实现了主要管线、主要出口全部装表计量。实施管线深穿方案。对胜采中心配气站至东营压气站往返管线、辛一站至营二配气站、临盘采油厂二首站到基地的4条输气管线实施深穿方案。完善油井套管阀门2325口，安装防盗井口155口，上动力装置回收套管气20口。通过实施回收套管气、改造流程、监控输差变化、严厉打击非法盗气等有效手段，天然气管理日益规范。在满足油田生产和职工生活用气的基础上，实现齐鲁石化和山东气网供气日均达到30万立方米以上。

【突发事件应急处理】　10月10日，胜利油区遭受特大风暴潮袭击，滩海地区8级以上风力持续达50小时，影响油井10571井次，直接减产27508吨，供电线路受损数百千米。有限公司遭受直接经济损失1.9亿元。灾害发生后，生产管理部门迅速组织各采油厂进行生产自救，调配救援物资，部署上产方案，加大油井恢复的力度，保证了原油生产水平在最短时间内得到恢复。

10月27日，海潮再次来袭。在老292井施工的渤海钻井公司19名职工于乘车撤离途中坠海，19人全部遇难。事故发生后，生产管理部门全力组织展开海上搜救，在海上恶劣气象条件下，较好完成了搜救任务。

11月6日，受恶劣天气影响，海洋变到中心二号35千伏海电一线、海电二线故障跳闸。事故造成中心二号所带24个井组100口油井停电停井。中心一号、中心二号注水系统停运，52口注水井停注，原油生产受到严重影响。海上电缆断裂事故后，生产管理部门紧急指挥调配13台发电机组，确保海上原油生产运行。至12月10日恢复正常生产。

【重点工作运行】　加强全过程生产管理，生产管理的“组织、指挥、协调、监控、服务和仲裁”6大职能得到有效发挥。加强电网、电厂管理，电网事故率明显下降。胜利电厂二期工程顺利投产，3号机组顺利并网发电，油田自身发电能力增强，发电量创出新水平。利用电厂余热集中供暖工程投产，经济效益和社会效益明显。协调专项资金，对黄河南各采油厂落后的电力方杆实施改造，排除了安全隐患，提高了生产用电的稳定性。在黄河水量偏大的情况下，完成了引、蓄、供、节水管理任务。综合分析黄河多年来情变化，评估油田防汛防潮工作的困难，提前做好防洪排涝、海堤管理和冬季防凌工作，保证油田生产安全运行。协调处理东营市“双创”和大规模市政建设与油气生产之间的矛盾，加强对油气管道等生产设施的保护。组织出省井队大型长途搬迁任务25次，出动车辆1368台次。严格实施运输车辆准入管理，从源头上调控运输市场的正常秩序。加大车辆控制力度，减少油料损耗。加大对外协调力度，解决不合理收费、扣罚油田车辆、青苗赔偿费等问题。对内协调方面，对埕岛东区工程等重点地区、重点项目的运行管理，做到有分析，有措施，有落实，有检查，促进了油田勘探开发工作的顺利进行。海上隐患治理工作得到重视，对海上废弃的18口探井井口及保护桩进行了处理，消除了安全隐患。

（张越胜）

（审核　刘国庆）

设备管理

【综述】　截至2003年底，胜利油田拥有主要生产设备总数50754台，设备资产原值141.56亿元，净值61.29亿元，新度系数0.43。设备完好率95.2%，综合利用率59.44%，故障停机率0.17%，没有出现重大设备责任事故。有限公司设备总数33183台，设备资产原值74.63亿元，净值32.2亿元，新度系数0.43，设备完好率96.75%，综合利用率63.19%。管理局设备总数17571台，设备资产原值66.94亿元，净值29.09亿元，新度系数0.43，设备完好率92.27%，综合利用率48.87%。

【管理创新】　成立186名专家组成的23路设备管理专家组。各组参与设备选型购置和经济分析论证，全年开展活动115次，参与管理局设备管理的重大活动32次，提合理化建议26项，撰写论文48篇。

【设备更新】　有限公司非安装设备购置计划完成3.69亿元，新增设备429台

(套)。管理局非安装设备购置计划完成5.1亿元,购置设备157台(套),其中从中石化融资租赁设备93台(套)4.86亿元。有限公司购置700型水泥车3台,投资5000万元引进5台注氮设备。物探公司购置地震仪1套、沙漠越野车20台,地震仪器绞车4台,确保在西部沙漠地区物探施工。黄河、渤海钻井总公司及塔里木钻井公司,更新改造ZJ70D、ZJ70LD等钻机20台。工程运输公司购进大吨位吊车5台、拖车15台。油田首艘具有B3级破冰能力的5000马力多用途工作船、首艘10000马力多用途工作船投入海上生产。

【大型报废设备的集中处置】 油田对报废钻机和作业机进行处置。共销毁钻机13台、作业机111台,减少了安全事故隐患,降低了能耗。

【设备技术改造】 实施技术改造项目98项,658台(套),投入资金1.02亿元。胜利发电厂投资1780万元,实施改造12项。船舶公司投资700万元,对胜利618、胜利306等船舶进行改造。物探公司投资400万元,对胜利703气枪震源船实施安全技术改造,确保设备安全经济优质运行。

【"三化三零"双月竞赛活动】 贯彻国务院《特种设备安全监察条例》,组织开展特种设备安全"三化三零"双月竞赛活动。验收组结合油田上半年安全大检查,对各单位"三化三零"活动开展情况进行了检查验收,评出特种设备安全"三化三零"优秀单位13个,先进单位27个,发现和消除设备安全隐患1262起。

【设备管理知识和技能竞赛】 组织钻井、作业、采油、社区、综合类等设备技术比赛,51个基层队、150名选手参加了比赛。河口采油厂获得泵类和作业类第1名,河口社区、钻井五公司、电力总公司分获社区类、钻井类和综合类的第1名。

【设备监督】 有限公司设备管理网络基本形成。除2个采油厂外,其他采油厂均设立设备质量监督站。油田设备监测站共检测钻井井架25台、大修井架11台,完成大型设备油液光谱、铁谱分析440批次。

【设备专业化管理】 建立抽油机管理网络,实现了抽油机集中归口管理。落实国务院、交通部关于道路危险品货物运输实行集中运营的有关规定,将1998年以后投产的92台成品油罐车和液化气罐车全部移交给运输总公司,实行集中运营。

【装备精品工程】 开展创建精品工程活动,一批高水平设备研制成功,填补了油田空白。工程机械厂负责研制的轮式修井机、履带式通井机、400/700型水泥车达到国内同类产品的先进水平,碳纤维连续杆作业机填补了国内空白,达到国外同类产品先进水平。动力机械厂研制的ZJ40DB钻机成为国内同类石油钻机的领先机型。总机械厂智能型摩擦换向抽油机、磁阻电机及控制技术的应用、抽油泵活塞喷焊工艺、高级钢油管调质生产线、油管监测、多相流混输泵等新技术、新工艺、新设备研制和开发,促进了产品的升级换代。全年油田装备内部订货达1.32亿元。产品销往全国各油田,年新产品产值超过5000万元。

(高守华)

(审核 亓和平)

安全生产

【综述】 贯彻落实党中央、国务院关于加强安全生产工作的指示精神,按照集团公司和油田的统一部署和要求,学习贯彻《中华人民共和国安全生产法》,树立以人为本的思想,坚持"四全"的安全管理原则,制定安全生产措施,严格落实各项规章制度,严细抓好安全基础管理。加强安全检查监督、隐患治理力度，推行 HSE 管理体系。开展“安全生产月”活动，被山东省安委会授予“安康杯”安全生产知识竞赛优秀组织单位。开展安全科技学术研讨活动，召开安全、环保论文发布会。全年油田上报工业死亡事故 3 起，死亡 19 人，千人死亡率为 0.091，没有上报交通责任死亡事故。

【落实各级安全生产责任】 修订下发关键生产装置和要害部位承包人的工作职责、要求、考核及奖惩规定，重新调整 162 个局、处两级领导干部安全生产承包要害部位(单位)承包点，其中局级领导(含副总师)39 人，承包到位率 100%，处级领导干部承包到位率达到 97% 以上。通过层层安全承包，形成安全生产工作责任分解到人、风险共担。加大安全生产考核在经济责任制考核中的比重，将 20% 的效益工资用于安全生产考核，管理局按规定对 14 起责任事故的单位进行考核，扣发 12 个二级单位的效益工资。

【安全生产隐患治理】 按照“轻重缓急、分期治理”的原则，加大整改力度。集团公司共批复隐患治理项目 18 项，资金 8310 万元。隐患治理项目全部实行项目管理，严格实行招投标制度，每月按时上报隐患治理项目进展情况统计表。对常压储罐、压力容器、居民区内油井、油气站库消防、油气管线、高压注水井口、石化总厂、海港内港池等 8 个方面的安全隐患进行调查研究，提出治理措施。管理局召开安委会和隐患治理专题会议，确定隐患治理实施计划，油田投入资金 5373 万元，成立 10 个项目组，对存在的事故隐患进行整改。确定胜利石油管理局上报隐患治理项目 7 个，预计投资 1642 万元。胜利油田有限公司隐患治理项目 15 个，预计投资 6436 万元，合计隐患治理项目 23 个，资金 8078 余万元。推行隐患治理责任制度。油田对隐患登记造册，分级管理，做到定方案、定资金、定责任人、定时间，对隐患治理项目进行全过程跟踪管理。全年管理局安全技术措施项目计划实施 499 项，资金预算 6745.656 万元；有限公司安全技术措施项目计划实施 347 项，资金预算 7903 万元。开展消防安全专项治理活动，投资 300 万元整改物探研究院火灾隐患，安排专项资金 2300 万元整改消防隐患 58 项。

【直接作业环节、关键装置、要害部位的安全监控与管理】 开展关键装置风险评估，系统分析安全技术状况，编制风险评估报告，完善安全防范措施，抓好事故应急预案的修订、演练工作。认真执行特种作业许可证制度，对工业动火高度重视，严格动火审批制度。全年一级工业动火 43 次，均按审报程序要求进行了审批。加强海上安全生产管理。严格执行海上施工建设的发证检验制度，加强海上设施的安全生产管理和出海船舶的监控，完善海上安全生产监督网络，在关键生产装置上配备了专兼职安全工程师。落实“一岗一责”制，抓好人员安全教育和培训工作，组织船员培训班 4 期，共 150 人。举办从事海上石油作业人员“四小证”培训班 22 期，共 1200 多人，确保海上作业人员持证上岗率达 100%。召开领导办公会和安委会会议，对涉及海油陆采方面的 3 个文件《海油陆采油田安全生产管理规定》、《海油陆采应急救援计划》、《冰期作业安全生产管理规定》进行讨论，并以局发(2003)225 号、238 号和 246 号下发文件。做好各类事故应急预案的编制及演练工作。开展有针对性的事故分析、判断和模拟处理以及实战演习，增强岗位工人及时发现问题、分析问题和应急处理问题的能力。抓好规章制度的落实，强化安全生产第一责任者的责任。重视安全生产监督检查，组织半年和全年安全生产大检查、10 多次安全专项检查,通报查出的问题,督促落实整改。开展危险化学品普查和压力管道普查,8 月 13 日—8 月 24 日中石化安全评估专家组分两路,到油田对 21 家二级单位,开展安全评估检查验收。

【危险化学品和特种设备安全管理】 开展危险化学品的登记工作,成立领导小组,制定工作运行计划,建立危险化学品台账。组织编写《胜利石油管理局危险化学品事故应急预案》,做好危险化学品的应急防范工作。强化放射源及火工器材的安全管理。开展有毒有害岗位监测、职业病防治和职业性健康监护等工作。油田职防所设劳动卫生、职业健康监护、职业病临床 3 个专业组,对 560 个有害作业场点进行监测及评价工作。对油田 32 个单位的 5996 人进行尘毒作业人员健康查体,查出患病人员 792 人,患病率 13.2%,与职业有关者 258 人,患病率 4.30%。收治住院病人 58 人次,治愈(好转)率 90%。对 13 名职业病人进行伤残鉴定。加强锅炉压力容器、压力管道、安全阀等特种设备的安全监督管理。检验锅炉 445 台、压力容器 1320 台、安全阀校验 7800 只、液化气瓶 17654 只、常压储罐 61 台、湿蒸汽发生器 57 只、氧气瓶 3215 只、乙炔气瓶 2100 只。检验起重机械 1281 台,厂内机动车辆 1189 台,电梯 124 台。对近 20 家文化娱乐场所和近百台娱乐设施进行检查,对存在严重事故隐患的,下发事故隐患通知书督促整改治理。对存在严重事故隐患的锅炉压力容器,下发事故隐患通知书督促整改治理。

【交通安全管理】 严格执行“十八法”分析运行管理、“三交一定”、长途车一支笔审批等制度,对驾驶员实行上交风险抵押金制度。落实《副科级以上干部驾驶车辆管理规定》,共代管 3715 个驾驶证。抓好道路交通、特种作业车辆的安全管理。用 100 天时间,开展反“三违”(违章作业、违章指挥、违反纪律),刹“三风”(酒后开车;超速行驶、抢超强会;私车、自由车)整顿,交通事故得到有效控制。组织开展以“遵章出行,平安回家”为主题的“全省交通安全宣传月”万人签字大型宣传活动。加大危险化学品运输车的管理力度,将成品油气运输车集中管理。做好机动车及驾驶员检审工作。油田共检审各类机动车辆 27162 部,审验驾驶员 34628 人,一次合格率分别是 97.6% 和 98.5%。对约 28000 余名驾驶员进行换证工作。

【推行安全、环境和健康(HSE)管理体系,建立安全生产长效机制】 *HSE 管理体系建立及实施情况*。黄河钻井总公司和胜利采油厂完成 HSE 试点工作,分别于 2003 年 11 月 20 日和 12 月 15 日发布了 HSE 管理体系文件。物探公司通过 HSE 认证。石化建设公司、胜建集团等单位对外施工队伍普遍推行了 HSE 管理体系。在中石化集团公司油田企业 HSE 经验交流会上,胜利油田和黄河钻井总公司分别做了典型发言。油田成立了 HSE 咨询小组,到中原、江汉和河南油田学习 HSE 管理体系的推行情况。

加强承包商安全管理。油田对入网的工程项目承包商进行清理整顿。登记注册工程项目承包商 97 家,经过审核对合格的 23 家承包商发放《承包商安全生产资格证》。

加强安全文化建设情况。创建涵盖物质文化、管理文化、精神文化等 3 个层次的胜利安全文化体系,推进安全管理理念创新、制度创新和管理创新,改善了安全管理效果,调动了全员参与安全生产的积极性。

【安全教育培训】 学习《安全生产法》等法律、法规,举办生产经营单位主要负责人安全培训班1期和生产经营单位安全生产管理人员培训班5期，分别有68人、523人经培训考核合格，取得山东省安全生产监督管理局颁发的资格证书。举办各类特种作业人员培训班27期（电工3期，403人，焊接5期，405人，起重2期，240人，厂驾1期，84人，锅炉工5期，172人，压力容器操作工5期，131人，石油司钻3期，109人，爆破作业3期，100人），有1644人经培训考核合格，取得国家统一颁发的特种作业人员操作证。举办《国家特种设备安全监察条例》宣贯班2期，180管理人员参加培训。举办交通安全管理人员培训班2期，160人参加培训。举办船员培训班4期，150人参加培训。举办海上“四小证”培训班22期，1200人参加培训。对1623人进行了特种作业人员操作证复审工作。组织《安全生产违法行为行政处罚办法》宣贯研讨班2期，有120人参加。

【安全科技学术研讨】 根据《关于开展安全环保研讨工作的通知》要求，将70余篇编入论文集，100余篇推荐给有关杂志发表。分别召开了安全、环保论文发布会。油田劳动保护科学技术学会学术研讨活动，对于加强油田的安全生产管理，提高安全生产工作的科技含量，深化安全生产教育培训，促进油田安全生产工作迈向新的水平，起到了推动作用。开展“安康杯”安全知识竞赛活动，胜利油田被省安委会授予“安康杯”安全生产知识竞赛优秀组织单位的光荣称号。

（杨　雷）

（审核　潘玉存）

环境保护

【综述】 按照集团公司《关于做好2003年环保工作的通知》要求，研究环保工作的新情况、新问题和新措施，全年污水外排达标率为66.6%，其中采油污水外排达标率60%。采油污水回注率90.5%。无污染作业率98.9%。建设项目“三同时”执行率100%。污染物排放总量控制在山东省下达的指标内。杜绝了重大、特大污染事故的发生，完成了全年环保目标任务。

【推行HSE管理】 落实中石化集团公司HSE管理体系中油田企业环保管理工作内容，下发《油田企业HSE管理体系环保管理内容实施要点》，充实HSE管理体系中的环境保护内容，将环保管理纳入HSE管理体系中实施。推行HSE一体化管理，将HSE管理与清洁生产有机结合，推动油田环保管理水平不断提高。修订完善油田环保管理制度，下发《胜利油田环境保护工作管理规定》、《胜利油田建设项目环境保护管理办法》、《胜利油田实施〈中国石化集团公司环境监测工作条例〉细则》等3个文件，规范了油田的环境管理工作。

【清洁生产】 组织31名生产管理和环保技术人员参加中石化集团公司的清洁生产培训。编写油田清洁生产培训教材，建立了油田清洁生产培训基地，举办3期150人参加的清洁生产培训班。在21个二级单位的48个基层队开展清洁生产试点工作，对试点单位清洁生产工作进行指导督查。参与集团公司油田企业清洁生产审核验收实施办法的修订工作。

【建设项目全过程环保管理】 实施建设项目环境保护预审会签制度，从严把关，提高完成47个建设项目环境影响报告书、环境影响报告表的预审和报批工作。根据油田下达的季度项目投资计划，协调相关单位提前介入建设项目的前期工作，及时组织开展环境影响评价。在建设项目预审过程中，深入现场，调查研究，对选址不当，不符合环保要求的建设项目不予审批。协调省、市环保局组织完成胜利发电厂水煤浆工程、供水公司西城生活污水处理与利用生态工程等34个建设项目的环保验收工作,确保污染防治设施与主体工程同时设计、同时施工、同时投入使用,有效地控制了新污染源的产生。

【重点污染源治理】 对孤岛采油厂污水回注及外排情况进行调研论证,编制《孤岛采油厂降液控污工程方案》,投资6000万元,采取调整污水管网、开发回灌井和关停高含水井等措施,增加污水回用,减少外排污水量。搞好乐安污水回注不外排工作,研究确定乐安油田外排污水回灌方案,投入资金1000万元开展回灌工程建设,实现了乐安污水全部回注不外排。编制和实施王岗污水回注不外排方案,实现回注不外排目标,强化了污水处理操作与管理工作,王岗污水外排达标率明显提高。研究编制现河首站污水回注不外排方案,投资460万元改造了电厂灰场污水处理工程。研究医疗污水和医疗垃圾处理工作,协调资金,保证"非典"期间所有医院污水和垃圾全部治理达标。

【环境监测、环保科研和教育培训】 按油田监测计划,组织各级环境监测站完成油田下达的监测任务。"非典"期间,组织开展对中心医院等11家重点医院的医疗废水和医疗废物处理设施运行状况的监测。针对油泥砂和钻井泥浆处理中存在的问题,协调科研项目立项工作,开展了5项科研课题攻关。以"六·五"世界环境日为契机,组织开展了形式多样、内容丰富的系列环保宣传教育活动。"油城环保世纪行"活动中,围绕油田环保工作中心任务,配合东营市人大,对油田部分单位进行检查,通过检查和新闻媒体的舆论监督,提高了环保意识,推动了环保工作的开展。为提高环保工作人员的业务素质,组织编写《胜利油田环境保护培训教材》,举办环境污染治理技术培训班。完成了《集团公司油田企业环保处(科)长培训教材》的编写工作。

【环境统计和排污总量控制】 根据东营市实施排污许可证制度要求,制定《胜利油田污染物排放许可证工作实施方案》,建立了排污申报登记与变更申报动态档案。加强环境统计工作,编制中石化集团公司环境统计油田专业报表指标解释,规范统一了数据来源及指标口径。组织召开油田环境统计工作会议,学习传达了山东省、中石化集团公司环境统计会议的精神和要求,总结和部署了下一步的统计工作。

【创建国家环保模范城市】 按照东营市创建国家环保模范城市的安排,油田成立"双创"指挥部及办公室,研究制定了创建环境保护模范城市的各项指标体系及任务,将其中25项创模重点考核指标细化分解落实到油田32个单位和12个机关处室。实施洁净工程、蓝天工程、碧水工程等专项工程,开展2次大规模双创工作检查,编制、下发、收集环境综合整治完成情况调查表等8种周报表5000余份,建立创模全套技术档案67卷共110多份。做好省级专家组的调研和国家技术考核组的核查工作。创模工作顺利通过了国家验收。

【协调解决环境污染纠纷】 重视人民来信来访,调查处理人大代表、政协委员和职工代表提案,协调处理环境污染纠纷。重点协调处理了通明苑地区大气污染纠纷、大明大厦冷却塔噪音及水雾污染纠纷和胜东社区南园小区大气污染纠纷等38起,各类污染事故、纠纷处理率达100%,满意率达98%以上。

【海洋环境管理】 召开海上环保座谈会和环保专项会议,研究海上环保存在的问题,制定整改措施。组织、配合北海分局对平台和船舶进行环保检查。协调油田有关部门，加大对海上环保设施的投资，建设了海上作业废液回收处理工程，消除海上环保隐患。按国家海洋局北海分局和集团公司要求，组织海上溢油环境影响风险评估工作，完善应急预案，强化溢油应急处理能力，组织编制《埕岛油田东区开发工程环境影响评价》和《埕北8井安全弃井溢油应急预案》。加强海油陆采油田的环保管理和海洋应急中心建设工作。

（高　鹏）

（审核　姚亦华）

油区管理、土地管理及工农工作

【油区管理】 开展油区专项整治活动，集中精力打击盗窃、破坏油田物资器材和打孔盗油的犯罪活动，组织开展对非法用电、用气、清罐油的治理和“三小一点”的取缔工作。全年收缴各类电线、电缆8.5万米，各类管线12.8万米。取缔土炼油炉333座，非法小化工、非法收油点42处。卡除窃电窃气窃水点3700处，集中整治重点区块9个。查验堵截外运车辆3.7万台次，查处非法外运车辆1202台次，查处非法物资收购点12个，截获油品和油田物资2933吨，挽回直接经济损失1000余万元。

【落地油、自用油、单井、边远井及废旧物资管理】 油田自行回收落地原油15900吨。自用油管理严格执行《锅炉与生产施工用原油管理暂行规定》中的运输通行证和拉运制度。单井、边远井管理推行“四单五定三标三锁一停一证”制度，对单井、边远井倒油实行全过程、全方位监控。废旧物资管理从验货、发放《准运证》和稽查等环节严格把关，并加大对违规收购点处罚力度。共查验废旧物资8.7万吨，办理有色金属763吨，验收清罐油1842吨。

【物资稽查】 物资稽查大队参与采油厂联合护矿巡逻，与地方油区办联合行动，取缔“三小一点”，拦截盗窃油田物资车辆。全年检查拉运油田物资和油品的车辆17689台次，查获较大涉油事件38起，抓获盗油分子25人，打掉盗油团伙6个，刑拘10人。

【土地管理】 新增用地1301宗5725亩，比计划用地节约28.4%；临时性用地24349亩，比计划节约23.2%。完成2002年以前新增用地的确权办证1393宗6075亩。与金润公司拟订孤东10万亩盐碱地开发项目计划，每年为油田节约数千万元。完成土地信息管理系统数据库的补充和宗地图形的审查修改工作，共审查宗地图近4万张，修改图件8000余幅，补测宗地3000宗。对2万亩长停井和报废井用地的补测，避免了二次开发时重复征地的发生。加大土地维权力度，经过反复向省国土资源厅和国土资源部做工作，争取到了国土资源部对局属公司油井用地可享受划拨方式的批复（国土资厅函［2003］176号）。共评估土地4200宗34500亩，占集团公司土地评估量的一半。完成涉及13个县区的变更登记和他项权利登记申报资料9000余套，国土资源部门审核后已完成4000个土地证书的填写工作。根据经营性用地有偿使用的要求，借助清理土地市场的机遇，为油田争取到经营性用地按60%的基准地价缴纳出让金和补办协议出让手续的优惠政策，与东营市国土局和规划局组成了联合工作小组，对各单位申报的420余宗7000亩经营性用地进行了前期现场勘测定界和复核工作，为办理出让手续做好了准备。

【工农工作】 协调处理复杂油地关系150

余起，涉及油田勘探开发等生产建设项目200余项，起草处理油地关系意见和施工申请报告等书面材料、文件40份，谈判签署各类补偿和共建项目协议44个。收到地方政府要求油田生产设施迁建的函件24个，经与地方政府反复谈判，使其对油田生产设施作了合理避让，为油田节省数千万元资金。坚持“地上服从地下，地下照顾地面，后建服从先建”，依法做了大量工作，取得省政府的支持，省政府于5月下发《关于正确处理城市规划建设与油田勘探开发关系的通知》（鲁政办字[2003]29号文件），为处理城镇规划建设与油田勘探开发建设之间的矛盾提供了政策依据。完成油地共建项目近50个，其中桥涵25座，建路51条244.45千米，投入共建资金4270万元，与油田修建专用路相比，节省征地和工程费用近1.5亿元。完成自然保护区内新建产能26.3万吨的任务，通过油地结合工作，保证了富台油田新建产能1.4万吨、大王北区块0.8万吨，以及探明储量6000万吨的郑王庄油田等勘探开发任务的顺利完成。

（孙公先 傅建生）
（审核 王德明）

水电管理

【电力管理】 现有变电所172座，总容量379.47万千伏安。有6－220千伏输配电线路1186条，总长度11319千米。全年购发总用电量60.05亿千瓦·时，其中自发电量34.5亿千瓦·时，全网综合网损6.76%。机组大小修合计工期59天，一期两台机组全年累计发电29.69亿千瓦·时，超管理局承包指标3.19亿千瓦·时；供电煤耗始终保持在366克/千瓦·时以下。其他主要经济指标保持在一流标准范围内，其中2#机组实现了跨年度连续安全生产242天。胜利发电厂二期工程3#机组于11月19日顺利完成168小时试运，进入试生产阶段，4#机组的安装工作进展顺利。埕岛电厂116.8＋60兆千瓦燃气轮机基建工程于11月28日通过完工验收。胜利石油管理局与山东电力集团公司通过反复协商，8月13日签订了《胜利石油管理局与山东电力集团公司关于胜利发电厂二期2×300兆千瓦机组并网协议》，胜利发电厂可作为公用电厂对外供电，通过电网对油田用户所供电量，油田按0.076元/千瓦·时交山东电力集团过网费。

【电力建设】 完成220千伏九分场变扩建及油田220千伏网架结构调整工作，共架设线路11.8千米。11月22—27日，对220千伏杨九线、胜东线进行开断，将4条220千伏线路改进胜利发电厂，完成了电厂至九分场变、杨家变、东城变、胜利变的线路的送电工作。油田电网与山东电网的连接由原来的3处增加到5处，油田电网运行更灵活、可靠。完成220千伏九分场变3#主变的建设工作。对110千伏网架结构进行优化调整，新建、投产110千伏坨十变、河阳变，电网布局更趋合理。

【电力科技】 对坨三变、东二变等12座变电站进行综合自动化改造。高效电机的试运及数据测试工作在胜利采油厂、孤东采油厂进行并取得较好效果。对5家采油厂的电力线路方杆进行了更换改造，对油田电网的安全稳定运行意义重大。

【用电治理】 通过用电治理，追缴拖欠电费570万元。通过审核与地方电业公司的电费结算，拒付各种不合理电费，为油田减少经济损失1300万元。通过安装补偿电容器，将集中补偿与分散补偿相结合，油田降低网损0.9%。

【水利基本情况】 油田全年引水能力220

立方米/秒，供水能力94.5立方米/秒。蓄水能力4.35亿立方米。全年引取黄河水量33800万立方米，同比下降13800万立方米，下降29%。供水量14981万立方米，同比下降1632万立方米，下降率9.8%。用水量10885万立方米，同比下降461万立方米，下降率4%。库存水量保持在2.3亿立方米左右。供水运行平稳正常。

【水利管理】 完成黄河防汛工作，“华西秋雨”使黄河流域8月份后经受3次强降雨影响，9月13日利津站流量达到2690立方米/秒。2000立方米/秒以上流量在东营地区行流天数为56天。经过精心准备、认真巡查、落实抢险责任制、加强防汛预案执行和监督，顺利渡过黄河主汛期和秋汛期。组织海堤维护管理和海岸蚀退防治工作。编制2003年海堤加固维修建议计划，开展海堤堤脚防护工作，包括孤东海堤1000米丁坝工程、飞雁滩试验段加固工程。海岸蚀退问题研究被列为国家“973”研究课题《中国典型河口——近海陆海相互作用及其环境效应》，编号为2002CB412410，油田承担其中“滩海油田强侵蚀岸段防护示范工程研究”的子课题。编制2003年防洪排涝工程项目建议计划，共上报治理项目24个，申请总投资5696万元。实施西五区管线改造。改造工程全长1120米，更换为直径710毫米PE管线。

【节水工作】 完成集团公司科技创新项目“胜利油田工业节水技术研究与应用”。开展节水四新技术推广应用工作，全年投资1500万元，改造供水管网40千米，安装红外线感应控制器500余个，节水率达30%。

（严　川　潘淑艳）

（审核　刘国庆）

地震监测

【综述】 树立震情观念，严格落实岗位责任制，保证24小时的震情值班和每日前兆观测数据的报送。6月青岛崂山发生有感震群活动，油田迅速启动应急预案，在地震监测、短临跟踪、震后趋势判断、社会宣传等方面，采取一系列得力措施，消除群众恐慌，安定民心。地震台荣获2003年度山东省地震台站工作先进集体。

【地震分析】 利用地震网络信息资源，及时调取网络资料，丰富信息。加强震情监测和地震前兆的观测，保持系统内部的应急状态。严格执行会商制度，利用网络信息、地震前兆、油水井网、群测网点等资料，周会商、月会商、临时会商均及时上报，无一遗漏。按照省地震局会议精神，进行2003年年中地震趋势会商研究，参加山东省东部10地市会商研讨会等。6月5—12日在青岛崂山区连续发生有感震群活动，最大地震ML4.1级。根据山东省地震局通知精神，多次紧急召开临时震情会商会，分析地震活动趋势，提出会商意见，上报山东省地震局。

【防震减灾宣传】 坚持“主动、慎重、科学、有效”的宣传原则，开展多层次、多形式的宣传教育活动，对普及地震法规知识、地震科普知识，树立全民防震减灾意识，提高青少年防震减灾应急反应技能起到积极作用。为纪念《中华人民共和国防震减灾法》实施5周年，开展形式多样的法规宣传活动。在市和油田电视台播发公益广告，在油田局域网开辟专栏。开展中学生地震科普宣传教育活动，编辑地震科普知识图册，组织学生观看地震科普知识录像、参观地震观测中心，讲解地震应急技能，使地震科普活动取得较好效果。参加省地震局开展的《防震减灾法律法规知识竞赛》活动，获一等奖1名、三等奖2名。

【地震应急系统建设】 加快市和油田地震应急系统的建设，组织全市各县区地震专业人员开展地震应急基础数据调查。该项工作是地震监测预报、震灾预防、紧急救援三大工作体系建设中的重要环节，对提高市和油田防震减灾水平具有重要现实意义。

【地震安全性评价】 规范执法行为，统一执法文书标准。加强与基建和计划等部门的协调，将地震安评工作纳入基本建设管理程序，逐步理顺工作关系。开展油田经济适用房小区地震安全性评价，广饶县专线铁路地震安全性评价前期工作，积极开展市和油田抗震防灾规划项目前期工作。

【地震科研】 为搞好《油田勘探开发工程振动场影响研究》项目的实施，在前期周密准备的基础上，制定出现场测试工作具体运行方案，及时解决项目研究过程中可能遇到的问题。组织技术人员开展野外测试工作，按计划完成10口钻井、5口作业井和两组物探振动数据的采集，保证了该项目总体计划的正常运行，为下步研究工作的深入开展打下坚实基础。合作完成的《山东省防震减灾示范研究》获山东省科技进步一等奖，完成的《胜利油田深井数字化地震监测系统》获东营市科技进步二等奖，

（李庆红）
（审核　尹志清）

气象服务

【天气预报】 全年发布各类《天气预报》2000份，《重要天气报告》22份，《重要生产施工专项气象服务》200份，其中常规预报准确率在90%以上，大风预报准确率达95%，为油城人民的生活和油田生产提供了准确、及时的天气预报，确保了油田生产任务的完成。

【气象保障】 全年为海洋开发公司的海底电缆抢修工程，海洋钻井、井下作业公司的平台拖航、移位，浅海抢险潜艇试验，大型酸化施工等大型施工，进行跟踪服务，准确及时提供气象保障，确保重要施工项目的完成，受到各单位的肯定。在“10·11”和“10·27”两次海上事故抢险救灾中，全体预报人员坚守岗位，认真分析各种气象资料，密切监视天气变化，为抢险救灾工作提供了可靠的气象依据。

【系统建设】 全面更新油田“121”天气预报自动答询服务系统，为用户提供专业化、人性化、多主题的气象信息服务。在海洋开发公司中心2号平台建立自动气象水文观测站，为制作海区天气预报提供了宝贵的气象资料。

【防雷检测】 用持续7个月的时间，对油气储运、石化、弹药库、锅炉等重点设施的防雷装置，及基础设施防雷接地系统进行检测，出具检测报告900份，检测接地点75183个，接地电阻合格率为95.7%，共发现防雷安全隐患6380处。

（丁克敏）
（审核　杨占宝）

经　营　管　理

规划计划管理

【综合经营发展计划】　围绕三大目标和有限公司全年生产经营任务,发挥宏观调控和综合平衡职能,做好有限公司综合经营发展计划的编制和实施工作。认真检查监督计划的实施情况,积极开展生产经营月度、季度分析活动,对存在问题及时提出解决的措施与建议,保障了各项生产经营指标的完成。有限公司全年计划投资102.28亿元,探明原油地质储量11301万吨,生产原油2665.51万吨,生产天然气8.1亿立方米,新增原油生产能力282万吨,实现利润152亿元。

【加强项目前期工作】　强化对东营原油库、101油库、产能建设、天然气治理、重大装备等重点项目前期工作的运行,确保重点项目的顺利实施。加大前期研究工作力度,除集团公司确定的四大先导试验项目外,油田还投入5000万元,开展油藏、工艺及地面的前期研究和先导试验工作。地面系统重点开展含聚原油分水、水处理工艺,污水精细过滤工艺等前期研究和先导试验工作。协调解决城市规划建设与油田勘探开发之间的矛盾,为城区油田正常的勘探开发生产创造了条件。

【投资管理】　全年推行投资项目管理42项,投资70亿元,项目管理的投资覆盖面达70%以上。重点加强项目监理和竣工结算管理,实施项目管理的投资项目委托进行项目监理,监理质量有较大提高。在建设项目竣工结算上,到现场掌握第一手资料,及时了解在建项目的进展情况,设计完工项目结算卡,要求二级单位对已完工结算项目及时填写结算卡,强化了结算责任制,及时对已完工项目进行结算清理,掌握投资完成动态情况,避免违规结算现象的发生。

【油气产销管理】　加强对生产指标的旬度、月度衔接,做到季度有计划,月度有控制,原油产量按计划平稳运行。理顺销售渠道,根据油价变化,及时调整优化库存与销售量,油气产运销在调整中平稳运行。加强自用油管理,实现了5年自用油计划不增加。强化天然气产销平衡工作,组织开展完善计量系统、管线更新、套管气回收和规范用气工作,取得显著效果。

【统计工作】　统计工作取得较好成绩,荣获中石化股份公司统计工作先进单位、国家投入产出调查工作先进单位、全省重点建设项目统计工作先进单位。

（尚红兵）

（审核　刘会友）

财务及国有资产管理

【综述】　有限公司全年累计实现利润154.12亿元。其中油田板块实现利润158.46亿元,完成年初预算103.2亿元的153.55%,超过预算水平55.26亿元。炼油板块亏损4.34亿元。油田板块实现油气商品量2382.98万吨,折合16415.98万桶,油气生产总成本为170.89亿元,其中现金操作成本103.80亿元,单位现金操作成本为63.23元/桶,折合7.64美元/桶。油气完全成本合计211.86亿元,油气单位完全成本为889.05元/吨。炼油板块全年加工原油91.15万吨,完全费用3.04亿元,吨油完全费用333.9元。现金操作成本2.2亿元,单位现金操作成本241.07元/吨,完成中石化股份公司下达的指标。截至2003年底,有限公司资产总额510.14亿元,其中流动资产43.67亿元,固定资产466.02亿元,其他资产0.44亿元。负债总额123.3亿元,其中流动负债118.05亿元,长期负债4.74亿元,递延税款0.51亿元。股东权益385.38亿元,少数股东权益1.46亿元,资产负债率为24.17%,比年初的28.17%下降4个百分点。

【税务管理】 与主管国税机关对2002年度企业所得税进行汇算清缴,办理"以税还贷"31200万元资金的退库事宜,并落实2001年度进口物资关税的退税事宜,退还关税1300余万元。减免矿产资源补偿费1.14亿元。

【资产动态管理】 组织全面固定资产清查,查出闲置资产3339项,待报废资产6394项,盘盈资产1328项,盘亏资产857项,涉及原值63亿元,净值14.6亿元。组织生产部门上报油水井报废计划3批,报废油水井4,228口,净值7.97亿元,报废石化总厂闲置停用设备净值3.2亿元,合计报废资产11亿元。组织、协调有关人员及时完成了运输公司重组和设计院改制资产置换。

【成本预算管理课题研究】 结合油田实际,提出"成本动因预算法"及利用"成本动因预算法",加强有限公司成本预算管理,建立成本投入与生产资产、运行设备及生产业务量水平间的函数关系。区分老井自然产油、措施增油、新井产油等类型,按统一标准核定增量成本。根据项目回报率核定专项支出,实现资源的科学配置。研究开发成本预算动态管理信息系统,纵向上实行"井到队、队到矿、矿到厂"由下至上的归集模式,横向上分组织机构、时间周期、成本对象、费用项目四个维度,立体管理相关数据,对成本进行发生点实时归集,对预算进行逐级动态监控,将成本管理延伸到生产运行的环节和过程中。

【中外石油财税制度对比研究】 3月,由有限公司提出并得到中石化科技部批准立项的《中外石油财税制度对比研究》课题开始研究工作。该课题通过研究国内外石油财税制度,提出旨在促进我国石油、石化这一国民经济支柱产业健康、稳定发展,积极寻求有利于该行业更好的财税环境与空间上的政策支持。通过该课题的研究,为石油、石化行业走向国际市场,参与国际化市场竞争提供基础性管理依据,以规避企业涉税风险,更好地培育和拓展国际市场。

(纪东营)

(审核 李新成)

劳动工资管理

【综述】 把握"改革、发展、服务、稳定、增效"等人力资源管理工作的主要内涵,加强队伍建设,修订完善相关制度,推动劳资处整体工作向制度化、规范化、科学化管理轨道迈进。管理局被评为集团公司劳动工资统计工作和山东省劳动保障宣传工作先进单位。劳资处被评为油田文明建设先进处室,劳资处党支部被评为油田先进基层党组织。

【油田内部分配制度改革】 劳资处作为牵头部门,认真研究制定改革方案,扎实开展试点工作,严格二级单位方案审批程序和标准,监督指导各单位开展工作,实施以推行岗效薪点工资制为主要内容的内部分配制度改革。做好前期调研工作,梳理分析可能诱发的矛盾和问题,列出21个专题,研究制定切实可行的预案。开展以“四定”和岗位评价为重点的基础工作,确定总量调控,分级实施等改革思路,把改革的权利、责任和压力层层分解传递下去,调动和发挥油田和二级直至基层单位的积极性和主动性。加强服务指导,确保“放而不乱”、平稳运作。油田已停止岗位技能工资制的运行,改革后工资中“活”的部分达到了70%以上,打破了工资分配上平均主义和论资排辈的调资观念。

【技能人才开发培养工作】 完善油田技能人才培养开发长远规划,加大高级工培训、技能鉴定、技师高级技师培养考评以及技能人才选拔表彰等工作力度,与集团公司结合,确定胜利培训基地担负油田上游工种的高级技师培训,开办钻井和作业2个专业的油田高级技校班,录取189人。全年组织鉴定25000人,在胜利油田范围考评出高级技师57人、技师341人,有101人被授予油田技术能手称号。胜利采油厂陈景世等10人被授予“胜利油田技能大奖”称号。进一步加大对优秀技能人才的表彰和奖励力度,在油田广大职工中引起强烈反响。

【劳动定员定额管理】 承担中石化劳动定员标准中物探、采油采气、井下作业、油气集输等4大专业30余项劳动定员标准的制定任务。完成4个专业32项劳动定员标准的制定工作。对胜利油田的定员标准进行全面修订,实现由单纯数量定员向数量和素质并重的定员标准形式的转变,形成56项定员标准的送审稿和编制说明。组织复审定额标准23项,修订定额标准3项。

【优化组织结构】 完成设计院、泵公司、动力机械厂公司制改造,集体资产管理体制改革和运输总公司、淄博制管公司重组调整。对油田物资供应实施“两级管理、分区设库、配送供应”改革试点。加强油田机构编制管理工作,压减管理机构,精简管理层次,严格控制机构设置,指导二级单位优化内部组织体系,部分业务实现流程再造。全年撤并机关科室99个、三级单位49个、四级单位370个、岗位6600个。调整划转3204人。

(王　涛)

(审核　石　峰)

法律事务与合同管理

【综述】 围绕合同管理增效,加大对合同全过程全方位管理。严格执行资信审查、合同条款审查、合同签订申请表和履行结算报告单等制度,抓好合同履行中的动态管理,做到超前控制,跟踪检查。全年签订各类经济合同40792份,总标的额257.12亿元。通过对合同项目各环节的严格把关,节约资金1.26亿元。加强和规范外部队伍的资格审查工作,制定《胜利油田外部队伍准入法律资格审查办法》。对进入油田11类市场的2650家队伍进行严格审查,维护了油田的利益。对电厂二期工程等30个重大项目实施履行报告制度,起到了控制投资、降低成本的作用。开展“守合同、重信用”活动,油田有省级“守合同、重信用”企业39个,市级“守合同、重信用”企业9个。

【涉外合同管理】 加强涉外合同的审查和审批,对不符合规定的合同进行整改,保证涉外合同的依法签订和顺利履行。全年签订各类涉外合同62份,标的额8.15亿元。

【工商管理】 按照《胜利石油管理局企业登记内部管理规定》和企业登记审查制度，加强工商登记管理。对申请登记的企业，严格按照内部管理程序进行审查论证，保证新设立企业符合油田要求。全年受理工商登记79户，其中审查批准法人开业62户，营业开业9户，变更登记8户。

【诉讼管理】 行使国家赋予企业的权利，依法维护油田的合法权益。全年处理行政争议案件25件，涉案金额3342.8万元，挽回和避免经济损失1066.7万元。处理经济、民事纠纷138件，涉案金额2.25亿元，挽回经济损失5230万元。处理内部纠纷11件，涉案金额2569.3万元，避免经济损失35万元。协助法院完成近万名家属的身份核对，维护了油田大局稳定。

【法律宣传培训】 加强业务培训工作。举办各类培训班33期，参加人员1240人次。举办法律事务与合同管理理论研讨会，86篇论文参加研讨。加强企业总法律顾问制度建设，13个二级单位设立总法律顾问。

（张崇玉）
（审核 詹回生）

市场管理

【整顿规范市场行为】 以规范市场秩序为重点，加大对油田市场的整顿力度。召开首次采油助剂市场管理协调会，开展专项检查和整顿。加强油田化工市场的管理与监控，规范钻井液用化学剂产品市场。对钻井过程中甲方供料问题开展专题调研，并制定和实施全过程监控措施。规范地质技术服务队伍的准入程序，明确外部队伍的资质条件。开展钻井、测井和修井作业市场的整顿规范工作。加大定向井全过程的管理与监督，规范定向井技术服务市场秩序。严肃市场纪律，取消14家涉案违纪队伍的准入资格，维护了油田互信互利、廉洁经营的良好经济秩序。

【外部市场开拓】 实施走出去战略，开拓外部市场，实现外部市场收入36.6亿元。全年有31个二级单位，667支队伍，15073人（次），进入国内31个省市、150个地区、23个油田及伊朗、埃及、卡塔尔、叙利亚等17个国家和美国阿帕奇公司、EDC、BJ和马来西亚云顶公司等4个反承包市场。

（李 伟）
（审核 李太勇）

现代化成果管理

【综述】 加大管理创新宣传力度，以国家级成果为载体，通过电视台、报刊、杂志等媒体，宣传开展管理创新工作的重要性，提高人们对管理创新的认识，使管理创新工作步入新轨道。了解各单位开展管理创新工作的实际情况，根据油田的中心工作，结合生产经营中的重点、难点问题，对各单位2003年度管理创新成果的立项、实施等进行详细的调研指导，使管理创新工作深入生产经营实际，成为指导生产、提高各级领导工作水平、精细管理的重要手段。

【管理创新成果】 做好2002年度管理创新成果和合理化建议的征集评审表彰工作。共征集管理创新成果269项，评审局级管理创新成果161项。集优秀企业管理合理化建议成果360项，评审局级成果172项。组织省部级、国家级成果的推荐上报工作，上报中石化、中石油的19项成果全部获奖。结合胜利油田生产经营实际，组织“管理创新”研讨论文和“改革与管理”调研报告的征集评审工作。共征集论文175篇，评审局级论文71篇。征集调研报告120余篇，评审出局级调研报告50

篇。做好山东省创新企业上报工作。发挥胜利企协的协会作用，加强与中国企业联合会、石油石化企协以及山东省企协的联系和沟通，并充分利用《山东石油经济》刊物，采取多种形式宣传管理创新，宣传油田改革，交流推广先进经验。

（谭国庆）

（审核　许卫华）

油气销售及炼油化工

【综述】　全年销售原油2533.64万吨，完成配置计划的100.24%，实现销售收入482.42亿元。供气1360万立方米，完成工业产气量8.1亿立方米，为年计划的100%。完成承包交气量4.11亿立方米，为年计划的110%。销售天然气3.56亿立方米，为年计划的101.7%。全年生产并销售轻烃11.31万吨，为年度计划的115.4%。轻烃产品质量合格率98.5%，轻烃收率85.1%，吨烃成本控制在1100元以下。

【油气集输】　坚持抓好储运协调运行和市场规律分析预测，制定完善《高库存状态下的运行管理规定》等规章制度，强化汽车拉运和单井拉油工作力度，输油管理步入科学化、规范化轨道。强化输差和输油质量管理，油田长输管道全年输油输差损耗为0.24%，比国家标准低0.11%，降低原油损耗2.2万吨。全年外输含水为0.54%，比计划指标低0.46%。认真分析国际市场原油价格变动情况，探索研究库存与市场供求关系，提高原油销售经营创效力度，全年为油田增加销售收入2900万元。

【天然气生产管理与销售】　强化生产运行管理，加大勘探开发力度和开发气藏的挖潜力度，天然气生产创出新水平，夏季日均交气量达到110万立方米。加强油气分离器管理、套管气管理和大罐回收工作力度，全年多收气2763万立方米。通过对气井和高油气比井进行分析排查，找出挖潜井、扶停井40口，日增天然气20万立方米。完成254项检修施工和28处输气改造工程。推广应用油气混输、水气混输、管线深穿等技术，减少输气损失8万立方米/日。

【轻烃生产管理】　组织完成3套装置改造工程，日增轻烃产品13吨左右。建立健全HSE管理体系，修订完善各项规章制度58项，检查整改各类问题300余项。开展争创“星级站库”管理活动，完成30套轻烃装置的年度检修，抢修装置突发事故30次，气体处理装置开车率95.3%，原油稳定装置开车率96.6%。

【炼油生产管理】　石化总厂加大产品质量升级改造力度，完成年加工150万吨原油的主流程配套改造及8万吨气分装置主体施工，完成15万吨/年铂重整项目的基础设计审查和EPC总承包合同签订。优化原油资源流向配置，轻油收率上升6%。全年加工原油91.15万吨，完成计划的101.28%，吨油成本333.91元。

【油气计量管理】　完成东营原油库等站点的原油流量计周期检定、标定工作，理顺内部原油交接计量关系，减少计量纠纷。制定并实施《天然气计量信息系统方案》。强化对转供地方炼油、民用油气的合同管理，加大应收款力度，减少天然气损失15万立方米。

（刘云轩）

（审核　张卫国）

跨国经营

【综述】　外事外经处（国际经济贸易公司）成立于1993年5月。承担油田外事、外经、外贸工作，行使机关处室职能。业务上接受中石化外事局、国际事业公司、国际勘探开发公司、国际石油工程公司、发展计划部等部门的指导。在对外经营中，又称胜利油田国际经贸公司、东营胜利技工贸企业公司，负责海外事务、境内对外合作及进出口贸易的立项、招（投）标等工作。1997年获得外经贸部批准的“自营进出权”和“对外经济技术合作签约权”。

【外事管理】 围绕跨国经营的总体战略部署，深入开展“大外事、大联络、大服务”外事活动。胜利油田与50个国家的政府部门、企业建立联系或贸易往来。全年接待来自30个国家和地区的146个团组，618人次。办理出国团组218个，1300人次。

【海外市场开拓】 全年组织15个项目的投标和议标，8个项目正式投标，有6个项目中标并签订合同。海外油气勘探开发项目主要有：伊朗卡山4670平方千米的风险勘探项目，阿尔及利亚扎尔则油田提高采收率项目，吉尔吉斯斯坦阿拉伊盆地、伊斯巴斯肯特及马利苏等3个勘探开发项目，蒙古国宗巴音勘探项目，阿塞拜疆比尔沙卡油田开发。伊朗卡山项目完成重磁勘探，Arn－1井见到日产天然气10536立方米，原油579.1吨的工业油流。阿尔及利亚项目完成地面工程、钻井开发等准备工作。蒙古国勘探项目2003年6月运回两列车份额油。海外工程项目有7个，分别是：土库曼斯坦65口天然气井修复作业和365口井防砂、侧钻、连续油管车施工合作、卡塔尔20口水平井技术服务、埃及钻井、埃及120口修井服务项目、伊朗喀斯特区块勘探、孟加拉国钻井项目等。油田在境外施工的钻井队4个，修井作业队16个，地震队2个。

【境外机构】 境外办事机构（公司或代表处）有15个，分别是美国、印尼、加拿大、埃及、土库曼、尼日利亚、阿塞拜疆、阿尔及利亚、秘鲁、伊朗、阿联酋、蒙古、哈萨克斯坦、吉尔吉斯斯坦等。为保证海外项目的实施，成立了伊朗、阿尔及利亚、吉尔吉斯斯坦项目管理部。2003年，加强海外机构管理，组建美国、印尼、加拿大和埃及办事处。

【进出口贸易】 全年出口总额5264.2万美元，比上年增长14.3%。油田出口产品主要有钻井泥浆、钻井工具、修井材料、抽油机、电潜泵、天然气发电机、化学品、建筑材料、电子产品、农副产品等。出口到20个国家和地区。海外工程承包带动设备出口额达2028万美元，同比增长11.5%。全年完成引进项目31个，合同额1224万美元。

【对外合作】 胜利油田正在实施的境内对外合作项目有5个，分别是：与美国EDC公司合作的埕岛西B区块勘探和A区块开发，与美国EDC公司合作的埕子口项目，与美国BJ公司合作的单井增产改造项目，与马来西亚云顶公司合作的桩西古潜山提高采油率项目，与美国微生物公司合作的罗家义64区块。外方累计投资2.47亿美元，生产原油163.3万吨。油田获分成油93.2万吨，反承包工程量375项，产值1.4亿美元。

（于安坤）

（审核　王玉田）

石油工程造价管理

【定额管理】 石油工程定额管理工作进一步加强，支撑作用得到进一步发挥。2003年10月，正式启动了新井投产井下作业工程定额的编制，12月，完成了定额的编制，扩大了定额的覆盖面。《石油专业工程定额》正式实施，油田各单位严格执行定额，石油专业工程项目内容全部套用定额进行概、预、结算，在规范关联交易、控制投资规模和提高经济效益方面发挥了重要作用。地面工程定额以地面造价管理系统推行为契机，对石油地面建设工程定额进行了校对和调整，修订了石油建设安装定额(2000版)并编制了胜利油田石油地面安装工程估价表，核实、录入人材机价格3100多条，新建了油田主材、设备数据库、主材跟踪库等数据库。同时对系统挂接的19套各专业定额也进行了校对复验，对石油建设安装工程预算定额含量及材机单价进行了修订，共计校对数据204万多条，校出定额名称不规范记录近五万条，定额基价、人材机单价及消耗量错误近1.6万条，提高了定额的准确性和权威性。

【概、预、结算管理】 石油地面建设工程预、结算审查实行两级负责制，加大对结算工程量现场的实测实量工作，有效控制工程造价。全年共完成工程预结算审查金额54.98亿元，其中钻井工程审核结算陆地钻井1106口，进尺244.59万米，金额37.67亿元，海上钻井22口，进尺6.63万米，审核4.36亿元。物探工程审核结算采集费3.91亿元，处理费9694万元，解释费3370万元。试油工程审核结算112井次，金额2亿元。录井工程审核结算1138口，金额1.63亿元。测井工程审核结算1574井次，审核3.22亿元。侧钻井审核结算67口，8708万元，石油专业工程合计审减5191.21万元。石油地面工程共审查设计概、预算总额10.42亿元，审查招标工程标底总额1.44亿元。审查竣工结算总额20.21亿元，石油地面工程合计审减11396万元，有效控制了投资规模，提高了投资效益。

【统计信息】 石油工程造价信息化进程进一步加快。在油田所有开发生产单位和部分辅助生产单位，全面应用石油专业工程造价管理软件和管理系统，实施统一的工程造价报表制度，统一报表格式在油田内部建立起了互联互通，方便快捷的石油工程造价管理网络系统。统计分析不断加强。加强造价数据的统计分析工作、进一步扩展工程造价管理在企业投资控制中的作用。与石油大学的专家合作，对工程造价分析进行系统整理，提出新的分析目标和科学方法，建立起符合胜利油田实际的统计分析体系，使统计的资料更系统、分析更科学。

【价格管理】 以市场价格变动为依据，对24000多种油田生产常用物资供应和主材预算价格进行调整和发布，品种数量同比增加60%以上，资金覆盖率达到83%。调整工程造价管理系统价格数据库，初步做到主材预算价格的动态管理，维护关联交易双方的利益，提高了工程造价管理水平，全年为油田节约资金5000多万元。积极配合东营市对油田各项价格和收费进行检查，完成对油田2002年度行政事业性及经营性收费的年审工作。根据国务院和山东省的要求，协同市和油田有关部门进行教育乱收费专项检查。通过监督与检查，有效杜绝了乱收费和不合理收费现象，减少了油田费用支出。

（李如才）

（审核　任曙光）

信息管理

【综述】 管理局信息中心设6个科室，有职工23人，其中高级职称有14人。连续5年被评为中企协信息工作先进单位、连续4年被评为管理局双文明先进集体。局级优秀成果16项，其中1项获山东省科学技术奖二等奖。发表论文8篇。

【信息化建设】 油田成立信息化工作领导小组，下设勘探开发、生产运行、经营管理、社会化服务4个专业工作组。2003年作为“基础建设年”，强化基础，推进应用，初步形成油田信息化建设的整体框架，信息化技术在提高勘探开发效益、促进观念转变和优化资源配置、提高经营管理水平、提高社会化服务水平等方面见到成效。引进和升级以精细地震资料解释、地质综合研究、复杂岩性测井解释为主的40套专业应用软件，形成较为完善的软件系列。引进2套解释服务器及辅助外设，配备31台UNIX工作站、2台SGI图形工作站和35套微机工作站，有效提高了地震资料处理速度和解释能力。目前地震资料处理速度达每秒万亿次，年处理能力达5000平方千米，均居国内领先水平。在支持数据库应用上，对油田勘探、开发、采油工程等专业数据库的总库统一升级为Oracle9i。制定出台了采油厂数据中心标准体系，采油厂的数据已经全部提交总库，建立了勘探、开发统一的测井数据库结构。完成软件开发并通过石化集团公司验收。对勘探开发数据库进行整合，以王桩—宁海项目为试点，进行勘探开发一体化应用的探索，按照国际通用标准，实现跨库查询，形成统一的数据应用，推动了油田勘探开发一体化的进程。

运用信息化优化生产流程，对重点生产环节进行在线监测和优化运行，生产系统运行效率明显提高。实现地震采集参数室内模拟、采集质量现场监控，36个基层队具备综合录井参数自动采集的条件，海上开发平台实现卫星平台无人值守，生产装置遥测、遥控，采油、作业、联合站库、钻井、地震等5大类788个基层队实现生产管理、成本核算的标准化、信息化和规范化。

以信息化提升经营管理系统职能，依托全球财务管理信息系统和VPN技术，实现外部市场核算与外闯市场队伍管理的同步运行，实现计划项目与相关业务的对接，加强了计划项目实施动态的监控力度。物资管理上，通过“三流合一”信息系统工程项目建设，构建业务系统、管理系统、商务系统、决策系统4大平台，物资管理实现网上运行和有限公司物耗日清日结，每年仅利息支出可减少千万元。

实施信息化便民服务工程，在提高职工就医、教育和社区管理水平方面取得新进展。社保和医疗系统实现信息对接，全油田职工可持社会保障卡就医。28家社保所、4家业务代办机构和定点医疗机构推行“五险合一”社保信息管理系统，实现养老、医疗、工伤、生育及失业保险的信息联动和社保基金的动态管理。部分医院推广应用医院管理信息系统（HIS），实现职工就医全过程的计算机管理。57所中小学联入油田主干网，46所建成校园网，全油田共享的中小学教学资源库初步建成。建成油田远程教育信息系统，为职工培训和“学习型企业”的创建提供了条件。在8个社区推广应用社区地理信息系统，建成以社区建筑、道路、水系、绿地等地形数据为基础的可视化数据平台。在河口、胜中、胜北、胜南、孤岛5个社区开展智能化小区和三表远抄建设，有3.4万户实现水、电、气三表远程抄量，近7千户按照智能化小区的标准进行了建设。

【信息采集、研究与发布】 开展专业数据库的维护和历史数据的补充完善，到2003年底，实现1998年后所有勘探开发历史数据的入库，其中除录井和测井曲线数字化外，勘探数据补到1995年。建成具有国内一流水平的企业级综合信息网。全年发布国内外政治、经济、文化、石油行业新闻10万条，油田内部生产动态3.5万条，紧跟国际、国内和油田热点，推出各类专题152个，油田主页日均访问量达12.4万人次，电子邮件流量每天近4万封。以会议通知、文件签收、资料流转等三项内容为主的办公自动化已在全油田二级单位推广。物资供应处全年实现网上采购金额36.1亿元,同比增加15.7亿元,节约采购资金近1.9亿元。

【网络建设】 建成胜利油田的地面卫星数据通信系统,解决了在山区、沙漠工作的钻井队、油建施工队伍的数据联网和语音通信。建成胜利油田的VPN系统,解决了在油区以外的油田单位联入油田网问题。利用GPRS/CDMA建成移动办公联网。有限公司实现全部三级单位网络连接,基本实现采油队、采气队、注水队、作业队、测试队、联合站库和注水站等四级单位联网。出台网络运行和病毒防治管理规定,建立局级中心防病毒服务器、二级防病毒服务器、网络用户客户端三级架构防病毒体系,2.9万台计算机安装了防病毒软件,防病毒客户端软件安装率已达99%以上。

(马鲁霞)

(审核 李 琳)

企业内部改革

【油田内部重组整合】 对运输系统进行专业化重组。从运输总公司分离出为钻井生产配套服务的分公司和辅助生产单位,组建工程运输公司。由运输总公司对油田部分二级单位的成品油和液化气罐车实行集中管理,成立专业化的危险品运输公司。对胜利油田淄博制管有限公司进行重组,主业部分移交工程机械总厂管理。按照"两级管理、分区设库、配送供应"的管理模式要求,进行撤站、设科、撤库、按生产区域设立供应点的改革试点。稳妥推进移交企业办社会工作。根据集团公司与山东省达成的协议精神,对基础教育部分移交地方作了准备。对石油学校和师范专科学校,探索多元化投资、社会办学的路子,经国家教育部和山东省政府批准同意,成立"石油大学胜利学院"和"山东胜利职业学院"。

【理顺管理机制】 为加强工程技术服务板块长远发展、技术进步等协调管理,成立石油工程技术管理处。为加强集体资产管理,理顺集体企业的产权关系,改进和完善集体资产的管理模式,成立集体资产管理中心。为加大油田难动用储量开发力度,建立管理局新的经济增长点和效益点,成立胜利油田难动用储量开发管理中心。

(谭国庆)

(审核 许卫华)

科 学 技 术

【综述】 胜利油田建有各类科研院所11个,其中地质科学研究院、物探研究院、钻井工艺研究院、采油工艺研究院、胜利油田胜利工程设计咨询有限责任公司(原勘察设计研究院)、测井研究所和钻井工程技术公司等7个院所是集团公司重点研究院所。拥有各类工程技术人员5.4万人,从事科技活动人员4000人,具有高中级职称的科技活动人员2900人。

坚持“科技兴油”发展战略,围绕油田勘探开发的技术难题,组织科技攻关,开展先导试验和技术创新。胜利油田共承担科研课题503项,其中国家级17项、集团公司67项(包括“十条龙”项目5项,中石化重大先导试验项目4项)、局级419项。油田投入科研经费9865万元,科技先导试验费2500万元,产业化经费2500万元。油田取得科技奖励成果331项。其中“断陷盆地多样性潜山带成因、成藏与勘探配套技术”、“已开发油田水平井地质设计及薄油层水平井钻井技术”分获国家科技进步二等奖,26项成果获省部级科技进步奖,303项成果获胜利油田科技进步奖。全年申请专利123件,其中发明专利21件,实用新型专利102件,获得专利权65件。

油田有27个重点实验室,其中7个为集团公司重点实验室。每年科技投入1000万元以上,保障了重点实验室的运行。依托重点实验室开展研究课题33项,取得明显成果。

【重点科研攻关项目】 国家级项目——“济阳坳陷复杂隐蔽油气藏地质评价和勘探关键技术研究”,建立断陷盆地“断坡控砂”模式,提出“网毯式”、“T-型”、“阶梯型”和“裂隙型”输导体系及其空间构成的复式输导关系,提出“相势控藏”的理论认识,形成以砂砾岩体描述、浊积岩体描述、滩坝砂岩描述、河道砂体描述为主的配套技术系列及勘探方法,成功应用于济阳坳陷油气勘探生产实践中,探井成功率达75%。

集团公司级项目——“整装油田提高水驱采收率技术研究与应用”,对整装油田主力单元进行多层合采单元和厚油层发育单元的分类,总结两类油藏剩余油分布规律。进行井网重组可行性和厚油层开采方式优化的数值模拟研究,及多层砂岩油藏特高含水期压力保持水平数值模拟研究,完成胜坨油田坨28沙二上油组和二区沙二挖潜先导试验,应用29个开发单元,覆盖地质储量26353万吨,累计增油61.4万吨,增加可采储量550.5万吨,提高采收率2.09%。

国家“863”项目——“滩浅海地区地震勘探技术研究”已形成采集、处理和特殊地震3大技术系列,取得“新型炸药震源研制技术”、“沼泽压电检波器研制技术”、“滩浅海表层结构高精度调查技术”、“海上检波器二次定位技术”、“海底鸣震与多次波压制技术”、“差异校正技术”、“多波多分量勘探技术”、“井地联合勘探技术”等8大创新技术。“流线型地震检波器外壳与地震检波器”、“旋进式地震检波器尾锥与地震检波器”等13项新技术装置申报国家专利。

国家级项目——“浅海海底管线电缆检测与维修装置”研究，于10月5—9日在胜利浅海埕岛海域完成水面航行、潜伏、水下潜行、巡线跟踪等性能试验。进行了工作舱喷冲抽吸试验、下放试验和充气保压、人员进入等功能性试验，均达设计要求。“海底管线电缆的检测和维修装置”是国内外第1艘可潜入海底自动探测跟踪和准确定位坐底进行管线检测和维修的新型特种海上装备。与胜利浅海已有的铺管作业船等生产和施工装备，形成一整套完善的胜利水下工程技术和装备体系。是胜利油田继“桶形基础平台研制”之后取得的第2个“863”重大成果。

国家级项目——“欠平衡压力钻井装备国产化研究”，已完成远程控制监测装置的加工及配套工作，创造性设计了背压阀，确保润滑油压始终高于井压，提高了旋转密封总成的可靠性和使用寿命。完成了整套系统的室内试验工作，各装置的性能指标均达到设计要求。开展专用胶芯国产化试制工作，国产胶芯的寿命达到进口胶芯的50%。

集团公司重点科研攻关项目——“断陷盆地多样性潜山带成因、成藏与勘探配套技术”国际领先。油田组织断陷盆地“盆外”下古生界海相沉积油气成藏规律的科研攻关，取得重大进展，提出了潜山成因——结构分类方案，研究断陷盆地潜山成因的动力学机制，揭示出潜山类型的多样性、分带性及时空展布规律。研究内幕层状储层形成机理，提出潜山内幕层状油气成藏理论新认识，建立潜山多样性油气成藏模式，形成断陷盆地潜山多样性的理论体系、配套勘探技术系列及方法。“断陷盆地多样性潜山带成因、成藏与勘探配套技术”是完整的、系统的理论体系，实现了潜山勘探由“单山评价”到“整带勘探”、由“表层找油”到“纵深勘探”、由“单源成藏”到“多源勘探”的跨越。项目实施3年来，累计探明储量4968万吨，评价济阳坳陷有利圈闭面积1500平方千米，石油圈闭资源量15亿吨。无机CO_2气资源量500亿立方米。生产原油146.3万吨。成果获国家科技进步二等奖。

【中石化重大先导试验项目】 “埕东油田西区泡沫复合驱油先导试验”开展了室内物理模拟试验、数值模拟技术、孤岛中二中28－8单井试注及矿场实施方案调整等工作，完成配方体系研究、强化泡驱油数值模拟完善、单井试注试验跟踪分析研究、油砂吸附对泡沫剂影响研究、示踪剂监测方案编制实施，及制氮、注氮设备定货等工作。

“孤东油田七区西南Ng^{54-61}单元二元复合驱先导试验”开展了石油磺酸盐实验室配方优化、活性剂性能评价、复合驱数值模拟优化研究及油藏工程方案研究，编制了前期调整、地面工程方案。

“胜坨油田坨11南Es^{28}高温高盐聚合物驱油先导试验”开展了物理模拟试验以及化学剂检测方法的建立和评价，进行了有机交联聚合物驱油体系优化及交联聚合物体系数值模拟软件开发研究，通过优化改进交联剂配方，组织了胜坨$11N^8$井现场试注。

“郑408块敏感性稠油油藏火烧驱油先导试验”开展了精细油藏描述和点火参数室内物模实验技术研究，研制新型大功率点火工艺管柱，配套改造压风机注气压力系统，完成郑408－试1井点火工艺改进，井下点火器对接一次成功。

【推广应用新工艺、新技术】 油田科技工作以提高经济效益为目标，本着“有所为，有所不为”的原则，推广应用新工艺、新技术，解决了一些关系到油田持续稳定发展的技术难题，为油田增储、增产和增效发挥了重要作用。全年依靠科技进步新增探明储量5000万吨，新增可采储量1499.5万吨，科技增油300万吨以上。“高精度地震勘探技术”在小构造、小断块和复杂断块区的精细构造解释，在岩性、地层及潜山油气藏的预测方面，取得阶段性解释成果，新增探明地质储量3000万吨。“三次采油技术”不断完善，应用规模进一步扩大，在孤东、孤岛、胜坨及飞雁滩等主力油田投入三采单元20个，覆盖储量2.2亿吨，见效井885口，平均提高采收率3.26%，最终采收率提高7.3%，年增油130万吨。完善欠平衡钻井工艺技术和装备配套技术，完成欠平衡钻井23口，年增加原油产量10万吨，降本5000万元。

【加快科技产业化进程】 科技产业化工作围绕油田勘探开发增储上产，存续企业产品更新换代、产业结构调整，多种经营企业多元化、专业化发展的需要，研发生产了一批新产品，部分产品形成较大规模生产能力。“胜利油田注聚区污水处理技术研究”，开发“SCL油水分离化学剂”，基本解决了油田聚合物驱等三次采油造成的大量强乳化高稳定性的含油污水处理的技术难题。为解决低渗透油田注水难题，开展了“聚硅纳米增注剂”研究，实验室产品开发及工艺研究基本完成，试验室样品具有明显的增注效果，产品达到设计的技术指标。累计生产产品200千克，开展了第1口井现场应用试验。“小型录井仪”生产40台，具有连续测量、灵敏度高的特点，拥有较强的发现油气显示的能力，为降低成本、提高开发效益发挥了重要作用。“SL6504高分辨率感应测井仪”，通过配套相应的生产、检测仪器设备，形成年产100套的批量生产能力，实现了仪器设备国产化。

（侯树杰）

（审核　王增林）

生产经营监督

纪检监察

【领导干部廉洁自律和源头治理工作】 加强制度建设，强化制度监督，规范用权行为，促进领导干部廉洁自律。局处两级领导干部学习贯彻中纪委二次全会对国企领导干部廉洁自律提出的5项要求，及中石化集团公司关于加强领导班子和领导干部监督的7项制度。建立纪委常委党风廉政建设联系单位制度，加强对各二级单位领导班子廉政建设和落实党风廉政建设责任制的督导。组织开展专题调研督导活动，促进监督制约有关制度的建立完善和落实。按照“一级抓一级、一级带一级”的原则，全面履行党风廉政建设职责，落实领导干部谈话、纪委领导同下级党政领导干部谈话制度。油田主要领导及班子成员同处级干部谈话1305人次，局纪委常委同处级干部谈话363人次，局处两级领导干部同科以上干部廉政谈话4600人次。加强对新任处、科级干部的廉政教育,先后两次集中组织对194名新任处级干部进行教育。落实领导干部"述学述职述廉"制度,各级领导干部通过书面汇报、向职代会报告等形式,自觉接受组织和职工群众监督。局纪委会同局党委组织部对领导干部报告个人重大事项进一步提出具体要求。全年处级干部报告个人重大事项56人次,登记上交礼品、礼金54人次,折合人民币63980元,17人次拒收礼品、礼金折合人民币88000元。油田各单位建立健全和落实民主议事、集中决策制度,促进了决策民主化、科学化。推行经济合同廉政建设协议书制度,规范经济活动中的权力运作。通过现场监督、组织开展专项检查等措施,加强对基建工程、物资、设备及医药采购的招投标管理,规范市场准入、清理乱担保行为,取得良好效果。

【信访举报和查办案件工作】 制定实施《胜利石油管理局、胜利油田有限公司纪检监察举报工作办法》,进一步规范信访举报管理,畅通信访监督渠道,严格举报保密制度。全年受理职工群众信访举报638件次,处结率达99.3%。坚持对违纪苗头性问题进行谈话教育,及时提醒和制止。对严重违纪问题,及时立案查处。对受到不实举报的,及时给予澄清,鼓励干事创业。强化纪检监察办案职能,严厉查处破坏正常生产经营秩序、侵害职工群众利益的违纪违法案件。共初查各类案件线索236起,查办案件164起(包括2002年遗留案件13起),其中大要案43起。结案151起,结案率92%。135人受到党政纪处分,涉及处级干部5人、科级干部38人。50人被刑事处理。查办案件共挽回经济损失950万元。

【效能监察】 对基建工程、物资采购、用水用电管理、多种经营和经济实体进行效能监察,实施"分级立项、分级实施、分级管理",扩大效能监察覆盖面。全年立项338个,其中局处两级立项备案效能监察重点项目122个。修订完善效能监察程序和标准,指导各单位在开展效能监察过程中规范运作,严格效能监察考核验收和成果评审工作,评选效能监察优秀项目30个。通过开展效能监察,为油田避免经济损失1.28亿元,挽回直接经济损失3480万元,增加经济效益9736万元。协助有关单位和部门建章立制560项2600条,提出监察建议189个,做出监察决定30个。发现案件线索18个,立案6起,处理9人。对局属经济实体、局控股公司开展债权债务清理专项效能监察,审查债权债务资金55亿元,协助清欠回收资金11亿元,挽回直接经济损失1830万元,避免经济损失4603万元。油田效能监察工作经验在国资委召开的中央企业效能监察工作研讨会上进行交流。评审效能监察成果的做法被中石化集团公司监察局采用和推广。承担并完成集团公司工程建设项目效能监察教学片的拍摄制作,及效能监察操作规程的起草和修订完善工作。

【厂务公开监督和纠风工作】 严格落实厂务公开8项监督措施,加强厂务公开监督信息反馈,及时通报情况、监督整改。针对职工群众反映较为集中的医药购销中的不正之风和中小学、幼儿园乱收费问题,采取措施加大治理力度。在油田直属医院和社区卫生院实行医药收费公开和药品竞价采购制度。开展药品竞价采购单位试点和现场观摩活动,制定实施《胜利石油管理局药品竞价采购暂行办法》和《胜利石油管理局药品集中招标采购、竞价采购违纪违法党纪政纪处分暂行规定》,纪检监察部门直接参与竞价招标各环节监督,规范了药品集中招标竞价采购工作。全年组织药品竞价采购64场次,涉及医药品种1129个,节省资金1398万元,给患者让利715万元。规范教育收费工作,在全油田71所中小学、109所幼儿园推行教育收费公示制,对10所中小学和7所幼儿园存在的问题予以纠正,查纠违规收费等问题36个,清退违规收费55万元。

【党风廉政教育】 贯彻“两个务必”要求,以“纪律、作风、形象”为主题,在广大党员干部中深入开展党风廉政教育,组织开展学习郑培民和石化集团公司勤政廉政先进典型活动,选树廉政典型,举办优秀领导干部勤政廉政先进事迹报告会,学习先进,宣传先进,营造勤政廉政的良好氛围。开展党纪条规教育,采取上法制课、党纪条规测试、网络答题等形式,强化党员干部的法纪观念。利用“党风廉政信息网”面向广大党员干部组织开展“庆七一党纪条规知识网络答题”活动,在局属经济实体中层以上干部中组织开展学习党纪政纪、财经法规知识竞赛。油田各单位通过组织党员干部和要害岗位工作人员探望服刑人员,旁听法庭宣判,观看警示教育录像片等形式,抓好预防职务犯罪教育。坚持在领导干部配偶和子女中开展“亲情廉政”教育,采取召开“亲情廉政”座谈会、举办反腐倡廉文艺汇演、评选“廉内助”、聘请“家庭纪委书记”等措施,创新教育形式,增强教育效果。建立党风廉政宣传教育联席会议制度,初步形成反腐倡廉“大宣教”格局。邀请原中纪委副书记刘丽英作廉政教育专题报告,组织部分二级单位党委书记参加中纪委举办的教育培训班,发挥两级党校、《胜利日报》、胜利电视台和党风廉政信息网的阵地作用,全方位、多层次加强党风党纪和廉政教育。加大党风廉政建设宣传报道力度,在《人民日报》、《中国纪检监察报》等中央和省部级以上报刊发表稿件18篇,介绍油田西部战场党风廉政建设工作以及油田开展“亲情廉政”教育活动情况等稿件分别以专版刊发。组织编写印发《领导干部廉洁自律必读》手册、《党风廉政教育读本》,进一步规范了廉政教育内容,为加强党员干部教育提供了丰富的素材。

【党风廉政建设责任制】 局处两级根据领导班子职责分工调整,及时建立和调整党员领导干部党风廉政建设责任区,认真落实领导干部“一岗双责”。加强党风廉政建设责任考核,严格按照程序,对71个二级单位、21个经济实体的领导班子和全局1012名处级干部进行了考核测评。对履行职责不力,职责范围内发生违纪违法问题或出现重大责任事故的领导干部,严肃追究责任,对26名党员干部进行责任追究,5人受到党政纪处分,21人受到组织处理。

【队伍建设】 油田有专职纪检监察干部375人,兼职纪检监察干部445人。63个二级单位设纪委委员共430人。全年调整和提拔二级纪委书记26人,55个二级单位的纪委书记由同级党委副书记担任。二级单位调整交流纪委副书记、监察科长25人。加大纪检监察干部培训力度,包括18名新任二级纪委书记在内的165人次参加了中纪委、中石化集团公司和油田举办的纪检监察干部培训。倡导纪检监察干部在职自学,组织开展纪检监察干部业务知识测试,促进纪检监察干部队伍整体素质的提高。坚持开展纪检监察理论研究和课题调研活动,完成论文及成果223篇,6篇优秀论文和调研成果参加石化监察学会交流。《发挥经济监督服务保障职能,促进经济实体提高资产运营效益》创新项目获2003年度油田思想政治工作创新奖特等奖,2篇研究成果分获优秀研究成果一、三等奖。加强纪检监察信息化建设,提高系统办公效率,利用网络开展"网上民主评议行风"等活动。与基层党支部开展"联手、联建、联创"活动,促进部门作风进一步转变,在油田生产经营和党风廉政建设中,较好地发挥了职能作用,被中石化集团公司评为纪检监察系统先进集体。

(潘志锋)

(审核 梁春庭)

审计工作

【综述】 油田审计工作创始于1984年5月,实行两级审计管理体制。审计处(审计中心)为油田审计工作的主管机构,按区域下设5个审计分处,负责对油田二级单位、局属经济实体和控股公司进行审计监督。管理局、有限公司现有63个二级单位设立了独立审计机构,负责对三级单位及所属的多种经营实体进行审计监督。截至2003年底,油田共有审计人员239人,其中一级审计配备审计人员74人,二级审计配备审计人员165人。

【审计监督】 审计监督工作在促进企业加强管理、规范经营、提高效益等方面发挥了重要作用,全年开展审计项目227项。其中,财务收支审计40项,任期经济责任审计94项,基建项目审计42项,承包审计19项,审计调查18项,其他审计事项19项。提出并被采纳审计建议272条,审出有问题金额62214.26万元,实现促进增收节支金额37434.86万元。在石化集团公司组织的优秀审计项目评选中,管理局有8个项目获奖,其中一等奖2个、二等奖1个、三等奖5个。在石化集团公司组织的优秀审计论文评比中,管理局有6篇论文获奖,其中一等奖1篇、二等奖2篇、三等奖3篇。在中国内审协会组织的管理审计优秀论文大赛中管理局有1篇获二等奖。

【内部承包经营审计】 根据油田"内部承包经营不经审计,不予考核兑现"的要求,对与油田签订内部承包责任书的74个二级单位、局属经济实体及控股公司进行承包经营审计,共查出违纪违规问题20079.11万元,实现促进增收节支金额17263.47万元。

【局属子公司资产、负债及损益情况专项审计】 为全面了解和掌握局属子公司、局属经济实体的经营管理状况和家底,规范经营行为,为油田改革发展提供依据,对20个局属子公司的资产、负债及损益情况进行现场审计。共查出各类有问题金额19406.84万元,取得促进增收节支金额5941.44万元。

【厂长(经理)任期经济责任审计】 根据组织部门委托,按照"有委托必审、离任必审"的原则,对油田所属二、三级单位94名行政一把手进行任期经济责任审计,其中平调57人,晋升16人,免职21人。通过审计,增强了经营者的工作责任心,促进各单位行政一把手认真履行职责、廉洁奉公和规范经营,为各级党委管理和使用干部提供了及时、客观的审计依据。

【维修工程审计】 为防止资金外流,促进管理局降本增效工作的开展,管理局把建设工程项目和零星维修项目作为重点资金审计。2003年全局共开展固定资产投资及检维修项目审计42项,节约投资和成本1466.95万元。外委外包工程审计金额达212121.85万元,审减金额8313.62万元,审减率为3.92%。

【物资采购及管理审计调查】 对部分二级单位物资采购及管理情况开展审计调查,共查出自行采购油田统购物资等5个方面存在的问题,合计金额达2.79亿元。根据审计查证出的问题,提出加强资金管理、完善结算制度和纪律、把住物资采购结算关等8条审计建议和意见。

【二级审计管理】　加强二级单位审计力量建设，组织专项监督检查。二级审计部门全年上报完成审计项目201个，累计审计单位488个（次），提出并被采纳审计建议245条，实现增收节支金额10502.17万元。

（戚桂军）
（审核　侯显邦）

技术监督

【质量管理】　2003年，油田有8家单位通过管理体系认证审核，通过管理体系认证的单位又有22家完成体系新版转换，42家单位体系年度监督审核全部一次通过。

【群众性质量管理、质量改进活动】　采取多种形式开展质量管理知识系统培训，24739人通过全国“新一轮全面质量管理基本知识普及教育”统考，全员取证率达36.6%。开展群众性质量管理小组活动，全油田共注册QC小组3615个，参加活动人数达28522人，取得成果1929项，创直接经济效益1.1亿元。油田有10个小组荣获全国优秀QC小组，9个小组荣获山东省优秀QC小组，47个小组荣获石油工业优秀QC小组。

【企业标准体系建设】　按照修订完善的“胜利油田标准体系表（第四版）”，根据油田生产建设、经营管理、关联交易、市场开发、对外合作、技术交流的需要，组织制、修订油田企业标准160项，复审油田企业标准341项，提高了标准的系统性、配套性，保持了标准的先进性、适用性。按照对照、追赶、创造国内外先进标准的总体思路，采用国际标准和国外先进标准，提高相关标准的技术水平和国际接轨程度，承担国家标准和行业标准制修订任务，将油田特有技术、优势技术转化为国家标准、行业标准。目前采用国际标准和国外先进标准“采标率”达到9.7%，共完成国家标准、行业标准制修订项目达200余项，油田的技术实力、竞争能力和影响力得到提升。

【计量检测】　新建油田最高计量标准2项、次级计量标准10项，并对2项油田最高计量标准、128项次级计量标准进行复核，基本满足油田生产经营管理的需要。全年完成计量器具检定校准31.6万台（件），其中石油多相流量计校准及维护技术研究得到国家计量主管部门的认可。

【宏观监督管理】　加大管理力度，扩大产品企业标准水平确认、产品执行标准确认、产品质量认可的管理范围。全年实施产品企业标准水平确认和产品执行标准确认152项、产品质量认可360项。全年对140余项重点产品实施质量监督抽检1267批次，查出不合格产品236批次，为油田减少直接经济损失1103万元。实施井下工具、钻井液用化学剂专项质量监督检查整顿，将质量低劣的42家企业的134项产品清除出油田市场。物资供应处等单位严格检验把关和加强监督检查，全年清退不合格物资543批次，总价值5630万元。

【节能技术改造和“四新”技术推广应用】研究制定《胜利油田能源节约与资源综合利用管理办法》，完善节能工作组织机构、管理职能、岗位职责，明确节能管理、节能技术进步、能源利用监测、资源综合利用等工作内容及程序。围绕注、采、输等主要耗能系统，优选节能技术改造项目51项，年节能创效6500万元。实施节能“四新”技术推广应用项目265项，可形成年节能6.8万吨标准煤。油田年总耗能量480万吨标准煤，同比减少11万吨，降耗增效1亿元。

【海上监督管理】　按照《海洋石油作业安

全法规》的要求，对82项海上石油设施进行作业许可和认可检查，对27座平台和25条海底管线、海底电缆进行了监督检验，完成27项安全手册和应急计划的审查，在对EDC中国能源公司CBX—A平台和登陆管线作业许可检查中，坚持监督与服务相结合、检查与指导相结合，进行了5次检查和整改复查，达到法规要求。结合海上石油设施作业许可和认可检查，对出海作业人员资质进行严格审查，组织举办42期培训班，培训人员1800人。

（王福生）

（审核　隋新华）

财务结算管理

【综述】　全年完成货币资金收支总额491.16亿元，其中有限公司各单位收入144.12亿元，支出143.81亿元；管理局各单位收入101.36亿元，支出101.87亿元；办理结算业务169540笔，其中收款业务26483笔，付款业务143057笔；记录和纠正违反结算管理规定的结算业务136笔，金额5239.13万元。

【会计基础工作】　制定下发《财务结算中心会计基础工作规范》，对会计凭证的填制、会计报表的编制、会计账薄的设置登记、银行票据的退换、账户的核对、会计工作的移交以及会计档案的管理等进行全面规范。5月，结算中心与财务资产部、财务资产处联合组织开展"会计基础工作大检查"，首次采取互查方式。中心与财务资产部（处）进行互查，各结算站与相关二级单位财务部门进行互查。10月，组织举办第二届会计资料展评，推动了油田财务系统会计基础工作整体水平的提高。

【结算监督】　强化日常业务常规审查，规范结算行为，严格执行油田有关结算规定，突出经济合同、维修工程、物资采购、市场准入、结算金额5个监督审查重点。开发试行"违规结算业务子系统"，提高违规业务处理速度，强化结算监督力度。全年共记录和纠正违反结算管理规定的结算业务136笔，金额5239.13万元。审核、登记办理外维修理和一次性准入业务331笔，金额13584.48万元。对于违规业务每季度以《结算监督简报》形式予以公布，及时上报局分管领导，抄送有关处室，维护油田整体利益。加强与企管、合同、供应、技术监督等部门的联系和协调，清理和整顿采油注剂等专业市场，发现和制止虚假市场准入证的使用，维护油田专业市场秩序。积极参加效能监察，充分发挥结算中心的专项监督作用，累计创造经济效益678.39万元。

【现金管理工作】　各财务结算站克服"非典"的影响，严格按照有关文件要求认真开展，定期到二级单位进行现金检查。累计检查主体和多种经营单位金库257个，其中主业单位161个，多种经营单位96个，共查出违规业务106笔，违规金额1115617.97元。检查覆盖率达到100%。

【银行帐户管理】　财务结算中心现管理的银行账户共计121个，涉及70多家二级单位、5家商业银行。开发实行"银行对账子系统"，通过接收开户银行提供的电子数据，达到即时对账，保障银行对账工作的及时、准确，确保资金的安全与完整。

（徐　芳）

（审核　宋道强）

浅海石油工程技术检验

【综述】　中国石化海上石油工程技术检验站（简称海检站）是胜利油田有限公司直属单位，现有职工24人，设综合、结构、设备、工艺、电气5个科室。主要职能是依据上级有关部门授权，对渤海湾浅海石油工程独立开展技术检验，并接受政府主管部门的监督，具体是，浅海石油设施从勘探设计到建造投产的图纸审查和建造检验；浅海石油设施在作业过程中的年度检验、临时检验和特别检验；浅海石油设施所用的设备及材料的产品认可；海上废弃设施的检测、检验及评估；浅海石油作业有关规范和标准的编制和修订。

【技术装备能力】 海检站有16人获得DNV颁发的渗透检测国际Ⅱ级检验师证书，15人获得了DNV颁发的磁粉检测国际Ⅱ级检验师证书，9人获得了DNV颁发的射线检测评片国际Ⅱ级检验师证书，8人获得了DNV颁发的超声检测理论国际Ⅱ级检验师证书，20人获得了DNV规范通用理解合格证书。21人具有海上“五小证”合格证书，15人获得国家质量工程师证书。1人获得国家监理工程师证书，5人参加DNV定量风险评估工程和专业化软件培训，具备定量风险评估资格。

配置国际通用结构分析软件ANSYS（美国）和定量风险评估软件NEPTUNE（挪威船级社）。配备先进的便携式检验设备17台（套），可以进行超声探伤检测、涂层测厚、气体检测、测距、噪声检测、测温、硬度测量、混凝土强度测量、射线检测、涂层附着力检测、温湿度检测、振动检测、转速检测、厚度检测和流量超声波检测等现场检验和测试。编制59个质量管理体系文件，形成完善的管理体系。

【标准体系建立】 组织编写实施中国石化标准《浅海石油设施检验规定》，是海检站开展检验工作的主要规范。配置与海上石油设施相关的国家法规、国家标准、行业标准、企业标准、船级社规范及国际法规规范汇编100余卷，其中国家标准2404条，石油行业标准2073条，船舶标准2130条，其他行业标准419条，企业标准481条，中国船级社规范规则39部，国外规范标准44部，法律法规320条，基本满足了检验工作需要。

【检验项目】 全年完成胜利油田15个新建改建项目的建造检验、79座平台的年度检验及辽河油田辽海试采一号平台油气工艺区设施年度检验等工作。

承担的15个新建、改建项目中海底电缆3条、海底管线4条、平台4座、工艺自动化改造项目3个、集团公司重大隐患治理项目1个。

（1）海底电缆。承担CBG4A—CB805、CB11B—CB11G、CB1B—CB1D等3条海底电缆的设计审查、工程建造检验和质量监督工作，其中CB11B—CB11G、CB1B—CB1D2条电缆已经发证，CBG4A—CB805电缆待商检证书核实后发证。

（2）海底管线。承担CB805—CBG4、CB35井组—海一站、CB22D—CB4A、CB12B—CB12C等4条管线的设计审查、工程建造检验和质量监督工作，其中CB22D—CB4A、CB12B—CB12C2条注水管线检验完毕并发证，CB805—CBG4、CB35井组—海一站2条输油管线待收尾工程验收后发证。

（3）采油平台。承担KD34、CB301、CB27A、CB805等4座采油平台的设计审查、工程建造检验和质量监督工作，其中KD34、CB301、CB27A3座平台已发证或出具检验报告，CB805平台待电气试验合格后发证。

（4）工艺、自动化改造。承担CBG4A生产设施改造、开发三号及CBG4A电气改造、开发三号自控系统等3个改造项目，其中CBG4A生产设施改造、开发三号及CBG4A电气改造已经完成并出具检验报告,开发三号自控系统尚未完工。

(5)海底管线悬空治理。完成集团公司重点隐患治理项目——海底管线悬空治理,共完成22条海底管线的水下桩设计审查、施工建造检验并出具检验报告。

【科研攻关】 与中石化青岛安全工程研究院联合承担的集团公司科研项目——《海上石油工程风险评估技术研究》,已完成国内外技术调研,建立了"海上石油设施定量风险评估体系",完成了阶段性成果报告。局级情报课题《国内外水下检测与维修技术调研》,按计划任务书要求,共检索国内外7个常用数据库,检索中文资料1003篇,英文资料705篇,其中选用中文资料246篇,选用英文资料156篇,完成全部调研内容,提交了研究报告,课题通过局专家组评定。承担的石油行业标准《海上石油作业安全应急管理要求》,完成报批稿。《海上石油综合信息系统》获管理局信息增效二等奖。《胜利油田坐底式平台改造推广应用》获管理局科技进步(推广)三等奖。

【业务培训】 聘请石油大学资深教授,结合具体工程事例将授课内容编制成内容充实易懂的多媒体文件,完成《石油设备管理与维修》、《国外钻井技术的新发展》、《石油钻采机械概论》等知识培训。为推动安全评价工作的开展,提高安全评价人员业务素质,拓宽业务范围,经国家安全生产监督管理局信息与技术装备保障司同意、管理局批准,海检站安排12人参加国家安全生产监督管理局安全科学技术研究中心举办的安全评价人员培训及资格考试,通过强化培训,为海检站申请国家安全评价资质、开展安全评价工作奠定了基础。5人通过全国监理工程师任职资格考试。

(曹志新)

(审核　张剑波)

集体经济

【综述】 1月31日,为理顺集体资产管理体制,明晰产权关系,管理局成立胜利油田胜利集体资产管理中心和胜利石油管理局集体资产管理处,作为管理局集体资产的所有者代表,受管理局委托按照"管资产与管人、管事相统一"和"所有权和经营权相分离"的原则,采取不同的产权管理模式,对管理局集体资产行使管理和资本运营等职能。全局集体经济板块共有法人企业257家,资产总额65.15亿元,负债45.18亿元。全年集体经济实现生产经营总值43.17亿元,经营销售收入41.32亿元,利税4.53亿元,其中利润2.30亿元。实现企业增加值11.66亿元。全局集体企业从业人员24619人,其中国有职工9125人,集体职工3343人,就业青年9470人,外聘职工620人,临时用工2061人。

【集体经济管理】 全年组织中介部门对所属30家二级单位管理的312家独立核算企业进行审计和管理咨询,基本摸清集体企业的资产及经营管理现状。针对集体企业财务管理与会计核算存在的薄弱环节,从规范集体企业财务管理基础入手,统一制定《集体企业财务管理制度和会计核算办法》，对各集体企业财务实施信息化管理。加强对集体企业经营管理人员业务培训，全年举办经理(厂长)、会计、统计、营销师和人力资源师等培训班10期，培训人员1000人次，集体企业队伍素质得到提高。

【集体经济产业发展方向】 集体经济板块重点发展机电制造、化工、建筑建材、商饮服务、农业和农产品加工业等产业。抓好种植结构调整和重点项目运行，完成暗管排碱改良盐碱地2万亩，累计4.8万亩。种植芦竹1.5万亩，累计2万亩。种植速生杨6000亩。抓好机电制造业科技进步和产品升级，抢占市场，扩大出口，年实现销售收入14.04亿元。发展商业连锁经营，提高服务水平，年实现经营收入1.98亿元。开展对外科技合作，发展高附加值、具有自主知识产权的化工产品，年实现销售收入5.09亿元。建筑建材业以提高施工队伍承揽大型工程的建安能力和施工资质为重点，发展水泥及预制件、玻璃钢管材、佛泰铝板、塑钢管材等产品，年实现经营销售收入13.76亿元。

(文福生)

(审核　彭成山)

行政管理

局办公室工作

【信息调研】 坚持贴近生产、贴近市场、贴近效益、贴近基层、贴近职工，围绕油田“三大目标”和阶段重点工作，针对焦点、热点和难点问题，及时、准确、高效地采编信息，做到为领导决策前提供信息参考、决策中提供信息支持、决策后提供信息反馈。全年编辑《信息摘要》89期，向中国石化集团公司和山东省人民政府报送《要情专报》98期，考核得分继续在中石化系统名列榜首。与二级办公室联合，围绕油田生产经营管理、改制分流、分配制度改革等重点工作，开展专题性调研、问题性调研、前瞻性调研活动。全年编发《调查研究》30期、《参阅文件》8期，撰写的《当前油田社区经营管理及加快发展情况的调查与思考》等调研报告被评为油田“改革与发展”优秀调研成果。

【督查工作】 坚持督与查并行、督与导并重，运用科学方法和灵活方式，对油田领导决策执行情况和工作部署落实情况进行督查，保证了政令畅通和重大决策部署的落实。探索督查工作理论、方式和方法，加强督查工作系统化建设，建立完善督查工作网络，推动督查工作向规范化、制度化、系统化方向发展。

【公文制发】 高质量、高时效做好纸质公文制发工作，遵循高技术、智能化、便捷性原则，采用先进适用的软件编辑技术，设计建立电子公文系统，完成公文制发工作的流程再造，通过学习培训、试点运行，尝试应用电子公文系统，突破了传统工作模式，收到良好经济效益和社会效益。修订《胜利油田公文制发工作手册》，指导全油田的公文制发工作。创办《胜利管理公报》(半年刊),集中刊载中石化集团、中石化股份公司和油田的非密级规范性文件,宣传政策。

【文书工作】 加强与集团公司办公信息系统端口和对接平台管理,通过系统接收、上报公文400份,对接收的中石化文件分类建立数据库,做到查询便捷、管理科学。实现二级单位请示、报告类公文的电子传输,节约了传送成本,提高了公文时效。完善请示报告类公文的催办制度和限时答复制度,对公文运行进行全过程跟踪催办。全年处理中共中央、国务院、山东省政府、中石化及有关地市文件、信函1.1万份。处理二级单位、机关处室的请示、报告600份,分发、装订油田文件及各类文字材料18万份,收发各类报刊、信函110万份。

【人大政协联络工作】 在市区人大换届选举工作中,针对工作面广、量大,时间紧、任务重,政策性强的特点,为确保选举顺利进行,创造性提出"社区总负责,主营单位配合"的新模式。共划分28个选区,成立1261个选民小组、877个登记站,参加投票人数195783人,投票率96.8%。油田选举工作得到省人大、市人大和油田领导的高度评价,省电视台、大众日报社等多家省级新闻媒体重点推介,选举经验在山东省作典型交流。全年办理各级人大代表建议17件、政协委员提案9件,代表满意率100%,维护了油田广大选民和职工群众的正当权益。成功组织全国和山东省人大代表来油田视察、省人大立法调研和驻油田的人大代表先进事迹宣传报道等工作。

【值班接待工作】 完善基础资料的建立和留存,将领导活动安排、电话处理、公务接待、会议安排、车辆调派、值班日志等分类建立数据库,实现了现代化科学管理。依托现有网络设备,引进数字电视手段,改进电视会议系统,提高信息的稳定性,保障了画质和音效。分会场由原来的36家扩建到41家。全年接待上级调研组42次,其中省部级领导16次,拟发会议通知960余个,完成油田40年庆祝活动的接待与运行工作。在抗击"非典"、海上抢险和维护稳定工作中,及时完成上情下达和下情上传,保障了信息畅通,圆满完成工作任务。

【史志编纂工作】 根据管理局和有限公司安排,为庆祝胜利油田勘探开发建设40年,组织编写《胜利油田大事记》。根据山东省、东营市史志办等部门的要求,完成《山东年鉴》、《东营年鉴》组稿任务。配合东营市成立20周年庆祝活动,为《东营市20年大事记》供稿,为油田《从胜利走向胜利》画册提供文字资料。按照集团公司的要求,完成《中国海洋年鉴》组稿任务。加强油田内部资料的收集整理,编辑2002年管理局大事记。指导帮助钻井院、滨南采油厂、供水公司和临盘采油厂等单位完成志书出版,电力管理公司、胜利采油厂、供应处、采油院等单位完成志书评审。

【油地结合工作】 按照东营市和油田安排,协调开展油田部分单位帮扶东营市乡镇工作,帮扶乡镇20个,占东营市36个乡镇的56%,被帮扶乡镇经济实力、财政收入、农民人均纯收入明显提高。协调促动油地双方按照"优势互补、互惠互利、共同发展"的原则,开展多形式、多领域、全方位、深层次结合,推动了东营区域经济发展。全年实施工业、农业、水利、教育、基础设施建设等各类项目57个,油田投入人力、物力、财力共计2592万元。按照东营市和油田建设"平安东营"、"平安油田"的总体部署和要求,强化帮扶工作与油区治安的有效结合,油区治安形势有一定好转。按照山东省要求,继续组织开展对单县和新疆的帮扶工作,为单县的工业发展给了帮助和支持,为单县工副业产品开拓市场做了卓有成效的工作。

【综合协调工作】 为压减管理费用，对机关外租办公用房进行全面调查和清理，减少办公用房租金10万元，对机关办公房产进行数据库管理。本着既方便生产有利工作，又节约费用开支的原则，对机关办公电话、公费住宅电话、公费移动电话进行重新审核，清理各类公费电话95部。通过实施话费规定限额、超额自负的办法，全年节约话费支出50万元。完成管理局、有限公司及山东省、中石化集团公司等安排的百余次会议的会务工作，组织整理会议材料30份。严格审核和控制外出印刷及接待费用，实现减费增效。组织开展全系统大规模的业务培训、举办各类培训班6期。开展办公室工作理论与实践创新活动、网络应用技术比赛活动和优秀信息、优秀调研报告评比活动，收到显著成效。

（宋占魁）

（审核　贾文昌）

政策研究

【综述】 围绕"三大目标"的实施，在文秘、调研、编辑、信息及内部建设等方面都取得突破性进展，各项工作迈上一个新台阶。完成文字工作量150篇105万字，其中文秘材料105篇、67.7万字，调研成果30项、25万字，其他材料15项、12万字。完成编辑工作量150万字，《胜利油田年鉴》编辑正常运转，《胜利通讯》有所创新。刊出《领导参阅》9期，上报省、集团公司信息25条，全年完成文字工作量260万字，是历年来最高的。

【文秘工作】 坚持把文秘工作当作一项事业来追求，保持了文字水平的高质量、高水平，受到油田党政主要领导的高度评价和充分肯定。在时间紧、任务重的情况下，撰写了油田职代会主报告、党委扩大会报告等重要材料。油田主要领导在春季、秋季地质勘探论证会上的讲话，既有思想性，又体现了主要领导的意图和思路。季度会讲话成为文秘工作中的常量，都能讲出特点，提出要点，层次和表达分明。围绕解决家属问题、"非典"防治等热点问题，文字工作严细认真，精益求精，没出任何纰漏。在油田情况汇报上，根据不同汇报对象，比较准确地确定汇报内容和方向，在时间紧、要求高的情况下，没有任何差错。在集团公司一些重要会议的表态发言，都能做到言简意赅，切中主题。

【政策研究】 坚持想大局，谋发展，调研工作突出计划性、主动性和有效性。①预见问题，超前谋划，准确把握油田发展方向、主要领导意图和调研课题的有机结合。根据上级的工作部署，分析油田改革发展的方向和重点，在此基础上确定出全年的7个调研重点，经过一年的运作，油田改革发展中要解决和研究的问题基本在课题范围中都有反映。②成果应用上，注重宏观研究与贴近操作的有机结合。组织协调的油田领导大调研，共形成调研成果9项，综合情况报告和油田主要领导的讲话要点，成为指导全年工作的基本准则。单项调研成果取得好效果，胜利油建做好稳定工作的调研受到油田主要领导高度重视。③研究方法方向上有新拓展，调研力量优化配置和体系建设取得新突破。按照项目组的形式，尝试运作东胜公司咨询性调研，在调研工作为企业服务上迈出了一大步。召开油田调研工作会议，推进油田调研网络建设，为优化油田调力量配置和使用创建了平台。

【编辑工作】 《胜利油田年鉴》和《胜利通讯》编辑思路有了新的想法和突破，刊面设计、内容调整等方面进行尝试性探索。《胜利通讯》全年准时刊出12期。《胜利油田年鉴》共编辑文字材料100万字，印刷质量和版面设计有新突破，在山东省年鉴评比中，获得框架设计、美术装帧、条目编写3个特等奖和出版发行一等奖。

【信息工作】 全年上报信息25条，搜集中石油、中石化重要信息26项，刊出《领导参阅》9期，呈报油田领导文稿35份。办刊思路进一步拓宽，由过去的守在家里搞编辑向走出去发展，加强与山东省地方政府及石化系统的交流与合作。提高办刊质量的措施和运作机制逐步形成，从机制和制度上保证办刊质量有新进步。信息搜集、处理的速度和质量有新提高，对搜集到的中石油的信息，都能做到高效及时处理。

【内部建设】 坚持优化、调整、全面发展，政研室内部建设有新突破。政研室人员变化较大，内部队伍建设的任务比较繁重。在保证正常工作优质高效运转的同时，加强对新进人员的传帮带，努力提高队伍的整体素质和能力。搞好新老成员的传帮带，调整人员配置，各方面力量得到进一步优化，整体作战能力有新提高。科室与科室之间的独立作战能力进一步增强，形成一批研究能力强、综合协调水平高的文字骨干。加强素质建设，坚持范文解剖、专文研究、专家讲课、收看经济讲座等，提高了全体人员的分析能力和文字表达能力。支部建设、廉政建设和学习制度坚持得较好，始终保持了团结协作，奋发向上的发展势头。

（刘明亮）

（审核　邹登礼）

档案管理

【综述】 档案管理中心（档案馆）现有职工12人，设3个科室，主要负责油田机关及油田地质、重点工程等档案的接收、保管、利用、编研和对全油田档案工作的指导、监督及管理。全油田有专业档案人员341人，兼职档案人员1919人，有二级档案科（室）57个。已建成以油田档案馆为中心，二级档案科（室）为纽带，三级档案室为基础的管理网络。2003年油田档案部门接收档案157916余卷（件），底图106431张，电子档案6077盘（张），照片档案10891张，完整率、准确率均达到国家规定标准。截至2003年底，油田馆藏档案319万余卷（件），声像档案12万余盘（张），电子档案18.5万余盘（张），底图182万余张。2003年档案管理中心在山东省档案工作年检中，以总分99分的优异成绩通过省优秀级考评，获全省档案工作先进集体称号。

【档案信息开发利用】 为服务"数字化油田"数据库建设，指定专人负责勘探开发档案的借阅工作，提供借阅档案7580卷。参加《胜利油田大事记》、《从胜利走向胜利》图书画册编辑工作，协助编辑人员查找有关档案资料。全年各级档案部门提供档案借阅利用55991人次、339908万卷（件）次。继续做好山东省开发利用档案信息资源成果的推荐工作，共申报39项成果全部获奖，其中一等奖3项，二等奖6项，三等奖19项，四等奖11项，累计创造直接或间接经济效益近亿元。档案管理中心被评为"全省开发利用档案信息资源先进单位"。

【档案信息化建设】 继续扩大《胜利油田档案管理系统》试点应用范围。与国家档案局科研所合作开发的重点科研项目《油田科技档案与特殊载体档案数字化建设与管理研究》进展顺利。

【岗位培训】 全年培训168名专职档案工作人员。选派部分档案室负责人参加国家、省档案局和集团公司等有关部门举办的业务培训班。派员赴中央档案馆和中国第一、二历史档案馆参观考察。

【档案学会工作】 油田档案学会组织学会会员和档案工作人员，围绕油田档案信息化建设和企业信用档案等问题开展讨论，参与讨论的论文46篇，推荐到山东省大企业和中石化油气田等4个档案协作会38篇，其中被评为一等奖4篇，二等奖8篇，三等奖10篇，优秀奖16篇。全年汇编各种资料62种57万字，为各级领导决策和科研生产部门提供了参考作用。坚持办好学会会刊《胜利档案》，全年编辑出版4期，刊登各类文稿100篇，20万字。2003年油田档案学会被授予东营市优秀社会团体荣誉称号。

（王忠福）

（审核　葛庆海）

党　群　工　作

党委办公室工作

【综述】 党委办公室在局党委的正确领导和上级业务部门的指导下，以邓小平理论和“三个代表”重要思想为指导，深入学习党的十六大和十六届三中全会精神，紧紧围绕局党委的中心工作，认真落实“三个服务”的基本要求，充分发挥参谋助手作用，为局党委科学决策和党委各路工作的优质高效运转，为油田改革发展稳定做出了贡献。

参谋服务工作。着眼于当高参、出精品、献良策，深入基层、深入群众开展调查研究，依托《党委决策参考》、《党办通讯》等刊物，向局党委提交涉及职工思想动态和内部分配制度改革、住房、油田生产经营、外闯市场等方面的调研报告37篇，其中《早改制、早主动、早受益》、《未雨绸缪早谋划，抢占先机进海湾》、《管理、服务、帮扶再就业三管齐下，切实做好协解人员的稳定工作》、《和谐稳定的环境是怎么来的?》、《化堵为疏注重方法，趋利避害用好网络》、《关于生产一线技术工人队伍现状调查》等调研报告得到局党委领导的好评，为党委科学决策提供了重要参考依据。坚持把文字综合工作放在突出重要位置，提高以文辅政的能力，全年完成局党委领导在党委扩大会、职代会、党建会等大型会议的讲话和各类文字综合材料50篇，30万字。强化党委督查工作，围绕全年局党委扩大会、职代会、西部工作会议等重点会议的贯彻落实和结对帮扶再就业活动的开展，对有关单位进行重点督查，促进了工作落实。为提高党委办公系统的信息工作水平，当好领导的“耳目”，开发综合信息管理系统，构筑起网络信息平台，全年提供油田内部信息2100条，经过整理上报集团公司、山东省委信息23条。

综合协调工作。坚持从油田改革、发展、稳定的大局思考、筹划和处理问题，创造性地做好值班、接待、办文、办会等综合协调工作，形成“快、准、严、细”的工作作风，保证了党委日常工作的高速高效运转。全年接待上级机关领导和兄弟单位客人

40批220人次，组织协调有关会议40个，传阅、办理来文118个文号，制发公文90个文号。按照“有利保密、方便工作”原则，认真执行明密电报的译办程序，及时地处理每1份电报，全年收发电报847份，使中央、省委及局党委的指示精神得到及时贯彻。保密工作重点抓了商业秘密的管理和计算机信息的保密管理工作，确保全年未发生失泄密事故。为纪念《保密法》颁布实施15周年，组织召开油田保密工作理论研讨会，提高了油田保密工作水平。

维护稳定工作。以油田大局稳定为己任，做好职工群众来信来访、“法轮功”处理、稳定督查等工作，维护油田大局稳定。信访部门处理油田退养家属、协解人员、小教大专毕业生、运输吊车司机、孤岛地区个体户等多起上访问题。特别是在一些重要关头和敏感时期，各级信访部门通力合作搞防范，保证油田无1人去省进京上访。建立作为油田思想政治工作创新项目的信访工作网络信息平台，创办“胜利信访网站”，实现油田信访工作的信息化、自动化和程序化。油田处“法”工作在各级党委的重视和支持下，加强油田转化基地和帮教团建设，攻坚能力不断增强，处“法”工作取得较大成绩，法轮功未转化人员、下落不明人员、反复率、法轮功非法活动发案率均降至历史最低点，教育转化、民间反邪教、理论研究3支骨干队伍逐步形成，得到山东省、中国反邪教协会、中央610办公室的肯定。

【自身建设】 明确工作定位，提出党委办公室应该是党委工作的窗口，领导决策的参谋，服务大局的尖兵，党委督查的先行官。明确了建设目标，强调要创建学习型、创新型、开放型、实效型办公室。对党委办公系统人员素质提出了更高的标准和要求。加强学习，强化制度建设，深入调查研究，狠抓工作落实，自身素质和办公室工作水平都有新的进步和提高。在年度文明单位评选中，局党委办公室和18个二级单位党委办公室分别被评为局级文明建设先进处室和先进科室。

（刘安新）

（审核　魏衍珠）

组织工作

【综述】 开展“学转谋见”活动，组织10期处级领导干部十六大精神学习班，联系油田改革发展稳定的实际，分层次、有步骤地开展大讨论，在全油田掀起解放思想、转变观念的热潮，促进了领导班子思想作风转变。贯彻落实《党政领导干部选拔任用工作条例》，坚持“两个优先”原则，加快干部队伍年轻化建设。调整充实二级单位、机关处室、直属单位和局属经济实体领导班子58个，共研究干部478人，其中提拔169人，调整交流161人，82人改任调研员，为处级领导干部队伍注入新的活力。加大新提拔干部中年轻干部的比例，创造条件让成熟的优秀年轻干部尽快上岗。全年办理备案手续3151人次，其中新提拔副科级干部533名，正科级干部368名。新提拔处级干部中40岁以下、大学本科以上学历的占72%。新提拔科级干部中35岁以下、大学本科以上学历的占51%，优化了领导班子结构。加强后备干部培养，及时充实调整处、科级后备干部队伍。重点补充“70年代出生、90年代大学毕业”的年轻干部，使处、科级后备干部分别达到1600人和1万人，形成年龄较轻、专业齐全、知识互补、数量充足的后备干部队伍。加大妇女干部的培养选拔力度。下发《关于进一步做好培养选拔女干部工作的初步意见》，按照同等条件下优先使用女干部原则，培养选拔和重点提拔有能力、有潜力的优秀女干部，提拔科以上女干部106人，其中副总师以上女干部12人，新提女科级干部占提拔科级干部总数的12%。

抓好基层党组织改选换届工作，党的组织生活制度进一步规范。明确和规范油田各级党组织改选换届的年限要求，加大指导督查力度，建立健全党的各项组织生活制度。全年有20个二级单位党委、152个三级单位党委(总支)、1608个党支部召开党代表大会(党员大会)进行改选换届。印发《关于加强和改进经济实体党群工作的意见》，规范经济实体党建工作。开展“七一”表彰系列活动，评选表彰先进基层党组织265个、优秀共产党员300名、优秀党务工作者200名和优秀党员责任区104个。抓好基层党支部建设，党的工作基础进一步强化。坚持“三同步”原则，做到与行政单位同步建立调整基层党组织，在生产一线单位、新建单位、驻外单位和经济实体等单位及时全部建立基层党组织。全年新建基层党组织362个，其中生产一线基层队100%单独建立党支部，名牌和行业一强基层队90.5%建立支委会，扩大了基层党组织的覆盖面和党建工作的渗透力。开展党员先进性评议活动，组织党员在查摆问题、分析思想根源的基础上，提出整改措施和努力方向，94.1%的党员参加了评议。开展党员干部与下岗失业人员“结对帮扶再就业”活动，共结成帮扶对子1.5万对。坚持“三个倾斜”，做好发展党员工作，全年发展党员2533名，其中生产和工作一线人员占58.5%，35岁以下青年占74.7%，中专以上文化程度人员占77.1%。

【人才队伍建设】 制定实施新时期人才战略，召开胜利油田第一次人才工作会议。提出《胜利油田人才队伍建设实施意见》，明确油田“十五”至“十一五”期间人才工作理念，提出全面实施“三大高层次人才工程”，着力建设“五支人才队伍”的远景目标，制定完善特薪制度、领导干部及组织人事部门联系专家和优秀人才制度、人才工作联席会议制度、专家管理、人才队伍建设项目管理等多项人才政策。组织开展胜利油田杰出人才评选，专业技术、经营管理、党务政工方面的50名杰出人才受到表彰。加大人才引进力度，通过实施定向培养、建立毕业生实习基地等办法，在西安石油学院、西南石油学院和江汉石油学院建立定向奖学金，定向培养油田急缺的石油工程专业毕业生，拓宽毕业生引进渠道。全年引进高校毕业生1147人，其中硕士研究生比上年增加70%，双学位毕业生比上年增加40%，石油主干专业毕业生比上年增加64%。开展大规模教育培训工作，出台《胜利油田大规模教育培训干部实施意见》、《胜利油田继续教育条例》，培训高、中级专业技术人员1900人。选送60人赴加拿大、俄罗斯进行系统培训，油田已培养储备对外合作业务骨干800人。加大博士、硕士等高层次复合型人才培养力度，12个专业的560人参加研究生报名考试。油田已与27所高校联合举办52个油田急需专业的硕士研究生班，培养硕士研究生1900人、博士研究生170人。抓好人才梯队建设，159人分别被授予集团公司有突出贡献的科技和管理专家、优秀青年知识分子和学术技术带头人称号，形成一支包括1名院士、6名国家级专家、128名享受政府特殊津贴专家、600名局拔尖人才在内的高层次专家队伍。

【深化干部人事制度改革】 开展配备政工副总师试点工作，从充实稳定政工干部队伍、加快培养锻炼政工干部、提高思想政治工作的业务水平出发，提出在油田单位配备思想政治工作副总师意见，拟定思想政治工作副总师的岗位职责、任职条件、职数设置、管理办法和试点办法。搞活内部人才流动机制，制定下发《胜利油田人才招聘实施办法》，组织开展阿尔及利亚项目部、局评估咨询公司、难动用储量开发中心、经济开发研究院等单位的专场人才招聘，发挥市场机制在人才资源配置中的重要作用。加强职称聘任和考试管理工作。根据实际情况，对工程、经统会（审）、政工等6个高评委及专业评审组进行调整，指导油田各二级单位调整中评委17个、初评委54个，评审工作整体水平进一步提高。推行量化评比机制，坚持定量与定性评审相结合，领导、专家、专业技术人员相结合。坚持政策标准和评审程序，提高评审工作透明度，强化任职资格推荐评审工作的群众监督，做到了公正、公平、公开。开展晋职人员论文答辩，提高了评审质量，参加集团公司评审答辩的优秀率和合格率在集团公司名列前茅。完善聘任方案，推进评聘分开，规范聘任程序，明确岗位职责，专业技术职务聘任工作步入规范化轨道。

【“树组织干部形象”活动】 利用集中办班、集中学习、个人自学、网络教育、理论测试等形式，强化组织系统干部的学习，增强干部的理论素养。以建立长效机制为目标，组织编制《组织工作制度汇编》，形成适应新形势的工作制度体系。建立上下级联动联责的目标管理责任制，增强各级组织部门抓好作风建设的责任感和紧迫感，促进组织系统作风的转变和整体素质的提升。加快信息化建设步伐，开发网络版党员干部管理系统，实现对全油田组织机构、人员调动、统计分析、报表管理等多项管理，满足了油田、中石化集团公司、山东省委组织部的党员、干部信息统计工作，为各级领导提供了准确及时的干部队伍建设、党组织和党员管理的分析数据。加强干部人事档案管理，顺利通过中组部和集团公司的检查验收，6个单位获得中组部颁发的“干部人事档案目标管理一级标准”荣誉证书，成为石化集团公司惟一达国家一级标准的单位。完善干部人事档案收集网络，加强干部学历、学位认定和材料归档工作，全年审查接受副处级干部档案82卷，收集归档材料1600余份。

（袁效君）

（审核　杨春林）

宣传工作

【理论学习、宣传和研究工作】 起草下发学习“三个代表”重要思想学习纲要和兴起学习贯彻“三个代表”重要思想新高潮的两个《通知》，对学习作了总体部署和要求。组织召开胜利油田庆祝建党82周年暨思想政治工作会议，对兴起新高潮进行了再动员再部署。通过理论学习中心组、办班培训轮训、集中宣讲、理论研讨等多种形式，分层次抓好处以上领导干部、科以下党员干部和基层职工群众的学习。坚持以《胜利日报》、胜利电视台、胜利信息网等主要媒体为主阵地，通过开辟专题、专栏和专题采访等方式，始终保持学习贯彻“三个代表”重要思想的浓厚氛围。组成学习贯彻“三个代表”宣讲团，深入二级单位进行巡回报告，听众10000余人，在全油田引起强烈反响。组织召开学习“三个代表”重要思想理论研讨会，形成一批理论研究成果。结合纪念中国共产党成立82周年，以贯彻落实党的十六大精神为主题，开展第11次党员教育电视专题片展播评比活动。组织参加全省“鲁能杯”、“晨鸣杯”党的十六大精神学习竞赛活动，油田荣获学习竞赛活动组织工作奖，12名职工分获一、二、三等奖，在全省名列前茅。组织开展2003年油田思想政治工作创新奖的评选。

【形势任务教育】 围绕油田中心工作和职工群众关心的热点、难点问题，编写11期《形势任务教育报告材料》，层层进行宣讲。发挥各种新闻媒体作用，把油田生产经营建设的形势任务、目标要求、部署安排，以及采取的措施办法讲清、讲明、讲透，以发展目标鼓舞士气，凝聚队伍。加强改革的宣传教育，针对职工群众所关心的热点、难点和疑点问题，通过恳谈、政策答疑、典型示范和一人一事的思想工作，同步做好教育解释工作，及时消除职工思想顾虑，为油田深化改革创造良好环境。加强维护大局稳定的宣传教育，及时把握职工思想脉搏，有针对性地做好宣传教育工作。加强信访等法律法规的宣传教育，提高职工群众遵纪守法的意识。继续深入开展揭批"法轮功"的斗争，大力进行马克思主义唯物论、无神论和科学知识的宣传教育，形成崇尚科学、反对迷信的良好风气。发挥舆论导向和典型引导作用，协调报纸、电视紧跟油田各阶段的工作部署，加强专题策划，协调联动，形成声势，全方位、多侧面、多角度深化形势任务教育。加大典型选树推广力度，对"新时代劳动者的旗帜"陈景世的宣传，进行认真策划，掀起向陈景世学习的热潮。组织开展油田第六届精神文明建设"精品工程"评选活动。

【新闻宣传和新闻出版管理】 围绕油田中心工作搞好内部新闻宣传。围绕油田改革、发展、稳定面临的新形势、新任务，搞好生产经营建设、形势任务教育、先进典型、党的建设、基层建设和精神文明建设等方面的日常报道，重点突出贯彻党的十六大精神、油田发展目标、外闯市场、就业和再就业、企业文化建设、油田内部改革和迎接油田勘探开发建设40周年的宣传报道。全年油田在省部级以上新闻媒体发稿1200篇(条)，在中央级媒体的主要版面、重要时段发表一批有影响、力度大的作品，提高了油田在国内外的知名度。加强新闻管理，严格遵守和落实季度新闻例会制度、记者接待制度、稿件送审制度、重大新闻上报制度等各项新闻管理规定。加强对所属内部资料性报刊、电视台文化生活类节目和网上信息的管理，确保全年新闻宣传工作始终保持正确的舆论导向。强化出版物市场的监管力度，加强版权管理工作。完成油田7种国内统一刊号报刊、7家内部资料性报刊的年审。开展"扫黄打非"斗争，从源头上消除非法出版活动的隐患。

【精神文明建设】 全面实施《公民道德建设实施纲要》，大力倡导"爱国守法、明礼诚信、团结友善、勤俭自强、敬业奉献"的基本道德规范，在全油田形成"做放心人，干放心事，当放心单位"的浓厚风气。以"讲质量、讲责任、讲信誉"为主题，组织开展诚信实践活动，不断扩大企业美誉度。开展群众性精神文明创建活动。以贯彻中央文明委《关于深入开展创建文明行业工作的若干意见》为契机，大力加强窗口服务行业的诚信建设和职业道德建设，健全完善承诺制、公示制、信誉制、首问负责制等工作制度。组织评选油田文明建设先进单位(二级)45个、文明建设先进(三级)单位209个。评选油田"十佳文明窗口"和"十佳文明新事"。健全完善"四进社区"活动的长效机制。

(陈刚　王道奇)

(审核　刘建忠)

基层建设

【"达标、创优、争强、夺牌"活动】 实施油田第2个基层建设3年规划，开展"达标、创优、争强、夺牌”活动。基层创建涉及64个队种、58个二级单位(部门)的3419个基层队。修订完善《胜利油田名牌基层队、行业一强、优秀基层队和达标基层队标准条件》,新增护卫中队等队种,在内容上删除不适应当前基层形势发展和不便于基层考核的指标,新增现代管理、HSE、ISO9000、信息化管理、市场经济等内容,使标准条件更科学、准确和具有可操作性,成为基层创建的标准规范和科学依据。严格基层创建考核评选程序,精心组织申报推荐和考核验收工作。从10月28日开始,油田组成9个考核验收组,对58个二级单位(部门)推荐的名牌队、行业一强分路逐队考核验收,随机抽查62个优秀队。考核验收中,坚持标准从高,考核从细,把关从严,严格按照名牌队和行业一强考核验收细则,实行“量化考核排序,末位警示淘汰”新办法,形成优胜劣汰、动态管理的新机制。管理局和有限公司共建成3268个达标队,涌现出147个名牌队,209个行业一强,548个优秀队。72个基层单位被评为中石化金牌队和五星级站库,103个基层单位被评为中石化银牌队和四星级站库,基层建设呈现梯次推进、全面攀升、纵深发展的良好态势,构建和夯实了油田改革发展的基础。

【基层职工队伍建设】 围绕加强基层干部队伍建设,培养复合型人才,举办油田第3期名牌队、行业一强基层干部培训班,参训学员60名。培训以《基层干部知识读本》为教材,通过聘请局机关、党校、职大的领导、专家授课,组织到行业一强和名牌队学习参观,开阔基层干部视野,提高政治和业务素质,提升管理水平和领导能力。各级党政组织通过强化培训、组织调整、实践锻炼等措施,基层干部的政治业务素质和综合能力明显提高,基层班子的年龄、文化、专业结构进一步优化,创造力、凝聚力和战斗力明显增强。904个名牌队、行业一强和优秀队中,队干部平均年龄33.5岁,大中专以上学历基层干部占91%以上。基层班子的群众信任度达93%以上,优秀率达到80%以上。

抓好职工队伍素质建设。建立完善以二级培训中心、三四级培训室为主体的培训网络,坚持继续教育和岗位培训,有效提升职工文化和专业素质。导入学习型组织新理念,提升职工和团队的持续学习力。加强岗位能力和操作技能培养,职工队伍技术等级结构发生明显变化,涌现出一批高素质、高层次、复合型的专业技术人才,培养铸就了一支具有较高素质和劳动技能的产业大军。油田11.3万工人中,技术工人占到8.9万人,其中中级工24847人,高级工28855人,技师、高级技师1423人,形成一支专业工种配备齐全、结构层次合理、整体技能素质较高的技术工人队伍,为油田在新形势下谋求更快更好地发展,打下坚实的人才队伍基础。

【创新创效】 引导职工培植并树立科学先进的现代经营管理新理念,以新的理念指导推动基层各项管理工作的创新发展。开发系统实践出“自然递减分因素控制管理法”、“员工价值形态管理”等新模式。作业系统创出“零要素管理模式”、“班组动态升级管理法”等新经验。钻井系统探索出“三全动态管理法”。社区系统创新“GIN”物业管理新模式,并将HSE、ISO9001等国际管理标准引入物业管理,精心打造物业管理品牌,使社区服务工作纳入标准化、规范化轨道。许多二级单位在基层单位开展“一队一特色”活动。取得局级以上企业管理现代化优秀成果46项,其中《智能型班组管理法》等4项成果获得省部级以上管理现代化创新成果奖。

《“立体化、效益型”基层管理工作法》等10项有关基层建设的成果获局级思想政治工作创新奖。

【创建学习型组织】 油田把创建学习型组织作为长期战略任务，列入局社会科学重点研究课题，进行研究攻关。采取“走出去，请进来”，组织主管部门领导和基层干部，到齐鲁石化储运厂、兖矿集团兴隆庄煤矿、莱钢集团炼钢厂等单位学习考察，与山东明德研究所协作，帮助物探公司、孤东采油四矿、东辛采油五矿制定创建方案，推动学习型组织在油田健康发展。以更新学习观念为先导，以提升学习力、创新力为重点，以“五项修炼”为抓手，创建学习型企业、学习型团队、学习型班组、学习型家庭、学习型员工活动在探索中起步，保持了竞争优势和成长活力。

【油田基层建设现场经验交流会】 8月27日，在滨南采油厂组织召开油田基层建设现场经验交流会。现场参观滨南采油105队驻地和井站，滨南采油厂党委、河口采油一矿4队、集输公司孤东采气队、黄河钻井总公司3252钻井队作典型发言。胜采22队等20个基层单位进行书面交流。局党委副书记王立新总结油田3年基层建设工作经验，部署下步工作任务。

【实施油田第3个基层建设3年规划】 局党委制定下发《胜利油田2004—2006年基层建设规划》，明确新形势下基层建设的地位作用、指导思想、目标任务、实施步骤和保障措施，提出夯实“三基”、提升“三力”、实现“三化”的发展思路，使基层建设工作与油田改革发展目标任务相衔接，与中心工作同频共振。

（罗焕章　牛汝东）
（审核　刘建忠）

统战工作

【综述】 胜利油田共有统战成员38500人。有6个民主党派，成员117名，民主党派基层支部7个，小组3个。侨港台三胞眷属共有1600人，其中归侨27人，侨眷、侨属、港澳眷属620人，台籍同胞16人，台属940人。全油田有26个少数民族3608人，其中回族1940人，满族881人。少数民族干部653人。油田有基督教、天主教、佛教等信众近3000人。

【政协、人大换届工作】 2003年，各级人大政协组织全面换届，在换届过程中，多次与省委、市委统战部，就有关事项进行协调，对基层单位推荐的候选人，按照委员的最优标准和条件进行认真的政治考察，推荐十届全国政协委员1人、九届省政协委员4人、市政协委员51人，十届全国人大代表（党外）2人。

【民主党派和党外知识分子工作】 从企业党外干部队伍实际入手，落实《关于进一步加强培养选拔党外干部工作的意见》，加强督导和检查，提高各级党委对发挥党外知识分子积极作用的思想认识。理顺党外人才选拔使用机制，一批党外知识分子被列入后备人才库，并走上重要技术、管理岗位。14名民主党派负责人被推荐为市级以上人大代表或政协委员，7人担任市级民主党派组织领导职务。全油田党外副处级以上干部共9人，党外科级干部598人。

结合油田开展的“学、转、谋、见、争”主题活动，开展形势任务宣传教育活动，组织召开油田各民主党派基层支部（小组）负责人及骨干成员专题座谈会和理论政策培训班，系统学习“三个代表”重要思想、党的多党合作制度等。选派人员参加民主党派省委、东营市委统战部等组织的“三个代表”思想学习班。严把党外知识分子加入民主党派发展质量关，全年协助完成10名新申请人员的政治考察。

【民族宗教工作】 贯彻党的民族政策，为少数民族群众办实事。高考前夕，及时与油田招生部门进行协调，联合下发《关于做好普通高考少数民族考生、三侨考生、台湾省籍考生身份认定工作的通知》，共为108名特殊考生办理身份认定。配合地方派出所开展户籍纠错工作，为20余名油田少数民族群众办理民族成分更改和确认手续。在“古尔邦节”期间，参加市“伊协”举办的庆祝活动，与广大穆斯林同胞一起欢庆节日。根据回族群众要求，捐款近万元为“伊协”购置部分办公设备。协调胜大集团党委修缮回民第二公墓进出道路的配套建设，受到穆斯林群众的好评。

贯彻落实党的宗教信仰自由政策，以宗教活动场所管理为切入点，依法加强对宗教工作的分类管理。针对仙河镇地区因城镇改造，个别宗教聚会场所拆迁、合并的问题，多次进行调研，多次召开宗教工作联席会，使仙河镇地区的宗教场所拆迁、合并及经济补偿、新址建设等敏感问题得到解决。

【侨务对台工作】 利用中秋、国庆节等传统节日，组织油田部分侨台界人士开展座谈、参观联谊活动，加深海外人士对油田的了解和认识。开展对台宣传，促成医疗卫生、幼儿教育、经贸考察、文化交流等4个团组，共30人赴台交流学习。落实走访慰问制度，春节为油田1400名统战成员赠送纪念品，对22户重点统战成员家庭进行走访慰问。落实《归侨侨眷权益保护法》，对20名协解侨台职工重新进行登记造册，建立动态管理档案，帮助实现再就业。

【统战信息调研和培训工作】 对统战干部进行为期10天的理论业务培训，系统学习党的统一战线发展历程、“三个代表”重要思想及多党合作、民族宗教等知识，组织统战干部赴革命圣地西柏坡、佛教名胜五台山参观学习。组织开展“全省统一战线学习十六大精神”知识竞赛，上缴答卷18400份，受到省委统战部的通报表彰，被授予优秀组织奖称号。油田统战调研宣传工作被省委统战部、省对台办评为全省统战宣传工作三等奖和全省涉台教育先进单位。《与时俱进，开拓创新，努力做好新形势下的企业统战工作》等调研报告，被评为全省统战理论宣传“精品工程”调研成果二、三等奖。

（丁立江）
（审核　杜仲武）

信访工作

【群众来信来访】 全年受理群众来信670件，同比增加4.5%。接待群众来访3085次20345人，同比分别增加33%、192.5%。接待处理群众集体上访577批，16624人次，同比分别增加133.8%和229.5%。接待处理油田退养家属、协解人员、内退职工等20个群体集体上访。95%以上的三级单位实现了“无到省进京上访，无越级集体上访，无信访积案”的信访工作目标，大量矛盾和问题得到妥善处理，维护了油田大局稳定，促进了油田改革发展。管理局被评为2003年度山东省信访工作先进单位。

【领导阅信接访】 加强对信访工作的领导，落实信访工作领导责任制，明确信访工作为“一把手”工程，各级党政主要领导、各部门主要负责人是第一责任人，对本单位、本系统的信访工作负总责。党委主要领导坚持亲自阅批和处理群众来信来访，经常听取信访工作汇报，多次做出重要指示和批示。全年召开信访工作领导会议10次，稳定工作会议31次，督导会议8次，二级单位党委书记会议14次，专题研究部署信访和稳定工作。油田领导阅批群众来信700件。油田主要领导经常深入基层单位、到职工家中走访，与职工谈心，与上访群众对话，了解基层职工的工作、生活和思想状况。

【信访制度建设】　按照信访工作“两个下移”的原则，加强信访制度建设，修订完善《不稳定因素排查处理制度》、《局机关部门联系点制度》、《信访工作督导督查制度》、《信访工作领导责任制》、《机关各部门归口分工处理人民来信和接待人民来访的规定》、《群众逐级上访和分级受理办法》、《信访人行为规范》及《信访工作联席会制度》等制度。完善油田稳定工作预警预防机制，规范信访处理程序和上访程序，使信访工作关口得到前移。

【信访信息化建设】　加强信访信息员网络建设，开发、建成“胜利信访网站”，获油田思想政治工作创新一等奖。利用局域网信息覆盖面大、传递速度快、资源共享等优点，建立信访网络信息交流平台，实现了信访工作的信息化、自动化和程序化。

【信访队伍建设】　管理局信访办公室升格为正处级，加强了领导力量，充实了工作人员。各二级单位选拔优秀干部从事信访工作，群众反映问题的渠道得到畅通。加大资金投入，改善信访接待和办公条件，奖励有突出贡献的信访工作者，调动了信访干部的工作热情。8月18日，油田召开信访工作大会，总结近年信访工作，分析信访工作形势，安排部署下步任务，对20个信访工作先进单位、77名优秀信访工作者和42名优秀党委信息员进行了表彰和奖励。

【重复上访专项治理】　按照上级业务部门部署，开展重复上访和上访老户专项治理工作，油田成立专项治理工作领导小组，从7月份开始，分为排查摸底、调查处理、检查验收3个阶段。油田党政主要领导多次听取专项治理工作汇报，对个别老户问题做出批示。5次分片召开二级专项治理工作会议，汇总情况，听取意见，协调有关部门处理老户信访事项。共调查处理20个重复群体上访问题，解决5名上访老户问题，实现全年无1人去省进京上访。

（朱　泉）

（审核　李凤来）

保密工作

【保密宣传教育】　按照油田“四五”保密普法教育实施计划的安排，为纪念《保密法》颁布15周年，在《胜利日报》举办保密法制教育专栏，刊登各单位理论宣传文章，坚持在局党校开设保密教育课，为县处级以上领导和青年后备干部培训班进行保密知识教育。参加省保密局组织的理论研讨活动，有2篇论文获奖。开展保密理论研讨活动，收到66家单位79篇论文，10篇论文获一等奖。

【计算机信息系统保密管理】　油田信息网络有大中型计算机60台（套），工作站346个，计算机1.6万台，油田平均12人有1台计算机。软件上，拥有大型引进软件10套，近百个应用模块，大型数据库软件6套，自行开发应用软件480套，油田信息化建设在中石化系统处于领先水平。对油田20家单位的计算机网络信息安全保密情况，进行集中检查，责令存在问题的单位限期整改，并列入下次检查重点。成立网络安全技术研究项目小组，与北大青鸟公司开展身份认证等科研课题攻关。

【国家秘密文件管理】　负责全油田接收的“三密”文件的办理和保管工作，全年收到文件500件7766份，无一丢失泄密。严格执行各项保密制度，对确需翻印的密级文件，都到指定地点印制，督促检查印刷厂的保密工作,确保国家秘密安全。

（尹兰萍）

（审核 魏衍珠）

工会工作

【群众性经济技术活动】 在油田范围内开展“七个一”岗位创新活动,即树一个新观念、学一门新技术、提一条小改小革方案、找一个经济效益增长点、创新一个服务项目、开辟一个新市场、创造一个新纪录。各级工会围绕生产经营任务,开展合理化建议和发明创造活动。全年实施合理化建议21560项,172项获局级奖励,23项现代化成果获省部级奖励。举办油田首届工人技师大奖评选活动,对10名工人技术能手每人给予5万元重奖。在女工中开展“女职工素质达标”活动。全油田有15.3万人次参加群众性技术学习、技术练兵和技术比赛。

【职工民主管理】 修改完善《胜利石油管理局、胜利油田有限公司职工代表大会制度实施办法》等7个制度。召开代表团长联席会议,参与油田内部分配制度改革。抓好厂务质询制度的落实和监督工作,推动油田厂务公开工作深入实施。以职代会为基本形式的民主管理制度不断完善,基层民主政治建设得到加强。

【劳动关系调解】 全油田66个二级单位签订了集体合同。157个独立法人企业中,有153个签订了集体合同,签约率和职工覆盖率分别达到96%和97.5%。为适应油田企业改制中产权多元化的需要,加强职工持股会建设,为20个单位的职工持股会办理登记,4万人入股,持股金额3.8亿元。全年处理信访案件1600余起,对270件劳动争议和劳动法律监督案件,会同有关部门和单位进行处理,257件处理完毕。

【工会保障工作】 按照上级要求,提高职工丧葬补助费和定期补助标准,规范各种用工类别职工死亡后的处理办法及补助标准。协同劳动就业部门安置特困户子女就业,24名特困户子女全部实现就业。组织开展春节、“助残日”期间、盛夏时节坚守岗位的一线职工和抗“非典”前线医务工作者的走访慰问。制定《胜利油田困难群体帮扶资金管理使用暂行办法》,为1290人发放互助互济金201.93万元。为特困户和生活困难职工发放补助费104万元,406户特困户脱贫。为36名特困生发放助学金9.9万元。外派疗养员4636人,为有毒有害岗位职工查体470人次。各二级单位向省内洪涝灾区捐款180万元。

【职工互助保险】 职工互助保险实现保费和储金12.3亿元,赔付2775人次,给付保险金478万元。为1276名符合标准的患病职工发放医疗救助金460万元。

【残疾人工作情况】 油田设立残联办公室,隶属局工会领导。12月4日,胜利油田残疾人联合会第一次代表大会召开,大会聘请曹耀峰、董丕久同志为主席团名誉主席,李玉卿同志当选为胜利油田残疾人联合会主席。10月23日,管理局、有限公司按照《山东省人民政府关于胜利油田贯彻执行<山东省按比例安排残疾人就业办法>有关问题的批复》,制定下发《关于开展按比例安排残疾人就业工作的通知》,出台《胜利油田按比例安排残疾人就业实施办法》。油田持有《中华人民共和国残疾人证》的残疾人3480名。油田残疾人就业人数为2509人,占残疾人总数的72.1%。

（王劲松）

（审核 李慎忠）

群众文化

【综述】 全年举办大型演出活动4次、各类艺术展览10余场次。出版各类文学著作21部,在全国、省部级刊物杂志上发表各类文学艺术作品120篇(首、幅),107人获得省部级以上各类奖励,其中国家级17个。培训专业人员300人次。2幅作品入展中国美术家协会主办的“全国中国画展”和“第七届少数民族运动会书画作品展”。6集广播连续剧《无悔的选择》,获山东省广播剧评比一等奖,歌曲《摇着黄河走东西》和组歌《龙腾黄河口》等3部作品分别获全省广播剧、歌曲展播一、二等奖。在中石化组织的歌曲评选中,有3首歌曲被选入20首优秀歌曲之中。在全国“矿业杯”摄影大赛中,油田有11名作者获得一、二、三等奖。在中石化第四届美术、书法、摄影展中,油田有36名作者获奖。在山东省第三届青少年书画大赛中,油田有168件作品获奖。

【体育活动】 在中石化首届运动会上,胜利油田夺得28枚金牌、8枚银牌、8枚铜牌,获团体总分第一名。承办全国行业职工乒乓球比赛、山东人防系统和山东检察院系统乒乓球比赛,及CBA山东金斯顿男篮东营赛区的5个主场比赛。油田各二级群众健身活动和比赛20余次,5万人参加。

【文化活动】 开展“电影进社区”、“送文化下基层”等活动。全年放映电影6087场次,观众759697人次。开设乒乓球、舞蹈、电子琴、绘画等专业25个,培训青少年4500人次。举办书画、摄影等大型艺术展览活动10余次。油田图书馆接待读者70万人次,体校和工人文化宫对外开放100余场次,接待健身训练人数10000人次。

(熊　辉)

(审核　陈战魁)

共青团工作

【综述】 胜利油田现有35岁以下青年15.8万人,其中青工12.3万人,占职工总数的近70%,团员6.4万人。油田团委下设65个二级团委,742个三级团委、团总支,4292个团支部,其中学生支部810个,全油田共有专、兼职团干部313人。油田团委设三部一室一校,即宣传部、组织青工部、学少权益部、办公室、拓展训练学校。局团委被团中央授予“全国五四红旗团委”称号,局团委书记张立在团的十五大上当选为共青团中央委员,物探公司朱玉雷当选第十四届“山东十大杰出青年”,井下作业公司团委被评为“山东省五四红旗团委”,油气集输公司孤岛分公司等5个青年集体被命名为国家级青年文明号。

*启动实施“青春创业行动”。*1201名待业和失业青年报名参加,204名油田待业和失业青年走上就业岗位。与中国农业银行东营分行共同推出针对“青春创业行动”的小额贷款业务。开设大中专毕业生流动站,12家企事业单位申请设立,为大中专毕业生提供实习锻炼岗位131个。以“青春在创业中更精彩”为主题,举办“青年与创业”主题辩论赛和青年创业先锋事迹报告会。为庆祝油田勘探开发建设40周年,举办“我心中的胜利油田”电视演讲比赛。

*加强青工技能培训。*举办油田首届青工网上技能大赛,参赛人员1200人。举办钻井系统青工技能比赛、社区系统青工技能比赛。加大勘探、生产辅助、多种经营等闯外部市场单位中创建青年文明号活动力度,命名表彰10个局级外闯市场青年文明号,指导创建22个省级青年文明号、5个国家级青年文明号。油田青工完成“五小”成果3000项,降本增效780万元。

加强自身建设。编辑《胜利油田基层共青团工作手册》和《团支部工作记录本》,下发到全油田4192个基层团支部,指导团的工作。在基层团组织开展“争四好,创特色”活动,完成11个基层团建创新试点工作。举办由79名团支部书记参加的团干部培训班,选拔5名优秀基层团干部到局团委学习。各级团组织共举办团干部培训班38期,培训团干部650人次。加强信息化建设,对“胜利青年”网站进行升级改造,并购买专用服务器,实现共青团网上办公自动化。

推进青少年权益工作。团省委在油田召开全省共青团权益和希望工程工作会议,局团委在会上作典型经验发言。为182对来自油田各行业的青年组织举办第二届“青春同禧”青年集体婚礼,组织300名新人赴港澳旅游。通过创建“青少年阳光网吧”,发挥“阳光热线”和青少年心理讲座的作用,优化青少年的成长环境。组织开展“青春有约”青年交友活动,受到青年的欢迎。开展大中专学生社区援助活动,组织参加社区服务,少先队组织开展“实现宏伟蓝图,做好全面准备”主题教育、“新世纪我能行”体验教育和“雏鹰行动”等活动。3所学校通过山东省少先队工作规范化学校评估验收。

【启动实施“青春创业行动”】 根据油田稳定工作形势和青年需求,启动实施“青春创业行动”,旨在油田青年中倡导和弘扬创业精神,鼓励和帮助油田待业和失业青年自谋职业、自主创业。1201名待业和失业青年报名参加,其中204人走上就业岗位。推出针对“青春创业行动”的小额贷款业务。开展建设“大中专毕业生流动站”活动,油田12家企事业单位申请设立,为大中专毕业生提供实习锻炼岗位131个。

【举办“青春同禧”集体婚礼】 局团委联合局工会、局计生办、油田广电中心联合举办油田第二届“青春同禧”青年集体婚礼,全油田180对新婚夫妇参加婚礼,分3批赴港澳旅游。“青春同禧”青年集体婚礼成为油田共青团工作的品牌活动。

(王振江)

(审核　宁　龙)

机关党委工作

【综述】 现有职工47人,设办公室、组织科、宣传科(团委、统战)、纪委(监察科)、工会(计划生育办公室)、劳资培训科、行政科、保卫科(社会治安综合治理委员会办公室)、广场管理办公室等9个机关科室。组织油田机关学习十六大和十六届三中全会精神。全年举办6期科级干部学习十六大精神培训班和1期入党积极分子培训班,组织第7期处级干部学习“三个代表”重要思想学习班。加强机关党的组织建设和干部队伍建设。全年新调整、成立党总支3个、基层党支部18个,发展党员57名。共考察、聘任(解聘)科级干部843人次。选派参加青年干部培训班30人,参加各类业务培训班129人次。完成136人的职称评聘工作。在机关党支部开展“联手、联建、联创”活动,有50个处室党支部和53个二级单位一线党支部结成联手共建对子,“三联”活动获2003年度思想政治工作创新一等奖。结合机关实际,深入开展“纪律、作风、形象”党风廉政主题教育活动,加大反腐倡廉力度。围绕正反两方面典型,开展廉政勤政教育和警示教育。开展水电管理、物品采购管理和基建维修管理项目效能监察,增加经济效益290.1万元,挽回经济损失51.75万元,避免经济损失241.61万元。累计创造经济效益583.46万元。全年受理信访举报案件11

起,全部结案。加强机关作风建设,完善机关作风建设长效监督机制。成立“油田局处两级机关思想作风建设研究会”,组织召开加强机关作风建设工作会,提出建设服务机关、诚信机关、法治机关和高效机关的具体要求。

【工会、共青团、计划生育工作】 加大维护工作力度,全年为机关2400名在职和离退休职工发放福利35万元,为机关94户遗属户、困难户发放慰问金95700元,为机关1217名职工办理安康保险入保手续,入保金额1076.9万元,安排职工外出疗养100名。共青团工作以建设学习型机关为目标,在油田机关组织建立10个“互动型青年学习小组”,为100名成员发放专业书籍,组织举办部门核心业务座谈会、专题学习研讨班和交流会。计划生育工作坚持“三为主”方针,深入开展“双进”、“双建”活动,组织业务知识培训班4期。

【劳资和行政管理工作】 加强劳动合同管理,维护劳动关系的严肃性。全年新签临时用工劳动合同103份,续签劳动合同84人,转入、转出、解除、终止、变更劳动合同353份。全年调整工资347人次,组织34人参加高级工培训和技能鉴定工作,完成15人成人考试报名和资格审查工作。输入劳务用工253人。与24个相关单位(部门)签订《水电管理协议书》,坚持水电网络、设施每月巡检制度,定期抄表计量核算,加强降本减费工作措施,查处偷漏水电问题和用电安全隐患30余起,全年实现水电费用节余153.88万元。全年实施维修及改造工程近40项,总投资1778.52万元。落实机关安全生产责任承包制,与各单位一把手签订《安全生产责任书》,加强了机关非专职司机驾证统一管理。对安全技措设备设施、特种设备定期实施检测,投资90万元对直属机关所有的防雷设施进行维修改造。加强办公物品及物业、产权产籍、公积金管理,全年修改职工(退离休人员)个人信息3000人次,打印个人住房信息表2000人次,汇缴公积金1192.14万元,审核签认物业费(非住宅采暖费)1303.99万元。

(杜　军)

(审核　刘　杰)

民兵工作

【综述】 民兵预备役工作围绕油田生产建设和经营改革目标,加强民兵预备役建设。油田人武部被评为全国创建“双拥模范城”先进单位,被山东省委、省府评为国防教育先进单位,武器装备仓库被山东省军区评为“装备仓库管理先进单位”,民兵高炮分队在山东省军区组织的民兵高炮实弹射击考核中,获得第一名。

【国防动员综合潜力数据调查】 根据上级军事机关计划安排,对全局18—35岁退伍军人进行退伍军人预备役登记、统计,建立完备资料。对全局动员潜力进行调查,完成行政区概况、人民武装力量动员潜力、国民经济动员潜力、人民防空动员潜力、交通战备动员潜力等数据调查统计工作。

【强化军事训练】 组织基干民兵进行军事训练,统一制定训练计划。全局专武干部、民兵干部、应急分队民兵、专业技术分队民兵,完成规定军事课目的训练任务。组织高炮分队参加省军区组织的民兵高炮实弹射击考核,获全省第一名,受到山东省军区通报表彰。全年对900人进行了军事训练,完成上级军事机关安排的年度训练任务。

【民兵武器装备管理】 把武器装备仓库的安全作为重点。严格按照武器装备管理要求和规章制度抓好工作落实,长年坚持干部住库、警卫值班、3 人 3 锁等制度，做到 24 小时严管，确保武器装备管理万无一失。

【应急分队建设】 加强应急分队建设和训练，完善应急分队装备，加强应急分队的思想政治教育和军事训练。出动民兵应急分队，执行维护油田稳定任务 6 个月，出动人员 35000 人次。在抗击风暴潮过程中，油田民兵共出动 25000 人次，完成局党委交给的抢险营救及遇难者的海上搜寻任务。

【征兵工作】 对全局 468 名适龄青年进行兵役登记，对征兵工作情况进行摸底，确定预征对象。共完成 147（含 6 名女兵）名新兵的征集任务。

【防雹、防汛、防凌工作】 全年动用高炮 20 门次，民兵 70 人，累计防冰雹 170 天，防雹作业 8 次，实施人工降雨 2 次，有效抗击了自然灾害，确保了油田工农业生产和当地农业生产。组织民兵在黄河入海口进行防凌作战演习，做到人力、物力、财力到位，使黄河防凌抢险工作落到实处。

（邓焕然）

（审核　贾锡坤）

普法工作

【法制教育】 开展防治“非典”法制宣传教育。编发各类防“非典”法制宣传资料 10 万份（册），各基层单位创办法制宣传栏、出黑板报 12000 期。落实领导干部学法用法制度。油田 10000 名科以上干部参加普法统一考试，参考率和考试合格率均达 95% 以上。青少年学生法制课质量有新的提高，70 所中小学普遍聘任法制副校长。开展“法律进社区”活动，90% 以上的居民通过不同渠道和形式，受到法制教育。各社区创建法制宣传一条街（路）30 个。建立 100 个多功能居民法制夜校和流动法律咨询服务站。建立 500 人组成的专、兼职普法骨干队伍，为居民宣讲法律 670 多场次，听众 10 万人次。组织举办“四五”普法第二期宣讲员培训班，为二级单位培训骨干 70 人。油田三级以上单位举办培训班 370 期，培训 15000 人次。各级党校、培校发挥主阵地作用，有 38000 名职工和 15775 名干部参加各类业务培训，学习法律法规。油田被评为山东省 2003 年度“法制宣传教育先进单位”。

【人民调解】 坚持边改革、边规范、边发展，使人民调解工作有效发挥在维护油田稳定中“第一道防线”的作用。730 个人民调解委员会达到“五有”（有人民调解委员会标识牌，有相对固定的工作场所，有调委会印章，有调解、回访等记录，有统计台账）、“四统一”（统一人民调解员证，统一人民调解委员会标牌，统一人民调解徽章，统一人民调解委员会印章）的标准，约占总数的 78.8%。4000 名人民调解员被重新聘任上岗，占油田现有调解员的 67%。通过开展“四无百优”活动（即“无民间纠纷引发的群众性上访事件、无民间纠纷引发的群众性械斗事件、无民间纠纷引发的自杀案件、无民间纠纷引发的刑事案件”，评选“百名先进人民调解员、百个人民调解先进集体”），提高人民调解员业务素质，强化基层民间纠纷的排查措施，及时调处化解大量民间纠纷，维护基层稳定。全年调处各类民间纠纷 721 起，其中婚姻纠纷 162 起，邻里纠纷 201 起，生产经营纠纷 21 起，其他纠纷 325 起，防止民转刑案件 12 起、涉及 36 人。民间纠纷发生率同比下降 4%。胜利油田获“山东省人民调解工作先进集体”称号。

【法学教育助学】 1314 名学员参加司法部律函中心和省法律自学考试，累计办理报考课目4300多项,50名学员取得专科或本科毕业证书。学员考试成绩合格率高于全省平均水平。

【刑释解教人员安置帮教】 4月,油田成立刑释解教人员安置帮教工作协调小组,局普法办承担"协调小组办公室"日常工作,负责制定年度工作计划,加强与有关部门联系,做好接荐帮教工作。及时与省司法厅及省安置帮教办进行工作接洽,建立基本工作制度,接待部分刑释解教人员来访。

(刘永平)

(审核 王忠义)

老年管理工作

【综述】 老年管理中心成立于1984年,现设6个科室、5个直属单位。在职职工96人,其中干部64人,高级职称10人,中级职称27人。负责全油田56000名离退休职工的管理工作。

全油田建立老年基层党委13个,党总支49个、党支部544个、党小组2073个。现有老年大学分校32所,在校学员1万人次,开设专业42个。全年举办老年党支部书记培训班90多期,培训1600人次。兴建老年活动室249处,总面积16万平方米。全年油田老年系统获全国省部级及以上奖励40项。

【"学、争、创"活动】 参加中组部、全国老龄委、中国老年报社举办的"学十六大精神、学党章"百题知识竞赛活动,发放答卷1万份,23000名离退休职工参加答题竞赛。局老年管理中心与10个二级单位获优秀组织奖和先进集体称号。局老年管理中心被山东省授予"老干部工作先进集体"称号。全油田成立"五老"报告、宣传、帮教团396个,参加"三自"管理的离退休职工6100人。12名离退休职工被评为"油田老有所为模范"。"学、争、创"主题活动被管理局评为"思想政治工作创新奖","新形势下企业老干部工作研究"课题荣获"管理局思想政治工作优秀研究成果一等奖",获省老干部系统"优秀调研成果二等奖"。

【落实两项待遇】 全年组织2000人到北京、大连、厦门、海南等地健康疗养,为24000人进行健康查体,为37000人举行保健知识讲座。离退休职工"两费"做到按时足额发放和按规定报销。各级党政工团与老年部门联合开展"一助一"帮扶活动,有96位处级领导与128位困难离退休职工结成帮扶对子,及时解决生活难题。

(李先娥)

(审核 陈永生)

咨询委工作

【综述】 围绕局党委、管理局和有限公司中心工作,学习研究党和国家的有关方针政策,深入基层调查研究,为油田领导班子决策提供参考,做好拾遗补缺、解疑释惑的工作。参加中石化集团公司党风廉政建设和效能监察的检查、督导工作。主持召开中国监察学会石化分会第二片区会议,研究源头治理和预防腐败问题,交流成功经验。组织召开石油集邮协会第四次代表大会。参加中国石油文联第四次代表大会,被授予"石油文化艺术事业特别贡献奖"。举办报告文学《我们的阳光》首发式,举办中石化诗歌创作培训班。组织首届中石化诗歌大赛,并结集出版诗歌集《像鹰一样飞翔》。编辑出版文学双月刊《太阳魂》6期,发表文学作品100万字。参加油气勘探咨询活动,对中石化西部勘探和胜利新疆区块勘探及江苏区块庄1井试采方案提出建议。进行勘探理论研究,编写的《济阳断陷盆地隐蔽油气藏勘探》由石油工业出版社出版。为《山东矿床》编写10万字文稿。开展黄河三角洲海岸线蚀退对滩海油田的影响及对策研究,形成论文《黄河三角洲海岸线蚀退与建设防潮堤坝新技术》。参加中石化集团组织的机械厂普查、咨询工作。在油田专业机厂和钻井、采油院等单位推广应用三维创新实体设计软件,得到国家科委有关专家的好评。

【参谋咨询】 发挥咨询委成员工作阅历和实践经验比较丰富的优势,研究油田改革、发展、稳定等问题,为油田领导班子献计献策。通过参加各种会议,参与研究油田在生产、经营、改革、稳定和职工福利等方面的问题。把做好职工群众的思想政治工作作为重要职责,利用各种机会,通过座谈会、个别交流、电话咨询等形式,向职工群众宣传上级的指示精神,解释油田出台的有关政策、规定和改革方案,解答职工提出的一些问题,发挥了解疑释惑、顺气鼓劲的作用。

【调研工作】 针对油田改革发展中遇到的有关问题深入基层调查研究,摸清情况,综合分析,提出建议,为油田领导班子决策提供参考。对油田教育现状、存在的主要问题及发展方向进行调研并形成报告。对油田抽油机现状进行专门调研,并形成报告。参与组织对管理局党风廉政建设重点问题进行调研和理论研讨。

(张志中)

(审核　李建民)

公益事业

社会保障

【综述】 社会保险管理中心组建于1996年9月,实行专业化管理、区域化服务。下设28个社会保险事务所,有职工194人。全年收缴保险基金21.6亿元,参保人员各项保险待遇兑现率达到100%。为1062名达到退休年龄职工办理退休手续,新办理离退休人员供养直系亲属475人,在职职工死亡、出国定居人员退保307人。为26.6万人建立基本医疗保险个人账户,25334人次享受住院医疗费统筹待遇。为119843人次支付规定病种的门诊医疗费。与太平洋保险公司签订商业补充医疗保险补充协议,全年有802人享受团体商业医疗保险赔付,1098名参保人员享受到职工医疗救助。全年为300多名失业职工办理失业保险金申领手续,为172名死亡的协解人员家属发放丧葬补助金和抚恤金。8000名女工享受到生育保险待遇,为7058人支付工伤保险待遇。制定实施门诊大额医疗费补助办法,全年对达到门诊医疗费补助条件的284名参保人员办理了补助。建立和实施补充养老保险制度。全局有2250人符合享受差额补贴的条件,一次性补发539.5万元。社保中心获山东省直管企业养老保险工作先进单位、山东省失业保险工作先进单位。

【养老金实现社会化发放】 按照国家劳动和社会保障部、省劳动和社会保障厅的要求,从2003年11月起,启动养老金社会化发放工作。即对纳入山东省统筹项目的养老金,由省社会保险事业局通过邮政局、农业银行和工商银行拨到离退休人员的养老金个人账户。油田37000名离退休人员全部实现社会化发放,受到山东省劳动和社会保障厅好评。

【建立实施补充养老保险制度】 按照《关于建立企业补充养老保险的通知》(局发[2003]222号)文件规定,有2250人符合享受差额补贴的条件,2003年底一次性补发539.5万元,月人均104.8元。

【社保信息建设】 开展软件培训、软件交流,及时组织新老系统数据转换、新系统试运行、验收及社会保障卡数据的审核、校验、发放等工作。新系统完成除"基层单位社保信息服务系统"外的8个子系统的开发建设。原系统1亿多项数据已完成比对迁移,8个子系统均正常运行并开展业务。完成26万名参保人员社会保障卡信息的采集、核对、照片扫描、制卡,为24万名参保人员发放社会保障卡。完成社保系统与油田中心医院、胜利医院等8个医院的对接工作。在河口、胜北等医院进行门诊持卡就医医疗费结算的试点运行,显现了信息化管理的优越性。对实现全局参保人员基本信息数据共享、减少数据资源浪费、避免信息重复采集具有较大作用,工作效率明显提高。

(任立松)

(审核　冯庆芝)

教育培训

【综述】 教育培训处(中心)于1993年4月由原教育处和职工培训处合并组建,机关设14个科室,直属科级单位8个,直属四级单位1个,直属13所中小学、6所幼儿园,现有在岗教职工2057人,其中高级职称370人,中级职称814人。油田共有各级各类学校200所,在职教职工总数10286人。有幼儿园93所,在园幼儿21375人,在职教职工2324人。中小学63所,在校生66815人,在职教职工5300人。职业学校2所(石油大学胜利学院、山东胜利职业学院),教职工1299人。职工培训中心(学校)38所,教职工980人。高级人才培训中心1所,教职工356人。

【基础教育】 主动适应油田改革和社会需求,探索新的办园模式。通过开设亲子园、节假日班、寄宿班等形式,扩大服务项目和范围,用新机制、新办法拓展发展空间,促进幼教事业多层次、多元化发展。全局有9所幼儿园成为局级示范园,2所幼儿园被评为局级一类园。9所幼儿园顺利通过省级复评检查,14所幼儿园晋升为省级示范园。全局拥有局级以上示范幼儿园71所,占园所总数的76.3%,其中省级示范园32所。

推进教育骨干示范区建设,《教育骨干示范区督导评估方案》通过局级科研课题验收。实验小学、第三高级中学顺利通过省级规范化学校验收,8所学校被认定为局级规范化学校。油田局级以上规范化学校达34所,占中小学总数的50%,其中省级规范化学校13所。整合教育资源,实行开放办学,改革调整招生政策和学籍管理办法,小学平均规模由528人增加到624人,初中由618人增加到741人,高中由735人增加到1014人,促进了基础教育均衡发展和办学效益提高。

【教育教学质量取得新进展】 探索适应新课程方案的教育教学评价制度,开展教学方式和方法研究,注重因材施教和全面发展,突出学生创新精神与实践能力的培养,开展"创造性学习"和"自主性阅读"等教改实验，取得一批教研教改成果。2003年，录取本科1198人，同比增加117人，其中录取清华、北大4人。46名学生获国家级竞赛一等奖，其中19人取得重点大学保送资格，19人获省部级一等奖。物理、生物、信息学奥赛均获全省第一名。连续16年获山东省中小学信息学奥赛团体总分第一。

【职工培训和职业教育】 加强与高校多渠道、多形式合作，加大高层次人才培养力度，累计送培硕士研究生1738人，博士研究生140人，已毕业819人。开展对外合作人员培训和专业技术、管理人员继续教育，累计培训26000人次，开展计算机应用能力培训3600人，累计63400人次。重视职工学历教育和培训进修，5026人参加成人高考，自学考试累计报名14437人次，1300人取得毕业证书。1900人参加公共英语、计算机等级证书考试。培训高级技师100人、技师600多人、高级工和技术能手28800余人，青工创新能力培训3万人次，班组长培训4800人次。申办成立石油大学胜利学院和山东胜利职业学院，当年招收本专科新生1433人，高级技校生180人。

【师资队伍建设】 实施名校长工程，全局近百名校长参加骨干校长培训和高级研修。明确骨干教师队伍建设目标、任务和要求，建立处、社区、学校三级教师培训网络，为200名学科带头教师聘请指导教师，推荐7人参加全国创新能力培训。开展全局中小学教师信息技术高级培训6300人次，培训辅导教师202人，1700人取得应用能力高级合格证书。640名教师参加函授和自学考试，500名教师参加研究生课程进修，60名教师参加教育硕士学习。全局幼儿园和小学教师中，高一层次学历达51%和82%；初中和高中教师中，高一层次学历达56%和12%。

（贾振华　胡凌存）

（审核　李从涛）

医疗卫生

【综述】 全局注册医疗机构244所，其中三级医院2所、二级医院8所、一级医院23所、疗养院3所、妇幼保健院1所、卫生防疫机构6所，卫生所103所、校属医务室96所。卫生系统职工共计6760人，其中卫生技术人员5093人。全年完成门诊量318万人次，住院治疗62105人次。拥有固定资产7.32亿元，净资产5.3亿元。占地面积130万平方米，建筑面积55万平方米。

【医疗服务】 开展"医疗质量管理效益年"活动，制定完善各项规章制度和技术操作规程。组织医务人员学习《执业医师法》等法律法规，增强医务人员的自律能力和法律意识。统一命题，统一时间组织全局4600名医务人员参加《医疗事故处理条例》考试，减少了医疗纠纷的发生。举办医院感染管理知识考试，提高医务人员的感染管理知识水平，医院感染管理措施得到落实。加强医院管理，严格落实法律法规、规章制度和技术操作规范，开展医疗质量大检查，实行医疗质量公示制度，促进医疗质量提高。组织开展高血压、糖尿病、高脂血症普查，在8个社区的21个二级单位普查30000人次，开展职工结核病普查10000人次，为制定相应疾病干扰方案奠定了基础。加大科教兴医工作力度，各级卫生技术人员在国外刊物上发表论文2篇，中华系列杂志上发表论文29篇，省级刊物上发表论文1034篇。有17项科研成果获奖。

【卫生防疫】 以贯彻落实《传染病防治法》为重点，以确保全局不发生重点传染病暴发流行为中心，强化传染病的综合防治力度,完善全局预防接种网络,完成40万人次预防接种任务,各种疫苗接种率达98%以上。建立以局卫生防疫站为艾滋病筛查中心,以中心医院等9家医疗保健机构为艾滋病筛查实验室的AIDS筛查网络。确保在全省伤寒、副伤寒、手足口病防治面临严峻形势下,油田不发生大的传染病暴发流行的承诺目标。油田传染病总发病率由1965年的1305.7/万下降到26.4/万,连续35年未发生白喉病例,连续20年无脊灰病例,连续13年无百日咳病例,连续18年未发生白喉病例,连续18年未出现儿童结核性脑膜炎病例。加大卫生监督工作,以认真贯彻执行《食品卫生法》为中心,以加强执法监督为重点,严防食物中毒事故和食品污染事故的发生。组织春、秋季食品卫生大检查和夏季冷饮食品卫生大检查,加强重大节假日的食品卫生监督检查,食品生产经营企业年监督覆盖率达100%,各类食品的年监督覆盖率达100%。开展"放心水"监督检查活动,确保职工家属饮用"放心水"。对辖区内学生食堂进行4次食品卫生联合大检查,为学生健康提供了重要保障。按照《公共场所卫生管理条例》的有关要求,搞好公共场所卫生,提高居民生活质量。全局企业建档率为100%,从业人员查体率、培训合格率、"五病"调离率达98%以上。

【职业病防治】 贯彻落实《职业病防治法》,开展职业病专项整治活动,加大有毒有害作业场所监督监测力度,加强职业卫生"三同时"和有害作业超标场所的治理改造,强化预防性卫生监督,职业病患病率持续下降,油田全年无新发职业病病例。

【妇幼卫生工作】 全年组织开展3800人次妇女病普查、2700人次儿童常见病普查普治工作,增强广大职工家属的"主动查体"意识。加强妇幼卫生工作的管理力度,全年收集新生儿筛查血片2000例,发放《出生医学证明》3000份,督促12家综合医院建立婴儿抚触室,全部开展抚触工作。加强《出生医学证明》的规范化建设,使《出生医学证明》实现信息化管理。

【药品和设备管理】 贯彻落实《药品管理法》,围绕保证药品质量、降本增效这一中心任务,强化药品进货渠道管理,严把药品入库验收关,保证药品质量。贯彻落实管理局医疗机构药品竞价采购管理办法,推行药品竞标采购工作,降低药品采购成本、让利于民,切实加强纠正医药购销中不正之风工作,各社区按照管理局的有关规定,组织竞价采购药品1500万元,竞价价格在原采购价格比物价部门规定价格平均低15%的基础上,又下降10%—15%,节约采购资金400万元。加强设备采购管理,引进直线加速器等医院急需的医疗设备,职工就医条件进一步改善。

【爱国卫生工作】 以创建国家卫生城市和国家环境保护模范城市工作为契机,以"五小"行业专项治理、"六乱"治理、单位内部农贸市场专项治理、居民区卫生专项治理、垃圾袋装专项治理、窗口单位卫生专项治理等6个专项治理为重点,实施"蓝天工程"、"碧水工程"、"洁净工程"、"绿化工程"、"宣教工程"、"健康工程"。新建垃圾处理场1处,改造垃圾处理场1处,新建和改造沿街公厕23个,拆墙透绿61000米,沿街粉饰、集中清洗楼体50万平方米,主要楼体实行美化、亮化9600处,拆除乱搭乱建2700处。消灭蚊蝇孳生地21000处,增设防蝇防鼠设施35000处,修复灭鼠毒饵站19000个,室外消杀190万平方米,室内消杀530万平方米。组织各类现场督查400余次,发放工作督查55份,接待群众来电来访60次,许多热点、难点问题得到及时解决。"创卫"59项指标达到国家卫生城市的基本要求，通过了全国爱卫会的考核验收。“创模”28 项指标基本达到国家环境保护模范城市的要求，通过国家环保总局的考核验收，圆满完成了双创目标任务。

【“非典”防治工作】 建立油田“非典”防治体系，设立 70 个“非典”监测站，33 个发热门诊和留观室，建成管理局 SARS 防治中心。加强流行病学调查，完善监督检查机制，保证了“非典”防治工作的顺利进行。重点做好基础性防治工作，强化健康教育，制作“非典”专题网页，印发“非典”防治宣传材料，加强“非典”宣传和舆论引导，增强职工自我防治意识。制定《胜利油田防治传染性“非典”型肺炎应急预案》，为油田防治工作提供技术支持。加强疾病预防控制机构网络建设，建立疫情检测和疫情预警体系，实行群防群控。开展卫生防疫人员、医疗技术骨干的防治知识培训，提高医务人员的防治水平。加强对流动人员的管理，实现无缝隙覆盖，完成 6849 人次外来人员的留观工作和 14 例高度关注的发热病人的流行病学调查任务，实现了省委、省政府提出的“堵住源头不输入”的工作目标。

【科教兴医】 各级卫生技术人员在国外刊物上发表论文 2 篇，中华系列杂志上发表论文 29 篇，省级刊物上发表论文 1034 篇。有 17 项科研成果获奖。推进继续教育工作，多形式多渠道培训卫生技术人员，组织各类学习班 33 个，举办技术比赛、业务考试 23 次，有 8457 人次参加相应培训。在全局建成住院医师规范化培训基地 19 个，对参加规范化培训的 104 名住院医师进行考核，合格率 77%，高于全省平均水平 17 个百分点。组织 3037 人次参加自学考试，有 163 人完成学业并取得相应学历。《胜利医学》被评为省优秀期刊。

（万　英）

（审核　李明平）

计划生育

【综述】 贯彻落实中央、国务院“一法三规”和山东省“计生条例”，以控制人口数量、稳定低生育水平、提高出生人口素质、优化人口结构为重点，深化优质服务，圆满完成人口和计划生育各项工作。油田总人口 42.9 万人，计划生育率为 99.8%，人口出生率为 6.4‰，人口自然增长率为 5.1‰，肉眼所见新生儿缺陷发生率为 1‰，比全省降低 6.79 个百分点，人口和计划生育工作步入山东省先进行列，受到省委省政府的通报表彰和奖励，被省委宣传部、省计生委评为“双进双建活动先进单位”，油田计生协会被评为全国“计生协会先进集体”。

【组织建设】 坚持党政一把手亲自抓、负总责，层层签订人口和计划生育工作目标管理责任书，考核结果直接与党政领导和分管领导的政绩挂钩。65 个二级单位设立科级干部岗，计生机构进一步优化。计生队伍岗位津贴、计划生育事业经费得到落实。

【管理措施】 健全管理网络，落实管理制度，实行规范化管理。在生育证明和结婚证明的出具、二胎审批和职工调出调入等工作中，严格把关，确保晚婚晚育率，稳定低生育水平。对流动人口、协解、辞职、退养等特殊群体，实施“职工跟着档案走，家属跟着职工走，特殊人群跟着户口走”的动态管理模式，形成房产、公安、综治、劳资、卫生、文教等多部门齐抓共管的管理机制。按照“谁主管、谁负责、谁的地盘谁清理”的原则，强化对特殊群体的管理，并进行登记造册，做到“四清五落实”，确保人口与计划生育工作的顺利开展。

【宣传教育】 创新宣传教育方法，投资开发计生软件，制作图文并茂的计生网页。加强阵地建设，建起高标准、多功能宣教服务室，定期组织群众开展计生知识教育。建计生宣传一条街50条，婚育新风宣传灯箱一条街10余条，大型彩色喷绘宣传牌100个，悄悄话室30个，起到了良好的宣传教育效果。

【优质服务】 推行以计划生育技术服务为主要内容的出生缺陷干预、避孕节育知情选择和生殖道感染干预“三大工程”。围绕生产、生育、生活，开展婚前教育、孕前查体、产前指导、优生咨询、避孕节育、知情选择、不孕不育、男性生殖健康、更年期保健、健康查体、生育保险和独生子女特困户帮扶等“十项服务”。走“计卫联手、医育结合”、“计教联合、主社协作”的优质服务新路子。投资建起优生实验中心，开展四项病毒检测，10000名已婚育龄妇女进行健康查体，3700人进行四项病毒检测，1700名新生儿进行先天愚型筛查，做到查治结合，跟踪治疗。

（张　娜）

（审核　刘宗怀）

生活服务

【生活服务网点建设】 全年供应水产类498万千克，肉类532万千克，蛋类675万千克，食油类587万千克，瓜果类616万千克，蔬菜类2810万千克，饮料（酒）类578万瓶，干货类367万千克，熟制品736万千克。全年评选“示范生活服务网点”18个，“红旗生活服务网点”37个，达标率98%。

【职工食堂管理】 坚持一手抓防控“非典”型肺炎，一手抓生活服务，从环境卫生、饮食质量、消毒措施、科普教育等方面入手，管理中狠抓一个“严”字，立足一个“细”字，突出一个“全”字，严格食品卫生“五四制”，落实“五定一查”、“五个统一”，强化食品卫生标准化管理，严把食物中毒和“病从口入”关，职工群众自觉改陋习、讲科学，养成了健康、卫生、文明的餐饮习惯。建成“示范食堂”72个，“红旗食堂”204个，达标率99%。全年实现无发生食物中毒目标。

【民用气安全管理】 坚持风险共担的工作方针，自上而下，层层落实民用气安全承包责任制，形成了层层有人管，岗岗有人抓，户户有人查的民用气安全管理网络。全年实现民用气安全无死亡事故目标。全年发放宣传材料40万份，悬挂安全用气宣传标语20万幅（块），出黑板报6780期，出动安全用气宣传车453台次，安全用气电视讲话156次，刊登、播发安全用气新闻1463篇（条）。全年评选“民用气安全管理先进单位”75个。

【职工公寓（集体宿舍）管理】 把不断满足基层一线职工生活需要，作为一项“民心工程”来抓，努力在“拴心、留人”上下功夫，服务设施完善配套，服务功能齐全完备。全油田有“示范公寓”37座，“红旗公寓”76座，达标率98%。

【职工自种自养】 全年产粮400万千克，种菜2231亩，产菜206万千克，养猪、鸭、鹅、山鸡、食鸽、犬等，产肉78万千克。

（郭颖新）

（审核　李国兴）

住房开发与管理

【综述】 胜利油田共有职工住房163776套，建筑总面积1135.8万平方米。有楼房162912套，建筑总面积1131.5万平方米。平房864套，建筑总面积4.3万平方米。住房售出152906套，出租803套。

【经济适用房开发建设】 以解决历史遗

留问题和向市场化迈进为出发点，出台“双轨制”建房与销售方案。围绕管理局3年建设2.8万套住房的目标，本着3年计划2年完成的思路，加强协调，超前运行。全年下达经济适用房建设计划28336套，开工建设20000套，完工6000套。对钢材和室内配套设施统一招标，节约资金1625万元。审核工程预算款8.73亿元，审减资金1940万元。审核工程结算款3.4亿元，审减资金350万元。大规模的小区建设进展顺利，锦华新区6200套住房全面开工。

【住房制度改革、房产管理】 建立和启动与“双轨制”同步运行的“内部住房交易市场”，完善住房交易运作机制，实现住房分配体制的突破和创新。全年补办公房出售手续6477套，办理市场准购证56582个，办理住房准售证45092个，售出住房1832套，二手房交易成交4354套。公房办证工作全部结束，向东营市房产局移交公房产权证档案2012份，妥善解决128本公房产权证办理遗留问题，为职工个人住房产权证书的办理奠定了基础。配合“非典”防治工作，对公有住房出租情况进行调查统计，绘制东营市西城区房产平面示意图，使住房资料管理更为规范和完善。

【住房资金管理】 加强住房公积金汇缴催交力度，切实保障职工权益，归集住房公积金9.15亿元，催缴到位资金300万元。支取住房公积金2.03亿元、住房补贴8780万元。办理职工购房贷款458户，发放贷款2197.5万元。为全局3万名退休职工补提房贴2600万元。全年结算经济适用房开发资金3164.4万元，拨付材料款12531.8万元、工程进度款9311.5万元、工程备料款8648万元。

（刘学坤）

（审核 马永亮）

社区管理

【综述】 油田11个社区管理中心（包括龙口基地管理中心）管辖面积892.01平方千米，下设32个物业公司、101个物业管理站，有158个居民住宅小区、住户154318户，居民52.1万人。

【经营管理】 针对经费补贴逐年缩减的实际，各社区采取应对措施，深化体制改革，加快产业结构调整步伐，加大内部整合力度，不断完善运行机制，压扁管理层，降低管理费用，保持了社区经济运行质量和服务水平的提升。社区多元经济开发取得新进展。推进经营机制改革和产权制度改革，经营范围不断拓宽，经营规模逐步扩大，形成房地产开发、化工、建材、机械、广告装饰、餐饮等多种形式的经营创收格局，为社区改革与生存发展做了有益探索和尝试。

【社区管理与服务】 物业管理品牌意识、市场意识和竞争力明显增强。3家物业管理公司获得全国二级企业资质，1家物业管理公司获得全国三级企业资质，80人获得《全国物业管理企业经理岗位证书》。创建国家级物业管理示范住宅小区3个，省级物业管理优秀住宅小区3个，局级物业管理优秀住宅小区4个。社区考核监督体系进一步完善，形成管理局、社区、物业公司和居民相结合的多层次、多方式检查督导体系。发放调查问卷16万份，1.2万人参与网上问卷调查。小区综合治理进一步加强，全局建设封闭小区107个。

【绿化管理】 绿地建设和养护管理整体质量进一步提高，通过推行ISO9001质量管理体系认证和内部模拟市场承包、工程招投标等，加强日常工作的检查、督促和指导力度。“科技兴绿”有新进展，组织绿化专业技术培训1230人次，引进新优植物品种12个，5项科研成果通过油田科委验收。绿化产业化发展迈出新步伐,绿化工程设计、施工和园林苗木、花卉、速生丰产林等产业发展进一步加快,新增速生丰产林面积347公顷,绿化相关产业产值达1.2亿元。全年完成植树66.5万株,义务植树尽责率90%以上,新增绿地面积371.1公顷,新增和完善农田林网501公顷,苗圃育苗总面积380.2公顷。

(刘学坤)

(审核 马永亮)

公安保卫

【综述】 山东省滨海公安局系省公安厅的直属局,受省公安厅和胜利石油管理局党委、胜利石油管理局双重领导,行使市地级公安机关的部分职权和管理局机关处室职能,按照管理局二级单位模式管理,全面负责油田生产区、办公区、生活区的治安保卫工作。内设21个职能部门和2个直属单位,下设8个公安分局(全部挂靠上市公司)、43个派出所,现有正式公安民警1210名。对油田70个保卫科1100名专职保卫干部,20个消防中队1100名专职消防队员,27个护卫大(中)队2000名护卫队员,8600人的群防群治队伍进行业务指导。

*预防、处置群体性治安事件。*开展矛盾纠纷大排查,重点加强对特殊群体中潜在不稳定因素的查控化解工作。加强情报信息工作,建立完善维护稳定工作预警机制和应对机制,共收集获取有价值的“三情”信息1274条,其中上报省厅和管理局党委95条。对油田部分改制单位职工、协解人员、内退职工、小教专科学生家长和退养家属到管理局聚集上访问题,不断修订完善处置预案,抓早抓小抓苗头,领导靠前指挥,坚持“三个慎用”原则,在民兵配合下加强执勤备勤,维护现场秩序,协助党政组织和主管部门做工作,对个别有违法行为的人员及时进行警示教育,有效化解不安定因素。全年出动警力1.2万人次,妥善处置各类群体性事件81起。

*开展与“法轮功”等邪教组织的斗争。*强化基础调研和专案侦查,严打现行,深挖地下,破获“法轮功”违法犯罪案件11起,打掉团伙2个,端掉窝点2个,依法打击处理违法犯罪人员15名,其中劳教5名,收缴“法轮功”非法宣传品1800份,追回“法轮功”在逃人员和去向不明人员6名,削弱了其活动能量。组织开展“7·20”集中统一行动,审查“人宇特能功”骨干人员12名,查清练功点11处、练功人员146名(其中油田96名)。对各种国保工作对象进行了全面深入调查,摸清底数,落实措施。

*投入防治“非典”斗争。*制定应急预案,配备防护装备,成立应急队伍,协助医疗卫生防疫部门做好隔离控制工作。圆满完成油田职代会和石油大学建校50周年等60场次重大节庆活动和重要会议及303名警卫对象的安全保卫工作任务。做好公安信访工作,开展信访积压件专项治理,全年处结信访146件,处结率为95%,7起信访积案全部办结。

*严打整治斗争。*按照国家和全省的统部署,开展为期1年的整治油气田治安

秩序专项行动。组织开展破案追逃会战、油区治安整治等8次专项行动。全年破获各类刑事案件2912起,打掉犯罪团伙118个成员438名,追回逃犯205名,依法惩处犯罪嫌疑人1147名,其中逮捕428名、直诉150名、劳教10名,缴获赃款及赃物折款1327万余元。严厉打击危害油田生产的违法犯罪活动,共破获生产区刑事案件1551起,查处生产区治安案件447起,依法打击处理违法犯罪人员1382名。经济犯罪立案7起,破获5起,打击处理犯罪嫌疑人21名,其中逮捕7名,挽回损失131万元。整治窃油、窃电、窃气突出的油区区块349个,霸痞横行的建筑市场11个,取缔窃电点361个,窃气点837个,拔掉钉子户33个,收缴管线51.8万米,扭转局部油区的治安混乱局面。通过整治实现日增天然气9.78万立方米,日节电2.74万千瓦·时。

治安案件立案查处工作。全年立案1525起,查处1016起,治安处罚1515人,同比增加53.6%、11%和7%。严格枪支弹药、爆炸剧毒危险物品管理,开展彻底清理收缴毒鼠强专项行动,收缴非法持有、闲置存放和流散社会的单管猎枪5支、猎枪弹250发、射孔弹514发、回声弹1607发、剧毒化学物品43.3千克。监督实施爆破工程7项。打击、遏制社会丑恶现象,查处黄赌毒娼案件45起,端掉窝点12个,处罚128人,收缴淫秽光盘407张、赌博游戏机77台、摇头丸85粒,铲除罂粟原植物609株。加强计算机安全监察工作,防止有害信息传播,保护网络安全。集中整治“网吧”620家次,取缔黑“网吧”17家,查处网络违法案件9起,行政处罚违法人员10名。对互联网上网服务营业场所实行实名制管理,推广“网吧一卡通”。加强消防工作,组织开展人员密集场所消防安全疏散通道出口、加油加气站、民用气安全等专项治理,消除火险隐患3858个,154个重大火险隐患整改122个,占79%。举办消防培训班190期,举行实战演练329次,防火能力和灭火战斗力进一步提高。全年现场执勤和监督工业动火550次,出动火警533次,抢救保护物资财产价值3428万元。油田全年发生火灾116起,死伤各4人,经济损失140万元。

基层建设。按照公安部要求,加强派出所内部管理和规范化建设,4个所被省厅命名为二级派出所,17个所被评定为三级派出所。42个派出所办公用房面积达11662平方米,配置警力218名,同比增加15%、19%。推进社区警务建设,设立警务室34个,55名民警进驻社区,初步形成“五位一体”的防范机制。对油田698个重点要害部位落实分级管理制度,加强安全检查,消除隐患350个。全面完成经济民警改护卫队工作,护卫队巡守结合,圆满完成119个重点目标的守卫任务,巡逻抓获违法犯罪人员1557名,截获运赃机动车1365辆,缴获原油2955吨、钢材等生产物资290吨,挽回损失1212万元。开展110报警服务工作,全年接处警1.35万次,先期处置刑事、治安案件和灾害事故3081起,抓获现行349名,救助群众1516名。对336个治保会和178支治安联防队进行集中整训,办班26期,培训4245人。科技强警迈出新步伐,指挥中心完成搬迁改造,公安信息网主干线实现光纤联接,局域网实现千兆信息交换,各分局实现百兆信息交换,为实现语音、图像、数据三网合一和110、119两台合一打下基础。完成民警信息系统建设、看守所监控系统技术改造和刑事技术设备升级改造,在指纹破案会战中显示威力,破案100起。行动技术装备建设取得新进展,直接或间接破案62起,

有效率85%。

队伍建设。根据公安部、省厅和管理局党委的要求，组织开展"学习十六大、全面建小康、公安怎么办"大讨论，各级领导干部和公安保卫人员的执法观念和服务意识明显增强。省编制部门下达滨海公安机关机构改革方案和中层领导干部配置方案，首次实行领导干部竞争上岗，一大批优秀中青年干部脱颖而出。狠抓"五条禁令"落实，加强党风廉政建设和公安法制建设，推行警务公开，执法水平和服务水平明显提高，打击力度明显增强。全年逮捕(直诉)人数和治安处罚人数同比增加42%和7%，实现无冤假错案和行政败诉。加强公安宣传工作，在市地级以上新闻单位播发稿件417篇。开展"创满意"活动和"立功创模"活动，狠抓各项便民利民措施的落实，倡树典型，弘扬正气。有18个集体、78名民警立功受奖，85个集体、337人受表彰，多项工作跻身全省公安先进行列。

【石油大学50周年校庆活动安全保卫工作】 10月4日，石油大学举行建校50周年庆祝活动，应邀参加庆祝活动的有中央政治局委员、书记处书记、国务委员、公安部部长周永康同志，教育部、山东省、中石油、中石化、中海油、中化公司和东营市、胜利油田的领导同志，国内外100所著名高校的专家、学者，知名人士和杰出校友代表共5000人，教职员工和学生2万人。庆祝活动规格高，规模大，时间长，影响广，情况复杂，安全保卫工作任务繁重。为做好安全保卫工作，滨海局提前研究制定方案。滨海公安机关在省公安厅和管理局党委的领导下，全警动员，全力以赴，组织出动民警560名、民兵200名，与东营市警方、校方密切协作配合，圆满完成安全保卫工作任务。

【成功打掉盗油犯罪团伙】 1月11日，滨南分局经缜密侦查获取线索，将重大犯罪嫌疑人垦利县农民邵振峰、邵国峰等4人抓获。经审查，该团伙自2001年10月份以来，先后打眼盗油10余次，盗窃原油430余吨，案值62万余元。

【省编委下达编制方案】 8月28日，山东省编制委员会下达《山东省滨海公安局职能配置、机构设置和人员编制方案》，明确滨海公安局的14项主要职责。滨海局机关设置指挥中心、国内安全保卫支队、经济犯罪侦查支队、治安警察支队、公共信息网络安全监察支队、警卫科、监所管理科、法制科、信息通信科、信访科、装备财务科、人事科、组织教育科、培训科、宣传科15个职能科室队和机关党委，刑事侦查支队、交通巡逻警察支队、消防支队、经济文化保卫支队、山东省滨海看守所5个直属部门。设置8个直属分局(均为副处级)、43个派出所。各分局统一下设指挥中心、政工科、刑事侦查大队3个正科级机构和国内安全保卫大队(反邪教侦查大队)、治安警察大队、消防大队、法制科7个副科级机构。滨海公安局编制总额1184人，配备局长1名，政委1名，副局长4名，政治部主任、纪委书记、指挥中心主任各1名(副处级)；刑事侦查支队、交通巡逻警察支队、消防支队、经济文化保卫支队各配备支队长1名、政委1名(均为副处级)，副支队长3名；8个直属分局各配备局长1名、政委1名(均为副处级)，副局长3名。

(徐建峰)

(审核　金云鸿)

社会治安综合治理

【综述】 社会治安综合治理工作纳入单位建设总体规划,纳入生产运行计划,与生产经营同研究、同部署、同考核、同奖惩。局党委对综治工作做到了思想上重视,工作上支持,资金上投入。每季度听取一次综治委工作汇报,解决综治工作中遇到的困难和问题。全局层层签订社会治安综合治理责任书,将综合治理目标任务层层分解,落实到基层、岗位、人头。组织半年抽查、年终全面检查考核评比,促进了各项措施的落实。全油田政治稳定、治安稳定,维护了人民群众根本利益。

【维护稳定工作】 解决和化解历史遗留问题和改革发展进程中引发的深层次矛盾,为油田改革、发展营造稳定的发展环境。

基本解决家属历史遗留问题。坚持尊重历史,面对现实原则,考虑绝大多数家属切身利益,制定“补利息差”的政策,给6万多家属补发利息差额,使家属问题得到基本解决。召开再就业工作会议,下发《关于开展党员干部与下岗失业人员“结对帮扶再就业”活动的意见》。各单位成立再就业服务协调领导小组,采取多种形式,开辟就业渠道。建立党员干部“帮扶”联系卡,结成帮扶对子15360个,2000多名待业子女和1.3万名“协解”人员实现就业、再就业。做好分配制度改革过程中的稳定工作,对可能引发的矛盾进行预测,按照“分级管理,总量调控”的原则,建立以“岗效薪点”为主的分配制度,职工收入普遍提高,适当拉开收入差距。加快职工住宅建设步伐,加大思想政治工作和信访工作力度,强化对“法轮功”等邪教组织的斗争,增强各级党组织的凝聚力和广大职工群众对改革的承受力,夯实了社会稳定基础。

【严打整治】 开展严打整治斗争,相继组织40天破案追逃会战、45天“严打”集中统一行动、90天油区治安整治和打击盗窃破坏电力设施、窃电犯罪、毒品犯罪等7次专项行动。公安机关强化侦查破案,全年破获各类刑事案件2590起,破获生产区盗抢破坏案件1577起,打掉犯罪团伙116个415人,打击处理违法犯罪嫌疑人1545人,挽回经济损失1138万元。油区治安整治工作取得显著成效。全年整治油区混乱区块271个,取缔土炼油炉333座,小轧钢1座,小化工21座。缴获盗油机动车辆1202辆,取缔窃气点1117处,收缴窃气管线51.8万米,日增天然气9.78万立方米。取缔窃电点2799处,收缴电力线12万米,日节约电量2.7万千瓦·时。共查验堵截外运车辆36165部,查处非法外运车辆1202部,截获油品1497吨、物资435.8吨,挽回经济损失504.17万元。加强三防建设,形成以公安为龙头,专职巡逻队伍为主力,群防群治队伍为基础的人防体系。维护油区治安的专职巡逻队伍117支2552人,兼职巡逻队伍574支4166人,群防群治队伍827支10289人,人防投入7362万元。

【社区治安防范】 开展社区“五位一体”达

标争先创优活动,治安防范体系在小区治安中发挥较好作用。油田共有小区172个,无发案小区94个,占小区总数的54.7%。共建设围栏(围墙)82474米、大门179个、门卫值班室144个、封堵边门169个。安装单元防盗门9845个,安装率达56.1%。油田所有小区均具备封闭式管理条件。

(柳邦瑾)

(审核 肖荫桥)

二级单位

地球物理勘探开发公司

【概述】 地球物理勘探开发公司是国内惟一具有陆地、滩海、两栖地震作业能力和勘探、开发能力的公司。总部位于东营市牛庄镇,第一大队位于德州市,占地面积为888万平方米。自1971年成立以来,先后在国内多个地区进行过地震作业,具有较强的科研攻关实力和施工作业能力。现有职工2646人(中共党员739人),其中博士、硕士研究生(含在读)74人,大学本科331人,教授级高工1人,高级职称98人,中级职称327人。下设18个机关科室,9个直属科级单位,辖10个三级单位,53个四级单位,共有29个地震队编号,其中甲级地震队9个,乙级地震队6个,另有卫星定位队、化探队各1个。固定资产原值5.4亿元,净值3.9亿元。拥有地震仪器、测量设备、钻井设备等各类地震生产装备895台(套),408UL、IMAGE、BOX、SN388、G.DAPS-4等地震仪器共16台(套),22834道,全站仪、GPS定位仪等陆地、滩海测量仪器140余台,可控震源1套(6台),海上气枪震源船系统2套,各类钻机130余台(套),各类运载设备703台。

地震生产取得新突破。在山东、新疆、四川、伊朗、海南、龙口等23个区块进行地震勘探作业,累计完成工作量250554炮,其中山东探区138039炮,新疆探区69321炮,国内其他外部市场21685炮,国际市场21509炮。工作量之大,所遇地表、地质条件之复杂,技术含量之高,工农关系之紧张,动用队伍和设备之多均为历年之最。山东探区完成了渤深6、于家庄2块高精度三维采集项目和滨州城区三维项目,技术含量大幅度提高,承担了油田第1个海上高精度三维采集项目。按照质量管理体系和施工设计要求,执行各项技术规程,抓质量教育和过程控制,坚持质量目标管理并持续改进,推广应用新方法、新技术,各项目组密切配合,在保证质量的前提下提高施工效率,生产组织水平进一步提高。中Ⅰ征沙村三维项目用时76天,完成了477平方千米(17680炮)的高精度三维采集任务。海斯特项目创出326炮的伊朗山地施工最高日产纪录。滨州城区项目用时53天,完成4640炮的生产任务。公司所有项目均一次性通过甲方验收,完成了2003年度地震生产任务,为外拓市场并顺利实现全年经济总量目标奠定了基础。

外部市场取得历史最好成绩。全年中标外部项目13个,合同额5亿多元。西部市场完成3个三维和3个二维采集项目。南方市场在完成松潘—阿坝低信噪比地区地震攻关后,中标南方市场部署的第1个三维区块——宣汉—达县山地高分辨率三维采集项目,中标通南巴和老君—清溪场

2 个三维采集项目。国际市场继伊朗海斯特项目后再次走出国门,承担了吉尔吉斯斯坦阿拉伊盆地的 2 个三维采集项目。在海南金风地区和北皂煤矿海域东中标完成 2 个三维采集项目,VSP 测井完成 12 口外部测井任务后,进入国际市场,完成伊朗卡山区块测井任务。

科研工作取得新进展。实施科研、生产、市场一体化战略,发挥科研先导轴心作用,为站稳老市场、开发新市场,提高勘探效益做出贡献。全年有 2 项成果获集团公司科技进步奖,7 项成果获局科技进步奖,4 项成果获得国家专利,新申报专利 4 项。承担的国家"863"项目——滩浅海地区高精度地震勘探技术研究项目实现 3 +2 滚动,新型炸药震源和新型检波器研制取得突破,应用后获得明显效果。海底表层结构调查、海上二次定位、激发接收差异校正、海底鸣震压制等 4 项技术取得进展。集团公司"十条龙"科研攻关项目之一的油藏综合地球物理技术研究工作取得新进展。SeisWay 软件开发进展顺利,完成了观测系统、参数论证、近地表调查、SPS 文件数据管理等 4 个模块的软件系统。

管理水平进一步提高。以经济效益为中心,强化成本管理,挖内部潜力,经营管理水平明显提高,全年经济总量达到 7.29 亿元,同口径计算,较上年高出 2.7 亿元,创历史最好成绩。完成管理局下达的各项经营指标,国有资产收益率 8.3%,成本利润率 6.4%,上缴利润 4015 万元。加强预算管理,完善预算管理体系,扩大预算范围,将支出严格控制在预算之内。严格成本过程控制,对材料等生产经营性支出做到规范程序降成本,对会议费、差旅费和办公费等非生产性支出做到有效压缩出效益。落实安全生产责任制和领导承包责任制,加强地震生产现场和重要部位安全监控,加大隐患治理和事故处理力度,全年落实安技措资金和 HSE 专项资金 890 万元,安全隐患得到有效整改。信息化进程不断加快,完成物探数据库系统软件开发,地震队综合信息管理系统开发通过测试。完成内部分配制度改革,建立完善了激励机制。

思想政治工作与人才培养再上新台阶。通过创建学习型企业、开展企业文化建设和"学、转、谋、见"活动,职工队伍凝聚力、学习力和整体素质进一步提高。实行稳定工作领导责任制,健全完善预警机制,开展党员结对帮扶、"送温暖"和创业工程活动,帮助职工解决实际困难,始终保持稳定发展的局面。全年有 180 名下岗失业人员实现再就业,在油田率先发放退养金补息差。人才培养工作取得成效,举办各类培训班 89 期,培训职工 5740 人次,外送培养 152 人次。3 人被评为集团公司学术带头人,1 人被评为山东省十大杰出青年,2 人分别被评为管理局杰出经营管理人才和杰出技能人才。

(李湘艳)

【滩浅海地区高精度地震勘探技术取得进展】 国家"十五""863"计划海洋资源开发技术主题项目之一的滩浅海地区高精度地震勘探技术取得进展,二期合同顺利实现滚动。滩浅海震源与检波器研制、滩浅海地震勘探采集技术、滩浅海地震勘探高精度处理技术及软件系统、多波多分量地震勘探技术、井地联合勘探技术等 5 个子课题按计划运行,形成了 3 大技术系列、8 大高新技术。新型炸药震源、沼泽压电检波器研制取得突破。表层结构调查技术、二次定位技术、差异校正技术、海底鸣震与多次波压制技术取得进展。多波多分量勘探技术和井地联合勘探技术取得阶段性研究成果。有 3 项达到国际领先水平,并具备推广应用条件,5 项达到国内领先水平,6 项开始推广应用,并在胜利油田滩浅海地震勘探中见到成效。开发拥有自主知识产权的应用软件 7 个,申报国家专利 9 项,有 6 项获得专利证书。研制了新型震源和沼泽压电检波器等 4 项新产品,具备了产业化条件。

（李湘艳）

【伊朗海斯特三维地震采集项目圆满完成】 10 月 6 日,物探公司圆满完成第 1 块国外勘探项目——伊朗海斯特三维资料采集项目。项目中标于 2002 年 9 月,工区位于伊朗南部 Khesht 区块,满次覆盖面积 200 平方千米、资料面积 272 平方千米,设计炮数 16831 炮。项目组经过 321 天的努力,克服了当地民工极难管理、野外地形极为复杂、气候极难适应等诸多困难,提前 12 天安全、优质、高效完成了任务,创出了伊朗地震勘探史上日生产 326 炮的最高纪录,赢得了合作方的高度赞誉。是胜利油田继井下、钻井等领域成功打入国际市场后,全面开拓国际市场的又一历史性突破,标志着胜利油田的地震采集技术能力得到国际石油物探界认可。在海外市场树立了中石化胜利物探公司的市场形象,为开拓伊朗市场打下了基础。

（李湘艳）
（审核　宋玉龙）

渤海钻井总公司

【概述】 渤海钻井总公司位于东营市河口区渤海路 5 号,组建于 1997 年 5 月,施工区域分布在河口、孤东、孤岛、滨南、临盘等胜利油区开发市场及新疆、四川、吉林、陕北、埃及、蒙古、吉尔吉斯等国内外市场。机关设 21 个职能科室,设钻井一公司、钻井二公司、钻前公司、固井公司、管具公司、海胜集团、物资供应站及机修厂 8 个单位。有职工 6710 人,各类技术人才 1032 人。拥有固定资产原值 66710 万元,净值 37267 万元。ZJ70D 型、70LDB、ZJ50D、50L、40LDB 型等各类钻机 39 部。可承钻浅井、深井、丛式井、定向井、探井、特殊工艺井等各类井型,可提供工程设计、钻前工程与井架安装、钻具供应与管具维修、井控、固井等综合性施工服务,年生产能力 150 万米。

全年在胜利油区开钻 477 口,交井 495 口,完成钻井进尺 99 万米。全年主营业务收 188550 万元,实现账面利润 4708 万元。

推进市场战略,拓展发展空间。实施“走出去”战略,加大与甲方单位协调力度,在车西、渤南等重点上产区块集中部署钻机,加快施工进度,保证甲方上产需要。按照油田探井工作部署,合理调配钻机,抢上探井施工,满足了油田勘探开发需要。加大新疆市场开拓力度,在疆钻机由 2 台增加到 4 台,全年新疆市场开钻 7 口、交井 4 口、进尺 35306 米,固井、管具、钻前等公司市场占有份额日益扩展。靠过硬技术、优质服务和良好信誉,在海南、东北、陕北、西南等地提高了市场占有率,取得了信誉。开拓吉尔吉斯斯坦市场,与工益集团签订吉尔吉斯斯坦钻井项目第一阶段 2 口水平井总包合同,成为总公司第 3 个国际钻井项目。参与伊朗等国家钻井项目的运作与投标,与印尼天赋能源公司确定了合作意向。

推进科技战略,提升竞争实力。把科技创新纳入各单位党政班子考核指标,完善钻井技术标准、技术管理责任追究制度,实行区域技术承包管理制度,研究形成外部市场分区域钻井技术新模式和区域固井技术，实现了钻井速度、质量与效益的全面提高。推广欠平衡钻井、深井优快钻井等系列钻井技术，完成31口水平井、168口定向井。选用导向钻井技术、高效能PDC钻头和优质聚合物防塌泥浆体系、低密度高强度防漏水泥浆固井技术，运用井控、固控技术，降低了钻井液对油气层的污染，油气层保护工作取得新进展。完成的油田重点探井渤601井，3次中途测试均获高产工业油气流，为油气主业提供了新的资源接替阵地。投入280万元科研经费，完善项目负责制，推动成熟技术产业化进程。完成3项管理局级科研项目、15个总公司级研究项目。建成投产管理局钻井系统惟一产业化项目——陶瓷除砂器。完成的高效能重晶石粉混拌装置技术研究等项目，在生产中见到较好效果。

推进人才战略，增添发展后劲。根据“四个一大批”人才培养规划，完善人才引进、培养和使用制度。与西安石油学院签订联合培养协议，定向培养7名钻井工程专业人才。完善有利于优秀知识分子脱颖而出的激励政策，5名大学本科生评为高级职称，11名大学生评为中级职称。推行定性与定量考核相结合的办法，将经营成果、承包指标、任务完成情况等纳入考核范畴，以实际贡献作为选拔、任用、奖惩的依据。重奖对总公司发展做出突出贡献的人才，营造了尊重人才的舆论氛围。增加一线技术人员的岗位津贴，营造了工作、生活环境。开展总公司十大杰出青年评选等活动，选树管理局十大杰出青年颜小宁等人才典型，增强了人才的成就感。召开创建学习型组织推进大会，树立终身学习、全员学习、全过程学习和团队学习理念。举办第五届职业技能竞赛。开办科级干部管理知识、企业文化等培训班44期，参加培训1813人次，形成了专业配套的人才队伍。

强化经营管理，提高经济运行质量。依据与管理局签订的经营承包合同，对经营承包指标进行测算和修订。对供应系统实行总费用包干、节奖超罚的承包方式。机修系统变暗补为明补，限亏经营、逐年减亏。制定外部市场钻具、井控设备使用管理办法，规范套管供井、结算及回收程序。完善生产经营管理实施方案、经营管理考核办法。强化合同管理和经济仲裁制度，理顺了经济关系，维护了总公司利益。实施精细化、规范化管理，推行单井、班组成本核算，把成本控制重点放在基层。把资产、资金、物料等生产要素纳入成本控制范围。注重成本调研和经营分析，准确掌握生产经营动态，由结果控制变为过程控制。理顺财务管理体制，实现财务统一管理。完善内部会计管理体系、账务处理程序、会计稽核制度，规范账务处理和会计核算，保障会计管理工作顺利进行。坚持“以收定支，量入为出，自求平衡”，强化全过程预算管理和成本控制，加强审计稽查，把好资金流出关。强化对物流和资金流的集中管理与控制力度，确保了生产资金。采用账龄分析法，强化应收账款日常管理，提高了资金管理效率。强化外部市场结算管理，在新疆分公司开设统一银行账户，实现资金集中管理，提高了资金效率。加大固定资产清查力度，盘活闲置固定资产。

完成内部分配制度改革。作为油田分配制度改革试点单位之一，按照管理局要求，成立内部分配制度改革组织机构，在征求不同层面意见的基础上，多次修改制定的《渤海钻井总公司分配制度改革实施方案（试行）》，经总公司职代会主席团会议通过，报请油田分配制度改革领导小组批复后实施。将总公司两级机关科室由74个压缩到65个，对462个岗位进行了职能描述。建立统一的岗位体系和岗点标准，实行“岗效薪点”工资制，提高了干部职工的积极性。安置135名待业子女，257名下岗失业人员实现再就业，再就业率达50%。

强化安全管理工作，夯实发展基础。围绕安全工作目标，落实安全生产“一岗一责”制，建立安全管理网络，强化领导、科室长承包责任制，加大安全督促检查力度，开展多种形式的安全竞赛活动，组织工业安全、交通管理、消防安全和民用气安全大检查，加大重点岗位、要害环节的管理和检查力度，修订完善特殊作业施工安全应急预案。严格落实“三交一定一封”制度、执行长途车审批制度，确保交通安全。落实《特种设备安全监察条例》，对特种设备进行检审。加大安全培训力度，对新分配大中专毕业生进行安全教育，268名职工参加特种作业人员复审和取证，300人参加海上施工作业“四小证”培训。组织召开HSE现场会，推广HSE管理，编制下发《HSE管理手册》，加强钻井现场环保管理，按HSE“十要素”和有关标准，配置HSE管理软硬件，提高了安全、健康、环保水平。

加强信息化建设，带动管理升级。建立健全信息工作领导机构，成立信息中心，完善《信息工作管理办法及考核标准》，规范了信息报送、数据库维护等各项管理规定。抓硬件建设，推动网络全面升级。筹集资金更新网络服务器，完成二、三期网络升级改造。各系统建立网页，实现了与上级业务部门的软件对接，提供了学习与交流的窗口，提高了办事效率。运用VPN系统，外部市场会计核算直接与总公司财务中心的账务系统连接，减少了信息处理环节。与管理局联合开发的井队信息管理系统软件投入使用。

加快多元经济发展步伐，壮大经济规模。把多元经济发展作为膨胀经济总量的重要部分，理顺体制，加强管理，加大营销力度，推进多元经济持续发展。对海胜内部进行行业管理重组，各单位服务公司顺利移交海胜集团，以资产为纽带，建立了两级法人治理结构。启动汽车自动防撞器项目，组织实施管汇等5种产品为重点的技术改造，以化工和固控设备为重点，实施7种新产品技术开发，增强了产品的市场适应能力，提升了经济效益和经济运行质量。加大以新疆市场为主的调研、开发力度，海胜集团管具服务公司、固井服务公司、化工公司等单位，分别在新疆等6个省市26个地区设立了办事机构和产品销售网点，建立健全了销售网络体系，办理了产品入网证及市场准入证，开辟了新市场。全年完成产值2.40亿元，实现销售收入2.15亿元，实现利税总额1900万元。

加强党建和基层建设，为公司发展提供持续发展动力。以“三个代表”重要思想为指导，落实党委民主生活会制度，坚持集体领导下的分工负责制，严格党委议事规则和决策程序，召开总公司第一次党代会，成立总公司机关党委，开展“四好”党支部、党员先锋杯、党员先锋岗竞赛活动。在两级机关开展“强转守树”主题教育活动，加强了机关建设。以“达标、创优、争强、夺牌”活动为载体，加强基层建设工作。涌现出6个名牌基层队、6个行业一强和19个优秀基层队，人口与计划生育稳定发展，总公司工会被全国总工会授予“全国模范职工小家”。

（刘爱梅　史继光）

【桩古139同台井顺利完井】　国内最大海油陆采丛式井组——桩古139同台井，位于桩西油田北部滩海地区，是人工填海建造的钻井平台。共布置大位移井21口，累计进尺46762米，平均井深2226.7米，平均水平位移1199.93米，主要开发桩西潜山披覆高陡构造北部桩斜139区块馆陶组上段油气藏。井组由32694钻井队和32600钻井队承钻，2003年8月19日完钻，比计划时间提前18天，井身质量、固井质量、中靶率均为100%，各项技术、质量指标全部达到工程设计和甲方要求，在国内海油陆采丛式井组发展史上写下了辉煌的一页。

（刘爱梅　史继光）

【渤601井获高产油气流】　渤601井位于渤深6区块，由50115队承钻，完钻井深5007米。3次中途测试均获高产工业油气流。在奥陶系地层4733.82—4862.00米获日产原油86.47立方米、天然气47448立方米高产工业油气流，为油气主业提供了新的资源接替阵地。

（刘爱梅　史继光）

【平1井创水平段最长全国纪录】　孤平1井位于济阳坳馅沾化凹陷孤岛潜山东坡上古生界油藏高部位，以下第三系底面分为上下两个构造层。钻探目的是了解孤岛潜山东坡C－P系不整合圈闭含油气情况，开发二迭系上石盒子组油层。设计井深2726米，完井斜深2843米，完井垂深1769.71米，1500米处造斜，水平段长1054.21米，最大井斜85.3°，井底水平位移1254.21米。由45011队承钻，于2003年10月开钻，历时57天顺利完钻，创同类型井水平段最长全国纪录。

（刘爱梅　史继光）

【吉尔吉斯斯坦项目】　吉尔吉斯斯坦钻井项目第一阶段2口水平井，位于吉尔吉斯斯坦马利苏油田老区。8月6日签订合同，9月23日第1批施工人员顺利抵达吉尔吉斯油田基地，10月23日货物全部运抵马里苏油田马平528井井场，10月29日开钻。吉尔吉斯马平528井是吉国第1口水平井，设计井深1825米，最大井斜82度，水平位移520.48米，水平段长210.07米。

（刘爱梅　史继光）

（审核　魏文忠）

黄河钻井总公司

【概述】　黄河钻井总公司位于东营市西四路565号，组建于1997年5月15日，有职工11408人，其中教授级高级工程师1人，高级职称83人，中级职称532人，专业技术干部1712人，党员4593人，下辖钻井三公司、钻井四公司、钻井五公司、钻前公司、固井公司、管具公司、钻井工程供应公司、胜华集团公司。拥有固定资产原值9亿元，净值4.69亿元。有大型成套钻机设备62台，其中70D钻机2套、50D钻机3套、40L钻机4套，40DB钻机1套。

2003年，立足做精做强内部主业，积极发展多种经营，创建知名钻井公司的发展战略，实施稳定油田内部市场，开拓西部市场，拓展国际市场的经营方针，以“对标、追标、创标”和“学、转、谋、见”两大主题活动为抓手，大力推进HSE和ISO9000质量体系等规范化管理，生产经营、市场开拓、技术进步、思想政治工作等方面取得好成绩。全年实现总产值32.4亿元，圆满完成局承包经营任务，油田内部产业创产值23.9亿元，多种经营创产值8.5亿元、实现销售收入8.1亿元，利税7500万元，外部市场创产值4亿元。钻井五公司被授予全国“五一”劳动奖状，黄河钻井被评为管理局文明先进单位，继续保持省级文明单位称号。

经营管理科学规范。围绕"对标、追标、创标",突出重点,认识到位,从机关、后勤、基层单位层面梯次展开,扎实推进,见到明显效果。对照标准查找差距,制定措施进行追标和创标,规范企业管理,缩小与国际标准的差距。对质量体系进行持续改进,将钻前公司、固井公司纳入 ISO9000 体系,公司质量管理体系日趋完善,年底通过中国船级社监督审核。黄河钻井作为管理局推行 HSE 管理体系的第一批试点单位,在咨询公司的指导帮助下,编制完成 HSE 管理手册、程序文件和运行控制文件,11 月份进行了发布,12 月份试运行,2004 年全面推开。

"对标、追标、创标"活动中,共查找差距 800 多项,收集整理国际标准、企业标准和行业标准 200 多项。固井公司将斯伦贝谢公司作为对标公司,进行管理嫁接和技术嫁接,竞争实力不断增强。钻前公司以井架安装 4 队 1000 个标准化动作为基础,开展"对标、追标、创标"活动,形成了具有行业特色的标准化体系管理。按照国际、国内、油田内部市场准入的要求,所有钻井队通过了中石化资质认证,有 11 支钻井队被认证为甲级队,21 支钻井队被认证为乙级队,19 支钻井队被认证为达标队。

外部市场取得新突破。把外拓市场作为增加经济总量、扩大生存发展空间的重要工作,从组织协调、力量配置等方面加大力度,制定鼓励开拓市场的优惠政策,形成全方位、多层次开拓市场局面。11 台钻机走出油田,全年开拓外部市场的钻机达到 22 台,占公司钻机总数的三分之一,外闯市场的队伍达到 46 支,职工 2800 人次。打井 61 口,钻井进尺 11.7 万米,创收 4 亿元,同比增长 1.6 亿元。施工领域涉及油气井、修井、地热井、芒硝井、固井施工、钻前工程、道路修筑等业务,市场拓展由国内走向国外。在川东地区承钻的河坝 1 井、毛坝 1 井等重点探井接连发现高压气层。与加拿大、孟加拉国石油公司签订合作协议,与阿塞拜疆、阿尔及利亚、美国等国外石油公司进行了接洽。5002 钻井队在伊朗承担的风险勘探项目——伊朗卡山阿旺 1 井,酸化试油见到高压油气流,为油田油气当量重上 3000 万吨提供了保障。

多种经营稳步发展。全年实现销售收入 8.1 亿元,利税 7500 万元,销售收入同比增加 1.5 亿元,粮食总产量 700 多万千克。把发展多种经营作为实现黄河钻井做精做强、持续稳定发展的有机组成部分,理顺人员、资产和内部管理体制,本着抓一个成一个、抓一个见效一个的原则,把上新项目作为加快发展的基础,企地联合建设水稻生产基地,"三角洲"大米品牌越做越响。与福建客商合作的妇幼卫生用品项目、与加拿大合作的固井添加剂项目、与塞瓦公司合作的固井工具生产项目及复合材料厂、精细化工厂的三、四次采油助剂项目进入实施阶段。把做强做大核心企业作为加快发展的关键,发展主导产业和优势项目,完成了东方合金铸造厂、复合材料厂等重点项目改扩建工程。黄河工业园建成投产,形成了新的增长点。

科学技术长足进步。加大探井、深井、大井眼及南方海相配套钻井技术攻关,形成了优快钻井技术体系,解决了生产现场的技术难题。全年完成探井施工 69 口,机械钻速 10.44 米/小时,同比提高 0.72 米/小时。完成 3500 米以上深井 14 口,平均建井周期 83 天 14 小时,机械钻速 6.76 米/小时,创出钻井施工新水平。推广使用正电胶聚合醇、硅基聚合醇等有利于油气层保护的泥浆体系及屏蔽暂堵、欠平衡等钻井新技术,在胜坨老区、王庄地区、王家岗地区勘探发现新含油层系,打成了坨

741、王古1井等高产油井，得到甲方好评。油田科学试验井——郑科平1井顺利完成，实现了稠油开发新突破。全年组织开展省部级、局级、公司级科研攻关和新技术推广项目30项，9项科研成果获得管理局科技进步奖，13项成果申报国家专利。固井合格率100%，优质率79.23%，钻井取心进尺1416.83米，收获率95.39%，工程质量稳步提高。全年投入设备采购资金2亿多元，购置7000米钻机5台，5000米钻机1台，4000米钻机2台，顶部驱动3套。投入1200多万元进行安全技改，完成技改项目62项，改善了装备水平。

人才队伍建设成果显著。坚持把人力资源开发和人才队伍建设当作适应市场竞争和国际化经营的重要工作，着眼于高层次管理人才、专业技术人才培养，全年推荐选送29人攻读硕士、博士学位，12人参加国际项目管理培训，50人参加大专学历脱产学习。组织职工培训2900人次，455人参加井控资质培训，1650人参加全面质量管理基本知识培训，1081人参加高级工培训。有130多个基层队、4200多人次参加技术比赛，在管理局钻井系统比赛中，选派86名选手，参加6个工种的比赛，取得5个第一名，6个第二名，20多名选手分别立功受奖。全年考评工人技师50人，高级技师7人。晋升中级职称62人，高级职称28人，职工队伍素质稳步提高。

民心工程产生巨大凝聚作用。千方百计筹措资金，完成“悦民”工程建设，改变了胜华地区面貌。为钻井队更新宿舍、更换饮水设施，改善了一线职工生活居住环境。关心弱势群体，为职工办实事，全年慰问职工遗属和困难家庭650多人次，一线职工4300多人次。为34名特困户职工子女资助学费3.2万元，185名职工子女就业，403名协解人员实现再就业，解决了职工的后顾之忧。为4000多名退养家属补发一次性利息差，建立家属管理网络，制定内退家属医疗救助基金使用办法。让不同群体都能体会到组织的关怀和温暖，增加了干群亲和力，增强了公司同心同德、共谋发展的源动力。

文明建设硕果累累。各级领导干部带头学习和实践“三个代表”重要思想，牢记“两个务必”，开展学转谋见主题活动，坚持发展是第一要务，努力转变思想作风和工作作风。提高了两级班子和领导干部总揽全局、驾驭市场经济的能力。加强基层建设，开展群众性经济技术创新工程劳动竞赛活动，获得管理局名牌基层队7个，行业一强4个，优秀基层队21个，推荐中石化金牌、银牌队18个。以开展“企业文化建设年”活动为契机，构筑具有特色的观念形态文化、制度行为文化、物质形态文化，增强了团队精神。加强思想政治工作，开展形势任务教育，干部职工的积极性、主动性和创造性得到发挥，涌现出32695钻井队、井架安装4队和周飞等一批先进集体和先进个人。

（卢有华）

【伊朗阿旺1井获高压油气流】 12月31日，黄河钻井四公司5002队施工的伊朗阿旺1井，完井测试获得高压油气流。阿旺1井位于伊朗阿旺市，是中石化与伊朗合作的第1口重点探井，设计井深3838米。5月5日第1次开钻，完钻井深3961米。施工中，5002队按照国际标准，严格执行工程设计，遵守合同要求，克服语言、风俗、环境、地下复杂等困难，圆满完成合同任务，从开钻到完井试油没有发生任何人员、设备、井下事故，赢得了甲方、伊朗国家石油部门和当地居民的称赞。这口高产井的诞生，为胜利油田油气当量重上3000万吨起到重要的推动作用。

（卢有华）

【学转谋见活动扎实开展】 按局党委部署，开展学转谋见活动，成立学转谋见领导小组，制定活动计划安排。兴起学习“三个代表”重要思想新高潮，两级党委采取中心组学习、集中培训轮训、座谈讨论、演讲比赛、知识竞赛、征文交流等形式，组织落实党员干部特别是领导干部学习。编写《“学转谋见”活动理论知识问答》，组织党员干部答题近万份。向局域网等媒体报送信息131条，两级领导班子成员撰写创新发展思路文章58篇，交流学习心得，提高理论水平。各级领导干部结合新形势、新任务提出的新要求，强化市场意识、竞争意识、创新意识和发展意识，自觉按市场经济规律谋划生产经营管理，摒弃计划经济传统思维定势和陈旧观念。提出今后一个时期实施“五大战略”、实现“三大目标”的发展思路，实施人才强企战略、科技兴司战略、市场扩张战略、多元开发战略和文化制胜战略，力争到“十一五”末，实现经济总量64亿元，继续保持省级文明单位，争创国家级文明单位，职工收入明显提高。开展“对标、追标、创标”活动，推行HSE、ISO9000质量管理体系，促进基础管理水平提高。推广应用钻井新技术、新工艺，实施科技攻关，提高装备水平，钻井水平不断提高，平均机械钻速比上年同期提高5%。做到了国内行业市场、社会市场、海外市场梯次推进，全面开花。有11台钻机走向外部市场，外部市场钻机达到22台，占公司钻机总数的三分之一，钻井进尺比上年同期增长近10万米。施工范围从油井到气井，从芒硝井到地热井，区域涉及新疆、吉林、江苏、河南、四川、陕西及伊朗等地区和国家，在国内外市场赢得良好信誉。实现多种经营规模发展，涌现出佛泰铝、“三角洲”绿色大米、石油机械配件厂、东方合金铸造厂等有实力的品牌和企业，呈现出良好发展势头。

（周爱照　徐保珠）

【推行HSE管理体系，促进企业规范化管理】 2003年，黄河钻井总公司被管理局确定为推行HSE管理体系试点单位之一。公司高度重视该项工作的推行，视为适应国家加入WTO后的新形势，推进企业规范化管理，进一步提高管理水平，加快与国际标准接轨步伐，开拓国内外市场，创建知名钻井公司的战略措施。成立HSE管理委员会，下设风险评价组、法律法规组、宣传培训组和文件编写组，公司所属单位均成立了HSE办公室，明确各部门职责。在全公司范围内进行危害识别和风险评价、法律法规识别和摘录，在新加坡诺卫咨询公司的指导下，编制HSE管理手册、程序文件、运行控制文件、作业指导书和应急预案。11月20日在全公司正式发布HSE管理体系文件，进入HSE管理体系试运行阶段。

（卢有华）

（审核　李忠华）

钻井工程技术公司

【概述】 钻井工程技术公司成立于1997年，有职工1278人，其中干部527人。拥有固定资产1.73亿元，专业化仪器、设备179台(套)。机关职能科室15个，下设定向井公司、泥浆公司、职工培训中心3个副处级单位和财务资产管理中心、国际工程部、巴州钻井技术分公司、供应站、长城钻井技术开发中心、生活公司、机关车队7个直属单位。是集定向井技术研究、现场技术服务、特殊工艺井设计与施工、定向井测量仪器维修、油田化工产品开发、钻井液设计、材料检验和技术培训为一体的专业化公司,是全国首家通过长城钻井公司认证、较早通过 ISO900 质量体系认证的公司。主要承担各类特殊工艺井的现场工程、测量技术服务和仪器检修、调试等工作。拥有 FEWD、MEWD、QDT、SDI 等国际一流的成套无线随钻、测量仪器设备,可同时提供 50 台钻机的现场服务能力。为全国 16 个油田和国外 6 家公司提供过各类定向井技术服务。拥有承担陆地和海洋石油、天然气钻井液及完井液服务的成套设备和技术能力的专业化公司。形成了泥浆科研、现场技术服务、泥浆助剂开发、生产及后勤保障配套服务的生产经营方式,可生产正电胶钻井液、可循环泡沫钻井液等多种泥浆材料,已完成 2 万多口井的钻井液技术服务。1996 年,在全国石油系统首家通过长城泥浆服务公司资质认证,1997 年,通过 ISO900 质量体系认证。面向全国石油钻井系统,集各类岗位培训、高级工技术等级 HSE 培训、井控技术(教师)培训、浅海石油作业安全培训、计算机培训等一体的综合性培训基地。具备年训 1 万人次的能力,可同时培训 700 名学员。2000 年、2001 年先后通过 IADC(国际钻井承包商协会)、IWCF(国际井控论坛)资质认证,是国内首家通过“双证合一”的国际化井控培训中心,是中国石油作业第 1 家具有 HSE 培训资格的单位,是目前石油系统综合实力较强的高新技术人才培训基地。

主业生产呈现健康发展的良好态势。全年完成定向井 377 口,其中水平井 79 口。泥浆技术服务井 31 口,油层保护井 10 口。重晶石粉供井 13.48 万吨,配制泥浆 4923 立方米。培训中心办班 206 期,培训学员 7870 人次。全年主业创收 19750 万元,支出 18347 万元,实现内部利润 1403 万元(含资产收益费 1347 万元)。多元经济收入 10300 万元,实现利税 1170 万元。推广优快导向钻井、薄油层水平井技术和优质泥浆体系,重点抓好现场技术服务工作,主业生产经营指标再创历史新高。油田内部定向井市场占有率 73%,同比增加 16.55%。泥浆技术服务井由上年的 17 口增加到 31 口。定向井公司实施科技创新发展战略,发挥人才、技术和装备的优势,实现了“口口定向井上 MWD、口口水平井上 FEWD”的目标,提高了定向井和水平井钻井速度,主业创收 6546 万元,实现利润 128 万元。泥浆公司推广应用以双保型正电钻井液为代表的新技术、新工艺、新产品,以技术服务带动产品销售,加大市场开拓力度,主业创收 5400 万元,实现收支平衡。职工培训中心一手抓资质提升、一手抓业务拓展,4 月份通过了“国际井控论坛”协会(IWCF)的资质复审,成为协会在中国惟一的培训代理机构,实现培训收入 533 万元,节余 13 万元。

核心竞争力不断提升。4 个项目通过评审验收,《薄油层水平井钻井技术》获国家科技进步二等奖,《大位移井钻井技术研究》获管理局科技进步一等奖,《钻井用旋转导向器》获国家实用新型专利,《正电性钻井液体系》申报委内瑞拉和卡塔尔等 6 国技术专利。以 FEWD 为“核心”技术的超薄油层水平井钻井配套技术,提高了水平井轨迹控制精度和钻井速度,在油田内部和塔里木哈得逊油田推广应用 50 口井,实现了开发薄油藏、老油区剩余油藏和边底水油藏的重大突破。“双保型正电钻井液”体系在塔里木轮古地区施工 6 口井,取得显著的经济效益。公司现有中石化集团公司青年学术带头人 3 人,管理局专业技术拔尖人才 10 人、优秀青年知识分子 12

人。

完善经营机制提高整体管理水平。编制“四定”和内部分配制度改革方案，完成了以岗位工资为主的内部分配制度改革。建立健全市场管理机构和市场开拓体系，启用“生产服务管理信息系统”，推行以“零时间准备”为核心的“精益化管理”组织模式，对桩139丛式平台和滨南郑王地区强抑制性泥浆等重点技术服务实行项目管理制，坚持现场“零缺陷”质量管理和“三标”管理，提高了现场服务质量和水平。完善内部承包经营责任制，理顺经营结算关系，加强了合同管理和定额管理，对生产经营情况实施月度考核、季度兑现制度，调动了职工的积极性，提高了公司的整体管理水平。

（孔令民　齐兰英）

【实施“走出去”战略，国内外市场共同发展】 实施“走出去”战略，不断膨胀经济总量和拓展生存空间，外闯市场的竞争意识和机遇意识普遍增强。首次闯入大庆市场，重新进入冀东市场，巩固了青海、南阳、吉林、四川、江汉等外部市场，新开拓内蒙、陕北技术服务市场。全年外部市场完成定向井13口、水平井14口、泥浆技术服务井20口，创收7100万元。巴州钻井技术分公司站稳塔里木油田市场，加大中石化西北分公司和西部新区勘探指挥部的工作力度，在库尔勒和西北分公司举办技术咨询会和技术交流会，提高了公司的知名度和影响力，在西北分公司的市场份额由上年的20%提高到35%。巩固卡塔尔、印尼市场，成功进入伊朗、吉尔吉斯斯坦技术服务市场。钻井液技术服务首次跨出国门。钻井国际工程部及时把握国际市场信息，全年参与投标项目19个，参加资格预审项目12个，签订合同金额310万美元，加强了现有海外项目的运行管理，开创了胜利钻井系统进军国际市场的新局面。

（孔令民　齐兰英）

（审核　史建刚）

塔里木胜利钻井公司

【概述】 塔里木胜利钻井公司位于新疆维吾尔自治区库尔勒市，占地面积2200平方米。1990年5月赴疆会战，1995年3月9日独立为胜利石油管理局二级单位，1995年3月18日按照入疆会战的先后顺序称为塔里木第六勘探公司，受胜利石油管理局、塔里木油田分公司、中石化西指和西北石油分公司4个局级单位领导。下设党政群工部、安全生产管理部、组织劳资科、技术科、设备管理科、企管合同科、财务资产计划科7个机关职能科（部）室，辖供应站、生活公司、车队、东营工作办4个后勤单位，管理60796、60800、60799、70117、70118、70120、70121、70122、70123、70125等10支钻井队。有职工710人，正式职工411人（干部148人，处级干部10人，科级干部62人）。有党员139人，大学本科以上学历42人，大、中专学历93人。有专业技术职称干部111人（高级职称17人，中级职称42人，初级职称52人）。有钻机10部，其中国产ZJ70D型电动钻机5部，进口C－2－II型电动钻机1部，F320－4DH型机械钻机2部，ZJ70LDB型机电混合型钻机2部。配备进口卡特匹勒、底特律等大功率柴油发电机组20台（套），进口沃尔沃、奔驰400千瓦辅助发电机组12台（套）。3部钻机配备无刹把司钻控制系统，进口TDS—9/11SA变频顶驱2部。全部配备大功率1600马力泥浆泵，5级泥浆净化系统。5部钻机配备高频线形振动筛和一体化泥浆清洁器。

2003年动用钻机10台，新搬迁井19口，开钻17口，交井16口，累计钻井进尺8.38万米，完成全年计划进尺的104.75%。平均机械钻速4.45米/小时，平均井深5740米，平均钻井周期118天，钻机月速1249米/台·月，生产时效93.26%。全年取心进尺386.25米，取心收获率91.5%。全年实现合同收入17680万元，实现内部考核利润84万元。

钻探完成英买力7－1水平井、胜和2井、固1井，钻探盐膏层、煤层技术进一步成熟。英买力7－1水平井和柯深103井顺利完井，完善了同一裸眼段多套压力系统钻井技术。东河1－2水平井突破6000米，塔河油田第1口五段制“S”型开窗侧钻斜直井TK430井钻成，丰富了超深水平井技术。PDC钻头防泥包技术进一步发展。51/2″钻杆在固1井、柯深103井121/4″井眼探索应用取得好效果。油气层保护技术进一步提高，创出西部探区钻井高指标4项：60800队62天12小时钻完哈得4－30井，创出哈得油田施工最快纪录，70123队38天5小时钻完柯深103井4100米大包段，创出塔里木油田同地区同井段钻井速度新纪录，60796队完成的轮古403井，49天21小时顺利钻完5780米井深，是轮南地区最高水平，柯深103井在6437米井深，完成了61.61米地质设计取心要求，累计取心9筒，收获率98.8%，比计划提前20天完成地质取心任务，在柯克亚地区超深井段取心作业取得突破。

企业管理逐步迈上制度化、规范化轨道。实施“五个加强、一个理顺、两个到位”措施，加强基础管理。落实中石化检查考核标准，形成《基层队检查考核细则》，坚持标准更严、项目更细、覆盖内容更广的月度综合检查制度。3月份中石化集团组织钻井队资质验收，有6支井队被评为甲级队，4支井队被评为乙级队。加强科室职能作用，按照确立科室职能、管理制度、管理细则3个程序运作，推进机关制度化建设。加强HSE管理，全面推行HSE管理体系，通过首次内审和塔里木油田第二方审核。加强技能培训，利用库尔勒和东营两个培训基地，采取聘请专家和自主授课相结合的办法，融合观看录像、印发教材等多种方式，提高干部职工的思想政治觉悟和技术水平。有218人取得特殊岗位操作证书，203人拿到井控操作证，98人取得HSE操作证，10人参加石油学校钻井新技术业务培训，2人考入高级技工学校。理顺物资供应机制，进行供应系统岗位调整和职能划分，引入资金预算控制和市场招投标机制，完善供应网络，减少中间环节，实现批量物资的代储代销，堵塞了管理漏洞，保证了整体效益，每米进尺综合材料成本降低200元，同比降低库存50万元。项目管理到位，实行口井项目长负责制，整合一线施工与后勤保障职能，保证钻井项目安全优质。柯深103井项目组提前22天完成大包段施工，获得20万元考核兑现奖金，在整个探区引起极大反响。分配改革到位，实施大力度内部分配制度改革，全面推行岗效薪点工资制。

思想政治工作。开展“三学三创四比六争”为主要载体的群众性思想政治工作，创新思路，开展选题立项、思想政治工作理论研究等活动。进行纪律作风教育，落实党的民族政策，参加油地共建，扶贫救灾等精神文明创建活动，赢得“南疆好八连”的美誉。全力以赴、及时果断组织抗击“非典”，保证生产经营正常运行。加大基层建设投入力度，改善基层队伍工作环境和生活条件，实现工作场所规范化、职工食堂餐馆化、职工住宿公寓化和文化娱乐经常化。在塔里木油田组织的精神文明考核竞赛中，取得乙方单位第一名的好成绩。

（王好南）

【哈得4－30井取得黑油新发现】 6月28日，由60800钻井队施工的HD4－30井完井。采用近平衡钻井和油气层保护技术，在5072—5089米导眼井段发现17米厚东河砂岩黑油层，改为水平井后完井试油获得337.92立方米/日高产油流，为加快塔里木哈得4油田西北缘区的开发，为哈得4油田增储上产作出了重大贡献。

（王好南）

【柯深103井创超深井取心新纪录】 12月11日，由70123钻井队施工的柯深103井完钻，用38天5小时钻完4100米的大包井段，比计划提前22天，创出该地区钻井最快纪录。在E2K层6437米井深取心施工中，累计取心9筒，心长61.61米，平均收获率98.8%，累计荧光显示16.09米，均创柯克亚地区复杂超深井段取心工作新纪录。

（王好南）

【4支井队深井年进尺突破万米】 塔里木胜利钻井公司在西部市场取得饱满工作量的前提下，所属10支钻井队有4支钻井队深井年进尺突破万米，60796队钻井进尺15359米，60798队钻井进尺15347米，60799队钻井进尺11392米，60800队钻井进尺12660米。公司全年总进尺达85231米，提前计划周期18天，于2003年12月13日完成年总进尺80000米任务。

（王好南）

（审核　张维宗）

地质录井公司

【概述】 地质录井公司位于东营市东营区勘探路5号，成立于1995年，占地面积92000平方米。下设15个机关科室、13个三级单位，职工总数1583人，高级职称46人，中级职称198人，初级职称223人，党员479人。拥有固定资产净值7736万元，大型录井设备84台（套），年完成产值18619.06万元，上缴利税1806.47万元，实现利润1534.80万元。

经济总量和经济效益再创历史新高。按照既定的"4＋1"经营战略，开展"巩固、创新、发展"年主题活动，推进"五项战略性工作"和"十七项重点工作"，继续保持稳步发展的良好势头，两个文明建设取得丰硕成果。经济总量持续增长，主业劳务收入再创历史最高水平，达到18619.06万元，比上年增长10.33%，外部市场收入2607.01万元，比上年增长28.30%，职工人均可支配收入比上年提高20%。多种经营销售收入和经济效益较上年增长。主业全员劳动生产率达到15.41万元/人·年，较上年提高5.84%。完成装备投资488万元，基建投资290万元。资产收益率16%，上缴资产收益1367万元。有效控制成本，全年发生成本总额17084万元，各项成本费用均控制在预算范围内。资产负债率33.60%，流动比率1.11∶1，速动比率1.03∶1。

录井技术服务保持高水平。严格执行技术标准，抓过程控制，有效运行9001质量体系，录井工作质量显著提高。全年完成初测井位1201口，复测井位1052口，卫星定位243口，及时率、准确率100%。完成地质设计1233口，其中探井124口，开发井1036口，水平井73口，及时率100%。完成地质录井1227口，其中探井135口，小型录井仪录井62口。上交资料1203口,其中探井131口,及时率、合格率均为100%。在车古19等39口探井中节约钻井进尺4625.24米,折合节约勘探投资2775万元。在车古571－5井等23口开发井中节约钻井进尺494米,节约取心进尺82.50米,折合节约投资135万元。在渤601等17口探井目的层外加深进尺2380.7米,发现油层145.4米/37层,油水同层47.3米/9层,含油水层118.1米/16层,为油田勘探做出了突出贡献。

技术支持和后勤保障能力有新提高。录井工艺研究所全力保上井仪器维修,保证上井仪器运转正常,全年维修设备395台次,维修及时率、服务满意率、故障排除率均达100%。研究解释中心生产、科研齐头并进,为录井生产提供技术支持和技术指导。信息中心到现场小队安装调试传输设备,建立无线网络传输系统,维护网络安全,确保信息传输畅通。监督站完善三级监督管理制度和"日诊断、周分析、月讲评"的检查考核工作制度,现场施工协调、指挥和控制能力进一步加强,全年实施监督151口,其中海上14口,开发井10口,探井监督覆盖率100%。汽车大队加强设备管理和交通安全管理,车辆完好率99%,车辆出勤率97%,安全行驶310万千米。

落实质量措施,质量体系运行有效。根据服务项目及工艺、机构、顾客要求等变化建立相应的标准和文件,质量体系持续不断改进和完善。10月21日,顺利通过认证机构监督审核,标志公司质量体系运行上升到新高度。

科技创新促进专业化水平提高。全年完成集团公司级科研课题1项,局级研究课题5项,局级新技术推广项目1项,公司级课题3项。集团公司课题"录井信息评价技术及仪器国产化配套技术研究"通过鉴定,部分成果达到国际先进水平。局级课题《SRP2000综合录井仪研制》、《SLXL小型录井仪研制》分获局科学进步成果一等奖、三等奖,"地质设计计算机辅助系统推广"获局技术推广三等奖。《在线密闭非烃录井技术及应用研究》完成先导试验,被确立为集团公司级课题。综合录井仪关键技术水平不断提高,核心竞争能力明显增强。自主研发的SS－2综合录井仪和SLXL－2小型录井仪联、脱机软件投产使用。485总线接口仪研制完成。启动快速色谱仪研制工作,完成后技术指标将达到国际领先水平。4项科研成果获国家实用新型专利。综合录井仪关键技术完成消化吸收,并有所创新,研制水平在国内处于领先地位。

录井技术发展迈出新步伐。抓住胜利油田"建设数字化油田"的有利时机,发挥自身信息资源优势,加强信息化建设工作。建立以地质录井主机服务器和应用服务器为中心,以录井仪局域网为现场数据采集网络,利用VSAT卫星地面站和GPRS连接远程录井现场队进行无线数据传输,基于GPRS、Internet和局域网进行数据访问的三级信息传输网络体系,实现了录井信息的实时传输。系统建成12个远端站,先后在30多口井进行现场试验和数据传输服务。

强化市场攻关,开拓市场新领域。按照3个三分之一的构想,加大市场工作力度,形成"站稳国内陆上市场,开辟新的海洋市场,走向海外市场"的格局。油田本土市场收入稳中有升,全年实现劳务收入16012.05万元,其中勘探收入实现10228.6万元,首次突破亿元大关,较上年增长1028万元,增幅11.17%。开发井收入实现5769.7万元。全年有19支队伍在外部市场提供技术服务，录井126口，完成产值2607.01万元，较上年的2038.66万元净增568.35万元，同比增长28.30%。在西部、海上、南方、胜利油公司等国内市场形成全面突破态势。国际市场在熟悉掌握国际惯例、市场规则、国际商务、法律等必备知识的基础上，伊朗项目和蒙古项目实现新突破。

加强企业管理，整体管理水平跃上新台阶。完善行之有效的内部经营承包，加大成本控制力度，有效运行HSE体系，HSE管理体系通过山东双胜职业健康管理体系认证有限公司审核，推荐录井公司向认证机构注册。公司员工的职业安全健康意识普遍增强，实现了工业、交通、消防、民用气安全生产"五连冠"。内部分配制度改革有新突破，按照"引入市场价位，调整收入关系"的原则，确定以"岗效薪点工资制"为基本工资制度的内部分配办法，形成了公司内部分配制度改革实施方案，并报经管理局同意后全面实施。

人力资源开发和队伍建设获新成效。组织精干力量，加深人力资源开发研究，分地质研究、设备研制开发、无线传输和"四支队伍"建设对人员需求进行预测、评估，制定人力资源开发方案。加强复合型人才、外向型人才和高层次人才培养，制定高层次人才培养优惠政策，公司承担三分之二的培训费，工资、奖金享受在岗待遇，报销正常的差旅费，共有17人攻读硕(博)士学位，10人学成毕业，大批专业技术人才成长为学科带头人和技术拔尖人才。强化培训工作，员工整体素质进一步适应市场需求，全年举办各类培训班43期，参加培训935人次。88人参加对外合作取证，举办3期计算机中级取证培训班，92人参加培训。174人参加高级工鉴定，合格129人，合格率74%。18人获得技师资格。举办全国录井行业Advantage录井仪培训班，开展多种形式的岗位练兵和技术竞赛活动，掌握多种技能的复合型人才比例不断提高。为建设"四支队伍"，1999年至2003年，共引进各类本科生245人，其中地质类专业93人，机械电子类专业86人，管理类5人，其他类6人，保障了"四支队伍"对不同专业人才的需求。建成国际先进水平队伍10支，国内先进水平队伍10支，油田先进水平队伍25支，开发井小型录井仪队伍40支，"四支队伍"形成规模，全面实现了"四支队伍建设"阶段性工作目标。

企业文化和学习型组织建设持续健康发展。企业文化战略内涵更加丰富，功效更加明显。为培育公司核心竞争力和创新发展能力，实现"创建国际一流录井公司"的共同愿望，启动创建学习型组织系统工程，成立指导小组和推进小组，按计划组织实施13项重点工作，畅通14个沟通渠道，营造"学习工作化、工作学习化"的团队学习氛围，持续强化自我超越、建立共同愿景、改善心智模式、团队学习、系统思考等"五项修炼"，保证学习型组织建设扎实有效开展，企业文化建设向培育核心竞争力和创新发展能力方向迈进。

做好稳定工作，维护改革发展大局。公司有家属323人，协解人员169人，职工待业子女42人，退休人员101人，内部退养人员76人，原有法轮功练习者3人，稳定工作任务十分繁重。对待家属上访、协解人员上访和内退人员上访问题，从讲政治、讲大局的高度，严格落实稳定工作联席会议制度，完善实施稳定工作预防预警机制，采取领导职责到位、责任承包到位、宣传教育到位、信息联络到位、关心帮助到位、排查落实到位的"六到位"工作措施，确保大局稳定和职工队伍稳定。

（罗雅君）

【设备结构趋于完善，市场竞争能力明显提高】 2002 年引进 2 台 Advantage 综合录井仪，2003 年与贝克休斯公司合作研制国际领先水平的 SL - Advantage 综合录井仪 9 台。SL - Advantage 综合录井仪具有总体指标高，稳定性好，软件功能强等特点，分析周期提高到 51 秒，最小检知浓度达到 1ppm，成为公司开拓市场的主力设备。自行研发制造的 40 台 SLXL - 2 小型录井仪，在开发井生产广泛应用。公司各类录井设备形成系列化格局，国际领先、国际先进、国内先进水平的仪器及小型录井仪可满足不同市场的需要，设备结构趋于合理。

（罗雅君）

【地质综合研究向智能化方向发展】 运用各项录井资料，应用先进资料处理软件，提高综合研究水平。利用 GeoFrame 地震资料处理系统、Jason 储层约束反演系统、IntellExplore 软件等新技术，将录井资料的特有优势与其他资料综合，提高了综合研究智能化水平。全年探井综合解释 121 口，解释符合率 85% 以上。罐顶气分析、地化分析、定量荧光录井抓及时率和准确性，技术应用和技术研究迈上新台阶。完成单井评价 15 口，优良率 100%。组织开展群众性质量管理活动，全年注册 QC 小组 39 个，取得成果 25 项，直接经济效益 356 万元，上报管理局优秀成果 4 项。完成《济阳坳陷下古生界地层识别技术研究》、《碳酸盐岩油气层评价技术研究》等科研课题 9 项。通过单井评价和项目研究，提供井位建议 31 口，被管理局采纳 11 口，实施后预测含油面积 30 平方千米，预测石油地质储量 1800 万吨，天然气储量 123 亿立方米。郑家地区建议部署的郑 365 等 6 口井，在目的层均发现油气层，试油获工业油气流，为该区建成亿吨级油田做出了贡献。

（罗雅君）

（审核 张殿强）

海洋钻井公司

【概述】 用工总量 1888 人，主体用工 1463 人，多种经营 425 人。设有 16 个机关科室，14 个三级单位。拥有 8 条钻井平台，其中座底式 3 条，自升式 5 条，可在 0—35 米水深海域中作业，最大钻井能力 9000 米。

全年动用钻井平台 8 条，开钻 25 口井，完井 27 口井，钻井进尺 80275 米，超额完成年度计划。试油投产及修井作业 797 天。全年完成经营总值 6 亿元，完成了管理局下达的经营指标。

企业管理。加强预算管理，严格过程控制，成本运行良好。资金管理落实年度预算制度，强化资金计划、集中统一管理，形成以财务控制为中心的资金管理网络。基层单位以收定支，严格资金计划、申报、审批程序，严禁计划外费用支出，确保公司各项支出控制在年度预算内。物流管理强化职能，严把物资质量关，完善网上物流信息系统计划报料、动态调剂、物料回收等功能，提高了物流管理水平和效率。

科技创新。针对海上开发井井深增加、探井地层复杂、施工难度加大的新特点和新变化，强化完善串接井下动力钻具复合钻井技术，PDC 及高效能钻头应用、优质海水泥浆优快钻井技术、欠平衡钻井在开发井组和复杂井应用中创出多项指标。单井井深创海上新纪录，海上首口套管开窗侧钻井成功，欠平衡钻井技术在古潜山复杂地层施工中发挥了作用，PDC 钻头 + 动力钻具成功应用，加快了深井钻井速度。

安全生产。细化“HSE”安全管理体

系，配套完善以“两书一表”为主要内容的安全表格化管理，涵盖了平台每个安全项点，提高了标准落实效果，避免了作业漏洞，消除了各类事故隐患。实施领导干部安全承包制，公司领导和相关科室按照要求定期到承包的平台和单位进行安全检查，帮助平台做好安全工作，处理好安全与速度、效益与质量的关系。加大平台监督力度，实行《季度安全检查汇报制度》，综合平台现场的360个检查项点，分解为14份表格，汇编成册，由平台监督负责进行检查。

市场开拓。树立市场竞争意识，合理调配平台，为甲方提供一流服务，打1口，成1口，交1口，优1口，口口井达到甲方满意。发挥装备、队伍优势，转变过去低利润率、甚至无利润的经营模式，提高施工质量和服务水平，以总包、日费方式实行海上钻井施工，实现外拓市场经济总量最大化。优化结构，降低成本，把权力交给钻井平台，由平台自主协调，自主管理，自主施工，锻炼了钻井平台独立作战能力，节约了成本。

多种经营。推进产业结构调整，集中人力、物力、财力，扩大服务主业范围。做大社会项目，开拓外部市场，海洋勘测项目在社会许多领域服务。海星电器厂开发社会项目，扩大经营范围，海星索具产量不断扩大。多种经营系统全年安排富余人员及职工子女90人。

思想政治工作。围绕公司中心工作，加强思想政治工作和企业文化建设，发挥导向、服务、凝聚和保障职能，增强思想政治工作的针对性和实效性，提高了思想政治工作对生产经营的渗透率和贡献率。以党的十六大精神统一思想、凝聚队伍，教育和引导干部职工适应形势发展需要，适应市场经济要求，立足岗位和本职工作，创业、创效，促进了各项工作圆满完成。召开海洋钻井公司第一届党代会，选出新一届党委和纪律检查委员会。加强班子和干部队伍建设，提高领导班子的凝聚力和战斗力。处理好改革、发展、稳定的关系，用发展解决前进道路上的各种问题，保持了改革稳步推进，维护了队伍稳定。加强特殊群体管理，帮助协解人员及职工子女解决好就业和再就业问题。家属补息差发放及时，受到管理局和家属一致好评。确保特殊群体思想稳定，公司无一人参与上访。加强党员队伍建设，党员先锋作用得到发挥，涌现出公司级优秀共产党员31名，局级2名，纳新党员16名。加强企业文化建设，成立企业文化建设专门机构，拟订《企业文化建设3年实施计划》，为建设具有海洋钻井特色的企业文化奠定了基础。

（王祥晶　纪洪燕）

【海洋钻井公司构筑高效人才管理模式】

把人才战略作为支持公司持续快速发展的3大战略，探索创新用才、育才机制，形成“分层配置、分类培养、专业考评、柔性管理”的人才管理模式，调动人才队伍的积极性、主动性和创造性。实施人才职位层级化管理，钻井平台增设主任工程师、机电主管，分别负责工程和机电技术的管理。改变工程、机械、电器、泥浆各2名技术员，无职级高低的配置模式，4个技术岗位分设1名责任工程师。日常生产中，结合施工项目，设项目主管、责任工程师。各专业操作岗探索推行首席操作工，拓展了专业技术和操作人员职业发展的阶梯和舞台。

探索人才成长规律，把握特质、分类指导、跟踪培养、量才为用。对新入厂的大学毕业生，跟踪了解其特质、特长、专业兴趣和业务水平，全面把握人才优缺点，准确把握人才成长方向，有针对性地指导其缩短成才周期。组织部门每半年对管理型、技术型和复合型人才系统考察了解,通过谈话,指导制定合理成才计划,对受工作环境和业务空间制约而影响个人能力发挥的干部调整岗位,对条件成熟、有发展潜力的人才及时重用。46 名技术人才进行岗位交流,31 名科级干部走上新的管理岗位,形成了用其所长、用当其时的人才使用格局。

针对人才专业性特点,推行人才定期专业化考评,成立钻井、机电、地质、经营管理、思想政治工作等专业委员会,负责本专业技术人才业务指导、技术交流和能力考评。各专业委员会及业务管理部门制定人才考评量化标准,半年对专业人才的理论水平、业务能力、专业成果、工作绩效进行全面量化评价,激励人才发挥岗位效能。职称评审中,由各专业委员会组织论文答辩和业绩考评,实行分专业述职综合考评,维护了评审工作的公正性,推动了专业人才的技术交流。

推行"柔性管理",打破以行政关系为手段的传统人事管理模式,按照重点井、重点施工环节和高难度工作量的需要,实行项目管理和首席负责制,弱化行政关系,将优秀人才统筹调配到项目中,牵头负责某项业务工作,集中优秀人才保证重点项目,让优秀人才得到高层次、高标准锻炼提高。

(王祥晶　纪洪燕)

【国内首台固井参数综合采集仪实验成功】　对固井数据进行综合采集、实施远距离实时监控的仪器在海洋钻井技术公司通过现场实验,获得圆满成功。由胜利海洋钻井技术公司与胜利采油院联合开发的固井参数综合采集仪,是国内首台能够对固井过程中压力、流量、排量等参数进行实时采集,并通过信号进行远距离传输的仪器。

仪器通过信号线将压力变送器、流量计等信号送入数据采集仪,显示管道流体压力变化情况、流体瞬时流量和累计流量,数据存盘后,以曲线、数字或专业表格形式显示,直观反映固井过程中各个环节的运行情况,便于分析研究。根据需要,可通过网络对数据进行实时监测和远程监控。

仪器具有灵敏度高、反应快、精度高、读取方便,抗干扰能力强等优点。对实现优化固井和科学固井具有重要意义,同时可用模拟方式指导、培训岗位工人,便于存储管理现场施工资料。

(王祥晶　纪洪燕)

【外部市场收入创新高】　海洋钻井公司以优质高效施工和诚信服务在外部市场取得新突破。全年有 6 条平台打入 EDC、辽河等外部市场,顺利完成 23 口井的钻探施工,实现产值 2.51 亿元,占公司总收入的 47.81%,比上年增长 3 倍,创历史最好水平。

公司从可持续发展高度出发,对平台进行升级改造,提升平台装备水平。完善改进海上优快钻井技术,结合海上施工特点,着重在钻井工艺、泥浆技术和固井工艺上研究实践。运用优质高效 PDC 钻头、复合动力钻具、欠平衡钻井技术、无固相海水泥浆等先进工艺和技术,提高工艺水平和施工质量,在高密度丛式井、大位移定向井、深探井、深开发井组等高难度复杂工艺井的施工技术上取得突破。与美国 EDC 公司合作施工的埕岛西大型开发井组,共 17 口井,是胜利海域井数最多、设计最复杂、施工难度最大的开发井组,为确保施工质量和进度,成立以总工程师为首的技术攻关小组,解决了浅表层大井眼定向、大井斜大位移施工、密集型井防碰、控制失水和阻力等方面的难题,提前完成了钻井施工任务。

增强市场拓展能力，培育实践经验丰富、业务能力强、文化素质高的对外合作队伍。市场调查、项目招投标、合同商谈、项目实施和完井结算由专人负责。以创建学习型团队活动为主线，提高职工队伍整体素质，打造海洋钻井服务品牌。加强与甲方及第三方的沟通交流，协调解决合作中出现的问题和矛盾，征求对平台工作、生活服务等方面意见，不断改进提高。营造了友好合作氛围，形成了强大合力，为甲方创造了效益，为平台树立了良好市场形象。

（王祥晶　纪洪燕）

【胜利二号创建技术支持型平台】　海洋钻井公司胜利二号平台从提高岗位技术人员素质入手，推进“技术支持型平台”建设，促进职工学习力向创新力和实际生产力转化。

为解决施工井井身结构复杂和设备状况差等问题，提出建设技术支持型平台的工作目标，成立平台经理领导的钻井、泥浆、机械和电气技术小组，建立与平台装备状况及人员素质相适应的技术模型。把加强设备管理作为工作重点，列出重点维护对象，实行挂牌承包、挂牌保养和挂牌维修，设备完好率保持在96%以上。着眼于“前、全、线”，把好计划、进度和检查关，每口井施工前，对井身结构、工艺流程和材料消耗制定生产运行大表，增强了生产环节的预见性。

桩海103井是胜利二号平台施工的1口高难度深探井，设计井深4800米，重点钻探向北扩大桩海10块下古生界含油气情况。针对地层复杂和井壁稳定性差的特点，采取合理钻具结构，在井口附近和技套下部及井斜变化井段使用非旋转防磨接头，定点测斜，应用海水聚合物钻井液，加强泥浆净化和润滑工作，保护了油气层，提高了钻井速度。全年施工的3口深探井，井身质量、固井质量和取心合格率达100%，各项生产指标均达甲方要求。

（王祥晶　纪洪燕）

【海上第1口斜开窗侧钻井完钻】　8月10日，胜利海上第1口斜开窗侧钻井CB30A－4井顺利完钻。胜利五号平台施工的CB30A－4侧钻井设计井深4252米，水平位移1350米，裸眼段长，井眼轨迹不易控制，是油田海上第1口斜开窗侧钻井。施工中，应用旋转防喷器和欠平衡钻井技术，在套管上直接用铣锥开窗，形成窗口后侧钻，用148毫米和145毫米两种扶正器调整增斜和降斜，控制了井斜和方位角变化，减少了起下钻和定向钻进次数，提高了钻井速度。根据地层情况及时调整钻井参数和泥浆性能，确保高难度斜侧钻井施工的安全、优质、高效运行。

（王祥晶　纪洪燕）

（审核　党良昌）

测井公司

【概述】　有职工2578人，各类干部1009人，教授级高级职称2人，高级职称150人，中级职称341人，党员1088人。有三级单位12个，直属科级单位1个，机关科室18个，野外施小队88个。资产原值4.11亿元，净值1.62亿元。拥有主要生产设备501台（套），其中具有国际先进水平的17台（套）。

全年完成各类测井、射孔、井壁取心7534口，比上年增长4.7%。资料解释1293口，比上年增长2.1%。面对竞争日益激烈、人工成本上涨及“非典”影响等不利因素，内抓管理，外拓市场，苦心经营，主业收入达到4.77亿元，其中关联交易市场4.16亿元，外部市场创收6119万元。成本支出4.34亿元，上缴管理局资产收益及内部利润4364万元，超缴利润823万元。集体企业收入1.57亿元，实现税后利润853万元。

生产施工管理。严格生产管理，强化全过程、全方位监控，对重点井、超深井及特殊施工井，严格按照质量体系进行策划，精心组织，高效运行，提高了作业服务质量。巴州分公司完成井深7220米的中4井测井任务，创国内测井新纪录。全年完成10口6000米以上深井测井施工。二分公司采用140枪、140弹，完成油田重点科学钻探水平井——郑科平1井射孔施工，创造了国内大直径射孔枪、深穿透射孔弹水平井射孔技术应用新纪录。

市场开拓。按照“站稳东部、拓展西部、走向国外”的市场部署，关联交易市场占有率保持在97%以上，为超额完成全年经营承包任务奠定基础。西北市场创收2348万元，比上年增长47.3%，继续保持同类型队伍领先地位。冀东市场实现产值900万元，创历史最好水平。随着外部市场不断拓展，服务区域覆盖西北、东北、华南、西南等地区，全年外部创收6119万元，比上年增长7.3%，为公司经济总量和经济效益持续增长发挥了重要作用。伊朗卡山、东胜蒙古项目顺利实施，标志公司步入国际市场。

科技进步。全年承担局级以上科研项目20个，其中国家“十五”重点攻关项目1个，中石化集团公司重点科研项目6个，管理局科研项目9个，重点实验室项目2个，博士后项目1个。高分辨率感应、防砂射孔等4项成果获管理局科技进步奖，复合射孔等3项成果获新技术推广奖。SL-6000型测井系统试投产，基本达到国际同类装备水平。

改革与管理。按照公平、公正、公开原则，调整机构，精干队伍，稳妥完成内部分配制度改革。围绕提高经济运行质量和经济效益，完善经营承包、计划投资、财务预算、成本控制，经营管理水平不断提高。开展下井仪器清查工作，成立专门机构管理下井仪器，共清查下井仪器1831支，原值5.62亿元，堵塞了管理漏洞。组织编写集团公司测井、射孔队伍资质等级标准。6个“金牌队”、9个“银牌队”通过集团公司验收。加强质量、计量体系管理，顺利通过质量体系换版认证，体系运行正常有效。优化设备资源配置，提高整体运行质量，荣获山东省设备管理先进单位称号。坚持依法治企、依法经营，连续9年被评为省级“重合同、守信用”单位。监察、审计部门发挥监督、指导和服务职能，参与经济合同谈判337项，标的额1.18亿元，维护了内部经济秩序的持续稳定。突出以人为本的指导思想，深化HSE管理，开展“严管理、遵规程、反违章、降事故”和反“三违”活动，实现了安全生产“三个保证”，连续11年被评为管理局安全生产先进单位。

职工培训。全年完成培训项目78项，培训人员4795人次，其中外送培训373人次。新引进47名大学生，284名职工取得高级工资格证书，15人通过工人技师考核，2人获管理局“技术能手”称号，马明学被评为油田杰出专业技术人才，吕幸端被评为油田杰出技能人才。举办首届“人才节”，评选“十佳人才”，评聘29名高级研究员，形成了尊重知识、尊重人才的浓厚氛围。

集体经济。按照依托主业、服务主业、积极创新、加快发展的思路，服务水平和经济效益不断提高，实现了当年无亏损企业的目标。调整测井研究中心组织机构和研究制造人员,投产6000平方米仪器制造车间,增强了仪器研发能力,测井仪器销售连续3年超亿元,成为公司极具潜力的支柱产业。研制140双复式、大孔径射孔枪及102双复式射孔枪,提高了服务水平,创造了良好效益。招聘子女临时工59人,安置生活困难家属21人,为下岗人员提供岗位16个,缓解了就业矛盾。

后勤服务。投资改造第4栋公寓楼,配套生活服务设施,改善单职工居住条件。职工食堂改善就餐环境,降低饭菜价格,增加花色品种,提高饭菜质量,日平均就餐达1500人次以上,方便了职工生活,被管理局评为生活管理示范单位。栽植各种苗木1万株,新增绿地1万平方米,整体面貌得到改观。

思想政治工作。从实际出发,针对新情况,解决新问题,不断改进思想政治工作方式方法,加大形势教育力度,加强基层建设、企业文化建设和精神文明建设,调动职工积极性,保持了内部秩序持续稳定。公司被评为管理局思想政治工作先进单位,山东省老年工作先进单位,连续8年被评为山东省社会治安综合治理先进单位。实施送温暖工程,开展结对帮扶再就业活动,弱势群体生活得到基本保障。宣传、工会、共青团、计划生育等工作保持全局先进水平。

(张万泉)

【党建工作为生产经营保驾护航】 以学习贯彻"三个代表"重要思想和党的十六大精神为主线,加大党员干部思想教育力度。调整充实部分三级单位领导班子,加强党的组织建设。开展"党员六带头、六争做"活动,实施"四个 "工程,强化党员教育和管理,在抗击"非典"、施工作业、科研攻关、维护稳定等一系列重点工作中,党组织战斗堡垒作用和党员先锋模范作用得到发挥。

(张万泉)

(审核 王新刚)

供水公司

【概述】 供水公司成立于1983年9月13日,是中国石化集团公司胜利石油管理局所属的存续公司之一,担负着整个胜利油区及东营市、滨州市部分地区工业、民用水和部分农业用水的供应任务,以及油田基地和东城部分地区的污水处理任务,是集黄河取水、沉沙蓄水、水利设施建设与管理、给水净化与管理、污水处理、水文地质勘察为一体的专业化大型水务公司。

公司机关驻地位于东营市东营区北二路306号,占地面积52172平方米。有职工3031人,其中各类专业技术干部633人,高级职称66人,中级技术职称196人。各类供水生产和相应的配套辅助生产、服务队伍配套齐全,技术过硬。公司党委下设2个基层党委,17个党总支,93个党支部,共产党员1122人。公司机关设15个科室,下设1个副处级单位,13个三级单位,13个科级单位,1个多种经营单位。

基本建设(生产用房)总建筑面积9.6万平方米,拥有各种主要生产设备1402台(套),供水主管线总长度993千米。在用净化站9座,地下水源1座,设计日供水能力96.5万立方米。水库17座,设计总库容3.76亿立方米。污水处理厂1座,日处理污水能力10万吨。固定资产原值10.32亿元,净值5.76亿元。

全年完成供水量14981万立方米,水质综合合格率98.5%,实现总收入27397.8万元,企业增加值5559万元,完成了管理局下达的承包经营任务。多种经营实现总产值1.51亿元,利税900万元。

以优化运行和精细管理为主线，生产建设稳定发展。坚持效益优先的方针，强化日常生产衔接与协调，实现了供水生产平稳运行。全年引蓄黄河水3.39亿立方米，同比减少1.45亿立方米，保障了油田生产和居民生活正常用水，最大限度减少了原水费用支出。优化水处理工艺，加大水质化验检测力度，全年完成水质检测1.33万项点。“非典”期间，加大水质监测范围和管理密度，保证优质安全供水。为确保生产平稳高效运行和实现降本减费目标，继续实施科技改造工作，完成孤东、河口净化站工艺改造，青岛路、西三路等12条长39千米的管网改造及配套建设。调整完善污水处理生产工艺流程，全年处理污水1124万立方米。

以完善基础管理为中心，突出用水秩序治理，管理水平和服务水平明显提高。用水治理坚持强化内部管理和加大外部治理力度并重，对私接乱挂、用水不交费等问题进行集中治理，共治理违章用户392个，规范了104个村的用水秩序，切除私接管线256条，日减少水量损失2.4万立方米。完善计量管理，更新改造水表112块。制定用水管理系统标准，规范用水管理岗位标准、管理标准和操作规程。完善银行管理收费系统，成立客户服务中心，简化和规范用水申请各项程序。在外部市场，以稳固东城市场和开发滨南区域市场为重点。加大管网巡视、维修力度，完成管网修漏612处，改造阀门73处。探索经营管理模式，实行抄表、巡线、收费竞争上岗和内部承包机制，加大考核和奖惩力度，增强用水管理系统干部职工的责任感和危机感。全年销售水量11598万立方米，产销差率22.58%，同比降低3.68%。

强化专项管理，经营管理创新水平。根据管理局的承包政策和生产经营状况，调整经营策略，完善各单位经营承包政策和指标控制体系，完善供水营销策略，加强市场研究，构建适应市场经济要求和符合供水行业特点的管理体系。财务管理建立“一套账”核算模式，依靠信息化技术提升整体管理水平。强化投资管理，推行项目管理，投资管理更加规范。实施节能改造，完善内部计量，加强对外协调，理顺费用结算程序，实现各生产单元全方位监控，用电管理水平明显提高，净化站单方水耗电由上年的0.57千瓦·时/立方米降到0.52千瓦·时/立方米。全年总电耗7817万千瓦·时，电费4200万元，同比减少电耗1658万千瓦·时，减少电费支出757万元。物资供应实现“日清日结”，库存比计划指标低储40万元，库存物资周转天数为4天，比计划指标加快18天。安全管理实现“五杜绝、一不超”的工作目标，被管理局评为“安全生产优胜单位”。设备管理以“三化三零”为目标，及时消除设备事故隐患，实现了设备本质安全化。开展“非典”防治工作，对全公司环境卫生进行彻底清理整治，对水源水厂等重点要害部位实行监控管理，取得了“非典”防治工作的阶段性胜利。

推进结构调整，实施内部分配制度改革，发展活力不断增强。供水公司作为管理局内部分配制度改革试点单位，在没有成熟经验借鉴的情况下，按照管理局整体工作部署，以提升整体发展水平为中心，以提高用人效益为目标，经过精细组织和稳步操作，正确处理总体与平衡、改革与稳定、经验与创新的关系，确保改革工作顺利完成。分配制度改革实施后，职工工资平均增资300元，拉开了收入档次，理顺了分配关系，体现了“效率优先、兼顾公平”的原则，形成了薪酬收入能升能降的机制。实施组织、队伍和劳动力结构调整，优化劳动力配置，完善以科学定员为依据的用工总量控制制度，修订供水系统定员标准，定员总体水平在原有基础上提高10%。结合“三岗制”管理，推广实施MES动态管理办法，保持每月试岗75人，下岗54人的动态常量。优化调整组织结构和队伍结构，对耿井、辛安、民丰、滨南、仙河、孤岛、河口等7个水厂，设置为“一厂三队”或“一厂四队”的组织模式，科级单位全部撤销四级编制，公司主业的四级单位由63个减少到目前的52个。一、二线直接生产人员1853人，占用工总量的61.05%，组织、队伍结构更加科学合理。

科研项目取得新成果。以提高水质，技术创新为目标，以节能降耗为核心，突出经济效益和社会效益，注重先进供水工艺成果的引进消化，全年开展科研项目12项，2项列入局重点科技攻关计划，1项列入省科技攻关计划，共完成科技成果6项。“脉冲澄清池新工艺配套技术研究”、“新型水处理复合药剂应用研究”、“微污染高含藻湖泊水膜处理技术研究”3项成果通过管理局专家组评定，达到国内领先水平。承担的中石化集团公司技术创新项日取得重要突破。管理局重点科研项目取得阶段成果，其中“供水管网调度系统应用”、“新型轴流泵的推广应用”获管理局科技进步三等奖。

信息化建设步伐加快。基层单位全部实现局域网链接，联网微机达到600多台。开发应用网上办公系统，与完成开发与应用的管网地理信息系统、生产调度信息系统及银行收费系统共同构建起公司自动化信息网络平台，为公司尽快实现生产、办公自动化打下基础。

多种经营经济运行质量有新提高。开拓外部市场，加快产业结构和产权结构调整步伐，全年实现生产经营总值1.51亿元，完成年度计划的125.7%，实现利税900万元。完成多种经营产权制度改革，实现了由集体企业向股份制企业的转变，对胜利新邦公司的发展方向和目标进行科学谋划，制定远期发展规划。推进和深化企业改制，配套实施干部制度、用工制度、分配制度、投资管理制度及培训制度改革。产业结构调整出现良好势头，外部市场取得显著成绩，收入同比增长15%。水利建安共承揽施工南水北调、新疆水利设施改造工程及东营市水利建设工程共计150余项。房地产规划开发了东营白天鹅花园小区、东营白天鹅购物中心、西城综合楼等项目，建设项目规模达2万平方米，规划建设项目规模20万平方米，成为多种经营发展的亮点。旅游公司引进外资增设旅游娱乐新项目，吸引游客，全年接待游客9.5万人次。环雅矿泉水营销网点达200处，东营市场占有率达50%，拓展了潍坊、淄博、滨州等地区矿泉水市场，增强了盈利能力。

强化文明建设和思想政治工作，公司大局保持稳定。加强党的建设，开展“学转谋见”活动，提高各级班子的科学决策水平，组织开展“纪律、作风、形象”主题教育活动，预防职务犯罪专题教育活动，党风廉政建设责任制得到落实。创新、加强和改进思想政治工作，形势任务教育做到“五个坚持”，保持了强大舆论声势和正确思想导向。围绕大局稳定，探索建立稳定工作长效机制，建立完善齐抓共管、教育引导、工作预警、双向沟通、扶贫解困、绩效考核6项工作机制，及时化解改革发展中出现的各类问题，打好稳定工作主动仗。做好家属补息差发放工作，为892名家属发放补息差503.2万元。加强政策宣传，做好内退职工稳定工作。开展结对帮扶再就业活动，利用水面和土地资源开发，拓宽就业渠道，186名协解人员实现再就业，再就业率达到68%。以庆祝供水公司成立20周年活动为载体,打造具有供水特色的企业文化体系,凝聚队伍,激发活力,促进文明建设稳步推进。开展"对标、追标、创标"活动和"五个一"群众性创新创效活动,规范基层管理标准,基层管理水平和经济效益明显提升,形成了队队有特色,队队有品牌的良好局面。有40个基层队、4个基层单位跨入达标行列,8个基层队被评为管理局优秀基层队,2个基层单位被评为管理局优秀基层单位,7个基层队被评为管理局"行业一强",2个基层队被评为管理局名牌基层队。公司连续两届被评为管理局基层建设先进单位。

(柴德彬)

【坚持"六个"公开,民主参与操作,稳步实施分配制度改革】 供水公司是管理局分配制度改革的试点单位,在进行内部分配制度改革的过程中,按照油田工作要求,认真安排,精心部署,依靠群众,公正公开,阳光操作,取得了内部分配制度改革的成功。公开宣传,使职工明确改革目的,召开分配制度改革工作会议,通过供水报、网络媒体、厂务公开栏等形式广泛宣传,统一思想认识,改革信息逐级准确传递,使全体职工明白分配制度改革的目的、意义、内容和方法,树立岗位靠竞争,收入凭贡献,以岗定责、以岗取酬的观念。公开评价,使职工明确岗位差别,结合分配制度改革,遵循"公开公正、对岗不对人"原则,对全部岗位进行归级赋点,按照"定两头、排中间、找对应"原则,对管理、专业技术、操作服务三大类岗位进行汇总归级排序。公开岗点,使职工明确收入差别,对新分配方案的可能工资收入进行模拟计算,从多个层次、多个角度对不同单位同类岗位(工种)之间、不同类别岗位之间进行对比测算,将调整情况公开,根据职工意见和建议修正完善。公开方案,使职工明白操作办法,把握"职工广泛参与,透明公开"原则,征集基层单位意见和建议,制定《供水公司内部分配制度改革实施方案》,经职工代表团长会议通过。听取各方面反馈意见,修正完善不合理问题,确保各项工作顺利开展。公开竞聘,使职工各得其所,各尽其用,制定《供水公司管理岗位竞聘暂行办法》和《供水公司操作岗位竞争暂行办法》,在公开公正公平的基础上,分管理岗位、专业技术岗位和操作服务岗位三个层面开展全员、全方位岗位竞争。通过竞聘32名干部调整了管理岗位,158名工人竞争到其他岗位。152名工人竞聘到管理岗位,58人从管理岗位上落聘,转到操作岗位。产生46名试岗、下岗人员。公开考核,使职工各展其能,各取其得。完善工效挂钩和绩效考核办法,建立"逐级考核单位、分级考核个人"的考核评价体系,制定考核标准,要求以劳动责任、劳动技能、劳动强度、劳动环境等要素作为评价分配依据,定量指标达到90%。

(柴德彬)

【实施"三项改造,一个提高"系统工程项目,取得了显著的经济和社会效益】 "三项改造,一个提高"工程项目,即对机泵设施进行节能改造,对管网进行更新改造,对水厂水处理工艺进行科技改造,加大信息技术投入,提高公司生产经营自动化管理水平。项目自1999年开始,至2003年共争取管理局投资1.8亿元,其中投资2230万元完成87台(套)机泵改造,投资12735万元,更新改造油田基地、河口、孤岛等地区供水主干线67条,总长156.8千米,投资2540万元,完成辛安、利津、孤东、河口、民丰5座净化站水处理工艺改造,投资453万元,进行办公平台建设、网络建设及升级等工作,完成了供水管网地理信息系统、银行收费管理系统、生产调度信息系统及自动化办公系统开发应用等信息化建设项目。“三项改造，一个提高”工程项目的实施，取得了显著的经济效益和社会效益。用电量由1998年的1.6亿千瓦·时下降到2003年的0.78亿千瓦·时，供水量由1998年的2.43亿立方米下降到2003年的1.5亿立方米，大部分为机泵改造、提高机泵效率、管网改造减少漏失所至。完成工艺改造的净化站出水浊度降到1NTU以下，水质明显改善，供水效率明显提高。信息技术的投入使一系列先进技术成果得到成功推广，解决了一大批生产中的疑难问题，生产运行和办公自动化水平显著提高。

（柴德彬）

【庆祝供水公司成立20周年活动】 2003年是供水公司成立20周年。为总结取得成绩，弘扬优良传统，引领干部职工树立改革发展决心，举办一系列庆祝活动。编纂出版《胜利油田·供水公司志》（1983—2003年），记录供水公司20年辉煌历程。制作系列电视专题片、专版报道，细数供水公司取得的丰功伟绩。出版《辉煌二十年文学作品集》。举办群众性歌咏比赛、职工美术书法摄影作品展。召开庆祝供水公司成立20周年座谈会和供水公司成立20周年庆祝大会，举办焰火晚会。以庆祝供水公司成立20周年活动为契机，打造具有供水特色的企业文化体系，凝聚队伍，激发活力，促进公司文明建设稳步推进。

（柴德彬）

（审核　徐金波）

电力管理总公司

【概述】 电力管理总公司管辖35—220千伏变电站166座（其中临时变电站51座），主变容量373万千伏·安。有6—220千伏电力线路510条计4598千米。拥有自备发电厂1座，总装机容量27万千瓦。工作区域涉及东营、滨州、淄博3个市、12个县（区）和80多个乡镇。

设机关科室16个，直属科级、科级单位11个，副处级单位3个，三级单位18个，四级单位116个。设基层党委15个，党总支11个，党支部147个。有在册职工5062人，离退休职工503人。有党员1503人，其中在职党员1057人，非在职党员446人。教授级高工1人，高级职称61人，中级职称430人，初级职称549人。拥有固定资产原值27.27亿元，净值18.79亿元，其中经营性资产原值25.48亿元，净值17.69亿元，非经营性资产原值1.79亿元，净值1.10亿元。各类主要生产设备649台（套）。

全年完成转供电量53亿千瓦·时，其中自发电量3.08亿千瓦·时，总收入26.08亿元，总支出23.8亿元，实现内部利润2.3亿元，超额利润3000万元。全年多种经营产值2.91亿元，实现销售收入2.85亿元。

电力主业持续稳定发展。加大电网基本建设和结构调整力度，电网基础更加稳固。完成了220千伏九分场变电站扩建、220千伏杨九线开断工程、220千伏变电站继电保护的升级换代，对110千伏网架结构进行优化调整，新建并投产两座110千伏变电站，电网安全经济运行水平进一步提高。加快变电站综合自动化改造和电费“日清日结”等工程实施进度，实施电网状态检修。以落实安全生产责任制为重点，加大隐患整改力度，深化HSE管理，全年变电事故率、输配电线路事故率有所下降，保持了电网安全生产的良好态势。全年完成转供电量53亿千瓦·时，在连续5年下降后，首次实现转供电量稳定增长，转供地方及三产电量完成4.8亿千瓦·时，首次突破4亿千瓦·时，同比增长1.7亿千瓦·时，电费收入1.9亿元，同比增长5000万元，保持了主业市场的稳步发展。

多元开发实现经济总量新突破。按照“两个市场”战略要求，加强外闯市场力量配置，在山西大同、天津、大庆等地设立办事处或销售网点，形成全方位、多形式对外创收新格局。全年完成多种经营产值2.91亿元，实现销售收入2.85亿元，其中外部市场创收1.24亿元，占总收入的43%，创历史最好水平。多种经营体制和运行机制取得新突破，按照“整体规划、分步实施、配套改革、择机推进”的整体思路，对多种经营企业实施产权改制，实行两级法人的母子公司管理模式，实现瑞祥集团公司对多元开发实体参股、控股。多元开发项目取得突破性进展，围绕以电力工程和产品制造为核心的高新技术、外向型产业做文章，元博热电、绞联电缆、海上电气设备开发合作项目等项目取得实质性进展。赴贵州、广西等地考察配电网络建设和水力发电项目，与有关方面签订近亿元合作意向书。瑞祥集团公司取得国家二级送变电工程施工资质，广域科技公司获得国家计算机信息系统集成叁级资质，为外创市场创造了条件。

经营管理和内部改革进一步深化。适应生产经营形势的需要，开展“求生存、谋发展”大讨论，制定实施《“十五”后三年经营发展规划》，对不同系统和单位的经营承包政策进行调整完善，理顺各层面经济关系，见到明显成效，经营创利能力和外闯市场能力增强。用电管理和“窗口”服务更趋规范，电力客户服务中心通过ISO9001服务质量标准体系认证。推行项目责任制，强化重点工程管理，投资管理更趋规范，基本消除“三超”和重复建设现象。加强工程预决算管理，全年预算审定下调额1900万元。以严控成本、提高资金使用效益为基础，严格执行“三个不准”，规范内部市场管理，全面推行招投标制。按照管理局统一部署，推行岗效薪点工资制，通过制定科学合理的方案，扎实稳妥地推进，圆满完成了内部分配制度改革任务。

思想政治工作和企业文化建设稳步推进。学习贯彻“三个代表”重要思想和十六大精神，开展“学、转、谋、见”和“争做开拓市场带头人，当好队伍稳定责任人”活动，职工精神面貌发生了变化，各级领导班子自身建设和驾驭复杂局面的能力不断增强。党员干部在防控“非典”、生产经营、深化改革、队伍稳定等考验面前，发挥了主力军和先锋队作用。开展“企业文化建设年”活动，全方位推进企业文化建设，形成了胜利电力文化体系，对精神文明建设、对外树立形象和提升核心竞争力起了推动作用。开展文明创建活动，先进面不断扩大，涌现出一批文明建设先进个人、劳动模范和技术能手。广域科技公司李志宏被评为油田第十届“十大杰出青年”，东区供电公司孙秀峰被评为油田“十大杰出技能人才”，荣获首届“胜利油田技能大奖”。加强职工形势任务教育，开展多种健康有益的文体活动和电力专业化管理20周年庆祝活动，凝聚了职工队伍。强化稳定工作责任制，加强社会治安综合治理工作，抓好各个层面的思想疏导，职工队伍和特殊群体保持稳定。按照油田统一部署，完成退养家属补息差的发放工作。开展“结对帮扶再就业”活动，再就业率达到79%。计生、老年、共青团等工作继续走在了管理局同系统的前列。开展与“法轮功”的斗争，被评为“四无”单位，为公司改革发展创造了稳定的环境，再次获得“省级文明单位”荣誉称号。

（孙青珍）

【油田电网 220 千伏主构架调整改造工程竣工】 结合胜利发电厂二期工程建设，电力管理总公司承担施工的油田 220 千伏杨九线开断、220 千伏九分场变电站扩建及电网主构架调整改造工程圆满完成。工程是胜利发电厂二期接入系统的重点工程，使油田电网由原来 1 条 220 千伏主电源杨九线供电改造成 220 千伏万杨线、万东线、万胜线 3 条主电源线同时供电，为油田电网的安全稳定运行提供了可靠保障。

（孙青珍）

【召开庆祝油田电力专业化管理 20 周年大会】 9 月 12 日，电力管理总公司召开庆祝油田电力专业化管理 20 周年大会，回顾了公司 20 年来不平凡的创业历程，系统总结了 20 年建设发展的基本经验。中国石化集团公司副总经理张耀仓专门发来贺信。山东省经贸委，山东电力集团公司、大庆油田供电公司等 13 家地方政府部门、友好单位发来贺电。营造了同心同德、共创大业的良好氛围，激发了干部职工解放思想、干事创业的能动性，引导干部职工主动投身到公司“两个市场”的事业中，努力开创改革发展稳定的新局面，为油田的持续稳定发展做出新贡献。

（孙青珍）

【基层建设再创佳绩】 以深化“达标、创优、争强、夺牌”活动为载体，开展“安全生产无事故变电站”、“安全生产无事故线路”、“学习型团队”等活动，探索实行动态管理创建机制，提升学习力、文化力和竞争力，推动了基层整体管理水平的提高。完成第 2 个《基层建设三年规划》，有 3 个基层队被评为管理局名牌基层队，7 个基层队被评为管理局行业一强，15 个基层队被评为管理局优秀基层队。

（孙青珍）

【《胜利油田电力管理总公司志》(1988—2002 年)出版】 《胜利油田电力管理总公司志》(1988—2002 年)是电力管理总公司企业文化建设的一项重要成果。记录了 1988 年—2002 年 15 年中，伴随着油田改革与发展，油田电力由小到大，由弱到强，不断提升，不断前进的奋斗历程。展现了干部职工团结一心，拚搏奉献，众志成城，不断夺取新胜利的精神风貌。中国石化集团公司领导牟书令、王作然、王志刚、宋万超、何生厚和胜利石油管理局领导曹耀峰、郭长玉及管理局咨询委员会主任张宗义分别题词。出版后，对弘扬电力精神，鼓舞队伍士气，促进电力事业加快发展，具有积极的推动作用。

（孙青珍）

（审核　陈宝寿）

胜利发电厂

【概述】 胜利发电厂位于东营市南二路 1502 号，占地面积 4418 亩，始建于 1988 年 3 月，是胜利油田的自备电厂。一期工程装机为 2×20 万千瓦。二期工程建设规模为 2×30 万千瓦热电联供机组，2001 年 6 月 26 日正式开工建设，三号机组 2003 年 11 月移交电厂。

胜利发电厂下设 13 个科室，5 个机关直属单位，15 个三级单位，4 个多种经营实体。有职工 2255 人，其中正式职工 1857 人，其他用工 398 人。正式职工中有干部 702 人，工人 1155 人，有女职工 559 人。有党员 524 人，团员 531 人，离退休职工 143 人。有各类专业技术人员 629 人，其中教授级高级技术职称 3 人，高级技术职称 66

人,中级技术职称259人。拥有固定资产原值19.51亿元(不包括四号机组),现值15.09亿元。有大型设备66台,其中发电机、汽轮机、锅炉、主变、厂变各3台,高备变、翻车机、斗轮机各2台,吸风机、送风机、排风机、凝结水泵、循环水泵各6台,给水泵7台,磨煤机8台。2003年设备等效可用系数达87.6%,设备完好率99.89%,主设备一类率100%。

累计发电270.2亿千瓦·时,1998年以来累计发电170.2亿千瓦·时,上缴内部利润17.4425亿元。2003年一、二号机组累计发电29.69亿千瓦·时,超承包指标3.19亿千瓦·时。供电成本205.02元/千千瓦·时,按不变价格计算实现产值8.7941亿元,实现内部利润3.159亿元,超承包指标5142万元。

经营管理水平有新提高。面对煤炭价格和其他费用急剧上涨的压力,加大成本控制,完善成本分析制度,成本控制力度明显加大。资产管理基础工作得到加强,推行资产代管协议工作,提高了基层单位资产管理意识。按照国资委和油田统一部署,财务资产系统完成了资产损失核查工作,剥离不良资产净值2657万元。内部分配制度积极稳妥进行,建立了"以岗定薪、岗效薪点、岗变薪变"的岗位工资制度。按照标准化管理要求,创新各项管理工作,在规范整改、持续提高上下功夫,通过贯标认证复检。物资管理水平进一步提高,进货质检率100%,全年采购资金周转天数降到35天,比计划降低45天。信息工作得到加强,开发完成多种独具特色的网上办公系统,促进工作效率提高。环保节能工作有新提高,"三废"得到有效治理,全年节水186万立方米,节电994.6万千瓦·时。革新成果见实效,炉内加药调整每年可节支180多万元。2003年实现供电成本205.02元/千千瓦·时,按不变价格计算实现产值8.7941亿元,实现内部利润3.159亿元,超承包指标5142万元。

多种经营保持稳定发展势头。多种经营系统按照"突出三产"的总体要求,调整工作思路,应对市场变化,保持稳定发展势头,全年实现经营总收入2.54亿元,利税2000万元。华胜电业优化建筑安装、铁路运输等主导产业,超额完成承包指标,全年实现经营总收入1.1亿元,利税1455万元。胜利水泥厂严格控制产品质量和生产成本,提升胜利水泥品牌形象,全年生产水泥41.3万吨,销售水泥43.7万吨,实现销售收入9530万元,利税230万元。胜利建材公司稳定生产运行,完成销售收入2180万元,利税280万元。华新能源加强生产组织和市场销售工作,生产水煤浆7.6万吨,销售7.26万吨,实现销售收入2695.7万元,利税35万元。开拓外部市场有新突破,茂名石化胜利水泥有限责任公司严细管理,实现了达标达产目标。元博工贸公司精心组织施工,将75吨油气混合锅炉改造为60吨水煤浆锅炉,新上1台12兆瓦抽汽式汽轮发电机组,2003年12月顺利实现投产发电。与胜利胜建公司合作,投资建成了年产20万立方米加气混凝土砌块和板材项目。

思想政治工作扎实深入。贯彻落实十六大精神和"三个代表"重要思想,开展"学转谋见"活动,干部职工思想观念发生了变化。举办建厂15周年系列庆祝活动,展示了电厂发展变化和取得的辉煌成就,激励职工爱厂敬业、再攀高峰的斗志。形势任务教育深入人心,在统一思想、统一行动、推动改革和促进发展等方面发挥了作用。各级党政组织严格落实稳定工作领导责任制,全方位建立预警预防机制,定期开展思想分析活动,对家属、协解和内退人员等群体耐心做好政策解释和教育引导工作,生产生活秩序处于良好平稳状态。基层建设进一步加强,全年涌现出6个局级优秀基层队,3个行业一强和2个名牌基层队。加强效能监察,党风廉政建设工作成效明显。抓好职工技术培训,全年举办各类培训班49项,全员培训率达到82%,职工实际操作能力和业务素质有了进步。召开厂工会第三次代表大会,多种经营系统全部完成建会工作。加强民主管理和民主监督,坚持"依靠"方针,深化厂务公开和厂务质询工作。社会治安综合治理、共青团、计划生育、老年、文化、后勤保障和通讯服务等各项工作均有新起色。

(孙文国)

【电厂二期工程施工建设和三号机组试运行创出好成绩】 为实现机组达标投产的总体验收目标,二期工程项目部加大施工组织协调与衔接力度,强化质量管理和控制,严格四级验收制度,各参建单位齐心协力,克服困难,抢工期,保安全,施工进度明显加快,工程建设进展顺利,截至2003年底累计完成投资21.0548亿元。为顺利实现新机组交接,精心做好生产准备工作,2月17日组建二期运行部,4月8日成立3#机组试运指挥部,通过每周例会,审定试运方案,及时协调解决试运过程中出现的问题,保证试运行工作有序进行。运行人员提前介入一期检修现场,配合施工、设计、监理、调试等单位,参与试运工作,共提出各类整改意见1100多项,91%通过协调得到处理。三号机组7月28日实现总启动,8月18日带负荷并网,11月19日顺利完成168小时试运,正式移交电厂管理。试运行期间,针对遗留的疑难问题,组织技术骨干联合攻关,职工驾驭新机组能力提高,三号机组累计发电2.5638亿千瓦·时。热网供热首站工程在当年设计和施工较晚情况下,年底已对部分居民供热。

(孙文国)

【发电量再创大修之年历史新高】 按照稳发电、多发电、超发电的要求,抓好机组安全稳定运行,发电生产呈现"三稳一突破"局面。根据不同阶段运行要求,强化生产组织管理与协调,在生产建设异常繁忙时期,妥善处理抗击"非典"疫情与正常生产的矛盾,3#机组试运和1#、2#机组运行的矛盾,统筹兼顾,科学调度,保持发电生产平稳进行。严格安全生产责任制,抓好规章制度落实,严把工作票和操作票签发、许可、实施、监护和验收关,"两票"合格率100%。开展5次全厂性安全监督大检查,共查出各类不安全因素百余项,95%以上得到整改。开展安全知识竞赛、反事故演习、"反三违"和千项操作无差错等活动,271人次达到千项操作无差错,10人次达到万项操作无差错。实现了1个连续安全生产242天和1个连续安全生产100天,非计划停机次数7次。加强设备日常巡检维护和消缺率考核,实行定人、定时、定项、定标准"四定"检查,实现了设备缺陷全过程管理。开展"三零三化"和专项设备管理活动,加强特种设备管理,确保设备安全度夏越冬,设备管理水平有较大提高。2#机组大修历时44天,共完成标准项目275项,非标准项目134项,技改项目11项,各项指标均达到预期效果。2003年设备等效可用系数达87.6%,设备完好率99.89%,主设备一类率100%。全年1#、2#机组累计发电29.69亿千瓦·时,超承包指标3.19亿千瓦·时。

(孙文国)

(审核 王锡耘)

通讯公司

【概述】 用工总量2278人(含内退235人),其中主业1901人,多种经营377人,干部515人,工人1763人。大中专以上学历1063人,高级职称47人,中级职称194人。下设10个通讯分公司、1个移动分公司、1个公话分公司和1个信息管理中心,5个后勤保障单位,1个多种经营公司,12个机关科室和7个直属单位。拥有固定资产原值8亿元,净值5.19亿元。

拥有交换机容量26.2万线(全网27.1万线),实装用户19.7万户(全网20.2万户),拥有数字微波线路732千米,光缆线路10000多芯千米。450兆和800兆两套集群移动通讯系统共370个用户,469注册用户12000个,宽带用户19000个,IC卡和有人值守公话共3500部。

2003年完成交换机扩容2282线,放号12273部。实施光缆、管道等110多项配套建设,改造光缆420芯千米。进行河口边远油区S-CDMA系统扩容和油田信息网络环网建设。进行宽带网扩容建设,宽带接入能力达31000个端口。469新增用户525个,宽带用户新增14532个。全年完成总收入2.32亿元,主业收入1.72亿元,实现内部利润1102万元,完成了上交管理局2%资产收益率的经营承包任务。多种经营完成收入6000万元。

经营管理水平有新提高。以财务资产管理为中心,对成本实行有效控制,开展清产核资工作,实现了降本增效。实行领导干部风险抵押金制度和承包责任书制度,与26个三级单位、直属单位和后勤保障单位及12个机关科室签订承包责任书。完善"三重一大"公开制度,加大效能监察、审计监督力度,保证职工群众参政议政权利的实现。坚持依法管理、依法经营,加强内外部合同管理,维护公司合法权益。组织开展春秋季两次机线大检修,做好季节性通讯保障工作和节假日生产运行管理,确保管理局重要专线畅通。网络运行稳定畅通,局间来话应答率为55.10%,网络接通率达94%。全年无重大网络事故发生,网络维护水平进一步提高。

加强党的建设、思想政治工作和精神文明建设,公司大局保持稳定。获得油田思想政治工作先进单位和油田文明建设先进单位称号。推进基层建设,仙河通讯站和信息楼通讯站被评为"名牌基层队",胜中分公司线务队、滨南分公司滨南通讯站被评为管理局"行业一强",10个基层站队获管理局"优秀基层队"荣誉称号。按照管理局统一部署,同邪教"法轮功"及骨干分子进行坚决斗争。扎实做好稳定工作,为改革发展创造良好环境。加强领导班子建设,坚持"四化"方针和德才兼备原则,加大基层领导班子考察、调整和交流力度,选拔任用科级干部11名。利用"学转谋见"活动,探索党风廉政建设新途径,各级领导干部政治、业务素质进一步提高,党风廉政建设成效明显。强化弱势群体的帮扶和救助,实施"送温暖工程",建立"帮困救助基金",全年发放救助金10万元。以培训学校、业余党校为教育阵地,强化业务骨干、优秀党员教育。计划生育工作取得新成绩。社会治安综合治理工作加强防范措施,确保了一方平安。

(刘金栋)

【贴紧油田生产和油城人民生活及社会各个方面,提供通讯服务】 教育职工树立"真心、真情、真诚服务"的观念,坚持内部约束与外部监督相结合的机制,加大优质服务考核奖惩、服务质量监督管理、"首问负责制"实施力度,促进服务工作规范化。

注重为广大用户提供快速周到的服务，树立文明服务新形象。注重急难险重等特殊情况下的优质服务，在抗击“非典”和夏秋防汛期间，提供及时、安全、畅通的通讯保障服务，受到管理局党委和管理局的表扬。通讯服务用户综合满意度达到97.1%，在管理局组织的服务行业行风建设评比中，名列第一。

（刘金栋）

（审核　刘显阳）

运输总公司

【概述】 胜利石油管理局运输总公司创建于油田会战初期的1963年，是油田大型专业汽车运输公司。公司位于东营市西城区，总占地面积1316亩。发展成为集客货运输、物流配送、危险品运输、车辆修保、土方工程为一体，设备租赁、房地产开发、机械制造、广告、化工、建材、商贸、节能环保等全面发展的综合性企业。多年来，胜利运输人发扬艰苦奋斗、吃苦耐劳的胜利“铁骑”精神，从新疆戈壁转战渤海之滨，艰苦创业，为胜利油田的建设和发展做出了突出贡献。自1992年走向市场后，运输总公司以“脚踏实地、攻艰破难、务实高效、创新发展”的企业精神，开拓市场，创新管理，诚信服务，推行HSE管理体系，“胜利物流”车辆遍布全国各省市，长途客运在省内具有实力和影响力。参与“西气东输”工程和高速公路建设，为国家基础设施建设做出了贡献。被山东省授予“重合同守信用”企业，2002年取得ISO9001国际质量管理体系认证和国家一级道路货物运输企业资质认证。

2003年，管理局对运输总公司进行重组调整。重组后的总公司机关设置14个科室，定员63人。下设5个运输公司，1个省级多种经营单位，5个机关直属单位，主要分布在东营市东城区、西城区。总公司有在职职工2129人，其中干部416人，工人1713人，高级职称28人，中级职称108人，党员1238人。拥有各类资产原值9667.5万元，净值5866.1万元。主体产业有生产车辆504台，其中卡车120台，油气罐车91台，客车155台，小型车辆105台，自卸车33台，总吨位3846.89吨。多种经营系统有生产车辆131台。

2003年，累计完成货物周转量17106万吨千米，实现总收入20789万元。运输业实现收入11051万元，成本支出14051万元。多元经济实现收入9738万元，利润462万元。实现了管理局下达的限亏3000万元的经营目标。

实施“三大战略”开局良好，对振奋精神、加快发展起了推动作用。重组调整后的运输总公司，根据“跳出运输发展运输”的总体构想，制定“1353”工作思路，实施市场开发、结构调整、多元开发“三大战略”。通过开展解放思想、转变观念专题大讨论，职工群众达成“出路在改革中，办法在实干中，希望在发展中，效益在市场中”的认识，为总公司改革发展提供了精神动力和思想保证，形成了“想发展、谋发展，鼓足干劲快发展”的氛围。实施市场开发战略，把握、驾驭市场能力显著增强。贯彻“稳内拓外，主业与多元经济齐头并进”的经营思路，强化承包机制，实行市场区域化管理和全员组货管理办法，稳固了内部市场，拓展了外部市场。全年内部市场实现收入8801万元，外部市场实现收入3500万元，超额45.8%完成管理局下达的创收指标。创建物流平台，探索发展大物流，与国内知名的物流和生产企业达成合作协议，设立物流配送网络，获得了可口可乐、汇源蓝猫饮品等产品在东营地区的配送、代理和销售权，运输生存发展领域有了新突破。加快产业调整步伐，内部资源得到优化，本着“优化骨干产业，发展专项运输”思想，组建油田惟一从事危险品运输的油气运输公司，形成2000万元的年生产能力，实现产值933万元。将2个普通货运公司的人员、车辆，整编为1个公司，减少了管理费用支出，精干了普通货运。采取多种形式，配套压路机、挖掘机等施工作业设备，延伸了土方工程公司业务范围，提高了施工能力，全年实现产值572万元。通过调整，主体产业形成了货运、客运、油气运输、小车运输、土方工程5大经济板块，总公司综合经济实力明显增强。对原有多种经营系统进行集团化整合重组，成立“山东盛运集团”，优化了资源配置，产业结构更趋合理，管理更为顺畅。实施多元开发战略，培育具有发展潜力的经济增长点。调整经营思路，组建物流、设备租赁、商贸旅游等8个公司，取得了明显效益。2003年新增经济总量1200万元，利润100万元。设备租赁有限公司与用户签订了总价值过亿元的租赁合同，成为总公司新的经济增长点。“胜利油田保险代理公司”、包装印刷项目的前期调研论证工作基本完成，进入公司注册和具体运作启动前的准备阶段。客运中心站改造项目前期运作结束，筹备招商洽谈。多元开发战略，为“跳出运输发展运输”奠定基础。

内部改革平稳推进，整体发展活力明显增强。按照管理局对运输系统的重组调整方案，一手抓重组调整，一手抓生产运行，对机构设置、人员配备等进行内部整合，各项工作很快到位，做到了改革调整与生产经营两不误。立足运输实际，重点推进以“岗效薪点”为主要内容的分配制度改革，确立分配导向，拉开收入档次，理顺分配关系，形成了薪酬收入能升能降的分配机制。以产权为纽带，以股份制形式改造老企业、发展新项目。对原“房地产开发管理中心”进行股份制改造，成立“山东盛运置业有限责任公司”。对新上项目、新辟产业，采取国有资本、集体资本和非公有资本等参股的混合所有制经济形式，探索了投资主体多元化的路子。

细化经营管理，经济运行质量进一步提高。建立健全各项管理制度，决策程序和经营行为日趋规范。理顺各方面关系，强化经营承包责任制的落实，加强对指标完成情况的分析、考核和过程管理，实现压力的有效传递。以财务管理为重点，严格成本管理，提高资金利用效率。加强经营过程的审计监督，解决了历史遗留问题。物资采购采取“公开、透明、公正”的原则进行招标，严格按合同办事，实行阳光交易。组织防暑降温用品、办公印刷品及车辆保险等5方面招标，在保证质量的前提下，降低采购费用20%—50%。强化安全和质量管理，严格执行行业标准，加强全员全过程的质量监控，通过了ISO9001国际质量认证体系复审和山东省设备管理二级企业达标复审，保持了管理局“安全生产优胜单位”称号。

加强和改进思想政治工作，职工队伍凝聚力、向心力、战斗力有新提升。以“学、转、谋、见”活动为载体，动员干部职工围绕“运输的希望在哪里？运输的出路在哪里？”、“三学、六查、九树”和“工资从哪里来？”3个主题开展大讨论，统一了思想，增强了信心、凝聚了力量。以“企业文化建设年”活动为契机，以新时期胜利精神为统领，提炼了“团结自律、攻坚破难、务实高效、创新发展”的运输团队精神，鼓舞了职工队伍。“达标、创优、争强、夺牌”活动中，加强基层建设，强化基础工作，抓基本功训练，举办各种培训班11期，培训各类人员720人次,队伍整体素质和基层建设水平有新提高。涌现出1个"行业一强",5个优秀基层队,5个基层队跨入达标队行列。严格落实职代会、民主恳谈会、厂务公开制度,企业民主管理和民主监督得到加强。开展"结对帮扶再就业"活动,有340名失业人员实现了再就业,占下岗失业人员总数的51%。做好稳定工作,为总公司改革、发展创造良好环境。在发展的同时,千方百计维护职工利益,全年足额发放工资总量2475.6万元,发放奖金总额401万元,人均增加收入1315元,增幅达8%。为全体职工足额缴纳"五大保险"1180.9万元。全年安排职工疗养64人。投入资金110万元用于职工的生活福利。

(马　林)

【运输总公司实施重组调整】 为全面提升油田整体发展水平,2003年2月8日,管理局对运输总公司实施了重组调整。按照"三分法"原则,先将运输总公司外围生产单位整建制移交油田各采油厂,在此基础上,将原运输总公司一分为二,成立运输总公司、工程运输公司两个局属二级单位。此次重组改革是油田运输行业继1998年之后又一次重大改革,优化了运输行业资源,减轻了运输总公司人员负担,提升了运输总公司市场竞争力。

(马　林)

【组建成立胜利油田油气运输公司】 2003年5月,管理局对油田各主体单位、多种经营单位所有的成品油气罐车实行统一收缴,交由运输总公司集中管理。5月12日,运输总公司在接收91台成品油气罐车的基础上,组建成立了油田惟一从事危险品运输的油气运输公司。此次改革,对于优化油田资源,加强油气专业管理,强化危险品安全运输,发挥专业运输整体优势具有深远意义。新组建的油气运输公司,按照"以优质服务拓市场"的工作思路,加大油田内外市场开拓力度,形成了2000万元的年生产能力,共创产值933万元,实现了"当年组建,当年赢利"的工作目标。

(马　林)

【山东盛运集团公司挂牌】 2003年12月9日,运输总公司将原有10多个多种经营单位进行整合重组,组建成立山东盛运集团公司。此次改革以资本运营为纽带,对厂点零散、经营项目雷同的多种经营单位进行重组合并。盛运集团公司挂牌成立,优化了资源配置,实现了优势互补,增强了经营实力和抗风险能力,提高了总公司经济运行质量,标志着运输总公司多元开发战略的实施进入新阶段。

(马　林)

(审核　周焕波)

工程运输公司

【概述】 工程运输公司组建于2003年2月16日,机关驻地位于东营市东营区北一路111号。公司机关设置14个科室,下设6个三级单位,其中4个运输分公司、2个辅助生产单位,5个科级、直属科级单位,1个独立法人的多种经营实体。有在册职工2529人,其中科技人员52人,中级以上职称460人,党员1751人。有生产车辆520台,总吨位8584.4吨,其中生产运输车辆375台,总吨位5372.4吨,吊装车辆145台,总吨位3212吨。有生产辅助车辆74台。共有各类资产原值15563万元,净值7155万元。

工程运输公司组建伊始,就面临着重重困难的严峻考验,各种历史遗留矛盾相互交织，持续4个多月的“非典”疫情，以及受大环境影响引发的各类不稳定因素等，困扰着公司的改革发展进程。按照局党委、管理局的部署和要求，依靠干部职工的智慧和力量，坚持把发展作为第一要务，加快企业内部整合，推进市场开发，努力提高经营管理水平，加强思想政治工作，正确处理改革、发展、稳定的关系，各项工作取得了好成绩。

生产运行稳中有进，综合运作能力大幅提升。全年完成货物周转量21620万吨·千米，吊装作业587万吨·时。共完成井队设备搬迁1010井次，执行组车20台以上长途运输任务22次。9月份赴新疆喀什设备运输任务，动用各种车辆147台，历时20天，累计行程160万千米，是车辆最多、运距最长、路况最复杂的长途运输任务。按照“区域划分、承包用户、定向服务”的原则，把联系货源、巩固用户的责任落实到人头，加大市场攻关力度，稳固老用户，发展新用户，市场占有份额得到稳固和拓展。适时调整营销策略，在保证油区生产建设用车的同时，探索开拓外部市场的新途径，采取“搭船出海”等策略，借助外力走出油田，先后在油田驻外钻井相对集中的吉林、江苏、四川、陕西和新疆等地，派驻部分车辆随队执行生产配合任务，随渤海钻井公司第1次走出国门，远赴吉尔吉斯斯坦执行钻井配合任务。

经营状况好于预期，管理水平稳步提高。全年完成收入1.83亿元，成本支出2.2亿元，在管理局认可相关因素的情况下，基本实现盈亏平衡目标。提高经营管理水平，开展建章立制工作，把握ISO9001国际质量体系建立的有利时机，推出工程运输公司企业管理制度汇编，确立实施全员绩效等级量化管理体系，建立经营运行盈亏平衡机制，确保经营管理工作顺利开展。运用逐级倒推法，将预算指标层层分解、落实。通过建立成本四级管理网络，形成“成本核算到单车、成本分解到项目、业务核算到三级”的成本控制体系，将全面预算管理深入到生产经营的各个环节，各项费用得到控制，取得了良好效果。按照管理局统一部署，开展内部分配制度改革，本着科学分析、谨慎操作、逐步完善、稳妥推进、确保稳定的原则，经过调查、分析、论证，反复征求各方面意见，完成了各项实施方案及配套措施等基础工作。经职工代表团长联席会议审议通过，报请油田内部分配制度改革办公室复审后付诸实施。整个运作过程做到严密有序，紧张有致，在时间紧、任务重的情况下，确保了改革工作顺利进行。

加强车辆更新维护，设备技术状况得到改善。争取管理局支持，筹集更新资金3940多万元，先后购置卡车、吊车等主要生产车辆83台，市场竞争力得到加强。健全完善设备三级管理网络，推行目标管理和设备标准化管理。针对车辆老化程度高、技术状况下降严重、维修难度大的实际，制定实施例保定量考核办法，开展设备评优活动，在确保修理质量、缩短存厂周期、降低存厂车辆上下功夫。定期召开技术交流会，组织技术力量大搞科技攻关和修改代制，根据市场和生产需要，加大技改措施力度，实施设备改型改造，挖掘现有设备潜力，车辆技术状况得到改善，满足了市场需求。

多种经营项目开发初见成效。全年实现收入2415万元，创利62.3万元。坚持增长经济总量与企业结构调整相统一，实施多元开发战略，与山东大学能源与动力工程学院合作，研制引进国内处于领先地位的铜铝复合柱翼型散热器项目，受到局领导及有关部门的高度评价。引进清华大学先进技术，研制的“绿源”牌环保型高能固体蓄电池，投放市场后受到用户好评。组建成立项目开发领导小组，制定出台内部产品优先使用、多种经营产品推介费内部提成暂行办法等政策，促进多种经营企业发展。改变过去单纯围绕运输行业开展多种经营的思维模式，广开门路，跨行业、跨领域搜集信息，打造新技术品牌优势，为企业发展创造条件。

思想政治工作成绩显著。有9个基层队通过管理局考核验收，其中1个基层中队获管理局“行业一强”称号，2个基层队获管理局“名牌基层队”称号，6个基层队获管理局“优秀基层队”称号。4个单位和机关科室获局级双文明先进集体称号，32人获局级双文明先进个人称号。围绕局党委中心任务和职工群众关心的热点、难点问题，以“学转谋见”主题活动为载体，加强思想政治工作的实效性，组织开展“理论大学习，出路大讨论，思想大整顿，认识大提高，事业大发展”主题活动，加强党风廉政建设和基层建设，思想政治工作创新水平有新提高。落实依靠方针，推行“厂务公开”制度，提高企业政务透明度，增强职工当家作主的主人翁意识。结合新形势下思想政治工作重点、难点和热点问题，加强企业综合治理，建立稳定工作“十法”措施，保持了职工队伍稳定。

职工群众物质文化生活水平稳步提高。在生产经营非常困难的情况下，为部分单位配备送班车辆。投入10万元为基层队配备文体器材。投资353万元，为部分单位修缮办公场所、车场等设施。职工收入有一定提高，全年人均收入同比增加2760元，各项职工福利得到落实。加强职工教育培训，举办各类培训班78期，培训各类人员8200人次，职工队伍技术和业务素质明显提高。

（苗　青）

【工程运输公司通过ISO9001：2000质量管理体系现场审核认证】 2003年6月15日，国家赛宝认证中心对工程运输公司ISO9001：2000质量管理体系现场审核认证结束后，在现场审核末次会议上做出“体系文件基本符合要求，同意注册”的结论，标志着工程运输公司顺利通过ISO9001：2000质量管理体系认证。

建立一套完整的质量管理体系，既是公司质量管理工作的需要，又是公司生存发展的需要。公司组建不久，就开展质量体系认证工作有关事宜做了具体安排，成立认证办公室，进行体系文件编写工作，《质量手册》重新确定了公司质量目标和质量方针，按工作流程和产品特性，完善了19个程序文件。为细化工作流程和规范作业程序，编写覆盖公司业务的8个作业指导书和作业规范。根据质量工作需要，编写《工作管理制度汇编》、《岗位质量职责汇编》、《技术与管理标准汇编》和《法律法规汇编》等文件，形成完整的质量管理体系。6月5日，赛宝认证中心结束了对公司《质量手册》和体系文件的文审工作。6月12日，赛宝认证中心对公司进行ISO9001：2000质量管理体系现场审核认证。6月15日，现场审核工作全部结束，召开体系审核末次会议。会上，塞宝认证中心做出了“体系文件基本符合要求，同意注册”的结论，标志着工程运输公司通过ISO9001：2000质量管理体系认证，公司整体质量管理水平迈上新台阶。

（苗　青）

【实施经济技术创新战略，谱写散热器“改朝换代”新篇章】 2003年8月10日，美观精制的铜铝复合柱翼型散热器，在胜利油田创益暖通设备有限公司下线，胜利人以自己的智慧和经济技术创新魅力，拉开了油城采暖分户计量、室控调温和传统散热器改朝换代序幕，闯出了一条以经济技术创新助推企业调头的新路子。

胜利石油管理局工程运输公司汽车大修厂有30多年的汽车修理历史。面对日趋严峻的市场竞争形势，放弃“轻车熟路”的技术业务专长，以“跳出运输发展运输”的前瞻性思维，捕捉到国家建设部等8部委将对“三北”（东北、华北、西北及山东、河南等）地区推行供热体制改革，取消福利供热，实行用热商品化、社会化和分户计量收费的信息，通过对“三北”地区目前供暖体制及城镇所采用的暖通设备进行充分调研，根据铸铁散热器外形粗糙，体积大、不耐高压易泄漏、易腐蚀和铝合金散热器耐酸不耐碱等缺点，研制新型散热器，作为换代产品和新经济增长点。集中全厂技术人员，列出16个攻关课题进行攻关，与多年有合作关系的山东大学能源与动力工程学院副院长、博士生导师、省专家组成员田茂诚教授及有关人员通力合作，经过反复试验，克服难关，把铜管冲孔翻边作为内管，把利用高科技技术挤压成型的铝翼片作为散热器元件，采用先进的液压胀管工艺，紧密形成一体，经过精工焊接组装、脱脂、表调、铬化等预处理工序和日本最新静电喷塑技术、烘烤定型。具有自主知识产权的耐高压、耐腐蚀、升温快、重量轻、寿命长（设计寿命30年）、外形精美（用户可自己需求选色和图案），安全环保节能型散热器——铜铝复合柱翼型散热器研制成功。

（苗　青）

【工程运输公司“百车万里”保搬迁】 2003年8月，渤海钻井一公司4580钻井队首次进军吉尔吉斯斯坦油田，工程运输公司承揽了井队从胜利油田到新疆喀什单程5500千米、跨越5省的长途搬迁任务。选派147台技术状况最好的车辆和技术精湛的驾驶员组成大型搬迁队伍，8月30日出发，历经15个昼夜，提前1天，于9月14日全部到达新疆喀什目的地。公司成立领导小组，负责搬迁任务，到渤海钻井一公司了解情况，确定用车量137台，派人提前勘察、熟悉、确定运输线路，对特殊地段制定相应的运行措施。精选驾驶技术精湛、经验丰富、适应能力强的驾驶员。加强车辆修保，选派以新车为主、技术状况最好的车辆，参战分公司安排2—5名修理人员跟车运行，确保车辆出现故障时及时修理。加强驾驶员安全教育，制定专项安全措施，与分公司、中队、班组、个人层层签订安全承包合同，增强安全意识。确保了搬迁顺利完成。

（苗　青）

（审核　高　星）

总机械厂

【概述】 总机械厂始建于1964年，位于东营市东营区西四路458号，隶属胜利石油管理局，是生产石油钻采设备的综合性机械制造厂。有17个三级单位，6个四级单位，3个机关直属单位，机关科室10个（政工科室4个、生产科室6个），民营企业2个，生产经营单位9个，辅助生产单位7个，后勤服务单位3个，多种经营单位6个。有在册职工1585人（女职工574人，干部361人），在岗职工1414人，其中正式职工1264人（女职工416人，干部320人），内聘职工100人，集体职工50人，内部退养职工171人（干部41人）。有专业技术干部320人，其中高级职称44人，中级职称131人，初级职称127人。离退休职工1027人，协解人员395人。有党员948人，团员316人。资产总额2.55亿元，其中流动资产1.91亿元，固定资产净值0.63亿元。占地面积598.1万平方米，其中工业区占地面积65.1万平方米（生产厂房面积14.8万平方米），农业占地529.3万平方米，其他占地3.7万平方米。主要生产设备718台（套），其中金属切削机床230台，焊接及切割设备120台，起重搬运机械81台，电气设备71台，检测设备66台，动力设备45台，运输车辆22台，其他设备83台。有国内先进水平设备113台（套），占16%，国内一般水平设备330台（套），占46%，国内落后水平设备275台（套），占38%。设备平均役龄12年，金属切割机床役龄14年以上。

2003年实现销售收入36522万元，较上年同期增加566万元，其中外销收入12187万元，较上年同期增加330万元，内销收入24335万元，较上年同期增加236万元。货款回收13417万元。全年完成工业总产值29125万元。受“非典”疫情、原材料涨价、工资调整、成本还原等因素影响，账面出现亏损3935万元。

国际市场销售取得历史性突破。产品先后进入阿塞拜疆、加拿大、印度尼西亚、美国等国际市场，拿到国际市场合同金额1000万元，实现销售收入710万元。油管等主要产品局内市场占有率稳中有升。巩固原有国内市场份额，油管产品首次进入中海油市场，铆焊产品首次进入中石化华北分公司市场。

科研开发实现增效。以全面提高4项主导产品核心竞争力为主线，在产品改造升级上下功夫，全年科研经费支出500万元，科研投入1000万元，保证了重大科技项目按期完成。注水井防腐油管、抽油泵泵筒镀铬项目、内孔喷砂装置、第二镦机、油管静水试压装置5大科技项目初见成效，实现新产品收入7500万元，科技增效1105万元。

经营管理见到实效。为堵塞各种漏洞，严格控制成本费用，提高经济运行质量，出台《总机械厂降低存货管理暂行规定》等7项管理制度，考核指标直接与基层领导班子成员年薪挂钩，使班子成员压力大增。加大降低存货和货款回收力度，取得较好运行效果。应收账款考核成效显著，货款回收取得历年最好成绩。

分配制度改革顺利进行。以“岗效薪点”为主要内容的分配制度改革，是全年改革的重头戏，按照宏观指导、“统、放”结合原则，统筹兼顾各方面利益关系，制定《总机械厂内部分配制度改革实施方案》。经过精心运作，分配制度改革顺利实施，达到了预期目的，形成了易岗易薪的岗位薪酬机制。

集体和民营经济稳步发展，经济效益不断提高。以提高经济效益为中心，以调整产业结构为重点，取得较好经济效益和安置效益。提高集体经济产品开发能力，纳米涂料取得国家建筑材料合格证书，市场前景广阔。生产的月饼、健身器材，深受用户欢迎，扩大了产品知名度。市场开发能力增强，产品打入外部市场，远销吉林、新疆、陕西、河南等地，市场占有率不断攀升。全年集体企业实现销售收入3727万元，完成了各项经济指标。民营经济以“取之于民，用之于民”为出发点，利用自身优势，创新经营、规范管理，实现销售收入5888万元，呈现良好发展势头。

思想政治工作扎实有效，保持了大局稳定。以学习贯彻党的十六大精神为主线，开展“学精神、转观念、谋发展、见成效”活动，干部队伍综合素质有新提高，各级班子驾驭市场经济和复杂局面的能力进一步增强。基层建设“达标、创优、争强、夺牌”活动取得新成绩，建成“名牌队”1个，“行业一强”1个、“优秀基层队”3个。对职工群众反映强烈的热点、难点问题，既严格执行有关政策，又耐心细致做好一人一事的思想工作，保持了大局稳定。为家属补发“利息差”，解决了长期形成的家属历史遗留问题。开展“结对帮扶再就业”活动，204 名协解失业人员实现了再就业。注重不同层面的人员素质培训，举办再就业、专业技术等各类培训 33 期，累计培训 3673 人次。以开展“治安防范年”活动为主线，坚持“预防为主，打防结合”的方针，社会治安综合治理工作不断向纵深发展。

（李传文　杨建波）

【总机械厂 ISO9001 质量体系换版和 4 项主导产品 API 换证通过审核】　3 月 12 日，APIQR 主任审核员 Park（朴那一）到总机械厂现场审核，经过严格细致的资料和现场检查与审核，认定总机械厂通过了美国石油学会质量管理体系转换审核，质量管理体系完全符合 ISO9001：2000 标准。油管及接箍、抽油机、抽油泵、井口装置和采油树 4 项主导产品 API 会标许可证通过了美国石油学会换证审核。标志着产品可继续使用 API 会标许可证行销国内、国际市场。表明总机械厂管理、经营、服务等方面更加科学化、规范化、标准化和程序化。

（姜恩宁）

【总机械厂抽油泵、抽油机产品取得全国工业产品生产许可证】　2003 年 8 月 15—18 日，全国工业产品生产许可证“三抽”设备审查部主任审查员孙金铨一行，对总机械厂生产的系列抽油泵、系列抽油机产品，从质量管理体系、产品实物质量和生产现场等各方面，按照国家工业产品生产许可证换（发）证实施细则，进行了严格细致审查，一次性顺利通过审查，取得了生产许可证。标志着总机械厂生产抽油泵、抽油机具有了法律资格。

（姜恩宁）

（审核　张喜庆）

工程机械总厂

【概述】　2003 年 4 月根据管理局改革工作部署，原供应处淄博制管有限公司划归工程机械总厂。总厂有职工 2446 人，主体下属 9 个生产经营单位，5 个生产辅助单位，机关 13 个科室，固定资产原值 1.59 亿元，净值 0.89 亿元。主体产业实现工业总产值 4.04 亿元，同比增长 5875 万元。完成销售收入 4.33 亿元，同比增长 7500 万元。全员劳动生产率（按企业增加值计算）6.05 万元/人，同比增加 1.18 万元/人。实现利润 837 万元，同比增长 163 万元。多种经营完成销售收入 5310 万元，完成利税 527 万元。

坚持科技创新，加快新产品开发和技术改造步伐。以科技创新为主线，以产业发展为重点，调整优化产品和产业结构，全年投资 1160 万元进行科研开发和技术改造，增强了企业发展后劲。ERW 高频直缝电阻焊套管项目，油田决定由总厂实施，完成了安全评价、环境评价和可行性研究，经中石化集团公司批准后，即可进入实施。复合管产品形成 2 亿元产能规模，进行了锥形口复合管及配套管件研制、耐温耐压研究、PE 管件焊制工艺研究和玻璃纤维增强塑料复合管件研制，复合管产品质量和现场应用技术水平大幅提高，产品综合合格率达 96%。特种车辆改装围绕小修作业机、履带通井机、400 型水泥车和钢质连续抽油杆作业车等 4 项产品实施精品工程。经专家组评审，钢质连续抽油杆作业车达到世界领先水平，填补了国内空白，其他 3 项产品均达到国内同类产品的领先水平。实施“精品工程”，开发新产品，新上国家汽车公告12个，改装产品上国家公告已达52个。抽油机研制开发具有自主知识产权的双变径轮式抽油机，被管理局批准为2003年重点科技推广项目，机型具有冲程长、成本低、安全节能等优点。抽油杆技术改造实现原材料探伤、平锻进料、杆体表面强化等关键工序自动化，生产速度明显提高。油管高压全自动封堵式水试压装置技术改造，最高试验压力达到70兆帕，在硬件上满足了行业和API产品标准要求，提高了油管加工质量。

坚持管理创新，按照现代企业制度规范企业行为，经济运行质量有新提高。围绕改造管理流程，构建科学管理模式，配套完善适应市场化经营要求的管理基础工作，确保经济总量和运行质量提高。调整内部经营政策，突出效益考核，调动各生产经营单位积极性。经营承包办法上，采取招投标方式，使各单位销售收入指标在原承包指标的基础上提高2300万元。引入增量评价体系，促使各单位经济效益有新提高。尝试绩效考核，使机关、直属单位管理和服务意识进一步加强。实施内部分配制度改革，对全厂岗位进行归级，建立健全岗位动态管理配套办法，完善总厂定额标准体系。质量管理水平不断提高，顺利通过ISO9001质量体系（特车和碳杆）扩大审核和年度监督审核，体系覆盖全厂所有产品。通过压力管道安全注册、特车改装3C认证和制管公司“三标”一体认证，提高了管理水平和生产合格产品能力，为增强企业竞争实力、开拓市场提供了保障。财务管理通过实行单项工程、单项成本核算，成本控制能力进一步加强，推行全面预算管理，使预算管理更加规范，费用、成本的预测性、计划性进一步增强。加强经济活动分析，总厂经济运行质量不断提高。生产管理以销售为中心，合理组织，加大生产经营计划执行考核力度，做好生产运行协调工作。物资管理加大采购创效力度，实施网上采购、比价采购，节约了采购资金。压缩库存定额，减少资金占用，保证生产正常运行。安全管理落实安全生产责任制，开展特种设备“三化三零”活动，确保特种设备安全良好运行。生产现场推行“6S”管理，提高了现场管理水平。加强信息网络建设，实现全厂范围内网络扩展连接，提高了总厂信息化建设水平。

坚持人才培育创新，构筑人才成长平台，形成人才脱颖而出的新环境。实施人才管理创新，为人才成长提供保障。制定《关于选拔青年干部参加学历教育的暂行办法》和《“十五”后三年人才培训规划》。实行职称考评、聘任分开，鼓励职工学习专业知识，参加相应专业的职称考试，加大量化考核力度，增强职称评定工作的公平和公正性。实行岗位管理，打破干部工人界限，管理岗位上的工人纳入干部管理范畴。推行岗位技术能手和内聘技师评选制度，加强技能人才培养力度。以改善知识结构、增强创新能力、提高综合素质为目标，分类分层次开展新理论、新知识、新技能为主要内容的人才培训活动。18人分别参加管理局“三个代表”学习班、青年干部培训班、国际项目管理专业资质认证培训班，推荐3人参加在职博士、硕士研究生考试，6人参加英语强化班学习和国家英语考级，1人参加MBA核心课程班学习。4人考取在职研究生，2人取得国际项目管理专业资质认证C级证书，3人取得工商管理课程高级进修班学业证书。提高了干部职工适应市场经济、迎接市场挑战、实施科学管理的能力。加大引才、引智力度，储备人才后备力量，根据生产经营需要，加大所需专业人才引进力度。在保证引进数量的同时注重人才质量，做到好中选优。引进的27名大学本科毕业生中，双学士学位1人，学生党员6人。将引智与引才相结合，在高薪、特薪引进专家方面进行探索，带动青年人才快速成长。营造人才成长环境，真心实意拴心留人，本着“靠事业吸引人才、靠机制激励人才、靠感情感召人才”的原则，构筑人才成长平台。对新分配大学毕业生实行多岗锻炼，强化实践，适时参与项目开发。对工程技术人员实行项目承包，对骨干人员委以重任，重点培养。通过选拔推荐优秀青年知识分子、学科带头人、岗位技术能手，实施“五小”成果奖励等方式，形成了人才脱颖而出的新环境，为适应总厂发展需要奠定了基础。

坚持思想政治工作创新，营造“胜工”特色企业文化，文明建设展现新面貌。盘点总厂文化建设，建设以“文化大院”和胜工工业园为核心的文化广场，营造浓厚的文化氛围。各级群众组织结合生产经营形势，开展“群众性经济技术创新”工程和劳动竞赛活动，开展“送温暖”活动，坚持为群众办好事、办实事。发挥文化大院作用，开展消夏晚会、乒乓球赛、越野赛等活动，活跃了职工群众业余文化生活。社会治安综合治理工作突出维护总厂政治稳定和治安稳定，采取多种方式做好非在职职工等特殊群体的思想稳定工作。开创性实施“五防”措施，对基层实施“三个热心帮助”，均收到显著成效。分析职工关心的热点、难点问题，做到有的放矢，保持了队伍稳定和大局稳定。

（阎玉栋）

【外销取得历史性突破】 全年实现外销收入1.8亿元，较上年翻了一番，比承包指标增加1亿元。螺旋焊管产品销售抓住“西气东输”工程给制管行业带来的发展机遇，全年承缆到15万吨的生产加工任务，钢管销售量、营业利润均创造历史最高纪录。复合管产品全年投标45次，中标率达75%，承揽了齐鲁石化、京博石化、兖矿、淄博绿能燃气和大庆油田混输管线等大工程，成为新奥燃气公司长期供货单位。特车改装产品在石化集团2次作业设备招投标中，签订6000万元特车改装合同，创历史最好水平。油管、隔热管、地面管线等产品远销大庆、中原、清河油田，外销收入4200万元。抽油杆全年完成外销收入1000万元。6型抽油机在延安油田一次中标100台，打开了西部市场，同时远销蒙古、阿塞拜疆、吉尔吉斯斯坦等国。

（阎玉栋）

（审核　吴德奇）

钻井工艺研究院

【概述】 有职工886人，其中中国工程院院士1人，高级职称140人，中级职称232人。设10个机关科室、19个三级单位、6个四级单位，建有8个大型实验室。是中国石化集团公司重点研究院，具有ISO9001、API认证资格。

科技开发成效显著。全年承担局级以上科研项目49项，产业化项目1项，新技术推广项目2项，专利实施项目2项，重点实验室项目2项，情报调研项目1项，博士后科研项目11项。提交成果15项，成果率30.6%。在49项局级以上科研项目中，有国家级14项、集团公司级20项、局级15项。坚持“有所为，有所不为”，强化科研目标责任制，对重点项目科研人员实行岗位津贴，14项取得重大进展和实质性突破。国家“十五”攻关项目——“复杂油气藏配套钻井技术及关键装备研究”，经过3年攻关，形成了中等易斜和高陡构造极易斜地区防斜打快技术、水泥浆充填管外封隔器完井等8项新型工艺技术，开发应用软件11套，研制试验17种新型工具，申报专利24项，现场试验80井次，顺利进入滚动研究阶段。集团公司“十条龙”项目——“地质导向钻井技术研究”取得进展，研制成功具有自主知识产权的随钻测井仪器及地质参数测量实时解释系统，利用随钻伽玛测量仪与电阻率配套完成11口薄油层水平井现场试验。集团公司新开项目——“随钻扩眼技术研究”超前运行，开发两种规格尺寸的机械式随钻扩眼工具，在垦628井1510—2225米井段现场试验，平均机械钻速9.7米/小时，扩眼井段固井质量优秀，实现了随钻扩眼技术新突破。“钻井远程专家实时诊断与指挥系统”开发了整套用于钻井参数实时采集、处理、传输、共享的应用软件，实现了油田前线与后方信息交流和数据共享，经过海洋钻井公司20口井实际应用，在“数字油田”建设中发挥了作用。“863”项目——“旋转导向钻井及关键技术研究”完成了“井下调制式旋转导向工具系统”整体设计方案，井下测量及上行通讯系统进行50口井试验，在盐水中无磁环境下短程通讯距离达到150厘米。地面信号采集接收系统形成样机，进行了现场试验。井下工具系统完成了盘阀控制系统、稳定平台等主要单元设计、加工及室内试验。国家“863”项目——“浅海重载装备坐落智能控制技术”获得进展，国际首创的“浅海海底管线电缆检测与维修装置”在胜利浅海埕岛海域完成了水面和水下试验，通过了“863”专家组的课题验收。装置的研制成功并投入生产，将与胜利浅海已有的铺管作业船等生产和施工装备配合，形成一整套完善的胜利水下工程技术和装备体系，填补了国内空白。“欠平衡钻井工艺技术研究”等26项科技成果获管理局科技进步奖，“复杂构造带深井优快钻井技术”等6个项目通过集团公司鉴定。申报专利31项，获授权15项。“滩海油田开发区泥沙运移控制技术”、“正压冲固平台技术”、“海底管道内爬行器及其检测技术”等3项国家“863”项目全部通过前3年课题验收并列入滚动计划。

科技成果加速转化。在技术创新的支持下，加大成果转化力度，钻井工程设计打入孟加拉国市场，保形取心技术打入吉林油田，侧钻井施工打入中原油田，欠平衡施工打入新疆市场，增压注水泵打入哈萨克斯坦，全年实现收入17094万元，比上年提高25%。特殊工艺钻井技术共完成定向井技术服务70口，水平井技术服务16口，侧钻井施工及技术服务10口井，其中在新疆短半径侧钻水平井TK603井5522.34—5738.5米井段提供综合技术服务，钻井进尺219.25米，平均机械钻速3.45米/小时，钻进周期246小时，创该地区钻速最快、钻进周期最短两项纪录。在中原油田施工的文98－侧7井是大难度侧钻井，设计最大井斜48°，完钻井深2821米，裸眼段长480米，创中原油田首次定向井段开窗、第1次在盐层井段开窗且一次完成开窗、修窗及导眼、固井质量优良、中原油田侧钻井完钻最深等4项纪录。在取心技术方面，生产各类取心钻头309只，取心工具供井及取心技术服务103井次，其中取心技术服务57口井，取心进尺1381.48米，平均岩心收获率90.18%。首次为加拿大哈斯基石油公司提供保形取心技术服务，在琼海18－1－3A井1203.45—1228.21米井段连续取心3筒，累计取心进尺24.76米，岩心收获率100%。欠平衡钻井技术逐步被采油厂认可并得到推广，完成欠平衡井施工28口，为上年11口井的245%，其中王古1井采取充气欠平衡钻井技术钻进，解决了770米井段的严重漏失问题，充氮气钻井实效比不充气实效提高70%，施工效果得到甲方认可。受到国务委员周永康、山东省委书记张高丽、集团公司副总经理牟书令等多位领导的肯定。在金刚石钻头产业化方面，开发5种新型PDC钻头，销售钻头800余只，1只P156M－215.9钻头在鄂尔多斯DK－6井从2174.77米钻到2902米，机械钻速7.45米/小时，相当于3只牙轮钻头的进尺，机械钻速提高48%。1只P273M－241.3钻头在海洋钻井公司6号平台钻完6口井，总进尺7858.5米，机械钻速50.08米/小时。钻井井下测量仪器产业化进展迅速，配套MWD无线随钻测量仪5套，完成MWD技术服务81口井，LWD技术服务11口井，陀螺测量仪技术服务45口井，市场遍及胜利、江苏、中原、新疆、陕西等油田。全年完成钻井液技术服务23口井，油层保护技术服务监督19井次，形成了无固相钻井液体系、MEG钻井液体系等系列技术和产品。研制的MEG钻井液体系完成15口井的现场试验，郑斜41井电测井径曲线规则，井径扩大率仅为4%，被评为郑家地区第1口固井质量合格井。膨胀管技术是正在发展的钻井及完井高新技术，通61－侧162井首次成功地使外径107.95毫米、总长398米的可膨胀套管串膨胀至120.83毫米作为完井套管，同时保持了优质的固井质量。全年完成钻井工程设计1234口，工程监督技术服务18口井，完井技术服务69口井，推广ZS6B型直线振动筛14台，推广套管减磨接头520只，为油田生产提供了技术支撑。

改革与管理提升企业整体素质。在强化管理上下工夫，在深化改革上做文章，在持续发展上动脑筋。在新疆成立钻井院西部分院，使科技更加贴近实际、贴近市场。突出安全管理，成立安全环保设备科、技术监督科。在ISO9001质量体系正常运行的同时开展HSE资质认证，确保科研、生产、经营安全运行。深化分配制度改革，处理各种复杂问题，出台实施改革方案。加强职工培训管理，选送4人攻读博士学位、5人攻读硕士学位，新引进博士后5人。加强物资管理，物资供应库存由120万元减少到7.8万元。

多种经营创佳绩。在严峻形势下，多种经营企业加强管理、深化改革，全年实现销售收入11378万元，为上年8859万元的128%。利丰公司在筹备改制分流的同时强化生产经营管理，全年实现销售收入10730万元，首次突破亿元大关，实现利税112万元。金刚石公司在困境中求生存、求发展，开展质量整顿，寻求新的生存发展空间，全年实现销售收入648万元。

（师　捷）

【“浅海重载装备坐落智能控制技术”国际首创】　12月12日，国家“863”计划海洋资源开发技术主题专家组和中国石化股份有限公司科技开发部组织有关专家，在东营召开“浅海重载装备坐落智能控制技术”课题结题验收会。验收专家组一致认为：“浅海重载装备坐落智能控制技术”及其工程化“浅海海底管线电缆检测与维修装置”载体属国际首创，技术领先，达到了合同各项技术指标要求，具有良好的推广应用价值。

“浅海重载装备坐落智能控制技术”是由胜利石油管理局钻井工艺研究院和上海交通大学联合攻关的国家“863”高新技术研究发展计划海洋领域的重点项目。自1998年开展研究以来，先后完成了理论研究、室内模型试验、自航模航行试验、工程化设计和施工建造。2003年完成了海上试验并投入使用,实现了装置在浅水区环境条件下智能跟踪行走、干式作业环境及管线、电缆水下维修作业。工程化载体浅海海底管线电缆检测与维修装置是一种能潜入海底进行管线检测和维修的多功能、新型的特种海上装备,具有自航能力,可完成海底管缆预铺设线路的勘测、海底管缆已铺设线路的复测检查、海底管缆的检测和维修。适用于胜利浅海海域泥砂质地基及与之相类似的海域,工作水深2.5—20米,在符合设计环境条件下可无冰期作业。装置研制成功,可解决浅海海底石油管道生产中急需解决的巡检和维护问题,对保证管线、电缆的安全生产和环境保护有重大现实意义。带动了相关产业技术发展,为继续发展相关水下维修和安装技术打下了基础。

（师　捷）

【“正压冲固平台技术”完成一期合同】 胜利石油管理局钻井工艺研究院承担的国家“863”项目——“渤海大油田勘探开发关键技术研究”中的重大专项课题——“正压冲固平台技术”,于2003年12月10日在东营通过一期合同验收。

“正压冲固平台技术”是利用正压喷冲、导流下沉等方法将海上短桩平台沉贯到预定深度,然后用灌浆方法加固短桩周围地基,将桩与其周围地基土固结在一起,形成稳定的平台基础。技术在浅海软土地基应用,无需海上打桩,可节省钢材和海上施工时间。课题主要包括研究正压冲固海上施工工艺、地基加固材料和复合基础承载机理,开发配套的施工机具、灌浆材料和正压冲固平台稳定性计算软件,研制1座新型平台——正压冲固试验采油平台。课题经过3年研究,在平台基础加固、海上复合基础承载机理研究、正压冲固平台施工及测控等关键技术方面取得突破,完成了岸滩中间试验及复合基础承载力计算软件开发、加固材料配方研制、测控仪器研制等配套技术研究,在平台型式、施工装备、研究方法等方面有明显创新,形成了包含平台设计、施工、测控为主要内容的正压冲固平台系统技术,实现了课题一期合同规定的研究目标,为课题进一步研究并最终形成完整的实用技术打下基础。项目申报4项专利,其中申报发明专利3项,实用新型专利1项。

（师　捷）

【“海底管道内爬行器及检测技术”验收合格】 “海底管道内爬行器及检测技术”是国家“863”计划重大专项课题——“渤海大油田勘探开发关键技术研究”的子课题,2003年12月10日在东营召开的课题的验收评审会通过了一期合同验收。

课题由胜利石油管理局钻井工艺研究院负责,上海交通大学、哈尔滨工业大学、上海电力学院为主要参与单位。自2001年开展攻关以来,在适用于若干管径的漏磁及电磁超声检测、智能爬行、精确大地定位等关键技术方面取得了进展和创新,完成了模拟样机及其功能性试验,满足了合同要求,为下步工程样机研制奠定了基础。

“海底管道内爬行器及检测技术”是针对单层和双层油气输送管道而设计,适应于恶劣海况下海底管道内层腐蚀、裂纹和泄露检测并精确定位的技术和设备。通过油压差驱动进行在线检测,检测管道缺陷,并确定初步位置,电驱动爬行检测器在管道内智能爬行,检测对比,确认待修复缺陷,并通过定位信号发射和接收,实现实时精确定位。

（师　捷）

【“滩海油田开发区泥沙运移控制技术”结题验收】 12月11日，国家“863”计划海洋资源开发技术主题专家组组织有关专家，在山东东营召开由胜利石油管理局钻井院承担的探索性课题——“滩海油田开发区泥沙运移控制技术”结题验收会。

课题通过室内试验、海上中间试验和理论分析，研究粉沙淤泥质海岸侵蚀、泥沙运移和沉积规律、机制及影响因素，形成以长列阵受控沉浮激沙、海底加糙—浮式消能沉沙、潮滩堤坝—生物固沙为主体的系统技术，具有独立知识产权。目的是利用自然力，通过人工干预方式实现海底泥沙定时起动、定向运移、定点淤积和固沙。在以粉砂为主的泥沙运移模拟试验技术、泥沙运移控制技术方面取得了突破，具有创新性。在物模试验应用中的淤积效果明显，完成了长列阵沉浮激沙机理、数值模拟软件开发等配套技术研究，形成了以长列阵受控沉浮激沙、海底加糙—浮式消能沉沙、潮滩堤坝固沙为主体的系统技术，为滩海油田防护工程的实施打下了基础。

（师　捷）

【“复杂油气藏配套钻井技术及关键装备研究”通过专家验收】 “十五”国家重大科技攻关项目——“中国油气资源发展关键技术研究”所属子课题——“复杂油气藏配套钻井技术及关键装备研究”于2003年10月29日在北京通过国家科技部、中国石油化工集团公司和“中国油气资源发展关键技术研究”项目办公室共同组织的专家验收。验收委员会一致认为：课题按时、全面完成了攻关任务，所提供的验收材料齐全、可靠，符合《“十五”国家重大科技攻关项目验收办法》的要求，同意通过验收，进入后两年滚动研究阶段。滚动阶段研究期限是2003年10月—2005年12月。

项目经过3年攻关研究，研制成功了MWD及随钻伽玛测量仪，生产整套仪器15套(双配置)，MWD现场应用82口井，随钻伽玛测量仪经过6口井工业试验，经验证具有较高测量精度和稳定性。随钻电阻率测量仪正在进行单元室内实验，可按计划生产出样机。技术在以下方面有创新：多位置高精度传感器短节标定技术、地质参数智能模式数据控制平台设计技术和自然伽玛井深多阶非线性校正技术。开展地质导向钻井相关理论研究，编制配套软件，掌握了地质导向钻井测量仪器制造的核心理论和技术，构建了先进的仪器系统平台。通过现场11口薄油层水平井地质导向钻井实验，形成成熟的地质导向钻井工艺，为薄油层油藏和边底水油藏水平井开发提供了技术支撑，有良好的推广应用前景。从复杂油气藏钻井的地层岩石力学特性和岩石破碎机理等基础工作入手，开发特殊地层钻头及钻头使用技术，形成了特殊地层金刚石钻头设计、制造工艺及钻头配套应用技术，研制推广了提高机械钻速的多种钻井工具。从底部钻具组合动力学特性实验分析和力学数学建模分析入手，现场实验多种防斜钻具，形成了具有特色的中等易斜地区防斜技术和高陡构造极易斜地区防斜打快技术。针对复杂油气藏深井钻井过程中出现的套管磨损问题，研制套管减磨工具和配套软件，现场推广使用效果很好。在聚合醇复合钻井液研究方面，研制推广的钻井液指标优于计划任务书要求指标。在复杂深井完井技术方面，形成了独具特色的低密高强水泥浆固井工艺和水泥浆胀封管外封隔器等新型完井工艺技术。在车西地区实施深井优快钻井技术，见到明显成效。形成了成熟的车西地区深井优快钻井配套技术，解决了许多现场技术难题。在课题研究攻关过程中，经过了80井次现场试验，共发表论文17篇，申报专利24项，开发应用软件11套，研制试验17种新型工具，形成了8种工艺技术。综合钻井配套技术的应用，解决了现场技术难题，取得了显著成果，创造了上亿元产值。

（师　捷）

（审核　张云连）

胜利石油学校

【概述】 胜利石油学校集普通高职、普通中专、高级技校、职业中专、职业培训与成人教育5大功能于一体，设有校本部和西校区、南校区2所分校。院校占地646.62亩，建筑总面积12万平方米，固定资产原值9500万元，净值5800万元。院校本部设10个机关职能部门、7个直属科级单位、1个直属副科级单位和10个科级单位，2所分校分别设5个副科级职能科（室）。有在岗正式职工796人（干部539人，工人257人），集体职工5人，内聘职工4人，内退职工114人（干部59人，工人55人），离退休职工311人（干部182人，工人129人），协议解除劳动合同147人，家属316人。按照“双师”和“一专多能”标准，加强师资队伍建设，有专任教师443人，其中高级职称107人，中级职称183人，研究生71人。涌现出5名全国优秀教师，1名全国优秀教育工作者，9名省级优秀教师，9名局级专业技术拔尖人才，7名局级优秀学科带头教师，15名局级优秀青年知识分子，1名省级十佳优秀教师。

院校有全日制教育专业76个，其中普通高职专业17个，对口高职专业4个，五年一贯制高职专业6个，高级技工专业2个，普通中专专业13个，职业中专专业34个。院校有各级各类各层次全日制在校生5116人，其中自办普通高职生627人，五年一贯制高职生371人，对口高职生70人，高级技校生187人，普通中专生268人，职业中专生1292人，联办普通高职生1009人，对口高职生1085人，网络教育本科207人。

建有数控实验室、过程控制实验室等综合性专业实验实训场所120个。拥有教学数控机床、实习井、钻机等专业实验实训设备2000台（套），总价值2000万元。学校图书馆建筑面积3048平方米，藏书27.1万册。建有信息管理中心，拥有14个现代化微机室，13个多媒体教室，6个视听语音室，2个语音发射台和完备的摄、录像系统及课件制作系统等现代化教学设施。

高、中职专业大幅拓展。建院过程中，先后历经1次资质评估，2次专业评估，高职专业由建院时的9个扩展到27个，为综合类理工科高职学院成长和壮大奠定了基础。中职专业相应得到扩展，建设分校由14个专业扩展到21个专业，交通分校由7个专业扩展到15个专业，为中职教育发展奠定了专业基础。

生源组织实现重大突破。职业学院获准建立后，把着眼点放在以自主招生为重点的生源组织上。全年新招高职生1494人，高级技校生187人，中职生588人，共2269人，创历史新高，大部分为自主招生，自主招生比重加大。

稳步推进联合办学。先后与四川大学、武汉理工大学等13所高等院校签订联合办学协议，成人教育在册学员达到4300人。实现了既控制联合办学、又推进联合办学的目的。

技工教育迈出新步伐。技工教育在全国回升后，油田对技工教育恢复招生，从一线在职职工中招收高级技工学员2个专业、5个班级、187人，为学校改革发展扩展了办学空间。

抗击“非典”成效明显。“非典”疫情，关系全校师生员工身心健康和学校发展稳定大局。4个多月的时间里，学校召开“非典”防控工作专题会议10余次，成立专门工作机构，配备专职工作人员，制定《预防和控制“非典”暂行规定》和《预防和控制“非典”应急预案》。实行校园封闭式管理，严格控制大型活动和集会，严格出差审批制度，加强校园保洁消毒，坚决执行疫情零报告制度。防控“非典”工作取得明显成效，全校无1例疑似病例和输入性病例，保证了院校整体稳定和正常教育教学秩序。

分配制度改革按期完成。遵循“立足当前、着眼发展，效率优先、兼顾历史，强化基础、配套实施，公开公正、规范运作，积极稳妥、稳中求进”原则，历经宣传发动、基础工作、制定方案、上级验收等工作阶段，完成“四定”、工作描述、诊断分析、评价归级等工作，形成《胜利石油学校内部分配制度改革实施方案》，报请管理局内部分配制度改革办公室批准。学校内部分配制度改革取得阶段性成果。

教科研工作不断深入。坚持把发挥教科研的先导作用、实施“科技兴校”方略作为重点工作。《职业教育教师的“双师”素质与培养途径研究》、《职业学校培养学生创新精神和实践能力的研究》等2项国家级课题正式立项并进入开题研究。完成《高等职业教育教学质量监控研究》等4项省部级课题阶段性研究。完成11项校级课题论证、预审和鉴定，5项课题通过验收。对转变教育观念、提高教学质量起了促进作用。

教职工队伍保持稳定。加强思想政治工作，落实社会治安综合治理领导责任制和目标责任制，深化形势任务教育和爱岗敬业教育。严格校务公开程序和内容，推进民主管理和民主监督。开展形式多样、健康有益的文体活动。帮助困难职工、弱势群体和家属解决实际困难，保持了教职工队伍整体稳定，全面实现“六无(无法轮功练习者、无家属上访者、无协解人员参与上访者、无群体信访事件发生、无在校生群体事件发生、安全运行无事故)”目标，为院校改革与发展创造良好内部环境与条件。

(杨　峰)

【申办高职学院圆满成功】 申办山东胜利职业学院是2003年学校的重要工作。为保证资质评估工作顺利进行，学校成立迎评领导小组和迎评办公室，多次召开迎评工作会议进行专题研究，制定详尽迎评方案和运行时间表，完成17个专业教学计划的修订和部分课程教学大纲建设，对评估汇报材料、视频汇报课件、教学资料、教学文件、音像资料、师资与实验实习资料等各种评估材料进行了认真准备，多次组织迎评工作检查和内部试评。历经省高校设置委员会预审、实地考察、专业评审3个阶段，山东胜利职业学院被山东省人民政府批准建立并正式挂牌，揭开了学校生存发展史上的崭新一页。当年挤入山东省及国家招生计划，同时保留胜利石油学校的牌子和职能，油田职业教育步入新的历史发展阶段。

(杨　峰)

【坚持“三三制”毕业生教育工作思路，毕业生教育稳步推进】 2003年，学校有各级各类毕业生1397人。为做好2003届毕业生教育疏导工作，确立“三三制”毕业生教育工作思路，安排毕业生教育时间和内容。邀请有关领导和专家对毕业生进行集中教育，组织专题讲座，编印《毕业生教育参考资料》，制作毕业生就业典型录像，毕业生受教育率达到100%。加大毕业生就业推荐工作力度，为毕业生顺利就业创造条件。与东营、广东、深圳等地人才交流中介机构及油田劳动就业服务中心沟通协调，发布劳动用工信息61次，提供就业岗位1000个。2003届毕业生总体就业率继续保持在70%以上，保证了学校生源组织、教学与管理、就业指导“三点一线”的贯通与实际效果。

（杨　峰）
（审核　刘卫东）

师范专科学校

【概述】 胜利油田师范专科学校位于山东省东营市济南路366号。学校以胜利油田为依托，坚持为油田和地方基础教育和经济建设服务，形成多层次、多规格、多形式的办学体系，成为东营地区重要的师资培养培训基地和教育科学研究基地。经国家教育部和山东省批准，学校于2003年6月18日正式挂牌成立了石油大学胜利学院和山东胜利职业学院。学校有教职工379人，其中专任教师195人，教师中具有高级职称的81人。有党员238人（含离退休党员）。学校占地362亩，建筑面积86148平方米，图书馆藏书25.8万册，固定资产总值4662万元，其中教学仪器设备总值1499万元。学校已建成校园网并接入国际互联网，有22个学科实验室及双向电视教学系统、语音室、多媒体教室等。

精心组织，科学编制，圆满完成内部分配制度改革工作。根据管理局内部分配制度改革工作会议精神，按照管理局内部分配制度改革工作思路和工作原则，结合学校实际情况，在调查分析、岗位归级、编写“工作说明书”和“四定”的基础上，组织全员竞聘上岗，实行岗效薪点工资制，完成了内部分配制度改革工作，建立了以岗位薪酬为主的分配形式。

加强教学常规管理，圆满完成教学任务。以教学为中心，以素质教育为主题，抓管理、促落实，圆满完成教学任务，确保了教学质量。全年完成教学工作量4.3万学时。成人教育举办各类培训班25期，参加培训考核9725人。完成中学教师助学自考、研究生课程进修班、社会证书考试等6个类别1875人次的教学辅导和管理工作。附属小学圆满完成了全年的教学任务。

深化教学改革，教学水平稳步提高。以打造特色专业为目标，加强本科专业和高职专业教学研究，制定完善本科专业和高职专业教学大纲，修订专业教学计划，调整部分学科的教材，充实教学内容。组建教学巡视组，聘请学生担任教学督导信息员，建立起教学质量监督、反馈和评价系统，及时反馈教学信息，促进了教学质量的提高。通过组织学习、召开教师研讨会等形式，引导教师逐步改变以教师、课堂、书本为中心的单向灌输式教学模式，广泛运用启发式教学，给学生创造相对自主灵活又富有弹性的教学环境，改革课程设置，强化实践教学环节，提高了学生的实践能力和创新能力。推广多媒体技术在课堂教学中的应用，丰富教学手段，提高了教学质量。有108名同学升入本科院校深造，占报考人数的71%。

加强师资队伍建设，重视青年教师培养。鼓励青年教师参加各种类型的进修培训，2名教师脱产攻读博士研究生学位，32名教师攻读学位和参加研究生课程学习，8名教师参加在职业务进修。

科研工作水平进一步提高。加大科研计划落实力度，完善科研工作制度建设，推动科研管理工作制度化、规范化。全年科研成果216项，其中专著和主编高校教材3部、教参2部，公开发表论文142篇，交流论文4篇，文学作品6篇，艺术作品16件。累计获奖26项，其中省部级2项，局级5项。争取省级和局级科研立项，主持的《西部人才资源开发战略研究》获中国西部投资环境调研课题立项，《现代企业制度下国有企业党建问题研究》、《新时期散文作家群落及审美形态研究》和《教师教学行为的评价标准及评价工具研究》等7项课题分别获省级和局级科研立项。

加强学生管理工作，学生综合素质有了提高。学生管理工作继续坚持行之有效的量化考评制度等8项管理制度，注意发挥学生会、团支部和学生社团等学生组织的作用，强调自我管理、自我教育、自我服务。重视学生基础文明教育工作，从学生日常文明习惯的养成入手，使学生学会做人、学会学习、学会自律。以爱国主义教育为主旋律，通过主题板报展、座谈会等形式，组织学生学习“三个代表”重要思想、党的十六大和十六届三中全会精神。激发广大学生爱党爱国热情，增强了民族自豪感，使学生爱党、爱国思想在潜移默化中得到深化和升华，引导学生把爱国思想转化到爱校、尊师、刻苦学习的实际行动中。组织开展丰富多彩的文体娱乐活动，丰富学生的课余生活，培养学生多方面的素质和能力。

加强后勤管理，服务水平有了提高。根据近5年的发展规划，经过认真研究，科学规划，精心设计，制定了学校基本建设方案。综合教学楼和学生综合服务楼开工建设，加大基建维修投入力度，维修了学生澡堂、学生食堂、体育馆、操场及教育学院教学楼、培训公寓和食堂，改善了办学条件，优化了育人环境。生活饮食服务质量进一步提高，学生就餐环境进一步改善，饮食卫生管理进一步加强。管理局生活处在学校召开教育系统生活管理工作经验交流现场会，对学校生活服务工作给予了高度评价。

思想政治工作扎实有效，确保学校各项工作任务圆满完成。校党委把以科学的理论武装师生头脑作为全年政治理论学习的重要任务进行安排部署，以“学精神、转观念、谋发展、见成效”主题教育活动、“三个代表”思想、“三进”工作和“两课”教学为有效载体，组织师生学习胡锦涛同志“七一”重要讲话、十六大和十六届三中全会精神。师生的政治理论水平和思想政治觉悟不断提高，全校上下形成了以“三个代表”重要思想统领工作全局，“以创业求生存、以创新谋发展”的良好局面。加大形势任务教育力度，做好思想政治工作，调动教职工的工作积极性，从维护学校大局出发，自觉立足本职，踏实工作，稳定了学校秩序，保证了教育质量，为学校发展奠定了基础。做好综合治理工作，学校政治稳定，治安安定，全年未发生一起越级上访事件。

（杜以华）

【创办石油大学胜利学院和山东胜利职业学院，明确了学校发展方向】 围绕2003年初制定的工作目标，精心组织，科学运筹，完成了石油大学胜利学院最后阶段的审批工作。教育部于2003年3月31日下发《中华人民共和国教育部关于同意试办石油大学胜利学院的批复》（教发函[2003]78号），同意试办石油大学胜利学院。以完备的资料和良好的精神风貌通过省教育厅对高职学院的评估，山东省政府于2003年5月14日下发《山东省人民政府关于同意建立山东胜利职业学院的批复》（鲁政字[2003]186号），同意由师范专科学校和石油学校联合组建山东胜利职业学院。2003年6月18日，举行石油大学胜利学院暨山东胜利职业学院揭牌典礼，山东省教育厅、管理局、石油大学、东营市领导参加了揭牌仪式。在时间紧、任务重的情况下，学校当年开办本科专业5个，高职专业7个，招收本科生192人，高职生313人，为实现学校跨越式发展迈出了坚实的第一步。

（杜以华）

（审核　崔国斌）

职工大学

【概述】　胜利油田职工大学是管理局和有限公司的高层次人才综合培训基地，是中石化集团油气勘探开发继续教育胜利基地和高级技师胜利培训基地。学校位于东营市济南路162号，有教职工387人，高级职称116人，中级职称137人，有本科以上学历204人，专科学历97人，硕士研究生学历18人，在读研究生18人。有党员160人。学校设有12个培训部，5个机关科室，6个直属科级单位。校园占地98.6亩，建筑面积5.3万平方米，拥有固定资产3748万元。建有高培楼、教学楼、办公楼、博学楼、图书楼，有各种规格教室77个、多媒体教室19个，远程教育中心可以同声传译4种语言，校园信息网与油田局域网相连，完善了网上教育平台，实现了网上教学。新建的电子阅览室，上机、阅览、授课多功能并用。图书馆藏书达20万册。培训公寓设施齐全，能接待550人住宿，2个食堂可同时容纳1200名学员就餐。2003年，各项办学指标均创历史新高，年培训量达到2.1万人次，受训学员满意率达95%以上。继续教育在校生7000余人。

培训工作实现跨越式发展。中石化集团公司“两个基地”实现当年挂牌，当年开班，当年见效。在一无经验借鉴、二无教学大纲、三无教材的情况下，项目组边学习、边研讨、边培训、边改进完善，共举办石油工程监理、高级技师、国际项目管理（IPMP）培训班11个，培训学员560多人。被集团公司领导及有关部门誉为“胜利水平”。围绕油田“三大目标”和人才队伍建设规划要求，开发、培育完善具有针对性、实效性的高层次人才培训项目。主要有：勘探开发高级研修、国际石油新技术、安全环保、学习型组织、财会人员业务能力评价考核、再就业与创业工程（SYB）培训、地面和专业工程概预算、领导干部经营管理、国际石油合作等班（次）。连同集团公司的石油工程监理、高级技师、国际项目管理等精品培训项目，构成了高培中心培训品牌的“金字塔”。围绕油田“走出去”发展战略，国际化经营人才培训取得显著成绩，结合油田勘探开发、石油工程监理培训，邀请斯伦贝谢、哈里博顿等国际知名石油公司专家讲解石油新技术、介绍国际石油公司的经营管理模式。聘请中石油、中石化知名专家来校讲课。开展国际石油合作英语口语培训，组织多批财务管理人员、石油专业技术人员、管理人员出国前专业及英语强化培训。加强外教选聘，注重教学监督管理和引智效益的提高，学校连续3年被评为“山东省外事工作先进单位”。胜利油田外语俱乐部集英语教学、培训、商务谈判模拟演练、休闲英语等功能于一体，为多方法、多形式、多渠道强化外语培训创造良好学习环境。与国内外知名高校合作，构筑高层次人才培养平台。针对油田高层管理人员的需求，形成了规范的专家教授来校讲学制度，与北京大学光华管理学院、上海交大安泰管理学院、石油大学成人教育学院签订战略合作协议，为高层次人才培训提供良好师资保障。与美国科罗拉多矿业学院、加拿大卡尔加里大学等国际知名院校联系，达成了合作意向，商定了石油工程项目招投标、国际石油财务会计、现代信息网络技术等培训合作项目。IPMP资质认证培训工作开局良好，学校成为中石油、中石化系统惟一的IPMP资质培训考核点，满足了石油、石化企业生产经营和开拓国内外市场及提升管理水平的需要。

实施内部分配制度改革。以油田内部分配制度改革为契机，对原有组织机构进行有效重组整合和培训管理流程再造，推进经营培训理念，提升人力资源管理水平，提高培训质量，增强学校核心竞争能力和发展后劲，实现建设一流高层次人才综合培训基地的目标。以主干业务和品牌项目为主体，将原来的2个培训部、8个教学系调整转型为11个专业培训部，直接有效、高水平、高质量地服务油田人才培养。整合原有继续教育各类业务及市场资源，组建技术教育中心，挖掘利用学校教育资源，实现办学规模扩张。新组建教学教务部，实现全校教师集中统一管理，加强教师队伍统筹管理，强化教师业务素质的提高和转型培养，加强教学研究、培训模式和培训方法的研究，建立与之相配套的教师激励机制。压缩调整机关科室进行，强化机关科室参谋、管理、服务职能。按照市场化运作、经营化管理要求，对行政后勤、生活服务进行重组调整，降低成本，提高服务水平。建立岗位评价、培训质量控制反馈、履岗情况考核及培训工作绩效量化考核办法等各类管理条规、考核办法，完善激励机制，经过半年试运行，潜在优势初步显现，教职工积极性及潜力得以挖掘，各路运转流畅，学校被评为局内部分配制度改革先进单位。

师资队伍建设迈出新步伐。开展“名师、名校”工程，加强新机制运行后教师集中管理研究，围绕教学、教研、教师转型和业务水平提高，制定完善各项管理考核制度。加强培训教学质量监控和考核，建立培训教学质量、授课学时与报酬挂钩的激励机制，教师主动适应培训教学需求，找准自身业务发展目标，参加业务素质和培训能力提高培训，整体业务素质稳步提高。全年外派教师参加培训学习55人次，安排8人出国学习，18人在职攻读硕士研究生和博士研究生。10名教师被评为“年度十佳”，张建波被评为2003年度“油田十大杰出青年”。加强教研室建设，教研活动内容丰富，学术气氛浓厚，全年发表论文120篇，在省部级以上刊物发表论文30篇，180篇论文参加油田及学校论文评选活动，获奖40篇。

继续教育与学生管理有长足进展。与全国16所高校联合举办在职工程硕士、MBA、EMBA等高学历班次，规模稳定，在校生514人，办学质量逐年提高。与石油大学、山东大学等知名高校合作办学，建立石油大学、山东大学现代远程教育胜利油田学习中心，统筹石油大学、山东大学在油田及东营地区的成人函授、网络教育，发挥了油田成人教育培训市场龙头作用和教育资源优势。加强全日制教学班学生管理工作研究，建立以专兼职辅导员、部门统筹指导，职责分明、齐抓共管的学生管理体系。注重培养学生自我管理能力，重视学生会、学生社团建设，开展“青春与健康”征文比赛、师生篮球友谊赛、英语演讲比赛等丰富多彩、寓教于乐的文体活动，陶冶学生情操，提高学生素质。学生舞蹈队圆满完成全国职业篮球联赛山东主场篮球宝贝表演任务，赢得上级领导及主客队、球迷的赞誉。“非典”期间，对学生进行封闭管理，加强“非典”防治宣传，全校上下联动，齐抓共管，确保学生身心健康，夺取了抗击

"非典"的胜利。做好毕业班学生的思想工作,采取"走出去,请进来"等多种渠道,帮助、推荐、指导毕业生就业。全年 79 名高职学生参加专升本考试,51 人被本科院校录取,录取率列全省前列。81 名学生被评为三好学生,44 名学生被评为优秀干部,7 名学生光荣加入党组织,2 名预备党员按期转正。

行政管理和后勤单位为培训教学提供优质高效服务。机关科室按照经营培训要求,主动适应新的办学机制,服务理念和服务水平有新提高。开发油田教育培训网站,校园网在培训、教学、教学管理、课件发布等方面发挥了重要作用。按照集团公司培训基地建设标准要求,加快学校硬件建设步伐,对博学楼、外语俱乐部、职工之家等装修改造,新建电子阅览室、多媒体教室等,办学条件得到改善。加强卫生保洁及绿化工作管理,校园面貌焕然一新。校办产业强化内部管理,实现了从管理型向经营型转轨,经营销售收入比上年增长 25%,上缴利润增长 12%。公寓和生活等后勤单位树立"学员就是上帝"的服务理念,合理调配食宿,提高服务质量,提高服务水平,确保培训教学工作正常开展。

精神文明建设成果丰硕。"学、转、谋、见"活动及"管理、质量、效益年"活动扎实有效,促进了培训教学、管理及服务水平提升。落实党风廉政建设责任制,干部廉洁自律意识进一步增强。加强教职工思想教育和形势任务教育,做好解惑释疑工作,提高教职工对改革的理解力和承受力。稳定工作深入扎实,掌握和做好家属、内退职工、协解人员的思想动态及稳定工作,保证学校内部分配制度改革、家属退养利息差补发等工作顺利完成。连续 4 年无家属、内退职工、协解人员上访,无"法轮功"习练者,无内部人员犯罪。打造具有胜利职大特色的校园文化,以履行岗位职责为核心内容,以"爱我职大,美我校园"活动为载体,以创新、发展为基点的校园文化内涵得到丰富和发展。学校民主监督、民主管理和校务公开卓有成效,重视和尊重职工民主参政议政的权力,增强了教职工民主监督意识和参与意识,将全心全意依靠教职工办好学校和校务公开、民主监督各项制度落到实处。学校被评为管理局"教育培训先进单位"、管理局"文明建设先进单位"。

(任学武)

【牟书令为集团公司"两个"基地揭牌】 4 月 2 日,中石化勘探开发工程监督培训班在职工大学正式开班。中石化股份有限公司副总裁牟书令,中石化股份公司总裁助理、总工程师宋万超,中石化集团公司油田企业经营部主任吕连海、人教部副主任王者顺及胜利石油管理局局长、有限公司董事长曹耀峰,胜利石油管理局党委常委、有限公司总经理李阳等参加了开学典礼。

开学典礼上,中国石化股份有限公司副总裁牟书令,中国石化股份有限公司人事教育部副主任王者顺为中国石化集团油气勘探开发继续教育胜利基地揭牌。

牟总在讲话中指出,举办勘探开发工程监督系列培训班,是 2003 年中石化股份公司全面启动、深入开展勘探开发工程监督工作的需要,是适应集团和股份公司新的体制改革,建立健全勘探开发工程监督运行机制的需要,是实现油田企业实施低成本发展战略,提高勘探开发项目投资效益、管理水平和施工作业质量的需要。建立健全勘探开发工程项目监理体制和运行机制,完善施工作业质量监督与监理制度,已成为中石化股份公司油田企业积极探索并必须取得突破的一大课题。牟总要求油田各单位要高度重视勘探开发工程监督工作，将其纳入重要议事日程，积极探索，大胆实践，闯出一条行之有效的勘探开发工程监督的成功之路，将勘探开发监督系列培训作为一项永久性的工作常抓不懈，确保每位监督人员定期学习、及时"充电"，始终站在本专业、本领域技术的前沿，努力提高勘探开发工程质量，降本增效，规范管理，加快与国际接轨的步伐。

（张　慧）

【职工大学学生专升本传捷报，录取人数创历史新高】 2003 年，职工大学有 79 名高职学生参加专升本考试，51 人被省内本科院校录取，录取率为 65%，学校高职教育办学水平保持全省前列。为发挥优势，学校对学生培养目标的定位、教学计划的制定、实践技能环节的实施、质量监控与评价体系的建立进行深入探讨和实践。具体到教学计划的制定，每年都根据办班实践，做相应调整，编制的教学计划具有很强的操作性，切合实际。学校不断总结高职办学经验，引导教学、管理人员开展高职教育理论、实践的研究，积累了成功办学经验，在总结提炼的基础上，探索具有胜利特色的高职教育模式，提高了学校办学知名度。

（张　慧）

【新加坡知名教授莫少昆来职工大学讲学】 2 月 19—20 日，东胜精攻石油开发集团有限公司聘请新加坡华新世纪企业管理研究院院长、新加坡国立大学企业管理学院客座教授、清华大学经济管理学院 EMBA 客座教授、新加坡及中国多家大型集团公司首席顾问、独立董事莫少昆先生来职工大学讲授现代企业战略管理知识。莫少昆教授曾任新加坡某银行分行行长及副总裁，曾咨询过印刷业、食品加工业等多个行业，有丰富的实践经验。莫教授结合全球先进企业的经验、现代企业制度和亲身实践，对企业战略管理、战略执行、战略控制、战略评估、企业家战略领导艺术、企业文化等进行了系统讲授。开阔了学员视野、增强了理论功底、学员思想观念更加适应现代企业制度的要求。

（任学武）

【国际测井公司专家来职工大学讲学】 为适应中石化特别是胜利油田走向国际市场的需求，探索外向型人才培养路子，聘请 20 余名外籍专家来校执教。2003 年 8 月，学校邀请贝克·阿特拉斯、哈里博顿和斯伦贝谢国际 3 大测井公司专家来油田作测井新技术、新工艺方面的讲座。油田测井方面的专家和中石化测井工程监督培训班学员共 70 多人听取了讲座，通过听取讲座，了解国际测井技术的发展现状和趋势，开阔了视野。

（张　慧）

【胜利油田与北京大学光华管理学院建立战略合作关系】 8 月 30 日，胜利油田与北京大学光华管理学院建立战略合作关系签字仪式在职工大学举行。北京大学光华管理学院副院长王其文、职工大学校长秦建民分别代表合作方签订了框架协议。

北京大学光华管理学院作为中国最好的商学院之一，秉承了北大悠久的人文传统、深邃的学术思想和深厚的文化底蕴，集世界管理之精髓。光华管理学院拥有雄厚师资力量和学术资源，是胜利油田加快发展的有力支持，油田的众多企业单位是学院专家学者进行研究和考察的对象，强强联合必将对双方未来的发展起促进作用。合作协议的签署，确立了双方战略伙伴关系，双方加强交流，共同合作为胜利油田培养高层次管理人员和后备管理干部人才,为油田的发展战略提供有价值的建议,通过引进先进的企业管理思想,提升胜利油田的企业管理水平。

（张 慧）

【石油大学现代远程教育胜利油田学习中心挂牌】 11月18日,石油大学现代远程教育胜利油田学习中心挂牌仪式在职工大学举行。石油大学成人(网络)教育学院党委书记傅传亮与管理局党委组织部副部长杨昌江为石油大学现代远程教育胜利油田学习中心揭牌,石油大学成人(网络)教育学院院长齐高岱与职工大学校长秦建民签署联合开展现代远程教育办学协议。标志着校企合作办学和油田干部职工继续教育发展到新阶段。

现代远程教育是随着信息技术发展产生的一种实现交互式学习的新型教育方式,是解决企业员工工学矛盾的最佳途径,全新的教育方式,已被油田作为干部职工培训、提升学历层次的重要方式之一,可使油田干部职工共享国家重点大学的教学资源,接受现代化、高水平的专业教育。职工大学发挥先进的现代远程教育基础设施优势,建成了依托油田局域网的现代远程教育平台,实现了网上教学信息发布、网上课件点播等教学服务和教学管理功能,形成了遍布油田各单位的现代远程教育体系。

（张 慧）

【高培中心新年推介新项目】 为适应油田改革发展需要,胜利油田高级人才培训中心于12月25日举办高级人才项目培训推介座谈会,向油田各二级单位和机关处室介绍2004年高培中心主要培训项目。

高培中心结合油田2004年发展战略和工作重点,结合油田各二级单位和机关处室需求,提出2004年主要培训项目。包括高层次管理者能力提升培训、石油新技术及工程管理、中层管理者能力提升、国际石油合作、安全环保培训、外语培训和计算机信息管理培训等7个主要培训项目。为做好2004年主要项目培训,更好服务于油田人才培训工作,高培中心和专业处室密切结合,完善培训分析,借鉴国内外先进培训模式,设计出符合企业人才培养的培训方案。加大内部教师培养力度,利用自身师资信息库和专家网络优势,选聘国内外著名石油专家、国内外著名经济学家、学者和企业家执教高层人才培训,为各个培训项目开展奠定了基础。

（张 慧）

（审核 秦建民）

党校

【概述】 中共胜利石油管理局委员会党校位于东营市北二路348号。创建于1973年1月。占地面积266亩,建筑面积27122平方米。设科级单位28个,其中机关科室7个。在岗职工283人,其中干部183人。有教授级职称7人、副教授级职称51人、中级职称90人、初级职称43人。党员145人。离、退休职工195人。资产原值2829万元、净值1990万元。校图书馆藏书20万册。学校具有同时承担1000人在校培训能力。

教学工作。全年校内外办班36个班次、68期。完成讲课1851次,累计10498学时,比上年度增加2318学时。是授课学时最多的1年,直接听课人数24273人次。主要班次:领导干部学习"三个代表"重要思想培训班、青年干部培训班、优秀三级党组织书记培训班、油田学习型组织和企业文化骨干培训班、函授班次等。

科研工作。坚持为教学服务,为党委决策服务,为油田改革发展稳定和社会主义现代化建设服务,为理论创新服务的方向,科研成果数量和质量上新台阶。全年发表论文299篇,其中在省部级以上刊物发表211篇。出版教材、专著15本。

队伍建设。原勘探技校整体并入党校后,对机构设置进行了调整,科级单位由24个增加到28个。经过严格考察,对科级干部进行重新聘用。制定职工队伍整合实施方案,将原勘探技校的教师,按照"双向选择"原则,进行合理妥善安排。按照管理局统一部署和安排,实现内部分配制度改革,克服"两校合一"带来的问题,本着积极稳妥,规范操作的原则,制定适合实际情况的《党校内部分配制度改革方案》,经校职代会审议,一次通过,正式实施。

校园文化建设。胜利油田党校是胜利油田和黄河三角洲地区重要的干部教育培训基地,受到社会各界的认同。为庆祝建校30周年,学校编印《校庆画册》、《校友通讯录》和《纪念建校30周年论文集》。在《胜利日报》、《中国石化报》发表"校庆专版",胜利电视台进行专题连续报道。30周年校庆活动受到上级领导的高度重视,牟书令、王作然、李新泰等领导为校庆题词。9月6日,局党委在胜利宾馆召开庆祝大会,省委党校、大企业、地市党校领导和油田70家二级单位分管党校工作的领导到会祝贺。向社会展示党校30年办学成就,加深与兄弟单位和社会各界的友情,赢得了支持和帮助。

生活服务和后勤保障。3月18日,学校从市中心整体搬迁到原勘探技校院内。制定《学校搬迁工作临时管理规定》,组织搬迁车辆500台次,国有资产无一流失。旧校址拆除前抢运所有能用的报废物资,部分用到新校园建设中。调试校园网络、安装多媒体设备、更换教室桌椅,校食堂、学员公寓楼一边施工,一边运行。"非典"期间,发放消毒药品、宣传材料,与有关人员、单位签订责任协议书。确保部分班次在"非典"期间继续进行。

基本建设。信息化建设从硬件到软件有较大发展。建成学校综合信息网站,通过光缆实现校园网与局域网连接。加大电化教学投资力度,新建多媒体教室、演播大厅和学术报告厅,所有教室与计算机网络、通讯网络和电视网络连为一体,形成完整的多媒体电化教学网络。建立了600门校园电话网络和校园闭路电视信号网络。完成办公楼、信息楼、东、西教学楼、学员公寓、食堂的改造和部分校园绿化工程,保证教学班次正常运行。

(郑少军)

【学习贯彻"三个代表"重要思想】 2003年,局党委贯彻落实《中共中央关于在全党兴起学习贯彻"三个代表"重要思想新高潮的通知》精神,决定在党校连续举办10期领导干部学习"三个代表"重要思想培训班。历时4个月,培训处级干部987人。教学工作中体现超前思维、扎实运行、管理严格、创新务实特点。编制紧贴油田实际和学员工作实际的教学计划,提高培训的针对性、实效性。对任课教师进行超前培训和严格管理,组织16名骨干教师到中央党校、省委党校进行专题学习。对任课教师每期进行学员打分测评和末尾淘汰制,教学质量不断提高。从第5期培训班开始,任课教师测评成绩全部达到优秀。突出学员讨论交流和学习成果的及时转化。为培训班编印《新高潮、新体会、新实践》论文集10部,345万字。编发《简报》19期,25万字。对全局"三个代表"重要思想学习活动的开展起了推动作用。

按照局党委要求，组织“三个代表”重要思想宣讲团，承担二级单位党委中心组学习辅导任务。从7月21日至26日，为油田66个二级单位党委中心组作辅导报告，听课11977人次。

（郑少军）

【《中国石油通史》出版发行】 《中国石油通史》是学校首次在国家科技部立项的国家级科研课题，2003年通过专家鉴定并出版发行。项目动用60位教研人员，历时5年。中央政治局委员周永康题词，聘请30位部级领导、院士、专家为顾问。全书共分5卷，194万字。项目的完成，填补了国内在这个领域研究的空白。

（郑少军）

（审核　颜　谱）

中心医院

【概述】 中心医院位于东营市东营区济南路280号，于1964年创建，伴随着油田历经39年的发展，由20人卫生所，发展成为集医疗、教学、科研、预防保健为一体、卫生部部颁标准的“三级甲等医院”。占地面积32.2万平方米。设机关科室12个，直属单位7个，临床、医技科室33个和医疗培训中心1个。床位913张。有正式职工1730人（含内退职工175人），主体正式职工1518人，多种经营职工37人，卫生技术人员1108人，行政管理人员134人，工勤人员168人，培训中心71人。有1521人取得高、中、初级职称，其中教授级技术职称23人、高级技术职称207人、中级技术职称604人、初级技术职称687人。享受政府津贴5人，教授级专家和管理局专业技术拔尖人才24人。有党员773人。有省卫生厅批准的胸心外科、心血管内科、骨外科、神经外科、神经内科和儿科6个重点专科。拥有固定资产总额3.33亿元，其中医疗设备原值1.08亿元，万元以上设备386台（件），有较先进的数字减影血管造影机、DR、CR、螺旋CT机2台、磁共振机2台、彩色多普勒、医用直线加速器、多体高压氧仓、全自动生化分析仪、24小时动态心电图、人工肾、彩色B超、骨密度仪、关节镜、椎间盘镜等大型医疗设备，有目前国内最先进的百级手术室。

全年实现业务收入2.3亿元，再创历史最高水平。完成门诊量556798人次，出院病人21559人次，急诊工作量32964人次，手术5408台次，床位周转23.93次，门诊人均费用162元，住院人均费用6200元，平均住院日13.13天，成分输血率为99.3%，甲级病案率达95.25%，护理文书书写合格率达97.75%，基础护理合格率100%，特、一级护理合格率为99.4%，急救物品完好率100%，常规器械消毒灭菌合格率100%，一人一针一管执行率为100%，健康教育覆盖率92.8%，住院病人满意率达98.8%。被评为山东省职业道德建设“十佳单位”。

开展新项目和新技术。冠状动脉搭桥术，急性心肌梗塞经皮冠状动脉介入治疗（PCI）术，骨髓和外周血干细胞移植术，胸部微小切口治疗肺癌、食管癌术，超早微创穿刺治疗高血压脑出血和颅内血管狭窄支架植入等高难医护技术的熟练掌握和广泛应用，标志着医院在这些技术领域达到并保持省内先进水平。临床、医技和护理各专业，引进开展“准分子激光治疗近视眼”等40余项有临床应用价值，经济效益和社会效益较好的新项目、新技术，为各专业技术水平的进步和提高，为确保各专业技术领先优势，为医院整体医护技术水平的提高起了促进作用。

科研、培训和教学工作。建成胜利油田“重点实验室”和东营地区“心血管疾病诊疗中心”等13个医疗中心，成立胜利油田和东营市骨科、心血管病、肾脏病和麻醉等专业委员会，设立胜利油田博士后工作站中心医院分站。全年列入省市局级科研计划15项，院级科研计划198项，申报专利2项。荣获东营市科学技术进步一等奖1项、二等奖2项、三等奖3项，管理局科技进步二等奖3项、三等奖1项，推广三等奖1项，科技情报二等奖2项，2项成果获得专利证书。“血管内超声在冠心病介入性诊疗中的研究”和“人骨肉瘤组织中PTEN的缺失和突变分析研究”2项攻关成果通过省级鉴定，有20项科技成果通过市、局级鉴定和评审，大部分项目达到国内领先水平或先进水平。6项新技术推广项目正在验收中。举办管理局科技成果论文写作学术研讨会。外出参加学术交流108人次，交流论文98篇。在杂志上公开发表论文943篇，其中国家级126篇(含中华医学会系列杂志11篇)，省部级817篇，著作9部。加强国际间友好协作，与韩国三陟医疗院进行技术交流，美国米德兰市镇痛专家来院考察和学术交流，促进了医院学术水平和医疗技术水平提高。加大考核力度，开展继续医学教育，对1123人的继续教育学分资料进行归类整理。搞好住院医师规范化培训，利用多种方式，加强职工培训，定计划，重质量，严考核，推行住院医师规范化培训，山东省住院医师规范化培训第一阶段考核合格率85%，第二阶段考核合格率达93.75%，名列东营地区前茅。各类脱产培训826人次，院内培训1182人次，外语和计算机等多项培训合格率均100%。全年考取博士研究生6人，硕士研究生8人，硕士学位研究生1人。硕士学位毕业16人，自学和函授本科毕业33人，专科毕业44人。滨州医学院聘用教授17人，副教授132人，讲师176人。接收省内外进修生114人，实习生253人，承担理论授课821学时，见习教学936学时。医疗培训中心全年招收本、专科函授生、网络生611人。建立潍坊医学院硕士研究生教学点，招收硕士学位学员42人。全年培训各类学员400人。成人教育在校生1204人，普通在校生463人。

硬件建设上新台阶。争取政策和资金支持，加大投资力度，引进医疗设备100多台，总价值2350万元，签订核素扫描仪(ECT)和数字减影血管造影机(DSA)购买合同，直线加速器投入使用。对原放射科楼、原骨科病区、急诊楼和机关楼外墙进行整修，营养楼主体工程完工。为职工群众营造良好的保健和就医环境。

医院管理工作。内部分配制度改革分析关键问题，研究各种矛盾，集思广益，制定出合理的岗效薪点标准，顺利通过管理局审批。结合医院实际，完善综合目标管理工作。加大预算、成本、价格和经营审计管理力度，财务工作运行平稳，经营审计管理工作日趋规范，确保各项任务指标顺利完成。扩大药品和物资集中招标采购范围，探索行之有效的采购方式，实行药品集体办公采购，竞价招标采购药品近1000种，降低了药品采购价格，保证了临床用药质量，规范了原材料、医疗设备和基建维修工程等集中招标工作。加强医疗设备管理，设备利用率96%，完好率98%，保证了医疗工作的需求。住院管理日趋完善，逃费和欠费得到控制。完善医院网络主页，数字化医院项目通过管理局审批，在门诊等单位实施，油田社会保障信息卡联网对接成功，推动了医院信息化管理进程。后勤工作成效显著，服务水平不断提高。安全部门加大安全监督力度，抓各项措施的落实，强化安全教育和要害部位的监督、检查，保证了安全生产目标的实现。节能、环保、房产和爱国卫生等工作水平逐步提高。多种经营加强管理，经济效益有所增长。

思想政治工作成果丰硕。以“学精神、转观念、树形象、谋发展”活动为载体，形势任务教育重点突出。以各级领导班子建设为重点，党风廉政建设工作成效显著。加大监督考核力度，职业道德建设迈上新台阶。深化医院文化建设，基层建设工作取得丰硕成果。思想政治工作深入扎实，医院稳定工作措施得力。工会、共青团、老年、社会治安综合治理、计划生育等工作坚持不断创新，各项工作均有新起色。

（王　琪）

【中心医院荣立山东省抗击非典“集体一等功”】 3月下旬，医院多次召开会议，研究“非典”疫情变化，迅速成立“非典”防治工作领导小组。建立联席会议制度和院领导、“非典”办、总值班室24小时值班制度，制定完善的管理规定和技术流程，成立山东省和中石化等各级“非典”防治医疗救护队。各党总支举行“非典”防治誓师大会，组织签名和捐款活动。职工手捧请战书，踊跃报名，请缨参战。及时选派医护人员到北京、济南学习，搜寻有关资料和信息、加强培训，医护人员在较短时间内掌握“非典”防治知识和操作技术。药剂、设备、供应等部门克服防护药品和医疗器材供应紧张的困难，连续作战，保质保量完成2000万元“非典”防治药品、器材的采购、储备和发放工作。机关人员昼夜加班，协调指挥。后勤等部门连续奋战，完成了感染病区改造搬迁、发热门诊建设、焚烧炉安装等工程。生活服务紧密配合，“非典”防治工作提供保障。广大医护人员，特别是战斗在隔离病区的医护人员，夜以继日，忘我工作，婚期到了、亲人病了无暇顾及，甚至忍受着消毒液过敏等疾病折磨，舍生忘死，顽强拼搏，出色完成了抗“非典”任务。“非典”期间，共接诊发热患者844人次，隔离观察发热患者86人次，成功隔离救治了油田和东营地区仅有的5例“高度关注的发热病人”。全院职工在生与死、安与危的抉择面前，表现出非凡的勇气和强烈的责任感，经受了严峻的考验。“非典”防治工作赢得了各级领导、社会各界和人民群众的广泛赞誉。刘传木荣立山东省抗击“非典”个人三等功，沈维前、李玉生分别荣立胜利油田抗击“非典”个人二等功，蔺景双、连祖民、魏秀桂、盖鑫等分别荣立胜利油田抗击“非典”个人三等功，王敏河荣立东营市抗击“非典”个人三等功，李玉生、连祖民分别荣获管理局和东营市“优秀共产党员”光荣称号，传染科和内科党支部分别荣获山东省、油田和东营市“先进基层党组织”荣誉称号，中心医院被山东省委、山东省人民政府授予抗击“非典”“集体一等功”，谱写了一曲抗击“非典”的壮丽凯歌。

（王　琪）

（审核　沈维前）

胜利医院

【概述】 胜利医院位于东营市东城区，北二路和东二路交叉口西北侧。医院始建于1966年，1978年3月正式成为油田二级单位，1991年开办中医医院，是集医疗、预防、保健、教学、科研于一体的综合性企业医院，主要承担油田医疗预防保健任务。占地面积29.7万平方米，建筑面积7.9万平方米。先后被国家卫生部评为“三级乙等医院”和“国际爱婴医院”，是山东大学、潍坊医学院和济宁医学院实践教学医院，挂胜利石油管理局结核病防治所、胜利石油管理局不孕不育治疗中心、胜利石油管理局儿童感觉统合训练中心、胜利石油管理局社区精神卫生工作办公室、胜利油田博士后科研工作站胜利医院分站及东营市中级人民法院、检察院法医门诊牌子，中国心理卫生协会石油石化分会挂靠在胜利医院。内科、外科、儿科、精神卫生康复中心、医学影像科等5个科室成为山东省住院医师规范化培训基地。获山东省职业道德建设先进单位、山东省卫生行业文明单位、管理局服务创新工程示范单位、管理局文明建设先进单位、管理局十佳医院等荣誉称号。2003年获山东省“安康杯”优胜企业荣誉称号、管理局卫生防疫工作先进单位、管理局“IMSS创新体系”金奖、管理局思想政治工作先进单位、管理局文明建设先进单位。

设机关科室12个，医疗、医技科室29个，后勤单位3个，多种经营单位1个。有职工1122人，其中干部918人，工人171人。有女职工669人，有党员492人，管理离退休职工218人。有卫生技术人员798人，其中正高级技术职称4人，副高级技术职称94人，中级技术职称351人。有博士、硕士33人，局级拔尖人才6人，进入管理局博士后工作站1人。医院开放床位700张。拥有固定资产原值13065万元，净值10175万元，有大型医疗设备100多台。

医疗保健任务圆满完成。全年完成门诊量29.68万人次，出院10608人次，完成大型手术2183台次，床位利用率99.38%，床位周转次数18.18次/年，平均住院天数21.02天（含精神卫生康复中心、结核病防治所等长期住院者），出院诊断符合率99.98%，急诊危重病人抢救成功率87.5%，病房危重病人抢救成功率86.2%，临床主要诊断与病理诊断符合率99.15%，手术前后诊断符合率99.96%，门诊处方合格率96.8%，护理文书书写合格率95.9%，医院感染率3.7%，卫生技术人员“三基”考试合格率100%。全年健康查体5000人次。全年实现医疗收入1.1亿元，创历史最高水平。

实施“科教兴院”战略，医疗科教工作成绩显著。共有9项科研成果获奖，其中获管理局科技进步一等奖3项，二等奖3项，三等奖3项。3项科研课题通过省科委和局科技处组织的鉴定或评定，其中2项达国内领先水平。张万义博士的博士后课题进展顺利，即将结题准备答辩出站。全年发表和会议交流论文334篇，其中中华级论文4篇，省部级266篇，地市级64篇，主参编著作1部。在第八届东营市医学论文评选活动中，有3篇论文获奖，其中一等奖2篇，二等奖1篇。全年开展新技术、新项目33项，3项填补了“三甲”必备项目空白。12月26日顺利完成1例两次肝移植。全年开展肾移植10例，其中活体肾移植1例，累计开展肾移植44例。开展心导管介入冠状动脉造影术86例，左心室造影术10例，经皮冠状动脉球囊成型术（PTCA术）+冠脉内支架置入术60例。安装永久型心脏起搏器3例、临时起搏器2例，开展不典型四矫治术1例，颈前路减压钢板内固定治疗脊髓型颈椎病2例，全髋关节置换术8例、全膝关节置换术2例，臂丛神经损伤修复术4例，钛合金、金合金烤瓷冠修复牙齿缺失8例。新开展食管支架植入术1例和急性肺栓塞抢救成功1例。胃内环境监测在危重患儿中的应用、骨髓活检及纤维支撑喉镜的临床应用，填补了“三甲”项目空白。肿瘤标志物电化学发光检测，为肿瘤早期诊断提供了可靠检测指标。老年痴呆症早期诊断和治疗，取得好效果。化疗泵持续输注化疗药物的临床应用既节省了人力又控制了液体的滴注速度，安全可靠。大剂量干扰素联合苦参素抗病毒治疗慢性乙肝，取得良好治疗效果。

培训教育工作迈上新台阶。选派13名专业技术人员到北京、上海、天津等知名医院进修学习，选送6人攻读硕士研究生，有在读博士生3人、硕士16人。192人参加函授和自学考试，34人取得高等教育毕业证书。邀请6位专家教授来院讲学，听课800人次。临床科室授课454次，计1362学时。制定《胜利医院关于加强住院医师规范化培训的管理规定》，49人按计划和培训大纲接受住院医师规范化培训。医院有5个住院医师规范化培训基地，24人参加2003年全省住院医师规范化培训理论考试和临床实践技能考核，合格率83.3%。10月份，医院被授予"山东大学优秀实习教学基地"，是山东大学从140多家单位中评选出的，仅有10家获此殊荣。接收山东大学、济宁医学院、潍坊医学院和油田卫校等医学院校实习生197人，承担济宁医学院、潍坊医学院两个本科班110名学生的临床理论教学任务，实习生对医院教育工作综合满意度98.1%。圆满完成首批临床理论教学班的教学任务。应邀参加济宁医学院教学工作会议，在会上做了经验交流，得到与会者一致好评。承办山东省第七次肾脏病学术会议。卫生处联合举办全局防痨普查与结核病防治培训班。

经营管理工作创新水平。调整内部经营承包方案，内容更趋合理。加强财务监督管理，合理安排使用资金，发挥财务管理在经营管理中的作用。加大参保病人费用收入考核力度，确保不超出管理局医保中心规定的参保人员人均住院费用目标。加强成本管理，每季度进行经济活动分析，成本费用控制在管理局下达的计划指标内。加强合同管理及监督职能，理顺、规范工作程序，合同履约率100%。

医院整体管理水平进一步提高。信息化建设取得进展，医院信息系统病房子系统正式启动，实现了病人从入院到出院整个诊疗过程的全程计算机管理，11月18日，信息系统门诊子系统上线，与油田医保系统顺利对接，实现了油田参保职工持医疗保障卡就医一卡通，方便了病人。加强药械管理，严格规范药品采购管理制度，实行全过程质量监督管理，药库、药房全部实现微机管理，定期盘点，每月进行药品质量检查，实现了药品由粗放管理到精细管理的转变。扩大医用消耗材料优选竞价采购范围，对占用资金较大的上百种医用耗材公开竞价采购。严格按分级管理要求做好设备管理，设备完好率97.1%。加强机关管理工作，深化机关与基层联系点制度，变原来单纯由政工科室长与基层建立联系点为政工、行政科室长共同与基层建立联系点。精简会议和文件，变每周2次例会为每月2次，使临床科室长腾出更多时间，用更多精力投入临床管理和医疗工作。

推进内部分配制度改革，增强发展活力。对所有岗位进行调查，完成了岗位分析，开展"四定"工作，确定各科室和单位工作量，确定医院组织机构和岗位设置，明确了定员，编写工作说明书。严格程序，开展岗位评价和归级工作，完善竞聘上岗和岗位动态管理办法，探索实施绩效考核，推进内部分配制度改革工作。

医护质量有新提高。以开展医疗质量管理效益年活动为契机，建立健全规章制度及技术操作规程，规范医疗服务行为，不断提高服务质量。修订胜利医院病案管理制度，甲级病案率93%。加强门、急诊力量，安排高年资、经验丰富的医师在门诊值班，副主任以上医师每周门诊值班不少于2个半天。加强急诊管理工作，确保急救生命快速通道畅通。建立医疗缺陷、差错登记报告制度，对疑难、危重病人及时会诊，重大手术前、后进行科室或全院病例讨论，减少了差错事故的发生。下发《关于单病种质量控制工作的通知》，开展脑出血等21种常见病质量控制，住院病人人均费用大幅降低，平均医疗费用三项指标在同类医院中保持较低水平。制定《胜利医院防范、处理医疗事故预案》，修订医疗安全管理制度，每月检查科室医疗安全情况，全年无一起医疗纠纷发生。加强护理感染管理，对护理人员进行职业道德和业务技术培训，加强重点部门的感染管理，重视发热门诊消毒隔离及个人防护，控制感染率。

后勤保障工作成绩突出。后勤战线职工急临床之所急，主动为临床一线服务，职工对后勤工作满意度逐渐提高。加强基础建设，全年引进医疗设备123台，建设SARS应急救治中心，完成门诊装修、结核病防治中心病房楼改造装修和搬迁、传染科病房抗震加固工程、消毒供应室和营养餐厅改造、医院供暖网改造、东大门、南大门商品房开发等基本建设。开展双创和爱国卫生工作，新增绿化面积8000平方米，对医院道路进行硬化，拆除商品房和其他用房21余间，投入20万元加强卫生保洁，院容院貌发生较大改观。

加强党的建设、思想政治工作和精神文明建设，医院大局保持稳定。学习贯彻“十六大”精神和“三个代表”重要思想，从思想上、组织上、作风上全面加强党的建设。全年发展党员10名，培养入党积极分子29人。加强党员学习教育，举办党总支、党支部书记学习班，开展民主评议党员和评先树优活动、组织劳资树形象活动，增强了党员先进性和各级党组织的凝聚力、战斗力。以“学转谋见”活动为契机，加强思想政治工作，制定“学转谋见”工作计划和工作措施。强化内外监督，党风廉政建设和医德医风建设工作扎实有效。开展“纪律、作风、形象”主题教育活动，开展形式多样的警示教育和预防职务犯罪教育。加强医德医风建设，以党风带行风，强化内外监督机制，创新考评办法，调整院外监督员，召开医德医风监督员座谈会。加强基层创建力度，基层建设再上新水平，13个单位进入管理局达标基层单位行列，4个单位进入优秀基层队行列，检验科和药剂科分别通过管理局行业一强和名牌基层队验收，医院顺利完成管理局第3个三年基层创建任务。深化民主管理，强化日常民主监督，加大院务公开工作力度，把六届四次职代会的提案落实情况作为院务公开的重点，组织召开2003年度平等协商和院务质询会议，激发职工代表参与医院民主管理、民主监督和民主决策的积极性，医院荣获管理局厂务公开先进单位称号。开展群众文化艺术活动，提高职工精神文化层次。组织80人的院歌合唱队参加管理局厂歌比赛，举办“众志成城、战胜‘非典’”千人长跑比赛，院领导和700多名职工参加了比赛，举办趣味体育比赛游艺活动和青年自行车越野赛，荣获管理局群众文化广场先进单位荣誉称号。推行HSE管理体系，开展设备“三零”百日竞赛和“安全生产周”活动，全年没有发生一起安全事故。落实安全生产责任制，被评为管理局安全生产优胜单位。加大综合治理和普法工作力度，强化单位内部不稳定因素的信息收集和治安防范工作，医院政治稳定，治安秩序良好，荣获管理局同法轮功邪教组织斗争“四五”单位荣誉称号。计划生育工作立足服务和创新，圆满完成计生工作目标，晚婚率、计划生育率均达100%，被评为管理局计划生育先进单位。

（刘玉芹）

【胜利医院全力以赴做好“非典”防治工作】

国内发生传染性“非典”型肺炎疫情后，胜利医院作为管理局和东营市确定的防治“非典”型肺炎定点医院，制定有力措施，调动各方面力量，全力以赴做好“非典”型肺炎的防治工作，夺取了抗击“非典”阶段性胜利，荣获东营市防治“非典”型肺炎先进基层党组织荣誉称号。

胜利医院把“非典”型肺炎防治工作作为首要的政治任务，认真抓好落实。及时传达上级有关会议精神，部署防治“非典”型肺炎工作，成立防治“非典”型肺炎领导小组，成立专家组和治疗组，下发《胜利医院关于加强“非典”型肺炎防治工作的紧急通知》、《胜利医院防治传染性“非典”性肺炎应急预案》、《胜利医院传染性“非典”型肺炎防治工作手册》等文件材料。

胜利医院作为收治“非典”型肺炎定点医疗机构之一，在防治“非典”工作初期，确定结核病防治病房二楼为收治“非典”型肺炎备用病房，急诊科、传染科设发热诊室，急诊一楼观察室设发热观察病床。要求发现疑似病例，在采取隔离消毒措施的同时，及早转入指定病房隔离治疗。传染性“非典”型肺炎或疑似病例必须收治于结核科二楼病房，疑似病人与确诊病人收入不同的病房并对病人实施严格防护。克服救护车紧张的困难，确保1辆救护车24小时值班，专车专用。车中配备足够的物品和消毒药品、卫生隔离用具，配足消毒专用工具，备足现场应用的各类流行病学个案调查表、人员登记表及各类表格和登记用品。按照上级要求，选派5名责任心强、业务水平高的业务骨干参加山东省卫生厅组织的“山东省‘非典’型肺炎防治培训班”。组织医务人员学习卫生部疾病控制司统一下发的《“非典”型肺炎的临床诊断标准》（试行）、《“非典”型肺炎病例或疑似病例的推荐治疗方案和出院诊断参考标准》（试行）、《“非典”型肺炎试验室标本采集、运送及检验技术指南》（试行）和《“非典”型肺炎流行病学调查提纲》（试行）等技术方案，提高了医务人员的业务水平和自我防护能力。加强对医务人员有关自身保护方面的教育，要求医务人员严格执行消毒隔离制度，做到接诊病人时穿戴隔离帽、16层厚棉纱口罩、隔离衣、鞋套，确保医务人员身体健康。

5月1日，管理局党委和管理局决定在胜利医院新建“胜利油田SARS应急救治中心”，医院接受设计救治中心任务的时间是中午，当时无现成的管理模式和直接参考依据，形势非常严峻，任务异常艰巨。医院根据《中华人民共和国传染病防治法》、卫生部《医院感染管理规范》和上级卫生行政部门关于防治SARS的指导原则，参考烈性传染病防治技术措施，按照严格控制院内交叉感染，严防污染环境的原则，对救治中心的整体布局、建筑设计、区域划分、工作流程和内部设施进行配套设计，2个小时拿出初步方案，当晚组织有关人员对方案进行讨论和修改，5月1日24：00推出完善设计方案，5月2日开始施工。建设过程中多次进行修改，5月9日验收交工。历时8天，建成占地1万平方米，建筑面积3000平方米的胜利油田SARS治疗中心。山东省卫生厅督导团来医院对防治SARS工作检查督导时，给予高度评价，被称为山东省第1家、全国一流的“胜利油田SARS应急救治中心”。

院党委认真研究，挑选业务能力好、责任心强的同志，成立13人组成的专家组、9人组成的治疗组，相继成立10人组成的治疗组预备一队、预备二队和14人组成的应急分队。召开胜利医院防治“非典”誓师大会，院党委号召医护人员积极参加“非典”防治工作，广大医护人员纷纷报名，几天收到49名大夫和42名护士的“请战书”。药剂科面对处方量速增的情况，调动全体职工积极性，精心组织货源，保证预防和治疗“非典”药品供应。中药房为满足购药者需求，加班加点，制剂室工作人员把草药煎成汤剂，方便病人服用。药库工作人员积极协调药品，准备了充足的抗病毒中、西药品，以应对各种突发情况的发生。医院要求临床各科室密切注意疫情动态，时刻提高警惕，加强疫情监测检索，在“非典”型肺炎感染期间，实施疫情“零病例”报告制度，无论有否疫情，预防保健科每天下午 3：00 前必须向局卫生防疫站疾病控制科报告当天疫情监测情况。建立疫情通讯专用电话和咨询电话，参加抢救人员和专家组成员在疫情未解除前禁止出差，保证 24 小时电话畅通。一旦发生疫情，按规定以最快捷的通讯方式逐级上报，并派人进行疫情处理及指导，确保早发现、早诊断、早治疗、早处理，严防疫情扩散及蔓延。救治队伍始终处于备战状态，4—10 月份发热门诊共接诊发热病人 610 人次，留观 6 人次，均治愈出院，没有接诊传染性“非典”型肺炎疑似或确诊病例。

（徐学雷）

【山大优秀实习教学基地落户胜利医院】 11 月 11 日，山东大学优秀实习教学基地授牌仪式在胜利医院举行，山东大学公共卫生学院领导向胜利医院颁发了优秀实习教学基地牌匾和奖金。

山东大学从 146 个实践教学基地中评选出 10 个优秀实习教学基地，胜利医院是惟一的代表。胜利医院自 1992 年与山东大学（原山东医科大学）签订教学医院协议以来，共接收山东大学实习临床专业学生 508 人，为国家和社会培养了大批合格的医疗卫生技术人才。

多年来，胜利医院与山东大学等高等院校建立了良好的合作关系，在教学管理工作中，医院坚持对学生负责，对学校负责，对社会负责的原则，对实习学生进行入院教育，组织全院性专题讲座和科室讲课，定期组织听课评课活动，定期组织召开学生会议。重视临床带教老师培养，保证教学质量和教学水平，加强学生政治思想教育。规范教学，严格管理，确保实习教学任务圆满完成。实习学生对胜利医院教学工作的综合满意度始终保持在 95% 以上。通过加强与高校的交流与合作，促进了医院医疗、科研水平的提高。开展的多项新技术、新项目达到国际先进或国内领先水平。30 项科研课题分别获省部级、东营市及胜利油田科研成果奖。医院在东营地区率先开展肾移植手术、肝移植手术，同时开展骨髓移植术、心脏瓣膜置换术、心脏导管技术等国内领先水平的高科技项目，促进了医院医疗、教学和科研的全面发展。

（徐学雷）

【胜利医院成功承办山东省第七次肾脏病学术会】 8 月 28 日至 31 日，胜利医院承办的山东省第七次肾脏病学术会议在烟台疗养院举行。山东省医学会肾脏病分会委员、专家教授和与会代表共 300 人参加了会议（正式代表 285 人）。会议邀请日本和歌山医科大学附属医院秋泽忠男、北京大学人民医院于仲元、上海华山医院林善琰、上海长征医院梅长林、山东大学医学院病理学教授周庚寅、山东大学齐鲁医院王可福、山东省医学会肾脏病专业委员会主任委员刘子栋等 7 名国内外知名专家教授作学术报告，介绍近年肾脏疾病研究取得的新进展、应用的新药物、采取的新措施及学术研究新观点。全省 27 家医院的 30 位代表分别在大会上作主题发言，交流各家医院在肾脏疾病诊断、治疗方面取得的成果，介绍各医院在血液净化方面所做出的成绩。胜利医院肾内科石梅作《连续性床边血液滤过治疗重度水肿的体会》的主题发言，介绍在肾脏病专业方面所做的工作和取得的研究成果，得到全体委员和与会代表的高度评价。

（徐学雷）

（审核　宋吉华）

仙河社区管理中心

【概述】 仙河社区有住宅小区16个，住房11362套，居民3.8万余人。有在岗职工2028人，干部950人，党员718人，离退休职工309人，内退职工311人。设机关科室15个，三级单位15个。物业系统有2个物业管理公司，1个综合大队，1个综合车队。教育系统有高级中学1所，初级中学2所，小学3所，幼儿园7所，在校学生5936名，在园幼儿1852名。医疗系统有二级甲等医院1所，卫生院1所，卫生所9个。多元经济系统有仙河广厦房地产开发有限责任公司、仙河建安有限责任公司、仙河暖通设备有限责任公司、仙河园林有限责任公司和劳动服务公司。固定资产原值1.38亿元，净值0.96亿元。

内部管理和改革为社区增活力。按照市场化要求，对部分单位、机构职能进行重组、调整，撤销三级单位调度室，成立完善社区"440"客户服务中心。建立多层次物业管理考核体系，住宅小区维修、交通管理和雨污水管理职能移交物业公司。改革物资供应、生活库房管理运行体制，改革车辆使用结算模式，对多元经济单位和社会用车实行出租公司模拟市场运作，压缩管理层次，降低了管理费用。以管理局对标、追标、创标活动为契机，开展以"三个明晰"为载体的管理活动，对物业、供暖、学校、医院等服务行业按工作单元写实工作量和服务成本，明晰社区服务成本和社会服务成本的差异，认清社区服务模式与市场化模式的差距。多种经营项目及多元经济单位按项目法管理，明晰内部市场收入和外部市场收入，准确评价各单位市场竞争能力、潜力和差距，引导、鼓励各单位开拓外部市场。对内部社会职能和经营职能分板块核算管理，明晰政策性补贴和经营性亏损，使社区内部盈亏明细化，确保单位收入真实。通过3个明晰，社区各系统、单位的经济运行状况基本摸清，提高了经济运行质量。

矿区建设和物业管理。对小区实行封闭管理，对部分小区进行管网改造，对两座锅炉房进行扩容改造，对第三高级中学、滨海医院门诊楼进行改造。按照管理局住房制度改革部署，启动住房交易工作，办理二手房交易1041套，新建住房投产304户，开工建设456户，缓解了职工住房紧张的矛盾。在物业系统推行"440"服务"首问负责制"，启用网上调度系统，开展"内找问题，外求建议，内强素质，外树形象"活动，虚心听取各方面的意见和建议，服务质量和居民满意率进一步提高。加强"五位一体"治安防范体系建设，组织开展"奋战九十天，实现首季无发案"和"反盗窃百日专项整治活动"，严厉打击抢夺、盗窃等违法犯罪行为，确保社区良好的治安环境。

文教卫生取得好成绩。第三高级中学通过山东省规范化学校验收。高考取得优异成绩，参加高考248名考生，录取63人。探索多元化办学、办园模式，开办股份制"启航"双语学校、"金太阳亲子园"等，深受学生及家长好评。医院设立温馨病房、便民药房和家庭病房，与外地知名医院联手开办特色门诊，组织为孤东、桩西、海洋开发公司等一线职工送医送药。在防治"非典"和两次风暴潮抢险中，出色完成了医疗防治和医疗救护任务。

多元开发创经济效益。承揽管理局房改经济适用住房部分开发建设任务，神州路商品房竣工。新上涂料厂、建材商店、新型建材厂等项目。在油田外承揽济南世纪花园和齐河物流中心建安工程，河北黄骅港建设指挥部、广东东莞、玉门石油管理局酒泉新基地绿化工程，暖气片产品进入朝鲜市场。引进美国“朗洁”公司技术，成立仙河朗洁公司。

创新活动见成效。把实施创新工程作为社区发展重要举措，大兴事事创新、时时创新、人人创新、处处创新之风，完成经济技术创新课题96项，创新成果40项。召开科级干部创新思路发布会，107名科级干部全部登台发言，创新内容覆盖社区管理方方面面，达到了相互借鉴、相互启发、共同提高的目的。开展“岗位技能提高年”活动，在管理局举办的物业系统工人技术比赛中，取得团体总分第二名、4名工人进入管理局前20名的好成绩。

思想政治工作。开展“学转谋见”、“学创建促”活动和“解放思想谋发展”大讨论，不断创新思想政治工作方式方法，增强思想政治工作的针对性和实效性，党组织的战斗堡垒作用得到发挥，班子凝聚力、号召力明显增强。扎实做好稳定工作，采取责任承包、责任连带和部门负责的共管机制，建立完善稳定工作预防预警机制，超前研究和解决改革中的不稳定因素，确保大局稳定和社会稳定。

（刘相宏 马洪星）

【仙河启航双语实验学校建成】 仙河启航双语实验学校于2003年5月经东营市河口区教育局批准成立，是1所民办全日制学校。学校座落于东营市河口区仙河镇松花江路中段，占地24亩，建筑面积7000平方米，微机教室、多媒体电教室、英语多媒体教室、科学实验室、美术室、舞蹈室、音乐室、图书馆等各类专用教室齐全，风雨操场、运动场、篮球场、宿舍、食堂等设施配套完善。学校环境优美，拥有较先进的现代化教育设备，建有完善的校园网、有线电视网、有线广播网和内部通讯网。有8个教学班，学生306人，小班化双语实验班6个，学生205人。

学校继承和发扬中国优秀的教育传统，借鉴国外先进办学模式及外地成功办学经验，实行小班化管理，实施双语教学，使孩子从小接受良好教育。学校师资力量雄厚，选聘仙河地区优秀教师任教，引进具有专业英语执教资格的外籍教师，进行科学、正规的口语和听力练习，为孩子创造良好的学习环境。

学校依照国家教育部颁布的新课程标准要求，使用人教版义务教育教材，开足开全课程，确立语文、数学、英语3门基础工具学科的主体地位。建立科学合理的双语教学教材体系，引进英语教材，科学设置英语课时数量，以听力和口语为重点，定期组织英语故事比赛、英语朗读比赛、英语歌曲比赛、英语晚会等活动，增强学生的英语学习兴趣。音乐、美术、体育、信息技术等学科，采用中英文双语教学，形成浓厚的双语氛围。艺术教育课程通过美术、音乐、舞蹈课教学，提高学生艺术修养和审美情趣，陶冶学生情操。加强体育锻炼，保障学生每天1小时体育锻炼，提高学生身体素质。开办特长培养基地，因材施教，发展学生在音乐、舞蹈、美术、体育等方面特长。组织成立科学、数学、计算机兴趣小组，通过丰富多彩的活动，使学生个性得到发展。

（刘相宏 马洪星）

【“金太阳”亲子园落户仙河】 为满足家

长早期教育的需求，弥补仙河地区0—6岁儿童早期智能开发的教育空白，仙河社区小教管理办公室开办的“金太阳”亲子园落户仙河。

“金太阳”亲子园是公办民助的早期教育机构。主要开设两种教育形式：0—3岁宝宝的亲子教育和3—6岁幼儿的蒙台梭利教育。“亲子教育”是新型早期教育模式，通过教师、宝宝、家长3方互动，在欢乐的游戏活动中，提供宝宝适龄的学习刺激，开发宝宝的8大智能，向家长传授最新教育理念和科学育儿方法，让家长和宝宝共同度过美好的亲子时光。“蒙台梭利教育”是意大利医学博士玛利亚·蒙台梭利经过实践与研究提出的操作性强、完整实用的教育体系。主要通过视觉、触觉、听觉、嗅觉和味觉等感官训练，把感官作为心灵的窗户，让孩子学会学习、学会做事、学会交往、学会生活、学会创新。

“金太阳”亲子园首期投资50万元，活动面积550平方米，设备齐全，环境温馨，富有儿童情趣。亲子园教师从仙河社区7所幼儿园中选拔，教育观念超前、富有爱心、责任心、充满朝气，均有5年以上幼儿园丰富教学经验，曾到青岛“新太阳早期教育中心”和杭州“诚功教育中心”接受过国内外专业的亲子教师培训，取得亲子教师及蒙台梭利教师合格证书。为保证优质教学效果，亲子园实行小班化教学，每节课幼儿人数控制在10名之内。结合婴幼儿生理特点，1周开课1次，1次1小时，教给家长把1小时所学的内容运用到1周的日常生活教育中，使宝宝聪明健康成长。“金太阳”亲子园定期组织宝宝大赛、生长发育及智力测查，个案跟踪记录等活动，向家长提供免费育儿咨询。

（刘相宏　马洪星）

（审核　李　涛）

孤岛社区管理中心

【概述】 有职工2085人，下设14个科室，13个直属单位，18个三级单位，58个四级单位。辖13个居民小区，有住户9983户，油田居民35900人，面积18.1平方千米。辖区建筑总面积92.8万平方米，环卫保洁面积406.4万平方米，绿化面积245.1万平方米，供暖面积113万平方米。

经营管理工作。面对压缩2543万元的成本费用形势，严格预算管理，完善经营承包机制，实施目标成本管理，推行项目成本管理，严格控制材料消耗，开展节支降耗，水电气用量得到控制，物资材料消耗控制在计划指标以内。安全生产围绕“三杜绝、三不超、一稳定”的安全工作目标，开展“安全生产月”活动，坚持工作计划、布置、检查、总结、评比“五同时”，及时治理安全隐患，千人事故死亡率、千人事故重伤率、千台车死亡率3项考核指标均为零。法律事务、合同管理、土地管理、预算监督、环境保护、信息档案、设备、生活管理等工作在经营管理中发挥了作用。

基础设施建设。跨年度32套80型住宅楼投产使用，西苑村290户住宅楼完成封顶。新下达的666套住宅中，朝阳五村南区试桩，朝阳六村运行拆迁工作。孤岛超市7月17日开业。协作二区综合用房、二小扩建、垃圾处理厂工程正在施工。小区封闭、围栏更换完工。完成三级单位、8所幼儿园、9个卫生所及物业站信息网建设。完成朝阳二村整体改造，改造了朝阳一村300户室内排污管道及部分小区水、电、气、暖、排管网。建设朝阳一村换热站。安排各类维修363项。3栋住宅楼获东营市建筑工程质量“金洲杯”，4栋住宅楼施工工地被评为市级、省级文明施工工地。宏海建业有限责任公司被评为山东省质量安全管理先进施工企业。

内部改革实现职能专业化。对绿化、环卫、供暖等服务职能,实行甲乙方分开,专业化重组,物业公司与专业化公司建立甲乙方关系,促进管理和服务水平同步提高。根据综合测评情况,诫勉科级干部5人,降职使用1人。对空缺的9个科级干部岗位及机关干事岗位,除需组织任命外,一律实行公开竞聘选拔,为优秀人才脱颖而出提供平台。4所小学合并为2所,优化了教育资源,形成小学教育齐头并进的势头。压缩物业站4个,41名富余人员充实到绿化环卫岗位,30人向胜大超市输出劳务,优化了组织结构、队伍结构。成立金熙置业房地产开发有限公司,金宏泰公司并入宏海建业有限责任公司。孤岛医院绿化、治安、保洁、食堂、维修、门卫等后勤管理、服务,由协作物业公司托管,解决后勤管理人员不足、后勤服务跟不上的问题,实现了轻装上阵,为协作公司锻炼队伍、开展社会化服务提供了实践平台。车辆运行实行价差管理,提高了利用率。分配制度改革严格政策,科学实施,保证了平稳运行。

物业管理工作。以"精细管理,创优质服务品牌"活动和"双创"活动为主线,精细管理求提高,优质服务创品牌。防汛排涝组织严密,措施得力,确保万无一失。供暖强化检修责任制,整改基础问题,完善远程监控系统,加强生产环节运行管理,供暖质量有较大提高。平稳完成住房市场化交易。出台完善环卫绿化及"双创"工作标准及考核办法,细致组织量化签认和电网检修工作。抓水电气治理,及时组织屋面防水,对照标准开展国家级、省级、局级小区达标、复查的基础工作,朝阳三村、朝阳七村、协作二村分别通过国家级、省级、局级优秀住宅小区验收。加强环卫、绿化管理监督和协调,物业管理水平、便民服务质量有新提高。朝阳、协作、西苑物业管理公司分别达管理局三星级、二星级和一星级物业管理公司标准。全年提供便民服务6300项次,完成屋面防水3万平方米,铲抹墙皮9750平方米,栽植、移栽苗木13.5万株,植草坪7.3万平方米,铺设花砖4850平方米。

教育教学质量创新高。中考计算机操作考试优秀率90%,实验操作优秀率94.48%,体育优秀率70%,重点高中录取52人,录取率高出油田平均录取率4.36个百分点。小学教育、幼儿教育、少年宫亲子教育各自形成特色。参加各类竞赛获奖人数、等级都有新提高。

医疗卫生再创佳绩。"温馨病房"利用率达到97%,婴儿抚触室获全国"十佳"称号,床位利用率达到76.1%,医疗收入大幅度增长。社区医疗工作重心下移,人员、设备充实卫生所,开展治疗颈椎、腰椎病、"醋豆宝"等合作医疗、保健品开发新项目,坚持上门服务、下基层巡回医疗。推行药品竞价采购,让患者得到实惠。全系统共接诊23.1万人次,查体6684人次,接种疫苗14602人次。抗击"非典"工作中,医务工作者不计安危,不讲条件,确保孤岛地区无疫情发生。优生、优育、优教形成特色,受到省计生委好评。

多元经济走"品牌兴业,多元发展"之路。加大多种经营扶持力度,在用人、分配等方面,给创收单位优惠政策,重奖闯市场人员,形成内部市场为依托,外部市场为支柱的发展格局。玩教具制作、花砖制品、园林绿化、基建等项目取得了社会市场份额。形成商贸、餐饮、商品房出租、水泥制品、工程安装、玩教具制作、地面工程施工等经营体系。

文明建设保一方平安。以"1232"思想政治工作体系和"学转谋见"活动为主线，加强形势任务教育，促进干部职工思想观念转变，社区被管理局评为思想政治工作先进单位。多形式开办科级干部、基层干部、入党积极分子培训班，提高了干部队伍、党员队伍素质。实施机关下基层跟班劳动制度，畅通信息交流渠道，密切机关与基层的联系。处理来信来访化解矛盾，做好老年管理工作和再就业工作，运行退养家属利息差的核对和补发工作，抓好处“法“工作，保持了稳定局面。开展“企业文化建设年”活动，形成学习型组织。加大舆论宣传力度，为社区改革、发展创造舆论环境。基层建设突出重点，强化一般，申报1个“名牌”基层队、2个“行业一强”、7个“优秀基层队”，顺利通过管理局验收，被管理局评为基层建设先进单位。开展廉政教育和效能监察，推进党风廉政建设。“学习型家庭”评选活动、“优秀青年访谈”、健身广场比赛等丰富多彩的群众性文化活动，推动了社区文明建设。加大治安防范力度，“五位一体”防范网络为社会稳定发挥了作用。

（陈为伟）

【婴儿抚触获全国“十佳抚触室”称号】 婴儿抚触是新生儿保健新方法，孤岛医院2002年7月开展，产妇定期到“抚触室”接受医务人员正确抚触婴儿指导。通过抚触，促进婴儿体重增长、应急能力提高和神经系统发育行为发展，增强婴儿免疫力，刺激消化功能、减少新生婴儿焦虑。婴儿抚触室编辑制作母婴保健手册，设立妈妈信箱，购买图书、音像制品，为婴儿家长提供细致的指导和服务。孤岛医院“婴儿抚触室”接待母婴100人次，受到母婴的普遍欢迎。10月，孤岛医院开展的婴儿抚触项目获得中华医学会资格认证，参加全国婴儿抚触比赛获全国“十佳抚触室”荣誉称号。

（陈为伟）

【学习型家庭建设】 开展“创建学习型家庭”活动，出台《创建学习型家庭实施办法》，细化实施步骤与实施时间，制定4大项、15小项评价指标。创建学习型家庭活动是社区企业文化建设的重要组成部分，活动与“五好文明家庭”创建、“青少年读书育人工程”、“女工素质达标工程”等活动有机结合。年底总评，全社区产生了9户“学习型家庭”。

（陈为伟）

（审核　魏清达）

河口社区管理中心

【概述】 河口社区管理中心成立于1997年6月22日，所辖区域20平方千米，有河口采油厂、渤海钻井总公司等10多个油田单位。东西长3.3千米，南北长6千米，占地1.2万亩。建筑总面积170万平方米，其中住宅面积115.5万平方米，住宅小区16个，共有1.7万户近6万居民。有职工2904人，其中正式工2481人，有女职工1539人，有党员1014人，各类专业技术人员1112人，其中高级技术职称76人。设机关科室15个，直属单位13个，三级单位13个。文教系统职工901人，有高级中学1所，初级中学2所，小学4所，幼儿园8所，在校学生6385名，在园幼儿1700名。卫生系统职工538人，有二级甲等医院1个，卫生院1所，卫生服务站4个，防疫站1所。物业管理系统职工1337人，辖物业管理一公司、二公司、绿化环卫公司、热力公司、矿建公司、车辆管理中心。多种经营单位金色河口科贸中心，有职工102人，下属8个经营网点。截至2003年，河口社区共创建国家示范小区3个,省级优秀小区2个,局级优秀小区9个。在管理局历次满意率考核中均取得较好成绩。

完善内部承包机制,加强成本控制,深化分配制度改革。针对社区费用补贴大幅度压缩的形势,采用业务预算与专业预算相结合的方法,按要素法对各项成本费用进行测算,在实行成本还原、明晰各单位成本费用、明确相关经济责任的基础上,与各单位、各部门签订经营承包合同。实施低成本战略,建立动态弹性成本考核机制,压缩车辆、办公等费用,加强成本费用动态控制。以岗效薪点为主要内容的分配制度改革试点工作11月份在社区全面推行。法律事务、合同管理、土地管理、环境保护、信息、设备、档案管理、生活管理、预算监督等工作,在经营管理中发挥了作用。

物业管理不断推进。物业管理一公司利用网络科技管理技术,建立物业管理信息系统和监督考核平台,实现了网上办公,提高了工作效率。物业管理二公司开展"四千六到"活动,在物管站开展"一站一特色"比赛活动。发挥典型引路作用,将社区亲情融入服务与管理中,居民满意率不断提高。做好迎接山东省对河盛小区等4个小区国家级、省级小区复查工作,筹集160万元对部分设施进行改造。4个小区顺利通过复查,河颐小区创建为局级优秀住宅小区。居民满意率有新提高,440服务中心共接报处理居民报修11088项,回访居民1344户,维修及时率98.6%,维修质量合格率100%,居民满意率98.3%,住户投诉率降低到0.27‰。

生产经营平稳运行,服务质量明显提高。热力公司强化检修质量,完成6台锅炉的大中修维护保养,投入30万元调整改造河康、河盛等5个小区的1100米供暖管网。抓好重点工程建设,东区锅炉房新增水煤浆锅炉,确保点炉一次成功。供暖期间共处理低温251处、刺漏201处,维修处结率100%,用户室内温度保持在16度以上,居民满意率保持在98%以上。坚持安全检查,严格执行班组日检、基层队周检、公司月检,实行领导带队夜查制度,发现问题当场或限时整改,锅炉运行安全平稳。科技兴绿取得成效,绿化环卫公司引进应用多项国内前沿技术和产品,加大活体覆盖技术、生物农药应用等课题攻关力度,苗木成活率、修剪水平明显提高。全年新栽苗木11万株,回填种植土2.5万立方米,新建绿化工程2.1万平方米,硬化地面8.7万平方米,苗木成活率达到96%以上,小区绿化覆盖率达到27.5%。矿区建设再上新水平,累计完成投资8000万元,建筑面积70000平方米,工程合格率100%,住宅工程质量通病治愈率达98%,630户经济适用房基础和主体优良率达82%,单位工程优良率达54%,2栋住宅楼申报市"金洲"杯。物资供应站强化"零库存",发料900万元,平均周转期降低,资金利用率明显提高。加强耗能设备管理,实施能耗定额制度,重点耗能设备建立用能档案,淘汰设备按规定实施报废处理。组织检查30次,查处非法用能及不合理用能80处,每月可控制电能流失3500千瓦·时,减少用气损失2000立方米。实施节能技改项目,投资100万元为新建住宅楼安装节能灯具、安装配电室远程数据采集控制系统,年节电量45万千瓦·时。开展"双创"工作,成立了作领导小组,组织道路卫生突击清理活动,清运垃圾1100立方米,清理排污沟1200米、污水井1800个,平整地面5600平方米。投入资金1400万元,建设高标准水冲式厕所、制作新型垃圾房、新建垃圾堆放点、购买垃圾车、对部分老化暖网、天然气管网调整改造,以及海昌路新建工程,城区面貌大为改观。

多元经济发展能力进一步增强。金色河口科贸中心结合工作量减少、内部市场逐渐萎缩的实际,开展管理、科技、激励和服务创新活动,3月份通过ISO14001环境体系认证,"美社"墙漆等产品质量得到提升,负离子环保内墙乳胶漆研制成功并投入生产。开拓外部市场,实现销售收入2500万元。按照股份制形式成立东营绿苑房地产开发有限责任公司,取得房地产开发资质证书,29栋、840套住宅楼全面开工,面积8.1万平方米。河康小区、河明小区开发建设商品楼,开工面积12000平方米。商贸公司防盗门等产品通过论证,市场前景看好。非住宅物业及家政服务逐步拓宽,物业管理一公司注册成立"东营市448家政服务有限责任公司",新增了家装维修等服务项目,服务覆盖面不断扩大。成立"黄河口物业管理公司",接管沾化县新街房产中心12栋住宅楼的前期物业管理工作,负责业主搬迁入户后的维修及小区环境维护工作,管理面积3.6万平方米。将448有偿服务引入沾化,为业主提供清洗、搬家、中介等30项服务,创效3万余元,安排就业3人。承揽惠民县新世纪花园12万平方米物业咨询工作。物业一公司全年创收26.8万元,安排用工79人。物业管理二公司成立良友家政服务中心,设立"529"服务热线,开辟病床陪护、学前教育等30个服务项目,实现了社会效益与经济效益同步增长。

教育医疗水平进一步提高。开展"名师名校"创建活动,21人次被评为管理局拔尖人才、学科带头人和教坛新秀,39中通过管理局"办学水平优秀学校"督导评估,3个小学分别被评为山东省电化教学、信息技术教学示范学校。3个幼儿园分别通过局级"示范幼儿园"、"一类园所"达标验收。竞赛成绩优异,教师获得油田以上奖励216人次,其中获国家级奖励47人次,学生获得油田以上奖励387人次,其中获国家级奖励190人次。提高教学质量,13中围绕高考复习方法展开攻关,本科录取93人,专科上线206人,本科、专科升学率继续列油田普通高中之首。39中开展"五个一"活动,对教研教改新课题进行攻关,44中自编语文早读教材,丰富了学生知识。中考重点高中上线85人,普通高中上线234人,综合升学率达71.14%。医疗卫生系统全年完成门诊量24.8万人次,床位使用率761.6%。收治住院病人3000人次,实施病房手术781台次,治愈好转率95.8%,抢救急危重症病人877人次,成功率91.33%,健康查体6595人次。"120"急救出诊468车次,抢救人病人161人次,抢救成功率86.9%。医疗部门坚持"向管理要效益,以管理促质量,以管理蓄内涵"工作思路,突出质量管理核心地位,强化医疗控制关键环节,从细化医疗管理制度、明确人员岗位职责入手,实行院、科、组三级质量管理体系,建立符合单位实际的管理约束机制,形成"目标一致、人人参与、责任到人、共同负责"的管理格局,医疗水平明显提高。

思想政治工作和企业文化建设扎实深入,社区大局保持稳定。贯彻落实十六大精神,开展"学转谋见"、"四新四有"活动,建立生产经营与思想政治工作"一体化"运行机制、政工干部绩效考核激励机制和工作预警机制,干部职工思想观念、经营理念和宗旨信念发生了深刻变化。坚持强化危机意识与机遇意识、加强软件建设与硬件建设、开展思想教育与解决实际问题相结合,组织开展"IMSS"经济技术创新竞赛和"五个一"群众性创新创效活动,起到明理顺气、解疑释惑、凝聚人心的作用。加强社区文化建设,创建"学习型组织",开展"企业文化建设年"活动,加强企业文化建设,建立完善学习交流机制,在13个基层队中开展创建学习型基层队活动,8月份召开现场会,总结交流供热2队先进经验,基层队伍综合素质得到提高。开展"树组织劳资干部形象"活动,加强机关作风建设。抓好稳定工作,严格实施稳定工作领导责任制,全方位建立预警、预防机制,形成反应灵敏、坚强有力的稳定工作网络。开展"帮扶结对"活动,309名党员干部参加,对协解人员、内退人员、待业子女等群体悉心讲清政策,解决实际困难,帮助实现再就业166人,无1人越级上访,社区生产、生活秩序保持平稳。

（薄延勇　朱美生）

【河口医院信息化建设取得突破】 11月,河口医院信息管理系统与管理局医疗保险管理子系统对接成功,成为油田第1家参保人员持"社会保障卡"就医的医院。河口医院自行研制开发门诊和病房管理信息系统,5月,医院病房管理系统正式投入使用,患者就诊全程实现电子网络化。网络涵盖挂号、收费、临床、检查、急诊等模块,分设44个站点,病人凭门诊号就可完成全部就诊过程,实现了门诊病历、处方、检查申请、诊断报告完全电子化。系统投入运行后收到良好效果,计算机自动划价,减少了病人排队次数,缓解了"三长两短"现象,增强了收费准确性和透明度。病历模板由高年资医师共同编写,供门诊医师参考借鉴,实现了技术资源全院共享,提高了诊断准确性。医院决策层通过查询系统实时监控门诊工作情况,使管理和决策更加科学。系统在全局医疗系统推广使用。

（薄延勇　朱美生）

【第13中学建校30周年】 9月26日,胜利油田第13中学庆祝建校30周年。30年来,13中教职员工凭着坚定信念、严谨态度、满腔热情和科学精神,拼搏奉献,开拓奋进,把学校建成了队伍过硬、设施先进、环境优美、文化底蕴深厚的学习乐园,为国家培养了10000多名合格初中毕业生、6000多名合格高中毕业生,向高等院校输送2000多名优秀人才。2003年,油田13中有92名学生考入大学本科院校,高考成绩连续第6年列油田同类高中之首。7月,13中被确定为管理局优质高中,开始面向全油田招收重点高中生。

（薄延勇　朱美生）

【河口社区举办第六届文化艺术节】 6月22日—7月7日,社区管理中心在金河广场举办"河口第六届文化艺术节"。本届艺术节,以庆祝建党82周年和歌颂社区成立6年来取得的辉煌业绩为主旋律,主题突出,内容新颖,演出节目15场,观众8万余人次。是近年演出场次最集中、参演人员最多、演出节目最多、观众最多的一次艺术节,受到河口地区居民群众的热烈欢迎。

（薄延勇　朱美生）

（审核　张云堂）

胜北社区管理中心

【概述】 有职工4529人,设16个机关科室,10个机关直属单位,19个三级单位(含3个副处级单位)。区域占地面积86.27平方千米,有28个自然住宅小区,辖区居民23544户,居住人口9万人。保洁面积260万平方米,绿化面积137.8万平方米,绿化覆盖率35.8%,人均绿地12.1平方米。社区辖9座锅炉房,供暖面积242.44万平方米。

管理服务再上新水平。开展“基层建设年”和“社区温暖进万家”活动，加强基础工作，管理服务水平不断提升。推行岗效薪点工资制，提高干部职工工作积极性。做好经济适用房分调准备工作，合理制定经济适用房售房方案，保证分调房工作顺利进行。在山东省城乡规划设计院和东营市规划局指导下，对胜北区域近、中、远期发展进行整体规划，制定胜北区域发展目标和前景。物业系统结合开展“双创”活动，实施“十乱”治理，省级以上文明小区复检工作成效显著，6家物业公司通过ISO9001质量管理体系认证。教育系统实施名园名校工程，教育教学质量不断提高，9所幼儿园全部达到局级示范园以上水平，中考优秀率达到21.81%，高考本科录取43人，专科录取136人，升学率达79.37%。医疗卫生系统推进医疗科技进步，55项新技术、新项目应用于临床。提高医疗水平，加大健康教育和卫生治理力度，人口与计生工作获油田人口目标考核一等奖。在抗击“非典”中，抽调医务人员参加油田防“非典”检疫医疗队，胜北医院获“东营市防治‘非典’型肺炎工作先进基层党组织”获誉称号。

矿区建设取得新成绩。按照房地产开发模式，加快安泰、锦霞、景安区域510户住宅楼建设步伐，其中290户住宅楼进入安装配套阶段，实现了当年开工、当年竣工的目标。东安220户住宅楼完成基础底板。2项工程获“省优”工程，1项荣获省“泰山杯”工程奖。

多种经营有新发展。多种经营系统以市场为导向，发展多元经济，胜景建安公司获得山东省技术监督局、省锅检办颁发的D级锅炉大修资质证，卓越房地产开发公司由省建设厅批准核发房地产开发资质证，彩瓦厂和木业公司顺利通过ISO9000质量体系认证，胜北木业装饰公司作为社区新的经济增长点，承揽装饰门工程项目32项，取得较好经济效益和安置效益。

思想政治工作呈现新局面。组织召开第一次党代会，民主选举产生社区第一届党委会、纪律检查委员会，规范完善了党内生活制度。涌现出3个局“名牌基层队”，4个局“行业一强”，11个局“优秀基层队”。面对社区生存与发展遇到的严峻挑战，组织开展“社区生存出路在哪里、发展办法在哪里?”大讨论。做好职工家属、内退职工、协解人员稳定工作，组织反邪教文艺汇演，召开治安防范工作现场会，发挥“五位一体”治安防范网络作用，确保一方平安。

（王瑞南　马志强）

【6家物业公司通过ISO9001质量体系认证】 社区成立专门办公室，组织人员学习培训，组织编印物业管理体系文件及质量手册和程序文件，多次组织对各物业公司的质量体系运行情况进行检查，进行了2次内审和大力度整改，9月，通过了方圆标志认证中心的现场审核，10月15日取得方圆标志认证中心颁发的ISO9001：2000质量管理体系认证的7个证书，为物业管理走向市场取得了通行证，促进了社区物业管理水平和服务质量提高。

（王瑞南　马志强）

（审核　吕福元）

胜中社区管理中心

【概述】 胜中社区管理中心有在册职工4265人(含内退职工593人)，机构设置为13个机关科室、12个直属部门和18个三级单位。辖区总面积31.5平方千米，管理着44个住宅小区，服务居民3.7万户、11.2

万人。有国家级示范住宅小区2个,省级优秀住宅小区8个。2003年被评为“山东省文明单位”。

物业管理和服务水平进一步提高。全年完成“440”维修任务6.9万项(次)。投资建设小区生活垃圾中转站、生活垃圾回收房等设施,实现了生活垃圾袋装化,消除了二次污染。全年新增绿化面积2.49万平方米,栽植各类苗木34.05万株,成活率达99.8%,绿化面积达到可绿化面积的99%以上。加大管理力度,实现管理标准化、服务特色化,推行ISO9001和HSE质量管理标准,坚持双月综合检查制度,把综合评分结果作为奖罚兑现的主要依据,推进了标准化、程序化、规范化进程。物业管理坚持“精细美”标准,按照“细、实、严、恒”要求,对小区线路凌乱和墙面油污等问题进行集中治理,清理废旧电线杆100余根,清理乱线72370米,拔掉墙面废旧铁钉23000余个,拆除废旧空调架300余个,拆除废旧遮阳伞骨架600余个。开展服务创新实践活动,推出“首问负责制”、“互动式服务”等特色服务方式,社区服务实现特色化。靠精细管理和优质服务巩固内部市场,拓宽外部市场,参与东营区部分市政工程、西城西片道路绿化养护管理投标,承揽东营区政府、地税局和胜利报社、油城广场等非住宅物业管理业务,完成外拓物业管理市场收入200万元。

医疗卫生服务质量不断优化。加强社区卫生系统医德医风建设,开展“争当名院长、名医生、名护士”活动,推动社区卫生事业健康发展。全年完成门诊工作量2.28万人次,计划免疫1.3万人次,收报处理疫情78处,儿童“四苗”接种率达到99%以上,没有发生一例医疗责任事故和服务质量投诉。“非典”时期,组建“非典排查队”、“非典路检队”,集中煎制6万付中药,有效预防了“非典”疫情的发生。

学前教育工作稳中有升。以创办特色教育为先导,以提高教科研水平为目的,提高保教质量。2所幼儿园晋升为省级示范园,2所幼儿园晋升为局级示范园,先后有60多篇论文在山东省第六届论文评比中获奖。

多种经营加快发展步伐。坚持“开发新兴产业、经营品牌产业”方针,推行结构调整、产品优化、科技创新、规模经营战略,发展餐饮服务、塑钢门窗、高级彩色路面砖制造及加油加气联合站建设等项目。承揽了锦华、兴河、雅苑、碧水苑等小区25万平方米经济适用房开发,实施“走出去”战略,在海阳市开发建设黄海花园度假中心,为社区多元开发增添新的经济增长点。多元开发销售收入比上年增长50%。

社会治安综合治理工作成效显著。发挥“五位一体”治安防控网络作用,推行小区封闭式管理,开展“奋战一百天,实现零发案”和“四无双十佳”等竞赛活动,综治工作水平有新提高。管理的42个住宅小区基本实现封闭式管理,全年发案率降至0.9‰,22个居民小区实现零发案。

思想政治工作进一步强化。以“学转谋见”和“企业文化建设年”等活动为载体,开展“求生存、谋发展”大讨论、“转观念、谋发展、狠抓十个增效点”、“学习型组织”创建等灵活多样、特色鲜明的主题活动,掀起解放思想、共谋发展、干事创业的热潮。围绕中心工作和维护大局稳定,开展形势任务教育,组织群众文化活动,抓党的基层组织建设和党风廉政建设,将思想政治工作渗透到管理、服务、经营的各个环节,增强了思想政治工作的实效性,为推进社区各项建设发挥了鸣锣开道、保驾护航作用。开展“达标、创优、争强、夺牌”活动,在社区98个基层单位中,创出管理局

“名牌基层队”3 个、“行业一强”6 个，局级“优秀基层队”13 个，涌现出 1 个管理局“十佳示范队”。胜中社区被评为管理局“基层建设先进单位”。

（刘冠燕）

【社区内部机构整合成效显著】 按照建立现代企业制度要求，根据促进社区深化改革、加快发展的实际需要，完成了社区内部机构整合。按照区域分布合理、户数大致均衡、初步形成规模的原则，将 8 个物业公司、32 个物业站整合为 4 个物业公司、20 个物业站，将原来分散性管理的 11 家经济实体单位整合为房地产、园林和社兴 3 大公司，撤销生活服务公司和物资供应站，合并成立物资供应办公室。通过实施内部机构整合，减少了 3 个机关科室和部门，精简二、三级机关和基层管理人员 144 人，压缩劳动力定员 774 人。围绕压缩管理层、减少中间环节，实施“零距离管理，贴近服务”，成立社区“440”调度指挥中心，对全社区物业系统“440”实行集中统一管理，物业维修服务项目直接由社区“440”中心接报和安排，并负责落实用户回访，强化基层维修服务过程的监督考核，实现了维修服务工作的跨区域调度和维修人员的合理调剂，提高了维修服务及时率、合格率和满意率。

（刘冠燕）

【文明社区创建工作成绩斐然】 以持续改善居民生活环境质量作为推进工作的立足点，取得了明显工作成效。加快老区配套改造，多方筹集资金，先后对白云、聚翠园、集翠园、东利、科利、怡园、燕青等 7 个小区进行基础设施和智能化改造。施工中精心设计方案，强化现场管理，发挥投资效益，老区生活配套设施功能进一步完善。加快油田基地热电联供工程建设进度，与电厂二期建设项目部和参战各方一道，树立“百年大计，质量第一”思想，建立健全质量保证体系，明确职责分工，严格控制材料设备质量和施工工艺，克服工农关系复杂、拆迁工作点多面广、施工地质状况复杂等多种困难，强化施工过程质量监督，保证工程当年开工、当年投产、当年具备试运条件。开展城区环境综合治理，“创建国家卫生城市暨创建国家环境保护模范城市”是切实改善环境卫生质量的民心工程。建立“双创”工作领导小组，广泛宣传发动，组织全员参与，加大治理投入，集中开展“五小”、“六乱”专项治理活动，小区内“五小”场所卫生管理制度、消毒措施及环境卫生明显加强，西城外部环境质量进一步改善。全年新创建国家级示范住宅小区 1 个，省级优秀住宅小区 2 个。雅苑小区被山东省建设厅授予“小区公共服务与管理山东人居环境范例奖”。

（刘冠燕）

【精神文明建设再创新局面】 组织开展灵活多样、特色鲜明、寓教于乐的社区文化活动，把握住社区先进文化的前进方向。加强社区文化阵地建设。与局团委、文化事业中心、信息管理中心及各主营单位密切配合，在小区内建立居民学校、青少年“阳光网校”和藏书 3 万多册的社区图书馆，建立“文明社区青少年共建”和“文明家庭、文明楼栋、文明单元”评选机制，成立“老年艺术团”、秧歌队和京剧联谊会等业余文艺团体，挖掘社区文化潜在资源优势。开展丰富多彩的文化活动，“非典”疫情消除后，迅速启动全民健身和文化广场活动，将文艺演出、科普宣讲、医疗健康知识讲座融为一体，开展消夏文化广场、电影放映周、书画展览、趣味运动会等 34 场次文体活动、专题讲座和健康咨询，丰富了居民业余文化生活，倡导健康文明的生活方式，提高了群众抵御不良思想文化侵袭的能力。在管理局组织的“崇尚科学，反对邪教”百题竞赛活动中，获得优秀组织奖。“打造全方位、立体式、智能化文明社区创建体系”的做法，被推荐参加山东省“精神文明建设十件大事”评选。雅苑物业站被管理局评为公民道德建设示范点和“十佳文明窗口”，玉山物业公司被评为山东省“职工职业道德建设先进单位”。

（刘冠燕）

（审核 韩希忠）

胜东社区管理中心

【概述】 胜东社区管理中心位于东营市东城北区，成立于1997年11月28日。辖区范围东起广南水库西大堤，西至太行山路，南起四干渠，北至德州路，总面积392.36平方千米，是管理局管辖面积最大的社区。居民2.4万户，居住人口8万多人，住宅总面积170万平方米，供暖面积230万平方米。有在册职工3696人，在岗职工3100人，内退职工596人。有各类专业技术人员1483人，其中高级技术职称149人，中级技术职称596人。有党员1275人。社区设1个副处级单位，20个三级单位（包括9个科级学校和卫生院），9个直属科级单位。机关设15个职能科室。物业系统有物业管理公司4个，管理住宅小区24个，其中国家级示范小区2个，省级优秀小区10个，局级优秀小区7个。教育系统有中小学13所、幼儿园16所，在校学生、幼儿近11000人。油田三中为省级规范化学校，油田四中、油田五中、胜东一小、胜东二小为局级规范化学校，辛兴幼儿园、瑞康一幼为省级示范幼儿园，龙潭幼儿园、瑞达一幼、瑞达五幼为局级示范幼儿园。卫生系统有一级医院1个，卫生院3个，卫生所16个，卫生室4个，药械站和卫生防疫站各1个。拥有固定资产原值34751万元，净值29383万元。资产负债率为39.27%。

社区改革增添发展活力。加大机关改革力度，提高机关指挥、协调和服务能力，将多种经营科职能和节能职能分别由劳动服务公司和热力大队划归企管合同科，将生活公司负责的民用气安全管理职能划归机动安全科。推进运行机制改革，把能分解的费用都分解到基层，对承包经营权内费用，在依法经营，不违反管理局和社区有关政策的前提下，自主安排使用，做到责、权、利统一，构筑了权利和责任对称、约束和放开适当的新型运行机制。做好内部分配制度改革，处理好内部分配制度改革工作中出现的新情况、新问题，保证岗效薪点工资制度顺利实施。开展“学技术、钻业务、练本领、强素质”活动，举办社区第一届职工职业技能大赛。

内部管理提高经济效益。强化宏观管理，提高工作水平，加大运用经济手段降本减费力度，压缩机关费用、车辆费用等开支，管理效益明显提高。成立供暖、物业收费项目组和水电管理项目组，严格按照超收和歉收程度奖惩，发挥基层单位和业务部门两个积极性，保证社区收入颗粒归仓。重视管理创新，提升经营管理水平，完善《胜东社区五年规划纲要及十五年远景规划展望》，在规划框架内，实施锦华新区建设工程，锦华新区一期工程108栋3020户经济适用房、二期工程117栋3246户顺利开工。物业系统实施ISO9001质量管理体系认证，9月初通过方圆标志认证中心的检查审核，标志社区物业管理服务水平迈上新台阶。贯彻党中央、国务院关于安全工作的指示精神，抓要害生产部位和关键环节安全管理，推行 HSE 管理体系，实现科学化、系统化、标准化管理，连续 6 年实现安全生产。

完善服务手段，提升服务质量。物业管理继续推行"440 首问负责制"和"服务承诺制"，制定以基层、部门责任共担的考核办法，加大奖惩兑现力度，提升了物业管理水平和质量。"440"维修服务及时率达 98%以上，投诉率低于 0.1%，社区综合服务满意率始终保持在 85%以上。新增绿化面积 2 万平方米，硬化改造面积 5 万平方米，屋面防水 5.5 万平方米，完成 5800 万元的小区配套、老区改造、围墙封闭、管网改造等计划投资工作量，改善了居民生活环境。实施"精品名牌"战略，提高"精品学科"、"名牌学校"和"特色培养工程"质量。成立胜利方大外国语学校，试行教育产业民营化。完善校长工作目标责任制，制定实施幼儿园园长业务工作目标责任制，促进教育教学工作向规范管理、精细管理迈进。中考达到重点高中录取分数线的学生 198 人，总平均分和重点高中上线率连续 3 年在油田 10 个社区中列第一。高考有 98 人达到本科录取线，180 人达到专科录取线，总体上线率为 81.8%。抗击"非典"时期，社区干部职工贯彻执行党中央、国务院指示精神，按照管理局统一部署，严密组织，周密安排，取得了抗击"非典"的决定性胜利。加强"名医、名科"建设，开展"医疗质量效益年"活动，加强东辛卫生院口腔科、华瑞卫生所中医妇科等特色门诊建设，带动了医疗水平提高。举办常用药品公开竞价采购，让利于居民，提高了社区医疗卫生系统竞争力。

多元经济拓展了生存空间。重视多元经济在社区生存发展中的支撑作用，重点发展房地产、新型建材、建筑安装、园林绿化等支柱产业，加快经济总量膨胀，完成了年初制定的经济指标。把居民的需要作为市场，发挥地缘业缘优势，加快新项目开发进程，家政服务的触角延伸到居民生活的方方面面。利用胜东物业管理品牌，向外输出，拓展物业管理市场，实施东营市工商局小区、工商银行小区、成都石油花园小区、东营市检察院等 10 个物业管理项目和东营市政 33 千米道路保洁及沿路 4.7 万平方米绿化养护任务。

思想政治工作为社区生存发展提供保障。召开社区第一届党代会，加强社区党的建设。面对家属问题、协解问题、内退问题等诸多不稳定因素，以有效的思想政治工作为保障，维护了社区大局稳定。加强基层建设力度，2 个名牌基层队、3 个行业一强、13 个优秀基层队通过达标验收。完成社区文化建设 3 年规划，成立"油大嫂艺术团"，夺得油田厂歌比赛金奖，全年组织小区文化广场活动 40 余场次，观众达 7 万多人，社区文化建设日益活跃。

（王安学）

【锦华小区新区建设工程开工】 10 月 26 日，胜东社区举行锦华新区开工奠基仪式，管理局副局长孙奎荣，东营市人大副主任魏裴永、副市长刘赞杰，以及市和油田有关部门和单位领导参加开工奠基仪式。锦华新区是锦华小区的一部分，规划建房 6266 套，其中一期工程 3020 套，二期工程 3246 套。锦华新区建设工程，是油田落实 3 年内建设 2.8 万套住房、实现职工住房条件明显改善目标的重大举措，是油田职工翘首以盼的大喜事。工程的顺利建设，将提升胜东社区所辖区域的城市品味和档次，为提高油田职工的生活质量、加快东西城对接起到重要作用。

（王安学）

（审核　赵良庆）

胜南社区管理中心

【概述】 胜南社区管理中心成立于1997年12月17日,机关驻地位于东营市东营区西三路929号。辖区横跨东营、淄博3区1县,南北相距97千米,区域面积286.14平方千米。有总机械厂、工程机械总厂、现河采油厂、胜利发电厂、石化总厂和物探公司6家主营单位,管理着兴河、聚华、聚园、南苑、桐凤、胜花、阳城、乐安、宁河、胜辛、铁山等11个居民小区。管理居民15000余户,42000多人。主要担负辖区内的物业管理、教育教学、医疗卫生、矿区建设等职责。是胜利石油管理局下属的二级单位。下辖17个三级单位,79个四级单位,机关设13个职能科室,16个直属单位。中心党委下设6个党委,7个党总支,74个党支部。共有13名处级干部,103名科级干部。党员783人,其中协解人员56人,内退181人,离退休119人,家属7人,自谋职业2人。拥有固定资产原值284469185.54元,净值232099689.09元。有在册人员2854人(2353人在岗,498人内退,3人下岗),其中干部1437人,工人1148人,集体工48人,内聘工133人,劳务输出工70人,企业员工18人,有女职工1773人。非在册人员738人,其中协解人员387人,退休人员351人。有各类专业技术人员898人,其中高级技术职称78人,中级技术职称541人。

发展经济作为第一要务摆到整体工作重中之重的位置。研究确立"以发展社区经济为中心,集中人、财、物等一切资源,聚精会神搞好社区经济建设,一心一意谋求社区经济发展,深化企业制度、产权制度和分配制度改革,选贤任能,做大做强长线项目,科、工、贸全面发展,全面提升社区管理与服务水平和经济效益"的多元开发指导思想,配套制定《胜南社区管理中心发展多元经济暂行管理办法》,为社区多元开发战略有效实施搭建合理的体制框架和制度平台。社区多元开发系统在站稳内部市场的同时,开拓外部市场,取得了较好经济效益和社会效益。

坚持"积极稳妥、精简效能"原则,推行一系列改革措施。对多元开发系统进行重组,组建胜南物业管理有限责任公司,成立房地产开发有限责任公司和科工贸公司。对部分物业公司进行内部整合,完成南苑物业公司与桐凤物业公司的整合试点、铁山物业站与胜辛物业站合并工作。桐凤、聚华、胜花等物业公司根据各自特点进行内部结构重组。对机关及直属单位进行精简合并,撤销规划建设监督管理站和工程监理部。完成乐安小学与59中归并工作。按照管理局有关文件精神和油田分配制度改革工作会议的总体要求,编制分配制度改革实施方案,配套实施管理(专业技术)和操作服务岗位竞聘上岗暂行办法,达到优化人力资源结构和调动职工积极性的目的。

物业管理日趋规范,服务水平有所提高。开展"星级达标、争优夺魁"活动,调整充实夺"四杯"竞赛活动内容和措施,重点加强小区日常管理、440服务、环卫保洁、绿化管理及基础资料管理的月度、季度考核。以9000标准为依据,完善质量标准和操作规范,提高ISO9001质量体系的运行质量。加强技能培训工作力度,在2003年举行的油田首届社区系统物业维修人员技能竞赛中,社区以团体总分第三的成绩荣获优胜单位称号。

教育系统育人环境明显改善,教育教学质量再创新高。11中和24中顺利通过局规范化学校达标验收,电厂、机厂、物探3所幼儿园顺利通过省级示范幼儿园验收,乐安幼儿园11月份晋升局示范幼儿园。社区在全局率先进入幼教示范区。立项的17个局级、国家级、省级科研课题取得阶段性成果,新立项5个国家级和省级科研课题。中考再创佳绩,364名考生有93人考取重点高中,267人考取普通高中和中专,中考录取率达到98.9%。

医疗卫生系统推行“病人选择医生”制度和“科技兴医”战略。建立健全突发公共卫生事件防治体系,全面做好社区卫生服务工作。发挥人才优势,发展特色医疗,拓宽服务范围,在居民健康教育、医护服务方式、医护管理手段、扩大社会知名度、延伸服务领域等方面取得新突破,促进了社会效益和经济效益的同步增长。

安全环保工作常抓不懈。扼制了重大安全事故发生,连续保持油田“安全生产先进单位”、“民用气管理先进单位”荣誉称号。物资供应部门规范物资采购行为,切实提高采购质量,社区同类物资采购成本逐年降低,体现了物资供应集中采购、归口管理的优越性。设备管理系统发挥集中管理优势,加大设备维护保养和管理力度,供暖服务质量明显提高。计划基建系统完成新建、配套、维修及抗震加固工程52项,59中教学楼和现河幼儿园扩建工程达到优良合同标准,全部申报“金洲杯”。防治“非典”及“双创”工作取得明显成果,在抗击“非典”过程中,社区周密安排,群防群控,维护了广大职工家属的生命健康安全。“双创”工作坚持注重实效,不走过场,社区整体环境状况得到明显改观。

思想政治工作坚持以十六大精神和“三个代表”重要思想为指导,围绕社区改革发展稳定大局,开展“学、转、谋、见”和“社区文化建设年”活动,推进社区党的建设、精神文明建设和基层建设,发挥思想政治工作威力和作用,确保社区各项事业顺利进行。建立完善一岗双责、党政工团齐抓共管的思想政治工作领导体系,构筑完善以“舆情监测网、两级政工队伍网、重点人群网、文化阵地网和社区稳定工作例会”为主要内容的“四网一会”稳定工作预警预防体系。党员结对225对,195名下岗失业人员实现了再就业。完成了494名家属工龄年限核对工作,为435名家属发放了退养金利息差。新创“行业一强”1个,局优秀基层队2个。2003年,胜南社区被局党委、管理局暨有限公司评为思想政治工作先进单位,6名同志被评为局优秀思想政治工作者。

（王志强）

（审核　孙怀通）

滨南社区管理中心

【概述】 滨南社区管理中心地跨东营、滨州2市,机关驻地位于滨州市滨城区渤海七路799号。管辖胜滨、华滨、建翔、建翔东小区、兴滨、利滨、景滨、建宇、宏滨、海滨、佳滨等11个住宅小区。其中胜滨、建翔、华滨新村、建翔东、兴滨5个小区为省级优秀住宅小区,利滨、海滨、宏滨、佳滨4个小区为局级优秀住宅小区。占地总面积219.04万平方米,居民11032户,居住人口3.7万人。居民区绿地总面积30.6万平方米。下设9个三级单位,56个四级单位。机关设14个职能科室,5个直属科室。用工总量1923人,正式工1583人,集体工64人,劳动合同工276人。有干部874人,工人1049人,有女职工1115人,有党员747人,团员1027人(其中学生团员740人)。各类专业技术人员中高级技术职称44人,中级技术职称184人。所属专业队伍有环卫绿化队2个,综合维修队2个,锅炉队3个,车队3个。

拥有固定资产原值2.02亿元,净值1.63亿元。机械装备有各类运输车辆103台,锅炉17台,平均设备新度系数0.40。主要承担辖区内工业、居民住宅及配套设施的建设、安装、维护、管理和小区的环卫、绿化、治保、交通、文教卫生、餐饮服务等,为驻滨州市各油田单位与居民提供便利周到的服务。

强化内部管理,经济运行取得显著成效。以成本控制为中心,强化内部管理,细化承包经营,对各三级单位分类承包,成立重点要素费用项目组,实行专项费用控制责任人制度。在费用测算和指标分解中,按板块预算,下达创收指标,采取内部承包模式,明确甲乙双方责权利,实行风险抵押金制度。以健全管理制度、规范管理程序为目的,制定完善社区各系统工作标准和考核标准,修订14个科室和174个岗位工作职能和职责,建立了新的质量监督和质量管理标准体系。完善经营考核与监督机制,加大奖惩兑现力度,使生产经营活动更趋规范。加强经济合同管理,签订各类经济合同310份,金额5400万元,履约率、审签率均达100%,未出现一例无效合同、未发生一起法律纠纷,维护了管理中心合法权益。强化日常管理运行,完成供暖及物业收入1980万元。加大技改节能力度,投资88.6万元,实施节能技改项目9项,收到较好经济效益。全年预算补贴7505万元,实际补贴8707万元,扣除有关因素后,与年初预算补贴持平。

加强物业管理,整体服务水平进一步提高。以小区达标创建为中心,落实环卫、绿化工作责任制,实施绿化改造工程,新增绿地1.84万平方米,种植乔灌木10.7万株。开展"示范区"、"样板块"活动,抓环境综合治理,治脏治乱成效显著。开展"工作标准零距离、服务质量零投诉"活动,"440"工作日趋规范,承诺服务落实到位,综合维修服务水平不断提高,全年完成居民报修和公共设施维修1.66万次,合格率达100%,居民满意率98%。加强水电治理和计量收费,流失问题得到明显缓解,月抄表率、收缴率达95%以上。加强小区治安保卫,健全"五位一体"治安防范体系,投资20万元配置电视监控、电子防盗报警器等设施,加强重点要害部位监控,落实"三防"措施,抵御不法侵害的能力不断增强,小区环境质量进一步提高。

矿区建设步伐加快,基础设施不断完善。按照统一规划、配套建设的原则,加大小区建设和改造力度,建翔东小区、华滨小区、兴滨小区、佳滨小区430套住宅工程交工320套。胜滨小区200套房改经济适用房开工建设。华滨新村900套住宅更换铝合金窗。加快市政设施建设,投资120万元,完善建翔东、西2个小区文化广场,新建兴滨小区活动室。投资1234万元,对佳滨、建宇、利滨、胜滨、海滨锅炉房进行技术改造。加大供暖管网改造力度,供暖能力和热效率显著提高。对十六中实验楼、滨南医院门诊楼及部分小区幼儿园配套设施进行维修与消防隐患治理改造,改善了办学条件和就医环境。强化基建工程安全、质量全过程管理,9栋住宅工程评为市级优良工程,维修工程一次验交合格率100%。

强化基础教育,办学水平上新台阶。投资200万元用于校园校舍维修改造和教学设备设施配置,办学条件和育人环境显著改善,十五中创建为管理局规范化学校,十六中达到局级办学水平优秀学校,培养出年度油田中考理科"状元"。实施"素质教育工程",开展教研教改,《现代教育技术在物理教学中的应用》被山东省教学专业委员会确定为重点课题,270名师生在局级以上竞赛中获奖或在省级学术刊物上交流论文,128名学生考入大专以上院校,高考综合升学率达到65.3%。改革招生制度,面向济南、东营、淄博、滨州等地市招收油田外学生150余人,为学校发展壮大迈出了探索性步伐。

规范医院管理,医疗技术和服务水平明显提高。加强医德医风建设,开展争做“诚信医生、诚信护士”、创“诚信科室、诚信医院”活动,树立亲情服务形象。倡导“对照先进找差距,对照规章查隐患”,强化医疗卫生法律法规、规章制度和技术操作规程的学习与落实,处方、病历合格率均达100%,促进了医疗护理文书质量的提高。围绕患者所需创“特色品牌”,送医上门、家庭病床、患者择医、基层巡诊等系列服务,深受居民和驻滨单位好评。全年完成门诊量19.4万人次,急诊3526人次,健康查体1650人次,住院1509人次,治愈好转率94%。计划生育“七率”100%,保持了局级先进单位水平。落实《关于加强“非典”型肺炎防治若干规定》,严格落实责任制,宣传“非典”预防、救治知识,设立发热门诊,对发热病人严格检查,共登记备案和隔离疫区流入人员7人次,隔离观察39人次。加强对重点部位的消毒,对外来车辆消毒1360余车次,配合管理局和地方政府的“非典”防治工作。

多元经济加快发展,经济效益稳步增长。坚持“自主经营、自负盈亏”的方针,以市场为导向,加快结构调整、队伍重组,加大新项目、新产品的开发力度,开拓内外部市场,形成以建筑安装、园林、汽修、水泥预制件、涂料、铝合金生产为主,多元经济共同发展的格局。办理“物业管理有限责任公司”、“泰铭公司”营业执照。铝合金门窗通过国家级生产许可证资格审查,“768”型电泳香槟窗通过省级技术鉴定,空心砌块、涵管等新型建材受到市场青睐,提高了产品的市场竞争力。劳服公司、兴业公司完成产值2280万元,实现利税200万元。胜滨、建翔物业公司开办三产项目,成立市场开发部,新上纯净水厂、矿化水厂、家庭清洁中心、洗车场等项目,完成屋面防水2万平方米、外揽硬化绿化项目产值90万元。

强化全员安全意识,确保生产生活安全运行。坚持“安全是最大的政治、最大的效益、最大的福利”的观点,强化全员安全教育,安全氛围日渐浓厚,“安全第一、预防为主”深入人心。落实安全生产责任制,强化基础管理,隐患问题整改率98%,处、科两级干部承包安全生产要害部位到位率100%,安全技措项目完成率100%。开展设备“三化三零”活动,锅炉压力容器等特种设备登记注册率、定检率达到100%。抓好民用气安全管理,消除了事故隐患,提高了居民安全防范意识,实现了全年安全生产无事故。被评为管理局安全生产优胜单位、山东省设备管理二级单位。

发挥思想政治工作优势,保证社区稳定发展。创新思想政治工作方式方法,增强思想政治工作的针对性和实效性。加强队伍管理,突出作风建设,确立“三三制”工作法,树立为基层、为群众服务的思想,增强“定好位、谋发展”的责任意识。加强职工思想教育,促进职工队伍思想观念转变。加强职工技能培训,技术人员持等级证书率达85%,队伍整体素质明显提高,涌现出华滨卫生所、利滨锅炉房等先进基层集体,涌现出油田“十佳青年”丁淑燕、时新春等典型人物,展现了社区队伍奋发向上、拼搏进取的精神风貌。实践“三个代表”重要思想,加强行风建设,加强党员、干部、职工队伍作风建设,营造干部职工热爱社区、建设社区、奋发向上的浓厚氛围。深化“学、转、谋、见”活动,推进基层建设,实现了1个“名牌基层队”、2个“行业一强”、9个“优秀基层队”的争创目标。加强党风廉政建设,开展廉政警示教育、预防职务犯罪教育,效能监察和纠风工作效果显著。落实厂务公开民主监督制度及党员干部生活作风“九个禁止”等“五个规定”,加强领导干部监督管理,干部职工违法犯罪率为零。加强社区文化建设,开展“四进社区”等群众性文明创建活动,社区文明程度不断提高。推进家委会、警务区、治安巡逻队、百户治保、门卫“五位一体”的治安防范体系建设,管防结合,减少可防性案件的发生。开展“青年文明示范区”活动,配合小区文明建设。加强离退休职工队伍管理,发挥老年党委作用,离退休(养)职工管理更加规范。筹措176.55万元,解决了职工群众关注的节日食品供应、部分职工液化气供应和冬季取暖煤、燃气热水器检修等热点、难点问题。完成427名退养家属退养金利息差统计发放工作。推进协解人员再就业工程,实现社会和内部就业225人,再就业率超过50%,完成了就业愿望特困群体上岗100%的目标,维护了社区稳定发展大局。

(王 伟)

【物业公司时新春获管理局“十大杰出青年”称号】 时新春,是共和国第一代劳动模范时传祥的孙女,现为滨南社区胜滨物业管理公司环卫绿化治安队副队长。她立足平凡岗位,尽职尽责,发扬“宁愿一人脏,换来万家净”的传祥精神,与绿化队的姊妹们成立“送温暖、献爱心”活动小队,义务为孤寡老人家中志愿服务,在环卫工作岗位上展现了劳模后代的风采。她建立了“时新春示范区”,让姐妹们时刻监督她,让她永葆环卫工人的本色。组织开展“示范区”、“样板块”,在职工中掀起“追赶示范区,超越样板块”的工作热潮。在她的影响下,胜滨物业管理公司成为油田环卫战线响当当的品牌。2003年,时新春荣获油田十大杰出青年、油田环卫先进工作者、公共事业管理标兵等荣誉称号。

(王 伟)

(审核 庞光鸿)

临盘社区管理中心

【概述】 临盘社区管理中心有职工2200人,设10个机关科室,8个三级单位,5个直属科级单位,4个直属基层单位。区域面积2.1万平方千米,有职工住宅小区9个,分12个自然小区,居民7568户,居住人口2.2万人。拥有固定资产原值11998万元,净值9891万元。

加强经营管理,推进体制改革。调整社区内部运行机制,实行“大包干”承包模式,实现了费用补贴显现化。压缩费用开支,制定办公费用承包和考核办法,节奖超罚。落实经济运行分析制度,保证社区经济运行良性循环。实行内部模拟市场运作机制,提高了经济效益和服务质量。推进内部分配制度改革,实行以岗位和业绩为依据的岗效薪点工资制。推进“三岗”制动态管理,深化劳动用工制度改革。压缩、调整物业公司和物业站,成立临盘吉祥物业管理有限责任公司。农副业公司完善“庄园式”承包制,按“四自”原则实施运行。精简机关和部分岗位人员,小区车棚管理压缩30人,实现了减员增效。建立内部住房交易大厅,完成全年住房交易,实现了油田住房管理体制改革。

矿区建设成绩显著,物业管理不断增强。统筹规划,建改结合,小区面貌焕然一新。全年完成小区地面硬化2万平方米,室外给排水管线改造6260米,室内给排水改造1056户,室内电路改造620户。新建住宅楼400套,完成热力3队供水站等公建项目。以“精细化施工,严格通病治理,强化过程控制”为重点,加大工程质量动态检查和奖惩力度,确保工程质量,被管理局评为“工程质量管理先进单位”。开展“星级达标,争优夺魁”活动,宏苑、曙光小区分别达到局级和国家级示范住宅小区标准。物业公司获得国家二级物业管理资质,通过ISO9000质量标准体系贯标认证。以“六个一”管理与服务方式,开展“四进家”、“一帮一”等文明服务活动,不断提高服务质量。环卫人员发扬“宁愿一人脏,换来万人洁”的无私精神,完成63万平方米的全天保洁任务。全年新增绿化面积3.6万平方米,累计绿化面积31万平方米,绿化覆盖率达36%。“440”全年提供各类维修服务8201项,维修及时率、合格率均达98%以上,树立了热情、周到、安全、高效的服务形象。

加强供热供水管理,安全生产稳步运行。开展“畅通”工程,严格落实“带五件”、“六个定期”制度,加强供水供暖管理。全年供热136天,供冷100天,供应原水226万立方米、除氟水8.3万立方米、罐装水20.17万桶。推广节能降耗新技术,投资100余万元改造锅炉烟气系统,节燃油4%,节电10%,全年节约资金58万元。落实安全生产责任制,推行HSE管理体系,开展“安全生产月”和“三化三零”竞赛活动,杜绝了安全事故,完成了管理局下达的安全生产指标。荣获山东省“设备管理二级企业”、“设备管理优秀单位”和管理局“安全生产先进单位”等称号。

加强教育培训工作,服务质量大幅提升。更新教育观念,改革管理体制,实行“三位一体”管理模式和小班化多层次教学。拓宽育人渠道,推进素质教育,教育教学质量进一步提高。师生违法犯罪率为零,中考录取率85.7%,高考上线率达86.6%。加大教育投入,改善办学条件,临盘二幼晋升为省级示范幼儿园。20篇教师论文在省部级以上刊物上发表,20幅幼儿作品分获“世界和平杯”金、银、铜奖。立足“需求导向,学以致用,重点突出,全面提高”,开展“多能性技术”等培训活动,提高职工队伍素质。全年举办各级授课、技术练兵140场次,外派进修学习60余人次,在社区系统物业维修技能竞赛中,5人获得名次,3人囊括前3名,取得团体总分第一名,被授予“社区系统物业维修技能竞赛优胜单位”。

提高服务质量,医疗卫生工作再创新高。加强医疗行风建设和职业道德建设,以病人为中心,以质量为核心,以市场为导向,以发展为主线,拓宽服务范围。加大投资力度,改善医疗条件。“非典”时期,加强组织领导,细化防治措施,强化医务培训,确保居民身体健康和生命安全。全年完成门诊工作量10.8万人次,收治住院病人2762人次,健康查体5048人次,接种疫苗8417人次。

坚持管理创新,多种经营发展势头良好。以调整结构为重点,以企业改制为动力,站稳内部市场,开拓外部市场。劳动服务公司多方承揽工作量,与清华大学联合研发油井和电网自动实施监控系统,自主研制防盗箱、加药箱等产品。买断销售开发代理权,抽油机节能减速器打入华北油田,创造了良好经济效益。农副业公司抓扭亏增盈,亏损面逐渐减少,形成了“花、草、树、粮、养殖”各具特色的农业生产形式。探索发展新型农业,为创收与发展打基础。

精神文明建设、思想政治工作成效显

著。注重思想政治工作创新,围绕生产经营选题立项,实现思想政治工作与生产经营有机结合。开展“学、转、谋、见”和“纪律、作风、形象”党风廉政主题教育活动,干部队伍建设得到加强。抓基层班子、职工队伍、基层环境“三大建设”,开展“达标、创优、争强、夺牌”活动。全年建成1个局级名牌基层队、3个局级行业一强基层队、5个局级优秀基层队、3个局级达标基层队,被管理局授予“基层建设先进二级单位”。落实综治工作各项制度,健全“五位一体”管理网络,维护了社区稳定。推行厂务公开,加强民主监督,职工权益得到维护。围绕实现“两项待遇”、“六个老有”工作目标,提高老年管理水平。开展“社区文化建设年”活动,丰富居民精神生活。

(李新华　贾　涛)

【社区培训工作成效显著】 以“需求导向,学以致用,重点突出,全面提高”为立足点,建立健全职工培训组织网络和职工培训考核小组,规范培训制度、培训内容和程序。职工培训与工人考核相结合,开展互帮互学活动,采取自学与集中授课、“走出去,请进来”和“职工多能性技术培训”等方式,加大培训力度。全年组织技术课63次,技术练兵70次,各类技术比赛7次,举办培训班35期,外派进修学习60人次。10月管理局举办社区系统物业维修人员技能竞赛,临盘社区有5人取得名次,其中技工来永胜、王记龙和马孝峰分获前3名,社区以总分328.7的成绩夺得团体总分第1名,被管理局授予“社区系统物业维修技能竞赛优胜单位”。

(贾　涛)

【设备管理工作上新水平】 对设备从严要求,从严管理、从严监控,健全和完善设备管理制度和设备运行机制,组织编写《临盘社区设备管理使用手册》,规范设备基础资料建设。投资160万元专项资金对锅炉、车辆等设备存在的问题进行集中治理,维修各种车辆160台次,年审车辆103台,审证150人次。加强设备管理,25台锅炉热效率平均提高1%,油水泵故障率降低5%。开展安全生产、设备管理大检查,以《设备管理条例》、“四懂三会”“十四字作业法”、应知应会和常见设备运行故障排除等为主要内容,对岗位职工进行培训。探讨现代化管理方法在设备管理中的应用,创新设备管理工作思路,结合实际对各类设备制定应急预案和维修预案,降低了设备运行维修成本,提高了设备经济运行质量。开展以“三化三零”为重点的设备管理,完成设备管理各项经济技术指标,主要设备综合完好率98.70%,主要设备利用率90.97%,主要设备故障停机率1.39%,管网泄漏率1.14,设备保值增值系数0.94。在管理局举办的设备安全技术比赛中,社区荣获“管理局综合类第三名”,获管理局特种设备安全“三化三零”双月竞赛活动先进单位称号。设备管理升级达标活动中,社区晋升为“山东省设备管理二级企业”。

(贾　涛)

【社区第二幼儿园晋升为省级示范幼儿园】 胜利油田临盘第二幼儿园始建于1998年,2001年以全局总分第一的成绩,通过局一类园所达标验收。2003年社区投入20多万元,加强幼儿园基础建设,院所面貌焕然一新。在搞好基础教学的同时,临盘二幼走特色办园之路,即电脑辅助教学——开启幼儿智慧的金钥匙,得到上级领导和家长的认可。10月,临盘二幼通过山东省示范幼儿园达标验收。标志临盘地区综合办学水平进一步提高。

（贾 涛）

【曙光区通过国家级示范住宅小区验收】 曙光住宅区是临盘油区开发建设较早的居民小区，1984年初按照城市住宅区模式规划建设，分4个阶段建成曙光一、二、三区及曙光新区。1996年、1997年，先后被命名为胜利石油管理局优秀文明住宅小区和山东省城市物业管理优秀小区，荣获中国石油化工集团公司“最佳生活小区”称号。2003年，临盘社区将曙光4个小区并为1个大住宅区，按照国家级物业管理示范住宅小区标准，进行建设改造。曙光区占地面积17.68万平方米，总建筑面积13.52万平方米，有住宅楼76栋，住房1907套，居住人口6100余人。小区内环卫面积11.1万平方米，绿化面积6.4万平方米，绿化覆盖率达到36.2%。设有餐饮、购物场所，健身、娱乐设施及卫生所、幼儿园、文化活动中心、停车场等便民服务机构及场所，建成布局合理、功能齐全、设施先进、环境优雅的现代化住宅区。2003年，曙光住宅区顺利通过国家级示范住宅小区检查验收，是临盘油区的第1个国家级住宅小区。

（贾 涛）

（审核 齐传勇）

纯梁社区管理中心

【概述】 纯梁社区成立于1997年11月，由纯梁采油厂托管，2000年6月开始独立运作。有在册职工1202人，其中主业服务单位716人，在岗594人，内部退养122人。多种经营单位有486人。设机关科室9个，三级单位10个，直属单位3个。社区分为管理服务和多种经营两个板块，管理服务板块包括锦绣物业公司、供热大队、教育中心、卫生院、文化站、建筑工程部等6个三级单位，财务资产管理中心、老年管理站、机关车队等3个直属单位，承担纯梁地区矿建、房产、物业、文化教育、医疗卫生、小区治安等管理服务工作，服务居民4500多户。多种经营板块包括泰峰公司和华宇总公司2个独立法人单位。华宇总公司由运输公司、工程大队、农副业公司3个专业公司组成，社区内部视为三级单位管理。

内部改革。推进分配制度改革，建立推行岗效薪点工资制。通过规范岗位设置，量化岗位工作量，建立以岗位管理为前提，以单位经济效益和个人贡献为依据的分配机制。推进多种经营优化重组，完善符合市场和发展要求的经营格局，合并重组劳动服务公司，加大队伍结构、产品结构和经营方式调整力度。

经营管理。强化过程管理，抓影响经营质量的突出问题，创新机制，创新方法，建立经营运行刚性倒逼机制。结合社区和各单位经营特点，实行按月下达指标、按月检查考核办法，考核期内经费支出达到控制限额，停止费用支出。对收费创收完不成任务的单位进行警示，保证下一考核期补齐，否则停发单位工资。社区经济保持了规范、有序、均衡运行状态。全过程强化经营督查，针对经营行为不规范、经营核算不严格、经营结果不真实等问题，推行财务部门专项稽查、审计部门定期审计和经营部门全过程督导相结合工作机制，加强检查，加强指导，加强整改，及时发现和纠正经营过程中出现的问题，维护经济纪律和经营制度的严肃性。推进管理制度和管理方法创新，建立完善一级控制、两级核算、三级考核管理控制体系，出台《加强成本资金管理的补充规定》等管理制度，严格规范成本资金控制程序和使用标准。根据外部市场不断扩大和规范管理需要,研究试行外部市场经营核算制度。

社区文化建设。组建"四团,三队,一协会",为居民汇报演出,受到居民欢迎。创办《家园》报,陶冶居民情操,丰富居民生活,《家园》报开辟"我爱我家"、"居民论坛"专栏,反映居民意见和建议,通过首问负责、部门负责、专项督察等方式落实。加大文化场所建设和"四进社区"工作力度,小区文化氛围日益浓厚,文化导向作用发挥突出,居民积极参与老年文化、节日文化、广场文化及丰富多彩的文体活动,改善文化生活,成为居民提高生活质量的重要部分。

医疗服务。把"病人就是上帝,医疗质量、服务态度就是医院生命"作为工作宗旨,突出"方便、放心、满意"的服务主题,开展文明服务、树立良好医风、提高医疗质量,打造家庭病房、温馨病房、专家巡诊、特色门诊、放心药房等精品服务项目。全年门诊看病41475人次,收住院314人,手术99人,各种注射14169人次,各种辅助检查30203人次,职工查体1749人次,预防接种6105人次。120急救热线24小时开通,全年出诊98人次。确保了纯梁地区居民身体健康。

教育教学工作。立足于提高教学质量,采取定期举办家长培训班、少儿特长培训班、组织实施骨干教师培养工程、加强学生素质教育等措施,突出教书育人的行业特色。深化骨干教师培训工程,加强教学设施建设,改革引进先进教学方法,幼儿园顺利通过省级示范园复查验收,继续保持了"名园"、"名校"标准。矿区建设。坚持"建成一片、配套完善一片"原则,搞好小区配套建设。配套建成各类球场、健身路径等娱乐健身设施。改造小区供电、供水、排水系统及道路。缓解职工住房紧张局面,新建住宅楼340户。工程合格率100%,优良率达40%。

多种经营稳步发展。以改革促发展、抓管理增效益,理顺管理体制,转变经营机制,调整产业结构,规范经营管理。内抓管理、外拓市场的发展机制得到巩固,以开拓外部市场为重点,加快由生产主导型向市场主导型转变。全年实现经营收入6140万元。

思想政治工作。按照"一岗双责"、"两个同步"原则,与生产经营、提高效益紧密结合,与维护稳定、凝聚士气紧密结合,发挥党政工团齐抓共管的"大政工"网络作用,为社区稳定发展提供精神动力和思想保证。创新工作方法、丰富活动载体,强化引导作用、激励作用,促进了社区精神文明建设。基层建设工作取得好成果,涌现出社区文明建设先进单位3个、先进科室2个、先进班组17个,先进职工50名,推荐局级文明建设先进三级单位3个、先进科室1个、先进职工13人、油田劳动模范1人。

(刘子勇)

【锦绣物业管理公司取得国家物业管理二级资质】 6月24日,山东省建设厅公布山东省第1批国家二级物业管理企业名单,锦绣物业管理公司成为胜利油田惟一上榜单位。锦绣物业管理公司以"居民的满意就是我们的承诺"的服务宗旨、"诚信服务、精细管理"的经营理念、"知识化、精细化、标准化、形象化"的管理原则,训练有素的职工队伍,贯彻质量方针,形成了独具特色的"锦绣物业管理模式",引起油田内外各界的关注和好评。获得国家物业管理二级资质,标志公司步入专业化、规范化、科学化管理轨道,为外闯市场提供了合法资本和依据。

（刘子勇）

【锦绣物业管理公司驻青岛市城阳区仁和居物业管理处揭牌】 8月4日，锦绣物业管理公司驻青岛市城阳区仁和居物业管理处揭牌仪式在青岛市城阳区举行。青岛市有关部门领导、胜利油田公共事业部领导、纯梁社区领导及有关部门负责人参加揭牌仪式。仁和居物业管理处挂牌成立，标志锦绣物业管理公司继上年5月打入青岛四方区物业管理市场后，在面向大市场、参与大竞争、谋求大发展上迈出新步伐。

（刘子勇）

【泰峰公司新型开关磁阻电机现场试验成功】 11月10日，新型调速电机SRD开关磁阻电机在孤东油田采油8队GD62-10等6口油井上现场应用试验，经有关部门测试和统计表明，每口油井日平均节电80千瓦·时，综合节电率达32.8%，试验取得圆满成功。SRD开关磁阻电机调速系统由磁阻式电动机、角位移传感器、功率电路和控制电路4部分组成。具有结构简单、操作方便、成本低、运行稳定可靠、起动电流小、起动转矩大、功率因数高、损耗小、节电效果好、可控参数多、调速性能优异等特点，最大转速连续调节范围可达1∶20。适合油田野外恶劣环境下使用，能满足各种特殊条件下的工作要求。

（刘子勇）

（审核　孙怀通）

机关车辆管理中心

【概述】 机关车辆管理中心位于山东省东营市西四路496号，成立于1998年11月18日，主要为管理局领导、机关处室和直属单位提供用车服务。中心设8个职能科室，辖2个直属单位、4个三级单位和7个直属中队。用工总量724人，其中固定职工682人，企业员工30人，劳动合同工12人。固定职工中，有干部119人，工人563人。有女职工43人，有党员290人，团员69人。管理离退休职工43人。中心有各类专业技术人员89人，高级技术职称12人，中级技术职称27人。拥有固定资产原值1.6亿元，净值3800万元。各种车辆565台（含待报废车辆26台），其中各类轿车428台，吉普车22台，面包车66台，大中客车26台，其他各类客货车23台。平均设备新度系数0.2。

2003年，中心完成工作车日135253个，行驶1699.9万千米，完成工作量5432万元，为承包计划的106%。成本总支出7905万元，车辆出勤率和完好率分别为81.8%和97.3%，经济指标、成本控制、服务质量、安全生产、综合治理、计划生育等工作全部达标。

提高专业化管理水平，生产运行呈现稳定发展态势。以加快发展为主线，实施“两个结合”（当日路单签认制与车辆运行动态相结合、跟踪查岗与用户回访相结合），强化“三个保证”（保证随时有车可派、保证派出的车辆台台过硬、保证完好车辆有市场）。了解用户用车信息，全过程掌握车辆运行动态，增强生产运行的计划性、科学性和主动性，化解了各种困难和风险，保持产值稳步上升的势头，圆满完成抢险救灾等各项急难险重任务。

提高服务质量，树立良好企业形象。突出服务核心地位，瞄准“双百”（让用户百分之百的满意，让百分之百的用户满意）目标，开展用户服务走访及反不文明行为活动，力求服务水平优良化，服务形式多样化，服务过程标准化，树立了企业形象，企业竞争力得到增强。

推行安全"活"管理,确保长周期安全生产。以"零违章,零事故"为目标,坚持安全"活"管理。丰富完善"抓教育,强管理,勤检查"的动态安全管理体系,形成人人讲安全、事事讲安全的生产局面,安全生产保持良好运行态势。

发挥设备和物资效能,为生产运行提供保障。以科技进步为支撑,以提高设备运行质量和追求效益最大化为目标,坚持车辆定期归厂检查、设备定期强制保养等"硬性"制度,设备保养对号入座率95%。采取源头采购、品牌代理等多种方式,形成多渠道立体化物资采购网络,提高了物资管理效益和资金利用率。

提高经济运行质量,增强企业核心竞争力。完善目标成本控制体系,拓宽预算管理覆盖面,把承包范围扩大到机关管理费、内修费、差旅费等要素。推行内部模拟市场机制,形成竞争有序、利益共享、风险共担的有机经济体。积极稳妥、配套联动,修订完善绩效考核办法,建立起职工工资收入同单位经济效益挂钩,与个人实际贡献联系的绩效考核分配体系,内部分配制度改革如期顺利实施。从提高生产经营系统效率入手,加快各工作界面、各工作系统的网络化建设,实施综合管理信息系统、调度管理系统和办公自动化平台等软件的设计开发,形成了覆盖全中心的综合办公网络。

以基层建设和企业文化建设为载体,提高职工队伍素质。按照基层建设《三年规划》,以开展"达标、创优、争强、夺牌"活动为载体,完善创优机制,取得"1牌1强3优"的好成绩。把塑造企业文化作为提升整体发展水平和市场竞争力的基础工作,把强化服务作为企业文化建设的重中之重,在理论与实践的结合上进行研究,形成以"服务为本、安全为天、精细管理、开拓创新"为基本特征的企业文化。加大专业技术人才开发力度,培养轿车修理人才,组织中心第四届工人技术比赛,营造学业务、练内功、人人争当技术能手的氛围。

以关心职工生活为己任,维护职工群众切身利益。落实厂务公开监督员信息反馈、厂务公开内容定期上报、定期检查评比制度,加大民主管理和民主监督力度,建立健全困难职工群体档案,开展"送温暖工程",帮助特困家庭解决实际困难,做到零距离知情、群体化维护、针对性帮扶。树立为基层、为职工群众服务宗旨,为职工办理各类保险业务,职工医疗救助保险入保率达到100%。探索多元用工方式,深挖岗位潜力,解决了23名职工待业子女的就业问题,为职工解除后顾之忧。

思想政治工作保持大局稳定。思想政治工作贯穿生产经营全过程,抓基础,重载体,求实效,开展"学转谋见"和"党员先进性评议"主题活动及"讲强塑创"、"五个一"、"五员四送"、"五面流动红旗"等群众性竞赛活动,增强党组织的战斗力和凝聚力,营造群众性创新创效氛围。召开第一次党代会。落实党风廉政建设责任制。强化稳定工作措施,加大政策宣传教育力度,及时化解各类不稳定因素,全年未发生一起集体上访事件。加强社会治安综合治理工作,实现了职工无违法犯罪、厂区无严重治安案件和失窃车辆"零发案"。

(赵 猛)

【优质服务创品牌】 提升服务质量,实施服务创牌战略,为用户量身打造个性化特色服务,用质量打造信誉。树立"服务为本"思想,不断满足机关处室用车需要,提高用户乘车质量,加大服务投资力度,为用户改善乘车环境,向细微服务延伸。开展

"五员""四送"、"争当服务明星"活动，推行"品牌战略"，培养爱岗敬业、信守承诺、真情服务、声誉良好的"品牌职工"、"品牌班组"和"品牌车队"，提高了社会影响力和整体竞争力，拓展了服务空间、市场空间和发展空间。开展全方位服务回访调研活动，制定显性量化的服务标准，实现考核标准由用户服务满意率向满意度过渡。开展服务质量"零缺陷"活动，反对服务过程中的一切不文明行为，明确告诉职工该干什么，不该干什么，让群众监督，让用户满意，促进了服务质量全面提高。形成了以用户需求为起点、以用户满意为终点，以服务承诺、服务回访、服务考核为保障的持续改进与创新体系。在油田"IMSS 创新体系"竞赛活动中，中心被评为"服务创新银奖单位"。

（赵　猛）

（审核　李德安）

青岛疗养院

【概述】 青岛疗养院于1984年筹建，1991年正式开疗，是胜利油田驻青岛"窗口"单位，主要为中石化集团及石油系统职工提供疗、休养服务，承接系统内、外团体旅游及会议接待，为上级部门和兄弟单位赴青公办提供服务。

青岛疗养院位于青岛市市南区台湾路4号，地处青岛市繁华地带，居政治、经济、文化、金融、商贸、旅游中心。疗养院占地面积40000平方米，固定资产原值4650万元，固定资产净值2800万元。建有别墅式客房楼9栋。青岛疗养院主要开设健康疗养，设有医疗科室为内科保健，按摩、推拿、针灸、口腔科，配有B超、心电图等各种仪器设备。疗养院拥有三星级标准客房200套、豪华套间9间，大、中、小餐厅可同时容纳400人就餐，拥有各类型会议室10余个。有党委办公室、工会、办公室、财务科4个机关科室，预防保健科、客房部、生活科、多种经营公司、旅游公司、保障部6个直属三级单位。在册职工115人，有党员49人，干部49人，有高级职称4人、中级职称4人、初级职称18人。

圆满完成各项工作任务。在疗养市场萎缩、酒店业竞争激烈、管理费零补贴及"非典"影响严重的情况下，加大开拓市场力度，实施"情满青疗"品牌战略，做好接待工作，全年实现账面总收入2414.19万元，总支出2401.17万元，实现了收支平衡，上缴管理费用291万元。全年疗养人数1688人次，接待团体及会议6178人次，散客10598人次，客人满意率达到95%。完成了办公楼、总服务台、中型会议室改造，新建了网球场、健身房。全年安全生产无事故，顺利完成全年生产经营任务，创造了多项历史最好经济指标。

生产经营实现平稳过渡。2003年，管理局对青岛疗养院实行零补贴政策，再加上受"非典"影响，疗养院上半年账面亏损236万元。困难形势面前，院党委带领全院职工结合实际，针对客人少的情况，投入人力、物力搞基础建设，提高和改进疗养院的硬件设施。完成办公楼、总服务台、中型会议室装修改造工作，新建网球场、健身房，重新铺设了路面。密切关注"非典"时期的形势变化，"非典"疫情刚结束，院领导抓住时机，及时动作，到北京、油田跑市场，联系团队会议，使疗养院能够及早开疗，为完成全年生产经营任务奠定了基础。

稳妥完成内部分配制度改革工作。按照油田有关规定，在油田分配制度改革政策指导下，以劳动力市场工资指导价位为导向，在"四定"、工作分析、岗位评价的基础上确定各类人员岗位排列顺序，按照"定两头、排中间、找对应"的方法合理确定岗点标准。起草《青岛疗养院分配制度改革实施方案》,召开职工大会、科室长和班组长会讨论修改,提交分配制度改革领导小组讨论审议,最后组织职代会通过。对疗养院各个岗位张榜公布,组织职工竞聘上岗,通过实施岗效薪点制,理顺了分配关系,建立起职工收入与工作岗位、个人贡献相统一的分配激励机制,确保疗养院分配体制改革科学、合理。

加强职工培训,树立优质服务思想,提高服务质量。适应新市场、新形势要求,强化职工对星级宾馆服务标准、礼仪礼貌、规章制度的了解认识,培养职工服务意识,提高疗养院整体服务水平。开疗前组织职工进行培训及岗位练兵活动,组织职工学习观看《酒店管理》知识讲座,听取"员工礼仪素质"、"青岛旅游知识"、"安全生产、消防知识"等专题讲座。集中学习结束后全院统一进行考试,将考试成绩记入职工考核档案。针对全体服务人员,组织学习《员工手册》、《酒店服务意识》、"服务员岗位职责,工作范围,工作程序"等规章制度。培训接待客人程序、礼貌用语、服务设施使用方法等专业技能。服务工作中,以客人为中心,推行"以情服务、情满青疗",使客人在青疗感受到家的温暖,促使疗养院各项服务向星级酒店服务标准靠近,全面提高各方面服务质量。使优质服务真正变成职工的自觉行动,使"情满青疗"深入人心,推进疗养院各项工作再上新水平。全年客人满意率达95%,比上年大幅提高,圆满完成了各项服务工作。

(李福茂)

【取得抗击"非典"阶段性胜利】 2003年4—6月,国内部分地区爆发"非典"疫情。青岛疗养院全体员工在院党委领导下,高度重视"非典"防治工作,及时成立"非典"防治领导小组。加强"非典"防治宣传,严格落实管理局及青岛市政府关于"非典"防治工作的若干规定及具体要求,全院职工不再外出到有疫情地区办公,疗养院不再对疫区来人开放,对非疫区来人,进行严格登记措施,餐厅停止接待婚宴等大型聚餐活动。客房、餐厅、总服务台等场所,预防"非典"每天定期消毒。经过100多天奋战,胜利完成"非典"预防工作。

(李福茂)

(审核　王　毅)

烟台疗养院

【概述】 胜利石油管理局烟台疗养院是以疗养、康复、查体、保健为主,培训、会议、休闲、旅游全面发展的综合型疗养院,位于烟台市东郊观海路5号,地处烟台市疗养康复区,占地面积183亩,建筑面积4.6万平方米,绿化面积2.5万平方米。有标准客房200余间,各种类型会议室10个,容纳800人就餐的大型餐厅2个。有各种医疗设备100台,可开展多项治疗项目。院区亭台楼阁、风景秀丽、环境优美,气候宜人,连续获得管理局双文明单位、文明卫生单位、花园式单位和山东省物业管理优秀住宅小区等称号。是休闲、康复疗养的最佳场所。设机关科室4个,三级单位4个,四级单位4个,经济实体1个。用工总量231人,其中正式职工122人(含内部退养15人),劳动合同工19人,季节性临时工90人。固定职工中干部95人,工人27人,职工中女性69人。有党员120人,团员17人。在职各类专业技术人员82人,其中高级技术职称6人,中级技术职称52人,助级技术职称24人。全年完成疗养工作量1828人月,超出管理局下达的任务指标78人月。医疗质量95分,比管理局规定指标提高 10 个百分点。全年经营收入实现盈亏平衡。

强化质量,加强企业管理。推行内部市场运行机制,完善承包体系,实行完全成本考核,激发干部职工降本增效节约挖潜的积极性。"非典"期间辞退季节工,关停大功率用电设备,封存机动车辆,成本控制实现了既定目标。合同管理做到事前严格审查,事中跟踪监督,事后及时复查,全年签订合同 52 份,合同金额 180 万元,无差错,无损失。建立健全职工奖金考核分配制度,完成以岗效薪点为标志的内部分配制度改革,职工收入稳步增长。以项目审核为重点,配合财务决算工作,全年审核工程项目 28 个,审减费用 39 万元。财务管理确立全要素成本管理网络,成立结算中心,实行财务统一结算,规范完善成本开支、现金收支、费用报销审批和会计核算程序,强化"三级核算"、"四级控制",控制了成本费用。实现资金全面预算管理,严格控制项目投资和非生产性开支,大额支出由院领导办公会集体研究决定,由纪委和合同部门共同参与具体操作,增加工作透明度,保证了资金运转规范,避免了工作失误,全年收支大致平衡。

强化意识,优化协调,各项工作高效运行。开展"质量效益提升年"活动,提出"质量是竞争之本,服务是增效之源,客人的满意就是服务"的标准。确立"今天的服务就是明天的市场"服务理念。增强职工质量意识,加强院属各部门协调与合作,全面提升整体管理水平。各系统以优质高效的工作质量,确保盈利水平和经济效益的提升、市场竞争能力的提升、管理水平和运营质量的提升、队伍整体素质和服务水平的提升。

加强基础设施建设,推进"民心工程"。迎接建院 20 周年,对基础设施进行全面检修。东大门改造建成,安装流水灯、椰树灯,亮化美化院区夜景。加固、粉刷锅炉烟囱,整体环境大为改观。安装规范路障设施,铺设车辆减速块、安装安全镜,规范了院区秩序。新建车库 2 个,改装 X 光车,购置骨密度分析仪等设备,更换疗区床上用品,为疗养、查体、旅游创造条件。关心职工切身利益,投资 30.8 万元,粉刷 8 栋点式楼住宅外墙,为职工住宅走廊更换铝合金窗,安装防盗网。6 名职工晋升职称,安置 2 名职工子女就业,帮助 6 名协解职工实现再就业,职工生活质量有了新提高。

创新思想政治工作,保持大局稳定。开展理想信念和形势任务教育,面对发展道路上遇到的新情况、新问题,引导职工正确处理"三者"利益关系和改革发展稳定关系,鼓励职工坚定信心,自强不息,培养企业兴衰,人人有责的共同价值观。塑造具有烟疗特色的企业文化,弘扬"爱我烟疗,振兴烟疗"的企业精神。在建院 20 周年之际,制作院徽和《相约在烟疗》VCD 光碟,出版《烟疗之歌》和《院志》,企业文化进一步深化,内涵更加丰富。开展群众性文化娱乐活动,举办"十一"晚会、秋季球类比赛、老年门球比赛等活动,形成健康向上的文化氛围。加强社会治安综合治理,辞退门卫临时工,挑选责任心强的协解人员从事门卫工作,对院区实行 24 小时巡逻,院区社会治安发生了根本好转。增强思想政治工作的主动性和实效性,做好一人一事的思想政治工作。在热点,难点及个别问题上,及时化解矛盾,理顺情绪,把解决思想问题与解决实际问题有机的结合起来,确保了大局稳定。

(王丽娟)

【坚持发展是第一要务,克服"非典"影响,巩固拓展内外部市场】 2003 年是管理局确定烟台疗养院为自负盈亏、实行零补贴的第1年。院党委结合全年实际工作,确定发展医疗康复主导市场,开发旅游、会议、培训市场,巩固疗养传统市场,拉动餐饮客房收入,扩大房屋租赁市场,开展经贸业务,实现经济运行质量和效益新跨越的工作思路和经营策略。围绕工作思路解放思想,更新观念,在市场开发上下功夫,把受"非典"影响造成的损失降到最低限度。医疗查体市场在保持查体老客户的基础上,油田市场向科级以上干部和妇科查体扩展,社会市场向机关学校和乡镇渗透,全年查体25000人次。成立激光痔瘘和烧烫伤专科,推广应用"宽筋松节散",吸引了大批患者,拓宽了创收渠道。会议接待工作早启动、勤联系、抓落实,全年接待各种会议46个,收入138万元。旅游市场在保持原有旅游线路的基础上,精心研究旅游市场特点,设计开辟"长岛渔家乐"休闲游、"昆嵛山"天然氧吧游和爱国主义教育参观考察路线,用特色吸引客源,增加了新的效益点,扩大了市场。创新服务手段,以优质服务和特色饭菜开拓市场、占领市场,在搞好疗养伙食的同时,承办结婚喜宴、生日宴会、家庭聚餐,停疗期间开设早餐服务等项目,促进了业务收入增长。经贸工作以转变经营观念为突破口,解放思想,更新观念,拓展新的领域,经营范围进一步扩大,全年上交利润20万元。盘活闲置房屋资源,结合租赁实际,严格考察租赁单位,新增租赁面积1100平方米,增加收入22万元。巩固疗养康复市场,在疗养康复业务逐年萎缩的情况下,坚持攻难点保重点,采取措施疏通各方面关系,争取工伤和特殊工种职工疗养,巩固普通职工疗养,保证了工作量不失,收入不减。

(王丽娟)

(审核　张富强)

驻北京办事处
(北京胜利饭店)

【概述】 胜利石油管理局驻北京办事处(北京胜利饭店)是胜利油田派驻首都北京的办事机构和接待单位,1套机构2个牌子,饭店为三星级旅游涉外饭店。办事处(饭店)占地16.5亩,主楼建筑面积22000平方米。下设办公室(饭店总经理办公室)、客房部、前厅部、餐饮部、总务部、安保部、公关部、人事部、财务部、质检部、项目办公室和多种经营科等12个部室。有职工289人,资产总值5256万元,净值4839万元。饭店有客房270间,床位544个,可容纳500人的大会议室1个,中小会议室11个,备有特色餐厅12个,可同时开设600个餐位。

生产经营。受"非典"影响,中石化集团公司及国家部委大量精简压缩会议,办事处经营工作遇到了巨大困难。按照"六破六立"要求,转变观念,大胆创新,改变以往重会议团队轻散客市场、价格体系僵硬、促销意识不强、强调部门利益忽视整体利益的旧观念,树立"顾客就是上帝"的服务理念,强化"竞争、发展、效益、市场、团结、诚信、关系"意识,正确认识眼前利益与长远利益、局部利益与整体利益的辨证关系,打破部门壁垒,齐心协力做好接待服务工作。广开客源,主动出击,与新老客户联系,"团队、会议、散客"并举。处领导亲自带队走访,加大宣传力度,提高饭店知名度。降低门槛,让利于消费者。接待经营大有好转,入住率不断攀升,经营收入明显增长。

内部管理。理顺内部管理,建立有效的内部工作运行机制。针对办事处管理基础薄弱的实际情况,从内部运行机制和规章制度建设入手，在实际工作中修订完善。修订完善会议、值班和督查制度，通过每周领导办公会《会议纪要》，将各项工作责任落实到部门和人头，明确要求、限定时间，提高了工作效率。建立每日晨报表制度，入店人数、客房使用情况、收入、支出、水电气消耗等情况在晨会上通报。不定期召开支部会议、专题会议和协调会，决策、信息及时传达和沟通，提高了决策准确性和及时性。加强财务管理，督促各部门完成经营指标，建立月度经济分析制度，把年度指标分解到月。按照管理局统一部署，做好“四定”和内部分配制度改革工作，调动员工工作积极性。针对存在的问题和不足，开展为期半年的“查、找、对、明、做”活动，对饭店内外环境和服务设施存在的问题进行查找整改，促进了接待服务水平和应变能力的提高。

基础设施建设。加强基础建设，改善硬件环境，提高服务质量。为解决饭店配套服务设施陈旧和不完善的老大难问题，成立饭店规划领导小组和建设项目办公室，短期与长远相结合，对饭店建设、改造项目进行科学规划、周密组织。争取管理局政策和资金支持，改造建设直接影响饭店功能发挥的基础设施。对空调、锅炉、水电系统和电梯进行维护维修，使各系统正常运转。更换客房用棉织品。饭店大堂添置沙发和花木，大堂环境更加人性化。设立乒乓球活动室，供客人休闲娱乐。完成负一层、负二层装修，库房清理和墙面粉刷工作，各种物品分类摆放，建立明细账目。改造洗衣房和冷库设备、装修改造二楼餐厅、改造大楼管线、消防监控系统维修更新和二楼中会议室装修等项目施工满足了接待经营的需要。成立工程质量领导小组，聘请专业监理，在保证质量的前提下，确保各项工程按期完成，所有投产工程全部达到设计要求。根据饭店中长远规划，完成活动平台设计方案，绘制了度量图，完成了地下管网测绘工作。

思想政治工作。进行党支部换届选举，产生新一届党支部成员。开展“观念与作风转变年”和“党员思想作风整顿”活动，提高党组织的凝聚力和战斗力。落实党风廉政建设责任制，领导班子和党员队伍的思想和作风明显进步。开展形势任务教育和职业道德教育，树立“服务意识”、“竞争意识”、“效益意识”和“品牌意识”。通过简报、宣传栏等舆论阵地，宣传好人好事，弘扬正气，精神文明建设取得丰硕成果。员工思想素质和职业道德明显提高，好人好事层出不穷，服务质量不断提高，促进了生产经营工作。2003年，顺利通过中石化集团“青年文明号”和管理局“十佳文明窗口”复审。

（刁玉才）

【强化办事处职能】 改变重饭店经营轻办事处职能的做法，发挥窗口作用和办事能力，为油田各级领导、各有关部门、单位及职工群众做好住宿、餐饮、车辆和票务服务。为管理局信访工作组提供人员、车辆和信息服务。配合做好油田40年大庆筹备工作。召开进京求学油田大学生座谈会，安排浏览活动。局域网开设主页，实现网上定房。成立办事处驻东营办公室，加强与油田的联系，提高了办事效率。

（刁玉才）

【踏实开展群众工作】 确立群众利益高于一切思想，关心员工生活，全心全意依靠职工群众办企业，心里想着职工群众，生活上关心职工群众，一心一意为职工群众办实事。更换员工宿舍门窗，整修阳台，整治宿舍区环境，更新职工宿舍楼电话线路，铺设生活区地砖。改革职工就餐办法，增加饭菜花色品种，员工吃饭更方便、更实惠。出台员工休假制度、员工查体制度、职工健康疗养制度。按照管理局分配制度改革的要求，从实际出发，从调动绝大多数员工积极性出发，征求各方意见，反复研究讨论，形成《内部分配制度改革实施方案》，得到普遍赞同。建立职工养老保险数据库，办理部分员工福利分房手续，组织员工健康体检。量体裁衣，定制员工工作服。使员工切实感受到办事处的关心和温暖。

（刁玉才）

（审核　姜毓敏）

济南办事处

【概述】 胜利石油管理局济南办事处是管理局在省会济南的“窗口”单位，担负着密切管理局与省委省政府各职能部门的联系、加强相互信息沟通，宣传油田和为油田职工来济提供优质、安全、舒适的服务等任务。济南办事处成立于1997年3月22日，位于济南市槐荫区经七路556号，占地面积4191平方米，建筑面积11752.45平方米，使用面积9401.96平方米。固定资产5800万元。办事处有职工56人，集体职工3人，企业员工14人，临时性用工86人。设机关科室4个（办公室、组织劳资科、计划财务科、安保科），科级单位4个（胜利石油大厦、油龙经贸公司、胜利旅行社、劳动服务中心）。拥有客房115间，大、中、小餐厅可同时容纳300人就餐，拥有260人的大会议室1个，80人的中型会议室1个，20人的小型会议室1个，贵宾室1个。

全年接待油田内外宾客4万人次，承接各种类型会议70余个，完成营业额1188万元，圆满完成管理局下达的经营承包指标，首次实现盈亏平衡。

基本建设。实施低区冷风改造、楼层客房维修改造、低层群楼改造、停车场维修改造。提高了办事处接待能力和接待档次，为办事处提高经济效益创造了条件。

管理与服务。2003年，管理局首次对办事处取消补贴，并提交278万元资产折旧。受“非典”和“五一”黄金周影响，餐饮、客房基本无人就餐、住宿。面对严峻的经营形势及激烈的市场竞争，通过转变观念，深化内部改革，完善经营承包责任制，主动为管理局排忧解难。与大厦餐饮部、客房部、油龙经贸公司、旅行社等单位签订承包合同，明细责、权、利关系，严格考核兑现，调动了干部职工经营活动的积极性，创造了良好经济效益。抓增收节支，降低能耗，提高经营利润，教育职工从节约1滴水、1度电入手，开展节水、节电宣传教育，水、电、气、暖费比上年节约20万元。整合办事处办公场所，腾出6间办公室做为客房使用，年增加收入30余万元。以大厦为依托，培育新的经济增长点，奥英科技发展有限公司利用现代化高科技设备设施，采取现代化管理模式，为油田内外提供高质量技术服务，年营业额500万元。加大服务培训力度，提高培训质量，提高业务骨干的技术水平和员工的服务意识，石油大厦服务水平和饭菜质量有了新提高。利用各种营销方式，加大宣传力度，先后与省立医院、省拍卖协会、天成投资公司等企事业单位建立长期稳定业务关系，开拓了市场，站稳了脚跟，赢得了良好信誉。

（梁义柱）

【全力以赴抗击“非典”】 2003年4月，济南市发现1例输入型“非典”患者。面对突如其来的重大灾害，办事处干部职工贯彻落实中央“沉着应对、措施果断、依靠科学、有效防治、加强合作、完善机制”的总体要求,发扬“万众一心,众志成城,团结互助,和衷共济,迎难而上,敢于胜利”的精神,群防群控,采取有力措施,取得了防治“非典”工作阶段性胜利。加强领导,健全组织,成立相应防治小组,分工负责,责任到人。保证防疫经费到位,购置体温测量计、口罩、过氧乙酸等防护、消毒用品,确保防护工作顺利开展。大厦客房、餐厅坚持每天定时消毒,每客1天1消毒。停用中央空调,保持办公室通风换气,加强综合防治效果。配合槐荫区搞好消毒防治工作,从大局出发,负担槐荫区10万平方米公用区域的消毒任务,办事处保证人、财、物3落实,圆满完成了消毒防护工作。胜利石油大厦被评为“槐荫区防治“非典”先进单位”及“防治非典三落实单位”。

(梁义柱)

(审核　李林胜)

胜利日报社

【概述】 胜利日报社隶属于中国石化集团公司胜利石油管理局,位于东营市济南路248号。主要负责《胜利日报》的编印、出版、发行工作。《胜利日报》为中国共产党胜利石油管理局委员会机关报,对开四版,每周出版8期,正刊5期,新生活副刊3期。为全国统一刊号企业报,发行量3.8万份。

有在岗职工245人。设4个机关科室和20个科级单位,代管3个记者站:中国石化报胜利油田记者站、大众日报油田记者站、山东广播电台油田记者站。固定资产原值3959万元,净值2863万元。2003年,《胜利日报》围绕油田中心工作进行宣传报道,全年出版报纸401期。

2003年,报社共有50篇作品在省部级以上评比中获奖,其中一等奖13篇,二等奖18篇,三等奖19篇。各类奖项都比往年有所增加。在第四届中国企业报评选中,胜利日报再次获得先进报纸荣誉称号。在中国石油记协组织的“十佳百优”新闻工作者评选中,1人被评为“十佳”,3人加入“百优”行列。在中国石化报组织的优秀编辑奖评选中,有1人获奖。在抗击“非典”的宣传报道中,报社组织得力,采编人员积极努力,在中国石油记协和山东省的总结表彰会上,多人多篇新闻作品受到表彰。

坚持正确舆论导向,办报水平再上新台阶。坚持正确舆论导向,高唱主旋律,打好进攻仗,使“三大目标”宣传成为贯穿报纸全年工作的主线。具体工作中,从党委全委(扩大)会议、五届一次职工代表大会到“学、转、谋、见”活动,从企业文化建设年活动到西部工作会议及油田勘探开发建设40年,从抗击“非典”到抗击“10·10”风暴潮等一系列自然灾害袭击的报道,圆满完成了各项报道任务,为胜利油田改革、稳定和发展创造了良好舆论氛围,发挥了胜利日报不可替代的作用。坚持贴近实际、贴近生活、贴近群众的“三贴近”原则,围绕油田勘探开发、科技进步、外闯市场、精神文明建设等方面进行报道。推出大批先进典型,对油田各项工作起到积极推动作用,振奋了油田职工的精神。加大对油田西部战场的报道力度,做到半个月出1期西部专刊,为油田开拓西部市场呐喊助威,为奋战在西部的油田职工鼓劲加油。

办报能力有新提高。《新生活》着眼报纸的贴近性、新闻性和服务性,增强新闻策划意识,《关注黄河河口系列报道》、《油城环保世纪行》等栏目,体现了采编人员策划意识和办报能力的提高。《新生活》成功对CBA联赛胜利油田赛事进行了报道,锻炼了队伍，积累了经验，为走晚报路子、开展大型文体综合报道奠定了基础。

胜利新闻网建设。秉承胜利日报报道权威、准确、及时的特点，每天发布以胜利日报、胜利日报新生活、新华社为主的新闻专题、新闻信息300条，体现了新闻电子媒体新闻多、信息精、功能强、方便快捷的鲜明特色，深受读者喜欢，被评为油田优秀单位站点。

坚持规范与发展并重，报业经济保持良好发展态势。报业经济单位坚持规范管理，严格规范运作，围绕发展，大胆创新，完成了管理局和报社签订的经营承包任务。以提高员工素质为中心，推进创建学习型组织，取得了明显效果。广告公司围绕“稳定、规范、创新、提升、拓展”的总体目标，面对遭遇“非典”突发疫情的冲击和竞争日趋激烈的广告市场，注重策划，锐意创新，拓宽经营领域，提高广告经营运作水平，圆满完成报社交给的经营任务。发行公司在搞好胜利日报发行的同时，利用发行网络，扩大外报外刊发行种类，代理代投多种报刊，全年完成报刊发行总额1000万元，获得了可观利润。印刷厂强化内部管理，开拓印刷市场，实现了经济效益持续增长，完成了全年生产任务和经营承包指标。

内部改革取得重大进展。从强化人力资源管理的基础入手，推广实行以岗效薪点为主要内容和形式的分配制度改革，形成薪酬收入能升能降的机制，为科学合理开发、利用人力资源奠定了基础。对采编人员实行量化考核，使采编人员管理迈入制度化、规范化轨道，推动了报社管理水平的提高。

加强党的建设、思想政治工作和精神文明建设，报社大局保持稳定。以邓小平理论和“三个代表”重要思想为指导，开展“学精神、转观念、谋发展”活动，推动职工思想大解放、观念大转变。加强两级领导班子建设，干部队伍工作能力进一步增强。引导党员认清油田改革发展的新形势，解放思想，加强学习，开拓创新，与时俱进，促进了党员作风转变。全面落实干部选拔和任用制度，一批德才兼备的年轻干部走上新岗位，成为报社发展的中坚力量。印发《胜利日报社科以上干部报告制度》、《科以上干部在公务交往中收受礼品实行登记上交制度的规定》，为科以上干部自觉履行有关规定提供了依据。超前做好分配制度改革过程中可能出现的不稳定因素的排查和应对工作，保障了分配制度改革顺利推进。

（李　方）

【发扬团结协作精神，记者站为树立油田外部形象再写新篇章】 中国石化报胜利油田记者站、大众日报记者站、山东人民广播电台记者站围绕胜利油田中心工作，圆满完成宣传报道任务。胜利油田全年在中国石化报上稿800篇，其中记者站发稿120篇，1版头条等重要稿件50多篇。大众日报记者站在大众日报用稿26篇，其中头版头条3篇，达到历年最高水平。山东人民广播电台记者站全年用稿92篇，其中头条2个。3个记者站辛勤劳动，团结协作，为树立胜利油田外部形象写出了新篇章。

（李　方）

【庆祝胜利油田勘探开发建设40周年专题报道】 为庆祝胜利油田勘探开发建设40周年，胜利日报出版特刊，对开100版，博得了油田职工的赞扬，得到中国石油新闻工作者协会、中国石化企业报协会领导及同行的高度评价。体现了与胜利油田物质文明、精神文明相匹配的大策划、大思路、大手笔，体现了胜利日报的历史责任感和报社全体职工的整体工作能力，在胜利日报的发展史上留下光辉一页。出版百版特刊过程中，报社首次采用项目管理法，积累了成功经验。

（李　方）

（审核　李博生）

广播电视中心

【概述】 胜利油田广播电视中心（胜利油田电视台）下设党政办公室、组织劳资科、审计科、计划财务科、广电科、新闻部、社教部、文艺部、影视制作中心、总编室、广告经济部、制作部、周报编辑部、有线部、技术演播部、信息部、播出部、发射部、铁塔管理部19个部室。在职职工197人，专业技术人员149人，有初级职称71人，中级职称59人，高级职称19人。有党员85人。资产总额9996万元，净资产8831万元。前期采访设备有16台摄像机、7套演播室专用摄像机，1台转播车，后期制作设备有1套非线性编辑网络，2套非线性编辑站，10条线性编辑线，2个栏目演播室，1个600平方米演播室。播控中心有50套卫星信号接收系统、3套自动播出设备，2套发射机。广电中心有线电视网络主干网络深入油区，形成跨地区宽带交互式860兆赫兹光缆骨干网，最远光接收工作站距离160千米，网中传送50套电视节目。

广电中心主要担负在胜利油田宣传党的路线、方针、政策，丰富油田职工文化生活、促进油田两个文明建设的任务。胜利电视台有《胜利油田新闻》、《每日报道》、《胜利就业》等7个固定栏目。

把握正确舆论导向，重大宣传扎实有效。把宣传贯彻油田党委扩大会议和管理局暨有限公司五届一次职代会精神当作头等大事，发挥电视宣传优势，把“三大战略目标”传播给全体油田干部职工，起到凝聚人心，鼓舞士气的作用。“非典”期间，采取严格控制措施，调动职工积极性和责任感，既科学预防，又稳定情绪，保证电视采访不停顿，电视信号不中断，取得一手抓“抗非”，一手抓宣传的双胜利。《胜利油田新闻》开设“学精神、转观念、谋发展、见成效”专栏，适时报道各单位开展“学转谋见”活动中的典型人物和典型事例，做到“每天有典型，每周有亮点”。开设《学习“三个代表”领导干部访谈录》专题栏目，油田各条战线的400多名处级干部通过胜利电视频道阐述学习体会和收获，声势浩大，影响深远，多视角、全方位报道了油田各级领导干部践行“三个代表”重要思想的精神面貌，形成强有力的宣传声势。

创建品牌，打造精品，开创电视宣传新局面。与局劳动就业服务中心合作，推出《胜利就业》栏目，播出50多期，受到普遍好评，栏目展现油田人物重新创业的事例，鼓舞下岗职工和协解人员奋发向上，自强自立。在“油田新闻”开设“大力开发外部市场”栏目，全面反映“胜利铁军”开发外部市场的豪迈情怀，气势恢弘，情感细腻，点面结合，前后呼应，做到思想性和艺术性、政治性和观赏性的完美统一，赢得油田职工家属的好评。主办“青年创业电视辩论赛”取得圆满成功，完成了油田形势任务教育的使命，展现年轻一代胜利人的青春风采，播出后反响很大。

突出阵地意识，加强服务理念。强化管理，严阵以待，在组织上、制度上和各种保障措施上做了大量工作，圆满完成全国“两会”、载人航天发射等重要时期电视节目转播、直播任务，全年没有出现任何停播、误播、非法插播电视信号等问题。与中央台和山东省台联系，开通中央新闻频道，中央9、10、11、12和山东省公共频道。全年安全、优质播出自办节目 16896 小时,转播节目 345504 小时,播出优良率达到 98.6%,设备完好率保持在 98.5% 以上。连续 16 年被评为山东省广电局安全播出“优胜台”。

技术进步与设备更新,开拓油田广电事业生存和发展空间。加强有线电视网络建设。油田有线电视网络深入各个油区,架设光缆 300 千米,横跨黄河两岸,覆盖油区十多万用户,成为全国转播节目最多的企业有线电视网。围绕宣传建设“数字油田”,推广数字电视业务,加快有线电视网络多功能开发步伐,基本完成油田 450 兆以下有线电视网改造,三分之二的用户具有双向传输能力。加大设备改造力度,实施全面的采、编、播设备数字化改造,节目制作实现了从模拟信号到数字信号的跨越。

适应市场,参与竞争,经济效益稳中有升。完善“以台养台、滚动发展”模式,主动适应市场,规范运作,促进经济不断发展,克服“非典”影响,完成了管理局承包合同,年创收稳中有升。确保胜利电视广告在本地区广告的领先地位,确保电视周报保持本地区报纸综合效益第一的水平。基础设施建设进行了中心办公楼扩建、改建、装修工程、院内规划、绿化工程、健身场地建设等项目建设,为职工创造舒适、高效、优质的工作环境。

加强党的领导,职工队伍保持稳定。坚持把保持党员的先进性、纯洁性与发挥“喉舌”和“阵地”作用结合在一起,从思想、组织和作风方面全方位加强党的建设,增强党组织的战斗力、凝聚力、执政能力和拒腐防变能力。顺利实施内部分配制度改革,建立以岗位工资为主题的薪酬制度,实行“首席工作制度”,评选出 12 名首席记者、编辑、播音员、工程师,提高了职工队伍竞争意识。职工队伍稳定工作深入细致,没有 1 人参加退休职工、家属、协解人员越级上访事件。多途径加强人力资源开发,努力培养符合型人才,采用“请进来”和“送出去”方式,组织各种岗位学习和培训,职工素质得到提高,争先创优成效明显。

（李佐恩）

【宣传油田勘探开发建设 40 年成就】 新闻、专题、文艺、周报、图文等方面做了周密策划和部署,“胸中有全局,手中有典型”,圆满完成对外宣传大型记录片和《胜利颂》大型文艺晚会。

（李佐恩）

【高质量完成电视宣传报道任务】 录制播出完成《春节晚会》、《少儿春节晚会》、《为巾帼喝彩》和《东胜十周年》等近 20 场次各类晚会。全年采制、播出自办新闻 5200 多条、专题 210 期、文艺晚会 15 场。在中央台播出新闻 7 条,在山东台播出新闻 110 条,在《石化要闻》播出新闻 130 条。参加山东省、中石化、全国行业电视节目评选,有 46 部新闻、专题、文艺节目获奖,载誉而归,在全国企业电视台中一路领先。获得全国“广告行业文明单位”称号。电视片《石油的一半》荣获全国“新世纪新女性电视作品展播”二等奖。被评为“全省广播电视系统先进集体”。被中国艺术家协会授予“最佳电视台”称号。被中国电视艺术交流协会授予“优秀企业电视台”称号。被中国石油新闻工作者协会授予“最佳电视台”称号。被中国企业电视协会授予“最佳企业台称号”。被中国石化报社、中国艺术交流协会授予“优秀企业电视台”称号。被中国广播电视学会授予“海航杯 2003 第五届百家电视台电视文艺节目展评奖 ”。

（李佐恩）
（审核　邵英功）

胜大集团总公司

【概述】 胜大集团地处山东省东营市青州路,成立于1990年9月。13年来,胜大集团不断优化产业结构,规范企业行为,努力开拓市场,加快发展出步伐,从农业为主导的后勤服务单位,发展成面向市场,集化工、机械加工、食品加工、建筑安装、商饮服务、农牧副渔等多产业的企业集团,具备了规模和经济实力。有下属单位43个,其中农业单位8个,工业单位17个,建筑施工单位7个,经贸及商饮服务单位7个,费用单位4个。有职工2313人,其中全民工1295人、集体工413人、内聘工605人。内退职工279人,下岗职工83人。资产总值9.4亿元,其中固定资产原值8亿元,净值4.34亿元,流动资产4.72亿元,长期投资1979万元。负债5.19亿元,所有者权益4.28亿元,资产负债55%。

生产经营建设取得新的发展。全年实现销售收入13亿元,同比增长30%,上交利润2003万元。比上年翻了1番。工业生产克服"非典"影响呈现良好发展态势,全年实现销售收入4.38亿元,同比增长14.9%,实现利润6150万元,同比增长22.9%。商贸服务业抓住机遇,创造强势发展的经营格局,实现营业收入6.5亿元,占集团公司总收入的50%。进出口业务完成进出口额3832万美元,同比增加2627万美元,增长200%,其中出口2155万美元,是上年的2.5倍,进口1677万美元,是上年的5倍。建筑施工业在市场竞争中发展壮大,经济效益不断提高,共实现销售收入1.4亿元,实现利润740万元,全面超额完成了经营承包任务。大农业结构调整初见成效,立足于优化产业产品结构,在增加产品附加值和控制成本上下功夫,全年实现收入1856万元,实现利润42.1万元,摆脱了亏损局面。

企业管理迈上新台阶。调整完善内部经营运行机制,提高经济运行质量,促进生产经营发展。对潍北气田与大古区块产能建设、阿塞拜疆石油开发、胜大连锁超市、无公害蔬菜项目、放心肉工程、胜明玻璃项目、学生奶加工等项目改扩建,以及上海国贸和房地产开发等新办项目的投资,组织规范化市场研究论证,经过严格评审批复后全面投入运行,做到决策到位、程序到位、投资到位。全年累计投入资金6000多万元。经营承包与财务管理日趋规范,调整完善经营承包政策,加强对经营全过程的运行监控,强调考核兑现的严肃性。财务预算管理及预算执行监控机制更加有效,管理网络更加完备,经济分析更加准确到位,形成了成本核算到产品、业务核算到基层单位、财务结算上网、成本分解到项的全方位、全过程管理体系。抓资金集中统一管理,堵塞管理漏洞,资金调度合理,周转加快,减少了资金沉淀,降低了资金占用成本,保证了生产经营正常运转。为2000名职工办理劳动合同变更手续,组织7家单位参加省及油田劳动保障年检,妥善安置部分协解职工和下岗职工,全年完成各类审计项目10个,取得直接审计成果127万元。签订经济合同185份,标的额7300万元,履约率100%,被评为山东省重合同守信用企业。科技工作取得新成绩,全年荣获4项局级科技成果奖,8项科技成果通过省内外专家组评定验收,2个研究课题达到国内领先水平。

思想政治工作保证了大局稳定。开展"学、转、谋、见"活动,抓好队伍稳定,用扎实有效的思想政治工作促进生产经营,创造宽松和谐的政治环境。加强党的作风建设,党员模范作用得到发挥。加强领导班子建设,加大班子考核和调整交流力度,加强优秀年轻干部培养和选拔，干部队伍政治和业务素质明显提高。加强党风廉政教育，贯彻执行党风廉政建设责任制，树立领导干部形象。坚持“稳定压倒一切”方针，建立稳定工作预警机制和联系点制度，做好各种不稳定因素的排查和调处，把各种矛盾和问题化解在基层、消除在萌芽状态，队伍稳定有了可靠保证。宣传工作取得好成绩，先后在中国石化报、胜利日报、省和油田电视台发表新闻稿件 167 件(条)，在局域网油田快讯栏目上稿 257 篇。

(尚长文)

【四种产品跻身山东省名牌产品行列】 为落实省委、省政府关于“加快重大项目建设，强化名牌效应，做大做强优势产品，打造山东制造的国际品牌”的产业发展战略，实施“名牌兴业”战略，全力以赴创名牌，胜大产品市场占有率不断攀升。8 月，山东省质量协会、山东省企业联合会、山东省企业家协会和山东省工业经济联合会联合发出公告，公布 152 个产品为 2003 年度山东省名牌产品(山东省标志产品)，胜利油田有 6 个产品入选，胜大集团有 4 种产品榜上有名，分别是“阁楼宝牌家用日化系列产品”、“天馨牌特香花生油”、“维可得牌火腿”和“胜大牌饲料”。这是胜大集团成立 13 年以来，4 种产品第 1 次集中进入山东省名牌产品行列，为开拓市场奠定了基础。

(尚长文)

【胜大超市品牌效应突出】 胜大超市是近年在油城影响比较大、培育比较成功的品牌。7 月 17 日，胜大超市孤岛连锁店正式开业，胜大超市连锁店已发展到 20 家，形成了以点带面、以面促点，覆盖油城、同体发展的新格局。总营业面积超过 20000 平方米，覆盖油田 7 大社区和广饶县的市场营销网络全面形成。在家世诺、福尔玛、全家乐、良友、经纬百货，以及百货大楼超市、东虹超市和银座超市纷纷抢滩油城的时候，胜大超市一直保持高速成长状态，处于油城商业连锁业内领跑位置。

(尚长文)

【质量建设迈上新台阶】 胜大集团重视产品质量，推行全面质量管理和 HSE、ISO9000 质量管理体系认证工作，质量建设获得新突破。维可得食品厂、天香油厂、胜明公司、定向井公司、胜德制罐工业公司等 5 家企业顺利通过 ISO9001: 北 2000 认证工作，为其产品进入国内外市场取得了“通行证”。东营胜明玻璃有限公司顺利通过了“CCC”认证，被中国市场研究中心评为“AAA 企业”。

(尚长文)

【利用企业文化促进品牌建设】 推进品牌建设，实施名牌战略，积极参加国家级和省部级的各类展销会、招商会、项目洽谈会，统一形象，广泛收集信息。利用新闻媒体、报纸和电视广告等方式，不间断地展示胜大品牌，在东二路、南二路、东青高速公路等显著位置，树立 8 个企业形象广告牌，全方位展示胜大集团企业形象。胜大集团下属部分企业在生产发展和经济效益提高的前提下，自筹部分资金，邀请专家设计规划，按照现代企业形象标准，将生产车间、销售办公区域和厂区内部进行全面“整容”——调整厂区内部布局，粉刷墙壁，装修店面，拆除多余建筑物，增加绿地面积，规范企业形象，注重品牌树立，清除计划经济时代的标语、口号，注入与市场经济接轨的新理念，厂容厂貌发生了根本性变化。形成了具有崭新现代企业形象、充满时代发展气息、富有浓郁市场韵味的胜大集团。

（尚长文）

【胜大放心食品工程全面启动】 3月，东营市工商行政管理部门将“无假冒伪劣商品放心店”牌匾授予胜大超市。9月，“学生奶”正式供应油田中小学生。12月3日，胜大酒业公司原酒生产基地落户四川成都。12月16日，东营市政府正式将维可得食品厂命名全市第1家“放心肉”定点机械化屠宰厂。12月18日，位于油田二分场地区的2公顷胜大集团现代化蔬菜温室竣工投产。胜大集团放心食品工程深入到油田各社区和油城广大居民中，为油城居民提供便捷、优质的服务。

（尚长文）

（审核 张广廉）

胜利采油厂

【概述】 胜利采油厂有职工7861人，其中干部1857人。下设20个三级单位，195个基层队。管辖胜坨、宁海2个油田，管理着2121口油井、1202口水井、7座集油泵站、8座注水站、7座污水处理站，探明含油面积92.8平方千米，探明石油地质储量47431万吨，探明天然气储量8.89亿立方米。动用地质储量45838万吨，动用程度99.48%，动用部分标定可采储量17803万吨，采收率38.84%，采油速度0.62%，采出程度33.74%。累计生产原油1.62亿吨，天然气81.78亿立方米。拥有固定资产原值82.7亿元，净值25.6亿元，年原油生产能力292万吨。

全年生产原油292.015万吨，完成年计划的100.01%，完成交油量284.5948万吨，完成年计划的100.08%，超产2248吨。工业产气量完成13420万立方米，完成年计划的100.15%，交气量完成9909.478万立方米，完成年计划的101.1%。老区新增滚动探明储量192万吨，新区新增可采储量194万吨。自然递减率计划11.5%，实际10.24%。含水上升率计划0.25%，实际0.11%。外输原油含水率计划0.9%，实际0.57%。成本完成有限公司下达的年度预算指标。

油田勘探取得新成果。按照“储量、产量、效益三统一”原则，确立“立足科技，开拓思路，突破深层，滚动扩边”的勘探思路，科技人员解放思想，引进发展勘探新理论、新技术，深化复杂油藏地质研究，向隐蔽油藏进军，拓展勘探领域。胜坨地区部署各类探井7口，完钻7口，完成探井试油5口、9层，获工业油流井3口、4层，其中坨823井完成试油1层，获低产工业油流，坨168、坨710试油获高产工业油流。完成区带探明储量500万吨，滚动探明储量192万吨。油田勘探取得“三个扩大、一个进展”成果，扩大了坨165地区砂砾岩体勘探范围，预计控制含油面积2.0平方千米，地质储量300万吨，扩大了宁海北部超覆稠油油藏范围，部署完钻探井坨822、坨823和开发准备井坨82－2、坨82－3，控制含油面积2.5平方千米，地质储量1000万吨，扩大了坨71地区深层砂砾岩体含油范围。沙三段岩性油藏勘探取得新进展，在坨143东南、坨149井区部署3口滚动井，钻遇沙三段新油层，投产获高产工业油流。新区产能建设区块2个，完钻投产12口，建产能3.8万吨。

油田开发取得成效。以提高采收率、实现可持续发展为原则，以区块整体治理为主线，强化老区开发管理，处理短期上产与油田稳产的关系，实现了油田开发由生产措施型向方案治理型转变。5个单元实施综合调整，钻新井58口，老井工作量实施192井次，注采对应率由71.7%提高到83.7%，增加水驱控制储量700万吨，日产油水平由1480.1吨上升到1519.4吨。二区沙一、坨21、宁海油田3个单元进行技术改造，完成方案工作量22井次，日产油能力由364吨增加到393吨，单元注采对应率平均由76%提高到81%，恢复水驱控制储量52.4万吨。调整优化措施结构，加大措施上产力度，安排各类老井措施435井次，措施有效率72.9%，年增油21.8万吨。实施不动管柱油井堵水7口井，日产油量由11.1吨上升到23.9吨，平均单井日增油1.8吨。运用侧钻井技术挖掘套损井潜力，部署侧钻井9口，投产4口，日产液119吨，日产油18.6吨，含水84.4%，动液面1121米。抓好三次采油工作，先导区加强转后续水驱的水井调整工作，含水上升速度得到控制，开井53口，日产油水平278吨，综合含水94.4%。注聚扩大区加大试验力度，探索试验规律，见效油井44口，见效率48%，累计增油10.8万吨，提高采收率0.52%。

科技工作提高经济效益。以油藏研究和采油新工艺新技术研究及应用作为科技管理的着力点，突出"理论创新、前期研究、导向试验和规模效益"，实施高效堵水、有效注水、工艺优化、节能降耗、动态监测寻找剩余油等5大精品工程，实现了依靠科技增储上产、节能降耗、降本增效的目的。提高精细油藏研究和成果应用技术水平，形成特高含水油藏精细油藏描述及剩余油分布研究系列配套技术。提高老油田油井挖潜配套技术水平，加大侧钻、油井堵水等挖潜工艺力度，取得明显增油降水效果。提高堵水调剖技术，实施堵水调剖工作量147口，工艺成功率90.9%，对应油井阶段累计增油26512吨。提高套损井治理技术，为套损井治理提供切实可行的技术手段。提高油井防砂治砂技术，开展树脂加砂工艺研究，解决了地层亏空漏失严重、泥质含量高和见聚井的出砂治理难题，丰富了胜坨油田出砂油井的经济治理手段。提高有杆泵举升工艺技术，有杆泵平均免修期明显延长，泵效提高到63.9%，保证了有杆泵举升系统的可靠性。提高信息技术，开发管理由传统效率低下的手工管理转向高效信息化管理，为"信息化采油厂"建设目标的实现奠定了基础。全年取得局级科技进步奖9项，其中《胜坨油田坨28断块沙二上韵律层定量描述技术研究与应用》、《隐蔽油藏勘探技术在胜坨油田的推广与应用》获管理局科技进步（推广）一等奖。专业技术课题效果显著，全年课题立项26项，8项研究成果获得厂专业技术课题奖，年创经济效益1700多万元。

经营管理实现良性循环。推行"综合发展计划"，从指标分解安排入手，综合平衡各种资源，指导采油厂生产经营活动，统筹安排工作、优化资金投入、规范经营行为、强化生产经营过程控制。强化资金集中管理和预算控制，推行月度动态资金预算制度，严格预算执行监督机制，确保预算的严肃性和权威性。加强日清日结成本管理，随时掌握经营动态，定期或不定期进行成本诊断分析，制定增效方案，实现成本超前控制和及时动态管理。加强投资项目管理，规范项目运作程序。各项目组注重强化前期工作，加强项目评估，严把投资决策程序，采油厂全年完成投资额5.0292亿元，投资规模控制在计划指标内，投资结构日趋合理，投资效益进一步提高。加大工农关系协调处理力度，加快突发事件处理速度，提高了时效时率。强制性处理工农关系13起，运用流动法庭处理工农关系4起，全年处理各类工农关系1470余起，处理管网穿孔87起，处理电网故障539条次。技术监督系统实施“日追日控”管理法,加大质量监督力度,查出不合格物资89批次,避免和挽回经济损失180万元。抓好HSE管理体系试点,体系管理效果开始显现,HSE管理体系理念深入人心。

基层建设创出新成绩。开展“达标、创优、争强、夺牌”和创建中石化“油藏经营管理红旗采油厂、争金银牌基层队、星级站库”活动,推动基层班子建设、队伍建设、基层文化建设及生产经营管理工作上到新水平,基层创建工作取得显著成绩。采油厂被评为中石化股份公司“红旗采油厂”,采油12队、22队被评为金牌采油队,作业20队被评为金牌作业队,坨三站、胜九注、二号配注站被评为五星级站库,6个基层队、站被评为银牌基层队和四星级站库。全厂有管理局、有限公司名牌基层队6个,行业一强队10个,优秀基层队29个。把为基层创造良好的工作生活环境,作为扩大再生产的必要条件,加大基层建设资金投入力度,在成本、资金十分紧张的情况下,投资800万元改善基层条件,基层硬件建设有较大提高。

精神文明建设。按照胡锦涛总书记“贴近实际、贴近生活、贴近群众”的指导思想,围绕生产经营和改革、发展、稳定大局,开展“学、转、谋、见”主题活动,学习贯彻“三个代表”重要思想。围绕“十五”规划奋斗目标,开展“油田企业学胜利,胜采怎么办?”及“三个潜力”大讨论,干部职工的思想认识统一到贯彻落实十六大精神上,智慧力量凝聚到全厂整体发展奋斗目标上。推行思想政治工作信息化和网络化建设,实施以知情解难、化解矛盾、理顺情绪为主要内容的“畅心工程”,完善思想政治工作预警机制、思想政治工作网络运行机制、领导首问负责制和困难职工家庭救助机制,形成了层层衔接、环环相扣,全员、全过程覆盖的思想政治工作网络化管理新模式。以开展“纪律、作风、形象”和“两个务必”教育主题活动为载体,以增强党组织的凝聚力、战斗力和创造力为目标,加强基层党组织建设和党员队伍建设,发挥了各级党组织的战斗堡垒作用和党员队伍的先锋模范作用。

(蒋奇伟)

【胜坨油田T28断块沙二上韵律层定量描述技术研究与应用获局科技进步一等奖】

运用层序地层学原理,进行地层沉积时间单元划分和对比,满足了特高含水期开发要求。综合运用地质、测井等多方面信息,从关键井入手,对岩性、胶结物、杂基、层理等进行研究,结合地质统计方法及测井曲线形态,进行单井沉积相分析,考虑沉积背景和当时的构造活动情况,确定沉积体系的类型和时空分布。对存在较大争议的1砂层组沉积相进行重点研究,得出1砂层组为河流→三角州→浅湖过渡沉积的结论。首次用计算机绘图技术完成韵律层微构造图。首次采用渗透率岩性建模技术,提高解释精度。成果2003年度获局科技进步一等奖。

(蒋奇伟)

【胜坨油田沙三、沙四段油藏规律及开发对策研究获得奖励】 随着勘探程度的提高,胜坨地区勘探目标转变为以地层、岩性油藏为主的隐蔽油藏勘探,通过对胜坨地区沉积、沉降史、沉积演化、沉积相研究,构建各种沉积体系地质模型,研究储积体分布控制规律,有效预测沉积相带展布、储集带位置和储层分布,开展三维地震精细解释、层序地层学、测井约束、目标识别追踪等约束勘探综合研究。对重点目标的储集岩分布和圈闭形态进行高精细描述和预测,总结完善沉积体系约束勘探理论和胜坨油田中深层隐蔽油藏滚动勘探技术，对胜坨地区成藏规律有了较深认识。发现了坨165、坨119油藏，扩大了坨135、坨717含油面积，取得了勘探新成果和新认识。

（蒋奇伟）

（审核 袁 谋）

东辛采油厂

【概述】 东辛采油厂成立于1986年1月29日，时称胜利油田会战指挥部东辛采油指挥部。1989年6月20日，更名为胜利石油管理局东辛采油厂，先后隶属石油工业部胜利油田会战指挥部、中国石油天然气总公司胜利油田会战指挥部、中国石油天然气总公司胜利石油管理局、中国石化集团公司胜利石油管理局、中国石化胜利油田有限公司，是胜利油田从事石油天然气勘探开发的二级单位。

东辛采油厂地处东营市腹地，机关驻地位于东西城之间的黄河路216号，西距管理局和有限公司机关（西城）6千米，东距东营市政府（东城）10千米，北距石油大学2千米。东辛采油厂东西横距49.8千米，南北宽度33.4千米，油区总面积1028平方千米。管辖东辛、永安、广利、新立村和盐家5个油气田。

有职工7543人，设23个机关科室，21个三级单位，167个基层队，管理着东辛、永安、广利、新立村和盐家5个油气田，探明含油面积161.2平方千米，探明石油地质储量38763万吨。有油井1907口，水井1100口，累计生产原油10733.85万吨，采出程度28.08%。有各种设备2618台，固定资产原值118亿元，净值43亿元。

全年生产原油294.7万吨，完成交油气量293.0452万吨，完成计划的100%。原油单位操作成本296.87元/吨，比计划降低0.31元/吨。新增探明地质储量327万吨，增加可采储量276万吨。新建产能9.3万吨，完成计划的100%。自然递减率17.2%，综合递减率5.83%，含水上升率-0.36%。完成开发投资额85287.4万元。

滚动勘探。按照“储量、产量、效益三统一”原则，加强外围区带综合评价，深化复杂油藏地质研究，全年部署探井28口，完钻9口，正钻1口，在广利周缘、青南洼陷、东辛油田浅层油藏、东辛油田沙三岩性油藏和盐北稠油油藏勘探取得了进展。在13个地区开展精细构造落实和储层描述工作，部署滚动井20口，完钻14口，新增地质探明储量327万吨，发现了辛110斜4、辛137斜1等新的油藏区块，控制地质储量259万吨，全年新建原油生产能力9.3万吨。

油田开发。实施集成化油藏经营管理，探索实施自然递减分因素控制、分层次管理新模式，把提高采收率作为老油田稳产的根本措施。在营8、辛1、辛68、莱1等4个区块钻新井67口，新增原油生产能力19万吨，增加可采储量138.6万吨，提高采收率2.3个百分点。在营14、营17断块实施油水井工作量45井次，年增油3.2万吨。对28个开发单元进行控水稳油、攻欠增注、“双低”单元改造和工艺配套等分类治理，改善了开发效果。强化注水井“三个一百”、细分层注水、水量调整和水井调配等重点工作，提高了污水利用率和注水有效性。全年投转注水井77口，恢复停注井32口，完成欠注层改造119井次，实施细分注水50口，初增日注水能力17455万立方米。有176口对应油井见效，日增油能力486.6吨。全年投产新井125口，平均单井初期日增油8.72吨。投产水平井11

口，平均单井初增能力34.35吨，侧钻井12口，平均单井日产油16.6吨。全年实施工艺措施221口，措施有效率86.7%，年增油17.19万吨。对电泵井进行拆级改造，共实施82井次，减少泵59节，电机28节，总扬程减少配置37860米，日节电17712千瓦·时。通过生产潜力大调查、套管气管理与回收、优化调整生活用气管网等措施，挖掘天然气生产潜力，最高日交天然气达到26万立方米。全年套管气回收利用211口油井，每天回收天然气1.5万立方米，累计回收天然气100万立方米，全年超产天然气510万立方米。

科技进步。加大科技投入，注重新工艺、新技术、新工具引进、推广和应用，优化系统运行质量。投资2650多万元，在注采、集输、设备、电力等系统实施局重点技改项目10项，实施四新项目26项，提高了各系统技术含量和运行效率。机采和注水系统效率分别达到29.08%和50.12%，同比提高0.65和0.3个百分点。全年投入科研经费567万元，比上年多投入86万元。承担集团公司科技项目2项，局级项目10项，厂级项目12项，科技成果推广率达到90%，获局级科技进步奖13项。征集合理化建议447条，有318条获奖。全年实施偏磨井综合治理164井次，减少频繁作业井100井次，降低维护工作量117井次，油井返修率降低2.3个百分点，节约作业费用上千万元。

经营管理。突出经营理念和管理模式创新，推动经营管理工作上水平和企业经营效益的提高。引入市场化经营新观念，建立完善内部四级、五级劳务市场，推行班组价值形态核算和日清日结工作。实行作业疑难井"风险共盈"机制，实施疑难井作业152口，累计实现经济效益473万元。推行集成化油藏经营管理，从提高决策的科技含量入手，通过决策科学化、施工最优化和管理精细化，压减无效低效工作量，提高资金使用效率。树立资本运营和人力资本新理念，深化企业内部改革，把人力资源作为一种资本来经营、管理，最大限度发挥人力资本在企业生产经营管理中的作用。完善经营承包考核机制和项目管理办法，推行零基兑现法和关联考核模式。探索基层队分配考核新模式，建立有效的分配激励机制，调动职工积极性。加强合同管理和审计工作，共签订各类经济合同1110份，合同标的额9.32亿元，全年审计资金2.48亿元，审出金额269.07万元。

精神文明建设。以"三个代表"重要思想为指导，加强党的建设和领导班子建设，开展"学、转、谋、见"、"党员先进性评议"、"纪律、作风、形象"、"两级联创"、"亲情廉政"等活动。按照"统一思想、凝聚力量，坚定信心、创新发展，团结一致、保障有力"的思路，加强和改进思想政治工作，开展"解放思想、转变观念"，"发展是第一要务"，"稳定压倒一切"等主题教育。坚持厂务公开、厂务质询制度，持续开展厂务公开创最佳、基层队务公开达标升级活动，推动民主管理民主监督工作向纵深发展。开展"创优、争强、夺牌"活动，涌现出4个名牌基层队、10个行业一强队、27个优秀基层队，3个基层队被评为集团公司金牌队，2个泵站被评为集团公司五星级泵站。树立"综治也是生产力，也能产生经济效益"的观念，落实社会治安综合治理领导责任制和目标管理责任制。强化"三防"措施，集中开展油区专项治理整治和"创安"活动，保证油区稳、产量稳、队伍稳。树立"油上则兴、低本则旺、团结则发、稳创则达"的观念，夯实基础、精细管理，以科学的发展观推动采油厂实现全面、持续和可协调发展。采油厂被石化集团公司评为"红旗采油厂”。

（李红军）

【建立长效管理机制，天然气生产成为重要增效点】 把天然气生产管理作为重要增效点，加大管理与治理力度，探索建立天然气管理长效机制。通过加强生产潜力大调查、强化套管气管理与回收、优化调整生活用气管网、加大天然气治理力度等措施，挖掘天然气生产潜力，最高日交天然气达到26万立方米，创近年最高水平。全年对211口油井进行套管气回收利用，每天回收天然气1.5万立方米，累计回收天然气100万立方米，全年超产天然气510万立方米。

（李红军）

【电泵井节能技术改造效果明显】 针对部分电泵井电机功率、泵排量和扬程不配套、沉没度偏大、机组功率和扬程存在余量、电泵井能耗较高等问题，对电泵井进行节能降耗技术改造和系统优化，挖掘节电潜力，降低生产成本。全年对电泵井进行拆级改造实施82井次，减少泵59节，电机28节，总扬程减少配置37860米，日节电17712千瓦·时。

（李红军）

【建立作业疑难井机制】 实行作业疑难井“风险共盈”机制，把相关部门捆绑到一起，风险同担、利益共享，协同攻关，降低风险，实现最佳经济效益。全年实施疑难井作业152口，累计实现经济效益473万元。

（李红军）

（审核　田仲强）

现河采油厂

【概述】 现河采油厂成立于1986年1月28日，是胜利油田有限公司所属从事石油天然气勘探开发的二级单位。采油厂实行厂、矿（大队）、小队三级管理体制，有职工6179人，其中干部1538人。下设24个机关科室，10个直属单列部门，1个副处级单位（滨南分局），18个三级单位，185个基层队。所辖油区横跨东营市、潍坊市、滨州市的6个县区，东西长120千米，南北宽50千米，面积4000平方千米。管理着现河庄、郝家、史南、王家岗、牛庄、乐安6个油田，含油面积247.2平方千米，探明石油地质储量34283万吨，动用地质储量27188万吨，动用程度79.3%，建成生产能力194.2万吨。有油水井3215口，累计生产原油6208.143万吨，采出程度23.15%，采油速度0.71%，综合含水91.6%。拥有固定资产原值105.04亿元，净值39.13亿元。

2003年生产原油200.1万吨，完成承包指标的100%。完成交油量190.6万吨，完成承包指标的100.01%。完成天然气交气量753.23万立方米，完成承包指标的125.5%。全年新增可采储量316万吨，整体实现储采平衡。稀油老区自然递减率为22.5%，同比降低1.7个百分点，含水上升率0.4%。油气单位操作成本448.17元/吨，控制在计划水平以内。

油田勘探。加强勘探科研与管理力量，成立勘探室，设立勘探发现特别奖，确定“细分层系、区带评价”的工作思路。解放思想，转变观念，以理论创新和新技术应用为支撑，取得东营南坡深层勘探重大突破。王古1井钻探成功，试油获高产油气流，优选4个圈闭实施钻探孔店组均获成功。王斜131、140井试油分获15吨/日、

22 吨/日工业油流,新增预测储量 5048 万吨。滚动勘探探明地质储量 150 万吨,全年完钻探井 16 口,钻探成功率 81%。完成试油井 15 层 8 口,试油成功率 80%。油田勘探打破近几年无大发现、比较沉闷的局面,为采油厂稳步发展奠定了基础。

油田开发。以提高采收率为中心,加强地下形势分析,加强新区产能、老区综合治理和水井转注工作,强化油水井措施工作量实施,全方位加强油藏经营管理,油气生产保持平稳运行。王 543 沙二、河 4 东营、河 75 西等 12 个区块,建成生产能力 20.8 万吨,完成了油田下达的产能指标任务。全年完钻新井 128 口,投产新井 126 口,新井年产油 16 万吨。贯彻以区块整体治理为主的方针,老区稳产基础得到改善。稀油老区 4 个综合调整区块经过治理,见到较好效果,开井数增加 28 口,日产油上升 197.5 吨,综合含水下降 2.2 个百分点,增加可采储量 66 万吨,水驱控制储量增加 313.3 万吨,增加产能 11 万吨。措施上产与区块调整结合,加大措施结构调整优化力度,处理上产与稳产的关系。共实施各类措施工作量 542 井次,措施增油 21.1 万吨。坚持油水井并重的方针,加大转注工作力度,全年实施转注井 76 口,同比增加 30 口,增加注水量 5200 立方米/天。

经营管理。以提高综合经济效益为主线,依靠精细管理和集约经营,转变经营理念,完善经营管理机制,强化项目管理,采油厂整体经济运行质量有新提高。建立采油厂项目管理督查委员会运行机制,从立项、实施、验收全过程进行监督,加大对投资及专项资金管理力度,投资规模得到有效控制,投资效益进一步提高。采取项目细化和实行项目经理责任制,将成本费用项目细化为 61 项,根据项目内容落实到专业科室,明确科室管理者职责,实行项目经理负责制,解决了多头控制、责任不清带来的种种弊端,采油厂总成本得到有效控制。建立推行 QHSE 整合管理体系,开展全面质量管理,强化全员、全过程质量监督,对 56 起质量事故进行索赔处理,挽回经济损失 230 万元。加快信息网络基础设施建设,油田开发、采油工艺、地面工程数据基本实现源头采集,涵盖生产经营主要环节,采油厂信息化水平不断提高。

内部改革。建立“易岗易薪、岗变薪变”的新型分配制度和与市场经济相适应、工资能升能降的激励机制。对物资供应系统实施撤销供应站三级设置,成立物资供应科、物资配送站,组建准备大队,将改革富余人员全部内部消化,实现机构改革深化,确保职工队伍稳定,理顺了关系,实现了专业化管理。内部经营机制改革试行新的经营承包模式,实行动态考核制度,对产量、成本指标完成与否的单位实行重奖重罚,对在原油上产中做出贡献的科研单位人员实行特殊奖励。建立外部队伍两级准入管理机制、内部劳务仲裁管理机制及外委作业、部分工程项目招标管理机制,取得了较好经济效益。

科技进步。全年开展科研推广项目 26 项,新技术、新产品试验 6 项,获得有限公司科技进步奖和推广奖 6 项,申报国家专利 7 项。全年依靠科技进步实现的增油量达到 35.6 万吨,科技进步对采油厂发展的贡献率逐步提高。加大新技术、新工艺在现实生产中的应用,全年实施各类增油工艺措施 238 井次,实现措施增油 11 万吨。加大人才培养力度,一批高层次科技英才脱颖而出,2 人被确定为集团公司学术技术带头人,1 人被评为油田杰出经营管理人才,13 人被评为局级专业技术拔尖人才。采油厂具有高、中级职称 639 人,占干部总数的 41.8%,形成了专业基本配套、素质不断提高,呈阶梯形分布的人才队伍。

精神文明建设。以“两个凝聚”活动为载体,开展“学转谋见”活动,引导全厂各级领导班子和党员干部树立找油无禁区、创新无止境、创效无穷尽、发展无终结的思想观念,“双凝聚工程”获油田思想政治工作创新一等奖。坚持“三同步”的方针,健全完善基层党支部建设,一线建支率始终保持100%。抓党风廉政建设,深化党员干部“两个务必”和“纪律、作风、形象”教育,树立党员干部良好形象。各级领导干部驾驭复杂局面的能力进一步增强,在防控“非典”、抗击暴风雨等严峻考验面前发挥了主力军和先锋队作用。开展“企业文化建设年”活动,形成了具有现河特色的企业文化,全厂形成了浓厚企业文化建设氛围。以“达标、创优、争强、夺牌”活动为载体,全年40个基层队申报油田优秀基层队、行业一强和名牌队验收,全部达到或超过第2个基层建设3年规划目标,采油厂获油田基层建设先进单位。开展创建“新型职工之家”活动,召开现场推进会,70%的基层队达到“新型职工之家”标准,提高了职工群众的积极性和创造性。探索建立稳定工作长效机制,在协解人员再就业、补息差发放和内部分配制度改革等工作中,有针对性地做好职工家属、内退职工等特殊群体的教育疏导工作,及时化解矛盾,确保各项工作顺利进行。按照“打防并举、标本兼治、重在治本”的方针,开展油区治安集中整治行动,严厉打击涉油犯罪行为,净化了油区治安环境。

(卢新华)

【实施“双凝聚”工程,“学转谋见”活动不断向纵深发展】 2003年,现河采油厂党委围绕解决稳定与发展两大课题,在深入基层,调查研究,集思广益的基础上,决定在全体党员干部中开展“凝聚人心促稳定、凝聚意志谋发展”活动。即通过实施“双凝聚”工程,凝聚各级领导班子的核心力量,发挥科学决策作用,凝聚各级党组织的向心力量,发挥战斗堡垒作用,凝聚职工队伍的能动力量,发挥主力军作用,凝聚特殊群体的拥护力量,发挥维护稳定的支持作用。厂党委把维护稳定作为实现发展的重要保证,完善稳定工作预警预防体系、应急预案和信访信息网络,形成党政工团齐抓共管的工作格局。树立发展是硬道理的思想,在各级领导班子和党员干部中开展“油田重上3000万,现河怎么办?”大讨论,教育引导党员干部解放思想,转变观念,树立找油无禁区、创新无止境、创效无穷尽、发展无终结的思想,依靠创新性的思路和措施,推动采油厂实现持续稳定发展。树立以创新促发展的思想,完善激励机制,营造鼓励创新氛围。党员干部积极投身创新实践,在理念创新、管理创新、科技创新、党建和思想政治工作创新等方面,取得了丰硕成果。通过活动的开展,采油厂圆满完成全年生产经营任务,自然递减率、综合递减率、综合含水等油田开发指标,取得较好成绩,整体管理水平有较大提高。活动获油田思想政治工作创新一等奖。

(卢新华)

【油田勘探取得丰硕成果】 坚持解放思想,实事求是,坚持“现河找油无禁区”思想,在南斜坡地区深层孔店组及古生界获得飞跃性突破,展现了1个5000万吨级勘探开发场面,证实了东营凹陷具有多层楼式的成藏结构。全年油田勘探取得了“一个突破、两个发现、一个扩大”的丰硕成果。“一个突破”,即低位潜山勘探获得大突破,2003年在南斜坡低位潜山带部署的王古1井于3419米进入奥陶系潜山，钻探过程中多次发生井涌、井漏、放空现象，中途测试（3421.46米－3444.5米，23.24米/裸）10毫米油嘴自喷，日产油269立方米，日产气3188立方米，油压4.6兆帕，6毫米油嘴自喷，日产油131立方米，日产气695立方米，油压6.7兆帕，地层压力33.78兆帕，压力系数0.98。王古1井的钻探，发现了东营凹陷内部低位潜山的存在及含油性，证实东营凹陷具有多层楼式的成藏结构，展现了新的更为广阔的勘探领域。“两个发现”，一是东营凹陷孔二段首次发现烃源岩，丁家屋子断裂带北部部署的王46井自3800米至井底全井见到孔店组灰色、深灰色泥岩196米，其中4203—4206.3米井段岩性为14#深灰色块状泥岩，地化分析，有机碳含量0.91%—0.99%，属陆相中等油源岩，镜质组反射率Ro为1.11%—1.24%，处于生油窗晚期，具有良好的资源前景。这是济阳坳陷首次确认孔店组烃源岩的存在，预测资源量7.1亿吨，拓宽了勘探空间。二是丁家屋子断裂带发现孔店组油藏，丁家屋子断裂带部署的王x131、王x132、王x133、王x140相继钻遇油层55.3米/22层，41.9米/16层，45.7米/11层，17.1米/9层，试油获得6—22吨/日工业油流，孔店组含油面积迅速扩大，上报预测含油面积19.9平方千米，预测储量5048万吨。“一个扩大”，即现河地区沙三段含油面积不断扩大，牛庄洼陷东北部部署完钻的牛876井钻遇沙三段油层23.4米/7层，牛x879井钻遇沙三段油层9.9米/5层、钻遇沙二段油层11.2米/2层，试油分获14吨/日、18吨/日。中央隆起带西段部署的史138、史129分别钻遇沙三段油层17.4米/3层、5.5米/2层，史138井试油获7吨/日，当年建产能2500万吨。通王地区部署完钻的王x140井钻遇沙三段油层35.3米/8层，试油获16吨/日。扩大了现河地区沙三段含油面积。

（卢新华）

（审核　宋书君）

滨南采油厂

【概述】 滨南采油厂横跨滨洲、东营2市5个区县，勘探总面积3960平方千米。1968年投入开发，先后发现8个油田（滨南、平方王、尚店、利津、单家寺、林樊家、王庄和平南），探明含油面积282.5平方千米，探明石油地质储量47180万吨。动用含油面积224.4平方千米，动用地质储量37451万吨。注水储量26547万吨，可采储量8549万吨，采收率22.8%。累计生产原油5982万吨。设三级单位20个，基层队154个，其中采油队22个，作业队22个，注汽队3个。共有联合站、接转站12座，计量站196座，轻烃站1座，污水处理站4座，注汽站11座。有职工7641人，其中党员3034人，科技人员1048人，中级职称454人，高级职称87人。资产原值877247.8万元，净值310063.8万元，设备2625台（套）。

生产建设保持平稳发展。全年生产原油179.5万吨，完成总投资6.03亿元，完成总操作成本8.9亿元。完成各类开发钻井115口，投产新井124口，新区新建产能11.5万吨，老区新增产能11万吨，新增可采储量246万吨。完成地面建设项目491项，新建各类管线190千米、供电线路215千米，新建注汽站、计量站、配水间、注水泵站15座。新建稠油末站至东营原油库、滨六注至滨四注2条重点管线。完成滨二污、滨五污、利津轻烃站、平方王油田污水回灌等4项重点改造工程。购置各类生产设备94台（套）。完成后勤厂站设施建设

15项,竣工公用建筑面积8400平方米。

资源扩张取得新突破。全年新老区完钻探井35口,新增探明石油地质储量6121万吨。外围勘探完钻探井22口,钻探成功率72.7%,完成试油19口28层,获工业油流14井14层。郑家—王庄浅层稠油勘探取得历史性突破,新增探明石油地质储量5419万吨。郑家潜山油藏勘探获得新进展,在有利圈闭部署探井郑415井,获工业油流,扩大了郑南斜坡带砂砾岩体油藏含油面积,增加含油面积2.1平方千米,增加储量300万吨。阳信地区阳101井成功钻探并获工业油流,展示良好油气勘探前景。老区滚动围绕老油田内部连片,深挖细找,在平方王滨169井区、单家寺油田周边、利16-14井区、林102块西、滨南油田滨411井区、尚店油田滨31井区有利构造完钻滚动井13口,增加探明石油地质储量702万吨。

油藏开发管理水平有新提高。围绕增产增效,树立油藏经营管理理念,运用精细油藏描述技术和动态监测技术,科学分析剩余油分布规律,制定实施老区调整和技术改造方案,全年完成各类油井措施148口,增产原油6.7万吨。完成滨五污、滨二污技术改造,污水水质得到显著改善。继续实施"1622623"系统工程,抓注水基础工作,实施攻欠增注、转注、扶停注井等水井措施68井次,累计增注37万立方米,注水系统效率提高0.7个百分点,新增和恢复水驱地质储量600万吨。深化开发单元目标管理,规范运行管理制度,建立完善油藏动态管理监控体系,稀油实际自然递减率11.49%,含水上升率-0.3%,均好于有限公司下达的计划指标。机采系统效率提高0.5个百分点,基本达到全局平均水平。强化井下作业管理,加强质量监督和考核,作业质量显著提高,施工有效率98.3%,全年无责任质量事故井。

科技创新和职工培训取得新成果。全年申报集团公司鉴定项目2项、申报局级科研鉴定项目6项、申报局级新技术推广成果8项。承担局级以上科研项目10项,均取得较好成果和新进展。特稠油油藏后期开采方式研究和"五敏"稠油油藏开采技术研究有新突破,郑408块火烧驱先导实验井点火成功,平方王地区古潜山油气藏成藏条件、富集规律及目标评价取得成果,滨县凸起东北坡Ng-Es1成藏规律研究顺利完成。自筹科研专项资金420万元,设立厂级科研攻关和新技术推广项目26项,解决了勘探开发、生产经营中的突出矛盾。套损井综合防治配套技术应用取得良好经济效益。偏磨井治理技术应用取得成效。稠油油藏和出砂油藏防砂工艺技术日趋成熟,全年常规稠油防砂59口,成功率和有效率大幅提高,平均单井增油1255吨。压裂、酸化工艺通过技术改进取得好效果。全年实现科技增油13万吨。加大培训和技能人才开发力度。全年举办各级各类脱产培训班84期,累计培训4500人次,与石油大学成教、网络学院联合开办成人大专、本科学历教育,有3个年级、4个专业的5个教学班近200名在册学员。各工种高级工技能考核中,综合合格率70%。涌现出一批技术尖子,2人入选管理局十大技能人才。

经营管理进一步完善。贯彻"零缺陷"管理理念,结合"对标、追标、创标"活动,开展"查缺陷、找原因、定措施、抓改进"活动,决策科学化、工作标准化、效益最大化在具体工作中得到体现。加强产品质量检验和检测,避免经济损失780万元。开展设备管理"三化三零"活动,实现设备操作标准化、本质安全化、运行合理化。抓安全责任制落实,加强职工安全知识和安全意识教育,强化生产全过程的安全监督和检查,治理安全隐患,推行 HSE 管理体系,全厂安全形势保持平稳,没有发生大的恶性事故。优化资金配置,集中资金解决主要矛盾和问题。投入节能技改资金 2239 万元,取得 1046 万元的经济效益。盘活资产 207 项,实现挖潜增效 1013 万元。实施配网自动化技术改造,加大非法用电卡除力度,加强用电精细管理,总用电量比年计划节约 1460 万千瓦·时,节约电费 613 万元。

多种经营呈现良好发展势头。全年多种经营收入 1.3 亿元,实现利税 620 万元。加大结构调整力度,资金重点投向盈利性骨干项目,更新设备和采用新工艺,提高优势企业核心竞争力,争取到更大的市场空间。实施“走出去”战略,全年对外创收 2200 万元,创历史最好成绩。工程建设公司参与外部市场招投标,全年承揽外部施工任务总额 1500 万元,比上年增长近 3 倍。新疆天然气发电项目年发电 400 万千瓦·时,创经济效益 93.5 万元。华滨大酒店加强硬件、软件改造提升,荣膺三星级旅游饭店。发展高效农业,调整农业种植结构,推行大面积良种繁育,农业生产扭亏为盈。

党的建设和文明建设促进大局稳定。坚持物质文明、精神文明、政治文明建设一起抓,以思想作风建设为重点,贯彻“三个代表”重要思想,加强党员干部理论培训,强化党风廉政教育。开展“堡垒构筑”工程和党员责任区活动,基层党组织建设得到加强。针对突出问题实行跟踪监督,效能监察工作卓有成效。开展“创优、争强、夺牌”活动和中石化“五项劳动竞赛”活动,基层建设取得好成绩。全厂优秀基层队达到 39 个,其中行业一强队 9 个、名牌队 5 个,金银牌队 6 个,星级站库 5 个。采油厂被评为中石化“红旗采油厂”。抓好企业文化建设,滨南精神在新时期得到发扬光大,经营理念、管理理念发生了转变,诚实守信行为文化逐渐形成。强化思想政治工作保障作用,解决了协解职工再就业、家属稳定和取缔“法轮功”等热点、难点问题,保持了采油厂大局稳定。开展经济技术创新、立功竞赛、巾帼建功活动,实施送温暖工程,发挥工会维权、组织、监督职能。通过“文明号”、“样板岗”创建和“夺效益红旗,创共青品牌”等活动,发挥共青团组织在生产建设中的突击队作用。

（杨北镇）

【郑王地区勘探获得新突破】 郑家—王庄地区地处东营凹陷北部陡坡带西段,北部紧靠陈家庄凸起。构造演化阶段处于断陷稳定充填期至坳陷初始期的过渡阶段,即断—坳转化期。宁海三维出站后,通过建立断—坳转换期地层油气藏成藏理论和地震地质综合解释,在王庄东部发现了馆陶组、沙一段、沙三段多套圈闭,部署钻探郑 36、郑斜 41 等井,获得重大突破。按照“总体解剖、整体评价、总体部署、整体上报”的工作目标,进行科技攻关和整体部署,全年上报新增探明地质储量 5419 万吨,为采油厂稳产、增产提供新的上产阵地。

（杨北镇）

【全面推行“零缺陷”管理】 为实现从以产量为中心的粗放管理向以产量效益为中心的精细管理转变,引进推行“零缺陷”管理模式。转变职工观念、建立新的质量文化,加强组织宣传和培训工作,按照“对标、追标、创标”活动和 79 次岗位责任制大检查的要求,加强标准建设,促使职工由“差不多就行”向“第一次就做对”的新理念转变。从强化预防、整改和监督3方面入手，提高职工“按标准组织生产、按标准施工作业、按标准评价质量、按标准进行考核”的意识和能力。共消除潜在不合格或不期望发生的情况2303个，避免不合格或不期望情况845项，查找缺陷2433项，纠正2168项，投入资金1228万元，避免经济损失2924万元。

（杨北镇）

（审核　王贵君）

纯梁采油厂

【概述】 纯梁采油厂有职工4248人，机关科室22个，三级单位20个，四级单位82个。担负着纯化、梁家楼、乔庄、小营、大芦湖、高青、正理庄、金家等8个油田和花沟气田的开发建设任务。生产区域地跨滨州、淄博、东营3个地市5个县(区)。累计探明含油面积181.5平方千米，石油地质储量18915万吨，探明天然气含气面积45平方千米，天然气储量47.17亿立方米。有各类注水站22座，集输接转站8座，集输首站1座，液化气站2座。油、气、水井开井总数1181口。各类生产设备1600余台。固定资产总值70.85亿元，固定资产净值24.22亿元。油气生产全年完成原油产量98万吨，为年度计划的100%，完成交油量93.6万吨，为年度计划的100%，完成天然气交气量500万立方米，折合原油产量5000吨，上交轻烃产量15724吨，为年度计划的104.8%。油气勘探全年新增探明石油地质储量676万吨，为年度计划的104%，新增可采储量159万吨，为年度计划的159%。全年开展局级科技攻关项目6项、厂级15项，获局科技进步奖8项，获国家专利4项，实施科技增油措施105井次，完成科技增油4万吨。油田注水全年完成注水量660万立方米。原油生产成本得到较好控制，内部市场运行机制进一步完善，经营管理水平不断提高，对外创收取得新成果，全年完成总产值1530万元。全厂安全生产形势保持稳定，实现了“四杜绝、三不超、一稳定”的安全工作目标。采油厂荣获中石化股份有限公司“优胜采油厂”称号。

深化地质研究，拓展勘探领域，资源基础进一步巩固。把油气勘探放在重中之重地位，确立“新老结合、内外并重、系统部署、分步实施”的油气勘探指导思想，推行储量目标考核责任制，鼓励倡导科技人员运用区带综合评价、测井约束反演、层序地层学等新理论、新技术，探索区域构造特点、储层分布及油气运移规律，调整优化勘探方向和井位目标，推动油气勘探工作顺利开展。全年完钻探井12口，试油8口，获工业油流5口。完钻滚动井10口，获工业油流7口。上报探明石油地质储量676万吨，连续3年实现储采平衡。外围勘探在纯北沙四段薄互层油藏、樊北沙三段岩性油藏和高青凸起馆陶组地层超覆油藏取得突破，预测含油面积7平方千米，石油地质储量450万吨。滚动勘探以大芦湖油田及周边地区为主，通过滚动井钻探和老井试油，扩大了樊31块沙三下、樊128西部和高28构造油藏的含油面积，新增石油地质储量430万吨。

强化油藏经营，加强老油田开发管理。把实施油藏经营管理、控制老区递减作为实现全年开发目标的重要措施，健全完善“日讲评、周小结、旬分析、季检查”的开发管理制度和运行机制，加大老井自然产量在经营考核中所占比例，对历年影响产量因素进行分析，首次将影响自然递减的因素纳入经营承包合同中，成立老大难井治理项目组，配套完善后勤厂站，科学组织开发管理运行,强化春节、“五一”、“十一”等特殊时期的生产组织,抓不同阶段油水井管理,有针对性的开展上产活动,为老区稳产创造条件。坚持地下与地面并重,以地下调整、治理为主,地上管理为辅的开发管理指导思想,加大老油田综合治理和调整完善力度,对全厂7个油田的68个单元进行A、B、C分级分类目标管理,推广精细油藏描述技术,重建地质模型,重新认识剩余油分布规律,科学指导老区调整和综合治理工作。全年累计完成控水稳油8个单元,实施老区“技改”2个单元,双低治理改造3个单元,累计投产新井80口,增产原油8.3万吨。加强老油田基础设施建设和群众性挖潜增油活动,强化采油、集输、注水、作业、机械设备、动态监测等系统管理,开展提高系统效率示范区活动,加强油水井日常维护和管理,老油田开发管理水平稳步提高。全年累计实施注水井攻欠增注措施18井次,集中更换3年以上未动管柱井212口。完成新老区产能建设9个单元,新建原油生产能力8.7万吨,增建原油生产能力10万吨。实施系统改造工程27项,累计完成投资4400万元。完成各类动态监测2670井次。油井平均免修期由上年的474天延长到520天。累计完成群挖工作量8700井次,增油9600余吨。老油田自然递减率11.5%,含水上升率-0.5%,均比有限公司下达指标降低1个百分点。

优化运行机制,实施精细管理,企业管理水平和经营效益逐步提高。立足管理机制创新,推行成本双向控制管理机制,将成本目标纵向上承包到单位、横向上落实到项目,实施成本管理重心下沉,管理点前移,全过程调度监控和阶段性成本运行分析。落实电费、材料费、外雇运费等重点成本项目管理措施,加强成本结构优化。开展成本管理稽查活动,对成本项目进行动态监控和调配。整合内部资源,盘活现有资产,组建成立资产调剂管理中心和华群公司。加强资产物资统一规范管理,开展对外协作和新技术服务,挖掘了内部资源潜力。全年调剂修复资产40项、36000件,盘活废旧资产总值2700万元,产生综合效益900万元。新上抽油杆修复、通修设备修复等4个服务项目,实现产值500万元。膨胀经济总量,寻找新的经济增长点,全年累计实现对外创收1530万元。与埃及东部油田开展的侧钻、修井等作业项目运行后见到效益。

开展创新工程,科研攻关和新技术推广应用取得新进步。健全完善科技创新管理运行机制,强化科技工作组织、管理、协调,推动科技决策、科技攻关、新技术推广3个层次的科技活动。建立科技信息、学术交流和科技合作保障体系。加强人才培养和学术交流,率先在全局引进博士后,建立博士后工作站。与西安科技学院、石油大学建立大学生实习基地,推动科技工作蓬勃开展,科技在勘探开发中的支撑作用日益明显。全年开展局级科技攻关项目6项、厂级15项,获局科技进步奖8项,获国家专利4项,实施科技增油措施105井次,完成科技增油4万吨。

抓大局稳定,强化队伍建设,以人为本的思想政治工作进一步深化。围绕油田改革发展的新形势和职工、家属思想实际,采油厂各级党政组织利用电视、网络、宣传栏、演讲会、报告会等各种舆论工具和宣传形式,开展形势任务教育,及时把上级各项工作要求和采油厂工作任务传达贯彻到职工群众中,把干部职工的注意力引导集中到发展生产、提高效益上。加强党员干部队伍作风建设,深化“学、转、谋、见”活动和党员干部“纪律、作风、形象”教育,组织以学“纲要”和实践“三个代表”为主题的系列宣讲活动，开展“学法、守法，加强队伍建设”活动，党员干部队伍整体素质有新提高。把基层建设作为强基固本的重要工作，开展“达标、创优、争强、夺牌”活动，构筑“一队一目标、一队一特色”的争创局面，基层建设迈上新水平。在中石化股份有限公司开展的劳动竞赛活动中，梁南管理区、作业2队荣获金牌队称号，作业12队、作业7队、测井队、正南管理区、梁北管理区荣获银牌队称号，首站、纯梁液化气站荣获五星级站库称号，正理庄沉降站、纯三注、纯七注荣获四星级站库称号。加强党风廉政建设，开展党风廉政建设专题教育，健全完善“双卡一承诺”制度，开展效能监察，清理“小金库”，党员干部廉洁自律意识进一步提高。强化稳定工作，加强离退休、协解职工等重点人群管理。加大油区治安人防、物防、技防力度，适时开展创建“安全文明油区”活动，调动多方力量，打防并举，综合整治，确保了采油厂大局稳定和油区治安环境好转。探索新形势下计划生育工作的新方法、新思路，拓展服务途径和服务形式，全面实施“温馨工程”，人口与计划生育工作迈上新台阶。坚持全心全意依靠工人阶级办企业的思想，强化民主管理，推行“厂务公开”，开展“五杯二旗”、“青春创业”等形式多样的劳动竞赛活动，调动了职工群众的积极性和主动性。

（刘玉明　陈军肖）

【大型压裂工艺技术取得突破性进展】 针对特低渗透薄互层油藏的地质特点，采油厂在梁112块实施大型压裂工艺技术取得成功。梁112块是典型的薄层低渗油藏，地质储量500万吨，油层多、单层薄、物性差、非均质性严重、油层天然能量不足，造成薄互层低渗透油藏开发难度大，稳产期短，产量低，效益差。针对梁112－8井压裂层多、油层薄、压裂层跨度大的特点，应用大型压裂试验，通过精心组织和严密施工，压裂后效果显著，11月23日压裂后2.6毫米油嘴自喷投产，油压8.5兆帕，日产油40吨。与采用普通压裂的3口油井相比（早期投产3口井初始日产油15吨，）日产油能力大幅增加，经济效益明显。之后实施的3口井取得良果，梁112－32、梁112－43井压裂后自喷生产，油压均在5兆帕以上，液量均20吨以上，梁9－3井老井压裂，取得增产5吨的好效果。

（陈军肖）

【采油厂频繁作业井治理取得新成果】 纯梁采油厂油井以机械采油生产为主。由于油藏类型复杂，原油物性差异大等因素，开发过程中砂、蜡、气、稠、水、磨等矛盾日益突出。从提高泵效，延长检泵周期入手，成立频繁作业井治理项目组，对年检泵3次以上油井重点治理，针对具体问题采取相应的机采配套措施，在防偏磨、深抽、防砂等方面配套应用先进技术工艺，取得较好效果。全年频繁检泵次数明显减少，平均年减少55井次，消灭了年检泵5次以上井。

（陈军肖）

（审核　荣启宏）

临盘采油厂

【概述】 临盘采油厂组建于1972年7月，是胜利油田有限公司西部从事石油天然气勘探开发的主要阵地，地处鲁西北地区，油区横跨济南市、德州市的临邑县、商河县、济阳县、禹城市4个县市，开发管理着临盘、商河、临南、江家店4个油田，含油面积157.4平方千米，石油地质储量2.5669亿吨。有油水井2173口，固定资产原值69

亿元，净值31.16亿元。有职工7775人。辖三级单位19个，基层队127个，其中采油队20个，作业队19个。

全年生产原油163.0020万吨，新增探明石油地质储量1986万吨，完成交油气量155.9857万吨。勘探开发建设资金支出7.1493亿元，成本、投资均控制在油田下达指标之内。

勘探工作成绩显著。树立勘探“重中之重”思想，创新思维，甩开勘探，利用新理论新技术，深化地质基础研究，拓展勘探思路。深化复杂小断块油藏成藏规律认识，配套完善复杂小断块油藏描述技术，继续深化老区、不断开拓新区。全年完钻探井13口，7口井钻遇油层，1口井见到油气显示，完成新井试油10口，9口获工业油流，完钻滚动井28口，基山砂岩体勘探取得新进展，江家店油田含油范围进一步扩大，滚动勘探取得良好效果，探明石油地质储量1986万吨。新增储量是自1974年以来最多的1年，形成了良好资源序列。

油田开发向良性循环目标迈进。用系统论观点辨证看待开发工作的潜力和矛盾，正确处理当前与长远、上产与稳产的关系，以“五年大调整”为主线，以指标培养为重点，以注水为核心，科学组织，超前谋划，把握生产主动权。实施“有效注水”工程，完成盘二联合站水质改性，全年投转注66口，增加和恢复注水储量1830万吨。综合调整治理老区单元5个、技术改造单元2个，增加日产油能力354吨。强化油井井筒管理，实施井筒挖潜670井次，增油3万吨。全年投产油井116口，产油13.7万吨。整体开发状况进一步改善，全厂自然递减率、综合递减率、含水上升率分别为13.7%、7.5%、0.4%，自然递减率连续4年实现持续下降，新增可采储量206万吨，储采平衡率为126%，油田稳产基础进一步巩固。

经营管理水平进一步提高。加强制度建设，对涵盖生产、管理、思想政治工作等内容的101项规章制度进行修订、整理、完善，编辑《胜利油田临盘采油厂企业管理制度汇编》。推行投资项目管理法，强化项目审批、过程、结算3个环节控制。成本管理重点抓材料费、作业费、电费控制。实行作业运行新模式。投资300万元治理安全隐患，加强交通安全管理，确保安全生产。物资管理推行“代储代销”和“零库存”，实行“合同会签”制度，降低采购成本。成立信息管理中心，投资上百万元为采油队配备专用信息设备，建立采油队微机综合管理系统，基层上传数据实现网络传输、信息共享。

科技支撑作用明显发挥。以解决增储上产的技术难题为中心，发挥科技人员作用，科技贡献率明显提高。勘探系统开展“惠民凹陷南斜坡成藏动力学研究及隐蔽油气藏预测”和“临邑洼陷油气资源评价与勘探目标研究”课题研究，深化临邑洼陷综合地质规律认识。利用层序地层学原理在临邑洼陷内部开展沉积体系研究，发现了江家店夏502沙三下构造岩性油藏、田口夏53断块区断层切割河道砂油藏及基山砂岩体油藏。开发系统推广应用复杂断块精细油藏描述技术，增加了可采储量，提高了采收率。加大采油工艺技术的研究、引进工作，形成了具有临盘特色的防砂工艺。自行研制的双层分流工艺管柱，施工24口井，层段合格率达到83.3%。机采系统引进完善螺杆泵降回压增油技术，研制成功抽油机节能减速器、防超速发电控制器、星角转换控制柜。获国家发明专利的抽油机节能减速器通过多次改进，节电效果明显。

加强思想政治工作和企业文化建设，

保持大局稳定。加强党的建设和领导班子建设,提高班子的决策水平和领导水平。党风廉政建设得到加强,党风责任制、党员责任区得到落实,党员先锋模范作用得到发挥。围绕全年和阶段性生产经营任务、抗击"非典"、内部分配制度改革试点等专项工作、稳定工作开展形势任务教育,厂领导分片负责,带领有关科室人员到三、四级单位宣讲政策,指导督促做好一人一事的思想工作,对统一思想,推进工作发挥了重要作用。开展"企业文化建设年"活动,提炼采油厂观念形态文化。开展创建学习型团队、学习型班组、学习型职工、学习型家庭活动,选树100名学习型职工带头人。基层建设工作上新台阶,基层硬件建设得到改善,基层队伍建设、文化建设、信息化建设水平不断提高,建成名牌队3个、行业一强队8个、优秀基层队20个。在集团公司开展的"五项劳动竞赛"活动中,采油一队、作业八队被评为金牌队,采油九队、采油六队、作业十二队、联一队被评为银牌队,临南联合站、一首站分别被评为五星级和四星级联合站。抓油区治理工作,落实"三防"措施,对长输管线实行分段承包办法,对偷盗重灾区,设立瞭望塔,组织后勤、机关人员轮流支援前线,全年破获各类刑事案件495起,抓获不法分子515名,取缔土炼油炉166座。做好再就业工作,开展"结对帮扶再就业"活动,对154人进行再就业技能培训,为189人办理再就业《优惠证》,151人实现了再就业。

(靳方坛)

【"五年大调整"取得阶段性成果】 针对复杂地质条件及老区开发投入不足制约造成的严峻开发形势,实施"五年大调整"战略,即通过深化油藏构造、储层、剩余油潜力的研究,强化注采井网完善,加大投入和技术进步,完善地面注水系统,增加和恢复注水储量,提高水驱控制和动用程度,增强油田稳产基础,提高采收率。

"五年大调整"开展3年来,共实施整体调整13个单元、技术改造8个单元、零散调整21个单元,覆盖石油地质储量11938万吨,投产油井77口、投注水井64口、转注71口。调整后新增注水储量1834万吨,恢复注水储量1789万吨,增加可采储量360.8万吨,自然递减率由2000年的19%下降到14.2%,连续3年稳产163万吨,效果明显。

(靳方坛)

(审核 陈永红)

河口采油厂

【概述】 河口采油厂地处渤海之滨黄河故道入海口处,河口因以得名。前身是1972年成立的河口指挥部,1983年将钻井单位划出另编,成立河口采油指挥部,1988年更名为河口采油厂至今。设机关科室21个、直属单位10个,三级单位18个(一线生产单位7个,二线生产单位9个,非生产单位2个),托管多种经营单位1个(通海集团公司),单列部门1个(河滨公安分局)。主业用工总量9255人,有女职工3489人,女职工所占比例38%。正式职工中,干部1884人,工人5314人。党员3013人,基层党支部210个。管理着渤南、埕东、大王北、飞雁滩、陈家庄、英雄滩、富台等14个油田,探明含油面积330平方千米,地质储量42317万吨,动用含油面积268.7平方千米,动用地质储量36831万吨,可采储量8811万吨,标定采收率23.9%,累计产油6905.9252万吨。总资产原值1035774万元,其中油气资源原值915128万元,固定资产原值120646万元。总资产净值 435962 万元，其中油气资源净值 363762 万元，固定资产净值 72200 万元。

勘探资源阵地实现新扩张，取得“一个突破、两个扩大、五个新进展”的勘探成果。郭局子洼陷南坡沙四段勘探取得新突破，在郭局子洼陷南坡完钻的预探井大 33 获得日产 24 吨工业油流。陈家庄凸起南部和大王北洼陷北部断阶带含油面积进一步扩大。在陈家庄南部部署的陈 311 等 5 口评价井和滚动井先后钻遇油层，上报控制石油地质储量 1825 万吨。在大王北洼陷北部断阶带部署的大 359、大斜 361 探井，试油获日产 15 吨和 10.25 吨，探明地质储量 300 万吨。渤东北潜山构造带勘探、渤北地区隐蔽性岩性油藏研究、罗家地区沙河街组油藏勘探、埕东地区滚动勘探和义和庄凸起北部沙一段勘探研究取得新进展。全年义东、埕东、陈家庄 3 个油田上报控制石油地质储量 4510 万吨，超计划 3010 万吨。新区探明油气当量 796 万吨，老区滚动探明储量 378 万吨。

油田开发保持良性发展。全年在沾 188、车古 204、车 571 扩、埕 13－51、埕 129－斜 1、渤深 6、义 12－1、埕 112－31 等 8 个区块新建产能 21.5 万吨。对埕东西区上馆陶组、沾 38 块等 7 个储量控制程度低、注采矛盾突出的单元，通过钻加密井、调整井、转注水井及配套实施地质、工艺措施进行综合调整，日增油 218 吨，恢复产能 8 万吨。在飞雁滩油田和义东油田沾 4 区，实施钻更新井、恢复停产井和注水井堵水调剖、增注、防砂等手段进行技术改造，共恢复产能 2.6 万吨。措施工艺重点放在防砂抽稠、大修、疑难井处理等特殊技术措施上，全年实施各类措施 271 井次，增油 10.7 万吨。注采调整实施套损井预防与治理、陈家庄油田分层注水示范、埕东和陈家庄油田提高注水系统效率工程。加强罗东、大 35、邵家等油田和区块地面流程改造力度，优化管网流程。首站等污水站实施改扩建和污水改造工程。

经济运行质量进一步提高。完善内部模拟市场与经营承包并轨运行的经营管理运行机制，加大质量指标在经营管理中的考核比重，提升了经济运行质量。组织实施局级重点项目 22 项，完成投资 1456 万元，节约能耗 2 万吨标煤。深化干部人事制度改革，对 16 个三级单位、9 个机关科室的 35 名科级干部进行调整交流。对运输系统进行重组，对原机修厂进行资产调整和人员内部分流。对部分三级单位机关按“三组一办”模式进行规范，对三级单位后勤服务机构进行调整。实施以岗效薪点工资制为主要内容的内部分配制度改革。加大技术创新力度，8 项成果获局级科技进步奖，6 项成果获局科技进步（推广）奖，申报专利 10 项，采纳实施群众性技术改进及合理化建议 455 项。

思想政治工作扎实有效。开展“学精神、转观念、谋发展、见成效”活动，完善党风廉政建设 3 个体系。思想政治工作“下基层、进班组、到岗位”主题活动中，涌现出“六小”活动、“挂职政治班长”等亮点。开办各类培训班 69 期，培训职工 5343 人次，选送 681 名干部工人参加业务进修和培训。“非典”防治工作中，为 48 个食堂配备消毒柜，购置消毒液 3.8 吨用于消毒。组织老年职工、家属查体 4474 人，从业人员查体 425 人。为退休家属补发一次性退养金利息差。为 463 名协解人员办理再就业优惠证，对 270 余名协解人员进行再就业培训，安置 65 名特困下岗职工。采油厂被评为中石化股份公司“油藏经营管理优胜采油厂”和胜利油田“基层建设先进二级单位”，集输大队被评为“胜利油田基层建设先进三级单位”。3个基层队被评为中石化股份公司金牌队、五星级站(库),5个基层队被评为银牌队、四星级站(库),4个基层队被评为局“名牌基层队”,10个基层队被评为“行业一强”。开展综合治理集中整治活动8次,破获生产区刑事案件479起,被山东省普法办、山东省司法办评为全省年度法制宣传工作先进单位。采油厂保持了“省级文明单位”称号。

(张洪民)

【渤北地区隐蔽性岩性油藏勘探取得新进展】 渤北地区处于渤南沙三段浊积扇体扇端部位,部署钻探的义12-3、义12-4井投产自喷,获得百吨以上高产,义12-1、义12-2井日产油28—40吨,自喷,不含水。区块日产油能力达到131吨,单井日产油能力43吨,建成原油生产能力1.5万吨,可探明含油面积0.9平方千米,地质储量80万吨。渤北地区沙三段岩性油藏勘探取得重要进展。

(王 燕)

【《以可持续发展为目标的油藏经营管理》获国家级奖励】 “以可持续发展为目标的油藏经营管理”是以地下油气资源为对象,在油气勘探开发上解放思想,不断寻找可供开发的有效后备资源,最大限度利用好现有油气资源。确立以市场为导向的产量调控和投资决策有机结合的新型经营策略。内部管理建立满足企业可持续发展需要的组织机构与业务流程,优化人力资源配置,挖掘企业人才潜力,改善企业生存发展空间,实现企业可持续发展。2000年开始实施,取得了良好社会效益和经济效益。资源接替和利用状况显著改善,原油生产稳步回升,形成适应于企业可持续发展的组织体系和运作机制,企业科研和科技创新能力取得长足进步,企业生存发展空间不断改善。3年来,共取得经济效益24546万元,2003年获管理局管理创新成果一等奖、中石化管理创新成果一等奖、国家级管理创新成果二等奖。

(王 峰)

【开发研制抽油机井三维智能功图测试仪】 研制的新型抽油机井三维智能功图测试仪,由主机、载荷—线位移传感器、角位移传感器、间开控制器和三维动态分析软件组成,通过对抽油机井示功图、电机电流等参数的连续综合测试,分析抽油机井井下泵工况变化情况,准确判断油井出油规律。测试仪的开发应用,解决了抽油机井工况诊断和智能间开难题,是抽油机井工况诊断的发展方向,技术达到国际先进水平。2项关键技术被国家专利局授予专利权。全厂累计推广应用仪器40套,对120口油井实现间开控制,400口油井进行连续测试。与大港、江苏、青海等油田达成引进意向。

(张洪民)

【QC小组活动硕果累累】 以“降本增效”为目的的QC小组活动取得好成绩。全年采油厂注册QC小组188个,完成活动课题114个,创可计算经济效益3367万元。推荐管理局优秀质量管理成果8项,取得国优成果3项,部级成果1项。集输大队压气站的《提高油田混合烃产品质量》和稳定站的《提高废水回收率》成果分获得全国“舜杰”杯和“金圣”杯成果发布一等奖,两小组获得全国优秀QC小组称号。采油三矿7队的《提高永磁电机井抽油机平衡率》在石油工业QC成果发布会上获得一等奖,小组被评为全国优秀质量管理小组。水电讯大队供电2队质量管理小组荣获2003年度石油工业优秀质量管理小组三等奖。

（张洪民）

（审核　张本琪）

孤东采油厂

【概述】 中国石化胜利油田有限公司孤东采油厂位于黄河新淤积的冲积扇平原上，所辖区域东北面临渤海，南倚黄河，是集油气勘探、开发、处理、集输为一体、年产原油268万吨的采油厂。1989年12月建立，有员工8012人，其中固定职工6057人，劳动合同工1903人，集体职工52人。有干部1688人，工人4369人，有女职工2837人，有党员2853人，团员2812人，管理离退休职工566人。有各类专业技术人员929人，其中高级技术职称155人，中级技术职称536人。下设机关科室25个，直属单位1个，三级单位25个，四级单位151个。

孤东采油厂管理着孤东、红柳、新滩3个油田，辖区面积370平方千米，含油面积87.6平方千米，共探明石油地质储量3.1240亿吨。有油井2221口，水井955口，累计生产原油6769.3万吨，生产天然气138543.1538万立方米。拥有资产总量91.83亿元，其中固定资产原值11.09亿元，净值7.03亿元，油气资产原值80.74亿元，净值22.71亿元。资产负债率5.8%。机械装备总量3411台，其中作业设备82台，注采设备2539台，机动车辆594台，平均设备新度系数0.41。

全年生产原油268.8万吨，为年计划的100.01%，交油量260.17万吨，为年计划的100.01%，交气量713万立方米，为年计划的101.86%，外输原油含水率0.93%，自然递减率16%，综合递减率3.1%，含水上升率－0.2%，地层总压降0.7兆帕，均控制在年计划目标之内。完成基本建设投资42032.7万元，完成操作成本85489万元，实现了投资、成本双控目标。

油气勘探。解放思想，创新勘探理论，加强综合研究，在孤南洼陷、孤东东部、新滩地区和孤东老区、深层发现多个有利圈闭和砂体，以“两带、一区”为重点，强化老区周边综合研究，加快科研攻关和勘探开发一体化进程，利用三维地震、测井约束反演、储层横向预测等新技术、新方法，勘探工作有新起色，预测储量1300万吨，新增探明储量306万吨，新增可采储量178万吨，新建产能2.5万吨。

油田开发。立足老区稳产和良性开发，实施结构调整、技术改造和综合挖潜，全年投产新井55口，油水井开井数同比增加17口，增加水驱储量300万吨、可采储量178万吨。强化三采注聚和稠油注汽开发，三采年产油73.9万吨，稠油产量达到25.2万吨，储量动用程度进一步提高。

科技工作。围绕“科技兴油、科技兴厂”的战略目标，结合油田开发及生产发展实际，以提高经济效益为中心，实施科技创新工程，加大科研攻关和科技推广力度，工艺技术实际应用和科技增效能力有新提高，为扩能增储和提高采收率提供了新的理论支持和储备。全年完成科研和推广课题34项，“孤东油田高速高效开发研究”获山东省科技进步三等奖，“防砂工艺结构调整技术”等9项成果获有限公司科技进步奖，“孤东油田特高含水主力油田提高采收率综合配套技术研究与应用”获有限公司优秀技术创新项目奖。取得国家发明专利2项，科技成果转化率达到91%以上，科技增油13.5万吨。开展孤东油田七区二元复合驱先导实验（中石化先导实验项目），进行石油黄酸盐复合驱油配方体系及驱油实验研究，确定合理注采参数，进行复合实验区油藏描述及剩余油分布研究，完成以“降水降压、完善井网”为主的前期调整，地面工程建设进入现场实施阶段，预计最终提高采收率12%，增产原油33.3万吨。

内部改革。经济运行质量和市场化经营程度逐步提高，完善经营机制，改进承包考核办法，加大采油、作业、地质和工艺原油产量奖惩比例，完善作业质量事故责任追究制度，鼓励创收创效，实现外部创收950万元。加大内部市场监管力度，扩大招议标管理范围，规范内部市场经济行为。理顺成本管理体制，下移管理权限和管理责任，重点改进预算政策和监管办法，提高了成本控制力。完善成本动态控制网络，建立成本消耗标准，为责任成本管理有效向基层延伸创造条件。强化外委、外修和外购审批管理，健全外委运行和绩效审计制度，维护了采油厂的经济利益。投资管理加大以效益目标和生产急需为基准的投资结构调整，增大生产发展基础设施维修更新投入，投资效益和管理水平有新提高。

企业管理整体水平进一步提高。以技改项目和“四新”技术推动节能降耗，采油厂能源消耗总量同比减少6.5%，同比节约电费376万元，水费137.8万元，汽、柴油总耗量在价格上涨20%的情况下减少495吨。严格质量监督管理，完善监督手段和措施，加大执法力度，质量管理水平显著提高，60天、90天成功井同比分别上升9.1%和10.1%，油井免修期延长23天，作业总工作量减少200井次，单井作业费用降低487元。全面推行HSE安全管理体系，加强监管与“三标”建设，突出要害岗位和区域安全隐患治理。强化污染监控治理，加强近海污染防治和采油污水排放治理。加强设备监测、保修，设备新度系数由0.19提高到0.44，主要生产设备的技术状况明显改善，保持了集团公司和省级设备管理一级企业称号。创新物资供应管理，在油田率先推出物资供应网络管理模式，实行网上采购和网络配送，网络配送效率和物资管理水平全面提高，节约费用560万元。重视法律事务管理工作，成立对外关系协调小组，加强法律、法规及相关政策的学习与研究应用，维护采油厂生产经营秩序和合法权益。加强合同管理，规范经济行为，采油厂荣获省市两级重合同守信用单位。

实施人力资源开发战略，队伍整体素质进一步提高。重视人才培养，强化专业技术培训，培养一专多能217人，技能提高培训183人，考评内聘技师84人、内聘高级技师22人，队伍整体素质、技能水平和创新创效能力有新提高。推进分配制度改革，推行岗位动态化管理，配套完善竞聘上岗和绩效管理办法，在采油厂内部建立岗效薪点工资制度，为油田内部分配制度改革输送了经验。

职工群众工作和生活环境明显改善。加大投入，更新改造大客车和作业送班车，加快职工公寓“旅馆化”建设，抓好自种自养和“绿色放心食品”供应管理，一线职工食堂管理居油田领先水平。落实防控措施，细化管理责任，有效预防“非典”疫情。关心职工健康，在油田率先成立“职工健康工程促进协会”。

实施多元发展战略，多种经营保持良好发展势头。坚持“一稳双开、内外并举”，实现外部创收1882.9万元，首次在俄罗斯创汇46.4万美元。完成了工程公司印刷厂与棉纺厂的合资合作改造，成立孤东海德印刷有限责任公司。探索运输物流管理模式，注册成立神舟物流有限责任公司。走专业化经营道路，组建东营东方园林有限责任公司。提升施工资质，工程公司成为油田惟一拥有二级总包资质的施工单位。东营力诺二期扩建工程顺利投产，扩大了生产规模，新增就业岗位 120 个。利用土地资源优势推进苗林一体化，建成 3000 亩速生杨苗圃基地，销售树苗 40 万棵，完成 300 亩四倍体速生刺槐繁育栽种及万亩林场前期准备工作。

加强思想政治教育，保持大局稳定。把学习贯彻十六大精神和“三个代表”重要思想作为首要政治任务落实，开展“学、转、谋、见”活动，分层次、有重点组织干部职工理论学习。以创建“学习型组织”为载体，开展创建试点工作，形成创建氛围。落实《月度职工思想动态分析报告制度》，围绕采油厂中心和大局，开展“油田重上 3000 万，我们怎么办”、“三个教育”等主题教育，发挥了明理、导向、聚心、鼓劲作用。坚持解决思想问题与解决实际问题相结合，设立帮扶救助金，建立帮扶责任网络，开展“结对帮扶”活动，解决职工群众实际困难。以“达标、创优、争强、夺牌”活动为载体，加强基层建设，丰富创建内涵，提高了基层建设整体水平。围绕增储上产、成本控制等重点工作，开展“IMSS 创新体系”竞赛、青工创新创效等活动，激发职工群众的积极性和创造性。深化民主管理，完善民主管理制度，启发、引导职工增强民主意识，正确行使权力，推动企业民主政治建设。以“企业文化建设年”活动为主题，构建具有时代特色的“孤东文化”体系。以推进党员先进性承诺制为重点，加强基层党建工作，突出承诺、履诺、考核关键环节，实行党员佩戴徽章制度，促进了党员先进性的发挥。创新干部选拔、使用和管理制度，出台科级干部岗位管理暂行办法、设立三级党政（技术）助理员职位、高校毕业生集中见习等办法，推进干部管理制度化、规范化。加强党风廉政建设，开展“纪律、作风、形象”主题教育，实施领导干部廉政践诺制度，促进党员干部廉洁勤政。坚持稳定压倒一切，严格落实稳定工作领导责任制、预警及责任追究制度，超前制定防范和控制措施，确保大局稳定。强化油区治安整治，增强防范能力，保持了油区治安良好态势。加大对法轮功顽固分子的教育、转化、监控力度，实现“四无”目标，维护了采油厂政治大局稳定。采油厂继续保持管理局思想政治工作先进单位称号。

（范嘉玉）

【中石化重点先导试验项目——孤东二元复合驱工程实施】　为探索复合驱油技术在胜利油田的应用与发展，克服三元复合驱注入过程中结垢、采出液破乳、注入剂价格高等问题，2003 年在孤东油田七区西开展集团公司级二元复合驱先导试验。表面活性剂＋聚合物二元复合驱，既可发挥表面活性剂降低界面张力的作用，又可发挥聚合物在流度控制、防止或减少化学剂段塞的窜流，发挥二者的协同效应。综合考虑油藏储层特征、地层压力、温度和矿化度等因素对化学剂的损耗、稀释、对流扩散等方面的影响。通过对化学剂间相互作用和配伍性研究，尽可能发挥其协同效应，消除相互干扰，筛选最佳注入体系，以获得最佳效果。试验区完成以“降水降压、完善井网”为主的前期调整工作，矿场试验进展顺利，油藏条件基本达到方案设计要求，完成地面工程及注入配套工作量。9 月 1 日顺利投注，先期注入高浓度甲醛段塞对油层进行预处理，9 月 11 日投入前置保护段塞注入。通过优化调整注入方式和注采参数，加强试验过程的监督管理和跟踪评价，打开了孤东油田二采资源和技术接替的新局面。

试验区位于七区西东南部，含油面积0.94平方千米，地质储量277.5万吨，孔隙体积436.7万立方米，油层埋深1261—1294米，油层孔隙度34%，原始含油饱和度72.0%，剩余油饱和度45.5%。试验区设计井位29口井，其中生产井16口，注入井10口，观察井3口。设计采用三段塞注入方式，在复合驱主体段塞前后各设计1个聚合物保护段塞，共需注入溶液174.69万立方米，聚合物干粉3325吨，石油磺酸盐5896吨，1#表面活性剂1966吨，甲醛175吨，采用清水配置、污水稀释注入，需连续注入1248天。预计有效期12年，提高采收率12.0%，增油33.3万吨。

（范嘉玉）

【孤东油田高速高效开发技术研究获山东省科技进步三等奖】 孤东油田自1986年全面投入开发以来，走过了17年的高速高效开发历程，目前已进入特高含水期开发阶段。油田进入递减期后通过油田成藏规律研究，先后在孤东周边缓坡带发现一批经济价值较高的储量，并通过重建岩电关系发现了新的低阻油藏，缓解储采矛盾，通过地质综合体结合沉积相、地震波约束反演技术研究发现了一批有利储层。应用精细油藏描述成果完善注采系统，挖掘平面层间潜力，通过注采结构调整合理控制地层压力，实现注采平衡。

孤东油田高速高效开发技术研究，通过油田动静态资料分析，研究油田成藏规律及地质特征，评价整装大油田开发以来的地质特征和变化特点及高速高效开发技术，提出改进油田开发效果的建议，对孤东油田开发具有明显的现实指导意义，研究成果应用后可取得显著的经济效益和社会效益。

主要成果：①全面细致总结了孤东油田成藏规律，②完成油田地质综合研究和精细油藏描述，③利用总结出的注水开发规律指导油田开发，油田开发效果明显改善，④采油工艺及配套技术、地面配套集输工艺技术进一步发展，⑤揭示的主要开发矛盾符合实际，提出了相应解决措施，⑥展望了提高油田采收率技术。应用成果指导勘探开发工作，先后发现了孤东55－16等油藏，探明面积2.2平方千米，探明储量266万吨。指导孤东二、三类油藏开发调整工作，实施注采调整方案5个，新增动用储量275万吨，增加可采储量86万吨，增加产能15.6万吨。指导七区西注采结构调整，实现注水量、产液量下降，产量基本稳定的目标。项目2003年获山东省科技进步三等奖。

（范嘉玉）

【孤东油田提高聚合物驱效果技术研究】

随着聚合物驱规模不断扩大和效果发挥，动用储量迅速增加，年增油量和累计增油量迅速增加，聚合物驱注聚增油效果明显，聚合物驱成为孤东油田高含水后期稳产及提高采收率的主要措施。由于技术原因，工业化聚合物驱矿场应用存在以下问题：①缺乏分层注聚工艺，目前的笼统注水使得层间矛盾突出，②缺乏聚合物驱堵水调剖决策技术，聚合物区块堵调工作的实施明显滞后于生产动态，③注聚高压井增多，影响注入质量及注入效果，个别井组因注入水量大而影响井网状况，④缺乏聚合物驱抽油井优化设计技术。

聚合物驱综合配套技术研究解决问题及取得的成果是：分层注聚工艺课题研制了带环制凹槽的分层注聚工具，具有适应配注范围广（20—180立方米/日）、聚合物溶液粘度保留率高的特点，现场试验12井次，层段合格率达到91.7%。聚合物堵塞机理及解堵技术课题在分析聚合物堵塞因素的基础上，建立聚合物堵塞机理数学模型，研制开发了新型聚合物解堵剂，现场试验18井次，成功率达94.4%，聚合物驱堵水调剖决策技术研究在完善水驱决策技术的基础上，增加了聚合物驱油藏油井产出液浓度及含水动态变化规律两大因素，在孤东油田七区中决策69口井，优选调剖47口井，成功率大于90%。聚合物驱抽油井优化设计研究了聚合物驱油藏流入动态、产出液在不同水相聚合物浓度下井筒粘度及磨擦载荷，编制了优化设计软件，设计结果准确合理。

主要创新点：①分层注聚工具在粘度保留率较高的前提下达到了单管分注要求，②研制的聚合物解堵剂有效将大分子聚合物降解成小分子物质，与酸同时使用时，不产生氯气和其他有毒副产物，③聚合物驱堵水调剖决策技术提出了聚合物区块筛选堵调井指标体系和评价方法，④聚合物驱抽油井优化设计技术研究了聚合物在多孔质中的渗流特性，提升了含聚液体抽油机悬点载荷计算方法，提高了准确度。

经济效益：①分层注聚工艺在孤东油田实施12井次，层段合格率91.7%，平均单井每天增加有效注入量1.4立方米，平均单井有效185天，共计增加有效注入量69708立方米，对应油井41口，对应油井综合含水93.5%，折合增加水驱采油量4531吨。②累计解堵试验施工18井次，交井18井次，成功17井次，成功率94.4%，平均有效期190天。对应油井40口，见效33口，见效率82.5%，累计增油6383.8吨，降低注聚生产压力1.2兆帕，解堵增注效果明显。③聚合物堵水调剖决策系统解决了聚合物区块堵水调剖工艺不能优化的问题，在孤东油田七区中实施，共决策69口井，优选调剖井47井次，其中注聚前优选21井次，注聚后优选26井次，对应油井153口井，调剖有效率100%，对应油井有效率73%，累计增油32162吨。优选堵水井24口，堵水有效率66.6%，累计增油18844.3吨。④注聚驱抽油井优化设计24口井，方案符合率95%，平均单井节电45度，平均单井有效期181天。

（范嘉玉）

（审核　郭雄华）

桩西采油厂

【概述】 桩西采油厂地处山东省东营市河口区境内，东北两面濒临渤海，南依黄河，南邻孤东油田，西邻孤岛、河口油田。成立于1989年12月29日。管辖着桩西、长堤、五号桩、老河口等油田，油区面积700平方千米，含油面积168.3平方千米。地质储量1.7423亿吨，动用地质储量1.13亿吨，可采储量2368万吨，采出程度13.36%，采油速度0.7%，剩余可采储量采油速度8.5%，可采储量采出程度63.8%。有三级单位19个，四级单位68个。职工3749人，有党员1065人，专业技术人员547人，高级职称57人，中级职称273人。固定资产原值59.25亿元，净值24.08亿元。有油井711口，水井279口，气井3口。累计产油1361.0564万吨。2003年生产原油92.3027万吨，交油81.8664万吨，分别完成计划的105.37%和100.03%。吨油操作成本327.81元，控制在预算之内。油田自然递减率、综合递减率、含水上升率计划16.35%、7.8%、1%，实际控制在16.9%、6.6%和0.14%。多种经营销售收入9034万元，创利税772万元，分别完成计划的100.3%和110.3%。获管理局2003年度文明建设先进单位荣誉称号。

油气生产稳步发展。面对稳产难度

大、新区产能滞后、油区盗抢原油活动猖獗的严峻形势，加强生产衔接运行，组织5次上产会战，加大措施投入，加快新区产能建设，建成了桩139等4个产能块，完成了油田下达的任务指标。坚持勘探重中之重地位不动摇，以寻找"优质储量、实现储采平衡"为目标，确立"远近结合、深浅兼顾、抓整拾零、力争突破"工作思路，引进新的地质理论和勘探技术，加大桩海地区和埕东北坡勘探力度，在桩海潜山油藏、桩海地区第三系和孤北洼陷带取得新进展，全年新增探明储量439万吨。油田开发以提高采收率，实现开发的良性循环为目标，坚持"储量、产量、效益"三统一，妥善处理当前与长远的关系，精细油藏描述，搞好油藏分级分类治理，加强注水工作，完善注采关系，加大措施结构调整力度，抓好新工艺、新技术的引进、消化和吸收，改善了采油厂整体开发状况，稳产基础得到巩固，发展后劲进一步增强。

经济运行质量不断提高。开展"双提双创双促"活动，按照油田"对标、追标、创标"活动要求和优秀队创建标准，加强标准化管理，落实标准化操作和施工流程，加大责任考核和追究，引进先进设备、仪器，加强设备运行状态监控和调整，增强职工标准化操作意识和管理意识，提高了工作质量和效益。开展管理创新，围绕提高采油生产时率、优化5大系统效率，在精细油藏管理、躺井治理、生产管理等方面进行创新，探索出油藏分级分类治理、停井指数评价体系、信息化管理等创新管理模式，采油生产时率同比提高1-2个百分点，5大系统效率有不同程度提高。专项管理水平进一步提高，设备管理达到山东省设备管理一级企业标准，安全、现场管理、质量管理跨入油田先进行列，采油厂整体管理工作向科学化、标准化和制度化迈进。加大成本控制力度，细化成本控制目标，划小核算单位，实行单井、单泵、单车核算和责任承包，强化全员、全过程成本管理，推行内部劳务网上结算，落实事前控制、事中监督和事后分析相结合的监控制度，加强成本分析运行和考核，全年总成本控制在预算范围以内。

科技对原油生产的推动作用不断增强。健全完善科技管理机制，推广科研项目目标负责制，加强科技项目评估、论证，加大科研经费使用过程的监督力度，强化科技项目考核，提高了科技工作运行质量。坚持引进与创新相结合，围绕制约采油厂生产经营的重点和难点问题，加强专题研究，组织科研攻关，加大技术改造力度，加快信息化建设步伐，为采油厂降本增效、增储上产提供技术支撑。完善特低渗油藏开发、水平井采油等成熟配套的油田开发主导技术，"三采"技术在三类储量区块试验，信息技术应用到勘探开发、生产管理中，自动化水平明显提高。全年承担局级重点科技项目2项，开展厂级重点科技项目13项。

内部改革稳妥推进。贯彻油田改革总体部署，稳妥推进"三项制度"改革，建立以岗效薪点为主、收入能升能降的薪酬激励机制和岗位能上能下的岗位竞争机制，理顺分配关系，强化激励手段。深化干部人事制度改革，搞活用人机制，打破干部、工人身份界限，实行干部岗位管理，建立以岗位管理、竞聘上岗为主要内容的干部管理机制，激发干部职工奋发进取、干事创业的积极性和主动性。39名基层干部和工人通过竞争走上科级干部或基层干部岗位。加大对非技术性岗位和临时性岗位规范清理力度，提高劳动用工管理水平。推进经营机制改革，完善内部经营承包，加大产量、成本考核力度，改进考核办法，增强干部职工的产量、成本意识和效益观念。

队伍整体素质进一步提高。把提高劳动者素质作为强基固本工程，重点抓领导干部、专业技术和技能人才三支队伍建设。坚持学用结合，围绕"政治坚定、技术过硬、一专多能"目标，引入竞争机制，配套"三岗制"动态管理和干部人事制度改革，建立起培养人、关心人、激励人和有利于人全面发展的学习培训机制、竞争激励机制和业绩考核评价机制，促进队伍整体素质提高，干部职工素质结构发生了明显变化。技术工人总量增加，高级工人数是上年的5倍，职工现场操作能力和解决实际问题能力进一步提高。干部队伍能力和水平明显提升，取得专科学历265人，本科以上学历274人。

多种经营发展后劲进一步增强。把多种经营单位的长远发展纳入整体规划，加大政策扶持力度，规范内部市场，力争使多种经营单位占领较大的内部市场份额。强化内部管理，转换经营机制，对厂点实行租赁承包或责任承包，关停亏损项目，增强了多种经营单位的发展活力。天然气发电项目进入西部市场，新上溶剂油和玻璃钢管项目进展顺利。

加强党的建设，思想政治工作扎实有效。以班子建设为重点，推进党的思想、组织和作风建设。开展"学转谋见"活动，用邓小平理论和"三个代表"重要思想武装党员干部头脑，用发展和竞争观念统一领导班子和领导干部的认识，通过中心组学习、个人自学、举办科级干部和基层党员干部培训班及外出学习考察等方式，引导领导干部解放思想，开拓视野，破除安于现状、守摊子的陈旧观念，增强发展的紧迫感和责任感，夯实了改革发展稳定的思想基础。坚持民主集中制，完善班子议事规则和决策机制，重大事项坚持班子集体研究，保证决策科学化、民主化，提高了决策质量。加强基层党组织建设和党员队伍建设，重视非在职党员的教育和管理，开展党员先进性教育活动，发挥了党组织的战斗堡垒和党员的先锋模范作用。加强作风建设，倡导求真务实、真抓实干的作风，反对官僚主义和形式主义，通过抓学习、调研、决策和监督制度的落实，促进领导干部作风转变，形成了务实、进取的作风。抓好以改革发展为主题的形势任务教育，引导职工支持改革、参与改革，树立发展、竞争观念，增强责任感和使命感。加强基层建设，开展"达标、创优、争强、夺牌"活动，严格按照创建标准，求真务实，真抓实干，基层管理逐步向制度化、规范化转变，队伍凝聚力和战斗力明显增强，共创建金牌队3个，银牌队1个，局优秀基层队9个，行业一强队3个，基层队达标率98%。抓好企业文化建设，开展"企业文化建设年"活动，形成了采油系统"创新发展"文化、生产保障系统"诚信"文化，丰富了"团结、务实、创新、进取"的桩西文化，发挥了企业文化凝心聚力的作用。落实稳定工作责任制和预防预警机制，加强特殊群体教育管理，畅通信访信息渠道，妥善处理热点难点问题，帮助职工群众解决实际问题，促进了队伍稳定。坚持"打防并举、重在防范"，加强治安巡逻，加大"三防"投入，整合基层队伍力量，适时组织严打整治和专项治理行动，严厉打击油区盗油等违法犯罪活动，缓解了油区治安状况，减少了采油厂经济损失。

（胡建伟）

【桩海潜山及第三系油藏勘探获得新突破】 桩海潜山带是位于桩西潜山和埕岛潜山之间的一排低潜山带。以多样性潜山成藏理论为指导，利用连片处理资料，运用迭前深度偏移技术和迭后提高地震资料分辨率技术，落实了桩海地区地质构造。应用成像测井技术和核磁共振技术进行储层描述和地层综合评价，以潜山为目的层部署4口探井。老292井主探下古生界(3924.67—4017.4米)，9月15—17日试油，8毫米油嘴，油压3.6兆帕，折算日产油129吨，折日产气2685立方米。2月11—14日，对老301井用测试仪试油(3977.97—4116米)，折算日产油31.7吨。

桩海地区第三系属继承性断层发育，形成了多个有利断块和断鼻构造，为油气聚集提供了圈闭条件。应用地质综合研究评价及Jason反演等技术，在桩西油田北部滩海区部署桩斜139井，钻遇馆上段油层4层36.2米，采用蒸气吞吐工艺试油，日产油25.8吨，地面原油粘度9196毫帕·秒。上报探明馆上段油层含油面积2.5平方千米，石油地质储量590万吨。整体动用开发，部署23口开发井，新建产能9.7万吨。钻遇桩139馆6油层，上报探明石油地质储量205万吨，周围部署的桩斜146井、桩斜143井、桩124-斜1井均在馆上段获得工业油气流，与桩斜139块迭合含油连片，证实桩海地区中、古生界潜山油藏及第三系具有良好的勘探前景，以桩斜139井区为主的第三系落实储量规模1000万吨。

（田　波）

【系统效率明显提高】　机采系统效率方面，研究推广提高电泵采油系统效率技术和提高机采系统效率技术。提高电泵采油系统效率技术，针对电泵井生产参数不合理等造成电泵井能耗大的问题，结合区块特点和各井具体情况，根据地层压力、产液量等生产参数，以泵吸入口压力为控制参数，研究制定电泵井下泵深度、电泵扬程、电机功率的优化设计方法，合理匹配电泵排量、扬程等参数，使电泵在经济区域内运行。全年推广应用提高电泵采油系统效率技术24口井，实施后系统效率提高14.49%，平均单井日节电1177千瓦·时，吨液耗电降低2.796千瓦·时。采用以产量不变、能耗最低为目标的机采参数设计方法，开展提高机采系统效率技术的推广应用和自动调压变压器、永磁电动机、节能控制柜及高压电容补偿等地面设备的整体优化配套技术。累计实施提高有杆泵井机采系统效率技术139口，测试268口，系统效率由2001年的28.9%提高到2003年45.68%，泵效提高了20.12%，吨液耗电由实施前的6.146千瓦·时下降到3.626千瓦·时。采油厂机采系统效率由2000年26.82%提高到2003年的32.54%。

注水系统效率方面，重点应用柱塞泵变频技术、优化供水压力、离心泵拆级改造、柱塞泵调节离心泵高效运行、小断块优化注水工艺流程、调压泵增注等注水系统配套改造综合技术，采油厂供水压力由2001年的17.04兆帕降至2003年的16.7兆帕，注水泵效由78.0%上升为82.1%，注水管网效率由72.24%上升至75.6%，注水系统效率由53.5%上升为57.4%，注水每立方米耗电由6.52千瓦·时降至6.15千瓦·时。

集输系统效率方面，针对部分接转站效率低，回注污水容易产生二次污染的实际，对采出液应用就地分水、就地处理、就地回注的接转站分水工艺技术，提高了污水水质达标率，降低了污水处理后的输送费用。建成分水工程3座，设计日分水能力1.8万立方米，实际日分水量1.45万立方米。应用接转站输油泵变频调速技术、输油泵拆级改造、使用高效加热炉及优化输油泵运行参数等整体配套技术，接转站平均泵机组运行效率由44.2%提高到51.3%，加热炉效率由68.6%提高到78.2%。

（钱 钦）

（审核 李庆云）

孤岛采油厂

【概述】 胜利油田有限公司孤岛采油厂位于东营市河口区孤岛镇，地处胜利油田北部，黄河入海口南北两侧，东临孤东油田，西接利津县，北连河口、桩西采油厂，南跨黄河接壤垦利县。有正式职工7605人，设职能科室24个，三级单位24个，四级单位168个。管辖孤岛、垦利、垦西、孤南、河滩、新滩6个油田，辖区面积1050平方千米。有油井2495口，水井982口，累计生产原油1.4191亿吨。拥有各类设备4059台，固定资产原值121.15亿元，净值39.14亿元。

2003年，孤岛采油厂生产原油400万吨，交油量383.81万吨，为年计划的100%。外供天然气3700万立方米，为年计划的142.3%，超计划1100万立方米。增加可采储量320万吨，超额完成全年计划指标。吨油操作成本299.5元，控制在预算以内。多元经济实现销售收入2.1亿元，利税1500万元。

以“网毯成藏理论”为指导，利用相干分析等先进勘探技术手段，油气勘探取得“两个突破、两个扩大、两个进展”的成绩。“两个突破”，即在孤岛油田西南缘馆下段油藏和孤北沙一、二段隐蔽油气藏勘探获得较大突破。“两个扩大”，即进一步扩大了孤岛油田南缘和新滩油田西南部含油面积。“两个进展”，即在孤北低潜山及孤岛潜山东斜坡地层不整合圈闭勘探获得重要进展。全年完钻探井8口，滚动井7口，开发准备井2口，累计探明含油面积5.1平方千米，石油地质储量718万吨。

以提高油田采收率为目标，油气生产保持平稳。重点加快产能建设和新井投产步伐，全年安排新老区产能块13个，完钻新井126口，投产119口，日增产能974.3吨。强化稠油热采和三采管理，应用稠油热采加密调整优化技术，编制实施南区Ng5－6、东区Ng5等单元加密调整及垦东32新区开发方案。推广实施高轮次吞吐热采井不防砂转周注汽工艺，全年稠油产量超过100万吨。加大注聚规模，编制实施渤19块转后续水驱及渤61等单元转注聚调整方案。实施西区南Ng3－6等单元完善井网、堵聚调剖、提液引效等综合调整。全年新投注聚单元3个，完成油水井工作量126口，累计增油77.5万吨。开展以长停井治理和低液井提液为主的上产活动，重点治理油层潜力大、停产井密、井下技术状况差的区块和单元，全年治理长停井、低液井84口，侧钻井12口，大修井15口，日增油324.7吨，累计增油5.9万吨，恢复水驱控制储量309万吨，恢复可采储量85万吨，恢复产油能力6.5万吨。强化措施方案前期论证和作业质量监控与跟踪分析，全年实施各类措施460井次，年增油22.94万吨。

坚持稳中求进原则，内部改革继续深化。按照油田总量控制、逐步到位、配套改革、确保稳定的总体要求，完成以岗效薪点为主要内容的工资制度改革，职工收入大幅度提高。实施《专业技术岗位竞聘管理办法》，形成以技术专家和责任工程师为代表，以一、二、三级工程师为支撑的专业技术队伍。改革油区巡逻体制，成立护卫大队，构筑强有力的油区防范体系。按照油田重组改制要求，对机修厂、工业公司、原运输5公司进行撤并调整，实现了人员、资产合理分流和优化配置。

各项管理日趋科学和规范，企业整体

管理水平不断提高。健全完善内部管理制度，出台《科技人员特殊奖励办法》、《钻井运行管理办法》、《土地管理办法》、《人口与计生管理暂行办法》等管理制度，规范了管理秩序。推行“要素法”成本预算管理，加强动态预算分析，控制了成本。优化投资结构，规范投资程序，新投注聚项目设备及材料公开招投标，整个工程费用比计划节约500万元。贯彻落实《安全生产法》，推行HSE安全管理体系，强化安全意识，严格落实安全生产责任制，加大安技资金投入和要害部位监控检查力度，安全生产形势保持稳定。强化全员、全过程质量监控与管理，查处质量事故41例，挽回经济损失210多万元。开展特种设备“三化三零”活动，进行设备整修与技术改造，设备技术性能进一步优化和提高。开展非法占地大清查活动，共清理非法占地341宗，面积54万平方米，净化油区环境，规范了土地管理。以建设“数字油田”为契机，加快计算机网络建设和软件开发步伐，采油厂信息化水平不断提高。

实施科技创新、创效战略，新工艺、新技术在稳产增效中发挥了重要作用。推广应用分层防砂、阳离子堵聚、不防砂转周、氮气泡沫调剖等新工艺，实施东区分层注水、渤21断块热水驱等新技术攻关及厚薄油层水平井挖潜等综合配套措施，促进了老油田稳产。全年承担和参与完成科研攻关项目37项，其中集团公司级项目2项，局级项目10项，厂级项目25项。以提高“五大系统效率”为龙头，进行油藏、注采、集输、三采及供电等系统设备技术改造，机采系统效率提高近4个百分点，注水系统效率提高近3个百分点，注水单耗明显降低，年节电量560万千瓦·时。

优化资源配置，加大科研力度，大胆创新管理，多元经济市场竞争力明显增强。对工业公司资产进行重组，新组建石油配件和阀门生产车间，壮大了生产能力。做大做强氮化油管、节能产品的内外部市场，重点以氮化技术为核心进行技术公关，相继研制出高压充填工具及新型水井封隔器等石油配件。抢上彩色玻璃钢等新建项目，市场竞争力明显增强。大胆创新管理，首次在永磁电机项目中实行职工参股形式，将企业利益与职工利益紧密结合，激发了职工的积极性和创造性。

创造性开展思想政治与基层创建工作，企业精神文明建设水平全面提升。以创建“学习型组织”和开展“学、转、谋、见”活动为契机，开展形势任务教育，干部职工认清了形势，增强了改革承受能力和战胜困难的信心。开展“党员干部形象年”活动，形成了党员干部转变观念、转变作风的良好氛围。以大局为重，高度重视稳定工作，加大弱势群体帮扶力度，做好协解人员安置、待业子女就业及家属稳定工作，安置协解人员354人，待业子女19人，为2222名家属发放补息金。孤岛采油厂被评为“全国精神文明建设工作先进单位”和“山东省思想政治工作优秀企业”。开展“五项劳动竞赛”活动，基层建设水平取得长足进步，采油厂被中石化评为“红旗采油厂”，17个基层单位分别被评为金牌队、银牌队、五星级、四星级站库。

（时盛堂）

【水平井技术应用实现新的突破】 在孤岛油田注聚区中一区馆陶组5单元正韵律厚油层综合含水达91.1%、采出程度高达45.3%的情况下，设计顶部剩余油挖潜先导试验井中－9平－9井。采用随钻地质导向技术，水平段距油层顶部0.5米，初期日产油33.5吨，含水38.8%，累计产油1.02万吨。部署水平井6口，建产能3.6

万吨,初期平均单井日产油 28.9 吨,含水 41.8%。

(时盛堂)

【稠油热采取得突破性进展】 2003 年稠油产量达到 101.8 万吨,比计划超 6.6 万吨,为扭转采油厂产量被动局面作出了突出贡献。加大老区加密调整力度,搞好活动锅炉衔接运行、新老井转周注汽工作,对高泥质含量的特稠油藏和 6 口 139.7 毫米小套管井热采挖潜工作取得突破性进展。孤北 1 块采用亚临界活动锅炉注汽 6 井次,平均单井日产油能力由转周前的 3.2 吨提高到 8.4 吨,增加 5.2 吨,周期生产天数延长 45 天。

(时盛堂)

【注聚驱油继续保持平稳态势】 为保证注聚驱增油效果,在中一区 Ng5 -6 单元实施以治理低液量井、延长注入段塞为主要内容的综合调整工作。中二中注聚扩大区针对采液强度和注入强度低、压力低、见效差的现状,编制实施综合调整方案。编制实施南区 B19 块、中一区馆 3 块西北部注聚驱转后续水驱方案。编制实施中一区馆 3 -6 块、南区 B61、B64、B72 井两个注聚项目以完善注采井网、提高注采对应率为主要内容的转注聚方案。全年聚合物驱增油 77.53 万吨,超计划 5300 吨。

(时盛堂)

(审核 张绍东)

海洋石油开发公司
(港务管理处)

【概述】 海洋石油开发公司成立于 1994 年 5 月,主要担负胜利海上埕岛油田的开发建设任务。油田发现于 1988 年 5 月,地理位置位于渤海湾南部、埕北低凸起东南端,南界距海岸 3 千米,西北距渤海石油公司埕北油田 35 千米,油田海域最大水深 15 米。埕岛油田已发现明化镇、馆陶组、东营组、沙河街组、中生界、古生界、太古界 7 套含油层系,累计上报探明含油面积 143.9 平方千米,地质储量 38462 万吨。1994 年投入大规模开发,2000 年 7 月转入注水开发。在开发建设中,依据先高产后低产、先易后难的开发原则,不断加快开发工作节奏,累计建成产能 342.7 万吨,累计产油 1576.83 万吨。

有职工 1315 人,平均年龄 29.5 岁,其中党员 459 人,占职工总数的 34.9%。技术干部 477 人,占职工总数的 36.3%。中高级专业技术人员 196 人,占职工总数的 14.9%。设 18 个职能科室,3 个单列部门,4 个直属单位,辖 12 个三级单位。管理着海上各类采油平台 78 座,其中中心平台 2 座,开发系列平台 3 座,井组平台 46 座,单井平台 27 座。海上油井 217 口,注水井 52 口,气井 1 口。海底输油管线 58 条 77.1 千米,海底电缆 60 条 87.5 千米,注水管线 35 条 38.2 千米,气管线 2 条 20.8 千米。有油气接转站 3 座,联合站 1 座,石油专用码头 1 座。

2003 年,在遭遇特大风暴潮和 2 次突发海缆故障自然灾害、损失 8.3 万吨产量的情况下,生产原油 201.13 万吨,上交天然气 8340 万立方米,油气当量完成 204.81 万吨。油田注水完成 110 万立方米,新建产能 25.2 万吨。

"强化埕岛、主攻潜山、抓整拾零、扩大预探",油气勘探取得重要成果。全年部署完成探井 11 口,试油 7 口 27 层,获得工业油流 5 口 10 层,上报控制含油面积 33.5 平方千米,控制储量 3255 万吨。埕北

306、307和桩海102井，在下古生界试油，分别获得日产178吨、112吨、124.7吨高产油流。埕北306、桩海101侧钻井在沙河街组试油获得日产64.1吨和98.9吨高产油流，扩大了桩海地区含油气规模。

油气生产。全年完成油水井作业121井次，比年计划超额完成31井次，转注15口，海上注水井达到52口，日注水量4024立方米，注水储量10066万吨。加强油井管理，电泵井检泵周期839天，螺杆泵井检泵周期1298天，机采井躺井率1.58%，比上年降低0.1%。稳产基础继续巩固，各项指标均控制在计划之内，年自然递减率13.2%，综合递减率10%，含水上升率4.7%。船舶拉油生产施行专业化管理，全年拉油24.54万吨。原油外输综合含水控制0.37%。荣获中石化油藏经营管理优胜采油厂称号。

重点科研项目成效突出，新技术、新工艺推广应用见到好效果。组织开展勘探目标综合研究、潜油电泵工况诊断和平台周边海底管道电缆探测等14项课题攻关，投入科研经费400万元，全年完成10项，8项分获管理局科技进步奖和推广奖。完成井下工具、发电机组、天然气压缩机及毛细测压装置等项目合同签订和运作，完善了海上开发配套工艺。开展青年科技论文征集和群众性合理化建议活动，全年实施重大技术革新、合理化建议项目180项，解决了生产中的大量难题。

市场化经营，全方位管理，经济运行质量得到提高。实施以成本倒逼、横向到边、纵向到底为主要内容的承包经营管理模式，与12个三级单位和10个项目管理组签订内部承包责任书。双文明建设实现网络化考核，拓宽考核覆盖面，将科室承包费用纳入考核体系。强化资金预算和审计管理，审计调减金额877.61万元。全年签订各类经济合同703份，标的额12亿元，合同履约率100%。实行公开招标，节约资金788万元。设备管理安全可靠和优化运行，设备完好率98.2%，设备故障停机率1.2%。

安全生产。坚持安全第一方针，强化监督检查，抓隐患治理，全年安全生产环境稳定。每月召开安全工作会议，把安全管理作为双文明考核的重要指标，实行一票否决。建成投用临时出海人员安全教育室，举办系列安全知识竞赛、消防、逃生演习等活动，增强干部职工安全环保意识。开展反"三违"、安全专项大检查等活动。完成中石化级项目22条悬空管线和中心二号生活平台振动治理，完成油田级项目17口探井处理，公司级项目19座平台加固、倾斜治理、井口加高及点火装置改造如期完工。安全技措取得明显进展，雷达扩容及平台电视监控系统安装完成，启动埕岛海域溢油索源技术研究。船舶拉油、海陆交通运输管理科学、规范、有序，全年实现安全生产。

港区管理。开展"查、摆、改、上"活动，规范用电用水管理，转供电供水收支平衡率分别达到90%和65%。环境卫生实行"门前三包"，日产日清，清洁率达100%。推行协理员制度，提高了港区管理水平。整修海堤，改造消防设施，更换靠船排，强化功能配套建设，提高了海上生产保障能力。船舶实行分区管理，定期组织外航道和内港池清淤，保证航道安全畅通，全年安全出航2500航次，满足了海上生产建设和用船需要。

加强党的建设、思想政治工作和精神文明建设，公司大局保持稳定。开展"学精神、转观念、谋发展、见成效"活动，利用各种媒体手段，引导干部职工立足实际创新创效，5项合理化建议获管理局二、三等奖。在党员干部中开展“警示教育、学法守规”主题活动和“党风廉政教育周”活动，党风廉政建设责任制得到落实。以“达标、创优、争强、夺牌”活动为载体，开展创建学习型组织等活动，采油二分公司平台采油队、海四联、中心二号及注水泵站分获中石化金牌采油队、五星级联合站、四星级处理站和四星级注水站称号。11个基层队通过油田“名牌、行业一强、优秀基层队”验收。以开展“企业文化建设年”活动为契机，举办群众性文化活动，充实职工业余文化生活。综合治理、工会、老年、计划生育等工作坚持不断创新，为保持大局稳定做出了贡献。

（张建启）

【抗击风暴潮】 受强冷空气影响，10月11—16日，埕岛海域出现50年一遇的风暴潮，部分平台、码头、海堤等海上生产设施遭到不同程度破坏，生产受到严重影响。10月11日，海上风力达到10级以上，激起4米多高的海浪，将海一站附近防护堤冲垮近20米，海水涌入站内，配电室进水，造成CB35井组停电，形势十分危急。面对险情，公司立即启动抢险应急预案，组织240名抢险队员迅速投入抗灾抢险一线，连续奋战7个小时，投砂20车、6000袋，封住决口大堤，排除了险情，使CB35井组成功送电，恢复了生产。

（张建启）

【抢修海缆】 受埕岛海域复杂多变的海底地貌和恶劣水文环境影响，11月6日海洋变—中心二号2条主干海缆出现接地故障，造成海上24个井组近百口油井停井。事故发生后，公司立即成立海上生产紧急运行小组，在海上生产和保障、电力调度协调、发电系统运行、海缆修复4个方面投入抢险工作。调整电力负荷、安装临时发电机组，解决平台供电生产问题。协调施工单位，开展旧海缆修复和新海缆铺设工作。12月10日，海电III线铺设和海电I线修复全部完成，海上送电一次成功，电力系统恢复正常。

（张建启）

（审核 董法昌）

新疆勘探公司

【概述】 新疆勘探公司为中石化胜利油田有限公司二级单位，原称塔里木胜利和田勘探公司（和田勘探项目经理部），于1997年8月成立，2001年1月更名为新疆勘探公司。工作区域在塔里木盆地南缘和田地区和准噶尔盆地，勘探面积分别为17338平方千米和49012平方千米。

设党政办公室、人教科、勘探科、综合科、信息科、监督科、工程科、经营科、财务科等9个科室和博士后流动站。在新疆前线设置乌鲁木齐项目组、和田项目组，强化现场管理和监督工作。有职工35人，干部25人，工人10人。有党员23人，占公司人员总数的66%。干部全部具有中专以上学历，其中研究生7人，本科生15人，教授级高工1人，高工13人，中级职称8人。职工平均年龄40岁。有2名博士后在流动站工作，是一支知识化、年轻化、专业化的管理队伍。

勘探生产取得“一个重大突破、三个重要发现”。全年钻探井10口，完钻4口，完成钻井进尺28631米。部署实施二维地震1258千米，三维地震467.77平方千米。通过精细描述和评价，上报各类圈闭116个，圈闭总面积2638.9平方千米，预测圈闭总资源量14.7亿吨，上报预测储量5200万吨。一个重大突破——董1井中途测试获高产油气流，实现了中石化胜利区块重大战略性突破，为胜利油田油气当量重上3000万吨，外围新区建成150万—200万吨产能打下了基础。董1井也是中石化西部新区的第1口百吨井。三个重要发现——西缘区块车排子地区钻探的排1井在701—772米获得良好油气显示，展示该地区具有较好勘探前景。滴北1井见到油气显示，为进一步加强青格里底山区块和北缘2区块勘探提供了重要线索。在中部2、3、4区块及青格里底山等区块发现了一批构造、岩性、地层和各种复合圈闭，为深化胜利区块勘探工作提供了圈闭目标。

创新地质认识，发展勘探技术。在对准噶尔盆地油气成藏“源控、断控、梁控”三控论的基础上，针对胜利区块的实际地质问题，发展“相控、隆控、压控”控油新认识，对胜利区块勘探起到了指导作用。对沙漠区深层高分辨率地震勘探技术、深层异常高压体系钻、测、录井及油气层识别技术，异常高压油气层的测试技术进行攻关，形成了5项有效单项技术，成为西部勘探加速发展的“助推器”。

完善经营管理，为油田队伍进入西部市场创造条件。做好勘探项目投资控制，强化合同管理，正常项目投资控制在计划范围内。抓住参与准噶尔胜利区块勘探管理工作的时机，为油田队伍进入西部市场创造条件。全年有2个地震队、7个钻井队、5个录井队、2个固井队、1个测井队、2个试油队进入西部新区市场，是历年来胜利队伍参战最多的1年。

（唐晓东）

【滴北1井获重要发现】 滴北1井是青格里底山区块第1口预探井，位于泉1井东25千米处，准噶尔盆地乌伦古坳陷南斜坡滴北1号构造高部位，设计井深2900米，主探侏罗系、三迭系，兼探石炭系。由胜利渤海钻井公司50117钻井队承担钻井、西南局录井工程处2238录井队承担录井任务，5月16日开钻，8月23日完钻，完钻井深2894米，完钻层位石炭系。

滴北1井录井在侏罗系1680—1684.33米井段，发现厚4.33米灰色油迹细砂岩，在1684.33—1693.2米井段取心，见油气显示3.72米，其中油浸1层0.91米，油斑2层1.92米，油迹1层0.33米，荧光1层0.56米。1552.0—1833.8米测井解释油层3层10.8米，含油水层1层3.6米。先后对侏罗系八道湾组1679.20—1689.00米（层序1）与三叠系黄山街组1801.00—1806.50（层序2）进行完井测试，试油效果不理想，两层的结论为干层。

滴北1井是胜利油田在准噶尔探区第1口解释油气层的探井。通过对滴北1井的油样分析，认为其油气确实来源于石炭系烃源岩。最后测试未获工业油气流，但钻井过程中油气显示和岩心含油性说明青格里底山区块和北缘2区块勘探必定有发现前景。

（唐晓东）

【排1井发现油气显示】 排1井是西缘区块车排子凸起东北部的预探井，位于新疆伊犁哈萨克自治州克拉玛依市车峰镇高扬庄东北约23千米处，准噶尔盆地车排子凸起车8井西构造，主探侏罗系、三叠系，兼探石炭系、白垩系地层含油气情况，设计井深1000米。

由中原一公司2509钻井队承担钻井、华北局录井1209录井队负责录井，11月6日开钻，12月1日完钻，完钻井深945.8米，完钻层位石炭系。钻探过程中见到较好油气显示。全井取心11筒，累计取心进尺68.39米，心长54.68米，平均收获率

80.0%。富含油1层0.20米,油浸10层17.74米,油斑8层5.12米,油迹5层5.70米,荧光12层16.29米,储集层4层2.92米。录井综合解释油层17.5米/1层,差油层40.5米/3层,干层110米/2层。测井解释油水同层23.6米/4层。排1井油气显示,说明红—车断裂带及车排子凸起具有较好成藏条件,展示该地区具有较好勘探前景。

(唐晓东)

【董1井获高产油气流】 董1井是中部4区块第1口预探井,位于新疆阜康市西北40千米处,准噶尔盆地昌吉凹陷董家海子东构造,原设计井深6300米,主探侏罗系、兼探白垩系地层含油气情况。

中原3勘7012钻井队承担钻井,胜利录井2015队负责录井,5月13日开钻,2003年12月25日,井深5283米,层位为侏罗系头屯河组。

董1井在4571—4957米井段录井见油气显示12层35.33米。9月5日钻至井深4871.78米(侏罗系头屯河组上部)时发生井涌。现场紧急关井后,立管压力、套管压力迅速上升。9月8日,在加重泥浆压井过程中,先后于10时53分至11时01分、11时06分至11时55分、14时17分至17时17分对反排泥浆进行了3次放喷,均点火成功,光焰呈桔黄色,烟气浓重,火焰射程达8—10米,高度3—4米,放喷点火持续时间最长达90分钟。9月19—26日采取一开一关工作制度对董1井头屯河组4871.18—4873米高压油层进行中途测试,4.7毫米油嘴放喷求产,8小时累计产油28.1立方米,累计产气16225立方米,不含水,折算日产油82.31立方米,日产天然气47261立方米。首次突破了胜利西部探区出油关,是中石化西部新区的第1口百吨井,实现了胜利勘探区块的重大突破。

(唐晓东)

(审核　刘传虎)

井下作业公司

【概述】 胜利油田井下作业公司位于东营市东营区锦霞路22号,成立于1965年11月21日,占地1672.67亩。有职工5294人,具有专业技术职称1075人,党员2506人,拥有固定资产原值6.06亿元,净值2.93亿元,拥有主要生产设备500多台(套)。公司被评为山东省环境保护优秀企业和设备管理先进单位。连续13年和19年被评为山东省和东营市“重合同、守信用”企业。第16年被评为管理局文明单位,第14年被评为山东省文明单位。保持“全国用户满意服务”企业称号。全年实现生产经营总值12.1亿元,上缴资产收益额6000万元,超额完成了有限公司下达的各项承包指标,多项工作保持油田先进水平。

勘探开发。按照油田总体部署,加强勘探工作组织领导,强化生产运行,全年在84口井92层发现工业油气流,日增油2350吨,日增天然气9.3万立方米。在王古1井、老292井、桩海101井等探井获得日产过百吨高产油流,取得良好勘探成果,为油田首次实现“三个过亿吨”做出了贡献。结合采油厂稳产上产实际,组织开展大修、作业、压裂等各类上产会战。全年大修侧钻283口、地层测试204层、热注13口、压裂酸化558口、防砂131口、作业交井349口、生产疑难区块开发原油23万吨,为油田勘探开发做出了贡献。

市场开拓。按照“扩大国内、发展国外、同时拓展、做大做强”的工作思路,加大工作力度，全年有55个队次、1078人次到国内外29个行业市场参与竞争，对外创收1.8亿元，超额完成了油田下达的外部创收指标。国内市场继续巩固陕北、江苏、海南、大庆、辽河，扩大中原、新疆、四川市场，新开辟吉林压裂、中原注汽、大港海上试油市场，靠高超的技术和优质服务，赢得了用户信赖。大港、辽河、中原等甲方单位专程送来感谢信和锦旗。国外市场扩大了土库曼斯坦油气市场，重新进入蒙古国试油作业市场，新开辟吉尔吉斯斯坦修井市场，形成国外3个市场、4个项目格局。

内部改革。针对原稠油试采大队工作量严重不足，注汽锅炉和队伍长期闲置，原测试大队购置测试装备资产折旧负担过重等问题，对业务关联密切的前线单位进行内部整合，将原试油一大队陆上试油部分划归原稠油试采大队，将原测试大队与原试油二大队合并，形成海洋试油作业、试油测试、稠油试油作业、修井作业4大专业化队伍，有效缓解了稠油试采工作量不足、人员闲置的矛盾和测试大队沉重的资产负担，陆上试油力量进一步加强，海洋试油作业实现了专业化管理，队伍、技术、装备专业化优势得到发挥，适应了市场竞争需要，提高了公司整体竞争实力。

企业管理。抓好安全、质量和成本管理，突出安全生产“一岗一责制”的落实和“反三违”工作，开展“雨季八防”检查、海上专项检查、民用气检查活动，对发现的事故隐患加大整改力度，全年累计投入安全技措资金1100万元，用于消除事故隐患，在中石化及油田的安全检查中获得较高评价，公司实现了连续15年安全生产的奋斗目标。

质量管理。强化ISO9001质量体系运行，推行零缺陷管理，强化现场监督检查力度，加大外部市场、重点施工的质量检查，实行全过程质量控制。加大无功作业统计资料分析，及时找出存在的问题，有针对性地制定管理措施，严格落实质量责任追究制，严格奖惩考核，提高了全员质量意识。工程质量管理水平不断提高，施工工序一次成功率达到96.8%，减少了质量损失。

成本管理。严格审批制度，压缩非生产性开支。继续强化物资采购和各项劳务招标管理，建立内、外部合同审查审批制度，完善合同管理保障体系。坚持万元以上物资采购和工程维修项目实行统一招投标，货比三家、价比四邻，降低采购价格，减少了费用开支，节约大量资金。

科技创新。从调整科研单位承包机制入手，完善科技运行机制，使科研单位、专业科研队伍由生产经营转为科研攻关。设立100万元科技和管理创新专项奖，激发科技人员的工作热情。结合油田增储上产和开拓市场的实际，确定科研项目和攻关重点。开展的临盘基山砂岩体压裂改造、套损井检测及修复工艺等多项重点科研课题攻关，均获得新突破。成功攻克高压高含硫气井测试和超低压气井修井2大核心技术，为开拓国内外气井市场发挥作用。全年按计划完成2项局级科研项目，获得3项专利，申报了6项实用新型专利，7项科技成果获得局级奖励。发挥职工群众的积极性和创造性，举办科技论文发布会、“五小成果”科技竞赛等活动，验收评审工程技术合理化建议和技术改进成果340项，推动了整体科技水平提高。

基层队伍建设。开展“讲学习、比意识，讲创新、比活力，讲实干，比业绩，讲效益、比发展，讲大局、比稳定”的“五讲五比”活动和管理局开展的“达标、创优、争强、夺牌”及中石化开展的“五项劳动竞赛”活动，制定活动计划、完善规章制度、加强管理、严格考核、典型引路等多项措施，促进基层小队创名牌、夺金牌，取得良好效果。4个队被中石化命名为金牌队、6个队被命名为银牌队，8个队被管理局命名为名牌基层队，5个队被命名为行业一强，27个队伍被命名为优秀基层队，创近年最好水平，增强了队伍开拓国内外市场的影响力和竞争实力。

（王玉明）

【川东北试气市场取得成功】 优质高效完成了毛坝1井、普光1井等中石化重点探井的试气测试任务，在中石化南方局重点探井四川普光1井的试气施工中，在井深、井斜、井内含硫化氢超过10万 $\times 10^{-6}$/立方米的情况下，井下试油测试大队测试2队、试油20队、24队的参战职工严格按照安全技术标准组织施工，年7月29日，成功试出42.37万立方米的高产气流，填补了油田在超深井、超高压、高含硫化氢试气测试领域的空白。中石化股份公司高级副总裁牟书令欣然题词“开川东北试气先河，展胜利井下人雄风”。

（王玉明）

【土库曼斯坦气井施工获得重大突破】 以中国石化集团胜利石油管理局（土库曼斯坦）分公司名义与土库曼斯坦天然气康采恩签订65口气井修井施工合同。施工期间，在土方井史资料不清、地层压力系数低的情况下，精心研究，成功破解高产超低压气井施工这个世界级难题。全年施工18口，成功率达100%，均获得高产。在土库曼斯坦政府及油气界再次引起强烈震动。总统尼亚佐夫再次给予“中国石油工人能吃苦，作风过硬，修井成功率100%”的高度评价。为中国石油工业赢得新荣誉。中国驻土使馆向外交部、经贸部工作汇报中，多次对土库曼取得的成绩和为中国赢得的良好声誉给予表扬，并专门向公司表示祝贺。

（王玉明）

（审核　王泰祥）

油气集输公司

【概述】 有职工3085人，设22个机关科室，辖8个三级单位，9个直属单位。全年外销原油2047.40万吨，完成年计划的102.37%，天然气外供27141万立方米，完成年计划的104.39%，工业产气量2780万立方米，完成年计划的100%。轻烃产量32450吨，完成年计划的119.30%。总成本控制在计划之内。全年实现安全生产无事故。

科技进步。全年获得国家级管理成果奖5项，省部级荣誉称号和管理成果奖12项，管理局暨有限公司荣誉称号和管理成果奖55项。提合理化建议1190条，采纳714条，实施357条，创效1730万元。油区综合治理。坚持“打防结合”原则，加强人防力度，开展3次油区集中整治、专项治理活动，组织守候抓捕行动11次，配合公安机关侦破盗油案件9起，打掉盗油团伙5个，缴获盗油车辆10余台，抓捕犯罪分子20人。组织大规模掐气会战30次，掐除盗气点400处，捣毁大型烧瓷炉6台，收缴气管线2万米。加大技防投入，对输油管道防泄漏报警系统进行升级改造。加强油地共建，争取地方政府支持，与垦利县、利津县政府签订油地共建协议，形成互利双赢的作机制，收到较好效果，盗油、盗气案件大幅度下降。

“数字化公司”建设。加强基础设施投入，推进先进技术应用，召开公司首届发展论坛会，确定“数字化集输”的中长期规划。全年技改投入3602万元，完成了东营原油库自动化改造，实现了重要生产参数实时监控、自动数据采集与控制和自动盘库。完成临淄天然气站自动化改造，实现了天然气压力控制和所有参数、流程的计算机显示，为压气站、配气站等交接点计量改造打下基础。开展天然气管道泄漏监测技术和内腐蚀机理研究，提出管线腐蚀控制初步方案。完成第4期网络建设工作，"数字化公司"建设初具规模。

内部管理。本着"求实务实抓落实"的工作原则，加强内部管理，强化各级管理者责任心和事业心，投资、成本得到有效控制，专业化管理水平有新提高。完善"班组经济核算"办法，输油系统推行输油单耗万吨千米控制方案，优化管理系统运行，降低了营运成本。开展创建"星级站库"管理活动，产生五星级站库3个，四星级站库3个，金牌采气队1个。开展"优秀基层队"创建活动，调动了班组自我管理、自我提升的积极性，涌现出一批创新创效带头人，提高了基层创建工作质量，10个班组被评为十佳班组，55个基层队通过了管理局达标基层队验收。分配制度改革中，以《胜利油田实施内部分配制度改革指导意见》为指导，制定《工资总量控制办法》、《绩效管理考核办法》等配套改革措施，为分配制度改革顺利开展创造条件，采取"试点引路"方法，减少了工作的盲目性。在分配制度改革实施方案的制定过程中，严格履行民主监督程序，发挥职工民主管理、民主决策职能，使职工享有对改革的知情权、参与权和决策权，维护了职工群众的切身利益。整个过程做到公正、公开，赢得了职工群众的理解和支持，确保公司分配制度改革顺利实施。公司的经验2次在油田会议上进行介绍，油田领导给予高度评价。

精神文明建设。以建立规范化、系统化的职工思想政治工作运作机制为重点，不断创新思想政治工作方式方法，职工队伍稳定工作取得明显成效。思想政治工作系统化管理是公司思想政治工作大的创新。从解决职工最关心的问题入手，完善排忧解难工作体系，发放"送温暖救济金"20.44万元，建立"送温暖排忧解难工作网络"，把职工思想政治工作做得更富有人情味，更具有感染力，增强了思想政治工作的实效性。

（王树声）

【输差管理和系统技术改造】 深化"3、3、7"管理办法，开展"强责任、抓管理、降输差"活动，保证原油输差和含水指标完成。针对国际油价起伏不定、原油销售不畅的实际，抓好原油高库存状态下的运行管理，制定实施"高库存状态下加强生产管理的特别管理规定"，为油田原油外销争得了主动。加大资金投入，完成东营原油库自动化改造及消防稳高压改造，完成孤岛原油库体积管改造、分储分输工程和标准化改造，提高了原油储运科技含量和自动化水平。做好节能降耗工作，夏季对部分原油加热中间站实行越站输送，根据来油量大小，灵活调整输油泵运行台数，减少节流损耗。强化避峰填谷用电调度意识，降低电量电费。降低了营运成本，全年节约费用支出300余万元，创历史最高水平。

（王树声）

【气路检修、100万离心机改造和计划供气】 开展"冬季供气优胜杯"劳动竞赛活动，加强天然气输差管理，制定《天然气综合损耗管理办法》，完善气输差考核体系，实行采气队区块管理办法，促进气输差形势好转。按油田计划指令及时调整供气计划，按要求供气，维护了油田利益。实施大型进口设备配件国产化，对涡轮增压器、冷却器、轴瓦、气阀、活塞、活塞环等进行攻关，针对国产化配件试用中出现的问题进行改造，改造后的离心压缩机消除了回流，在进站气量、排气压力相同的情况下，平均降低负荷1500千瓦，月节电120万千瓦·时，输气单耗由改造前的每万立方米1620千瓦·时降为每万立方米1120千瓦·时，创历史最好水平。完成274项自检项目和9项外委项目的气路设备大检修任务。完成济军基地用气规范治理工作。改造临淄天然气站，实现了向齐鲁石化和山东天然气管网的科学合理供气。

（王树声）

【天然气产能建设和低压采气】 针对气藏特点，推广运用油气层保护技术、系列滤砂管防砂新工艺、化学排水采气工艺、井下活动气嘴安装技术、二次采气工艺，使气井生产技术研究系列化，30口低压待报废井恢复了生产，采收率提高2.28%，缓解了资源不足的矛盾。抓好轻烃装置优化运行和轻烃产品质量，实施SW64机组、100万离心机、4KOC增压机及3套50万深冷装置管理和维护，提高轻烃生产效益。生产运行岗位开展生产小指标竞赛活动，稳定了产量，提高了产品质量。开展合理化建议和选题立项活动，召开技改项目论证会，对全年技改工作进行详细论证和预测，选出21个课题组织实施，收到良好效果。轻烃生产总成本较上年降低32万元，单位成本降低216元/吨。

（王树声）

（审核　史殿义）

海洋石油船舶公司

【概述】 海洋石油船舶公司成立于1994年5月11日，是中国石化胜利油田有限公司惟一的专业化船舶公司。公司基地位于山东省龙口市屺坶岛，土地面积3384亩，海域面积2077亩。有职工1321人，其中正式工1068人，集体、劳动合同等其他用工253人。设11个机关科室、4个科级单位、9个三级单位。拥有拖轮、货轮、油轮、浮吊、驳船、挖泥船等各型船舶30艘，一类开放码头、1500吨级修船滑道和2000吨级成品油库各1座。托管的龙口基地管理中心，主要负责基地物业管理、文教卫生、环卫绿化和多种经营工作，实际用工人数513人，其中主业265人，多种经营248人。设6个机关办公室、4个科级单位和1个经济实体。

2003年，按照“追赶战略”的总体部署，全面提升、提速、抓落实，各项工作齐头并进，实现创收20021万元，被评为2003年度油田“文明建设先进单位”。

市场开拓取得历史性突破。全面提升服务水平，提高作业能力，稳定油田内部市场，广泛搜集外部信息，完善闯市场的价格和激励机制，胜利262、胜利104等7艘船舶走出油田，取得较好经济效益，锻炼了职工队伍，积累了外闯市场经验。

为海上生产提供船舶保障。强化前线指挥后方、龙口服务桩西的生产运行模式，严格遵守安全操作规程，提前准备防风、防潮和防冰凌应急措施，船舶全年安全航行17万海里，航时2.62万小时，货运量26.97万吨，完成大型作业任务92次。

安全环保保持良好形势。层层落实安全责任，细化安全职责，量化考核标准，加强安全监督，开展5次安全生产大检查，实现船舶污水“零排放”和厂区雨、污水分排。实施 HSE 管理，全面推行 SEMS（安全环保管理体系），为油田海上生产保驾护航，完善应急预案，周密组织各项演习。成功对 EDC 平台伤员等 10 余次遇险船舶和人员实施抢险救助。

循序渐进推进内部改革。对生产、经营、船舶管理的组织机构及运行模式进行重组，对修船厂采取灵活的管理模式，引入新的管理理念。以“2323”法为手段，加强日常“三岗制”动态管理，全年产生下、待岗人员 107 人，保持了 3% 的常量。实施分配制度改革，形成了岗位靠竞争、收入靠贡献、对岗不对人、能升能降的分配机制。

企业管理向精细化、标准化迈进。强化单位、部门和专项费用内部承包，建立文明考核制度，加大创收和开支监控。强化设备日常维护保养，设备零维费用逐步降低，设备综合完好率达到 98.58%，故障停机率降至 0.38%。完成胜利 291 船建造项目效能监察，节约资金 1600 万元。

固定资产投资。胜利 291 和胜利 251 顺利投产，填补了油田无特大功率多用工作船和破冰船的空白。新建 800 吨原油运输船，胜利 621、622 相继投产。新建 4000 马力全回转拖轮建造工程立项。完成胜利 618 和胜利 104 船改造，实施胜利 502 溢油回收船改造、胜利 306 污液回收船改造和胜利 617 试油船改造工程。建设联检楼、码头仓储和管理用房等工程，以“船舶服务”为中心、以“港口贸易”和“船舶修理”为两翼发展格局的基础得到加强。

推进厂务公开和民主监督工作。建立完善厂务公开信息通报制度、职代会团长联席会议制度、厂务公开监督员督察回访制度和领导班子议事规则，坚持公开、公平、公正的工作方法。开展“结对帮扶再就业”活动，66 名帮扶对象重新走上就业岗位，困难群体实现再就业 100%。152 人实现临时再就业，占失业人员总数的 64.7%，超额完成油田 52% 的指标。

公益事业总体水平提高。实施通讯和信息系统改造工程，扩建幼儿园，完成污水排放工程，推进经济适用房建设项目。物业管理日趋规范，为职工家属提供快捷、优质、高效服务。全年新增绿化面积 6 万平方米。文教卫生工作得到加强。群策群力、群防群控，取得了防治“非典”的重大阶段性胜利。

职工素质不断提高。各级领导干部结合开展“学转谋见”活动，以“三个代表”重要思想规范言行，强化开拓创新意识和破解难题、综合协调、自我约束能力，保持了组织协调、行动统一和工作高效。通过各种措施补充船员 94 人，完成了 40 个项目、1086 人次的培训任务。结合“IMSS”经济技术创新工程和青年技术攻关、“五小”竞赛等活动，推进学习型组织建设。一批经过实践锻炼、具备专业知识的年轻干部充实到中层领导岗位。

思想政治工作和文明建设进入新境界。培育形成“爱我胜利、振兴船舶”的企业精神，营造积极、健康、和谐的良好氛围。开展“学转谋见”主题活动，党建工作取得新进展。抓好社会治安综合治理，保持了治安稳定。列入考核的 44 个基层队全部达标，5 个基层队被评为管理局“优秀基层队”，胜利 261、海洋应急中心溢油回收队被评为油田“行业一强”，胜利 221、233、241 被评为“名牌基层队”。

（魏延江）

【胜利油田首艘破冰船多用工作船胜利 251 投产】 5 月 28 日，油田第 1 艘具备破冰功能的 5000 马力多用途工作船——胜利 251 船在桩西投入海上生产。该船由上海 708 所设计，2002 年 1 月 15 日在芜湖造船厂开工建造，总投资6000万元。船体总长67.20米，总吨位1284吨，吃水4.00米，主机功率5000马力。航速14.0节，续航力1000海里。甲板载货量500吨，散装水泥量35.8立方米×3。破冰能力达到Ice Class B3级，可破400毫米平整冰，可在浮冰中航行。2台2400立方米/小时消防炮均为水/泡沫两用消防炮。投产后的胜利251船主要作为钻井、采油、作业平台的安全守护，供应油水、水泥及钻采器械等物资，为结冰海域的海上构筑物开辟航道运送物资。强化了油田海上抢险救助、生产保障能力。

（魏延江）

【胜利油田综合性能最先进的船舶——10000马力多用工作船投产】 9月20日，胜利油田投资额最高、功率最大、综合性能居国际先进水平的10000马力多用工作船——胜利291建成投产。该船由上海708研究所设计，武昌造船厂承建，2001年9月由中石化集团总公司批准立项，2002年8月22日正式开工建造，总计投资1.3亿元。船体总长74.00米，总吨位2416吨。垂间长70.50米，型宽15.60米，型深7.10米，吃水5.80米。主机功率5000马力×2，服务航速16.00节，续航力5000海里。甲板载货面积400平方米、载货量800吨，散装水泥量50立方米×4。液压拖缆机2800千牛，克令吊20千牛×14米。该船具备强大的消防能力，达到FF2级水平，轴带消防泵为3600立方米/时×2，最小射程150米，配备能够扑灭油类火灾的固定式泡沫灭火系统，能够在最短时间内完成紧急情况下的消防救助任务。满足CCS无限航区对船舶的要求，具备Ice Class B2级冰区加强能力。

投产后的胜利291船主要承担恶劣海况下的抢险、救助，平台及海上其他大型漂浮构筑物的远距离拖航，海上各种平台及无自航能力大型作业船舶的安全守护、人员接送和物料供应。为采油平台起锚和抛锚，并可供应油水、散灰及钻采器材等物资。胜利291船投产，强化了胜利油田海洋装备综合能力，改善了油田船舶结构状况，对保障油田海洋石油勘探开发的顺利进行和国家财产、人民生命安全，有着重要作用。

（魏延江）

（审核　张韶光）

地质科学研究院

【概述】 地质科学研究院（以下简称地质院）隶属中国石化集团胜利油田有限公司，为中石化重点研究院。地处山东省东营市东营区中心地带，东邻西四路，西靠管具公司，南依青岛路，北傍聊城路。始建于1964年7月27日。占地面积11万平方米。设25个三级单位、12个机关科室、9个直属单位、7个四级单位。有职工1183人，其中科研人员913人，党员405人。高级职称248人（包括教授级高工14人），中级职称436人，助级职称174人。国家级有突出贡献专家1人，享受政府特殊津贴专家9人，省部级及局级专家36人，在站博士后7人。拥有勘探开发各类专用仪器设备220余台（套），固定资产总额4.30亿元，净值2.74亿元。

全年承担课题96个，其中国家级6个，集团公司级31个，全面参与中石化4个“十条龙”项目，牵头2项。完成课题46个，以地质院为主完成的“断陷盆地多样性潜山带成因、成藏与勘探配套技术”、“已开发油田水平井地质设计及薄油层水平井钻井技术”2项成果获国家科技进步二等奖,4 项成果获集团公司科技进步一等奖,占中石化上游地质勘探开发类获奖总数的 1/2,12 项成果获有限公司奖,其中一等奖 5 项。7 项成果通过集团公司评定,34 项通过有限公司评定,其中 23 项达国际先进以上水平。

全年建议并被采纳探井井位 208 口,完成计划的 160%。提交莱 64 等深层勘探目标 6 个,超指标 4 个。发现东营南坡孔店组等 500 万吨储量目标 5 个,超指标 3 个。完成阳 27、28 等外围预探目标 2 个。完成重点区带探井目标精细测井反演 200 平方千米。完成"十五"规划跟踪分析和 67 个油田可采储量标定工作,提交并被采纳下年度新区产能建设 3 万吨以上区块 3 个,动用储量 2747 万吨,建成能力是承包指标的 8.3 倍。筛选孤东二区 Ng4 -5 作为 2004 年 1000 万吨三采储量阵地,覆盖储量 1039 万吨。

全年编制图件 8500 张,完成三维地震解释 21648 层平方千米、二维解释 15100 千米,成图 44300 平方千米。完成产能建设方案 9 个,建成能力 60.6 万吨。设计水平井 43 口,密闭取心井设计及现场取心 6 口。完成数值模拟研究任务 22 个,覆盖储量 1.79 亿吨。完成地层对比 21497 口井,储层敏感性预测 98 口,评价井压力预测 86 口。完成样品分析 44791 块次,试井 4 井次。岩心图文信息建库 5100 米。出版《油气地质与采收率》期刊 7 期,发表论文 230 篇。编制《油气勘探开发信息》24 期,翻译外文资料 100 万字。收发地质资料 90103 份,归档入库 73935 份,立卷 4821 卷。

科技攻关再攀新高峰。强化隐蔽油气藏成藏机理研究,丰富发展陆相断陷盆地油气勘探理论体系,形成了配套新技术。深化低渗透渗流机理、矢量开发、聚合物加合增效和优势流场理论研究。完成的国家"十五"重点项目中"济阳坳陷地层岩性油气藏形成条件及目标评价"等 3 个专题顺利通过验收,提出的"断坡控砂、复式输导、相势控藏"理论被院士、专家誉为"继我国陆相生油理论和复式油气聚集带理论之后又一个新的理论创新"。国家"973"项目——"大幅度提高石油采收率的基础研究"二级课题——精细地质模型研究及现场试验,被首席科学家列入项目 3 大创新成果。集团公司重点项目——"大规模精细化油藏数值模拟并行应用研究",以神威计算机和并行软件为基础,自主研制开发的软件系统 5 小时内即可完成千万节点油藏模拟计算任务,鉴定专家组认为整体达国际先进水平,在并行策略和大规模应用研究两个方面国际领先。这是近年国内计算机领域研究课题的最高评价。

勘探研究再创新业绩。王古 1 井突破东营南坡深层潜山出油关,获日产油 467 立方米、气 3504 立方米的高产油气流,储量规模达 8000 万吨。阳 101 井突破阳信洼陷工业油流关,获日产 20.2 吨工业油流,新增控制储量 1005 万吨,胜利油田第 72 个油田应运而生。董 1 井突破胜利西部探区出油关,获日产油 82.31 立方米、气 47261 立方米的高产油气流,成为中石化西部新区第 1 口油气日产超百吨的探井。王庄—宁海、桩海、渤南—孤北低潜山等 7 个地区的勘探取得重大进展。罗家—垦西稠油、孤岛南部馆陶组、孤北洼陷深层等 8 个地区含油面积进一步扩大。全年建议并被采纳预探井 76 口,占探井总数的 36.5%,较"九五"以来平均水平提高 7.9 个百分点。探井电测解释成功率达到 76%,比全局高 2.8%。试油成功率 57%,比全局高 8.4%。

油田开发再上新水平。针对王庄—宁

海亿吨级敏感性稠油油藏，立足室内实验研究，强化技术攻关，注重方案优化，建立特超稠油油藏分级评价体系。针对潜山油藏地层接触关系复杂、储集体预测难度大等特点，抓实基础资料，推广新技术，形成灰岩潜山油藏开发技术系列。水平井应用实现薄层水平井设计、厚层顶部剩余油挖潜、高含水地层油藏水平井整体开发的新突破。针对二类油藏开发的不利因素，在孤东二区聚合物驱方案编制中，首次明确注聚区水质指标，细化选区研究，强化跟踪分析，优化调整措施，为油田增产稳产做出了贡献。以聚合物加合增效理论为指导，开展孤东二元复合驱等4项重大先导试验，开发了有机交联聚合物、聚合物强化泡沫等驱油体系。引进适合高温高盐油藏的数模软件，优化先导试验方案，提高了方案编制的科学性、准确性。

天然气工作取得新进展。在孤北石炭—二叠系煤成气、高气油比油气藏、阳信洼陷沙一段生物成因气、东营中央隆起带浅层气等方面取得新发现。开展中层天然气亮点识别、水驱气藏提高采收率、不同类型气藏开发潜力综合评价等课题研究，发展完善中浅层天然气勘探开发一体化技术。编制完成盐北、三合村等地区天然气产能建设方案，预计建产能8100万立方米。

科研条件有新改善。加强实验室建设，实现了样品分析标准化、数据处理自动化、设备利用高效化。在同行业实验室比对测试中，准确率达100%。加紧筹建5个物理模拟实验室，生排烃机理、油气运聚与成藏、构造实验室开始实施。更新完善勘探开发软硬件系统，强化数据库建设，实现了开发数据库规范分类查询和分析化验数据库管理自动化。

综合优势得到体现。在局地质论证会上，地质院提交报告18个，获一等奖6个、二等奖10个。在局开发技术座谈会上获得一等奖第一名。2人获油田科技英才金奖，2人分获银奖、铜奖，获奖级别和人数均居油田首位。牵头承担中石化“十一五”科技发展规划、“油藏经营管理办法”制定及资源评价任务。编制完成油气当量重上3000万吨可行性研究报告及规划部署方案。参与油田开发5项大调查，提交综合报告3个，指明了开发潜力及主攻方向。分析潜山、低渗透等特殊类型油藏开发状况，并提出相应对策。

对外协作开拓新领域。加快伊朗卡山区块勘探节奏，部署钻探Arn－1井，试油获高产。参与厄瓜多尔5个油田招投标，完成吉尔吉斯斯坦、埃及老油田提高采收率及哈萨克斯坦开发可行性研究等工作。

加大人才引进力度，强化人才培养措施。全年引进本科毕业生11名、硕士研究生13名、急需人才12名，进站博士后4名。先后送外学习进修147人次，出国培训考察49人次。选派10人攻读博士学位、17人攻读硕士学位，85人通过双学位毕业答辩。举办基层领导干部培训班2期。邀请SPE、中科院等专家学者来院讲学10期。成功举办全国稠油开发技术研讨会。组织野外地质考察23人次。开办英语、计算机培训班5期。

做好思想政治工作。开展形势任务教育，传达贯彻上级精神及相关政策，提高职工投身改革发展稳定工作的主动性。强化职工理论研究，完善运行机制，加强检查指导，增强理论研究的实效性。畅通信息沟通渠道，通过“关注地质，共谋发展”网上大讨论、“书记院长信箱”、季度综合调研等形式，征求意见、解决问题，全年答复处理职工意见建议320项。做好维护稳定工作，加强政策宣传、完善组织网络、制定应急预案、实行责任承包,确保全院无1人参与聚集上访,无“法轮功”转化人员出现反复。加强基层建设,进行创建学习型组织试点,开展“达标、创优、争强、夺牌”活动,涌现出1个“基层建设十佳示范队”、2个“名牌基层队”、1个“行业一强”、4个“优秀基层队”。

(宁宪燕)

【董1井白垩系喜获高压油气流】 中石化西部新区勘探指挥部在准噶尔盆地中部胜利区块部署的第1口预探井——董1井放喷点火成功,获高压油气流。董1井设计井深6300米,主探侏罗系、白垩系含油气情况。5月13日开钻,9月5日钻至井深4871.19—4871.76米白垩系地层时发生井涌,槽面上涨迅速,立刻关井。9月8日,西部指挥部主要领导亲临现场,10时53分放喷点火成功,火焰呈桔红色,油气芳香味浓厚,火焰高度4米,长度10米,主要喷出物为油和气,未见水,为高压油气流。11时01分关井,套压由开始时41.4兆帕下降至7.0兆帕,关井后套压迅速升至37.3兆帕。此后又分别进行了2次放喷点火,均获成功,并保持了第1次放喷点火时的燃烧状态。9月25日,董1井中途测试,折算日产油82.31立方米,气47261立方米,成为中石化西部新区第1口产量超百吨的探井。董1井的钻探成功,标志胜利西部探区勘探的战略性突破,为胜利油田实现油气当量重上3000万吨目标奠定坚实基础。

(刘昌毅)

【胜利探区发现第72个油气田】 在胜利油田迎来40岁生日之际,胜利家族又添新成员——阳信油田诞生,成为胜利油田发现的第72个油气田。

阳信油田地处山东省阳信县西南部,构造上位于惠民凹陷东北部的阳信洼陷,属于胜利探区外围。早在1960年,便在该区展开勘探,但直到2001年底,该区部署的38口井,除发现八里泊二氧化碳气藏,零星见到天然气和低熟油显示外,再无任何发现。

2002年,阳信勘探发生历史性转折。当年12月完钻的阳101井在阳信洼陷中部隆起带发现良好油气显示,电测解释沙四上亚段油层7层13.6米,沙一段气层6层8.7米。2003年2月,阳101井在2556.8—2560.7米井段试油获得日产20.2吨的高产工业油流,在1504.2—1529.6米井段试气获得日产12656立方米天然气,首次突破该区沙四段工业油流关,打破阳信地区多年徘徊的勘探局面。

2003年9月,阳信洼陷上报控制含油面积8.4平方千米、控制石油地质储量1005万吨,预测含油面积12平方千米、预测石油地质储量1037万吨,顺利通过集团公司验收,阳信油田至此宣告诞生。专家评价:阳信油田的诞生,为胜利油田上报控制石油地质储量首次突破亿吨大关做出了突出贡献。

(刘昌毅)

【胜利地质院举办国内稠油开发技术研讨会】 胜利稠油资源丰富,主要分布于济阳拗陷的东营组、馆陶组、沙河街组及奥陶系、寒武系等油层中。已探明稠油储量4.2亿吨,其中已动用稠油主力油田储量2.12亿吨,累计产油2535万吨,采出程度12.1%,为胜利油田的发展作出了巨大贡献。目前已探明未动用储量达2.08亿吨,约占探明稠油总储量的50%,但储量品位差,多为特超稠油油藏、深层稠油油藏和敏感性油藏等,开发难度很大。由于缺乏足够的优质资源接替,稠油热采产量 1995 年达到 230 万吨高峰后逐年下滑,目前已进入开发后期。

针对胜利稠油开发面临的严峻形势,为推动稠油油藏开发技术水平和开发实践向新的高度迈进,实现稠油开发的新突破。2003 年 12 月 11—12 日,由山东石油学会地质分会、胜利地质院及稠油室联合举办的稠油开发技术研讨会在地质院讲座厅举行。来自北京石油勘探开发研究院、辽河油田、河南油田、石油大学等单位的专家学者和有限公司科技处、开发管理部、采油院、现河、孤东、孤岛、河口、清河采油厂及东胜公司等单位的领导、技术人员参加了会议。

会上,专家学者分别就胜利稠油开发形势与主攻方向、火驱油层、超稠油开采技术、稠油开发油藏管理、浅层稠油开发技术、水敏稠油油藏及普通稠油油藏的开发现状与对策进行了交流发言,针对胜利油田稠油开发过程中存在的技术难点和发展"瓶颈"展开广泛研究探讨,提出了许多可借鉴的宝贵意见和建议,为下步稠油开发指出了攻关方向。

（刘昌毅）

（审核　王端平）

采油工艺研究院

【概述】 采油工艺研究院成立于 1984 年 5 月,位于东营市西三路 188 号,占地面积 13.7 万平方米。有职工 551 人,其中党员 295 人,专业技术人员 376 人(教授级职称 5 人,高级职称 91 人,中级职称 189 人,初级职称 75 人)。设 7 个机关科室,21 个科级单位和 6 个四级单位。拥有各类先进科研仪器和生产设备 724 台(套)。固定资产原值 10324 万元,净值 6431 万元。

科研攻关和技术创新取得重大进展。全年承担局级以上科研项目 50 项,计划完成率 100%。18 项攻关课题分别通过国家、集团公司和油田组织的技术鉴定或评定,12 项课题达到国际先进水平。有 27 项成果获集团公司、山东省和油田奖励,其中 9 项成果获省部级科技进步奖。全年申请国家专利 33 项,申请专利数量在全油田名列首位,获专利授权 18 项,其中发明专利 3 项,占油田全部授权发明专利的 60%。在"耐温抗盐有机金属体系交联机理"、"低渗油藏流固耦合理论"、"泡沫体系研究"、"稠油乳化降粘机理"、"内源微生物群落分析与选择性激活研究"、"低渗透油田岩石与注入水的作用机理"等 6 项基础研究方面取得原创性成果。碳酸盐岩裂缝性油藏复合酸压技术、活性聚合物驱提高采收率可行性研究、中高渗透油藏高含水期封窜调剖工艺技术、低渗透油田开发技术、分层注水工艺技术、滩海深层稠油海油陆采配套工艺技术、水平井修井工艺技术、机械防砂与分层采油一体化技术、多油层分层挤压充填防砂技术、疏松砂岩高含水期稳砂、固砂合成技术等 10 项重点攻关课题取得新突破。郑 408 块敏感性稠油油藏火烧驱油先导试验、单 10 高温多效泡沫驱先导试验、罗家—垦西深层稠油开采先导试验、辛 50 耐温抗盐交联聚合物驱油先导试验、罗 801 微生物驱油先导试验、孤四区提高有杆泵系统效率研究先导试验、郑王庄勘探试油先导试验等 8 项先导试验项目取得实质性进展。

新技术推广和技术服务创历史新高。把新技术推广和技术服务重点放在油田难动用储量的有效开发、勘探试油、老区综合挖潜和新区产能建设上,推动采油工程位置前移,加大技术集成、综合配套及规模化推广应用力度,新技术推广和技术服务创历史最高水平。拓展外部技术服务市场，巩固中石化西北分公司、吐哈油田等西部石油开发市场，加大同中石化华东分公司和大庆、大港、冀东、中原等各大油田的技术合作力度。全年内外部市场累计完成各类措施井技术服务719井次，推广应用各类井下工具1800余台(套)，创收9153万元。

管理工作卓有成效。坚持集体领导和民主决策，将院领导以分块管理为主的分工负责制转变为以运行体系为主的职能管理模式，突出院领导战略和宏观决策职能。科研管理实行项目组、研究所、院三级控制，实行"多级管理、多点控制、科学设计、科学实施"的重点先导试验管理模式，探索实施专利发展战略，形成具有自主知识产权的高新技术。在年度"IMSS创新体系"竞赛活动中，被授予"科技创新金奖单位"荣誉称号。经营承包指标的确定，以前3年平均实际完成数下浮一定比例为基数，体现承包指标的科学合理和公平公正。成立技术经营中心、西部分院，技术经营与西部市场开拓实现了由单兵分散作战、规模小到集团化作战、上规模的转变。开展"成本管理效益年"活动，取得明显成效。开展博士、硕士等高层次在职学历教育，选送管理人员参加各类岗位技能培训，选送科研人员参加国内外学术会议和技术考察，举办英语口语、专业英语培训班和英语沙龙，加大高层次和复合型人才的培养与使用力度。在油田"青年与创业"主题辩论赛中，采油院代表队捧得冠军奖杯。在油田英文多媒体"单位宣传推介"竞赛中，采油院3名选手全部获得一等奖。在油田高校毕业生见习论文答辩会上，采油院2名选手分获竞赛第一名和第二名。实施科技创新奖励制度、学习性激励制度和菜单式福利制度等新型激励制度。依托青年科协，加速青年人才成长，举办21期专题学术交流和技术讲座，对59项优秀青年科技成果进行发布。发挥采油院博士后科研工作分站的带动辐射作用，在博士后带动科研攻关的同时，通过言传身教带动和促进科研技术骨干迅速成长。完善定性与定量相结合的职称评审方法，工程技术专业量化比例高达70%。政工专业尝试量化考核。改进完善ISO9001：2000质量管理体系，整体通过认证机构年度监督审核。材料检测中心通过国家级实验室计量认证监督评审。贯彻落实"安全第一，预防为主"的安全生产工作方针，实现了全年安全生产无事故。

思想政治工作和精神文明建设创出新水平。开展"学转谋见"主题活动，推动形成转变思想观念、创新发展思路热潮，促进科研生产经营工作开展。开展"达标、创优、争强、夺牌"活动，1个单位被评为油田名牌基层队，1个单位被评为油田行业一强，5个单位被评为油田优秀基层队。制定完善"三个板块"经济技术创新竞赛管理制度，实施计划管理，加强实施过程的监督检查与指导，提高了竞赛活动的运行效率和实施效果。运用职代会、平等协商、签订集体合同和民主评议领导干部等手段，推行院务公开、院务质询制度。以"纪律、作风、形象"主题教育活动为主线，结合"亲情廉政"教育和"预防职务犯罪"等系列教育活动，创新教育形式、管理制度和工作方法，增强纪检监察工作的"亲和力"和"人情味"，构建党风廉政建设长效机制。坚持"预防为主，打防结合"的方针和依法治理基本要求，落实社会治安综合治理各项措施，创造了良好的社会治安环境。健全完善稳定工作预防预警机制，做好特殊群体一人一事的思想政治工作，确保无1人参与集体上访、无"法轮功"习练人员出现反复。荣获2003年度油田思想政治工作先进单位荣誉称号。开展特色企业文化建设，设计、编写、制作完成形象识别系统、企业文化手册、企业之歌，对企业文化进行同步宣贯，使核心理念、院标、院歌等深入人心。院区建设融入企业文化要素，提高了职工的综合素质，增强了凝聚力和归属感。营造了同心同德、奋发向上的良好氛围。荣获油田文明建设先进单位荣誉称号。

（魏玉华）

【郑408块敏感性稠油油藏火烧驱油先导试验取得重大突破】 郑408块位于东营凹陷北部陡坡带上，陈家庄凸起的西南倾没部位，主力油层为沙三上普通稠油油藏。1994年11月郑408砂砾岩体上报石油地质储量769万吨，截至2003年12月已动用储量364万吨。郑408块自1991年投入开发以来，先后经历了天然能量开采、加防膨剂注水开采、注蒸汽吞吐开采等阶段，但由于地层能量不足、“五敏”严重影响能量补充及油稠等原因，采出程度仅4.51%。2002年，采用隐蔽油气藏勘探技术在该地区发现了近亿吨储量的稠油油田，为稠油产量上升提供了良好机遇。

为从根本上扭转开发局面，有效动用郑408块，经过反复论证，决定进行火烧驱油先导试验，加快超稠油油田开发步伐。通过大量室内实验与研究，确定了先导试验实施方案，为现场试验实施提供了科学依据。完成压缩机厂房建设及设备配套、点火井完井、氮气试注、SL－Ⅲ型点火工艺完善与配套、注气设备和流程检修与提压改造、点火管柱施工等重点工作，2003年9月成功点燃了高压、敏感性油层。点火成功后针对试验井组不能单井计量，无法进行火驱动态描述及效果评价的问题，铺设了单井输油管线、喷射泵井动力液管线，安装了单井计量装置、油水加温装置及产液、产气、掺水数字化计量仪表，实现了采油井的单井数字化计量。针对一线井中郑408－19、郑408－20井无法生产，严重影响火驱波及体积扩大和采收率提高等问题，采取新钻郑408－更19、郑408－更20两口更新井等措施，使4口一线生产井全部恢复生产，见到火驱增油效果，液面逐步恢复，产量稳中有升。产油量由点火前的1.1吨/日上升到29吨/日，生产井中二氧化碳最高含量为9.3%，氧气利用率在99%以上，说明油层稳定持续燃烧。

郑408块火烧驱油先导试验的成功，为王庄－宁海地区4446万吨不同程度敏感性稠油油藏开发提供了有效技术接替，为国内同类油藏开发提供了有益借鉴。

（魏玉华）

【郑411块勘探试油喜获成功】 郑王庄油田是胜利油田近年发现的较大的陆上中深层稠油油藏，探明控制储量达到亿吨。郑411块沙三段储层具有3个特点：①油藏埋藏深度在1300—1400米，比投入开发的稠油油藏深100米以上，注汽热采更加困难。②原油粘度在70℃时达10万兆帕·秒，而油层温度只有65℃左右，原油在该储层条件下不能流动，且目前国内外没有实现工业化开采的先例。③储层内原油胶结，在试油过程中极易出砂，严重影响试油效果。

为有效动用郑411块，创造性提出利用2口直井（郑411、郑418井）与1口水平井（郑科－平1井）进行组合式SAGD试油。通过在井筒内同时下入注汽与采油管柱，在注汽方面采用隔热效果较好的高真空隔热管、亚临界注汽技术，解决了注汽困难、举升时原油在井筒流动困难的难题。在防砂方面，郑411、郑418井采用目前较成熟的绕丝筛管挤压砾石充填方式防砂，郑科－平1井经优选后采用套管射孔金属毡滤砂管防砂完井方式。进入试油阶段后，平均日产油35吨，累计产油2223吨，油气比0.26。表明采油院超稠油SAGD热采技术现场应用获得圆满成功。

郑411块试油成功为开发郑王庄油田沙三段2000万—3000万吨超稠油起了重要先导作用，将带动胜利油田近亿吨难动用稠油储量开发。

（魏玉华）

【分层注水示范区工程成效显著】 胜利油田大部分油田进入开发后期，由于油藏沉积的非均质性和开采过程中油层水流状况的不均匀性，使油藏层间差异越来越大，层间干扰更加严重，剩余油分布零散，主要分布在油藏边、角、高点、低渗透层和薄夹层等，水驱开采难度增大，驱油效果低下。由于大部分油田长期回注不合格污水，导致地层污染严重，井况不断变差，给分注带来困难。随着精细油藏描述的不断扩大和深化，对油藏的认识更细致，对分层注水的要求更严格。随着高压低渗区块不断投入注水开发，对分层注水提出了更高要求。近年分层注水工艺技术虽然有较大改进和完善，但与油藏要求有较大差距，亟待改进和提高。如何采取有效措施，利用分层注水配套工艺技术，调整注水开发油田平面和纵向上的矛盾和完善注采关系，进一步挖掘剩余油潜力，提高最终采收率，显得日益迫切和重要。根据有限公司2003年开发技术座谈会精神，结合油田注水开发工作实际，在注水系统实施以提高分层注水工艺水平，提高分层注水合格率，确保油田注水开发效果的“分层注水示范工程”。

“分层注水示范工程”从10个采油厂筛选胜采T21块等10个区块作为示范区。为提高分层注水示范区工程的施工质量，组织分层注水示范区配套工艺技术讲座，使各示范区块的技术人员对先进的注水工艺从理论到实际都有完整了解。要求水井作业队职工掌握分层配套工艺的技术关键和操作规程，提高作业施工质量。针对不同类型油藏，在分层注水管柱、测试调配工艺、管柱验封等方面推广应用锚定补偿式分层注水管柱、自蠕动补偿防蠕动管柱等8种先进注水工艺技术，实施57口油井、277口水井的工艺设计及380井次的水井测试调配，使水井分注率由81.3%提高到94.5%，层段合格率由46.8%上升到70.7%。

（周延芳　魏玉华　张　勤）

（审核　张　毅）

物探研究院

【概述】 物探研究院是胜利油田下属的二级单位，成立于2001年1月，由计算中心和物探公司研究所合并而成。位于东营市东营区西四路和北一路交界处，占地面积102916.7平方米。是集地震资料处理、解释、计算机与信息技术于一体的科研生产单位。

设23个生产研究室，12个机关科室，8个后勤生产辅助单位。按照工作职能划分为地震资料处理、地震资料解释和综合研究、数据库及计算机信息技术服务、方法研究和生产辅助等4部分。有职工1109人（在岗职工971人，内退职工138人）。有博士35人（含在读）、硕士145人（含在读）、本科491人，具有中、高级职称的专业人员533人，教授级高工4人、省部级专家及集团公司级学术带头人11人。装备IBM SP并行处理系统和PC Cluster微机集群等具有国际先进水平的设备，资产原值3.01亿元，净值1.82亿元。实现总收入

14839万元,实现利润160万元。

地震资料解释为油田勘探做出重要贡献。全年完成三维构造解释10180.0平方千米,二维解释16350.0层千米,岩性解释1530.0平方千米,圈闭评价520.0平方千米,各项指标均为年计划的110%以上。提出建议井位472口,采纳189口。在油田举办的勘探务虚会、勘探技术座谈会和春秋季地质论证会上,共提交技术报告26篇,获一等奖6次,二等奖11次,三等奖9次。

取得"四大突破、八个进展、七个扩大"的勘探成果。提供的王古1井获得高产油流,推动了地质认识提高,使东营南坡深层潜山勘探取得历史性突破。阳信洼陷的阳101井试油日产20.2吨,发现了胜利油田第72个油气田。准噶尔探区董1井测试日产油气超百吨,滴北1井和排1井见到良好油气显示,西部8年奋战终于取得收获。海外风险探井伊朗Arn-1井获日产近千吨高产油气流,油田海外勘探取得战略性突破。郑家-王庄、桩海、罗家-垦西、埕东凸起北坡等8个地区获得新进展。孤南-三合村、东营北带、纯北地区、夏口断裂带等7个地区实现新扩大,创造了胜利油田发展史上的勘探新突破。

资料处理为深化地质认识提供可靠条件。完成地震资料处理系统升级扩容后,新系统运算速度超过每秒万亿次,处理能力提高到原来的3倍以上,处理水平得到提升。非地震综合勘探及重磁电震联合反演技术、叠前偏移技术,在富台油田的发现和建设上发挥了重要作用。叠前偏移成像技术和多样性潜山理论成为近年潜山勘探连续突破的两大法宝。四扣资料和车西资料的叠前偏移处理顺利通过专家组验收,获得良好评价,为开展大规模叠前偏移处理奠定了基础。高精度地震处理、区域大连片处理解释、特殊处理等技术,指导了预探和风险勘探,成为老区挖潜、增储上产和取得重大突破的重要技术手段。完成济阳探区官1井高精度、东营北带连片等12块4743.52平方千米三维资料。完成王判镇、阳信等5个地区5000千米二维资料。西部分院完成准噶尔盆地560平方千米三维资料及4000千米二维资料处理合同。全年处理完成三维满覆盖面积5310.22平方千米,二维满覆盖长度9000千米,是建院前的2倍。技术水平和实力得到油田内外广泛认可,获得中石化南阳叠前深度偏移比赛一等奖。

重点科研项目进展顺利。全年承担和参与局级以上科研课题62项,其中国家级1项、集团公司级16项,局级课题45项。结题国家级1项、集团公司级5项,局级课题18项。获得局级科技进步奖22项,其中科技进步(推广)一等奖4项,二等奖7项,三等奖11项。获集团公司科技进步一等奖1项、二等奖3项、三等奖2项,6项成果通过中石化鉴定验收。被评为2003年度油田"科技工作先进单位"。"全三维地震勘探技术研究"获集团公司科技进步一等奖,"复杂岩性储层高精度反演及应用技术"和"合肥盆地重磁电震联合反演技术研究"获集团公司科技进步二等奖。重磁电震联合反演的应用、高精度三维地震技术、波动方程深度成像偏移软件("神通"STseis软件)、粘滞性声波波动方程偏移技术、叠前时间偏移处理技术、勘探数据应用技术等都处于国内领先地位,有的达国际先进水平。为勘探生产的发展提供了强大动力,取得了明显经济和社会效益。

理清科技发展思路,明确技术发展方向。对12项技术和8个重大科研项目做出具体部署和安排,进一步明确科技工作框架。科技投入不断增加,技术培训和学术交流十分活跃,多次组织院士报告会和技术研讨会、交流会等学术会议,提高了物探院的知名度。

深化内部改革,企业管理水平不断提高。按照专业界面清晰、机构名称规范、人员配置合理的原则对生产研究室进行调整重组。为加强地球物理方法研究,成立地球物理勘探方法研究室。针对提高油田采收率成立油藏地球物理研究室。适应海外、新区和西部勘探开发,成立西部分院和西部资料处理室。把解释系统的战略室重组为新区勘探研究室。适应油田信息化要求,对原网络信息室、计算机一室等单位进行重组,成立数据库室和信息室。经过调整、重组,各研究室主营业务更加突出,组织机构和人力资源配置更加符合整体发展规划和油田勘探开发工作的要求。实行经营承包,加强财务预算,组织外部创收,经营管理水平和经济效益同步增长,内部外部收入实现历史最好水平。做好内部分配制度改革工作,打破原有分配办法,建立164个岗类17个级别的岗位等级序列,编制岗位绩效工资分配方案,形成新的劳动岗位和分配体系。开展管理创新创效活动,整体管理水平明显提高,制度体系逐步完善,形成物探研究院管理制度体系。荣获油田"IMSS创新体系活动"金奖。

党的建设和思想政治工作深入扎实,企业文化和基层建设水平不断提高。加强党员队伍建设和组织建设,党员素质得到提高。召开物探院第一次党代会,明确了建设"国内一流、国际知名研究院"的发展目标和主要任务。制定2003—2005年企业文化建设规划,明确了组织机构和具体工作计划,征集提炼标志性语言及团队精神。加大年轻干部培养、选拔和使用力度,加强人才队伍建设与管理,选拔年轻知识分子走上领导岗位,进站博士后3人,引进大学生30人。加强基层建设,涌现出处理一室和东部室2个管理局行业一强,处理二室、西部室、计算室和数据库室4个局级优秀基层单位。涌现出省先进女职工张有芳、油田十大杰出青年王兴谋、局劳动模范于海铖等先进人物。推荐集团公司级拔尖人才7人,评选有突出贡献人员14人。加大思想政治工作力度,强化稳定运行机制,保持了职工队伍稳定和工作环境安定。

(左兴成)

【地震处理系统扩容升级取得显著效益】 随着油田勘探程度的发展,对地震资料处理的要求越来越高,胜利油田有限公司决定对物探研究院原有的地震资料处理系统进行升级改造。本着软硬件配置最优化、用户利益最大化的目标,2002年11月28日与西方奇科、吉欧泰克、CGG公司、美联公司等4家公司签订正式引进合同。经过5个月的努力,设备引进扩容成功,2003年4月29日,举行了地震处理系统扩容升级投产仪式。

此次升级是胜利油田计算技术发展史上继1995年引进、1999年升级后的又一次重大技术改造。IBM SP系统的节点将增加到64个,配置了256个节点(512个CPU)的微机集群,更新3494自动磁带库、X终端、场地设备等。512个CPU的PC Cluster是国内石油系统最大规模的微机集群。新系统运算能力超过每秒万亿次,属国内同行业中最大的计算机系统之一。软硬件的升级与引进,能在最短时间获得外国地球物理服务公司的最新处理模块,使物探院处理技术基本保持与世界先进水平同步。

新系统投产后,大大提高了运算速度,缩短了资料处理周期,能够处理各种复杂的地震资料和更大规模的连片资料,进行多波多分量、迭前属性、迭前多域去噪、波动方程迭前成像等最先进的处理方法,实现3套处理系统技术互补,大幅度提升了处理能力和水平。引进的STK9310大型磁带库,总容量达120TB,可存储油田全部地震、地质、测井、录井等勘探资料以及作为油田数据中心存储海量数据,在数字油田建设、虚拟现实等技术中发挥重要作用。年处理能力提高到原来的3倍以上,年处理三维地震资料从2001年的3576平方千米跃升到2003年的5310平方千米,创历史最高水平。

连片处理技术、高精度处理技术、叠前深度偏移和时间偏移处理技术、地震反演等技术的应用日趋成熟,处理水平和技术实力得到油田内外广泛认可。2003年官1井高精度三维资料处理出站后,资料分辨率和信噪比明显提高,真实反映探区的构造形态、砂体几何形态变化和地层分布情况,通过对该区整体研究,部署的王古1井钻遇奥陶系潜山,中途测试日产油476立方米,是东营凹陷内部潜山的历史性突破,控制有利勘探面积15平方千米,预测石油地质储量3000万—5000万吨,为油田找到新的勘探阵地。在西部探区,完成准噶尔盆地1546平方千米三维资料及5400千米二维资料的处理合同。处理系统大规模升级,使叠前时间偏移等新处理手段顺利开展,先后处理完成的四扣资料和车西资料顺利通过油田专家组验收,获得良好评价。在中石化南阳叠前深度偏移比赛中获一等奖,在叠前偏移处理与研究上取得大发展,为开展大规模叠前偏移处理、解决复杂地质构造勘探奠定了基础。

(左兴成)

【胜利油田海外第1口风险探井Arn-1井喜获成功】 胜利油田海外第1口风险探井——Arn-1井,位于伊朗卡山(Kashan)市东北约12千米处,是历经3年勘探与研究设计的第1口预探井,完钻后获日产近千吨的高产工业油气流,宣告胜利油田海外风险勘探获得重大成功。

2001年1月,胜利油田在伊朗卡山地区登记Arn-1井以南4750平方千米的风险勘探面积。物探院项目组通过地震资料解释和收集的重、磁、电资料研究后发现,工区最为有利的西北边缘及以外可能发育有一系列完整的背斜、断鼻和断块构造,具有良好的勘探前景。经过反复分析论证,于2002年10月进行扩边,登记面积扩大为4909平方千米,为Arn-1井的确定起了关键作用。

综合研究中,项目组利用构造解释、变速成图、约束反演等优势技术,首次提出钻探目标。于2002年初设计,设计井深3838米,完钻层位下红层,主要目的是落实Aran复合背斜Qom组的含油气情况。2003年5月5日开钻,11月17日因井底垮塌提前完钻,完钻井深3691.67米,钻遇地层有第四系、上新统、上红组、库姆组、下红组(未穿),所钻地层与预测基本一致,主要目的层最大埋深误差为17米。对Qom组3499—3545米井段射孔、试油,获日产近千吨高产工业油气流,为胜利油田勘探开发40周年献了一份厚礼。

(刘国宏)

【胜利西部新区勘探获重大突破】 从1996年开始,胜利油田展开西部勘探,在新疆等地开辟勘探战场。8年来,从和田的和参1井,到胜和1、胜和2,从准噶尔的英1井到固1、固2、滴北1,相继打了7口井,直到2003年9月25日,董1井中途测试获得高产油气流,获得重大突破。董1井位于新疆维吾尔族自治区阜康市西北40千米处,是胜利油田在新疆勘探8年后的第8口风险探井，主探侏罗系、兼探白垩系地层含油气情况，设计井深6300米。

董1井的突破，是胜利人在西部油气勘探中奋战8年的成就，是科研人员敢于挑战、不断创新的成果。胜利油田在准噶尔盆地登记14个区块的探矿权，勘探面积54354平方千米。过去，曾认为盆地昌吉凹陷部位油气成藏条件差，形成工业油流的可能性很小，没有勘探价值，勘探程度低。物探研究院西部分院和新区室研究工作者解放思想，坚持地质理论创新和勘探技术攻关，加强地震资料处理与研究力度，形成新的成藏理论和有效勘探技术。通过对盆地腹部凹陷带的成藏规律研究认为，凹陷带发育众多的以地层——岩性为主的隐蔽型圈闭，具备良好的油气运聚背景。异常高压穿层分布和压力的再平衡，为油气聚移提供了动力和通道。认为昌吉凹陷具备多层系含油、多油藏类型、多油气系统的复式油气聚集特征，具有叠合连片满盆含油的分布规律。于2003年3月，在准噶尔盆地胜利中部区块部署了第1口区域探井——董1井。5月13日开钻，9月5日钻至井深4871米白垩系吐谷鲁群底部地层时发生井涌，现场采取紧急压井措施并对反排的泥浆进行3次放喷，均点火成功，确信钻遇高压油气层。9月25日，进行中途测试，折算日产油84.3立方米、气48675立方米。

（刘国宏）

【勘探数据库建设和应用取得新进展】物探研究院承担建设和管理的胜利油田勘探数据库，依托先进的网络环境，是一个分布式网络数据库。从1990年开始，陆续引进DEC5240、ALPHA、CD4680、SUN10、SUN20等工作站和服务器SUN3000(4CPU)及容量为3500吉的自动磁带库。2002年，引进SUN4500、SUN4500、SUN5500及磁盘阵列，通过千兆网与大型处理系统SP2直接连接，硬件网络保证与处理系统、解释系统连通，每台工作站都配置800吉的阵列盘。网络与硬件环境具备实现勘探综合数据存储与管理的条件。勘探静态库包括物探、钻井录井、测井、试油、分析化验、综合研究、储量及代码类数据。包括137个数据文件、30个附录文件，3661个数据项。总数据量500万条记录，7500万个数据项。

生产管理数据库内容覆盖整个勘探生产管理信息管理过程，储存的数据包括录井、试油、测井、物探、圈闭、储量、投资、计划、油气田、成效等。数据按照日报、月报、年报基础、年报附表、探井、物探等报表形式进行组织。通过计算机网络实现勘探生产信息分步处理，达到资源共享，为油田勘探管理工作发挥了作用。

非地震数据库建设工作于1994年开始，为国内最大的同类数据库。采用空间数据库与网络动态数据查询技术，建立具有24类318个数据项的大型物化探综合信息数据库系统。收集的资料有高精度重力44816平方千米，高精度磁力71864平方千米，化探资料36788平方千米，电法资料13条剖面，测井曲线5000口井。

地震数据库于1998年开始实验，进行了地震海量数据存储技术研究，开发了地震数据综合管理应用系统，加载27块三维地震资料数据。系统通过勘探形势图作为底图，将勘探部署图和各种工区数据联系起来，使用户通过图形系统收集和查看所需数据。通过工区图形界面查看工区各种信息，调用工区解释成果图件、相关构造图、圈闭图册。软件对重复处理、拼接连片处理、资料解释工作提供支持。图形界面根据资料解释的项目要求，提取勘探数据库相关数据如井坐标、测井曲线及所需要的历史解释成果和图件。

数据中心及辅助决策系统研究取得明显进展,管理系统框架已经形成,自主研发了运行调度系统和数据提取应用系统,搭建起处理解释支持平台。油田勘探开发单位和研究工作者利用数据库信息在多个勘探项目中见到成效,全年数据库用户访问量超过1亿次。井位论证实现现场连接勘探数据库调用地震资料和钻录测试资料,丰富了井位论证部署手段,提高了定井准确率。为提高勘探静态类数据的生产应用规模和水平,研制开发勘探《EIS2003软件系统》。系统将勘探数据库中与勘探部署有关的数据、图形集成应用于矢量化勘探部署图上,由基础数据集成及查询、矢量底图操作及地质研究辅助工具等模块构成,能够以多种方式查询勘探信息。系统在胜利油田安装700套,勘探信息化水平明显提高。

(周　霞)

【高精度三维地震在东营南坡孔店组突破中发挥重要作用】　“济阳坳陷深层是否存在新的烃源岩? 如果有,在哪里?”是困扰济阳深层勘探的关键问题。王46井发现孔店组烃源岩,首次证实济阳坳陷第三系中除沙河街组之外确实存在新的生油层系——孔店组烃源岩,标志济阳坳陷深层勘探取得战略性突破,为“胜利下面找胜利”奠定了资源基础。

经对渤海湾盆地和济阳坳陷与昌潍坳陷、南皮凹陷进行系统研究,认为济阳坳陷应存在孔店组烃源岩。从1971年的东风2井到2001年的丰深1井,东营凹陷共部署12口专探井,均未取得满意结果。2003年,物探研究院通过高精度三维勘探资料解释分析,提供了王古1井、王斜131井,钻探成功后,确信济阳深层确实存在新的烃源岩,“寻觅”出现转机。对高精度三维勘探资料和大量地质资料研究,9月24日部署王46井,钻探目的了解王46断鼻构造孔店组含油气情况及孔二段烃源岩发育状况。在孔店组3786.79—4206.30米发现连续大段暗色泥岩,经化验分析,是烃源岩。根据资料,孔二段分布范围800平方千米,暗色泥岩厚度大于400米,具有较大油气资源潜力。

孔店组烃源岩的发现,使困扰济阳深层勘探几十年的油源问题终于找到答案,济阳深层勘探由此柳暗花明。重要意义在于:①解决了多年困惑深层勘探的基本问题——油气源,预测孔店组具有较大油气资源潜力,扩大了油气勘探空间。②为深层勘探注入新的活力,确定王古1井潜山油藏的油源,为潜山油藏成藏条件分析及下步勘探部署提供了有利理论依据和技术支持。③钻井取心块状泥岩岩性组合分析,暗色泥岩属于生油岩边缘相产物,推测该井北部有优质烃源岩的存在和广泛分布。

(路慎强)

【油藏综合地球物理研究项目——《基于地震属性测井资料的人工智能岩性识别与预测技术》立项】　油藏综合地球物理技术作为解决油田勘探开发难题的有效技术之一,被中石化集团公司列为中石化集团公司“十条龙”重点科技攻关项目。2003年9月通过国家科技部项目论证,成为国家科技攻关项目,专题编号2003BA613A10。项目由胜利油田牵头,南开大学、石油大学(北京)、南京石油物探研究所参加,联合攻关。

油藏综合地球物理技术研究项目以油气田开发生产面对的实际油气藏与储层问题为中心目标,利用产、学、研的各自优势与综合优势,开展地震波动理论基础、岩石物理性质测量、油藏储层物理模拟、开发地震等方法研究,通过工艺与设备、资料采集、处理、综合解释、数据库、油藏地质建模的紧密联系与综合研究,为石油开发工作提供精确、及时、完整的信息与成果,以确定剩余油分布,监测油气开采变化,提高油气采收率,获得增储上产的经济效益。

油藏综合地球物理技术研究与应用的总体目标是针对井间地震、VSP、多波多分量及时延地震等存在的问题,开展深入攻关研究工作,通过与国内外权威研究机构联合,形成具有胜利特色的、配套完善的油藏综合物探技术软件系统。

(揭景荣)

(审核　韩文功)

技术检测中心

【概述】 中石化胜利油田有限公司技术检测中心位于东营市东营区北一路62号,是石油、石化系统最具技术实力和检测规模的综合性技术检测机构。中心成立于1991年2月,有3个工作区,占地面积12万平方米。设7个机关科室、15个业务站(所)、3个后勤保障部门和单位。有职工491人,其中(教授级)高工1人,高级职称44人,中级职称163人,具有大专以上学历职工328人。中心拥有先进检测仪器设备近千台(套),固定资产原值10560万元,净值7330万元。

围绕油田生产建设大局,开展技术检测工作。全年完成45854个单位工作量,完成年计划的113.7%。检测创收2674万元,完成计划的195%,比上年增长484万元。圆满完成年初确定的"4362"工作目标。全年查出不合格产品174批次。查出工程质量问题162起,其中重大质量问题18起。查出不合格建材45批次。查出不合格劳防用品11批次。查出不合格润滑油脂3批次。查出存有严重安全隐患的特种危险设备1068台。查出存在严重安全问题的锅炉压力容器275台,判废处理101台。共为油田挽回经济损失5100万元,维护了油田利益,保证了油田生产建设顺利进行。全年新增检测项目21个,开展油田井下工具统检、回注水水质检验、分层注水用防腐油管检验、大型注水电机测试和注水系统能耗测试、油田常压储罐检测、压力管道专项普查、电厂二期和基地集中供热工程质量监督、"非典"时期医疗废水监测等油田重点工作,为油田领导决策和主管部门加强管理提供了准确可靠依据。

进军外部市场,全方位拓展生存空间。发挥队伍、技术和资质优势,突破地域和行业壁垒,勇闯外部市场,实现外部市场工作量的新增长。完成中石化上游企业安全生产状况评估工作、新疆塔河油建工程、西南成品油管道工程、湖北孝感天然气利用工程等重点工程质量监督。垦利热电联产工程等51个项目的环评工作。远赴陕西、四川、吉林、新疆等地,承揽完成12部油田外部市场钻井井架检测任务。开展中石化上游油田企业采油助剂与机电产品专项抽检及山东、河南两省有关护品检验工作。检测市场遍及中石化和国内众多省份,各项工作多路渗透,协调发展,成绩显著。

加强认证升级工作,资质水平再度提升。年内,有2个单位晋升为国家级检验机构,1个单位晋升为中石化技术检测机构;,2个单位通过山东省计量认证及资质复审,25项标准通过上级复核。

加强科研工作和成果转化,科技实力进一步增强。全年开展课题研究18项,其中集团公司级课题3项,局级科研课题10项,是历年开展课题研究数量最多的1年。

1 项课题获集团公司科技进步二等奖,2 项课题获局科技进步三等奖。中心被评为油田科技工作先进单位,1 人被授予油田第三届科技英才银奖。

深化内部改革,细化内部管理,发展活力进一步增强。顺利进行以岗位薪酬为主的内部分配制度改革,设立岗位 286 个,建立以岗位绩效工资为主的基本工资制度和管理办法,以岗位管理和竞聘上岗为主要内容的干部管理机制进一步完善。以提高干部队伍的整体素质和建设政治过硬、奋发有为的领导班子为目标,调整加强中心领导班子,领导集体的力量进一步增强。加大科级干部管理力度,优化基层班子结构,全年提拔、调整、交流科级干部 29 人,基层班子整体合力进一步加强。7 人晋升高级职称,17 人晋升中级职称。引进 14 名高校毕业生充实到急需专业技术岗位,专业技术干部队伍进一步壮大。

思想政治工作和基层建设,为生产经营提供精神动力和思想保证。加强“三个代表”重要思想、十六大、十六届三中全会精神的学习和形势任务教育,开展“学、转、谋、见”活动。加强党风廉政教育,开展“纪律、作风、形象”主题教育活动,抓好党风廉政责任制的落实,监督约束机制进一步完善,党员干部的廉洁勤政意识进一步增强。加强基层党组织建设,开展党员先进性学习教育、民主评议党员等活动,党员队伍整体素质不断提高,党员队伍进一步壮大。全年发展新党员 11 人,党员总数达到 223 人。重视基层建设工作,全面完成基层建设《三年规划》目标任务。以打造“胜利检测文化”为重点,加快中心文化建设。将企业文化建设同基层建设、创建学习型组织结合起来。深化厂务公开,推动民主监督向纵深发展。开展群众性劳动竞赛、“五个一”创新创效活动和“五个十佳能手”评选活动,调动干部职工参与生产建设的积极性、主动性和创造性。加强社会治安综合治理,落实稳定责任制,确保大局稳定。“结对帮扶再就业”工作成效明显。退休、内退、协解职工、家属等特殊群体人员思想稳定。加强精神文明建设,开展送温暖活动,举办丰富多彩的群众性文体活动,工会、共青团等群众组织在维护弱势群体,完善救助解困机制等方面发挥了桥梁纽带作用。荣获油田文明建设先进单位和安全生产优胜单位称号。获得科技创新银奖单位、计划生育工作先进单位、老年工作先进单位等荣誉,实现了物质文明和精神文明建设双丰收。

(李文学)

【两项科研成果在油田生产建设中广泛应用】 《利用粉煤灰处理采油废水及灰水再利用技术研究》成果得到应用。利用粉煤灰处理现河采油废水改扩建工程进展顺利,解决了现河首站的污水治理难题。《胜利油田油水管线设施防腐技术研究与评价》,完成油田腐蚀现状调研,完成了室内腐蚀动态模拟装置和防腐技术中试基地建设,实现了成果研究与生产转化的同步运行。

(李文学)

【资质认证和站(所)升级再创佳绩】 劳防中心被国家安监局正式确定为“国家劳动防护用品检测中心”。安教站通过国家安全机构培训考核认可机构验收,成为国家二级安全教育培训机构。能源站升级为“中石化油田企业能源检测中心”。

(李文学)

(审核 王同义)

物资供应处

【概述】 中国石化胜利油田有限公司物资供应处是双重职能的单位，既是负责油田物资管理的职能处室，又是独立二级单位，负责油田生产建设所需物资的采购、管理和供应工作。秉承“服务为本，保质保供”宗旨，以“质量、价格、服务”取胜，实行“归口管理、集中采购、统一储备、统一结算”的物资管理体制，拥有经验丰富的专业化职工队伍及科学合理的业务流程。与国内外几千家业务厂商建立了良好协作关系，在全国 13 个大中城市设有办事处，是油田对外的窗口。为适应油田外闯市场需要，做到“油田外闯市场队伍到哪里，物资供应服务保障到哪里”，加强物资管理，运用现代物流手段培育新的效益增长点，向管理要效益。以市场为导向，注重多元开发，形成具有市场竞争优势的产业群体，增加了经济总量。

以保障油田生产建设为己任，执行中石化“归口管理、集中采购、统一储备、统一结算”的物资供应管理体制，坚持“优质服务、保质保供”工作方针，发挥采购主渠道作用，圆满完成油田物资供应工作。全年支出采购资金 85.66 亿元，完成年指标的 106.83%。年末全局库存 10.45 亿元，比年初的 8.81 亿元上升 1.64 亿元。物资周转天数 41 天，比上年同期 46 天快了 5 天，比年控制指标 70 天加快 29 天。全年消耗各类物资 82.7 亿元，比上年同期 79.37 亿元增加 3.33 亿元。年末在途资金 1.7 亿元，控制在年度指标内。全年检验物资价值 23.4 亿元，检验准确率、及时率均为 100%，为油田避免经济损失 4300 万元。全年招标、议标金额 68 亿元，节约采购资金 1.25 亿元。全年配送总金额 4.1 亿元。

保障油田生产建设物资供应。围绕油田生产建设，克服“非典”等不利因素带来的各种困难和不便，增强保障供应能力，强化优质服务，圆满完成生产建设物资供应。做好热电联供、注聚工程项目、海上项目、分层注水项目等重点工程项目的物资保障工作。做好防汛防凌物资准备工作。配合油田做好抗灾抢险工作，为油田生产建设安全运行提供保证。

开展集中招标采购。配合油田降低原油生产成本，规范采购行为，提高经济效益，加大招议标订货工作力度，利用有利市场行情，发挥集中、批量订货优势，先后对换热器、油井水泥、钻井助剂、锅炉等开展招标订货。对油田重点项目热电联供、孤岛注聚工程项目、天然气计量项目等工程所需的各项物资组织集中招标采购，节约了大量采购资金，降低了工程成本，保证了工程用料质量，确保项目工期。全年累计招标、议标金额 68 亿元，节约采购资金 1.25 亿元。

组建油田配送系统，推动物资配送工作。根据物资配送发展要求，组建配送中心，在部分二级供应部门开展配送试点工作。优选劳保产品、化工产品等 8 类物资作为 2003 年扩大配送品种，取得了良好效果。制定《物资配送管理规定》、《物资配送业务流程》，组建全油田物资配送网络，确定各单位专职联系人和配送地点。探索物资配送新方法、新途径，推动现代物流在胜利油田的发展，召开胜利油田物资配送工作经验交流会。全年动用 3500 车次，配送化工产品 4.6 万吨，劳保用品及各类配件 400 万件，油料配送 15 万吨，配送金额 4.1 亿元。

加强质量管理，严把物资质量关。从源头抓起，规范供应商管理，产品质量不过硬的厂家，一律不办理入网手续。扩大检验覆盖范围，增加检验手段。推行了配送物资入库检验制度，增加产品标识标注检验环节。制定《质量管理规定》，界定各种物资检验标准。强化物资质量管理，定期会同油田技术监督部门，对油田物资进行全面抽查。加强不合格产品的后处理力度。实行驻厂监造和第三方检验，严把质量第一关。推行质量周报制度，按周通报物资检验情况。成立工程项目领导小组，强化工程项目用料全过程、全方位质量控制。全年完成检验物资 9300 批次，货值 23.4 亿元，查出不合格产品 268 批次，挽回和避免经济损失 4300 万元。

推行网上采购，建设物资采购阳光工程。按照中石化、油田以网络技术信息化改造提升传统产业，推进物资采购电子商务的部署，加强物资信息网络建设。下发《关于做好中石化网上物资采购工作的通知》、《关于做好中石化网上物资采购工作的补充通知》，确保发挥集团公司集中采购优势。扩大上网采购规模，贯彻落实集团公司关于“不上网就下岗，不上网就出场”的要求。推行督导检查制度，定期对油田供应系统进行检查督导，强化中石化物资供应管理文件贯彻落实力度。全年实现网上采购 36.14 亿元，超额完成网上采购比率 40% 的要求，节约采购资金 1046.56 万元。

加大力度开拓外部市场。面对油田不断变化的生产经营形势，解放思想、转变观念，保证油田生产物资供应，把服务创效作为经济增长点，加大开拓外部市场力度。规范外闯市场物资保障管理，开发应用外部市场物资管理系统，利用现代化管理手段，基本满足开拓市场物资供应管理的需要。确定滇黔桂临盘石油钻探项目、清河油田开发物资供应项目为外闯市场项目，采取派驻联络员的有效措施，确保扩大物资供应量，加快外闯市场步伐。EDC 项目、西气东输项目、吉尔吉斯斯坦项目、印尼项目及卡塔尔项目的物资保障工作取得好成绩。全年外闯市场实现销售收入 1.41 亿元，其中销售钢材 9867.92 吨，实现销售收入 7810.44 万元，油料 11409 吨，实现销售收入 3340.74 万元。

（乔　利）

【加快“三流合一”进度，以现代物流技术提升油田物资供应管理水平】　“三流合一”系统是继油田电子商务物资管理系统、网上结算系统后，推动现代物流发展的有力措施。系统依托油田发达的电子网络，以物资供应处为核心，用户覆盖全油田生产供应部门和物资资源入网供应商，形成开放式、全方位网络平台。11 月 25 日，油田物资供应系统开始“三流合一”系统试运行。12 月 25 日，胜利油田“三流合一”系统工程全面运行。

（乔　利）

【深化物资体制改革，推行管理机构改革】　为减少物流管理环节的中间层次，节约人力、物力、财力，油田物资系统在现河采油厂、地质院供应部门进行改革，按照“撤站设科、分区设库、配送供应”的模式，两个单位撤销供应站设立供应科，成立配送站。为物资体制改革、理顺机制迈出了坚实一步。

（乔　利）

（审核　卜照坤）

石油化工总厂

【概述】　石油化工总厂设机关科室 14 个、三级单位 28 个、四级单位 15 个、党支部 47 个，代管胜利石油管理局多种经营实体——天宇集团公司。主业用工 2161 人，其中大学本科以上学历 273 人，大专生 213 人，正高级职称 1 人，副高级职称 74

人,中级职称267人。有党员615人,团员591人。职工平均年龄34岁。拥有8套炼油装置,固定资产净值8.5亿元。主要产品有汽油、柴油、液化气、石脑油、硫磺、沥青、石油焦等。

主要指标完成情况。投入资金10389万元,历时3个月成功进行设备检修和成品油质量升级改造,实现了150万吨/年主加工流程完善配套。全年加工原油91.15万吨,完成计划的101.28%。综合商品率88.02%,比上年提高1.71%。吨油综合能耗111.07千克标油,比上年降低2千克标油。全年实现销售收入18.42亿元,比预算增加1.95亿元。上缴各种税金1.79亿元,资产折旧8466.5万元。实现考核利润524万元,超炼油事业部指标524万元。单位完全费用333.91元,控制在年度预算指标之内。

企业管理。推行全面预算管理,细化成本核算,加强资金管理。采取降低安保基金、报废资产降低折旧费等措施,降本增效2100万元。投资管理发挥统一控制和专业化管理的体制优势,技术改造项目设计、施工全部实行项目管理或招投标管理,全年完成投资10740万元。产品销售严格执行股份公司配置计划,开拓新产品市场,建立每日定价例会制度,保证生产后路畅通。190#溶剂油、4#燃料油外销增加收入300万元。报废24万吨/年蜡油催化裂化等资产336项,原值4.97亿元、净值3.2亿元,报废资产数额超过历年总和。加工原料逐步优化,采取拉运纯梁单井油、检修期间多储存纯梁油、调整原油来源等措施,原油品质初步改观。投入1940万元,完成16项安全隐患整改项目。开安全检查5次,查出问题155项,全部整改或落实了防范措施。加大环境治理力度,被确定为"山东省污染治理设施运行管理示范单位",被提名为"山东省环境保护先进单位"。设备管理开展"三零三化"双月竞赛活动,解决了重催分馏塔盘结焦等5项制约装置长周期运行的"瓶颈"问题,建立、运行防护性维修体系。设备平均综合泄漏率降至0.4‰以下,全年无重大以上设备责任事故发生。物资供应加大库存物资改、代力度,对总厂物流实行"零距离"管理,利库45万元。完善计量标准体系,开展"四法"大检查,加强罐区各种进出介质的计量标定,开拓了油田检定市场。

深化改革。确定"稳住炼油、发展特色"的发展思路,完成制氢原料预处理等事关总厂发展的技改技措项目。气分改造、重整2个项目得以批复。完成内部分配制度工作分析、"四定"、编写岗位说明书、岗位排序归级、竞聘上岗及绩效考核等工作,将岗效薪点工资发放到职工手中。在保持用工总量只减不增的前提下,对全厂组织结构和队伍结构进行优化调整,三线压缩比例12%。实行带薪待岗制度,节约人工成本50万元。占领和开拓劳务输出市场,实现劳务收入160万元。

科技创新。围绕装置操作调整困难、轻收低、能耗高及汽油、液化气产品质量不达标等难题,投资2094万元,实施常减压换热流程优化改造等技改技措34项,降本增效1000万元,为汽油、液化气质量进一步升级打下良好基础。《MGD在重油催化装置上的应用》获得管理局科技进步一等奖。《强化蒸馏技术在常减压装置上的推广应用》获得管理局科技进步二等奖。

党建工作。在全局率先召开党代会,明确总厂后5年发展思路,选出第二届党委和第二届纪委。会议过程中总结积累的经验,为油田十几个二级单位所学习。开展"学转谋见"活动,党支部凝聚力和党员先锋模范作用明显增强,全厂615名党员经民主评议,优秀合格率99.35%。

精神文明建设。围绕管理局“企业文化建设年”活动,制定《2003—2005年企业文化建设规划》,开展企业文化标志性语言征集活动。28个基层单位提炼了各自个性化团队精神,编写队歌、站歌,推出乙方服务文化等载体活动。2件作品获管理局精神文明建设“精品工程”奖。2人在中石化首届运动会上分获男子跳高第一名和女子标枪第一名的好成绩。开展“周讲时事五分钟”和“西部精神进石化”专题教育活动,举办“创业、创效、创新、创造”事迹报告会。基层建设以“达标、创优、争强、夺牌”活动为主线,推行量化考核、末位淘汰、动态管理,培养出2个局名牌基层队、2个局“行业一强”、6个局优秀基层队,超额完成第二个“三年规划”提出的目标任务。武装保卫和综合治理加大破案工作力度,总厂及周边治安状况明显好转,挽回经济损失120万元。消防工作抓防火预案实施及消防检查。

(武增亮)

【做好思想工作,确保大局稳定】 针对内部分配制度改革、家属及内退人员频频上访和原胜化有限责任公司职工安置等新情况、新问题和新矛盾,建立总厂领导和机关科室稳定工作挂点承包、归口分工接访和责任追究制度,坚持每月18日领导接访日制度,实行24小时值班,使多起职工家属、内退人员上访尽快得到化解。为1名正在劳教的原“法轮功”习练者办理提前解教。为特困职工发放各种补助58910元。128名党员干部与协解人员结成帮扶对子,187名协解人员和7名待业子女实现再就业,再就业率超过管理局下达的工作指标。代管的天宇集团公司生产经营状况及队伍稳定工作有较大改观。托管的原有限责任公司大部分职工得到妥善安置。

(武增亮)

(审核 董 伟)

经济开发研究院

【概述】 全年完成各种研究课题15项,其中完成中石化集团公司下达的研究课题3项,完成油田领导安排及在油田科技处立项研究课题9项,完成其他研究课题3项。课题成果为领导决策提供了依据,为油田改革发展作出了贡献。①完成中石化科技部立项课题——《中外油气田企业税收政策对比研究》,此课题对国外油气田企业与中石化油田企业的主要税费内容与水平进行了对比分析,从中看出胜利油田的政府收益比普遍低于世界各产油国,反映出中石化油田企业的主要税费水平较重的现实,进而向国家税收部门提出油气田税收政策与国际接轨的主要政策与建议。由财政部、国家税务总局、中央财政大学与集团公司机关领导组成的专家组评审认为,课题是目前国内该领域的最新研究成果,为今后国家针对石油行业的财税改革提供了依据。②完成中石化科技部立项课题“油气资源预测”之子课题——《中石化上游竞争力评价及策略研究》,课题将中石化上游企业与国外BP、埃克森—美孚、雪弗龙—德士古等超级石油公司,与国内中石油、中海油的竞争力水平进行对比分析,看出中石化上游企业在规模实力、盈亏平衡点油价等方面与国外超级石油公司存在较大差距,与国内中石油、中海油也存在一定差距。为了提高中石化上游竞争力,建议实施“资源优先战略”和“成本优化战略”。课题的研究成果先后向王志刚、章建华、焦方正等股份公司和油田部领导汇报,通过了由中石化股份公司有关领导、专家组的验收。③完成的中石化课题——《中外油气成本对比分析和油田投资绩效评价研究》被中石化集团公司科技奖励评审委员会评为2003年度科技进步三等奖,首次获得集团公司级科技奖励。④完成油田领导安排重点课题《胜利油田与国内外石油公司对标研究》,课题选取具有代表性和可比性的国内外石油公司作为参照对象,选取主要的经济技术指标和经营管理指标进行对比分析,从中找出胜利油田的优势和差距,提出胜利油田建设一流油公司的经济指标和控制油气成本、加大技改力度和多方位勘探开发国内外油气资源的对策建议。课题成果得到油田领导的肯定。⑤《胜利油田推行油藏经营管理的思路探讨》课题收集了大量国内外油藏经营管理理论及实践方面的资料,提出了胜利油田下步推行油藏经营管理的目标、程序及保障措施。胜利油田有限公司李阳总经理听取了成果专题汇报,给予表扬和肯定评价。⑥《国外石油公司管理模式研究》课题在研究大量国外石油公司背景资料的基础上,探讨国外石油公司(包括技术服务公司)组织结构、内部管理控制模式的最新特点,总结了国外石油公司在组织结构及管理制度变迁方面的经验,提出对国内油田具有参考价值的启示和建议。成果先后向李阳总经理、王志刚副总裁汇报并得到肯定评价,在中石化干部管理学院的出国经理培训班作专题讲座。⑦《胜利油田"数字油田"建设思路研究》,阐述了"数字油田"的含义及内容构架,分析了胜利油田建设"数字油田"所面临的主要问题,提出了切实可行的建设"数字油田"的工作思路及对策措施。成果经与局信息中心合作构架形成的综合材料被列为局党委扩大会参阅资料。全年完成一批对油田及东胜公司等二级单位的改革发展产生重要影响的应用性课题。

(彭忠华)

【开展全员竞聘上岗】 10月,正式实施岗效薪点工资制度改革。除处级领导干部外,全院职工按管理、专业技术、操作服务3种岗位归级为副总师、正科、副科、一级研究岗(科员A)、二级研究岗(科员B)、三级研究岗(科员C)、汽驾7级,理顺各岗位人员的工资关系,使工资收入与劳动力市场价位接轨。以实施岗效薪点工资改革为契机,开展全员职工竞聘上岗工作。经个人报名、民主测评、组织考察等程序,20人被聘任(解聘)了正副科室长职务,是建院以来最大的中层干部调整,体现了干部能上能下原则。实施新工资制度和干部选任制度,形成强有力的工作激励机制,调动了全体职工的工作积极性。选聘充实部分研究人员,经局领导批准,在全油田范围内选聘、调进8名年龄较轻、具有本科以上学历、有志从事研究工作的人员,充实了研究力量。

(彭忠华)

【编辑院刊《石油经济参考》】 全年编辑12期,每期发行1200份,质量不断提高,成为具有鲜明石油经济特色、为石油工作者争相阅读的刊物,被评为管理局2003年度优秀内部期刊。

(彭忠华)

【开发《经济开发研究院信息管理办公系统》】 为提高办公效率、降低办公成本、提升管理水平,开发了网上办公系统——《经济开发研究院信息管理办公系统》,被评为局办公系统优秀办公软件二等奖。

(彭忠华)

(审核 周 文)

局属实体和控股公司

中胜实业集团公司

【概述】 中胜实业集团公司现有员工470人，其中正式职工133人，油田大集体工、内聘工及其他富余人员等337人。机关设3部1室，2个直属中心，16个独资、合资、联营企业。全年实现销售收入1.83亿元，实现利润总额2080万元，上交管理局投资收益676.52万元，形成了以石油开采、房地产开发、轻烃生产、汽车贸易的多元化发展格局。

生产经营情况。石油磺酸盐项目建成试运行，准备迎接国家计委、科学技术部和中石化验收，成为公司新的经济增长点。房产中心克服“非典”带来的不利影响，加强管理，降低成本，全年完成收入307万元。滨南轻烃站经过改造和扩建，基本达到预期目的。东营轻烃站克服工农关系紧张、气源供应异常等困难，取得良好经济效益。汽贸中心在激烈的市场竞争中勇于开拓，克服经营场所因规划拆迁造成的困难，取得了较好经营业绩。

精神文明建设。党建工作进一步加强，发挥了政治核心作用和党员先锋模范作用。加强形势任务教育，围绕生产经营和改革改制过程中的热点、焦点、难点问题，进行深入细致的思想政治工作，化解各项矛盾，正确处理企业和职工的利益关系。推行厂务公开和集体合同制度，实行民主管理、民主监督，涉及职工切身利益的重大问题广泛征求工会和职工代表意见，调动了职工积极性和工作热情。

（王学峰）

【企业文化建设】 中胜人在严酷的市场竞争中，在成功与失败的道路上，为了生存和发展，形成了中胜人特有的企业文化。中胜战略观：惧者生存，智者发展。中胜人才观：赛马竞聘，择优用贤。中胜质量观：产品与服务的质量是企业的生命。中胜技改观：先有市场，再建工厂。中胜客户观：“客户满意”。中胜作风：反应迅速，雷厉风行。中胜做事：要么不做，要么就做强做大。中胜精神：敬业爱岗，荣辱与共。中胜企业文化的核心：创新、竞争、规范、诚信、高效。创新——是可持续发展的灵魂；竞争——是中胜充满生机制动的手段；规范——是科学管理和营运的可靠保障；诚信——是中胜人行为的根本；高效——是中胜人经营行为所追求的目标。

（王学峰）

（审核　周华山）

机械公司

【概述】 机械公司是局属经济实体，固定资产1.2亿元，生产厂区占地面积620亩，5个生产厂区分设在东城和西城，机关驻地东二路739号。员工820人,其中博士1名,硕士7名,具有大专以上学历200人,拥有高级职称15人,中级职称28人,科技人员50人。有党员72人,团员青年500人。拥有固定资产1.2亿元,加工中心和数控车床等主要设备50多台(套)。下设综合部、企业管理部、技术部、新产品开发部、质量管理部、财务部、物资采购中心等7个部室,控股或参股成立中美合资胜利高原公司、高原汇森、高原钻杆、高原泵业、高原连续杆、高原管业、高原化工等9个子公司。公司以研制、生产、销售石油机械产品为主,主导产品有皮带式抽油机、螺杆泵采油系统、螺杆钻具、特种抽油泵、钢结构连续式抽油杆、高中压玻璃钢复合管、油水井套管、钻杆热处理后高强度管体、高分子聚合物、钻井顶部驱动装置、机械零部件加工等十几个品种。公司多次荣获局多种经营"十强企业"、局开拓外部市场先进单位、山东省高新技术企业等荣誉称号。油田在公司设立了机械博士后工作站。2002年通过美国API的ISO9001:2000和API SpecQ1质量体系认证。抽油泵、钻杆、套管等3种产品取得API会标使用许可证。

产品主要销往胜利、大庆、大港、长庆、辽河、新疆、青海、大港、中原等国内各大油田,先后打入美国、加拿大、古巴、阿根廷、委内瑞拉、巴西、俄罗斯、哈萨克斯坦、乌兹别克斯坦、阿塞拜疆、新加坡、印尼、苏丹等13个国家。全年完成销售收入5.5亿元,实现利润3740万元,同比增长分别为49%和25%。出口创汇600万美元。

市场营销。把油田、国内、国外市场划分为3个板块,负责国内国际销售的22人中,有1名博士,5名硕士,13名大学本科毕业生,是公司专业水平和学历最高的部门。油田内部实行两级销售,累计销售皮带机160台,螺杆泵销售239台,地面驱动装置144台。钻套管取得突破,实现销售收入1.29亿元。

在大庆、大港、辽河、新疆等地建立办事处。辽河油田销售抽油机43台,螺杆泵1台,抽油泵38台,成为继大港油田之外的又一销售大户。对大港、江汉、清河等老市场重点在服务上精耕细作,争取更多订单,销售产品向纵深延伸。尝试向客户推介抽油机新机型和公司其他产品,取得了良好效果。600型机在大港销售实现零的突破。新市场以质量站稳脚跟,开拓青海、渤海、清河、长庆等市场。外部市场销售抽油机100台,螺杆泵抽油泵200台(套),实现销售收入2627万元。国内市场基本涵盖了各大油田,初步形成网络格局。

实施产品本土化战略,谋求开发新途径。先后在加拿大石油城卡尔加里注册成立高原(加拿大)石油设备有限公司,在哈萨克斯坦组建螺杆泵厂,在迪拜成立高原(迪拜)国际经贸公司。筹划在阿塞拜疆建立油管和套管加工厂。与索马里境内5个油气区块草签了合作开发备忘录。向古巴出口4台抽油机。向美国、古巴、阿塞拜疆、哈萨克斯坦、阿根廷、委内瑞拉等国家出口皮带式抽油机整机48台,螺杆泵180台,地面驱动装置90台,抽油泵236台,减速箱和石油机械配件2万件套。对哈萨克斯坦销售成绩突出,全年出口螺杆泵180台,地面驱动90台,抽油泵236台,销售额1795万元。

新产品开发。悬挂式作业车获国家实用新型专利,连续杆作业车获得国家发明专利,小套管专用的非标直径78毫米厚壁泵获国家实用新型专利。皮带式抽油机在900型、800型、700型的基础上,试制成功500型和600型并形成批量生产能力,其中500型销售80台,实现销售收入1000万元。电潜螺杆泵形成系列,投放油田和渤海市场。抽油杆修制开发出空心杆、变径杆、新杆制造等新项目，抽油杆生产许可证认证通过国家油气田井口设备质量监督检验中心初检。小口径高压管开发出DN50、DN65的16兆帕和20兆帕等型号，大口径管开发出DN300等型号，两种规格均在桩西采油厂106站顺利投入使用。钻套管成功开发直径73毫米×5.51毫米加厚油管和直径96毫米×6.5毫米侧钻用小套管，生产并销售加厚油管1497吨，侧钻小套管487吨。

（刘公俊）

【技术革新改造活动扎实有效】 以提高效益和功效为主开展小改小革活动。抽油机分部完成114D减速箱开发设计，连续杆改进安全接头，制造清洗机1台，解决了旧连续杆检测时需要清洗的问题。抽油杆修制累计投入10万元资金，开展中频生产线、高频生产线、摩擦焊生产线等技改活动。大负荷地面驱动装置项目与石油大学联合攻关，被列为2003年局重点科技攻关项目。电潜螺杆泵对QLB7进行改型，在CB243A安装3套开机效果良好。开发GBF5B型驱动装置并投入批量生产。完成皮带抽油机刹车系统10型速度控制器国产化，解决了10型速度控制器长期进口、价格昂贵、供货时间不能保证的问题，年节资30万元。完成负荷皮带铆钉板国产化，解决了进口铆钉板成本高、供货不及时的问题，年节资20万元。对抽油机平衡箱大门进行技术改进，解决了长期频繁出现的平衡箱大门漏油现象，节省了现场服务费用。汇森公司引进螺杆泵用高抗扭矩抽油杆专利技术，解决了螺杆泵用传动杆在现场应用中经常出现的螺纹滑脱和扭断的问题，为螺杆泵在特殊井况的使用和大排量螺杆泵的推广应用奠定了基础。全年下井7口，实现销售1万米，实现收入70万元。新产品相继投放市场，累计实现销售收入1.37亿元，创利690万元，形成公司新的效益增长点。

（刘公俊）

【以发展实现稳定】 确定以发展求稳定，安置下岗待业人员，维护一方平安的思路，年初由企业管理部负责，对吸纳和安置下岗失业人员纳入正规管理。突破传统经营模式，大胆尝试组建股份制企业，使众多人员实现再就业，成了股东。为工程机械总厂、总机械厂、石油机械厂等8个单位的协解、退养、失业人员提供了大量再就业机会，吸纳几十名管理局职工子女到公司就业。累计吸纳、安置管理局各类下岗失业人员61人，内部退养人员9名，职工待业子女20多名。全年无1人上访，无1人习练法轮功，无1起刑事案件。

（刘公俊）

【公司机关迁往东城】 年底，公司机关迁往东城。新机关驻地位于东营区东二路739号，占地面积256亩，内有抽油杆修制厂和高原化工公司等单位。为公司提供了新的决策和发展基地。

（刘公俊）

（审核　杨献平）

工益集团公司

【概述】 工益集团公司全体员工以十六大精神为指针，学习贯彻“三个代表”重要思想，解放思想，开拓创新，消除各种不利因素，化解前进道路上的一系列热点、难点问题，各项事业在迎接挑战、战胜困难中创造出了新业绩，全年集团公司完成产值13859万元，完成销售收入13638万元。全年姜仔鸭酒店实现销售收入7164.27万元。旅游、彩扩、广告、中心、物业、租赁等传统辅助产业共实现销售收入1178万元。

油气资源勘探开发。全年油公司开发板块共生产原油14205吨，完成产值2714万元。国内油公司生产原油8005吨，完成产值1527.4万元，销售收入1305.5万元，实现利润449万元。

（尹建兵）

【吉尔吉斯石油开发项目】 修井项目完成修井20口，累计产油6980吨，完成150口拟修复井筛选。对吉尔吉斯斯坦石油天然气公司所属14个区块进行地质研究，共收集、分析整理7个区块的动、静态资料，将1100口油井的单井生产数据录入计算机建档管理。完成了伊兹巴斯肯特、马利苏、东伊兹巴斯肯特等油田所有油井井史、生产井单井基础数据和油层数据的翻译和建档工作。对吉尔吉斯斯坦油田的开发现状、开发水平、管理水平、技术水平有了比较清楚的认识。

（尹建兵）

【阿拉伊盆地勘探开发项目】 成立勘探项目组，开展阿拉伊盆地相关地质研究资料、物探资料及相关资料的收集工作。取得了所有阿拉伊盆地的地质普查、地球物理研究、水文地质调查和油气调查资料。3月1日，在北京举办中吉阿拉伊盆地地质研讨会。5月，阿拉伊盆地地质研究报告通过吉尔吉斯斯坦地矿部审查，并获阿拉伊盆地勘探开发许可证。9月16日，向中国石化集团公司汇报2003—2007年吉尔吉斯勘探项目总体规划方案，通过中石化专家组评定，报国家发改委立项。11月25日，完成阿拉伊盆地84平方千米三维地震资料采集。

9月，中石化集团副总经理张耀仓率中石化代表团访问吉尔吉斯斯坦，他高度评价吉尔吉斯项目2年来克服各种困难，实现海外油气市场开发的突破。并挥毫题词，称赞胜利人是“华夏之光，胜利之鹰”。

按照中石财（2003）311号文件精神，为加强吉尔吉斯项目开发力度，工益集团与吉尔吉斯斯坦签订的5个勘探开发项目的合同主体全部变更为胜利石油管理局。投资计划由集团公司分期分批下达计划，财务上纳入胜利石油管理局核算。为吉尔吉斯项目进一步发展提供了坚强后盾。

（尹建兵）

【房地产开发】 工益广场油田经济适用房建设主要作好项目前期立项报批准备、三通一平前期拆迁及桩基工程。共完成三通一平前期拆迁工程800万元，桩基工程1200万元。285亩、1600户的乳山胜利国际花园项目完成土地投标和前期准备。

（尹建兵）

（审核　李国平）

环发实业公司

【概述】 胜利油田环发实业公司成立于1993年4月，注册资金500万元，属管理局分支机构，主要经营原油储罐跑损天然气回收、轻烃、环保产品销售，环保技术咨询等业务。下设办公室、生产科、财务科、市场开发科4个科室。有在册职工32人（含内退职工1人），其中正式工27人，集体工4人，企业员工1人。有党员18人。有各类专业技术人员21人，其中高级职称6人，中级职称15人。公司主营业务天然气回收工作在确保全年安全生产无事故的前提下实现了稳产硬指标，累计完成天然气回收量2902万立方米，完成年计划的116%，创产值1335万元，上交利润80万元，完成合同利润指标133%以上，圆满完成了年初预定的工作目标。

（孙　莉）

【天然气回收】 加强生产管理的计划性和预见性，保证生产运行动态管理。由于大罐回收气量冬季受气候影响较大，生产科抓住规律有针对性地做好冬季天然气回收工作。一季度共回收天然气274万立方米，其中2月份仅回收天然气33万立方米，与去年同期相比相差275万立方米，还不到50%，生产形势很不乐观。加强收气设备冬季生产运行管理，及时做好收气设备维修保养工作，保证收气设备最大开机运行率，做好计量工作，使冬季各站回收的跑损天然气量得到采油厂确认。签订《关于进一步加强大罐收气管理的规定》，对大罐收气计量仪表的安全管理、天然气产量管理、天然气上报等作了详细说明，要求每月定期向产销处天然气管理科上报各收气站运行动态报表，产销处及时向公司反馈大罐收气工作中存在的问题，为公司超额完成生产任务创造了条件。

（孙　莉）

【收气设备安全监督管理】 严格落实安全生产各项规章制度，落实各级安全生产责任制，抓好工艺管理和设备管理，强化安全隐患治理，根据油田安全评价所对坨三站所做的安全评价提出的问题，对坨三站不符合安全规范的部位作了全面整改，改进压缩机房通风装置，增添通风警示标志，安装可燃性气体报警器，对压缩机房金属外壳重新进行接地安装，顺利通过安科所现场验收。压缩机房通风改造经验，推广到各收气站，全面提升了大罐收气设备管理的安全性能。

（孙　莉）

【收气设备自动化改造】 孤六联站点偏僻，气包控制系统受环境影响很大，严重制约了收气量回收，生产科利用从孤东倒下来的设备进行改进，没花一分钱完成了自动化改造，运行1年来没发生任何故障，降低了值班工人操作强度，日增回收气量700立方米，全年多回收气量24万立方米。

（孙　莉）

【多元经济发展】 多方搜集市场信息，明确主攻方向，加大油田勘探开发相关工艺、技术设备和管理调研，了解油田勘探开发的新工艺、新技术，为公司多元开发寻找突破口。对环发公司7亩闲置土地开发进行市场调研，多次到油田规划计划部、土地处、东营市规划局、土地局、建委等单位进行土地房产开发及市政规划方面的政策业务咨询，寻求合作开发伙伴。为土地开发作好前期准备。

（孙　莉）

【改革前期准备工作】 发挥党组织政治优势，做过深过细的思想政治工作，让职工理解、支持改制分流，做好思想铺垫。加快企业技术创新、管理创新、机制创新能力，尽快实现企业多元并举，加快市场开发步伐，打破公司发展中的瓶颈制约，为可持续发展打下坚实基础。关注油田在改制分流方面出台的各项政策及东营市出台的相关优惠政策，做到信息畅通，为公司改革提供政策支持。

（孙　莉）

【思想政治工作】 围绕改革发展中的热点、难点问题，强化形势任务宣传和思想教育工作，开展“学、转、谋、见”活动。本着“群众利益无小事”的宗旨，主动为职工群众办实事，为确保公司稳定大局做了大量细致入微的工作。对退休职工、协议人员、退养家属等非在岗人员，实行专人负责，坚持及时走访，随时掌握思想动态，保证无越级上访事件发生。利用双休日组织公司全体职工家属去威海旅游，丰富了职工业余文化生活，提高了公司凝聚力和向心力。“三八”节，为全体女工每人办理2份“四病”保险。职工队伍的稳定，为公司健康发展创造了良好氛围。

（孙　莉）

（审核　张凤和）

接待旅游公司

【概述】　接待旅游公司（接待处）位于管理局院内11号楼，创建于1966年，是油田设立较早的处室之一，占地面积107065.07平方米，设党总支、办公室、财务科、保卫科、业务管理科和技能鉴定站6个科室。下辖大型涉外饭店——胜利宾馆、三星级饭店——黄河饭店两大饭店和胜利油田国际旅行社、综合服务公司、厨师培训中心及华海纸制品有限公司6个经营单位。有职工456人，其中干部64人。有高级技术职称2人，中级技术职称25人，高级技师1人，技师7人。拥有固定资产原值11098.3万元，高中低档各种类型客房432套，大中小餐厅37个。配有供客人开会、业务洽谈等使用的大、中、小会议室28个。公司主要职能是在完成管理局下达的各项接待任务的同时，面向社会经营服务。

全年接待内外宾客19万人次，其中外宾98人次。承接局内外各种会议1000场次。为油田技能鉴定6个工种1143人。举办各类高级工培训班17期，培训学员762人。举办协解人员培训班3期，培训协解人员184人。组织各类团体外出旅游2300人次，其中境外游220人次。全年实现收入4348万元，人均创收达到9万元以上，分别比上年增长11.5%和12.5%。

（丛爱妮）

【经营管理】　为弘扬东营饮食文化，提高烹饪技能，打造餐饮品牌，由东营市经济贸易委员会、市人事局、市劳动和社会保障局，胜利石油管理局劳动工资处、教育培训处、生活管理处、石油大学人事处，市烹饪协会联合主办、市烹饪协会承办的东营市“百味佳杯”厨艺服务技能大比武活动，在东营市蓝海中心酒店举行。胜利宾馆和黄河饭店为锻炼职工队伍，提高员工专业技术水平，召开动员大会，职工踊跃报名参加竞赛。餐饮部采取多种形式，先后为各岗位举办竞赛活动，实行优胜劣汰方法选拔人才，呈现出学技术、练本领，比、学、赶、帮、超的岗位练兵热潮。通过竞赛层层选拔，先后在菜案、两案、冷盘、雕刻、服务等岗位，选出了参赛选手。黄河饭店王永清在“冠王奖”中获得“拉面王”和“最佳厨师”荣誉称号。胜利宾馆王洪涛荣获拉面银获和“优秀面点师”。阎敏娜、张燕蕾荣获服务银奖。王金刚、邓洪光、张勇分别荣获凉菜、面点和拔丝铜奖，王玉烨获得雕刻、雕花两项铜奖。

（丛爱妮）

【提高服务质量和服务档次】　以规范为基础，把规范化服务同个性化服务结合起来，以顾客满意作为服务标准，全面提高服务质量。为使每位客人都有“宾客如归”的感觉，从基础做起，在环境上求“新”，在软件上有“情”，坚持把室内外环境做到最佳点。为尽快与国际饭店标准接轨，全面改造胜利宾馆三号楼，为胜利宾馆二号楼和黄河饭店客房更换壁纸和地毯，配备小饮水机、小矿泉水桶，装修、改造了部分小餐厅。从制度建设入手，改革客房管理制度和分配制度，体现能者多劳、多劳多得的分配原则。牢记“宾客至上，优质服务”的宗旨，开展个性化、亲情化服务，注重对客人的细节服务，规范工作标准，灵活执行服务规范，把服务规范建立在顾客满意的基础上。餐饮部门树立精品意识，注重菜肴创新，以餐饮质量为突破口，广泛调研，推陈出新，增加饭菜花色品种，提高饭菜质量。工作中本着“变中求好，好中求精”的原则，潜心研究，刻苦攻关，适时调整菜肴，定期推出特色菜、创新菜，红烧鲍翅、红烧海参、清汤燕窝、黄河口水鸡、牛腩煲、大刀面等受到客人欢迎。注重职工培训工作，加强职工心理素质培训，加强基本规范操作程序培训，强化职工应对、灵活、热情、得体和针对性服务。把专业培训和业余培训结合起来，把外出学习和岗位练兵结合起来，采取集中授课和单项训练的培训方式。全年派出 6 批 35 人次，分别去青岛、深圳等大城市学习，10 批 60 人次在本地酒店、餐馆观摩学习，提高职工的技能素质。旅游方面坚持高标准严要求，严把“服务态度，服务质量”关，在旅游线路上大胆创新，针对油城人民的观光需要度身定制，将现有的山水风光、文物古迹、民俗风情等旅游路线加大细分力度，分为休闲健康游、森林游、生态游、科考游和修学游等新的旅游线路，收到了较好效果。

（丛爱妮）

【精神文明建设】　加强形势任务教育，使职工树立正确的人生观、价值观和良好的职业道德、社会公德、家庭美德。牢记“两个务必”，实践“三个代表”，争做克己奉公，廉洁勤政的模范，牢记自身职责，增强了职工主人翁意识，热爱岗位，热爱本职工作，形成脚踏实地，埋头苦干的良好氛围，确保职工队伍稳定。全年未发生一起违纪违法案件，未出现一名上访人员。8 名党员被评为实体部优秀党员，1 名党员被评为优秀党务工作者，胜利宾馆党支部被评为实体部先进党支部，办公室被管理局评为办公室工作先进集体。11 名青年职工分别被评为管理局和实体部的优秀团员，评出 34 名双文明先进职工，5 名同志被推荐为管理局双文明先进个人。

（丛爱妮）

（审核　张清玉）

大明集团股份有限公司

【概述】　中国石化胜利油田大明（集团）股份有限公司下设油气、燃气、置业、建材、投资 5 个事业部和国贸、电子、餐饮等直属公司，业务涉及油气勘探开发、城市燃气工程、房地产开发、新型建材、风险投资、国内外贸易、电子、餐饮等多个领域，共有员工 3000 人。资产总额 32 亿元，净资产 16 亿元。

油气主营业务保持良好态势。抓住油价较高机遇，以巩固稳产基础，改善开发效果，提高老油田采收率和油田开发水平为主要内容，加强滚动勘探、新区产能、老区综合治理和工艺攻关工作，油气生产平稳运行，取得明显效果。一是滚动勘探增储建产取得明显效果，全年部署滚动井 20 口，预计新增探明地质储量 200 万吨以上。二是老油田注采调整取得明显效果。曲堤油田 5 口油井通过注水，日液量、日油量分别增加 1 倍。桩 23 区块通过改造地面注采系统，解决了注水压力高、水质达标率低、注水量小的问题，提高了注水能力。三是措施增油取得明显效果，全年实施老井措施116井次，比上年增加14井次，年增油41500吨，比上年增加10000吨。

非油产业经营有新进展。型材公司进入北京、太原、济南、成都等大城市市场，形成以4大办事处和3大销售中心为支撑，覆盖华北、华东、西南地区的营销网络，打入美国和加拿大市场，全年销量突破6000吨。防水公司主打产品在全国21个省市成为防水材料首选产品，全年销售卷材150万平方米，施工24万平方米。电子公司技改扩产全面推进，市场开拓积极主动，月产销量冲过400万只台阶，创出历史最好水平。华泰通公司与美国EMC、SUN、HP公司和加拿大北电网络公司等国际著名厂商建立合作伙伴关系，成为其总代理或主分销商，开拓了新的市场渠道。作业、工程公司走出去开拓市场，拓展了生存和发展空间。餐饮公司以大明大厦装修改造为契机，完善硬件配套，树立酒店形象，打造自身特色，提高服务质量，扩大了影响力，提升了竞争力。

外部市场开拓取得重大突破。陕北甘泉公司投产新井45口，完成措施工作量129井次，增油4000吨。东北项目进展顺利，完成了蒸汽吞吐室内先导试验。宁夏项目第1口探井顺利完钻，电测显示有重大发现。海外项目组先后论证了也门、加拿大、尼日利亚、哈萨克斯坦等一批油田项目，对哈萨克斯坦项目进行实地考察。取得两个城市的天然气经营权，8月份正式挂牌运营。房地产开发取得实质性进展，先后考察了一批房地产项目，签署了项目合同。

（周玉凌）

【内部管理】 以抓规划、抓预算为主线，以管理升级为主题，全面加强内部管理，提升管理水平。召开规划发展专题会，通过调查研究和现场办公，理顺发展思路，调整完善规划，形成公司“十五”后3年整体规划发展草案。各单位按照集团公司的整体部署，开启思路，精心谋划，研究措施，狠抓落实，使规划目标更加清晰，内容更加具体，测算更加客观。7月份召开专业性工作会议，客观总结大明过去10年在管理方面取得的成绩，指出存在的问题和不足，提出了今后工作思路、工作重点和具体举措。9月份公司在北京召开预算专题会，确定以预算为主题，全面启动管理升级工作。日常管理上，坚持组织月度、季度生产经营分析会，着重加强对生产经营动态的调查研究，掌握情况，发现问题，抓好协调，加大生产经营监控力度。贯彻“科技先导”理念，推进科技进步，电子、防水、型材等公司的技改工作取得较好效果。强化培训、招聘、选调工作，安排中高层人员在职培训，引进高校毕业生11人，招聘营销和专业技术人才19人，为集团公司开拓外部市场提供了人才支持。资产财务工作修订《财务预算管理暂行规定》、《资产管理暂行规定》等一系列制度，组织会计人员预算管理、会计电算化、内部控制培训，加强资金、资产管理，规范了会计核算，夯实了会计基础，强化了内控制度建设。抓好效益审计，以过程控制为重点，加强内控制度的检查和监督，对子公司和新上项目进行全程动态监控，使审计工作向前延伸和向后跟进。组织资产专项审计，对各公司应收货款、固定资产和存货等进行重点检查，逐项核对，挨家落实，促进了各公司规范运作。法律事务工作坚持事先防范、依法维权原则，超前参与项目论证，抓好合同审核，应对法律纠纷。全年审核经济合同69份，涉及标的额3亿元。代理各类案件41起，挽回经济损失80万元。证券业务工作将规范治理的触角延伸到事业部和子公司，理顺投资者关系和法人治理体系，促进了规范运营。

（周玉凌）

（审核　李树荣）

局属经济实体管理部

【概述】 局属经济实体管理部为管理局派出机构，下设党政办公室、党委组织科、群众工作科、劳资保险科、综合管理科、审计科、纪委监察科、再就业办公室、工会等9个科（室），负责20个局属实体党的建设和干部管理、纪检监察和党风廉政、思想政治宣传、工会、共青团、计划生育、劳资保险、再就业协调服务、审计、治安保卫、户籍管理、住房公积金收缴、爱国卫生、车辆年审、安全工作组织协调等管理和服务工作。

行政管理。做好治安保卫、户籍管理、安全生产、车辆年审、爱国卫生、计划生育、“非典”防治、家属退养金利息差的发放及征兵等工作。搞好人口信息纠错，为30名职工家属子女申请办理农转非，办理户口转出、转入手续200人次。贯彻管理局安全工作会议精神和安全工作部署，协调管理局安全生产大检查活动，分3路对实体主要生产厂点和公共场所进行检查，查出问题36个，督促有关单位进行了整改。圆满完成420台车和870名驾驶员的检审和后续服务工作，节约费用100万元。做好“双创”和爱国卫生检查工作，开展“爱国卫生月活动”，开展食品卫生检查，改善了各实体单位的工作环境和卫生面貌。实行有效的计生措施，全年晚婚晚育率、计划生育率、独生子女领证率均达100%，节育率达99%，优生优育率99%以上。做好“非典”期间的各项管理工作，取得了抗击“非典”的胜利。完成涉及34个二级单位实体退养家属的调查摸底工作，调查统计家属277人次，测算符合发放条件的家属240人，共补发总金额123万余元。

审计工作。配合参加管理局对局属实体的全面审计工作，派员参加中石化对中原油田的财务收支审计。参加审计处对部分二级单位的经营承包审计。参加对管理局工会2003年工会经费收入及支出情况的专项审计。完成局属实体302名会计人员的重新建档和换证工作，组织277名会计人员进行继续再教育。全年正常汇缴住房公积金1082万元，转移住房公积金260万元，转移住房补贴102万元，支取公积金303万元，结存公积金、房贴利息88万元。收缴各类专项经费和代发工资1300万元。

党建和干部管理。新建基层党委2个、党支部10个，改选和调整党支部6个。开展“结对帮扶再就业”和“党员先进性评议”活动，党员参评率达到94.67%。评选表彰先进党支部12个，优秀共产党员62人，优秀党务工作者10人。发展党员26名，预备党员转正33名，办理调入党员手续110人，调出党员手续27人。调入干部103人，接收军转干部1人，调出干部37人，办理干部退休手续10人，解除劳动合同8人，接收高校毕业生11人，为部分实体公开招聘干部55人。聘任（解聘）科级干部96人，新提科级干部45人。推荐晋升高一级职称人员80人，其中晋高30人，晋中33人，晋初16人，平转1人。开展以公道正派为主要内容的“树组织劳资干部形象”学习教育活动，查摆问题6件，制定整改措施8条，促进了组织劳资干部思想和业务素质的提高。

纪检监察和党风廉政建设。充实调整党风廉政建设领导机构，修订完善监督工作制度，按时召开作风建设专题民主生活会和组织生活会，“三重一大”决策程序和民主监督工作逐步规范。组织开展“守纪律、正作风、树形象”党风廉政主题教育活动,强化党风廉政警示教育。受理群众举报6件次,来电上访5件,来信1封,接待职工群众来访23批149人次,其中集体访5批42人次,局信访办转访督办8批79人次,妥善解决了多起棘手事件和问题。先后对4名违纪人员分别作出党纪政纪或组织处理,其中2人受到刑事处罚,全年实现案审覆盖率100%。

思想政治宣传。参与组织局党委对局属实体的党群调研,开展“学转谋见”活动,组织学习局党委(全委)扩大会、油田五届一次职代会、山东省委和东营市委工作会议精神等。组织局属实体学习“三个代表”重要思想报告会、局属实体先进代表学习“三个代表”重要思想座谈会,举办4期学习“三个代表”培训班,培训实体中层干部289名。针对“非典”防治、职工住房、子女就业、改制分流等职工关心的热点问题,先后发放各类宣传材料2000多份,做好宣传工作。全力打造企业自身形象,培育具有行业风格、单位特色的团队精神,增强企业文化力和凝聚力。广泛搜集新闻素材,及时反映实体动态,在胜利电视台播发新闻17条,在胜利日报发表稿件32篇,在山东电台、中国石化报各发稿1篇。

理论研讨。管理部党委上报的《引进与培养并举,引导与激励同步,努力促进经营管理人才队伍建设》和推荐机械公司的《建立竞争激励机制,打造经营管理人才队伍》2篇论文,作为典型经验在局人才工作会议上交流并被收入油田人才工作会议典型材料汇编。组织参加了管理局社科联第六次社会科学优秀成果评选活动,有1篇作品入选;组织参加油田思想政治工作理论研讨会,1篇论文获一等奖。组织参加胜利油田第六届精神文明建设“精品工程”申报工作,1篇书法作品、1篇摄影作品入选。组织参加管理局思想政治工作创新奖立项申报和评比工作,《局属经济实体非在职党员教育与管理的实践与探索》获管理局思想政治工作创新成果三等奖。胜利软件公司开展股份制企业共青团组织建设创新试点,获油田共青团工作创新成果二等奖。

工会工作。改选和新建工会7个,指导建立职工持股会3个,办理工会独立法人资格5个,指导3家企业的工会主席按法定程序进入监事会,并担任监事会主席。组织督促所有实体平等协商签订集体合同,以不同形式推行厂务公开。开展闯市场增效益“六十佳”评选活动,评出10个十佳单位和50名十佳个人。组织评选上报局级双文明先进科室11个,先进个人44名,选树局级劳动模范1名。开展巾帼建功活动,选树刘灵心、胡美芳、董贤霞等先进典型,涌现出局级巾帼示范岗10个。为实体3372名职工发放生活用品14万元,慰问看望一线职工慰问金及生活物资等合计金额8万元,组织职工为油田防治“非典”捐款10余万元。为局属实体职工办理安康保险、养老补充保险2700人次,投保金额1066万元。安排女职工查体656人次,为709名育龄妇女投了“四病”保险,投保额2.4万元。为职工办理各类赔付29人次,金额7万元。举办女职工文艺趣味活动、职工男子篮球赛、乒乓球赛等群众文化体育活动。

(马道军)

【劳资保险及再就业工作】 组织实体参加油田劳动年检,其中6个法人实体参加了省厅抽检,全部合格。代扣代交社会保险基金2400万元,为部分退休人员核定补充养老保险差额补贴,为21人办理退休申报手续,为27人办理优待证,为8名职工办理工伤认定,为离退休人员更换养老金存折,发放首批医疗保障卡,更新了养老数据库。办理解除劳动合同50份,终止劳动合同45份,新签劳动合同65份,续签劳动合同920份,及时为45名解除和终止劳动合同人员办理失业证。按照油田统一部署,完成管理部机关内部分配制度改革工作。通过多种渠道安置待业子女300名。局属实体下岗失业人员615人,结对帮扶313人,占下岗失业人员总数的52%。累计实现再就业449人,占下岗失业人员总数的74.2%。困难下岗职工39人,已实现再就业30人,占困难群体总数的77.3%。

(马道军)

【推荐选拔优秀人才】 推荐2名专业技术人才和经营管理人才参加管理局杰出人才评选,推荐3名干部参加东营市副县级干部招聘考试,选送3名优秀干部参加局青年干部班学习。组织实体70名在职处级领导干部参加管理局10期"三个代表"重要思想理论培训班。组织年轻处级干部参加MBA核心课程研修班89人次。组织选派12名处级干部参加局经营管理与金融知识培训班。推荐上报技师5人,经过考核,4人被批准。上报管理局技术能手2人,1人被批准。

(马道军)

(审核 徐光合)

胜利化工有限责任公司

【概述】 胜利化工公司创立于2001年3月,是管理局为规范油田采油助剂市场,壮大化工产业,以14家二级单位的多种经营企业为基础,进行企业重组建立的。管理局党委、管理局及有限公司对化工公司的成立和发展给予了高度关注和大力支持,对油田内部采油助剂市场实行全封闭管理,先后取消了油田外部88家化工企业和油田内部40家化工企业的油田市场准入资格。明确规定,采油助剂由供应处负责统一采购和供应,化工公司负责化工产品采购计划的审核把关,对采油助剂实行统一销售和结算。化工公司产品在质量、价格方面能够满足生产需要的采油助剂产品,均由其生产。对化工公司的发展起了推动作用。

公司主要生产经营采油开发用化学剂、油气集输用化学剂、污水处理剂、三次采油用化学剂、钻井用化学剂、作业施工用化工料、油田专用仪表等7大类35个系列200种产品。

公司成立3年来,累计完成销售收入39653万元,实现利润总额3645万元,为包括管理局在内的14家股东累计分红1812万元,每年分红比例均在12%以上。公司机关设综合办公室、人力资源部、财务资产部、审计部等3部1室。下设销售公司、科研中心、技术服务公司、园区综合大队和水处理药剂厂等5个直属单位,14家分公司(厂),其中法人企业5个,非法人企业9个。有员工536人,其中博士2人,硕士12人,专科以上学历150人。

(姚广东)

【生产经营】 坚持以市场、效益为中心,克服"非典"疫情和原料价格涨价造成的不利影响,各项工作取得较好成绩,全年实现销售收入14600万元,利润总额1065万元,股东分红比例12%。采油助剂在油田内部市场占有率由2001年的45%提高到58%。产品质检合格率始终保持在97%左右,带动全局采油助剂产品质检合格率大幅提升。

(姚广东)

【科技创新】 实施科技兴企战略,针对油田勘探、开发、集输和水处理等生产领域的需求，重点开展低含水粘稠油降粘、三采采出水净化处理等技术研究，引进开发纳米增注剂、纳米乳液、生物酶解堵剂、固体缓蚀阻垢剂、无荧光磺化沥青等新产品30种。多种新产品已应用于全国主要油田，部分产品打入中东、北非、东欧等国际市场。缓蚀剂、阻垢剂、絮凝剂等老产品通过技术改良和升级换代，产品性能指标居国内同行业先进水平。

为推动油田钻、采助剂技术进步，与国内科研院所密切合作，在高科技新产品理论和应用研究方面取得了一系列突破。与中科院成都有机所共同组建精细化学品技术开发中心，和法国国家研究中心、西安石油大学共同组建水处理实验室。承担国家"十五"重点科技攻关项目——"完井液产业化示范"研究。胜利油田博士后流动分站以破乳剂为重点研究方向，先后开发新型破乳剂和干剂30个品种，公司在破乳剂研制能力、产品种类及生产工艺等方面，达到国内领先水平。

（姚广东）

【企业改革】　针对厂点分散、开工率不足、生产成本居高不下等深层次矛盾，从整体上优化资源配置，为公司做大做强消除体制性障碍，坚持以"产销分离，专业化生产，规模化经营，专业化销售"为主线，推进管理体制和运行机制改革。在原河佳化工厂进行改革试点，在化工园区新组建水处理药剂厂，具备了污水处理剂、杀菌剂、阻垢剂、粘土稳定剂、破乳剂、缓蚀剂、防膨抑砂剂、清蜡剂等8种主导产品的生产条件，满足全公司80%以上的生产任务。专业化破乳剂公司整体搬迁园区，为全面推行产销分离创造了条件。

将总经理办公室、经营管理部和生产技术部合并成立综合办公室，新成立审计部，组建销售公司，将销售部职能纳入销售公司，机关部室由6个压缩为4个，服务功能进一步强化。组建科研中心、综合大队、聚鑫分公司和技术服务公司。技术服务公司实现技术服务收入300万元，成为公司新的效益增长点。

（姚广东）

【筹建胜利化工园区】　管理局将稻香小区整体移交化工公司管理。以稻香小区为基础，筹建胜利化工园区，搭建创业发展平台。园区占地75万平方米，以油田化学品的规模化、专业化为方向，向中间体、日用化工、自动化仪表等领域拓展。基础设施配套完善，生产区、办公区、生活区规划建设基本就绪。公司专业化水处理药剂厂、破乳剂公司、钻井药剂厂已入驻园区，油田化学品年生产能力达1.5万吨，成为国内屈指可数的油田化学品生产基地和技术开发基地。

（姚广东）

（审核　李新华）

胜利石化产品销售中心

【概述】　销售中心成立于1997年5月，原与油田销售公司一套机构两块牌子。根据油田改革的需要，2000年8月开始独立核算，为具有独立法人资格的局属经济实体，与销售公司同属一个党委。销售中心注册资本5000万元，2003年底实收资本1.59亿元，净资产总额为1.98亿元。固定资产原值2394.21万元，净值1832.42万元。对外长期投资9981.35万元。共有职工211人，其中正式职工175人，集体职工3人，内聘职工13人，企业员工20人，有高级职称的15人，中级职称的47人。机关设4部1室，有11个下属公司(6个独资公司、5个控股公司)，2个参股公司。主营业务为石油化工产品的销售、原油换烧、加油站、加气站、机械电子设备、建材、石油开发等。每月定期召开一次生产经营运行分析会，总结经验，查找不足、制定措施，筛选和确定经济增长亮点，千方百计开拓新市场。中心上下形成了聚精会神搞经营，一心一意谋发展的良好氛围，收到了良好成效。全年实现销售收入5.0亿元，实现税后利润1983万元，超额23.3%完成局下达的经营承包任务。

机构改革。机关由5个科室和1个直属单位整合压缩为4部1室，人员由44人精简为37人。下属18家独资或控股公司撤销8个、划转3个、新设3个。整合重组后的下属公司共上缴利润614万元，是整合重组前的3倍。

转换用人机制。整合后的机关部室正职采取“公开岗位、公开条件、公开职务、公开结果”的形式，打破干部、工人界限，在全中心范围内竞聘上岗，共有19名职工踊跃参与，5名职工聘任上岗。

薪酬制度改革。从“四定”入手，稳步推进薪酬制度改革，率先实施了“岗效薪点”工资制。

内部控制。编制内控制度19项，编制业务流程图18个，修订建立59个岗位职责。内部运行机制在规范化、制度化、科学化、法制化的轨道上得到强化和落实。

新项目建设。在现代企业制度准则下，通过参股、控股和独资等形式，全年搭建、形成博瑞公司的防水建材、胜沪公司的华网智能科技及新设立的大连公司等7个效益增长平台。通过专业化生产社会产品、开拓社会市场，部分摆脱了对油田资源及政策的依赖。生产经营发展态势良好，中心实力进一步壮大。

党的建设和思想政治工作。年内成立销售中心党总支和7个党支部，政治学习趋于制度化和规范化。有5名同志向党组织靠拢，其中1名成为中共正式党员。开展“强素质、树形象、创效益、争一流”活动，职工提出合理化建议165条。

（李世波）

【财务资产管理】 清理呆、坏账和不良投资，制定清理方案，签订责任状，年内共清理呆、坏账和不良投资8407万元(中心自行消化处理3620万元，上级财务部门核销4787万元)，历史上形成的呆、坏账和不良投资基本清理完毕。通过实行承兑汇票进行资本运营，全年节约利息支出500余万元。强化内部精细管理，管理费用和接待费用分别比上年下降21%和9.4%。

（李世波）

【安置分流职工，维护大局稳定】 按照管理局的部署，从维护油田大局稳定出发，克服一切困难，12月17日，一次性接纳破产企业——胜利油田石油化工有限责任公司下岗职工34名，安置到下属胜利油品、博瑞、胜沪公司。

（李世波）

（审核　张卫国）

西部工委

【概述】 西部工委下设党群工作部、办公室、经营协调部3个部室，现有职工24人，其中干部20人，党员20人，硕士4人，大学本科3人，大专3人。在东营与乌鲁木齐两地办公。

胜利油田在新疆的单位有西部工作委员会、新疆勘探公司、塔里木胜利钻井公司、胜利日报社、地球物理勘探开发公司、黄河钻井总公司、渤海钻井总公司、钻井工程技术公司、地质录井公司、测井公司、井下作业公司、规划设计研究院、钻井工艺研究院、物探研究院、地质科学研究院、采油工艺研究院、胜利石油化工建设有限责任公司、胜利工程建设有限责任公司、供水公司、物资供应处、总机械厂、动力机械厂、长龙橡塑(集团)有限责任公司、桩西采油厂等24家二级单位或二级单位派出机构,主要分布在南北疆,参战人数达2800人,年产值达10亿—15亿元左右。全年在西部施工二维地震1840.54千米,三维地震1268.52平方千米,上报各类圈闭8个、预测各类圈闭15个,预测圈闭资源量53505万吨,提交井位12口,其中董1井中途测试获得高产工业油气流,滴北1井、排1井见到良好油气显示。完成钻井总进尺13.4万米,固井施工186井次,测井70井次,录井施工18口井,钻前工程13口井,工程技术服务领域进一步拓展。在新疆市场实现总产值10.45亿元,超额完成油田下达的8亿—10亿元的年度创收目标。新上5个井队和6支技术服务队伍,队伍规模和市场份额进一步扩大。

按照"统一思想、凝聚力量,坚定信心、创新发展,团结一致、保障有力"的思路,切实加强和改进思想政治工作,为西部各项事业的持续稳定发展提供了坚强保证。确定实施"1336"思想政治工作系统工程的工作思路,指导胜利各单位围绕"六个一"目标开展思想政治工作。督促和指导各单位加强西部队伍党的建设和班子建设,发挥各级党组织的政治核心作用和党员干部的先锋模范作用。形势任务教育不断深化,职工的大局意识和市场竞争意识普遍增强。先进典型的选树宣传和重点推介,起到了以点带面的示范导向作用。黄河固井巴州分公司的曹高波获得山东省"富民兴鲁"劳动奖章,物探西部公司的朱玉雷获山东省"十大杰出青年"称号,渤海钻井新疆分公司的颜小宁获胜利油田"青年创业先锋"、"第十届十大杰出青年"称号,先进典型扩大了胜利西部队伍的影响。各单位通过制作宣传牌、标语牌、广告牌等多种形式,在队部、会议室、车间、班组、食堂等主要工作、生活场所建立醒目的"团队精神"标志,使西部新区精神和新时期胜利精神在办公区、作业区、基层队随处可见,以"创业、奉献"为核心内涵的胜利西部企业文化逐步形成。

名优工程和施工队伍得到甲方赞誉,8个基层队被评为西指名牌队和优秀队,12个基层队被评为西部工委名牌队和优秀队,40名职工被评为西指和工委"四十佳",15项"选题立项"创新成果获得西指和工委奖励,胜利队伍的知名度、信誉度和竞争力大大提升。4个单位被西指党工委授予"思想政治工作先进单位"称号,12名同志被评为西指优秀思想政治工作者,7项思想政治工作创新成果受到西指表彰。西部工委自身建设、各单位党的组织建设、党员干部队伍建设、班子建设、职工队伍建设、企业文化建设和群众性精神文明创建活动都取得了显著成效。

(陈其宗 蒲舜)

【中央政治局委员王乐泉视察油田部分在疆单位】 5月13日,中共中央政治局委员、新疆维吾尔自治区党委书记王乐泉一行在当地政府有关负责同志的陪同下,在轮台县视察了胜利渤海钻井轮台管具技术服务中心和胜利黄河固井轮台分公司,并亲切看望了油田驻疆部分职工。西部工委向王乐泉书记汇报了胜利油田发展的整体奋斗目标和油田在西部的勘探开发工作设想。当汇报到胜利油田争取早日在准噶尔盆地等国内新区找到新的油气接替资源的时候，王乐泉书记非常高兴，希望胜利油田的队伍要继承发扬石油工业的光荣传统，一如既往地积极为西部大开发多做贡献。

（陈其宗　蒲舜）

【牟书令副总裁考察董 1 井、胜和 2 井】　5 月 22—26 日，中石化集团公司党组成员、高级副总裁牟书令一行在胜利石油管理局党委常委、总经理李阳，副总经理张煜，中石化新区指挥部常务副书记张殿国等领导的陪同下，先后对正在施工的胜和 2 井和董 1 井进行了现场考察与调研，并看望了正在胜和 2 井施工的 7032 队干部职工。有关部门的负责人对胜和 2 井和董 1 井的施工及地下地质情况进行了详细的汇报。牟总在听取汇报后，对胜利油田在西部新区的勘探表示满意。并对新区胜利区块的勘探方向及下部工作作了重要指示，代表集团公司向奋战在一线的干部职工、科技人员表示亲切慰问。并鼓励科研人员大胆进行理论创新，为中石化胜利探区在新区早日实现大突破做出贡献。

（陈其宗　蒲舜）

【油田召开首次西部工作会议】　9 月 26 日，油田首次西部工作会议在东营召开，规格之高、规模之大、时间之长，在油田开拓外部市场发展史上属首次。会议肯定西部工作取得的丰硕成果和创造的宝贵经验，系统总结 13 年来油田开拓西部市场的历程，回顾了油田在西部市场从无到有、从小到大、从弱到强的 3 个发展阶段，站在历史和全局的角度，理性审视和分析了工作中存在的差距和不足。确定今后一个时期西部市场的奋斗目标和努力方向。会议把西部市场作为油田资源接替的战略阵地和存续部分拓展生存发展的战略空间进行策划，提出在西部大市场，用大手笔实现大发展，市场份额以后每年按 15% 的速度递增。对西部市场面临的形势作了透彻分析，增强了各单位加快开拓西部市场的紧迫感、责任感，鼓舞了士气，坚定了信心。营造了众志成城闯市场、坚定不移“走出去”的良好氛围，推动全油田整个外拓市场工作的大发展。播放《西部——吹响胜利的号角》宣传片，举行《西部胜利人创业奉献图片展》，印发了 14 个大会先进事迹报告材料。

（陈其宗　蒲舜）

【董 1 井喜获工业油流】　董 1 井是胜利探区中部 4 区块第 1 口预探井，位于新疆阜康市西北 40 千米处，准噶尔盆地昌吉凹陷董家海子东构造，原设计井深 6300 米，主探侏罗系、兼探白垩系地层含油气情况。由中原 3 勘 7012 钻井队承担钻井、胜利录井 2015 队负责录井，2003 年 5 月 13 日开钻，截至 2003 年 12 月 25 日，井深 5283 米，层位为侏罗系头屯河组。9 月 5 日钻至井深 4871.78 米侏罗系头屯河组上部时发生井涌。9 月 8 日，对反排的泥浆进行 3 次放喷，均点火成功。9 月 19—26 日对高压油层进行中途测试，用 4.7 毫米油嘴放喷求产，8 小时累计产油 28.1 立方米，累计产气 16225 立方米，不含水，折算日产油 82.31 立方米，日产天然气 47261 立方米，实现了胜利勘探区块的重大突破。

继董 1 井取得重大战略突破后，滴北 1 井和排 1 井又见到油气显示。排 1 井在 701—772 米获得良好油气显示。共取心 8 筒，其中富含油 1 层 0.2 米，油浸 10 层 17.74 米，油斑 8 层 5.12 米，油迹 5 层 5.70 米，荧光 13.44 米，储集层 4 层 2.92 米。

（陈其宗　蒲舜）

（审核　崔殿明）

胜利石油化工建设有限责任公司

【概述】 胜利油田胜利石油化工建设有限责任公司(简称胜利油建有限公司)始建于1965年4月,以承建陆上石油、海洋石油、化工、火电、市政、送变电、水利、地基与基础、防腐保温工程为主,兼营压力容器制造、锅炉安装及大型设备吊装运输、设备修理等业务。拥有石油工程施工总承包一级资质,海洋石油工程、管道工程、化工石油设备安装工程、防腐保温工程施工专业承包一级资质,市政公用工程施工总承包二级资质,房屋建筑工程、电力工程、水利水电工程施工总承包三级资质。取有AR1级、AR3级压力容器制造许可证,GA类、GB类、GC1级压力管道安装资格证,C级锅炉安装许可证。1995年8月通过ISO9002质量体系认证。工作区域主要分布在山东省东营、滨州市境内,机关驻地位于东营市东营区西四路446号。

1999年3月15日,原油建一公司、油建二公司合并重组为工程建设一公司,2001年9月30日,工程建设一公司改制为具有独立法人资格的胜利石油管理局控股子公司。下设31个三级单位,94个四级单位,机关设23个职能部(室),3个直属单位,4个单列部门。有职工6531人(含内退职工789人),女职工1901人,干部1452人,工人5079人。正式职工5164人,集体工156人,劳动合同工1211人。有离退休职工3355人,“协解”职工2183人,家属4297人。有党员4297人,团员1108人,专业技术干部1204人,其中教授级高工1人,高级职称79人,中级职称410人。

有固定资产原值42489万元,净值21967万元,各类设备机具2357台(套),技术装备率22400元/人年,动力装备率16.8千瓦/人年,新度系数0.55。

全年完成企业总产值200442万元,其中建筑业总产值178395万元。实现利润1019万元。

市场开发强势明显。坚持“稳内拓外,同步开发”战略方针,巩固油田市场,拓展外部市场,营造市场竞争强势。在油田内部市场承揽工程项目168个,工作量11亿元。外部市场继西气东输工程26、18标段后,中标施工9A标段,11月10日率先实现主体贯通。国际反承包工程市场继EDC平台、赵东ODA平台后,建成投产赵东OPA平台。新疆市场中标施工塔河二号联合站、外输首站和库车末站等项目,工作量2.3亿元,取得历史性突破。中石化油气管道建设市场承揽到西南成品油管道3个标段工作量,拿下岙山至镇海海底管道建设项目。内蒙及陕北市场跻身大牛地气田开发建设,打入长庆油田和延长油矿施工区域。

施工组织科学化水平大为提高。完善3大模拟市场,突出项目承包、核算、考核和分配环节,做到项目管理全面化,资源配置合理化,施工管理过程化,项目法施工管理有新发展。落实项目经理责权利,严格执行项目工程成本核算办法,加强成本费用分层控制,施工运行质量和整体水平有新提高。油田内部市场抓牢盯紧海上、基地集中供热两大市场工程,强化措施,周密运行,海工建设完成4.4亿元产值,基地集中供热项目建成送热,开公司承建大型市政工程先河。外部市场集中抢上西气东输工程9A标段和新疆塔河2号联合站等项目,分别创出6个月完成88千米特大口径长输管道工程主体和100天拿下1座大型联合站工程主体的高纪录。

经营管理整体效能不断增强。开展“降本增效管理年”活动，研究制定10方面降本增效措施，实现了开源与节流并重，增收与降本并举，规模与效益并进。承包指标公开、透明、合理，加强承包指标完成情况分析考核和承包经营过程管理。全年签订承包合同35个单位，32个单位超额完成指标。坚持“质量兴企”方针，完善管理机制，加强过程监督，抓通病治理，工程产品质量稳中有升。单位工程合格率100%，优良率61%。顺利通过压力管道安装许可证中间审查。突出安全管理的重要性和特殊地位，强化安全责任制，加强监督检查、预防预控和标准规范的落实。推行了Q/HSE一体化管理，年末通过第一阶段审核。开展“降本增效管理年”活动，发动员工为生产经营献计献策，实现人均增收节支1000元目标，取得群众性创新实践成果321项。

非主营产业扩张势头良好。对非营主产业发展进行整体谋划，分步实施，重点推进。全年实现多元经济产值22047万元，销售收入20565万元，利税1916万元。组建胜利定向穿越公司，能够满足直径1200毫米以下、1.8千米以内不同距离各种管线的穿越施工。调整胜利阀业公司股权结构，明确定位，使之真正成为市场竞争主体。规范红柳电器公司经营关系和管理流程，解决了产权不清、机制不活问题，加强技术合作，掌握先进的GCS型和GBD型配电盘柜制作技术，取得国家技术监督局颁发的质量许可证。

专业化施工技术有新发展。海上施工完善大型平台浮装法施工工艺，加快海上平台独立桩加固技术及浅海海底管线悬空段安全技术研究应用，完善海底管道陆地预制流水化作业线和海上拖管技术。西气东输9A标段施工中，首次应用全自动焊焊接工艺，百道口一次检测合格率达到98%。引进应用玻璃钢缠绕管道防腐工艺，设计安装橡胶硫化系统和导热油加热系统，完备塞克－54、喷锌喷铝等先进防腐工艺，实现了预制防腐环保化、新型化。完善形成系列成熟施工技术工法，其中浅海油田海底管道浮拖法施工工法被评为国家级工法，大型导管架施工、滩海油田大型平台浮装就位施工、橡胶膜密封干式气柜倒装法安装等4项工法获管理局工法评审一等奖，15项工法被评定为管理局级工法。强化员工培训，全年举办各类培训班78期，培训员工1907人次，培养一专多能型技工97名。被评为管理局“技能人才培养突出贡献”单位。电焊工刘明获全国技术大赛第三名，被授予“全国技术能手”。电焊高级技师王绍智获首届“胜利油田技能大奖”。

思想政治工作保障作用得到发挥。以“学转谋见争”主题活动为载体，开展党员先进性评议活动。抓好“三好、四不、一树”活动，完善创新实施外部市场项目和项目法施工条件下党组织建设和党员教育管理新模式。以“达标、创优、争强、夺牌”活动为载体，与“对标、追标、创标”活动相对接，促进基层建设，5个基层队被授予名牌队，4个基层队被授予行业一强，14个基层队被授予优秀基层队，三分公司工程1队被授予管理局基层建设十佳示范队。开展“纪律、作风、形象”主题教育活动，落实党风廉政建设责任制，完善民主管理、民主监督机制，推进厂务公开。以创立“诚信油建”精神和理念为目标，以“讲质量、讲责任、讲信誉”为重点，强化干部员工恪守诚信的思想意识，形成“争当诚信单位、争创诚信工程、争做诚信职工”的良好局面，涌现出10个诚信建设示范单位、10项诚信建设示范工程和100名诚信建设先进个人。发挥党、政、工、团整体效能,关心“协解”人员、家属、待业子女等特殊群体及弱势群体,开展“党员干部结对帮扶再就业”活动,结对764对,参与帮扶560人,帮助1130名“协解”职工实现了再就业。抓好社会治安综合治理,保持安定、和谐、文明、健康的生产、生活环境和工作秩序。

(姜 平)

【西气东输工程9A标段主体完工】 4月18日,西气东输工程9A标段正式开工。参战员工针对戈壁沙漠地段环境特点和施工难点,采取各种应对措施和先进的施工工艺,齐心协力,科学运筹,确保施工高效率和快节奏,11月提前实现主体完工。项目部被国家西气东输工程建设领导小组授予“西气东输工程建设先进集体”称号,1号机组被评为“高效、优质、诚信”机组。

西气东输工程9A标段,位于甘肃省张掖市山丹县境内,线路起始张掖山丹界,终点山丹永昌界。管道实长89.66千米,管径1016毫米,材质为X70,壁厚14.6毫米、17.5毫米、21.0毫米,设计压力10.0兆帕。管道所经地形地貌主要为戈壁荒滩、低山丘陵、农田、草场,其中BI058桩点高程2595.5米,为西气东输全线海拔最高点。线路两次穿越古长城,连续穿越兰新铁路和312国道,穿越大小冲沟10处,光缆18处,各等级公路30处,沿线设阀室3个、压气站1座。

(姜 平)

【胜利油建承建的阿帕契赵东开发项目OPA平台在龙口启航出海】 5月18日,承揽建造的油田最大国际反承包施工项目——阿帕契赵东开发项目OPA平台,经过1年多施工,完成了陆地建造,在胜利油建有限公司龙口海工基地启航出海。OPA平台长53米,宽44米,甲板高23米,由4层甲板组成,重4800吨。是继阿帕契赵东开发项目ODA平台之后,在中国海域建造的最大海上石油平台。

(姜 平)

【新疆塔河油田二号联合站主体完工】 塔河油田二号联合站,4月22日在新疆轮南正式开工,7月实现主体完工。塔河油田二号联合站是中石化新星西北分公司投资建设的1座集原油集输、沉降脱水、油气分离、污水处理等功能于一体的综合性联合处理站,是中石化在新疆投资兴建的规模最大、自动化程度最高的联合站。工程位于塔克拉玛干沙漠北缘,轮台县城西南55千米处,占地面积78500平方米,年原油处理能力150万吨。

5月28日,中石化高级副总裁牟书令视察塔河二号联合站工地,亲手按下大罐液压顶升装置的起罐按钮,看着重达310吨的罐体仅用10分钟就轻松举升到位,他欣然题词:“创树胜利形象,打造胜利品牌,再铸胜利辉煌”。

(姜 平)

【参加西南成品油管道工程建设】 9月16日,公司以首发阵容参加中石化股份公司“十五”规划重大投建项目——西南成品油管道工程建设。西南成品油管道工程东起广东茂名,经广西、贵州,西至云南昆明,总长1691千米,总投资35亿元。管道途经西南4省区35个市县,沿线地形地貌复杂,是国内距离最长、站场最多、施工难度最大的成品油长输管道。公司承揽到云南、广西2个标段的工作量及另外2个标段的无损检测任务。

(姜 平)

【胜利油建荣获 2002 年度全国优秀施工企业荣誉称号】 2003 年 4 月，公司被中国施工企业管理协会评为“2002 年度全国优秀施工企业”，这是公司 1999 年以来第 2 次获此殊荣。

（姜　平）
（审核　崔光明）

胜利工程建设（集团）有限责任公司

【概述】 公司注册资本 27732 万元，设备资产净值 9227 万元，主要生产设备 564 台（套），设备新度系数 0.54。有职工 3250 人，其中硕士研究生和在读硕士研究生 29 人，大学毕业生 386 人，大专 501 人，中专 520 人。各类专业技术人员 792 人，其中高级职称 74 人，中级职称 288 人。具有项目经理资质证书 188 人，其中一级项目经理 109 人。下属 10 个法人子公司，母公司下设 14 个非法人分支机构和 7 个直属单位。机关设 15 个职能部室，有项目经理部 76 个，基层队 21 个。

公司拥有公路工程、水利水电工程、市政公用工程、房屋建筑工程 4 项一级总承包资质和公路路面工程、地基与基础工程、建筑装修装饰工程、消防设施工程一级和钢结构工程二级 5 项专业承包资质。有房地产开发经营二级资质。

全年完成企业总产值 177537 万元（其中施工业产值 141937 万元，房地产业产值 13300 万元，建材业产值 12500 万元，其他附营产值 9800 万元），全员劳动生产率 19.6 万元/人年，企业增加值 33800 万元，人均增加值 34700 元。合同履约率 100%，工程质量验收合格率 100%、优良率 78.3%，安全生产无重大事故。

孤东采油厂综合楼、电视塔广场工程荣获东营市“金洲杯”奖；滨州技工总校办公楼、孤东采油厂综合楼工程获山东省建筑协会“泰山杯”奖。集团公司获全国优秀施工企业，山东省建筑施工企业 20 强，山东省文明单位，管理局和东营市防治“非典”工作先进集体、“双创”先进集体等 14 项荣誉。

施工管理。根据集团公司施工性质，合理规划专业布局，加强以公路工程为重点的西南和中部市场、以水利工程为重点的西北市场、以市政工程为重点的东部市场开发。中标了寿光、邹平、济南、滨州等地市政和房建工程。组织山东、江苏、四川、山西、江西、新疆等 13 个省（自治区）的投标工作，累计承揽工程项目 192 个，工作量 19.7 亿元，外部市场约 7.7 亿元。各项重点工程按时完成，仅用 8 天时间，完成油田 SARS 应急救治中心 2797 平方米建设工程施工任务，被管理局领导誉为“关键时刻拉得上、打得赢的钢铁之师”。竣工验收东营市西城改造、中心防潮堤、胜利广场二期、胜利宾馆 3 号楼改造、孤东大堤保滩促淤等重点工程建设项目。全年完成施工产值 141937 万元，同比增长 10%。

房地产、建材产业。全年开发逸翠园、汇鑫园、河旭商贸园、商河路富民商业街、油田综合写字楼等 5 个项目，总投资 1.6 亿元，完成逸翠园、汇鑫园、河旭商贸园等项目开发面积 19.5 万平方米，竣工面积 2.5 万平方米，销售收入 4400 万元，实现了集团公司由生产经营向资本经营、由资本优势向市场创利优势的战略转变。出资 3600 万元，与胜利建材有限责任公司、胜利工程设计咨询有限责任公司共同设立“胜利油田营海建材有限责任公司”，集团公司占总股本的 75%。新公司召开首次股东会，选举产生了首届董事会、监事会和经理班子。

内部改革。推进内部非核心产业股份制改革，对现代制冷进行股份制改造。以后勤服务中心为主体，设立胜建物业有限责任公司，形成与房地产开发配套发展的新格局。将茂海餐饮有限责任公司和胜建农副业有限责任公司变更为现代大酒店有限责任公司和胜建园林有限公司。加强与外部企业的经济合作，盘活了胜建木业有限责任公司的闲置资产。稳步推进分配制度改革，建立新的工资分配体系，实现了由单一岗位技能工资制向适应企业实际的多种分配形式并存转变，工资调整由静态管理向岗变薪变的动态化管理转变，员工个人效益工资由单一取决于单位效益向综合考虑员工经验积累、知识水平、工作业绩等因素转变，工资增量分配由人均同步增加向重点增长创效岗位和技术含量高、个人贡献大的重要岗位、关键岗位转变，由侧重考核激励单位向重点考核员工工作业绩转变。

质量、安全生产。以质量、健康安全和环境“三体系”整合认证为主线，强化体系运行和基础管理工作，5月份通过审核认证，获得了质量、健康安全和环境体系认证证书，推动了基础管理工作。加强质量过程控制，强化各项工程的动态质量监控，先后组织检查26次，根据检查结果对有关项目实施奖罚。在油田组织的26次质量大检查中，受检的10个项目73个分项工程，合格率100%，优良率52.1%，优良率同比提高8.5个百分点。按照全年“四杜绝、二不超、一稳定、六个百分之百”的控制目标，以“安全生产月”活动为主线，强化全员安全意识，加强安全承包责任制和“一岗一责制”的落实，对20多个工地的安全生产情况进行督查，控制了安全隐患。坚持安全生产预防为主方针，组织开展岗位危险源辨识和风险控制，辨识危险因素3000多项、环境因素400多项，采取有效预防措施，通过作业指导书、安全交底等形式，把控制责任落实到具体岗位，使不安全因素始终处于可控状态。

科研革新和职工培训。结合生产经营实际，加强新技术标准推广和工程技术人员培训，修订完善施工技术管理和技术考核办法，对15个重点工程进行检查，及时发现和纠正问题。纯化水库等4项科技项目通过管理局科协组织的评审验收，获得管理局科技进步奖。深基坑支护复合土钉墙技术研究等8个推广项目上报管理局科协验收。1项工法研究成果获中石化集团优秀工法奖，6项获管理局成果奖。质量管理小组活动取得公司级成果34项，推荐上报管理局5项。征集实施合理化建议65项。全年引进大专以上学历毕业生78人，送外培训269人次，自办各类培训班39期，培训员工1697人次。

经营管理。修订完善资金、目标成本、财务预算等5项管理制度。加强财务预算和目标成本管理，强化动态控制和单项工程成本核算。针对资金回收难、负债率高等突出问题，加强资金管理，强化应收款回收控制，逐级分解，逐项清理，责任到人，落实到位。强化设备调配和社会市场设备资源开发利用，做好设备维护保养和技术改造，开展设备安全“三化三零”活动，确保生产需要。全年设备完好率达99.5%，设备责任事故率为0。

文明建设。坚持思想政治工作、精神文明建设与生产经营一起抓，开展“学转谋见”活动，强化“发展是硬道理、居安思危、深化改革、大局意识、稳定压倒一切、自立自强”等主题教育，对容易引发矛盾的热点、疑点问题，有针对性地做好解疑释惑和思想政治工作，引导员工、离退休老同志和家属认清形势，统一思想，共同维护改革发展稳定大局。重视下岗职工再就业工作，党员干部与337名下岗失业人员结成帮扶对子，246名下岗人员实现再就业，占下岗失业人员总数的50%。开展创建“学习型组织”和标准化项目经理部活动，把品牌意识融入各项工作中，创精品工程，铸企业品牌，提升了集团公司社会美誉度。涌现出10个双文明建设先进单位，37个双文明建设先进集体，11个优秀项目经理部，357名双文明建设先进职工，集团公司获管理局2003年度文明建设单位。

（谷胜利）

【北一路东延工程完工】 北一路东延工程西起太行山路，东至东三路，全长11.3928千米，是连接东西城的重要城市交通干道，属大型市政道路工程。道路红线宽度40米，横断面按一块板设计，行车道宽度30米，双向8车道。两侧人行道宽各为5米，两侧绿化带宽度不小于30米。排水部分设计采用雨污分流方式，两侧人行道下面距路中心线17米处为雨水管道，距路中心41米处设排污管道。道路设涵洞28座，盖板涵27座，直径1000毫米圆管涵1座。2002年3月8日开工，2003年8月31日竣工。

（谷胜利）

【西三路南段拓宽改造工程竣工】 西三路南段拓宽改造工程南起南二路，北至黄河路，全长4812.29米，是东营市西城连接外环路的重要城市交通干道，属大型市政道路工程。

道路红线宽度38米。行车道横断面按一块板设计，行车道宽度28米，双向8车道，绿化带宽2米，人行道宽3米。排水部分设计采用雨、污分流方式，行车道两侧下距路中心线11米处为雨水管道，距中心13.5米处设排污管道。

道路设钢筋混凝土板涵10座，钢筋混凝土圆管涵4座。中桥3座。路线与河流走向正交，桥面总宽38米，横坡1.5%，纵向平坡。新建双臂路灯190盏，80千伏安和125千伏安箱各1座，敷设低压电缆10.7千米，避雷器与跌落式熔断器各1组。路灯设在道路两侧人行道绿化带内，平均间距50米，采用双侧对称布置方式。

（谷胜利）

【河口区行政服务中心办公楼开工建设】 河口区行政服务中心办公楼位于东营市河口区中心路北侧，东邻河口区文化广场，南邻原河口区政府办公楼。

工程是一座以会展、办公为主的综合性办公用楼。建筑类别为二类高层建筑，耐火等级一级，抗震设防强度7度、等级二级，建筑耐久年限二级，合理使用年限50年。工程地下1层，建筑面积2057平方米，地上12层，建筑面积17451平方米，总建筑面积19508平方米，建筑高度47.9米，属大型工程。

工程规划方案由世界著名建筑大师布正伟主持设计，建设单位胜利房地产开发有限公司，东营市设计院进行勘察设计，山东省建筑工程学院监理中心进行工程监理，由胜利工程建设（集团）有限责任公司承建。于2003年7月5日开工。

（谷胜利）

（审核　刘清涛）

胜利工程设计咨询有限责任公司

【概况】 胜利油田胜利工程设计咨询有

限责任公司(胜利油田勘察设计研究院)有在岗职工 850 人,享受政府特贴人员 6 人,中石化学术技术带头人 12 人,教授级高级技术职称 7 人,专业技术人员 688 人。为国家甲级勘察设计单位,石油系统油田注水及水处理技术中心站站长单位,石油系统油田采出水处理、滩海油田地面工程技术指导性设计院,中石化上游重点科研院所。连续 12 年保持“省级文明企业”荣誉称号,连续 16 年被评为管理局双文明先进单位,连续 6 年跨入全国综合实力百强勘察设计单位行列。

全年实现财务收入 1.21 亿元,其中油田市场 6552 万元,外部市场 3046 万元。完成可行性研究报告 257 项,估算投资 114 亿元。完成初步设计 42 项,概算投资 50 亿元。完成施工图设计 375 项,预算投资 62 亿元。完成施工图设计文件(折 1# 图)25181 张。工程测量 360 标准平方千米。工程地质 106919 标米。获省部级以上奖励 10 项。

市场开发创历史最好水平。推进“立足油田,面向全国、走向世界”市场开发战略,支撑公司生存与发展的油田市场基础牢固,完成工程预算投资 32.4 亿元,同比增长 92%。加强与生产建设单位的沟通,强化项目进度和质量过程控制,保障油田产能建设、海上工程等油田增储上产项目顺利实施。管理局集中供热工程、东营原油库扩建、电厂二期接入系统等重点单项工程设计任务按计划运行,满足了油田生产建设需要。实施“走出去”市场战略,完成外部市场预算投资 30 亿元,实现外部创收比上年翻了一番。中标完成的集团公司重点工程塔河油田 110 万吨产能建设,达到“当年设计、当年建设、当年投产”的要求,刷新了石油产能建设史的新纪录,受到西北分公司高度赞扬,被中石化评为塔河油田建设先进单位。西南市场打开新局面,相继完成西南成品油管线工程等大型工程项目,成为重要的外部市场接替阵地。

工程监理、工程总承包市场发育完善。监理市场信誉不断攀升,取得国家工程监理甲级资质,被评为东营市信用建设先进单位和山东省质量建设先进单位。承揽完成海南东方—洋浦—海口天然气输送管线工程等 33 个项目的监理任务。承担完成辛三污水处理站工程总承包项目达到预期效果,为扩大油田工程总承包市场积累了经验。中标“外钓岛—册子岛—镇海海底管线穿越工程”总承包项目,工程总投资 3.3 亿元,为提升公司工程总承包能力奠定了基础。国外市场开发及交流合作迈出新步伐,投标了利比亚气体处理厂、阿联酋气体处理厂等国外项目,与多家国外公司进行合作意向洽谈。

设计科研联闯市场优势和效益突出,带动技术产业化快速发展。全年实现科工贸产值 4100 万元,同比增长 8%。探索工程技术服务总承包的运行模式,实施王家岗污水站生化处理等 4 项技术服务总承包项目,达到预期效果。承担陕北延长油矿寨科集油站污水处理技术总承包工程,处理后水质达到“三个一”要求,体现了油田水处理专业全国技术领先的水平。立项研发的原油电脱水器成套装置、油井两相分离计量装置等产品在市场推广应用效果良好。拥有自主知识产权的水力旋流除砂器装置出口到哈萨克斯坦肯基亚克油田,实现了科工贸产品打入国外市场零的突破。

技术创新成效显著。坚持科技“贴近生产、贴近市场”,科研课题立项深度、广度和高度大幅提高。全年承担科研课题 37 项,其中承担国家级科研课题 7 项,集团公司级科研课题 11 项,结题 16 项,科研成果率 43%。“海洋平台结构实时监测与检测成像技术”等4项国家“863”和“973”重点科研课题进展顺利，扩大了公司在以上技术领域的知名度。“滩海储罐平台减振及新型桩基应用基础研究”等4个项目通过集团公司科研立项论证。“采油废水生物活性炭流化床处理设备研制”等2个项目通过集团公司重大装备国产化攻关项目的立项论证。围绕油田特高含水期降低原油生产成本和系统运行降耗等难题，组织开展“科研攻关百日会战”活动，在“孤四区提高五大系统效率配套技术研究与应用”等方面取得重大突破。荣获“管理局2003年科技工作先进单位”荣誉称号，3人分获管理局第三届“科技英才”金质奖和铜质奖。4个科研项目获得集团公司科技进步奖，其中一等奖1项，二等奖2项，三等奖1项。5个科研项目获得管理局科技进步奖，其中一等奖3项，二等奖2项。15项科技成果申报国家专利，获授权专利10项。6项设计和软件成果获得国家级奖励，其中“胜利油田地面建设地理信息系统”、“SZ36-1油田二期开发工程陆上终端”分获全国优秀工程软件金质奖和优秀工程设计银质奖，“埕岛海上油田供电系统”、“PDS集成化应用开发”等4个项目分获全国优秀工程设计和软件铜质奖。

内部改革迈出重要步伐。公司2003年初改制为由管理局控股和公司职工持股会共同出资组建的有限责任公司。用人和内部分配制度改革实现重大突破，建立以岗位分级管理和配套推行岗位绩效工资制为核心的内部激励与约束机制。实现人力资源由身份管理向岗位管理转换，形成党政管理、专业技术、操作服务3大岗位系列，营造专业技术人员与管理人员同等发展，有利于人才脱颖而出的新机制。出台《公司员工绩效考核暂行办法》，组织完成首次岗位绩效考核及岗位工资发放。用人渠道和形式进一步拓宽，包括博士后在内的18名紧缺专业技术人才、46名应届高校毕业生到公司工作，人力资源得到补充。

后勤保障由服务型向服务经营型转变。加强资金成本控制，全年组织设备材料采购和基建工程维修招议标28次，累计降低成本支出168万元。

思想政治工作为生产经营保驾护航。以党的“十六大”精神和“三个代表”重要思想为指针，以“学转谋见”和“服务与观念转变年”活动为主线，以“立项选题”活动为载体，结合公司改制后所面临的新情况、新形势开展理想信念和职业道德教育，引导员工树立市场、创新、服务、大局观念，促进管理和服务水平提高。获管理局“思想政治工作先进单位”荣誉称号，基层建设获管理局“基层建设先进二级单位”荣誉称号。2个单位获“名牌基层队”和“行业一强”荣誉称号，4个单位获“优秀基层单位”荣誉称号。企业文化建设取得新进展，形成代表胜利设计特色的发展目标、企业精神、经营理念和市场战略。建立胜利设计文化展室，成为反映公司企业文化建设的重要窗口。建立健全覆盖全公司的宣传报道网络，塑造了良好企业形象。做好维护稳定工作，实施“结对帮扶再就业”工程，8名下岗人员实现了再就业。保障员工身心健康，制定《公司员工年休假、疗休养暂行规定》，组织25名业务骨干赴国内外疗休养考察。强化安全生产管理和社会治安综合治理管理，荣获管理局“安全生产优胜二级单位”荣誉称号。

（张宝辉）

【胜利设计中标外部市场第1个EPC总承包项目】 11月11日，胜利工程设计咨询公司中标中国石化杭州湾项目分部“外钓岛—册子岛—镇海海底管线穿越工程”项目。

“外钓岛—册子岛—镇海海底管线穿越工程”项目是集设计、采购、施工于一体的总承包项目，总投资3.3亿元人民币。项目在宁波－上海－南京进口原油管道工程基础上，将中石化进出口公司所属岙山原油码头与甬沪宁原油管道联接。项目干线设计，岙山—册子岛段年输油能力1500万吨（管径610毫米），册子岛—镇海段2700万吨（管径711毫米），海底管线全长38.85千米。

项目是公司中标的第1个大型EPC总承包项目，通过项目实施，可培养大批具备综合能力的人才，为加快走向国际市场积累经验，创建具有EPC总承包能力的国际型工程公司。

（张宝辉）

【塔河油田110万吨产能建设工程投产】 10月15日，中石化重点工程——塔河油田110万吨产能建设工程全面投产，中石化西北局在雅克拉原油装车末站举行工程总结表彰大会暨工程投产剪彩仪式。

塔河油田110万吨产能建设工程由胜利工程设计咨询公司设计，工程主要包括：年处理量150万吨原油的塔河二号联合站1座、计量接转站7座、井场48座、110千米输油管线、输油首站1座、中间热泵站2座、装车末站1座以及相关配套工程，总投资10亿元。工程设计采用重质原油加热集输、二级布站工艺。联合站采用高温热化学电脱水技术，使高含盐重质原油脱水指标达到0.5%以下。采用高效加热设备、新型保温材料、变频控制、软启动控制、微机监控等新技术，在国内首次实现重质原油长距离加热输送，为工程优质高效奠定了基础。在工期短、任务重、技术要求高的情况下，实现了当年设计、当年施工、当年投产的建设目标，在石油建设史上刷新了产能建设工程的高速度，受到西北局分公司高度赞扬。胜利工程设计咨询公司被中石化评为塔河油田建设先进单位。

（张宝辉）

【胜利设计多项成果获得国家级奖励】 8月初，建设部公布2002年度国家级优秀工程勘察设计评选结果，胜利工程设计咨询公司有6项成果分别在第七届全国优秀工程设计软件和第十届全国优秀工程设计评比中获奖。“胜利油田地面建设地理信息系统”、“SZ36－1油田二期开发工程陆上终端”分获全国优秀工程设计软件金质奖、优秀工程设计银质奖。“埕岛海上油田供电系统”、“南八仙—敦煌天然气长输管道工程”、“胜利油田聚丙烯酰胺工业化开发”、“PDS集成化应用开发”分获全国优秀工程设计、优秀工程设计软件铜奖。

（张宝辉）

（审核　李瑞成）

长龙橡塑（集团）有限责任公司

【概述】 长龙橡塑（集团）公司是1998年3月成立的胜利石油管理局首家跨二级单位、跨所有制的局属经济实体。以橡塑业为主，集物理和化学清洗、碳纤维及玻璃纤维抽油杆生产、碳纤维板材生产、碳纤维加固、宾馆服务于一体、多元开发。下属单位9个，拥有总资产4817万元，其中固定资产2380万元，净资产2311万元。2003年实现销售收入4750万元，比上年增加236万元，相当于公司成立前1997年2604万元的1.82倍。在橡胶原材料价格大幅上涨的困难条件下，当年创造效益368万元，人均创效 1.6 万元,比公司成立前 1997 年 8 个橡胶企业整体亏损 250 万元提高效益 600 多万元。

（马天态）

【生产经营】 完善经营承包合同,实施专业化生产、区域化销售、降低库存、减少不良库存、提高产品质量、防止潜亏,内部审计时严考核,硬兑现,提高各单位强化管理的自觉性,所属企业全部完成承包任务。提高油田内部市场占有率,开拓外油田及社会市场,全年销售产品 320 万元,比上年增加 100 多万元。实业公司拓展碳纤维加固市场,先后施工了油田七中、胜利医院等项工程,加固补强技术及施工质量受到用户好评。长龙宾馆自 2002 年 9 月开业以来,客房入住率不断提高,经营效益稳步增长。

（马天态）

【科技开发】 在高科技项目和高新技术上寻找出路,生产用于加固补强的单向碳纤维板经“中国上海测试中心”检测,抗拉强度为 3200 兆帕,延伸率 2.33%,性能指标达到国外进口产品水平,超过国家规定标准。投资 100 万元,引进青岛科技大学发明的一步法注胶设备和工艺,研制开发性能指标达到或高于国外水平的螺杆泵橡胶定子和螺杆钻具橡胶定子,项目投入生产后,将为长龙公司的发展提供新的利润增长点。实业公司新上海上潜水服务和海上整平项目,获得了施工资质,施工量 160 万元。

（马天态）

【思想政治工作】 学习贯彻党的十六大和十六届三中全会精神,做好新形势下的思想政治工作。加大厂务公开工作力度,向职工讲真情,算实账,鼓足干劲,共谋发展,使员工统一了思想,明辨了是非,队伍空前团结,士气大为提高。现河橡胶厂党政领导班子带领全厂职工,勤勤恳恳,扎实工作,经营业绩不断提高,厂党支部连续 4 年被评为管理局先进党支部,橡胶厂被评为管理局文明建设先进三级单位。

（马天态）

（审核 张凤文）

山东胜利药业有限公司

【概述】 山东胜利药业有限公司是通过国家药品 GMP 认证的中药制药企业。位于东营市北二路 142 号,占地面积 23800 平方米,建筑面积 7814 平方米。前身为山东胜利制药厂,始建于 1994 年,1996 年竣工,1997 年 4 月投入生产,1998 年 5 月 8 日管理局对山东胜利制药厂进行公司制改造,由管理局控股,东胜精攻、胜利医院、中心医院及油田 10 个社区所辖经济实体参股,挂牌成立山东胜利药业有限公司。

拥有资产总额 3401 万元,其中流动资产 1169 万元,长期投资 125 万元,固定资产 1877 万元,无形资产 230 万元。所有者权益 2452 万元,资产负债率 28%。各种生产、检验、科研仪器等配套设施 230 台(套),制药设备总值 1048 万元。拥有国家“准字号”生产品种 19 个,保健食品 3 种,可进行口服液、合剂、颗粒剂、片剂等剂型药品的生产,年设计生产能力中药材提取 500 吨,合剂与口服液生产能力 1000 万支,颗粒剂 400 吨,片剂 300 吨。具备药品生产、批发、零售等相关业务资质。

有员工 106 人,其中正式职工 44 人,内聘职工 44 人,劳动合同工 15 人,集体职工 3 人。正式职工中有干部 27 人,工人 17 人。有女职工 50 人,党员 18 人,团员 23

人。有各类专业技术人员33人,其中高级技术职称4人,中级技术职称11人,初级技术职称17人。有执业药师5人。大中专以上学历92人。2003年,山东胜利药业有限公司生产产值526万元,实现销售收入2322万元。上缴税费61万元,企业增加值89万元。

抓市场营销,提高生存发展能力。由于国家下调药品价格及"非典"对市场形成的冲击和医疗机构招标采购等不利因素,销售工作十分困难。为扭转市场萎缩、业绩下滑的不利局面,抓基础管理工作,以规范市场运行秩序为重点,全方位、多角度分析研究市场,规范调整8个内部市场,整合销售队伍,完善销售制度和措施,制定出台内部市场、外部市场、新特药代理、经销商代理等管理规定。开展对自产药品销售,减少"非典"疫情和市场疲软等因素带来的影响。采取优惠酬宾、让利经营等方式拓宽业务领域,回收资金,降低库存。外部市场采取以招商代理为主、直销跟进的销售战略,保持稳步增长势头。探索出适合公司发展的外拓市场之路,完备外创市场所需要件。全年完成自产药品销售额405万元,其中内部市场240万元,外部市场97万元,其他68万元。实现销售收入378万元。单州医药经营年销售额860万元,实现销售收入754万元,毛利率达10%。零售药店发展商业连锁经营,集中管理,集中采购,集中配送,形成网络经济,实现规模效益。开办自主经营零售药店11家,合作经营零售药店1家,均为胜利石油管理局职工医疗保险定点报销药店。零售药店以诚信为宗旨,以质量为保证,靠规范经营、价位合理、品种齐全和优质服务等措施,创销售收入1190万元,实现利润184万元好成绩,超额完成年订任务指标。

以市场需求为导向,精心组织药品生产。根据市场需求,结合库存和销售情况,以销定产,科学合理制定生产计划,做到均衡安排,精心组织药品生产,防止库存积压和过期浪费,全年完成生产产值526万元。面对突发"非典"疫情,加班加点生产防"非典"汤剂。从编制计划、投选原料、炮制加工到灌封包装,精心安排,通力合作,保质保量完成预期生产任务指标。解决影响生产工艺上批量的制约因素,提高产品市场竞争力,加大单品种连续投料量、压缩辅助用工、提高制药技能,降低制造成本。根据生产盈亏平衡点,确定产品内部价格,实行成本倒推,以产品低价位提高市场竞争力。

强化质量意识,提升企业信誉。加强药品监督检验工作,改进和提高药品质量。及时解决生产工艺中的难点问题,完善药品质量标准和检验规程,制定完善新投产品种质量标准、检验规程、鉴别项目。修订完善五味通栓口服液、茵山莲颗粒等12种产品的包装、标签、说明书文字标准,分析解决口服液性状问题。坚持原辅料、包装材料、中间产品、成品批批检验,每道工序严格把关。对批生产记录认真审查,严格要求,发现问题及时纠正。顺利通过省、市药监局组织的《药品生产许可证》年检和GMP跟踪检查。市药检所不定期抽检6批产品,质量抽验合格率达100%。

开发新品种,提高产品科技含量和市场竞争力。随着药品管理与国际市场的对接及国家《药品管理法实施条例》的贯彻执行,药品注册审批工作增加了难度,延长了审批时间。为提高产品科技含量和市场竞争力,加强新药开发工作。年内取得4个仿制药品生产批准文号。通过技术转让的国家三类新药五味通栓口服液质量标准转正获得批准,延长了药品有效期。"非典"时期,根据国家中医药管理局提供的

《“非典”型肺炎中医药防治技术方案(试行)》,重点选择2个处方,编写技术材料,拟订生产工艺及标准,以最快速度向省、市药监局提出申请备案获得审批,防治“非典”Ⅰ号、Ⅱ号汤剂迅速投放油田及东营市场,取得较好经济效益和社会效益。公司拥有可供生产经营的准字号药品19个,为开拓市场、提高产品竞争力奠定了基础。

精心运筹合作项目,引进资金加快发展。以市场为导向,以效益为目标,引进资金和项目合作,寻求新的经济增长点。与上海合作进行硫酸钡项目,开始建造车间。本着少投入、多产出的原则,从天津引进劳动护肤用品和化妆品项目,取得“营业执照”、“生产许可证” 和“卫生许可证”,投入正式生产。探索与大医药公司共同开发和引资参股,寻找销售代理,以加快市场运作,争取快速发展。

申报药品经营GSP认证工作。GSP即药品质量经营管理规范,取得国家食品药品监督管理局颁发的GSP证书,对公司生存与发展起着至关重要的作用。把GSP认证工作列为重要议事议程,按照国家“药品质量经营管理规范”有关要求,申报GSP认证。对照GSP管理规程88项条款和现场检查132个关键项目进行自查整改,编制出管理制度、工作程序、岗位职责和操作规程等相关文件71份。

(朱雅丽)

【构筑生产、批发、零售共同发展格局】 为使公司控股的“单州胜利医药有限公司”规范管理、合法经营,改变异地经营现象,征得东营市及菏泽市药监局同意,申请迁址获省药监局批复,“单州胜利医药有限公司”顺利迁址到东营并更名为“东营辉瑞胜利医药有限公司”。“企业营业执照”、“药品经营许可证”等相关证照办理完毕,公司在本地注册后可设立经营管理机构和建设储药仓库,理顺了管理体系,为申报药品经营GSP验收做了准备,为扩大经营和争取利润提供了保障。胜利药业已具备药品生产、批发、零售三位一体的相关资质,构筑起生产、批发、零售共同发展的框架,“三路经营”共创辉煌的良好格局。

(朱雅丽)

(审核 李西廷)

胜利资产调剂租赁有限责任公司

【概述】 胜利油田胜利资产调剂租赁有限责任公司成立于2002年8月9日,是在原资产调剂租赁中心的基础上由胜利石油管理局、蓬莱市第二机电设备公司、东营市善能商贸有限责任公司、胜利油田东岳工贸有限责任公司、胜利资产调剂租赁有限公司工会5家单位共同发起组建成立的有限责任公司(独立法人企业),自主经营,自负盈亏,公司注册资本9299万元。主要经营范围是:立足油田,面向社会开展设备租赁业务,设备配件批发零售业务,技术咨询及服务业务,油田闲置、报废资产的对外处置业务。公司设股东会、董事会、监事会和经营班子,内部日常管理机构设置为“5部1室”即:资产调剂部、设备租赁部、财务资产部、经营管理部、市场开发部和公司办公室,企业员工30人。

(刘香凯)

【经营情况】 全年实现经营收入5185万元,其中租赁收入4590万元,调剂收入195万元,其他收入399万元,新增固定资产9300万元。签订设备采购合同110份,合同额11700万元,签订设备租赁合同49

份，合同额13750万元，合同履约率100%，无合同纠纷。对外处置各类闲置、报废资产6300台（套），实现利税总额1440万元。

（刘香凯）

【制度建设】 加强制度建设，建章立制，规范管理，按照股份制企业运作模式建立完善相应的管理制度，使企业管理纳入制度化、规范化轨道。制定“长期租赁业务管理办法”、“短期租赁业务管理办法”、“委托租赁业务管理办法”及“资产拍卖操作规程”，各项业务操作有章可寻，有序运行。重新进行岗位设置，研究制定“有限责任公司内部机构及岗位设置的（暂行）规定”、“有限责任公司岗位职责”、“有限责任公司岗位标准”，制定“有限责任公司考核管理办法”、“有限责任公司奖励办法”，对岗位人员日常管理（考核）进行明确规定。

（刘香凯）

【责任承包】 加强企业管理，调动每部门、员工积极性和创造性，强化风险责任意识。以“内部承包责任书”形式与各部室签订内部承包协议，明确工作任务及各项指标要求，做到经营指标数量化，责任指标具体化，使“软指标”与“硬任务”有机结合起来，依据各部室业务职能及职责范围进行目标和责任认定，各部室再根据部门实际及岗位设置情况将任务目标分解到各个岗位，把工作责任落实到个人，使责任与压力对各部门、各岗位、各层面全方位覆盖，层层分解，层层落实，形成千斤重担大家挑、人人肩上有指标的责任目标体系。

【市场开拓】 巩固油田内部市场，重视加强对外市场宣传和引导，通过多种形式、多种渠道探索开辟外部租赁市场。以优质服务，规范管理，树立了良好企业信誉，受到各方面称赞。与多家企业单位进行协商洽谈，签订外部租赁合同5份，合同额2500万元，达成设备承租意向额9000万元。

（刘香凯）

【岗位培训】 重视企业培训管理，采取多种形式加强岗位学习和岗位培训，加强职工理论学习和素质教育，实行全体动员，全员培训。采取业余自学与集中培训相结合，“走出去”与“请进来”相结合的办法，聘请市农行专业人员进行专题讲座，系统讲解银行存贷款业务、银行结算业务等内容。选送2人到西安和烟台进行中石化财务软件和计算机网络学习和培训。分3批选派5名科级、2名处级干部参加“三个代表”理论学习班，收到良好效果。

（刘香凯）

（审核　郭华林）

先进集体 先进个人

全国“五一”劳动奖状获得者

井下作业公司

全国“五一”劳动奖章获得者

程海鹏

省级文明单位(22个)

胜利石油管理局地球物理勘探开发公司
胜利石油管理局黄河钻井总公司
胜利油田有限公司胜利采油厂
胜利油田有限公司纯梁采油厂
胜利油田有限公司临盘采油厂
胜利油田有限公司孤东采油厂
胜利油田有限公司孤岛采油厂
胜利工程建设(集团)有限责任公司
胜利油田有限公司石油化工总厂
胜利石油管理局胜利发电厂
胜利石油管理局无杆采油泵公司
胜利油田有限公司规划设计研究院
胜利石油管理局电力管理总公司
胜利油田有限公司地质科学研究院
胜利油田有限公司东辛采油厂
胜利油田有限公司物资供应处
胜利油田有限公司物探公司第三大队
胜利油田第一中学
胜利油田有限公司井下作业公司试油一大队
胜利石油化工建设有限责任公司三分公司
胜利油田有限公司河口采油厂
胜利石油管理局胜中社区管理中心

山东省富民兴鲁劳动奖章获得者

朱玉雷 周 飞 范景元 李 阳
秦 涛 石 峰 李旭东 马坤俊
于海铖 董仲生 时新春 李 萍
信卫东 侯喜武 李连英

文明建设先进单位(42个)

地球物理勘探开发公司
地质录井公司
测井公司
黄河钻井总公司
钻井工程技术公司海洋钻井公司
新疆勘探公司
井下作业公司

胜利采油厂
东辛采油厂
现河采油厂
纯梁采油厂
滨南采油厂
临盘采油厂
孤岛采油厂
河口采油厂
桩西采油厂
海洋石油开发公司
油气集输公司
胜利工程建设(集团)有限责任公司
海洋石油船舶公司
石油化工总厂物资供应处
供水公司
通讯公司
电力管理总公司
胜利发电厂
无杆采油泵公司
地质科学研究院
钻井工艺研究院
采油工艺研究院
胜利工程设计咨询有限责任公司
物探研究院
技术检测中心
党校
职工大学
中心医院
胜利医院
驻北京办事处
胜中社区管理中心
纯梁社区管理中心
山东省滨海公安局

文明建设达标单位(12 个)

动力机械厂
机关车辆管理中心
经济开发研究院
胜利日报社
广播电视中心
胜利油田师范专科学校
胜利石油学校
青岛疗养院
烟台疗养院
济南办事处
胜南社区管理中心
东胜精攻石油开发集团有限公司

劳动模范(199 名)

地球物理勘探开发公司(4 名)
葛建忠　王建海　刘超敏　赵洲明
渤海钻井总公司(6 名)
张振华　杨　东　陈洪新　孔祥勇
张广峰　张子栋
黄河钻井总公司(11 名)
王安泰　曹高波　赵洪秀　王延海
秦　涛　魏金新　刘同富　周　飞
周兴友　王　鑫　蒋尚春
钻井工程技术公司(4 名)
盛明仁　宋玉宽　何兴华　马台兴
塔里木胜利钻井公司(3 名)
张维宗　方爱国　方　明
地质录井公司(2 名)
张铁梅(女)　张书同
海洋钻井公司(2 名)
张金龙　李孟亮
海洋石油开发公司(2 名)
钟　鸣　刘　青
海洋石油船舶公司(2 名)
张久安　高月迎
测井公司(3 名)
杨连妙　赵文杰　马明学

井下作业公司(6名)

邱天军　傅忠端　韩兴武　任钦俊
曾春华　刘洪德

胜利采油厂(7名)

陈景世　王志安　刘　军
李　萍(女)　　张　东
肖　坤　　　　王天正

东辛采油厂(5名)

李旭东　东忠良　刘吉军　管文峰
赵海英(女)

现河采油厂(6名)

秦　涛　董　利　王兴武　王玉华
郭志华　李富堂

纯梁采油厂(4名)

刘祥俊　蔺怀志　陈丙申　郭志强

滨南采油厂(6名)

李世良　秦国鲲　杨和民　吴志京
王俊学　孙建勇

临盘采油厂(5名)

程海鹏　高志鹏　张光旭　常占峰
赵永强

河口采油厂(5名)

国　梁　刘会泉　王洪卫　刘定友
田小存(女)

孤东采油厂(7名)

董扬山　宋卫国　宋永和
崔尚红(女)　　刘玉山
王玉兰(女)　　裴书泉

孤岛采油厂(7名)

张卫国　王建平　马振军　朱德新
宋卫东　邹庆波　张凤云(女)

桩西采油厂(4名)

邹培盛　王俊龙　毕新忠　肖宏刚

油气集输公司(4名)

冷延华　逄锦峰　金明坤
杨小利(满族)

胜利石油化工建设有限责任公司(8名)

王清元　刘万海　龙　刚　张国忠
刘明新　卢成生　赵奎堂　张宏卫

胜利工程建设(集团)有限责任公司(5名)

杨振华　董仲生　刘兰平　孟庆民
叶缓缓(女)

运输总公司(3名)

杜全芳(女)　薄如祥　于俊涛

工程运输公司(4名)

孙宇超　王志国　李向东　许建钢

物资供应处(2名)

刘西广　王晓东

供水公司(5名)

刘长富　国　强　王汉民
孔祥玲(女)　　张文庆

电力管理总公司(4名)

丛恒利　马坤俊　陈文民　刘仁臣

胜利发电厂(2名)

张振阳　曾维平

通讯公司(2名)

李会明　刘德兴

总机械厂(3名)

徐荣思　张培军　李培生

工程机械总厂(3名)

朱国栋　孙　刚　林保东

动力机械厂(2名)

陈宜亮　张廷海

无杆采油泵公司(1名)

杨卫东

石油化工总厂(2名)

赵宏斌　信卫东

胜利工程设计咨询有限责任公司(1名)

翟晓云(女)

地质科学研究院(2名)

肖焕钦　张明亮

钻井工艺研究院(3名)

顾心怿　杨玉坤　唐志军

采油工艺研究院(1名)

汪卫东

物探研究院(1名)

于海铖

教育培训处(中心)(4名)

毛有富 李之东 宋若梅(女)

王 涛

胜利石油学校(1名)

孙松尧

中心医院(2名)

宋和风(女) 赵希学

胜利医院(2名)

董继俊 徐卫卫(女)

仙河社区管理中心(2名)

张丕亮 田 军

孤岛社区管理中心(2名)

孙庆民 徐荣荣(女)

河口社区管理中心(3名)

史文光 孙跃芳 姚秀云(女)

胜北社区管理中心(2名)

王学辉 冯玉来

胜中社区管理中心(2名)

武国勇郭喜刚

胜南社区管理中心(1名)

张金贵

胜东社区管理中心(4名)

许玉琴(女) 王书营

沙启伦(回族) 石仁海

滨南社区管理中心(2名)

王春华(女) 时新春(女)

纯梁社区管理中心(1名)

张青(女)

临盘社区管理中心(1名)

樊玉军

胜大集团总公司(4名)

陈福喜 侯俊岭 张 君

张淑英(女)

大明集团股份有限公司(1名)

曹天志

新疆勘探公司(1名)

罗复兴

局属经济实体管理部(1名)

赵臣良

山东省滨海公安局(2名)

金云鸿 郑文忠

机关车辆管理中心(1名)

姜天明

西部工作委员会(1名)

刘晓军

人　　物

程海鹏　男，1972年12月生，山东省广饶县人，中共党员，1993年9月参加工作，胜利油田临盘采油厂采油1队工人。

程海鹏1993年9月毕业于胜利石油开发技校，在校期间他就提出了降低油田油气损耗的革新方案，得到校方和管理局设计院的肯定，作为第1个在技术方面提出革新的学生被载入校史，获得山东省优秀毕业生称号。毕业后他分到"铁人式的好工人"王为民战斗的地方——临盘采油厂采油一矿。在和王为民同志接触的过程中，王为民"干好工作，仅有一份热情是远远不够的，还需要有过硬的技术"的话，时刻激励着他，成为他永不停步的动力。他深知自己知识的欠缺，先后利用业余时间自学了《电工学》、《机械设计原理》、《机械制图》、《采油机械》等专业书籍。坚持多动手操作，多用眼观察，多动脑思考，不断充电，向老师傅请教，熟练掌握了焊工、管工、钳工、电工等多项操作技能。参与完成了首站外输泵平衡系统改造、大罐液位变送器等多项技改项目，创经济效益30万元。他多次代表采油厂参加管理局工人技术比赛，均取得优异成绩。

2001年调到采油1队后，程海鹏作为全队的科技带头人积极投身于创新创效活动中。每天清晨他总是第1个巡查设备，傍晚最后1个清理现场，遇到急难险重工作，重活累活抢着干。他把每项工作都看成是一次学习的过程，一次创新的机会。电网改造中，引进安装了部分新型电力设备，程海鹏抓住在工作中学习的机会，1个月没有回家，白天跟大家一起安装、调试，夜晚在宿舍里研究图纸，直到将新设备的原理弄通弄懂。

日常工作中，利用所学知识不断革新、创造。采油设备能耗一直是困扰油田生产的老大难问题，电费就占到了全队总成本的53%。通过对基础资料的分析、对比，程海鹏发现抽油机所用电机不同程度存在"大马拉小车"现象，造成了电能巨大浪费，但小功率电机扭距太小，无法直接带动抽油机运转。他将所学知识与实践有机结合起来，开始了"抽油机节能减速器"的研究和设计。没有实验条件，他就在家里、宿舍里用废旧材料自己动手组装，自掏资金8500元，在铸造厂购买和加工配件。经过半年多努力,历经无数次摸索和实践,第1台减速器1次实验成功,年节电达75%,解决了困扰油田生产多年的难题。设备具有“两降、两稳、一优化”的特点:降低了耗电量,与调速电机相比,日耗电能只是调速电机的1/3;降低了材料成本,装置成本只是调速电机的1/4;启动电流平稳,启动电流是电机额定电流的3倍,而普通电机是额定电流的8倍;运行平稳,减少了抽油机机械故障;优化了抽油机运行参数,达到了提高泵效,减少杆管磨损,降低躺井率,延长油井免修期的目的,满足了油井的现场需求。装置被命名为“海鹏牌”节能减速器,在全厂推广420台,单井节电率达到36%,年节约电费300万元,抽油机系统效率提高8%,创出巨大经济效益和社会效益,引起全厂乃至管理局的轰动,被誉为机采系统的重大革新。项目被评为管理局科技进步一等奖,中石化集团公司青年职工创新创效成果大赛优秀成果奖,并获得国家专利。已在胜利、华北等油田有效推广。

程海鹏连续7年被评为管理局劳动模范,连续5年被评为管理局优秀党员,2002年被评为管理局优秀青年知识分子,2000年被评为中石化集团公司劳动模范,荣获山东省“富民兴鲁”劳动奖章。2003年被授予“全国五一劳动奖章”。

朱玉雷 男,汉族,1972年出生,大专文化,1991年9月参加工作,助理工程师,物探公司特种设备队队长。

进疆施工到达工区后,朱玉雷便踏遍工区的角角落落,掌握第一手资料,制定操作性强的《HSE实施程序》。根据地形地貌、道路交通、迷失营救等情况,制定《安全管理针对性防范措施》。下药深度是安全管理的重要部分,药如果下不到深度就会造成坑炮。为确保下药深度,他打破内地施工谁打井谁下药的常规,成立专门的下药监督组,避免了钻工盲目追求打井速度而忽视下药质量,达到既保证质量又保证安全的目的。

新疆地区地下岩性变化大,流沙、岩石、砾石等地层严重影响了打井速度,制约了生产时效。朱玉雷连续10天跟班打井,白天在现场顶着四五十度高温,反复做实验,研究不同深度岩性的变化情况,采取不同打井技巧,晚上回到驻地查阅资料,结合使用固井液和不同稠度的泥浆,攻克了流沙井、砾石井难关,有效提高了野外生产实效。新疆中Ⅱ工区,是朱玉雷带队后第1块全沙漠工区,针对工区水源匮乏、测线长、沙丘遍布的实际,他组织开展钻井工艺攻关,对反循环钻机进行改造,打破了45型反循环不能使用60型炸药的常规,提高了反循环钻机生产效率。在沙漠边缘建立3个水源点,缩短了水罐车运水距离,在保证生产用水的同时,每天节约水罐车租借费用19600元,钻井成本由初期的700余元降至410元,仅钻井1项,中Ⅱ工区就节约368万元。

朱玉雷先后进行技术革新20多项,有6项获得管理局和物探公司奖励,2000年参加全国石油石化行业职工技能大赛获得地震探工第1名,被授予全国岗位技术能手称号。2001年获得山东石油学会地学开拓奖。2002年获得胜利石油管理局劳动模范,荣获中石化集团公司和团中央“中石化十大杰出青年创新创效奖”荣誉称号。2003年12月获得山东省第十四届十大杰出青年。

周　飞　男，汉族，1972年出生，大学文化，中共党员，1996年7月参加工作，工程师，黄河钻井五公司50107队队长。

周飞参加工作以来，立志扎根井队，创新实践，在艰苦的工作环境中锻炼成长。8年来，结合生产实际完成了12项科技改进项目，其中2项获得国家专利。他率领32577队连续5年实现同行业同类型井钻井进尽、产值、效益全局第1名，成为全油田第1个荣获“全国五一劳动奖状”的钻井队。他本人先后荣获油田劳动模范、优秀青年知识分子、青年读书标兵、东营市“十佳市民”和油田“十大杰出青年”等荣誉称号。

工作中他把全副身心都投入到事业中。施工坨73－1井时，由于地表土质松软，井口严重垮塌，井口处长杆泵不慎滑落到了井里，意味着井眼报废和钻机整拖，几十万元的成本费用就会浪费掉。周飞不顾天气寒冷，连续3次潜入泥水中进行打捞，长杆泵终于捞出井口，避免了巨大经济损失。

为加强自身的业务学习，周飞坚持写业务笔记，遇到不明白的问题，就打破沙锅问到底，直到弄懂为止。施工孤东7—平2井时，任技术员的周飞在设计书上遇到了一系列难题，白天忙工作，晚上利用休息时间向住井专家请教，直到把全部问题解决。他参加工作半年，就能单独顶岗，毕业第1年，撰写的《防冲蚀浮箍研制》论文，在钻井五公司和黄河钻井总公司论文答辩中均获一等奖，在管理局论文答辩中荣获二等奖。

在施工孤东7—平2井时，由于技术难度大，连续跑了两次方位，两次起下钻扭方位，耽误了5天时间，造成了经济损失。周飞算到，1年1个队按10口井扭1次方位为计，1次扭方位耽误2天时间就要损失100万元，全油田的损失将是一个惊人的数字。经过2个月的攻关，最终设计出了新型稳方位扶正器。连续在辛35—斜2井，辛35—5井应用，两口井不但没有扭方位，而且提高了中靶精度，靶心距均控制在10米以内。对提高电测一次成功率、提高固井质量合格率和缩短钻井周期等均起着重要的作用。获得国家实用新型专利。近年来，他先后设计了稳方位钻具扶正器、支撑式钻杆防溅接着、防冲蚀浮箍等10多项科研革新成果，两项获得国家专利。部分革新成果，在生产应用中见到明显的经济效益和社会效益。

担任队长以来，他抓管理带队伍，通过学习《企业管理》知识，完善“严爱相加、刚柔并济”的队伍管理法，靠制度管理规范队伍，靠人性化管理凝聚队伍，调动职工的工作积极性，带出32577队等凝聚力强、战斗力强的过硬队伍。为搞好全员性成本管理，他带领职工探索总结出了《全员进尺动态成本控制法》，把成本控制压力传递到每位职工，变压力为动力，在实施过程中，每口井的成本节约率控制在10%以上。他带队伍创出了10项油田及国家钻井生产高纪录，打成36口高难度的复杂工艺井，解决了科学打井中的几十个施工难题。率队创出了年进尺突破6万米的油田同类型井施工最高纪录，荣记集体二等功1次，在全油田第1个荣获了“全国五一劳动奖状”，周飞荣获黄河钻井总公司劳动功勋奖章。他所带过的8个钻井队，有2个是管理局优秀基层队、1个是行业一强、2个是名牌钻井队，2个被中石化集团公司评为甲级队。

范景元　男，汉族，1947年出生，大专文化，中共党员，1964年参加工作，政工师，海洋钻井公司工会主席。

范景元同志在胜利油田工会战线工作近40年，多次荣获管理局优秀共产党、优秀工会工作者、扶残助残先进个人、人民调解工作先进个人、体育活动先进个人，优秀女职工之友等荣誉称号，荣立管理局个人三等功一次，荣获管理局成立40周年优秀文艺工作者金牛奖称号，被评为中国石油天然气总公司电力战线先进工作者，被省总工会授予优秀老工会工作者荣誉称号。在文艺创作上他笔耕不辍，山东琴书《串门》参加山东曲艺家协会主办的优秀曲艺作品征文活动获银奖，小品《一件夹克衫》获山东省曲艺小品大赛创作一等奖。

群众生产工作中，范景元结合公司实际，围绕海上钻井生产，组织开展"单位夺奖杯、个人争创操作能手"、"功勋井、红旗井"、"增收杯、节支杯"等多种形式的劳动竞赛，提高了钻井施工水平，降低了钻井成本，提高了经济效益。推动劳动竞赛由生产型向管理性和效益型转变，通过开展ISO9002质量体系、HSE管理体系、思想政治工作管理体系3大管理体系劳动竞赛，提高了基层管理水平，发挥了工会组织在生产经营中的重要作用。

民主管理工作中，范景元研究分析不断发展变化的形势任务，把推行厂务质询制度同推行诤言制度紧密结合。在中央企业工委、国家监察部举行的厂务公开座谈会及管理局厂务公开经验交流会上，作了《推行诤言会制度，为企业发展注入新的动力》的经验交流，获得一致好评。将管理局厂务质询制度同证言会制度合并执行，使之成为职代会、厂务公开的有效补充和进一步发展，取得了显著效果。在管理局组织的多次厂务公开满意度测评中，海洋钻井公司厂务公开工作满意和基本满意率达到99.3%。在深入胜利七号平台调研的基础上，总结了具有推广价值的基层民主管理"五点"经验，即以厂务公开为推行民主管理的切入点，以制度化、规范化为推行民主管理的出发点，以生产经营活动为推行民主管理的侧重点，以制度化、规范化为推行民主管理的出发点，着力点，以增强队伍的凝聚力和战斗力为推行民主管理的落脚点。《关于加强职代会制度建设的几点思考》获管理局工会优秀调研成果二等奖，《试论如何加强新形势下企业民主管理》获胜利油田"创新与发展"优秀论文奖，《推行诤言会制度，为企业改革与发展注入新的动力》获管理局工会工作创新成果二等奖，《诤言会制度的实践与应用》获管理局思想政治工作创新成果三等奖。

李　阳　男，汉族，1958年出生，博士文化，中共党员，1982年1月参加工作，教授级高级工程师，中国石化胜利油田有限公司总经理。

担任胜利油田有限公司总经理以来，李阳同志围绕油田改革与发展稳定的大局，强化管理，科学决策，向管理要效益，靠管理上水平，开拓创新促发展，使有限公司各项工作保持了持续有效发展的良好势头。2003年，有限公司生产原油2665.5万吨，实现总收入421.5亿元，利润152亿元，探明地质储量1.13亿吨，连续7年实现了年度储采平衡。李阳同志先后获国家科技进步二等奖1项，部级科技进步一等奖4项、二等奖1项、三等奖3项，出版了《复杂断块油藏构造表征》、《河道砂储层非均质模型》两本专著，在《沉积学报》等杂志发表论文10篇。李阳同志是享受国务院政府特殊津贴专家，SPE南方分部学术委员主席、山东省石油学会副理事长。2003年荣获李四光地质科学奖。

针对胜利油田开发40年来原油开采难度越来越大的实际情况，经过调研，采取了一整套精细管理措施，推进胜利油田现代油藏经营管理工作，最大化地使资源转化为资产，产量转化为效益，实现油田生产的最佳控制。推动加强勘探和开发的结合，提高胜利油田的整体效益。生产运行中，坚持做到超前研究、超前准备、超前部署、超前运行，抓好落实，保证了油田生产的平稳运行。推进财务信息管理系统建设，基本实现了生产经营与财务管理一体化体系的运行。

围绕"油气当量重上3000万吨"奋斗目标，李阳同志在工作思路还是在具体部署上，始终将勘探工作摆到"重中之重"的战略位置，不断加大对勘探的资金投入技术投入和地质理论创新的支持力度。2003年在李阳同志亲自主持和参与下，有限公司提前一个季度完成全年储量任务，探明储量、控制油量、预测储量实现同时"过亿吨"。2003年胜利探区完成探明石油地质储量1.13亿吨，控制石油储量1.16亿吨，预测石油地质储量1.3亿吨，标志着油田勘探工作在良性循环的更高层次上取得了新进展。

针对油田开发"三高"和"三难"的深层次矛盾，在产能建设和老区挖潜难度进一步加大、技改投入减少不利条件下，实施良性开采战略，加强新区产能建设，加大对难动用储量和低品位储量的动用力度，优化决策，降低费用，加快运行，提高效益，保持了产能建设的规模和较高效益。2003年，完成原油产量2665.5万吨，超产5.5万吨。

李阳认为，要实现油田的可持续发展，必须大力推进理论创新和基础研究工作。他加强对实验室建设的支持力度，围绕三次采油、储层研究以及钻井技术配备，完备有关实验室装备。推进胜利油田与石油大学（北京）共建以研究剩余油分布为主的油藏综合地球物理实验室，与石油大学（华东）共建了提高采收率实验室，为基础研究提供了必要的条件。形成了"隐蔽油气藏"、"矢量井网"等一批重要的成果。先后主持召开了潜山油藏和低渗油藏开发技术专题研讨会，找出了开发中存在的问题，确定了下步技术攻关研究及技术集成的方向，制定了总体和阶段工作目标，在李阳同志的积极努力下，有限公司的科技发展水平有了很大的提高，为胜利油田确保如期实现"三大目标"做出了重大的贡献。

秦　涛　男，汉族，1973年出生，大专文化，党员，1994年7月参加工作，现河采油厂采油一矿5队队长。

秦涛先后两次荣获"局劳动模范"，连续5年被评为"局双文明先进个人"，多次荣获"局优秀思想政治工作者"、"局青年岗位能手"等荣誉称号。

秦涛当队长后，总结实施油藏“四位一体”的管理模式，通过“四位一体”管理模式具体运用，当年实现老区增产，超额完成产量3700吨，降低吨油成本7.9元/吨。为实现精细化管理，推行以“断块经营、井组运行、单井核算”为主要内容的“三层次目标”管理模式，使开发后期的5队年年原油超产。原中石化总经理李毅中听取汇报后，对5队的管理方法给予了高度评价，号召其他单位向5队学习。

为提高队伍整体素质，他将5队原有的“四小组”活动逐渐演化为“四小组”企业文化。通过发挥4个小组的育人功能，凝聚功能，管理功能，科技功能，做为提高职工思想道德素质和业务素质的能源。创新应用“今天我来当老师”的培训方式，开展了“四好职工达标活动”，在全队形成了能上能下的竞争机制。“今天我来当老师”、“四好职工”达标考核分别获得局、厂思想政治工作创新三等奖和一等奖。5队多次荣获省“富民兴鲁先进集体”、“团中央青年文明号”、“中石化优秀思想政治先进单位”等多项省部级荣誉，连续4年被评为管理局的行业一强、名牌采油队，获得中石化金牌采油队荣誉称号，在中石化组织召开的“五项劳动竞赛”表彰大会上进行了典型发言。

石　峰　男，汉族，1956年11月出生，大学文化，中共党员，1977年12月参加工作，高级经济师，胜利石油管理局劳动工资处处长。

稳妥实施内部分配制度改革，采取各种形式，切实提高职工收入。从基础工作入手，研究制定方案，扎实开展试点工作，监督指导油田所属各单位稳妥推行以岗效薪点工资制度为主要内容的配制改革。打破了工资分配上平均主义“齐步走”和论资排辈的调资观念，工资激励作用得到发挥。用工岗位化管理和市场化用人机制，取得了突破性进展，职工的市场意识、竞争意识大大增强。在改革过程中投放奖金增量，使油田在岗职工实际收入得到提高，成为改革的最终受益者，增强了企业的凝聚力和向心力。

加强技能人才开发培养工作，提高油田职工队伍整体素质。适应油田提高核心竞争力和总体发展水平对油田工人队伍素质提出的新要求，制定完善油田技能人才培养开发长远规划，具体工作中做到“四个坚持”：(1)坚持两年1届的职业技能竞赛制度，胜利油田累计举行全局综合的技能竞赛12届，培养和选拔出2000名技术尖子。(2)坚持技能人才评选表彰制度。油田共评选表彰局级技术能手678人，13人获得山东省技术能手称号，72人获得集团公司技术能手称号，8人获得全国技术能手称号，1人获得中华技能大奖称号。(3)坚持技师评聘制度。油田共培养考评技师1585名，高级技师158名，壮大了油田高级技能人才队伍。(4)坚持职业资格证书制度。油田有266000人次参加了职业技能鉴定，41000人次取得高级职业资格证书。

改革用工形式，推进队伍结构、组织结构及劳动力结构调整优化，做好就业与再就业工作。结合油田用工实际，对油田用工政策进行合理调整，通过实施内部劳务输出等方式，进一步搞活用工，促进油田内部劳动力合理流动。做好油田组织机构撤并重组等体制改革工作，开展队伍划转调整工作。加强油田机构编制管理工作，进一步压减管理机构，精简管理层次，严格控制机构设置，指导所属各单位优化内部组织体系。调整挖掘主体岗位劳务需求计划，做好就业与再就业工作，共提供就业岗位4000个，解决了大批人员就业和再就业问题。

加强各项基础工作和劳资管理信息化建设。承担完成中石化劳动定员标准中物探、采油采气、井下作业、油气集输等4大专业30项劳动定员的标准制定任务。对胜利油田的定员标准进行全面制修订，实现了由过去单纯数量定员向数量和素质并重的定员标准形式的转变，形成了新的定员标准体系。

李旭东　男，汉族，1959年出生，大学文化，中共党员，1975年11月参加工作，工程师，东辛采油厂采油一矿矿长。

面对繁重的产量、成本指标和严峻的油区形势，李旭东在管理上下功夫。出台"产量成本分解到位"管理方案、班组价值形态核算和日清日结等制度，全矿经济效益显著提高，原油产量始终保持在56万吨以上。坚持走科技路，采效益油，拿出200万元专款，设立地质风险基金，鼓励推广应用新技术、新工艺。全矿地质技术人员共提出措施102项，实施后，提高了采油速度、控制了产量的递减，科技增油取得了显著经济效益。

推进基层建设工作，从落实领导责任做起，建立定期深入基层队、定期召开工作汇报会、定期组织现场经验交流的工作制度。从实际出发，实施"立体培训"工程，提高职工队伍素质，为基层建设强基固本。通过立体培训工程的实施，职工思想素质和业务素质进一步提高。全矿高级工占职工总数的53%，大中专以上学历职工达33%以上。

许多人都说"李旭东不好说话"。在原则制度和人情金钱面前，李旭东总是毫不犹豫地选择前者。"政者正也"。他把这句话作为自己的行为准则，时刻对照"八个坚持、八个反对"要求，为职工掌好权、用好权，以自身的模范行为取信于职工，展示了共产党人的时代风采。李旭东连续多年被评为管理局劳动模范和优秀共产党员。

马坤俊　男，汉族，1965年出生，中专文化，中共党员，1988年10月参加工作，电力管理总公司北区供电公司运行1班站长。

马坤俊同志被评为电力管理总公司"十杰青年"，"管理局青年岗位能手"，管理局"双文明先进职工"，管理局"优秀共产党员"，4次荣获"管理局劳动模范"称号。

1995年，马坤俊来到坨五变电站任站长。当时坨五变电站的11名职工中只有5名是电力技校受过专业培训的毕业生，平均年龄只有23岁。为此他制定了详细措施，决心把职工思想素质和业务技术素质提高到一个新水平。

他按照岗位规范要求，开展业务培训，每周组织10次技术课，按照值班员技术水平高低、责任心强弱分别组成传帮带对子，组织职工到先进变电站学习，对照兄弟单位的经验作法，找出在规范管理等方面的20条差距，有计划地逐项进行整改。结合电网检修，注重实际操作技能培训，组织编写20万字的讲座资料，组织职工系统学习《变电运行工》、《事故处理》等教材，坚持结合事故案例每月安排反事故演习和岗位练兵，制定防范措施，分析故障原因，研究处理办法，全站职工业务技术和实际操作水平得到锻炼提高，促进了安全优质供电。坨五变电站设备完好率、记录资料的准确率均达到100%，累计转供电量6940.3千瓦/时，累计安全运行3950天无事故。

马坤俊在站上实施规范化管理，建立一系列行之有效的规章制度。在《记录填写规程》中明确要求"坚持不错取，漏取一个数据，不漏查一个点、不放过一个事故隐患。"在值班区域的主控室、值班室、休息室，自己动手建立学习园地，各类制度图表全部装饰统一、规格化上墙悬挂。各类资料分类编号，摆放整齐，且制定统一资料图表。为把坨五变电站建设成花园式变电站，马坤俊带领站上职工根据季节变化对室外场地定期清理，清除杂草垃圾。建成2000平方米草坪花池，他带领全站人员用手推车把800多立方米碱土换成好土，把100多吨肥土撒在花池里。精心选种了月季、紫金花、白蜡、剑麻、桃树、梨树、石榴等花木。在他和站上职工的精心维护下，站区绿意葱葱，生机盎然，呈现出清心悦目景象。

于海铖 男，汉族，1966年出生，大学文化，中共党员，1988年参加工作，高工，物探研究院处理一室副主任。

于海铖同志近年来个人承担三维地震资料处理项目18个，累计处理三维资料5300平方千米，创经济效益1.5亿元。在三维连片和高精度处理技术方面，具有国内领先水平，他处理的成果在油田油气勘探中取得了多项突破。

1999年，于海铖担任国内第1个大连片项目——东营凹陷中央隆起带三维连片项目长。在没有任何经验借鉴、责任重大的情况下，经过无数次摸索和试验，高质量完成了处理，创造经济效益1500万元。解决边界效应120平方千米，节省资料采集费2000万元，为三维资料处理开辟了新领域。此后，于海铖担任第1块海、陆片处理的桩海大连片和国内面积最大的河口——陈家庄三维大连片项目长。处理中对濒临报废的老河口、桩西等资料进行了恢复，可利用率由原来的不足30%提高到70%以上，创造经济效益6700万元。在油田勘探中发挥了重要作用，取得了重大突破，发现了渤深6深层潜山等高产油气藏。

官一井高精度三维资料处理中，他精心设计处理方案，以试验指导处理，落实清楚了该地区复杂断裂系统和岩性特征。在应用中发现和修改各类圈闭78个，圈闭面积92.1平方千米，打出王斜131，王140，王古1等高产井。预测资源量5278万吨，创造了胜利油田近年来的奇迹，实现了大突破，开辟了油田勘探的新局面。

于海铖先后荣立个人二等功1次，集体二等功2次，三等功1次。荣获胜利油田"青年岗位明星"、文明建设先进个人、优秀青年知识分子、优秀共产党员等荣誉称号，连续3年被评为胜利油田劳动模范。

董仲生 男，汉族，1953年出生，本科文化，中共党员，1970年5月参加工作，工程师，胜利工程建设（集团）有限责任公司装饰工程处经理、党总支书记。

董仲生团结带领全处干部职工励精图治，顽强拼搏，历经6年创业，发展成为拥有职工131人，固定资产240万元，年创产

值过亿元，上缴内部利润500万元的国内大型装饰企业，保持年产值以2000万元速度递增，受到同行的高度赞誉。连续3年荣获胜利石油管理局劳动模范称号。

工程处组建伊始，只有30名技术素质参差不齐的员工队伍和一穷二白的家底。他为承揽任务40多天走访了省内外23家企业，12次上门拜访甲方，许诺16天拿下300万元工作量并保证质量第一的诺言。为打响组建后的第1炮，他把办公桌搬到施工现场，亲自指挥，出色完成了工作。

随着市场的拓展和“名气”的增大，为保证工程处发展的后劲，在全省第1个引进了3DS装饰变换组合设计软件系统，上千万元的工程可在8个小时内完成效果图设计。第1个引进氟钛铝外装工艺，填补了东营地区高层建筑外装饰工艺空白。第1个研究开发了在高含盐碱地区外墙干挂大理石工艺，解决了长期困扰本地区粘贴大理石不易泛碱的技术难题。负责的胜利石油管理局勘探办公大楼和桩西采油厂综合开发楼工程获省装饰“泰山杯”奖，是东营地区惟一的装饰“泰山杯”奖。

为增强企业抗击市场风险的能力，他在实际工作中总结归纳出“预测警示机制”。组建工程信息网络，对装饰市场发展进行预测警示，将工作“触角”延伸到7个省、市、地区。2002年由于国家对装饰行业的政策调整，工程处的发展面临极大困难，他迅速启动“网络”资源，半年内带领工程处走出困境，当年创产值过亿元，利润360万元。加强队伍思想建设，从抓企业正规化建设源头做起，树立“企业形象”“品牌工程”、“城实守信价值观”，筑牢长远发展基石。建立质量预测警示机制，在赢得业主信任的基础，促进施工人员增强责任心。加强廉政建设警示与监督，提高信誉，拓展企业发展空间。

时新春　女，汉族，1965年出生，中专文化，中共党员，1982年11月参加工作，技术员，滨南社区胜滨物业公司副队长。

时新春是共和国第一代劳模时传祥的长孙女，现任胜利油田滨南社区胜滨环卫绿化队副队长。参加工作以来，她牢记长辈的教诲，干一行，爱一行，专一行，先后被评为管理局公共事业管理标兵、局双文明先进个人，管理局“十佳环卫工人”、油田“十大杰出青年”和油田劳动模范。时新春的先进事迹受到社会的广泛关注，《胜利日报》、胜利电视台、《滨州日报》、山东电视台等先后作专题报道。

时新春从1999年从事环卫工作，责任区内有800多家住户，人口密度大，流动人员多，卫生管理难度很大。为了劝阻居民不在阳台外乱挂东西，她到住户家中劝说不知遭到过多少白眼。有的居民一次劝说不行，就反复做工作，心平气和，耐心细致地进行劝导。

时新春发现小区内有孤寡老人需要帮助，就成立了“送温暖献爱心”活动小组，确定6户老人为帮助对象，定期到老人家做家务，在居民中引起很大反响，都说社区出了“活雷峰”。时新春用自己的善良和勤劳赢得了居民的赞扬。在她的影响下，队里的同志工作积极性很高，工作认真仔细,先后收到十几封居民联名写的表扬信。她所在的内环班连续被评为社区“青年文明班”、管理局“双文明先进班组”。

担任副队长以来,为了给姐妹们作出表率,时新春建立了“时新春示范区”,让姐妹们时刻监督自己,让姐妹们向自己看齐,让自己永葆环卫工人本色。她时刻牢记当年刘少奇主席对爷爷说的话:“你是掏粪工人,我是国家主席,是革命分工不同,没有地位区分,都是为人民服务”。

继承发扬先辈光荣传统,做一名新时代的优秀环卫工人,是时新春追求的人生目标。

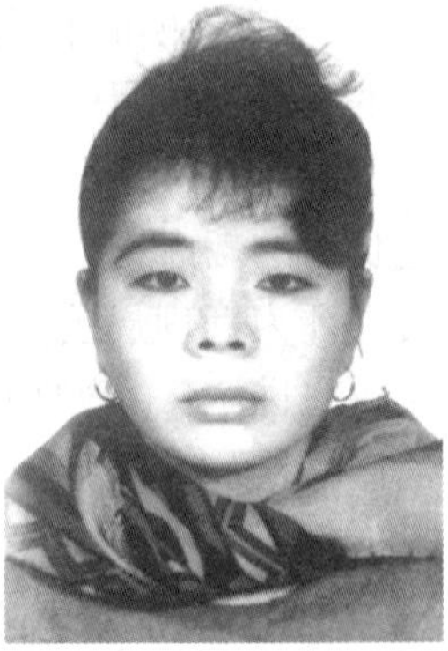

李　萍　女,汉族,1971年出生,高中文化,党员,1991年10月参加工作,胜利采油厂采油1队工人。

李萍先后学习了《采油工》、《采油地质》等书籍。把学到的知识与实际工作进行对照,在工作中摸索、在实践中总结,一点一滴积累。在业务上,她很快就能独当一面,既能解决生产过程中的疑难问题,又能带领全班人员管好油井,使班组的油井管理水平不断提高。1-3-8井区有油井5口、水井8口,2002年投入注聚。李萍根据油井的变化情况,与技术员结合,提出对1-3-93污水井降低配注建议。采纳实施后,该井区产能实现了稳中有升,日产油水平从29吨上升到45吨。工作中,她大胆管理,根据班组工作特点,从班组承包、油井维护和成本控制等方面入手,探索实施“五定承包管理法”、“八不出班”管理规定、修旧利废管理法、“1222”班组成本管理法,提高了班组管理水平。定期召开“分析会”,让大家对承包井找问题、谈看法、定措施,提高了班组成员的工作主动性。2003年,共修复大小闸门21个,使用回收再搭配皮带21付,创经济效益7.2万元。全班油水井没有因事故原因作业,13口油井免修期与上年同期相比延长56天。

多年工作实践中,李萍发现有些工具陈旧,工作起来既费时、又费力,很不安全。她把注意力放在了生产工具革新改造上,参与完成了3项设备革新改造,取得了较好经济效益。“圆盘式拔轮器的研制和应用”被评为“2001年度石油工业优秀QC成果”一等奖。

信卫东　男,汉族,1969年出生,技校文化,中共党员,1991年9月参加工作,石化总厂仪表车间班长。

工作13年来,信卫东同志扎根生产一线,无怨无悔,恪尽职守,在平凡的岗位上,用自己的热血和汗水谱写着一曲曲年轻人的奉献之歌。先后荣获中石化集团公司“青年岗位能手”和胜利油田“劳动模范”称号。

信卫东参加工作时,正值催化装置开工,他抓住学技术的好机会,白天紧跟师傅虚心请教,勤问、勤看、勤动手,下班后扎进书堆里,查流程、看图纸,经常是感觉到饥饿时,才意识到又错过了吃饭时间。为了摸清仪表构造,理解工作原理,库房里的每个报废仪表都被他反复拆装至少三四遍。为了熟悉整个装置上千台仪表的位置、编号及测控点,50多米高的催化塔他一“泡”就是半天。凭着顽强的实干精神和不耻下问的求知态度，两个月的时间里他就熟练掌握了催化装置的工艺流程，对各个仪表位号了如指掌，成为班里的骨干力量。13年来，信卫东一直工作在生产一线，练就了过硬的仪表维护技术，积累了大量的生产实践经验。

“要求别人做到的，自己首先要做好”。工作中他以身作则，无论什么时候，他都是吃苦受累抢在先，危险时刻干在前的人。2001年大检修中，他的班组担负着气分、双脱、重催3套装置共2254台仪表、811套总回路的检修任务，信卫东协调好各种检修关系，制定科学检修计划，以身作则，任劳任怨，主动加班加点，带领班组成员，圆满、高效优质地完成了大检修任务。重催TV－201原料三通调节阀体积大，重量达半吨以上，拆卸非常困难。为了拿下这块“硬骨头”，信卫东带领大家把吊葫芦等工具全部用上。在35℃的高温里，他的工服被汗水湿透了，头发像刚刚洗过一样。由于连续奋战和对高温天气的不适，信卫东好几天感觉头昏沉沉的，身上一点儿力气也没有，在调校一级反馈调节阀时，他忽然感到头昏目眩，晕倒在检修现场。而他仅在病床上躺了一天，就又回到检修现场带病坚持工作。

工作之余，信卫东满脑子想的都是操作的优化、班组的成本控制、潜效的挖掘。原油催化装置塔－201底液位一直使用变通的1151差压变送器进行测量，易凝、误差大、操作繁琐，严重影响了设备寿命。信卫东凭着丰富的工作经验，翻阅大量技术资料，大胆提出将1151差压变送器更改为双法兰差压变送器。建议采纳实施后，仪表精度明显提高3个百分点，事故率大大降低。

侯喜武　男，汉族，1946年出生，中专文化，中共党员，1966年7月参加工作，高级政工师，胜利石油管理局文化事业中心主任。

侯喜武通过主持举办群众喜闻乐见的文化体育活动，发挥文化事业中心对群众文化活动的组织、指导和服务职能，投入油田企业文化建设。为弘扬胜利精神，树立胜利形象，做出了贡献，取得了多项成绩，为胜利油田和中石化集团公司争得了荣誉。先后荣获“山东省优秀工会干部”、“全国优秀工会干部”、“山东省全民健身先进工作者”和“中石化群众体育工作先进个人”称号。

先后主持举办“纪念党的十一届三中全会召开二十周年”专题文艺汇演、“辉煌二十年——管理局大型美术、书法、摄影展”、“庆祝建国5周年文艺晚会——《祖国赞歌》”及“送文化下基层”活动等全局性演出和活动280场次，参加省部级上各种大型演出、参赛活动50场次。举办全局性大型体育单项比赛60场次，综合性大型体育运动会2次，参加全国、省部级体育赛事30场次。有116人次在全国和省部级体育比赛中夺得奖牌，在文化艺术类和体育比赛中，有1300人次获得全国和省部级及油田奖励。

连续3年开展“四送”活动、连续5年开展“群众文化广场”活动、连续3年开展“百里油田、千场电影”活动、连续2年开展“电影进社区”、连续5年开展“流动图书馆”活动。特点是以服务基层为主，举办规模大、影响范围广、受到职工群众特别是基层一线职工的欢迎。

组织带领文艺工作者，每年举办大型演出活动和各类艺术展览10场次。电影公司平均每年完成放映电影5000场次。青少年活动中心平均每年开设专业20个，培训4500人次。油田图书馆平均年接待读者70万人次，文工团每年到基层演出20场次，发挥了“文艺轻骑兵”的作用。

侯喜武同志任职以来，油田的文化体育工作呈现欣欣向荣的繁荣景象。有了一批懂业务、会管理，关键时刻能顶上的骨干群体，有了一支特别能吃苦、能战斗的职工队伍，有了一批功能完善、设施齐全的文化体育活动场所。

李连英 女，汉族，1949年出生，大专文化，中共党员，1971年12月参加工作，政工师，胜利石油管理局工会政研室主任。

从事女工工作20多年来，李连英以高度负责的态度，团结带领全局女职工围绕油田生产经营建设开展各种活动。维护女职工的合法权益，使胜利油田的女工工作始终走在全省和全行业前列，多次被授予“全国先进女职工集体”和“山东省女职工工作先进单位”称号。李连英先后获得“全国先进女职工工作先进者”和“山东省先进女职工工作者”称号。李连英同志是山东省七、八、九次妇女代表大会代表，七、八、九届山东省妇女联合会执行委员。

组织女职工开展“强素质、塑形象、做贡献”“四个一”活动和电视演讲报告会，开展“面向新世纪，争当新女性‘女职工素质自我达标’”活动。在全油田2998个女子班组中开展“巾帼建功示范岗”创建活动。组织制定《‘巾帼建功示范岗’管理办法》和“巾帼建功示范岗”考核细则，有260名优秀女班长走上技术员和基层管理岗位，328名女职工荣立二、三等功。涌现出杜全芳、蔡裕萍等全国、省级先进女职工和集体。

为做好油田改革时期女职工的维权工作，李连英参与管理局减员增效、下岗分流配套政策的修订工作，提出对“三期”（孕期、产期、哺乳期）女工和尚在抚养未成年子女的单亲家庭职工实行保护政策。共接待女工来信来访300人次，提供法律咨询1200人次。2002年4月13日全国人大内司委执法检查组来油田检查《妇女权益保障法》执行情况，对油田女职工的维权工作给予了肯定和高度评价。李连英以《女工冷暖我心知》为题在《中国妇女报》上刊登了胜利油田10年女工维权工作纪实，在全国产生了积极影响。

发挥女职工在家庭文化建设中的特殊作用，开展评选“百名尊老爱幼好儿女”活动。组织举行“十佳美好家庭”多媒体演讲报告会，在胜利电视台演播厅专场转播，受到管理局领导的表扬。家庭文化建设系列活动，使油田13万户家庭受到潜移默化教育。针对社会上的婚事大操大办，李连英写出调查报告呈报局领导并引起重视。油田联合东营市很快下发了“关于东营市和胜利油田坚决纠正在婚嫁事务中不正之风的通知”。在李连英的倡导下，共有8000对新人参加了集体婚礼。

20年来，她先后为油田工会主席培训班和二级工会干部培训班授课220次。2000年8月，在全国女工工作经验交流会和理论研讨会上，论文《积极探索实现男子平等的途径》，获一等奖。参与《女职工实用大全》、《现代家庭文化建设》、《领导风范录》的撰写工作，并担任副总编，在全国发行。

文件选辑及索引

胜利石油管理局 胜利油田有限公司信息化管理办法

第一章 总 则

第一条 为推进管理局、有限公司(以下简称油田)的信息化建设工作,提升信息技术应用水平,增强企业市场应变能力,提高内部控制力和工作效率,全面提升油田整体发展水平,根据《中国石油化工集团公司信息化管理办法》、《中国石油化工股份有限公司信息化管理办法》,结合实际,特制定本办法。

第二条 本办法适用于油田所属各单位、各部门。

第三条 油田信息化工作坚持"统一规划,统一标准,统一投资,统一建设,统一管理"的原则。

第四条 信息化管理内容包括:信息化建设规划和计划管理、信息工程管理、数据资源管理、标准化管理、信息系统运行管理、信息市场管理、网络和信息安全管理、队伍建设等。

第二章 管理体系

第五条 油田成立信息化工作领导小组。其主要职责是:(一)负责油田整体信息化建设总体规划和相关政策的制定,并组织协调有关重大实施问题。

(二)负责油田信息化建设计划和重大信息化建设工程项目方案的审定。

(三)协调解决油田信息化建设的信息安全、人才培养、标准规范的重大问题。

(四)负责跨专业信息化建设项目的组织协调工作。

第六条 油田信息化工作领导小组下设办公室,办公室设在油田信息中心。信息中心具体负责油田信息化工作的管理,其主要职责是:

(一)负责油田信息化建设规划、计划的制定。

(二)负责油田信息工作的组织、协调与归口管理。

(三)负责数据资源的统一管理。

(四)负责油田内外信息的收集、整理和研究,并统一对外传递和发布,为领导决策提供信息服务。

(五)负责油田综合信息系统的建设;组织各专业信息系统的应用开发;负责油田办公自动化系统和生产控制中现场信息采集系统的组织实施。

(六)负责油田计算机资源和网络资源的统一管理与油田主干网、机关局域网的运行维护。

(七)负责油田信息市场的协调、监督

和管理。

（八）组织信息化建设标准的制定工作；组织油田信息技术与信息业务交流及有关信息技术、信息应用开发等科研课题的研究；组织信息人员的培训工作。

第七条 各单位要建立信息化工作领导小组，勘探、开发、专业施工、科研、物资供应、集输、石油化工、生产保障等单位，要设置独立的信息化归口管理部门（以下简称信息部门），其他单位根据需要设置相应的管理部门或内设机构，并要有1名中层干部专司其责，有专门人员进行管理。各单位内部信息部门根据需要设立，并报油田主管部门备案。

第八条 各单位信息管理部门的职责

（一）负责本单位信息工作的组织、协调和归口管理。

（二）制定本单位信息工作的规划、计划，并组织实施。

（三）负责本单位生产经营所需的各种信息的收集、研究发布，为生产经营服务。

（四）制定本单位信息工作的规章制度和管理办法，并组织落实。

（五）负责本单位信息工程的方案制定、项目申报与实施建设，配合油田主管部门组织信息工程的论证、立项、审查和验收。

（六）负责本单位局域网的建设、运行和维护及本单位信息系统的安全管理，组织本单位办公自动化工程的建设实施。

（七）负责本单位数据资源和计算机资源的管理。

（八）组织本单位信息工作人员的业务交流和技术培训。

第九条 各专业部门信息化工作职责：负责提出并确认项目的应用需求和建设目标；提出业务解决方案，确定业务流程和业务工作标准；负责对牵头项目的管理，组织项目的实施、推广和应用；对应用系统正常运行和发挥效能提供业务上的支持、维护和管理；负责数据中心中相应数据的审查；协同信息部门对系统的信息化建设进行规划和管理。

第三章 信息化建设规划和计划管理

第十条 油田中长期发展规划须包括信息化建设规划，具体由油田信息主管部门组织编制，油田信息化工作领导小组审批。

第十一条 在油田信息化建设中长期规划指导下，各部门组织编写相关专业系统信息化建设规划，经油田信息化工作领导小组审查批准后纳入油田信息化建设规划。

第十二条 在油田信息化建设中长期规划指导下，二级单位信息部门组织编制本单位的信息化建设中长期规划，并要纳入本单位中长期发展规划，报油田主管部门审批和备案。

第十三条 根据油田信息化建设中长期规划和专业系统申报的项目计划，由油田主管部门汇总平衡后，编制油田信息化建设年度建议计划，报计划部门一并纳入油田年度投资计划管理。

第四章 信息工程管理

第十四条 信息工程是指信息化建设所涉及的计算机设备引进和配套、通信电视网络工程，数据库工程、应用软件引进与开发工程，生产自动监控系统，网络安全工程及相应的信息技术标准化工程。

第十五条 油田信息工程建设的规划、组织、验收及后评估工作实行归口管理，按照“统一组织、统一规划、统一标准”

的原则,所有信息工程无论何种渠道均须符合油田信息化建设的总体规划和油田信息化标准。

第十六条 信息工程前期工作的程序

(一)根据单位信息化发展的中长期规划,在进行初步可行性研究的基础上,编制并报批项目建议书;

(二)根据批准的项目建议书,进行信息工程的可行性研究,编制上报信息工程可行性研究报告,油田有关部门对可行性研究报告组织评审,或委托有资质的评估咨询单位对可行性研究报告进行评估;

(三)按照计划、财务管理的相关规定进行信息工程和费用决策,并办理立项审批手续。

第十七条 所有信息工程都必须实行项目组负责制,项目组负责信息工程的全过程管理。建设单位根据批准的信息工程项目建议书,及时成立项目组,选派有资质的人员担任项目经理,并将信息工程的实施方案上报信息部门。

第十八条 信息工程建设项目应实行工程建设招投标,招投标工作按油田项目管理规定运行。签约合同单位必须是中标单位。

第十九条 建设单位在信息工程建设过程中要严格按照信息工程的实施方案进行建设,各单位信息部门每月将信息工程进展上报油田信息中心,油田信息中心每季度向油田信息化工作领导小组汇报一次。

第二十条 所有信息工程,无论何种资金渠道,建设单位在合同签订后 10 天内,到油田信息市场管理办公室登记备案。信息工程完成后,建设单位应提出信息工程建设验收申请,由油田有关部门和信息工程建设单位组成的专家组进行验收。

第二十一条 建立信息工程后评估制度。在信息工程通过验收 1 周年后,由工程项目验收专家组进行信息工程后评估,以提高项目管理水平和投资效益。经过项目后评估认为有示范作用、效果显著并具有推广价值的,由油田信息中心组织推广应用。

第五章 数据资源管理

第二十二条 数据资源是指油田各单位在生产、经营、管理、科研等活动中产生的各类数据。所有数据资源归油田所有,各单位对本单位数据资源享有管理权和使用权。

第二十三条 数据资源的设计:数据资源的设计由专业部门、信息部门共同完成,并综合考虑上级部门和数据使用单位的数据需求。数据资源的设计要保证各类数据资源的惟一性。各单位要在数据资源内容设计的基础上,进行数据资源采集体系设计,包括采集方式设计、报送程序设计、管理制度设计、数据安全与保密体系设计等。

第二十四条 数据资源的采集:各单位必须制定具体的生产、经营、管理、科研等方面数据资源采集管理办法和工作制度,保证数据资源源点单位按照整体设计的要求及时、准确地将数据采集入库。各单位之间签订甲乙方施工、作业、劳务、科研等合同时,甲方要将本单位对乙方数据资源的需求,纳入合同条款,并明确所需数据资源的具体内容、采集频率、存储介质、验收标准和监督考核等内容。

第二十五条 数据资源的应用:各单位应用数据资源必须整体考虑,在数据资源应用总体设计的基础上分步实施。数据资源的应用必须针对不同的用户进行不同的使用权限设置。单位、部门内部数据资源的应用权限分配由各单位信息部门审批；跨单位、部门的数据资源应用由数据提供单位和信息部门共同负责；油田外单位使用油田内部数据资源，必须经保密部门同意，由专业部门和使用单位签订数据使用协议，确保数据安全。

第二十六条 数据资源的管理：所有数据都要形成相应的考核验收办法。专业部门负责数据的维护和审查，信息部门负责数据资源的集中管理，负责检查、监督数据的准确性、及时性，负责建立数据资源安全制度、数据资源备份方案和安全恢复预案。

第六章 标准化管理

第二十七条 信息标准化工作和建立完善的信息标准化体系是一项长期、持续和十分艰巨的任务，各单位都要十分重视这项工作，参加标准化工作的人员要相对稳定。信息标准的制定和维护由油田标准委员会牵头组织，相关业务部门参加。

第二十八条 信息标准的制定原则是：凡有国家标准的执行国标；没有国标的，执行中国石化标准；油田需要制定新标准的，由信息部门会同有关业务部门予以制定。

第二十九条 油田信息中心按照信息共享的总体原则，负责制定油田信息系统与数据库建设的技术规范和软件开发标准；各专业信息子系统的数据库建设和应用开发标准草案形成后报油田信息中心和油田标准化委员会审定，审批后下发实施；各单位和部门要在油田信息中心指导下，按照统一要求，遵循现有标准，制定本单位的信息技术规范。

第三十条 信息标准发布后，各单位要在各信息系统中执行新标准，已投入运行的信息系统要进行对照转换，过渡到新标准。新的标准开始执行时，正在设计和将要开发的系统，必须采用新标准，否则不予验收和鉴定。

第七章 信息系统运行管理

第三十一条 信息系统的运行管理包括对计算机、网络、数据库、应用系统、信息安全、机房及附属设备的运行管理。

第三十二条 油田信息主干网由油田信息中心统一管理，对外的网络连接设置统一出口，出口设在油田信息中心。

第三十三条 各单位和部门要按照油田信息网络的技术规范，遵循网络统一、信道畅通的原则加强网络管理，保证信息网络的正常运行，并做到对本单位上网用户的设备和任务进行动态监控。

第三十四条 各单位要按照油田信息中心的规定认真做好网络地址和域名的分配。油田信息主干网上的设备，必须经油田信息中心审查批准，以保证网络的安全和运行效率。

第三十五条 各单位在油田信息主干网上的网络设备、服务器不得随意关机。

第三十六条 各单位要配备专业技术人员担任网络管理员，网络管理员须持有油田颁发的“网络管理员证”上岗，且要求工作人员相对稳定。

第八章 信息市场管理

第三十七条 各单位和部门进行信息产品、信息设备和信息技术服务交易以及信息工程的招、议标，均属油田信息市场管理范围，必须接受油田信息市场管理办公室和油田市场管理委员会的监督、指导。

第三十八条 凡申请进入油田信息市场的信息技术服务队伍，必须通过油田信息市场管理办公室的资格审查，按油田市场管理规定取得油田信息市场准入证，并要服从管理，按期进行复审。

第三十九条 网络建设工程、软件开发工程和专业应用软件销售，须报油田信息市场管理办公室审查，然后报油田市场管理办公室颁发单项工程准入证或单项产品销售准入证。

第四十条 油田信息市场管理办公室要对进入油田的信息技术服务队伍实行动态管理，保证技术实力雄厚、服务信誉好的队伍进入油田市场，及时清退违反市场管理规定、服务质量差的队伍。

第四十一条 各单位自编软件和引进的商品化软件，都必须在油田信息中心进行软件登记，以促进自编软件商品化，提高软件共享程度，培育形成油田的软件市场。

第九章 队伍建设

第四十二条 加快信息化必须切实抓好信息化队伍建设，做到机构落实、组织落实、职能落实、人员落实，注意配备高素质的管理人员，努力建设高素质的管理队伍。加快培养自己的技术人员，培育技术精良的建设队伍。通过加强计算机和应用系统培训，提高全员信息化意识和使用信息技术的技能，不断提高应用水平，进一步发展、壮大操作熟练的信息技术应用队伍。

第四十三条 技术交流和培训是信息化建设的重要环节，信息部门要抓好技术交流和培训工作，做好技术储备，不断提高油田信息化管理队伍、建设队伍和应用队伍的水平。

第四十四条 要与国内外有实力的、先进的咨询公司与信息技术公司和高等院校开展多方面的技术交流与合作，跟踪国际先进技术，及时将先进的信息技术引入和应用到生产和经营管理过程中。

第十章 安全管理

第四十五条 各级信息工作人员必须增强保密意识，严格遵守保密纪律，不得泄露国家秘密和企业商业秘密。

第四十六条 各单位和部门收集的信息，未经本单位主管领导同意，不得向外提供。

第四十七条 任何单位和个人，不得利用计算机信息系统从事危害国家利益、集体利益和公民合法利益的活动，不得危害油田计算机信息网络系统的安全。

第四十八条 各单位和部门必须通过油田统一的网络出口访问国际互联网，其单位局域网不得以其他任何网络连接方式与国际互联网相连。国际互联网的安全监控统一由公安部门负责。

第四十九条 油田信息主干网上的所有网络设备、服务器，都必须有专人负责系统安全，微机要按油田规定安装防病毒系统。

第五十条 机房设施的安全管理，按照《胜利石油管理局机房场地建设与管理标准》执行。

第十一章 附 则

第五十一条 油田信息中心负责对各单位、各部门的信息化工作进行定期检查。

第五十二条 本办法由油田信息中心负责解释，各单位可结合具体情况制定实施细则。

第五十三条 本办法自发布之日起实行。

胜利石油管理局胜利油田有限公司改制分流有关规定

为稳步推进油田改制分流工作,根据中石化集团公司关于改制分流的有关文件精神,结合油田实际,制定本规定。本规定适用于非国有法人控股的改制分流(以下简称改制)企业。

一、关于改制企业有关人员的管理

1. 油田所属二级单位、子公司实行改制分流,其改制前离退休正式职工和不愿参加改制的内退正式职工,按照属地管理的原则,交由基层单位所在地社区管理。油田所属三、四级单位及二级主办的集体企业(包括托管的集体企业)实行改制分流,其改制前离退休正式职工和不愿参加改制的内退正式职工,交由原二级单位统一管理。改制前退休的其他用工、不愿参加改制的内退其他用工,以及改制后新退休人员,由改制企业管理。

2. 对于离岗挂编、因私出国、挂名挂靠、离岗从事经营活动等人员,按照胜油局发[1998]210 号文件和胜油劳字[2001]6 号文件规定予以清理,并按规定解除劳动合同。

3. 对与管理局签订劳动合同不愿参加改制的工伤人员,伤残 1—6 级的,退出工作岗位,按规定享受有关待遇,比照离退休、内退职工管理模式执行;伤残 7—10 级的,可进再就业中心,如本人愿意解除劳动合同,可与其解除劳动合同按规定给予经济补偿和一次性伤残就业补助金。

4,对与管理局签订劳动合同完全丧失劳动能力的患病或非因工负伤人员,不愿参加改制的,比照离退休、内退职工管理模式执行。符合退休、退职条件的,应当按照国家、山东省有关规定办理退休、退职手续。

二、关于社会保险问题

1. 改制企业必须按照国家规定参加社会保险统筹。根据国务院《社会保险费征缴暂行条例》,改制企业有权自主选择参加油田或地方社会保险统筹。参加油田社会保险统筹的,统一执行山东省和油田规定的缴费标准。国发[1995]6 号文件规定:缴费基数"以企业全部职工缴费工资之和为企业缴费基数",职工月平均工资低于山东省公布的直管企业职工平均工资 60% 的,按 60% 计算缴费基数;超过山东省公布的直管企业职工平均工资 300% 的部分不计入缴费基数。基数确定后,改制企业每月初到所在辖区社会保险事务所按规定缴纳各项保险费用,个人缴纳部分由改制企业代扣代缴。

2. 改制企业继续随油田参加山东省基本养老保险统筹的,投保后个人账户按照山东省规定的标准计入,年底由所在辖区社会保险事务所将个人账户清单返还本人核实签字。改制企业职工达到法定退休年龄时,由本人提出申请,所在企业报所在辖区社会保险事务所审核,由管理局社会保险管理中心到山东省劳动和社会保障厅为其办理退休及养老金的审批手续,养老金实行社会化发放。

3. 改制企业继续参加油田医疗保险统筹的,投保后个人账户按油田规定的标准计入,享受油田规定的医疗保险待遇。企业和职工连续缴费到职工退休年龄,职工退休后与油田退休职工享受同等待遇。选择油田医疗保险统筹的改制企业，还可以参加油田现行的职工医疗救助，缴费标准与油田职工相同，享受油田医疗救助待遇。改制企业无论因何种原因中断医疗保险，均不允许再接续，职工个人账户储存余额返还本人，停止享受油田医疗保险待遇。

4. 不愿参加改制的1—10级工伤职工，分别按《工伤保险条例》第三十三条、三十四条、三十五条规定执行。改制前工亡职工遗属，继续由所在辖区社会保险事务所按规定发放供养亲属抚恤金。改制企业继续参加油田工伤保险统筹的，其新发生的工伤职工和工亡职工遗属享受油田工伤职工和工亡职工遗属的同等待遇。

5. 改制企业继续随油田参加山东省失业保险统筹的，由管理局社会保险管理中心根据国家和山东省的有关规定，负责为其失业人员申请和发放各项失业保险金。

6. 改制企业参加油田生育保险统筹的，由管理局社会保险管理中心继续为其提供生育保险服务，享受与油田职工同等的生育保险待遇。改制企业不参加油田生育保险统筹的，油田终止与其建立的生育保险关系。终止生育保险关系时，生育保险待遇未终结的，按规定将应享受的生育保险待遇一次性支付给本人。

如国家或山东省有新的政策规定，油田保险政策调整时，按新政策规定执行。

7. 改制企业选择参加地方社会保险统筹的，终止与油田的各项社会保险关系，并将有关保险关系转移到相应地方社会保险部门。

三、关于职工住房与物业管理问题

1. 改制单位改制前原有职工可以购置管理局经济适用房，其原有管理局住宅小区内的住房，按管理局住房交易管理办法进行交易。改制单位改制后的新增职工，不享受购买管理局经济适用房的待遇。

2. 在油田现行政策下，改制企业改制前原职工居住在管理局住宅小区，其物业管理、采暖费等执行油田现行办法，即：物业管理费、采暖费由改制企业承担，收费标准按油田现行政策执行；改制企业改制前原有单职工户和单职工遗属户的水电气补贴，执行现行政策。将来油田政策调整，改制企业改制前居住在管理局住宅小区的原职工的物业管理、采暖费等，以及改制前原单职工户和单职工遗属户的水电气补贴，与油田在职职工享受相同的政策。

3. 改制企业按照国家公积金管理的有关规定，自主确定住房公积金提取比例。原职工住房补贴账户余额由管理局住房资金管理中心一次性退还给本人。改制企业可自行选择住房公积金管理机构。继续由管理局住房资金管理中心为其代管住房公积金的，应签订代管协议，按照协议进行管理。管理局住房资金管理中心不收取管理费。

四、关于股权设置及法人治理结构问题

1. 改制企业视情况可以设企业法人股、自然人股、职工个人股、国有法人股和经营者岗位激励股。

企业法人股是指中石化集团公司以外的企业法人以其合法财产对改制企业出资形成的股份。自然人股是指企业外部自然人以其合法财产对改制企业出资形成的股份。

职工个人股是指改制单位职工将经济补偿和分流安置补助转为改制企业的股份，以及改制单位职工以自然人身份出资购买改制单位剩余资产形成的股份。在改制过程中，职工个人股可根据自愿组合的原则，由改制企业若干股东推荐1名股权代理人作为代表进行登记；也可以改制企业工会社团法人名义成立职工持股会，代表职工行使股东职权。

国有法人股主要是指管理局、有限公司对改制企业持有的股份。

对国有法人股完全退出的改制企业，专门设立经营者岗位激励股。经营者岗位激励股的适用范围为改制企业经营班子全体成员，包括：改制企业的董事长（以及视情况设立的1名副董事长）、经理层全体成员。享受经营者岗位激励股的人数及经营者岗位激励股总额按中石化集团公司有关文件规定执行。

2. 改制企业要按照国家有关法律法规规定，建立权责明确、运转协调、有效制衡的法人治理结构。

五、关于党、团、工会关系

改制企业要按照《中国共产党章程》，建立健全党组织，发挥好党组织的作用，防止出现“有党员无组织、有组织无上级”的状况。

1. 积极与地方政府协商，创造条件移交地方政府。对于组织关系一时移交不出去的改制企业党组织和党员，根据实际情况确定其隶属关系。

2. 改制单位党组织的主要负责人，先由原上级党组织在改制单位首届经营班子中符合要求条件的党员中指派或任命，待改制企业正常运转、条件成熟后再进行选举。

3. 对改制单位符合条件不愿参加改制而解除劳动合同的人员，其个人档案由原用人单位统一移交管理局人才交流中心或劳动就业服务中心代管；离开油田的，其党组织关系等随转，仍居住在油田的，其党组织关系由原所在单位管理。

4. 改制企业要按照《工会法》和《中国共产主义青年团章程》建立健全工会和共青团组织。

六、其他

1. 管理局对改制企业给予必要的扶持。企业改制后，在业务、内部市场、原料供应、公用工程、提供劳务等方面原有的渠道和市场3年内可维持不变；在质量、价格同等条件下，对改制企业提供的产品和服务应优先购用。

2. 要认真贯彻落实改制分流“职工自愿”原则，对企业是否参加改制分流以及改制分流方案的上报，要经过单位职代会或职工大会2/3以上人员讨论通过，采取记名投票方式，并由参加投票的人员签字。

3. 计算补偿补助的工作年限，截至到改制当年年底。

4. 改制企业改制前原油田职工，其子女在入学、入托等方面与油田在职职工享受同等待遇。

七、本规定由局经营管理部负责解释，自印发之日起执行。

胜利油田技能大奖评选表彰办法

第一条 为加强油田技能人才队伍建设，充分调动技能人才的积极性、创造性，激励杰出技能人才为油田生产建设贡献聪明才智，提高油田核心竞争力，促进生产建设发展，根据山东省和中国石化集团公司有关文件精神，制定本办法。

第二条 “胜利油田技能大奖”的评选表彰是油田对技能高超、职业道德优秀、为油田生产经营做出突出贡献的操作服务人员的奖励制度。其职业（工种）范围为国家职业标准中设有高级（国家职业资格三级）以上等级的职业（工种）。

第三条 “胜利油田技能大奖”由管理局工人考核委员会负责组织评选，管理局和有限公司命名表彰。每2年评选、表彰一次，每次评选命名10人。

第四条 申报“胜利油田技能大奖”，必须是热爱祖国，热爱油田，遵纪守法，具有良好的职业道德和敬业精神，生产工作业绩突出，并取得高级工以上职业资格证书的油田操作和服务岗位上的在岗职工，且具备下列条件之一者：

（一）在技术革新、技术改造、发明创造、解决实践中的关键技术问题等方面取得显著成果（如局级以上技术成果、国家专利等），创造出重大经济效益（年创效益60万元以上）和社会效益；

（二）技能高超，有被社会公认的绝招绝技，在国内或石油石化行业内处于领先水平（省部级以上技能竞赛前三名），为提高企业知名度做出了突出贡献；

（三）在推广、应用先进技术和培养后备技能人才、传授技艺方面取得突出成绩。

第五条 申报“胜利油田技能大奖”者需呈报以下材料：

（一）《胜利油田技能大奖申报表》；

（二）1500字左右的事迹材料；（三）职业资格证书以及主要技术成果、获奖荣誉证书等证明材料。

第六条 “胜利油田技能大奖”可重复评选。首次参加评选者，一般以其近5年取得的技术成果为主，历史工作成果作为参考；再次参加评选者，必须以被评为“胜利油田技能大奖”后新取得的成果为主。

第七条 “胜利油田技能大奖”评选，按照个人申报、逐级推荐、群众投票与油田组织专家统一评审的程序进行。

第八条 符合“胜利油田技能大奖”申报条件的人员，首先由个人写出书面申请，并填写《胜利油田技能大奖申报表》，然后由二级单位择优推荐，上报前须将候选人情况在本单位公示10天。

第九条 局工人考核委员会组织有关人员进行初选，提出20名候选人，在油田信息网、电视、报纸上公告、宣传。

第十条 评选采取群众投票和专家评审相结合的方法进行。

在规定时间内，油田职工可根据候选人情况在油田信息网和胜利日报专刊上投票评选；最后，由局工人考核委员会组织专家评审，通过候选人现场述职答辩，结合群众投票，专家打分，评选出技能大奖人选。

第十一条 对评为“胜利油田技能大奖”者，颁发荣誉证书、奖牌和奖金50000元人民币。

第十二条 获“胜利油田技能大奖”者，优先推荐参加省、集团公司和国家级技能人才、劳动模范的评选；并优先安排参加培训、疗养、体检、出国考察等。

第十三条 获“胜利油田技能大奖”者，各单位要充分利用报纸、电视、油田信息网等，对其事迹进行大张旗鼓的宣传。

第十四条 为鼓励单位培养和选拔优秀技能人才，对“胜利油田技能大奖”获得者推荐二级单位，颁发“技能人才培育突出贡献奖”奖牌和奖金。

第十五条 各单位要积极为“胜利油田技能大奖”获得者创造良好的工作、学习和生活条件，积极提供外出学习交流机会，支持他们开展技术创新和技术改造，充分发挥他们的聪明才智和技术带头人作用。

第十六条 对弄虚作假或剽窃他人成果而获得“胜利油田技能大奖”者，经查明属实，撤销其荣誉称号，追回奖金，今后不得参加此项评选，并通报批评。

第十七条 本办法由局劳动工资处负责解释，自2003年8月1日起实施。

胜利油田工程项目物资采购管理办法

第一章 总 则

第一条 为加强油田工程项目物资采购管理工作，根据《中国石化固定资产投资项目物资采购管理办法》（石化股份物项〔2003〕23号）规定，结合油田实际，特制定本办法。

第二条 凡油田新建、改扩建、维修、技改技措等工程项目的物资采购均适用于本办法。

第三条 工程项目的物资采购模式按照中石化和油田物资管理规定分为总部集中采购、油田统购、二级单位自购3种。总部集中采购物资统一由物资供应处汇总平衡后上报中石化物资装备部进行采购、分交；油田统购物资由物资供应处进行集中采购供应；二级单位自购物资实行核定计划指标，部分定点集中交易。

第四条 任何单位和个人均不得以任何理由或形式，擅自采购工程项目中属总部集中采购和油田统购的物资。

第五条 属总部集中采购的物资，按中国石化集团公司及中石化股份公司有关规定执行；属油田统购的物资由物资供应处按照采购原则在一、二级资源市场网络内采购；属二级单位自购的物资，按自购物资采购管理规定进行采购。

第六条 为降低工程项目的造价，工程项目物资采购要引入竞争机制，实行以招标、网上采购为主，其他采购为辅的采购方式。

第七条 工程项目物资采购实行招标的，由物资供应处负责组织。重大设备实行邀请招标时，投标商由物资供应部门、设计及专业技术管理部门、项目建设单位等共同推荐。

第二章 管理程序和要求

第八条 项目物资的采购要与项目的评估、设计、审查、施工有机结合。物资供应处要发挥职能作用，提前介入，全过程跟踪，抓住主要环节，及时掌握项目的进度，切实加强项目物资的采购管理。计划、设计及项目建设单位要与物资供应处互通情况，密切合作。

第九条 项目物资采购管理程序主要包括建立项目采购档案、项目物资采购工作对接、项目物资采购进度、项目物资采购实施和采购监督、项目物资采购管理工作总结等。

第十条 项目物资采购档案。项目建设单位负责建立项目物资采购档案，要从项目可研阶段开始，按照工程进展，及时补充完善。其内容包括：项目基本情况、项目可研批复、总体设计批复、项目初步设计批复、物资采购进度纪要、项目建设进度网络控制计划、项目物资采购网络控制计划、项目物资采购协调会会议纪要、采购合同台帐、采购中的问题及处理情况、项目物资采购工作总结等。在项目物资采购实施过程中因设计变更、材料代用等引起超投资、超概算情况，项目建设单位必须报可研报告或初步设计审查部门和专业技术管理部门批准认可；有关资料一并存入项目物资采购档案。

第十一条　项目物资采购工作对接。管理局、有限公司年度投资计划下达后，项目建设单位要据此编制本单位项目物资采购管理工作年度计划。物资供应处要及时组织项目采购工作对接会，落实项目物资的采购范围、采购进度、采购资金等情况。

第十二条　项目物资采购进度。物资采购进度工作的主要内容是按照项目施工进度要求，制定项目物资的采购计划和采购进度网络控制计划，并组织实施采购。

需引进设备、材料的项目，项目建设单位要会同建设、设计单位提出引进主要设备、材料分交清册，分交清册中要注明主要进口物资的进口理由和预计用汇金额，并报物资供应处。可研评估会上要提出建议方案。可研报告批复后，物资供应处要及时组织召开订货会议签订经济合同，并形成会议纪要。

重大设备在签订合同前，必须先签订由技术管理部门审批认可的技术协议和技术指标，并作为合同附件。

第十三条　项目采购实施和采购监督。项目物资采购实施和监督要坚持以下原则：

（一）按项目采购方案规定的采购模式、选厂范围、资料交付时间、采购时间、交货时间进行采购。采购工作必须在受控状态下进行。

（二）严格执行物资采购进度网络控制计划。

（三）严格执行中国石化集团公司和油田有关上网采购的规定。

（四）积极推行招标采购，对符合《胜利石油管理局　胜利油田有限公司统购物资招标采购管理办法》（胜油局发〔2002〕138号）规定条件的，必须实行规范的招标采购。

（五）加强质量管理，长周期关键设备要实施第三方监造。

第十四条　项目物资采购管理工作总结。项目投料试车3个月内，物资供应处要完成项目物资采购管理工作总结，并将总结报有关部门备案。其内容包括：

（一）项目情况简介。

（二）采购体制和采购工作流程。

（三）项目物资的采购数量、金额、节约资金情况汇总。

（四）项目物资采购方案执行、采购价格、采购渠道、采购进度、监造情况、供应商服务情况、廉政建设情况等。

（五）项目物资采购过程中重大问题记录。

（六）项目采购管理工作经验和不足等。

第十五条　工程项目设计变更或停、缓建的，项目建设单位必须及时书面通知物资供应处变更或终止对外订货合同，变更或终止合同发生的费用由项目建设单位承担。

第三章　总承包项目物资采购管理

第十六条　总承包项目包括胜利油田固定资产投资、技改技措及生产检修、维修工程等。

第十七条　总承包单位要坚持“归口管理，集中采购，统一储备，统一结算”的原则，实施总承包项目的物资采购。

第十八条　总承包单位应设立物资管理部门。其主要职责包括：

（一）建立本单位的物资采购管理制度，保证采购管理按胜利油田物资采购管理的有关规定运行。

（二）负责物资采购计划编制和管理工作，并及时上报物资供应处。

（三）负责本单位物资采购和供应的组织、管理和协调工作，保证工程项目物资的质量可靠，供货及时。

（四）负责向物资供应处上报本单位及总承包项目的物资供应情况的基础数据，并按照要求上报统计报表。

第十九条　总承包项目物资采购管理工作程序和要求

（一）引进主要设备、材料要报油田国际经济贸易公司（外事外经处）审查，并形成引进设备、材料审查意见。

（二）编制国内外主要物资采购网络控制计划和国内主要物资分交清册，上报物资供应处审批、备案。

（三）物资供应处要牵头组织进行国内采购主要设备、材料的集中分交，制定采购方案并形成会议纪要。

（四）根据物资采购网络控制计划和主要设备、材料集中分交纪要，按照统一组织、集中技术交流、联合商务谈判的工作原则，由总承包单位按照油田物资供应管理相关规定签订经济合同。

（五）采购工作完成后，应认真进行项目物资采购总结，并报相关部门和专业技术管理部门备案。

第二十条　总承包项目中属于总部集中采购、油田统购的物资品种，由总承包单位编制采购计划报物资供应处按现行规定进行集中采购。

第二十一条　凡符合网上采购条件的总承包项目物资，须在电子商务网站上实施采购。

第二十二条　总承包项目物资供应商要在中石化物资一级、胜利油田二级资源市场范围内选择，并且预选的供应商名单应得到业主单位的认可。

第二十三条　总承包单位要加强采购物资的质量管理，追求采购物资的最佳性价比，维护业主的长远利益，长周期关键设备要实施第三方监造，同时做好项目建成投用后及项目合同期满后设备、材料的售后服务协调工作。

第二十四条　总承包单位每月 25 日之前应向物资供应处上报项目物资采购管理工作信息；项目投料试车后 3 个月内，总承包单位要完成项目物资采购管理工作总结。

物资供应处负责对总承包项目的物资采购工作进行考核。

第二十五条　总承包项目施工单位为油田内部单位的，按本办法规定执行；施工单位为油田外部单位的，在签订总承包合同时，应与其在合同中明确物资的供应采购管理办法。

第四章　处罚与奖励

第二十六条　二级单位擅自采购工程项目物资的，局财务资产部、有限公司财务资产处一律不予结算付款和转资。

第二十七条　物资供应处要不定期对各二级单位工程项目物资采购管理执行情况进行检查，并将检查情况在全油田通报。

第二十八条　对在工程项目物资采购管理中做出突出贡献、降低工程造价成本、成绩显著的单位和个人，给予表彰奖励。

第五章　附　则

第二十九条　本办法由物资供应处负责解释。

第三十条　本办法自发布之日起执行。

胜利油田地面工程建设管理规定

第一章　总　则

第一条　为了加强油田基本建设管理，维护油田地面建设市场秩序，保证工程建设质量和安全，提高工程项目投资效益，根据国家有关法律、法规和中国石化集团公司暨股份公司（以下简称“集团公司暨股份公司”）的有关规定，结合胜利石油管理局暨胜利油田有限公司（以下简称“管理局暨有限公司”）的实际，特制定本规定。

第二条　本规定所称地面工程是指列入管理局暨有限公司以及多种经营年度、季度计划及大修维护计划（含专项资金或调整计划）的项目工程，即新建、扩建、改建、技术改造、产能建设、系统配套、矿区建设配套工程以及相关公共事业等固定资产投资项目工程。

第三条　本规定适用于管理局暨有限公司所属单位、全资、控股公司（以下简称建设单位），以及进入油田地面建设市场从事勘察设计、施工、监理、监督的企业。

第四条　管理局基建处是管理局暨有限公司工程建设管理的职能部门，负责工程建设项目实施阶段（即施工图到竣工验收阶段）的组织、协调、监督、检查工作。

第五条　管理局暨有限公司基本建设项目要严格按照基本建设程序实施管理，认真贯彻执行《建筑法》、《合同法》、《招标投标法》、《建设工程质量管理条例》和《勘察设计管理条例》等法律法规，全面推行项目管理和项目法施工。

第六条　管理局暨有限公司工程项目划分为3个级别（见附表1）：集团公司暨股份公司管理的工程（简称集团公司级工程）、管理局暨有限公司管理的工程（简称油田级工程）、由建设单位管理的工程（简称一般工程）。集团公司级工程和油田级工程由基建处负责施工管理，一般工程由二级单位基建主管部门负责施工管理。

第二章　资质管理

第七条　管理局暨有限公司全资或控股的建筑业企业、勘察设计企业、房地产开发企业、园林绿化施工企业等，以及工程监理、质量监督、建材试验室和施工项目经理的资质申办与日常的管理，统一归口基建处。

基建处会同局安全环保处负责锅炉安装企业、压力容器制造企业的资质管理。

第八条　基建处应针对建设市场规模，按照优化产业结构，保证总量控制、扶优扶强促专的原则审核办理各类企业的资质。

第九条　企业资质申办程序

（一）申办资质的企业向所属二级单位提出书面申请；

（二）二级单位同意后，报基建处考察审核；

（三）基建处预审合格后，推荐到中国石化集团公司建设主管部门或企业所在地（市）级政府建设主管部门；

（四）申办一级或甲级资质的企业，由中国石化集团公司建设主管部门初审，申办二级或乙级及其以下级别资质的企业，由企业所在地（市）级政府建设主管部门初审。

第十条 企业取得资质证书后，须按照核定的资质等级范围承揽业务或提供服务。凡发现超资质等级范围承担业务或提供服务的，经核实后，基建处视情节轻重给予通报批评、停业整顿，建议发证机关给予吊销资质证书的处罚。

第三章 市场管理

第十一条 在管理局市场管理委员会指导下，油田地面工程建设市场由基建处负责牵头、组织和管理。并在油田关联交易总协议框架内，控制好各类企业准入的总量，保持适度竞争。

第十二条 进入油田地面工程建设市场的勘察设计、施工、监理等企业实行准入制度。准入企业按照基建处初审，法律事务处资格审查，经营管理部审定的程序办理。对特殊需要的工程项目，由建设单位申请，基建处初审合格后，经营管理部审定办理一次性准入手续。

第十三条 基建处会同局纪委监察处对油田地面工程建设市场不定期组织专项检查或效能监察。重点查处不履行建设程序情况、招标投标违纪违规情况、承建单位违纪违规情况，对检查出的问题作出相应处理并在新闻媒体上公布。

第四章 招标投标管理

第十四条 油田地面工程建设招标投标管理归口局建设工程招标投标管理委员会。基建处招标办是其常设机构，负责油田地面工程建设招标投标日常工作。

第十五条 招标投标实行分级管理。建筑面积在800平方米或投资额在50万元（包括配套工程）、装饰装修30万元以上的工程，油建工程投资额在300万元以上的工程（管理局暨有限公司确认的抢建、抢险、救灾、保密等建设工程除外）招标投标，必须报基建处招标办审批后，方可实施。上述范围以外的工程项目招标投标由建设单位自行组织，并在招标完成3日内到基建处招标办备案。

第十六条 建筑工程的招标投标活动，须在当地政府有形建筑市场进行。其他工程的招标投标活动在建设单位进行。

第十七条 按照关联交易原则，油田级以上油建工程由油田主营施工企业承担，由其所属分公司或工程处独立参加投标。

第十八条 招标应遵循公开、公平、公正和诚实信用的原则，依法择优选定中标单位。建设单位招标须具备相应的招标资格方可自行组织招标；不具备招标资格的，应委托具有相应资格的招标代理机构代理其招标。

第十九条 必须进行招标而未招标的工程项目，或将工程项目肢解、转包和违法分包以及用其他方式规避招标，或未经招标主管部门批准擅自进行招标的，其中标结果均无效，基建处招标办有权令其重新招标。对逾期不改的，将对其提出警告或通报批评，直至建议有关部门给予当事人行政处分。

第五章 勘察设计管理

第二十条 油田地面工程建设勘察设计业务管理工作归口基建处。

第二十一条 油田勘察设计单位实行方案比选和限额设计。初步设计概算不得超过可行性研究报告批复的投资，施工图预算要控制在审批后的初步设计概算范围之内。

第二十二条 按照关联交易原则，油田勘察设计单位能承担的项目，原则上不得外委。符合下列条件之一的设计项目，经规划计划部和有限公司规划计划处与基建处共同审批后方可外委：

（一）油田勘察设计单位资质范围以外的项目；

（二）需要引进专有技术或重要公共建筑项目；

（三）管理局暨有限公司认为需要外委的项目。

第二十三条 勘察设计单位应按照国家有关法律法规、标准规范及合同进行勘察设计，严格执行工程建设强制性标准，建立健全质量保证体系，加强设计过程的质量控制，执行设计文件的审核会签制度。应对本单位编制的勘察设计文件的质量负责，必须按资质等级承担相应的勘察设计任务。

第六章 工程管理

第一节 项目管理

第二十四条 油田地面工程建设实施阶段（从施工图到竣工验收）全面推行项目管理，实行项目经理负责制。管理局暨有限公司成立的直属项目部，由基建处负责组建报油田领导审批。建设单位成立项目部报基建处审批。

第二十五条 项目经理应具备与工程等级相适应的项目管理业绩、技术职称和工作经历。

第二十六条 项目经理对工程的质量、投资、进度、安全负总责。油田级以上工程的项目经理要与基建处签订项目管理责任书。一般工程的项目经理要与二级单位签订项目管理责任书。

第二十七条 油田级以上工程竣工验收后，基建处会同计划、审计、纪检监察、合同、预结算、质量、安全、环保、消防等部门对项目管理的实施情况进行考核；一般项目由建设单位基建主管部门会同有关部门组织考核，并依此作为奖惩的依据。

第二十八条 工程开工前—勘察设计、施工、监理等单位要与建设单位或项目部签订《廉政责任书》，并报二级单位纪检监察部门审查备案，管理局暨有限公司机关有关部门负责监督执行。

第二节 工程开工管理

第二十九条 建筑工程开工前，建设单位须到当地政府主管部门办理建设用地规划许可证、建设工程规划许可证、工程建设项目施工许可证、施工图审查、施工放线等有关手续。

第三十条 油田地面工程建设严格执行单项工程施工许可证制度。工程开工前，建设单位须到基建处申办《单项工程施工许可证》。施工单位凭《准入证》和《单项工程施工许可证》（招标工程凭《中标通知书》）与建设单位签订承包合同。对应招标而未招标或没有办理《单项工程施工许可证》擅自开工的工程，油田主管部门不予审批合同，不予拨款和结算，并对建设单位给予处罚。

第三十一条 集团公司暨股份公司和管理局暨有限公司投资的工程项目，开工前须办理开工报告。在开工报告获得批准后，方可开工建设，未办理开工报告的项目视为违规项目，将对建设单位给予处罚。

第三十二条 开工报告分为三级管理。集团公司级工程由管理局规划计划部或有限公司规划计划处申报，集团公司审批；油田级工程由建设单位申报，基建处审批；一般工程由建设单位基建主管部门审批。

第三十三条 工程开工应具备以下条

件:项目计划已下达;建设单位项目管理机构(以下简称项目部)已组建;勘察设计、施工、监理等单位与建设单位或项目部已签订《廉政责任书》;施工图满足连续施工需要;资金到位;质量监督、工程监理委托已办理;现场四通一平已完成;设备、器材供货已落实并满足连续施工的要求;

施工合同已经签订;施工组织设计已审批。

第三节 施工图会审

第三十四条 工程开工前必须进行施工图会审。施工图会审分为两级管理。集团公司级和油田级工程,由基建处组织会审;一般工程由建设单位或项目部组织会审。

第三十五条 施工图会审由设计、施工、监理、质量监督、规划计划、安全环保、消防、定额等有关部门参加。建设单位或项目部须提前7日将施工图报有关部门预审。

第三十六条 施工图会审完成后应形成会审纪要。油田级以上工程会审纪要须在5个工作日内报基建处审查。施工图会审纪要是竣工验收的必备资料。

第四节 施工组织设计

第三十七条 施工组织设计由施工单位编制并实行审批制度。集团公司级和油田级工程,由施工单位编制,和建设单位或项目部组织初审完成后,报基建处审批。一般工程由施工单位编制,建设单位或项目部审批。

第三十八条 经过审批的施工组织设计作为组织工程施工和编制施工预算的依据。

第五节 合同管理

第三十九条 建设单位与承包单位应依法签订书面合同,明确双方责任、权利和义务。工程建设合同须采用建设部、国家工商局制定的合同示范文本。

第四十条 紧急抢建和产能急上流程等工程,可先行设计、施工,正式合同应在工程开工后10个工作日内补签。

第四十一条 合同审查的基本程序

二级单位将合同文本及合同审查表报基建主管部门审查后,再报合同审查部门审查。

油田级以上工程由基建处会同局合同管理部门审查;一般工程由建设单位基建主管部门会同二级合同管理部门审查(合同审查表见附表2)。

第四十二条 合同审查的主要内容

(一)是否违反国家现行法律法规和违反合同签订原则的条款;

(二)承包方是否具有相应的资质和履行合同的能力;

(三)有无损害国家、社会和第三者利益的条款;

(四)是否具备签订合同的必要条件;合同条款是否完备,内容是否详尽准确;

(五)中标工程是否按照招标约定及中标标底签订合同;

(六)投资、质量、工期、安全等条款是否明确;

(七)分包商的选择是否符合有关规定,是否具有相应的资质、履行合同的能力和社会信誉;

(八)有无转包、违法分包、挂靠行为;

(九)有无将工程肢解发包行为。

第四十三条 主管部门在收到合同草案之日起10个工作日之内予以审查,提出意见。承发包双方按审查意见协商修改,符合要求后正式签订;主管部门10个工作日内未作出明确答复的,视为符合要求,双方可正式签订合同,合同签订后5个工作日之内报主管部门备案。

第六节 进度管理

第四十四条 管理局暨有限公司季度计划下达后，建设单位或项目部应及时编制工程的进度实施计划。集团公司级和油田级工程应在开工前20日内报基建处审查批准。一般工程由建设单位基建主管部门审查批准。

第四十五条 集团公司级和油田级工程进度管理实行旬报制度，一般项目实行月报制度。

第四十六条 油田级以上工程必须编制网络进度计划。集团公司级工程的网络进度计划须报集团公司工程建设管理部审查批准。

第四十七条 基建处根据进度计划对项目的实施情况进行监督检查。

第七节 质量管理

第四十八条 基建处负责油田地面工程建设的质量管理工作，组织宣传贯彻国家有关质量的法律法规、标准规范，制定管理局暨有限公司工程建设质量管理规章制度、工程质量规划，组织油田工程质量检查。

第四十九条 项目经理是工程质量的第一责任人，须对工程质量负总责。项目经理应组织工程参建各方，采取切实有效的措施，对工程实施全方位质量监控。项目部须建立质量保证体系和工程质量报告制度，按时上报工程质量信息。对施工过程中发生的重大质量事故，必须在事发24小时内上报油田主管部门。

第五十条 施工单位应选派具有相应资格的项目经理、技术、质量等管理人员组成施工项目部，必须依据设计文件和标准、规范精心施工，严格执行工程建设强制性标准，加强重点工序控制，坚持“三工序”管理和“三检制”，严禁偷工减料，野蛮施工，粗制滥造。

施工单位应加强施工现场的管理，搞好成品、半成品的保护，原材料按要求存放，做到文明施工。

第五十一条 管理局暨有限公司工程建设质量提倡优质优价，鼓励施工企业创建。

第八节 HSE管理

第五十二条 项目经理是工程实施过程中安全生产第一责任人，对工程实施的安全负总责。工程施工前，要制定切实可行的安全、环保、健康措施并认真组织执行。

第五十三条 油田推行HSE管理。进入油田的施工企业必须取得《工程项目承包商安全资格证书》，方可施工。

第五十四条 施工总承包企业必须加强对分包单位的安全管理，督促、监督其建立安全生产责任制。

第五十五条 对出现安全事故的施工企业视情节轻重，基建处会同油田安全部门给予警告、通报批评、责令限期改正、限期不准承包工程或者停业整顿，直至收回准入证等处罚。

第九节 信息管理

第五十六条 基建处负责工程建设信息的收集、处理、分析。建设单位或项目部、建筑业企业，须按统计要求定期上报各种施工管理信息。

第五十七条 基建处每年对有关建设单位的工程建设信息上报工作进行考核，在局域网上予以公布。

第十节 投产前联合检查

第五十八条 工程投产前须进行联合检查。未经联合检查的工程不准投产。

第五十九条 油田级以上工程的联合检查,由建设单位或项目部书面报基建处,基建处会同安全、环保、消防、生产等部门组织管理(使用)、设计、施工、监理等单位进行检查。对检查出的问题,由建设单位或项目部组织整改。一般工程由建设单位自行组织。

第十一节 交 工

第六十条 工程交工由建设单位或项目部组织。交工时间应安排在单机试运之后,联合试运之前,并办理工程移交手续。对遗留问题建立备忘录。

第六十一条 工程交工后,设计、施工单位应继续履行保运保投职责,并按承诺完成交工遗留问题的处理工作,对遗留问题建立备忘录。

第十二节 投料试车及生产考核

第六十二条 工程投产前,建设单位或项目部须组织编制《生产准备纲要》和《总体试车方案》。

第六十三条 集团公司级工程的总体试车方案由集团公司基建主管部门审查批准,或委托基建处审查批准;油田级工程的总体试车方案由基建处或委托建设单位或项目部审查批准;一般工程的总体试车方案由建设单位基建主管部门审查批准。

第六十四条 投料试车生产出合格产品后,建设单位或项目部须组织设计、施工单位,对装置的生产能力、工艺指标、环保指标、产品质量、设备性能、自控水平、消耗定额是否达到设计要求,进行全面生产考核,考核结束后,建设单位或项目部写出书面总结报油田有关部门备案。

第十三节 竣工验收

第六十五条 油田地面工程建设按批准的设计文件内容建成后,形成生产能力,符合竣工验收标准的,均须及时进行竣工验收。集团公司级工程由集团公司工程建设管理部或委托基建处组织验收;油田级工程由基建处或委托建设单位或项目部组织验收;一般工程由建设单位组织验收。

第六十六条 竣工验收时间要求

集团公司级工程应在投产后 12 个月内进行竣工验收,油田级工程应在投产后 3 至 6 个月内完成竣工验收,逾期不能验收的,建设单位应向基建处提交申请延期验收的报告,延长期最长 3 个月,且以一次为限。

第六十七条 验收分为专业验收(初步验收)、竣工验收两个阶段。

专业验收应在建设项目投料试车正常、生产出合格产品后,由建设单位或项目部邀请有关专业验收主管部门进行。验收分生产考核、环保、消防、劳动、职业安全卫生、档案、审计、工程质量,并由主管部门确认。

第六十八条 竣工验收应具备的条件

1. 建设项目已通过专业验收(初步验收);

2. 建设项目《竣工验收报告》及竣工资料和《竣工验收证书》编写完成,并汇编成册;

3. 油田级以上工程建设单位或项目部向基建处提出验收申请,具体参见《胜利石油管理局地面建设工程竣工验收管理暂行办法》(胜油局发(1998)66 号)或《房屋建筑工程和市政基础设施工程竣工验收暂行规定》(中国石化建建(2000)142 号)。

第六十九条 建设单位或项目部应负责设计、施工、监理、质量监督等各方面竣厂资料的整理汇总工作,依据中国石化(1998)建字 268 号文件要求编写《竣工验收报告》。《竣工验收报告》在竣工验收后 15 日内上报基建处备案,油田级以上工程竣工资料要报送管理局档案管理中心存档，一般工程报建设单位档案管理部门存档。

第十四节 返修与保修

第七十条 工程自办理交工验收手续后，在规定期限内，因勘察设计、施工、原材料等原因造成的质量缺陷（指工程不符合国家或行业现行有关技术标准、设计文件以及合同中对质量的要求），由施工单位负责维修。

第七十一条 工程维修费用，由责任方承担：

1. 施工单位未按国家有关规定、标准和设计要求施工造成的质量缺陷，由施工单位承担经济责任；

2. 由于设计方面的原因造成的质量缺陷，由设计单位承担经济责任，不足部分由建设单位承担；

3. 因建筑材料、构配件和设备质量不合格引起的质量缺陷，属于施工单位采购的，由施工单位承担经济责任；属于建设单位采购的，由建设单位承担经济责任；

4. 因使用单位造成的质量缺陷，由使用单位承担经济责任；

5. 因不可抗力造成的质量缺陷，施工单位、设计单位不承担经济责任。

第七十二条 油田建设工程保修范围和保修期限执行现行施工质量规范或双方合同约定。

第七章 质量监督

第七十三条 油田地面工程建设必须实施质量监督。建设、勘察设计、施工、监理、检测等单位必须接受监督。胜利油田工程质量监督站（以下简称质量监督站）是中国石化集团公司工程质量监督总站和山东省工程质量监督站授权的工程质量监督管理部门，行使工程质量监督职能，其业务管理归口基建处。

第七十四条 在工程开工前，建设单位必须到质量监督站办理委托质量监督手续，并按规定提供有关资料。

第七十五条 质量监督站应根据工程类别选派质量监督负责人和监督员，并编制工程质量监督计划，在接受委托后10天内向建设单位发出受监通知书和报送质量监督计划。

第七十六条 工程质量监督包括质量行为监督和工程实物监督两部分。

质量监督人员应依据编制的工程质量监督计划，对工程质量实施过程监督。质量监督人员有权对工程质量和用于工程的设备、构配件和材料的质量合格证明文件进行监督检查。

第七十七条 质量监督站应建立质量情况报告制度，及时向管理局暨有限公司有关部门通报工程质量动态。

质量监督人员要按质量监督计划、国家现行标准规范，实事求是、科学、公正地监督工程质量，严禁弄虚作假。

第八章 工程建设监理

第七十八条 基建处是油田地面工程建设监理的主管部门。

第七十九条 油田级以上工程或管理局暨有限公司指定的其他工程，必须按照2001年国家建设部颁布的《建设工程监理范围和规模标准规定》和东营市建设委员会《东营市建设工程监理范围和规模标准暂行规定》（东建发〔2002〕43号），实施工程建设监理。

第八十条 监理单位应编制监理规划和监理实施细则，报建设单位或项目部审批，并认真执行。

第八十一条　工程建设监理主要包括建设前期阶段、设计阶段、施工招标阶段、施工阶段、试运行阶段、竣工验收阶段和保修期阶段。受建设单位委托,监理单位可以承担上述全部监理业务,也可以承担其中某一阶段或某一部分的监理业务。

第八十二条　建设单位确需引进外部监理的,由基建处和规划计划部门等有关单位会同建设单位共同组织招标,择优选择监理队伍。

第八十三条　监理单位必须按其资质等级承担相应的监理业务,派出与工程要求相适应的监理班子。

总监理工程师必须是取得建设部监理工程师资格并经注册的专业人员担任,需经建设单位认可。

第九章　预结算管理

第八十四条　基建处是管理工程项目的预结算归口管理部门。定额价格管理中心是有限公司工程项目的预结算归口管理部门。

第八十五条　不实行招标的工程,工程开工前,施工单位必须完成施工图预算的编制,由建设单位审查后报基建处(管理局项目)或定额价格管理中心(有限公司项目)审批。施工图预算的审定值作为签订合同,结算时不得调整。

第八十七条　施工图预算的编制要严格执行工程预算定额、费用定额及相关材料的预算价格。对定额的缺项,要及时编制补充定额,报定额价格管理中心审批。

第八十八条　建设单位须根据甲乙双方合同和工程形象进度拨付预付款。备料款工程结算要严格履行合同,报审的工程结算值不得超出审定的施工图预算值。需工程施工许可证。

第八十九条　建设单位办理工程结算付款,须经财务结算中心进行审查后,方能支付。

第十章　附　则

第九十条　以前凡与本规定相抵触的,一律按本规定执行。

第九十一条　本规定由基建处负责解释,自发布之日起执行。

胜利油田突发公共卫生事件应急预案

第一章　总　则

第一条　为有效预防、及时控制和消除突发公共卫生事件(以下简称突发事件)的危害,保障油田职工家属的身体健康与生命安全,维护油田的稳定和发展,根据中华人民共和国《传染病防治法》、《食品卫生法》、《职业病防治法》和《公共场所卫生管理条例》、《突发公共卫生事件应急条例》等法律法规,结合油田实际,制定本预案。

第二条　突发事件是指突然发生,造成或者可能造成社会公众健康严重损害的重大传染病疫情、群体性不明原因疾病、重大食物中毒、重大职业中毒、重大环境污染事故等严重影响公众健康的事件。

第三条　突发事件应急处理原则:预防为主,常备不懈;统一领导,分级负责,反应及时,措施果断,依靠科学,分工合作;全员参与,群防群治。

第二章 组织机构

第四条 胜利油田设立突发事件应急处理领导小组,由油田主要领导任组长,党办、局办、卫生、安全环保、公安、宣传、信息、计划、财务、工会、教育等相关部门主要负责人为成员。领导小组下设办公室,办公室设在卫生处,负责领导小组日常事务,在处理突发事件时行使指挥、组织、协调职能。

第五条 领导小组办公室根据突发事件的性质、种类,组织相关人员组成综合协调组、防治救护组、专家技术组、后勤保障组等办事机构,具体负责突发事件应急处理,指导医院的医疗救护,指导流行病学调查、消毒隔离、个人防护等预防控制,指导样本(样品)采集、保存、运送、检测和后勤保障等工作,向领导小组提出合理化建议等。

第六条 各单位要建立健全突发事件预防和控制体系,事件发生地所属的社区卫生科是现场应急的第一责任主体。

第三章 部门职责

第七条 卫生部门职责

1. 卫生行政主管部门:组织、制定、完善医院救治预防控制等实施方案,并组织实施;组织、协调卫生技术力量,防止和控制突发事件的发生和蔓延;组织评估临床治疗病人、预防控制突发事件的措施效果及善后处理工作;组织开展卫生科普知识的宣传工作;落实有关人员补助等工作。

2. 卫生防疫机构:组建现场流行病学调查队伍(简称流调队)和流调预备队,负责做好各类传染病疫情的监测、报告,开展流行病学调查,迅速对疫情做出全面评估;核实疫情,划定疫点和疫区,组织实施疫点、疫区消毒隔离等预防控制措施,提出启动或停止本预案的建议;建立紧急疫情控制物资储备库,储备消杀药品、检测试剂、器械、防护用品等;做好预防控制人员的技术培训;组织开展健康教育等工作。

做好各类食物中毒、职业中毒等突发事件的监测、报告,并迅速开展调查,对中毒的危害程度做出全面评估,提出启动或停止本预案的建议;组织落实中毒源(污染源)封锁和治理措施;监督落实中毒发生地及中毒可能影响地域的预防控制措施;做好学校、托幼机构和公共场所等单位的监督检查。

3. 医疗机构:组建救护组(队),负责病人的现场救护、诊断、治疗和收治管理工作;负责病房的消毒隔离工作;做好医务人员的培训和个人防护工作,预防和控制院内感染;负责疫情上报,配合卫生防疫机构开展流行病学调查、标本采集等工作。

第八条 党政管理部门职责。负责重要会议资料的起草与定稿工作及大型会议的安排;负责解决交通工具;负责接待工作与协调工作。

第九条 工会委员会职责。协助卫生部门做好病人所在单位、家庭及有关公共场所的消毒工作,做好经济困难职工家属的救助工作,协助有关部门做好职工队伍的稳定工作。

第十条 宣传、信息部门职责。宣传政策的把握和审核,组织各种宣传媒介做好防病治病知识和相关法规的宣传教育工作。

第十一条 公安部门职责。负责流动人口的管理工作,必要时实施疫区封锁;对妨碍、干扰防疫人员或其他人员执行防病任务的行为依法采取强制措施。

第十二条 计划、财务资产部门职责。负责资金保障,及时足额落实处置经费。

第十三条 爱卫会职责。负责控制疫情所需消毒、杀虫、灭鼠药械的供应协调工作;根据疫情发展趋势向新闻媒介和受灾地区提供导向性的卫生宣传材料;组织群众适时开展以"三管一灭"为中心的爱国卫生运动。

第十四条 公共事业管理部门职责。负责环境卫生设施和供水设施的修复;负责垃圾、粪便的无害化处理;负责解决防病工作的临时用房。

第十五条 安全、环保部门职责。负责环境的保护和监测;负责做好职业中毒、污染等事故的调查处理工作,提供环境监测资料和安全咨询意见。

第十六条 教育部门职责。负责做好各类学校的卫生防病工作和对学生的卫生防病宣传教育。

第四章 监测与报告

第十七条 各单位要结合实际加强传染性疾病、化学毒素和生物毒素、环境、放射源、职业安全等监测,尤其是生产、储存、运输等部门必要时可适度扩展监测范围。对重点传染病、重点部位实施重点监测,尽早发现和识别突发事件,严防突发事件扩散及蔓延。

第十八条 突发事件的分类和分级按照国家标准执行(见附件)。

第十九条 责任报告人与报告程序。凡执行职务的医疗保健人员、疾病预防控制人员、卫生监督人员均为责任报告人。责任报告人对发现的各种公共卫生异常现象要以最快方式向所在社区防疫站或局卫生防疫站报告。卫生防疫站接到报告后,对报告内容的可靠性进行初步审核。如不能排除突发事件,应立即向社区卫生科或局卫生处报告。局卫生处在接到相应报告后,经初步审核,若确认为突发事件,应立即向油田突发事件领导小组报告,同时向当地政府和上级卫生行政主管部门报告。

第二十条 责任部门与报告时限。各级突发事件应急处理领导小组、各级医疗卫生机构是处置突发事件的责任部门。各单位一把手为第一责任人。出现突发事件后,各单位必须立即上报,卫生防疫机构必须在2小时内做出初步调查结果并向本单位卫生行政主管部门报告。紧急状态下可直接报告局卫生防疫站或卫生处,并同时报告本单位突发事件应急处理领导小组和当地政府。

第五章 应急处理

第二十一条 接报单位要详细询问突发事件发生的单位、时间、地点;事件的性质,受威胁人数,发病人数,死亡人数;初步分析事件发生原因,采取的应急措施;并详细记录报告时间、报告人、联系方式等。

第二十二条 工作程序

1. 卫生防疫部门要快速调查确定可能病因,对可能的生物、毒素因子进行分析,确定疫区、疫点和目标人群。

2. 专家技术组可根据自然环境因素确定可能的污染范围,及时做好病人救治、转移和人群疏散工作,对事件的危害程度和潜在危害进行判定,开展健康教育和社会动员,群防群治,尽可能减少危害。

3. 医疗救护组(队)对救护人员和物资的需求做出评估,与专家技术组、防疫人员共同判定是否属于突发事件,开展现场救护。

4. 判定为突发事件的,应立即确定突发事件级别,并按突发事件级别组织相应的办事机构，组织实施相应的突发事件应急处理方案。同时，立即向当地人民政府和上级卫生行政主管部门报告有关情况。

5. 疫情控制后，进行后续监测，直至危害消除。

第二十三条 医疗救护组（队）应迅速到达现场，在油田突发事件应急处理领导小组的统一领导下，进行医疗救护。

（一）对于已明确或可疑传染性疾病患者，应迅速用专业车辆送相关医院收治或就地隔离、抢救、治疗、医学观察。

（二）对于非传染性疾病突发事件

1. 医疗救护组（队）可视伤亡情况设置伤病员分检处。

2. 对事态发展做出快速、准确的综合评估，主要受危害人数、伤员病情、采取的措施及投入的医疗资源；急需解决的医疗救护问题。

3. 在现场医疗救护中，依据受害者的伤病情况，按轻、中、重、死亡分类，分别以“红、黄、蓝、黑”的伤病卡做出标志（伤病卡以5厘米×3厘米的不干胶材料做成），置于伤病员的左胸部或其他明显部位，便于医疗救护人员辨认并采取相应的急救措施。

4. 现场医疗救护过程中，本着先救命后治伤、先治重伤后治轻伤的原则，将经治伤员的血型、伤情、急救处置、注意事项等逐一填写伤员情况单，并置于伤员衣袋内。

第二十四条 现场急救后按下列原则进行进一步处置

（一）对于已明确或可疑传染性疾病患者，应迅速用专用车辆，送就近相关医院诊治。

（二）对于非传染性疾病突发事件

1. 按照就近、有效的原则转相关医疗机构进一步诊治。

2. 伤病员现场经治的医疗文书要一式二份，一份留存、另一份向接纳伤病员的医疗机构提交。

3. 各相关医疗机构不得以任何借口延误伤病员救治。

4，重症伤病员转运途中必须有医务人员监护。

5. 伤病员运送至医疗机构后，由收治医疗机构按急诊急救工作程序处置。

第二十五条 现场保护和控制。发生疫情或中毒事件的单位有责任对现场采取保护和控制措施。调查人员视情况可采取停用受污染的饮水并妥善保存水样、封存病人食用过的食品等措施。要注意保存现场物证，包括工具、用具、生活用品、食物、蔬菜等。

第二十六条 流行病学调查的展开。流调队迅速对病人及其接触者开展流行病学调查。对密切接触者进行医学观察，必要时可依法采取强制控制措施。尽快明确诊断，查明流行因素、范围、危害程度，划定疫点、疫区，提出隔离、消毒等具体防治方案，形成流行病学调查报告，上报油田突发事件应急处理领导小组。

第二十七条 医疗卫生部门要及时了解疫情形势和动态，选择有代表性的受灾地区开展疫情监测，同时在非灾区设对照点。实行日报告制度，及时了解疫情动态，控制和扑灭多发、暴发疫情，及时处理以往本地没有或极少发生的传染病的首发病例，严防续发和流行。

第二十八条 卫生防疫部门要采取综合措施切断传播途径和媒介。加强食品及饮水卫生监督检测，确保食品和饮用水安全。指导群众开展消灭病媒昆虫和动物，清理环境，消除垃圾粪便污染等工作。

第二十九条 情况报告。由现场最高指挥负责向上级报告现场情况，以保证上报信息准确可靠。

第三十条 处理结果及评估。各单位突发事件应急处理领导小组和医疗救护组在突发事件处理完毕后，要对处理过程与结果进行评估，总结经验与教训，提出处理类似事件的改进意见、建议。

第六章 技术保障和物资储备

第三十一条 卫生行政主管部门要建立突发事件应急处理医疗卫生应急预备队和流行病学调查预备队，随时待命参加现场病人的救治和疫情的预防控制工作。

第三十二条 卫生行政主管部门要加强对疾病控制、卫生监督、医疗救治等有关专业技术人员的业务培训，制定并落实培训计划，提高技术人员的现场救护、检测、诊断、治疗和预防控制能力。

第三十三条 建立突发事件储备金制度。胜利油田按在册职工每人100元设立突发事件储备金。突发事件应急处理领导小组决定储备金的启动和使用。

第三十四条 各医疗机构根据传染病的流行趋势和其他突发事件的有关要求配备一定数量的急救医药用品，由救护队所在单位保管，定期更新。

第三十五条 卫生防疫机构负责储备一定数量的消毒药品、器械、检测试剂和个人防护用品，并根据重点传染病的流行趋势储备一定数量的有效疫苗。

第三十六条 重大突发事件所需药品、器械设备可先购置、使用再核销。

第三十七条 各医疗机构和卫生防疫机构要加大急救设备、检测仪器的资金投入，为突发事件的检验、检测工作提供物资保障。对于暂时不能开展检测或者上级部门要求报送的样品（标本），要按样品（标本）保存、运送技术规范，安排专人和专用运输车辆准时送达。

第七章 奖励与处罚

第三十八条 检查与督导。各单位要认真对待突发事件的应急处理工作，做到岗位到人、工作到位、分工明确、定期督导检查，发现问题，及时纠正，不留隐患。局卫生处对各单位突发事件的应急处理工作落实情况每半年检查一次，并不定期抽查，及时发现问题，督促认真整改。

第三十九条 各单位要健全奖罚制度，对在突发事件应急处理中做出突出贡献的单位和个人给予表彰和奖励；对在突发事件应急处理过程中擅离职守、工作不力、出现重大过失、造成严重后果的，要追究当事人和单位主管领导的行政责任；构成犯罪的，移交司法部门依法追究法律责任。

附件

突发事件的分类和分级

一、突发事件分类

1. 生物病原体所致疾病：主要指病毒、细菌、寄生虫等病原体导致的传染病区域性爆发、流行，预防接种出现的群体性异常反应；群体性医院感染等。

2. 食物中毒：指人摄入了含有生物性、化学性有毒有害物质后或把有毒有害物质当作食物食入后出现的非传染性的急性或亚急性疾病。

3. 不明原因引起的群体性疾病：指在短时间内，某个相对集中的区域内同时或者相继出现具有共同临床表现的多位患者，且病例不断增加，范围不断扩大，又暂时不能明确原因的疾病。

4. 有毒有害因素污染造成的群体中毒：指由于污染所致，如水体污染、大气污染、放射污染等造成的波及范围较广的群体中毒。

5. 职业中毒：指职业危害性因素造成的人数众多或者伤亡较重的中毒事件。

6. 自然灾害造成的突发事件：主要指地震、洪水、干旱、水灾等自然灾害造成的人员伤亡及疾病流行等。

7. 三恐事件：主要指生物、化学、核辐射恐怖事件。

二、突发事件分级

突发事件的发生、发展是一个动态的过程，其事件的大小和危害程度是相对的，根据突发事件性质、危害程度、涉及范围以及各级政府和相关部门对突发事件的反应程度，将突发事件划分为一般突发事件、重大突发事件和特大突发事件 3 个级别：

1. 一般突发事件：是指在省、自治区、直辖市行政区域内，在局部地区发生（以县为单位发生），但未出现向外区域扩散的事件，主要包括：

（1）在边远、地广人稀、交通不便的局部地区发生肺鼠疫、肺炭疽病例，流行范围在一个乡（镇）以内，一个平均潜伏期内病例数未超过 5 例。

（2）发生传染性“非典”型肺炎确诊病例。

（3）发生腺鼠疫病例并在县（区）域内局部流行，一个平均潜伏期内病例数未超过 20 例。

（4）霍乱在县（区）域内发生，1 周内发病 10—30 例；或疫情波及 2 个及以上县，发病 15—50 例；或地级以上城市的市区首次发生。

（5）一周内在一个县（区）域内乙、丙类传染病发病水平超过前 5 年同期平均发病水平 1 倍以上。

（6）动物间鼠疫流行猛烈，可能影响公众健康和社会稳定。

（7）在一个县（区）域内发生群体性不明原因疾病。

（8）食物中毒 30 人以上 100 人以下，无死亡病例报告；或食物中毒 30 人以下，但事故发生在学校，或者发生在地区性或全国性重要活动期间。

（9）预防接种或学生预防性服药出现群体心因性反应或不良反应。

（10）个人全身受照剂量≥lGy 且受危害人数 10 人以下，或个人全身受照剂量≥0.5Gy，受照人员剂量之和≥20Cry 的放射性突发事件。

（11）发生急性职业病 10 人以上 50 人以下，死亡 5 人以下的。

（12）其他对公众健康可能造成危害的突发事件。

2. 重大突发事件：是指突发事件在较大范围内发生，出现疫情扩散，尚未达到规定的特大突发事件标准的事件。

（1）在边远、地广人稀、交通不便的地区发生肺鼠疫、肺炭疽病例，疫情波及 2 个及以上乡（镇），一个平均潜伏期内发病 5 例及以上；或其他地区出现肺鼠疫、肺炭疽病例。

（2）发生传染性“非典”型肺炎续发病例；或疫情波及 2 个及以上地（市）。

（3）腺鼠疫发生流行，流行范围波及 2 个及以上县（区），在一个平均潜伏期内多点连续发病 20 例及以上。

（4）霍乱在地市范围内流行，1 周内发病 30 例及以上；或疫情波及 2 个及以上地（市），1 周内发病 50 例及以上。

（5）乙、丙类传染病疫情波及 2 个以上县（区），一周内发病水平超过前 5 年同期平均发病水平 1 倍以上。

（6）发生群体性不明原因疾病，扩散

到县(区)以外的地区。

(7)预防接种或学生预防性服药出现人员死亡。

(8)食物中毒超过100人的或死亡1人以上。

(9)个人全身受照剂量≥1Gy且受危害人数10人以上,或个人全身受照剂量≥0.5Gy,受照人员剂量之和≥40Gy的放射性突发事件。

(10)发生急性职业病50人以上或者死亡5人以上。

(11)丢失放射性物质,其放射性活度(Bq)密封型$\geq 4\times10^6$,非密封型$\geq 4\times10^5$。

(12)鼠疫、炭疽、传染性"非典"型肺炎、艾滋病、霍乱、脊髓灰质炎等菌种、毒种丢失。

(13)省级以上卫生行政部门认定的其他重大突发事件。

3.特大突发事件:是指影响大,波及范围广,涉及人数多,出现大量病人或多例死亡,危害严重的突发事件。

(1)肺鼠疫、肺炭疽在大、中城市发生;或人口稀少和交通不便地区,1个县(区)范围内在一个平均潜伏期内发病10例及以上;或疫情波及2个及以上的县(区)。

(2)传染性"非典"型肺炎疫情波及2个及以上省(市),并有继续扩散的趋势。

(3)群体性不明原因疾病或新发传染病,同时涉及多个省(市),并有扩散趋势,造成重大影响。

(4)重大生物和化学污染、放射事故,出现大量人员伤亡。

(5)国务院卫生行政主管部门认定的其他特大突发事件。

胜利油田因公出国(境)管理规定

第一章　总　则

第一条　为规范管理局、有限公司因公出国(境)工作的管理,严格审批程序,根据国家外交部和中国石化集团公司有关外事管理规定,结合油田实际,特制定本规定。

第二条　本规定适用于管理局、有限公司及其各单位、各部门因公派遣的出国(境)团组和出国(境)人员。

第三条　外事外经处是管理局、有限公司因公出国(境)工作的归口管理部门,负责因公出国(境)团组的立项、组团方案的编制、外事教育,以及护照的申办、签证、管理等工作。

第四条　各单位、各部门参加地方政府部门团组或因多种经营项目组团出国(境),必须经外事外经处审核并按规定报中国石化集团公司外事局备案后,统一到地方政府部门办理有关出国(境)手续。

第二章　申　报

第五条　管理局、有限公司各单位、各部门申报出国(境),必须以文件形式向管理局、有限公司申请,由局办公室按规定程序呈管理局、有限公司主管领导审批。出国(境)申请应包括以下内容:出国(境)目的和主要任务;人员构成名单;出国(境)时间:在外停留天数及地点:费用来源;邀请单位等。

第六条 对执行油气勘探开发或施工作业任务的出国(境)团组,各单位、各部门可直接报送外事外经处承办有关手续。

第七条 申报出国(境)须遵循以下原则

(一)业务考察:必须是紧紧围绕油田生产建设和科技进步的需要,为管理局、有限公司解决某些重大问题提供决策依据。

(二)参加国际会议,发表学术论文:必须是经学会、协会推荐并征得科技管理部门核准,有针对性和前瞻性,在国际上得到学术界认可并有较大影响。

(三)参加展览会:必须是为显示管理局、有限公司整体实力,或展示在某个领域领先的成果及专项技术产品。

(四)培训:必须是培养符合管理局、有限公司战略发展需要的复合型人才,年龄在50岁以下的对口专业人员并具有一定外语能力的人员。

(五)进口设备:原则上不采用出国考察订货方式。谈判签约原则上在国内进行。引进大型或操作复杂的设备及成套二手设备,可根据需要出国(境)考察、培训及验收。

(六)执行海外项目、产品出口:按合同有关规定和实际工作需要及外方要求申报出国(境)。

第三章 审 批

第八条 局级领导出国(境),报中国石化集团公司审批。

第九条 处级以下(含处级)职工因公出国(境),管理局、有限公司按以下原则审批:

(一)考察。一个团组原则上不得超过6人,最多2个国家(地区),在外时间不得超过14天。

(二)培训。根据培训目的和学习内容确定。

(三)国际会议。一个团组不得超过4人,除会期外的在外时间不得超过4天。

(四)国际展览会。根据展览的规模确定,原则上每个展位不超过2人。

(五)对执行进、出口合同的出国(境)团组和人员,按进、出口合同规定办理。

第十条 各单位、各部门不得私自报名参加隶属或挂靠部门学会、协会、基金会、中心、研究所等单位组织的无实质内容的跨地区、跨部门出国(境)团组。因工作需要,确需参加跨地区、跨部门团组的,需事先报外事外经处审核同意后方可报名参加。否则,外事外经处将不予办理相应的出国(境)手续。

第四章 人员审查

第十一条 根据出国(境)项目的内容及中国石化集团公司外事局下达的“出国赴港澳通知书”有关要求,外事外经处同有关部门提出出国(境)人员的组团方案。

第十二条 局党委组织部是因公出国(境)人员审查的主管部门,对因公出国(境)人员的综合情况进行审查:

(一)政治条件:必须政治优秀、热爱祖国、爱岗敬业、遵纪守法、廉洁奉公、品行端正。

(二)业务条件:因公出国(境)人员必须明确出国(境)任务,具有完成境外应担负工作的业务能力和专业技术水平。

(三)外语条件:因公出国(境)的技术人员,必须对专业外语具有一定的听、说和阅读能力;随团译员除具有熟练的听、说能力外,还应对相关专业技术有一定的了解;参加国际专业会议、公派留学进修、常驻国(境)外、专业技术考察人员均应具有相应的专业外语阅读和口、笔译水平。

（四）身体条件：因公出国（境）人员必须身体健康，能胜任在国（境）外的正常工作。

（五）团（组）长条件：政治优秀，有较强的组织协调能力，团结同志，具有执行出国（境）任务的专业技术经历和决策能力，了解涉外礼仪，具有相应的外语水平。

第五章 出国（境）教育

第十三条 外事外经处、局党委组织部分别负责出国（境）人员在出国（境）前的相关教育工作。

第十四条 严格控制主要领导干部出国（境），处级领导干部出国（境）原则上一年不超过一次。

第十五条 外事外经处负责编制下发出国（境）人员教育教材及相关资料。

第十六条 出国（境）人员在出国（境）前必须接受爱国主义、外事礼仪、保密、安全等出国（境）教育。

第六章 护照管理

第十七条 局级领导干部的护照由外事外经处送中国石化集团公司外事局管理。外事外经处负责油田处级（含处级）以下出国（境）人员的护照管理。

第十八条 出国（境）人员回国后，两周内将所持护照及出国工作总结上交外事外经处。

第七章 费 用

第十九条 执行进、出口合同的出国（境）团组，其出国费用一律不准写入合同条款。

第二十条 局财务资产部、有限公司财务资产处和外事我经处分别对油田的出国（境）经费进行审批和核销。

第八章 附 则

第二十一条 任何出国（境）人员不得以任何理由绕道（包括过境）或擅自延长在外时间。确因工作需要或因其他特殊原因，绕道（包括过境）或延长在外时间的，必须在加国前一周请示外事外经处，由外事外经处报上级机关批准后执行，否则视为违纪。

第二十二条 为使出国（境）管理工作制度化、规范化，外事外经处设立出国（境）手续专办机构和专办员，各单位可根据本单位具体情况配备相应的专（兼）职人员。

第二十三条 本规定由外事处经处负责解释。

第二十四条 本规定自印发之日起执行。

胜利油田经济适用住房开发建设意见

为尽快建立既适合油田当前和今后发展实际，有效解决职工住房问题，又符合国家和省（市）及中国石化集团公司房改有关政策要求的新的住房建设分配体制，现就胜利油田经济适用住房开发建设提出如下意见：

一、指导思想、总体思路和主要目标

2002 年 3 月，山东省出台了《关于深化住房制度改革，进一步开放和搞活二级市场的意见》，对经济适用住房的开发建设作了明确规定，职工住房条件较差的企业，可以在符合城市规划的前提下，利用存量土地，采取职工集资建房或合作建房的方式，解决职工住房问题。2003 年 1 月 13 日，全国住宅与房地产工作会议上，建设部提出今年我国住宅建设将发展以经济适用住房为重点的住房供应体系，多渠道解决中低收入家庭的住房问题，继续鼓励有自用土地的困难企业、独立工矿区在符合土地利用总体规划和单位发展计划的前提下，组织职工集资合作建房。根据以上政策，结合油田房改的实际情况，管理局、有限公司研究确定了油田今后经济适用住房开发建设指导思想、总体思路和目标。

经济适用住房开发建设的指导思想是：以“三个代表”重要思想为指导，转变观念，深化改革，调动各方面的积极性，确立双轨制建房、售房运行机制，加快经济适用住房的开发建设步伐，采用不同的售房模式，实行市场化运作，货币化售房，提供足够的房源，确定合理的价格，按照职工不同层次的购房需求，逐步改善职工居住条件，提高职工居住水平。

经济适用住房开发建设的总体思路是：实行双轨制建设运行机制，即建设房改经济适用住房和经济适用住房，强化经济适用住房建设的管理，调整完善建房运行机制，配套售房的相关政策，加快经济适用住房的开发建设步伐。在由计划体制向市场体制转轨过程中，双轨制建设运行机制随着上级新政策规定作相应调整。具体地讲，双轨制建房是指建两种销售价格的经济适用住房。一是房改经济适用住房。房改经济适用住房主要是指享受当地政府优惠政策和油田承担土地、迁建、公建、大配套和部分补贴费用的经济适用住房。房改经济适用住房保持油田现行的住房标准不变，售价以建设费用扣除享受当地政府优惠政策和油田承担上述几项费用部分后的成本价面向油田全体职工出售，平均售房价格争取控制在 1050—1100 元/平方米。二是经济适用住房。经济适用住房除争取享受政府优惠政策外，油田只负责提供土地和承担部分大配套费用，其余费用均摊入房价，初步预算平均售房价格在 1400 元/平方米左右，遵循以售定建的原则，并采取更为灵活的出售方式。

经济适用住房建设的总体目标：在 3 年之内，逐步改善职工住房条件，基本解决无房户的住房问题；争取优惠政策，采取切实有效措施，平抑经济适用住房售房价格和二手房交易价格；按照市场运作规律，建立房改经济适用住房、经济适用住房并行的双轨制运行机制，逐步放开房型、放开标准，按照职工多层次、多样化的住房需求，建立符合油田实际、尽快与市场接轨的新体制，确保油田经济适用住房建设实现良性循环。

二、配套政策

（一）经济适用住房建设管理办法

1. 管理局经济适用房开发中心负责全油田经济适用住房开发建设管理，主要包括制定经济适用住房开发建设有关管理规定、规章制度；确定经济适用住房的建设标准；控制造价、平抑经济适用住房出售价格等工作。

2. 按照国家、山东省的有关规定，经济适用住房开发建设必须由具备房地产开发资质的企业具体操作。房改经济适用住房原则上不计取利润和管理费，经济适用住房开发建设的利润和管理费分别不高于拆迁补偿费、勘察设计和前期工程费、建筑及设备安装费、小区内部分基础设施费等四项费用之和的3%和2%。

3. 凡在油田自有土地上开发建设的经济适用住房工程，全部由管理局经济适用房开发中心负责运作，统一政策、统一规划、统一组织、统一管理，工程规划、设计、施工、竣工验收的各环节必须按油田经济适用住房开发建设管理的有关规定运行实施。严禁各单位自行随意开发经济适用住房，未经管理局经济适用房开发中心批准建设的住宅，不得纳入油田经济适用住房销售、管理的范畴。

4. 在非油田自有土地上开发住宅的房地产企业（包括油田内部和外部企业），若要进入油田经济适用住房开发销售体系统一运作，必须由管理局经济适用房开发中心审批并签署合作开发协议，共同开发出售。纳入油田销售、管理体系的经济适用住房，必须符合管理局经济适用房开发中心制定的建设标准、售房价格、工程质量、工期要求。

5. 新建经济适用住房小区的物业管理由管理局经济适用房开发中心组织有关单位在油田内部通过公开招标的方式，择优选择物业公司；物业管理单位在小区建设的各个阶段介入，从物业管理的角度对小区的环境布局、功能规划、配套设施、管线布置等多方面提供建设性意见，协助建设单位把好规划设计关、建设配套关和使用功能关。

（二）售房办法

房改经济适用房仍按职级、工龄等因素计分、排队的办法销售。职工购房后，其原房必须按《职工购买新建经济适用住房或腾空旧房后其个人原房的处理办法》（胜油房改办发〔2002〕1号）的规定出售，不能有两套住房。经济适用房出售方式打破职级、工龄界限，取消现行的计分排队模式，阁楼、地下室、车库单卖。在无房户住房矛盾没有缓解之前，职工购买经济适用住房仍限定在同一社区范围内，今后逐步放开。购买经济适用房的住户，其原房在一、二类区域的必须按房改办发〔2002〕1号文件规定交易出售，不能有两套住房；其原房在三、四类区域的可以按管理局的政策规定交易出售，也可自己留用。

（三）激励机制

在符合东营市和油田整体规划的前提下，可采取售房倾斜等政策，调动有关单位的积极性，鼓励有关单位提供建房用地和做好配合工作。

（四）物业管理费、采暖费的收取办法

根据经济适用住房开发建设政策的变化，管理局将适时调整物业管理费、采暖费的收费办法和标准。今后，企业只承担职工应享受住房面积标准内的物业管理费和采暖费，超面积部分的费用由个人负担。

（五）边远、零星小区的布局调整

随着油田生产经营建设的发展，根据经济适用住房整体规划、集中建设的原则，对部分规模小、条件差的边远小区，管理局、有限公司办公会将研究确定调整布局方案。

胜利油田海外油气勘探开发和工程劳务项目管理暂行规定

第一章　总　则

第一条　为实施“走出去”战略，进一步开拓油田海外油气勘探开发及工程劳务市场，充分发挥油田的整体优势，规范项目管理和运作，根据国家有关规定，结合实际，特制定本规定。

第二条　本规定中所称海外项目是指油田及其所属单位在海外实施的油气风险勘探、开发、油气田提高采收率和油气增产的投资项目，或以提供工程、劳务、设备、技术、服务的项目，以及从事其他生产或经营活动的行为。

第三条　本规定适用于管理局、有限公司所属的各单位、经济实体、油田控股的有限责任公司、股份有限公司，项目管理部或在海外从事施工、作业、技术服务的其他单位。

第二章　海外项目管理

第四条　外事外经处负责油田海外项目的归口管理，组织项目的立项、招(投)标、技术和商务谈判、合同签约，以及项目的报批、实施和协调等事宜。

第五条　按照“统一管理，集中决策，分级运作”的工作原则，对海外项目实行统分结合、三个层次的管理模式：

(一)由中国石化集团公司委托油田承担施工、参与管理的项目，油田成立专门的项目管理部，组织力量，统一实施。

(二)管理局、有限公司统一组织海外的油气勘探、开发及其他投资项目的运作，根据需要也可委托油田的一个或多个单位承担项目的实施。

(三)各单位可以承揽海外工程劳务项目，但必须先报油田批准经授权后，以油田的名义对外签署合同，并独立组织项目的实施。

第六条　为调动和发挥油田各单位参与海外项目的积极性，油田鼓励和支持各单位利用自身的优势积极收集海外项目信息，参与项目的可行性研究、立项、经营和动作，并承担相应的利益及风险。

第七条　为促进海外项目的开展，管理局、有限公司成立海外市场开发工作领导小组，负责研究制定油田海外市场发展战略，确定海外市场目标，对海外大中型项目进行决策、管理和协调。

领导小组设勘探开发、油气工程技术服务、油田工程建设、钻井工程 4 个专业组，负责油田海外项目前期研究费用的核定及项目的立项审批，审定项目的可行性研究报告、经济评估报告，组织投标项目书的制作与投标，指导项目的技术和商务合同的谈判等。

第三章　项目的前期开发

第八条　遵循“调动和发挥两个积极性，有序高效、避免内部竞争”的原则开展海外项目，外事外经处负责对海外项目的市场开发进行管理和协调。

第九条　外事外经处按油田发展的战略部署承担重点区域、国家的重点项目的开发。

第十条　油田实行海外项目备案制，各单位对已发现或掌握的项目信息及时跟踪并向外事外经报告，对选定项目，应先到外事外经处备案，必要时，应向中国石化集团公司或国家有关部门申请立项后方可开展项目的可行性研究、经济评价等相关工作。

第四章 项目的评价和报批

第十一条 外事外经根据所掌握的项目信息，按油田的经营战略，在进行优化、初评后确定项目是否进行初步立项。

第十二条 各专业组负责对初评项目进行技术论证，组织编制可行性研究报告和经济评价报告，核定项目前期费用，并对项目进行审核。

第十三条 经审核确认项目可行后，报油田领导小组审批后程序执行。

第十四条 外事外经处会同有关单位和部门负责海外项目的商务谈判，4 个专业组或项目的相关单位负责海外项目的技术谈判。

第十五条 合同签订后，外事外经处负责组织向国家有关部门报批。

第五章 项目的投资管理

第十六条 中国石化集团公司作为投资主体的项目，油田作为操作者与中国石化集团公司签订《委托作业协议》，双方的责任、义务、风险与利益按协议执行。

第十七条 油田作为投资主体的项目，由油田负责决定管理，可以委托一个或多个单位参与项目的分包施工，并签订分包协议。

第十八条 对海外大型融资项目，经油田批准，各单位可以参与项目的融资和参股经营。其参股份额的百分比即为参股方在项目中享有的百分比，承担相应的利益及风险。

第十九条 严格遵守国家外汇管理的有关规定管理海外的项目资金。各类保函金额、贷款等由项目的投资主体筹措，承担相应风险。

第二十条 海外项目的资金管理原则上由投资者或承包者自行解决。如资金不足，或需要开立保函或担保时，由管理局、有限公司财务部门统一安排协调解决，并对其进行宏观管理、控制和监督。

第二十一条 油田设立海外项目前期启动费用。项目资料的惧、初评、可行性研究、经济评价、论证等所发生的一切费用，由外事外经处负责向管理局、有限公司提出专项费用的申请，待专业组核定报油田领导批准后，由财务资产部门按照油田领导批示的额度拨付给外事外经处，专款专用，不可挪用。项目未能实施时，其前期费用由油田核。项目一旦实施，其前期费用列入项目成本。

第六章 附 则

第二十二条 在海外开展工程项目承包和劳务合作的经营活动中，必须接受我国驻外使（领）馆、经参处的领导、协调和监督。

第二十三条 建立海外项目汇报制度。根据中国石化集团公司海外项目管理的有关规定，各单位应指定本单位相关部门，于每月 26 日前向外事外经处报送海外项目的进展情况。

第二十四条 本规定由局外事外经处负责解释。

第二十五条 本规定自发布之日起执行。

胜利石油管理局　胜利油田有限公司 违规担保责任追究办法

第一章　总　则

第一条　对规范担保行为，杜绝违规担保行为，维护油田合法权益，根据《中华人民共和国民法通则》、《中华人民共和国担保法》和中国石化集团公司、中国石化股份有限公司有关规定。结合油田实际，制定本办法。

第二条　管理局、有限公司各单位和经济实体一律不得为油田外部单位或自然人提供担保（含反担保、下同）。

第三条　管理局、有限公司各单位和经济实体未经管理局、有限公司批准、不得为管理局、有限公司内部单位或相互之间提供担保。

第四条　管理局、有限公司控股公司和参股（含职工持股会）公司提供担保，应征得管理局、有限公司同意。

第二章　违规担保行为和责任划分

第五条　违规担保行为主要包括：

（一）管理局、有限公司所属单位、经济实体对管理局、有限公司外部单位提供担保行为；

（二）管理局、有限公司所属单位、经济实体对自然人提供担保行为；

（三）未经管理局或有限公司批准，管理局、有限公司所属单位、经济实体之间提供担保行为；

（四）未经管理局或有限公司同意，管理局，有限公司控股公司、参股（含职工持股会）公司提供担保行为；

（五）在申请担保审批时，存在弄虚作假行为的；

（六）对担保进行调研论证或审查决定时，存在严重不负责任行为的；

（七）其他违反管理局、有限公司担保管理规定的担保行为。

第六条　对违规担保行为，根据实际情况区别对待，进行相应的责任划分，主要包括：

（一）集体领导责任，是指领导班子成员集体研究做出违规担保行为，给国家财产、集体财产造成经济损失或严重不良影响的。

（二）主要领导责任，是指对担保管理工作负有领导责任的单位党政一把手。

（三）主管领导责任，是指对担保管理工作负有直接领导责任的单位领导人员。

（四）直接责任，是指经手办理违规担保的部门负责人和直接经办人。

第七条　对违规担保行为的责任认定工作，由局纪委（监察处）、财务资产部（处）、法律事务处共同负责。

第三章　责任追究

第八条　根据违规担保行为的情节不同，对有关责任人员采取组织处理和党纪政纪处分形式，分别由组织部门和纪委（监察）部门负责。

第九条　集体领导责任：有 10 万—100 万元违规担保行为的，对领导班子进行集体谈话并在油田内部进行通报批评。

有100万元以上违规担保行为的,对单位党政一把手给予诫勉或党内警告处分。

违规担保行为造成经济损失的,按经济损失额从本单位工资总额或自有资金中扣回。

第十条 主要领导责任人员:有10万—100万元违规担保行为的,给予党内警告或严重警告处分。有100万元以上违规担保行为的,给予党内严重警告或降级处分;情节特别严重的,给予撤职处分。

违规担保行为造成直接经济损失10—50万元的,给予党内严重警告处分。违规担保行为造成直接经济损失50万元以上的,给予降级处分;情节特别严重的,给予撤职处分。

违规担保行为造成经济损失的,责令赔偿。

第十一条 主管领导责任人员:有10万—100万元违规担保行为的,给予党内警告或严重警告处分。有100万元以上违规担保行为的,给予党内严重警告或降级处分;情节特别严重的,给予撤职处分。违规担保行为造成直接经济损失10万—50万元的,给予党内严重警告处分。

违规担保行为造成直接经济损失50万元以上的,给予降级处分;情节特别严重的,给予撤职处分。

违规担保行为造成经济损失的,责令赔偿。

第十二条 直接责任人员:有10万—100万元违规担保行为的,给予党内严重警告或留党察看处分。有100万元以上违规担保行为的,给予留党察看或开除党籍处分,并给予行政留用察看处分或解除劳动合同。

违规担保行为造成经济损失的,责令赔偿。

第十三条 有10万元以下违规担保行为的,责令有关责任人员采取措施解除担保行为或赔偿经济损失,并给予诫勉处分。

第十四条 违规担保行为构成犯罪的,依法移交司法机关追究刑事责任。

第十五条 对违规担保责任人员的组织处理,按干部管理权限进行。

第四章 附 则

第十六条 本办法由局纪委(监察处)、财务资产部(处)、法律事务处负责解释。

第十七条 本办法自发布之日起施行。

文件部分索引

关于印发《胜利油田职务发明专利奖酬实施办法》的通知
胜油局发[2003]257 号
关于调整胜利油田科学技术进步奖奖励标准的通知
胜油局发[2003]256 号
关于印发《胜利油田房屋编号及房屋标牌管理暂行办法》的通知
胜油局发[2003]251 号
关于印发《胜利石油管理局石油工程技术管理及考核规定》的通知
胜油局发[2003]244 号
关于印发《胜利油田突发公共卫生事件应急预案》的通知
胜油局发[2003]239 号
关于印发胜利油田滩涂油区及海油陆采人员撤离和应急救助预案的通知
胜油局发[2003]238 号
关于印发《胜利油田工程项目物资采购管理办法》的通知
胜油局发[2003]237 号
关于加强数据管理工作的通知
胜油局发[2003]236 号
关于印发《海油陆采油田安全环保管理办法(试行)》的通知
胜油局发[2003]225 号
关于印发《胜利油田外聘高级顾问暂行办法》的通知
胜油局发[2003]223 号
关于建立企业补充养老保险的通知
胜油局发[2003]222 号
关于公布胜利石油管理局钻井队资质认证评审结果和新番号的通知
胜油局发[2003]212 号
关于公布 2003 年企业标准复审结果及发布 119 项企业标准的通知
胜油局发[2003]211 号
关于印发胜利油田档案管理制度的通知
胜油局发[2003]209 号
关于印发《胜利油田能源节约与资源综合利用管理办法》的通知
胜油局发[2003]207 号
关于开展按比例安排残疾人就业工作的通知
胜油局发[2003]196 号
关于印发《胜利油田防治传染性“非典”型肺炎预案(试行)》的通知
胜油局发[2003]191 号
关于独生子女父母退休发给一次性养老补助金的通知
胜油局发[2003]189 号
关于开展安全生产大检查活动的通知
胜油局发[2003]180 号
关于胜利油田内部分配制度改革工作的指导意见
胜油局发[2003]173 号
关于印发《补发和发放退养家属一次性退养金利息差实施细则》的通知
胜油局发[2003]169 号
关于印发《胜利油田社会保障卡管理试行办法》的通知
胜油局发[2003]168 号
关于印发《胜利油田职业技能竞赛管理办法(试行)》的通知

胜油局发[2003]167 号
关于下岗失业人员在油田临时性岗位工作有关问题的通知
胜油局发[2003]166 号
关于支持下岗失业人员自主创业的意见
胜油局发[2003]165 号
关于进一步加强和改进专业技术职务评聘工作的意见
胜油局发[2003]164 号
关于转发《关于党政领导干部任期经济责任审计若干问题的指导意见的通知》的通知
胜油局发[2003]159 号
关于开展技术监督“四法”大检查的通知
胜油局发[2003]158 号
关于印发《胜利油田内部租赁设备管理规定》的通知
胜油局发[2003]154 号
关于油田职工被判刑宣告缓刑和劳动教养处理的意见
胜油局发[2003]153 号
关于补发和发放退养家属一次性退养金利息差的通知
胜油局发[2003]152 号
关于调整企业职工因病或非因工死亡后供养直系亲属生活困难补助标准及相关待遇的通知
胜油局发[2003]148 号
关于发布钻井质量第 3 部分:固井质量等 111 项企业标准的通知
胜油局发[2003]147 号
关于印发《胜利油田轻烃生产销售管理规定》的通知
胜油局发[2003]136 号
关于印发《胜利油田技能大奖评选表彰办法》的通知
胜油局发[2003]135 号
关于印发《胜利油田市政公用设施配套费征收管理办法》的通知
胜油局发[2003]134 号
关于开展 2002 年度投资计划执行情况专项审计调查的通知
胜油局发[2003]131 号
关于印发《胜利石油管理局 胜利油田有限公司信息化管理办法》的通知
胜油局发[2003]128 号
关于表彰 2002 年度局级管理创新成果的通报
胜油局发[2003]125 号
关于印发《胜利石油管理局医疗机构药品竞价采购暂行办法》的通知
胜油局发[2003]124 号
关于印发《胜利石油管理局 胜利油田有限公司改制分流有关规定》的通知
胜油局发[2003]123 号
关于印发《胜利石油管理局子公司管理暂行办法》的通知
胜油局发[2003]122 号
关于转发山东省人民政府办公厅关于正确处理城市规划建设与油田勘探开发关系的通知的通知
胜油局发[2003]116 号
关于印发《胜利石油管理局部门业务预算管理暂行办法》的通知
胜油局发[2003]115 号
关于下达 2003 年度安全技术措施项目计划的通知
胜油局发[2003]114 号
关于印发《胜利油田地面工程建设管理规定》的通知
胜油局发[2003]103 号
关于油田道路危险货物运输车辆实行集中运营的通知
胜油局发[2003]101 号
关于深入开展“IMSS 创新体系”竞赛活动的通知

胜油局发[2003]96 号
关于调整油田居民生活用水、天然气及液化气价格的通知
胜油局发[2003]90 号
关于执行《石油专业工程定额(试行)》(新星、西部、海上)的通知
胜油局发[2003]89 号
关于执行《石油专业工程定额》(基础定额和预算定额)的通知
胜油局发[2003]88 号
关于转发《中国石油化工集团公司改制分流实施意见》等 4 个文件的通知
胜油局发[2003]84 号
关于印发《胜利油田境外工作人员工资福利待遇管理办法》的通知
胜油局发[2003]77 号
关于印发《胜利油田因公出国(境)管理规定》的通知
胜油局发[2003]76 号
关于印发《胜利油田境外机构管理暂行办法》的通知
胜油局发[2003]75 号
关于印发《胜利油田技术和设备引进管理办法》的通知
胜油局发[2003]74 号
关于印发《胜利油田对外邀请和外事接待工作管理规定》的通知
胜油局发[2003]74 号
关于印发《胜利油田海外油气勘探开发和工程劳务项目管理暂行规定》的通知
胜油局发[2003]72 号
关于下达 2003 年主体队伍劳动定员指标的通知
胜油局发[2003]68 号
关于印发《胜利油田经济适用住房开发建设意见》的通知
胜油局发[2003]62 号
关于编纂《胜利油田大事记》的通知
关于变更企业标准代号的通知
胜油局发[2003]57 号
关于胜利油田 2003 年调查研究工作的意见
胜油局发[2003]53 号
关于加强油田运输市场管理的通知
胜油局发[2003]48 号
关于印发《胜利油田电子公文传输管理暂行办法》的通知
胜油局发[2003]42 号
关于发布 2003 年主要物资供应价格目录的通知
胜油局发[2003]39 号
关于印发《胜利石油管理局 胜利油田有限公司违规担保责任追究办法》的通知
胜油局发[2003]30 号
关于下达 2003 年计量器具检定校准计划的通知
胜油局发[2003]22 号
关于 2003 年效能监察工作的意见
胜油局发[2003]18 号
关于下达 2003 年科学技术进步计划的通知
胜油局发[2003]13 号
关于印发 2003 年安全生产工作要点的通知
胜油局发[2003]1 号

资料数据

一、主要生产经营指标

指标名称	计算单位	年度								
		1999	2000		2001		2002		2003	
			有限公司	管理局	有限公司	管理局	有限公司	管理局	有限公司	管理局
一、总量指标										
1.资产总额	亿元	407.64	452.4	237.27	472.83	230.4	499.58	243.42	510.14	241.04
2.产品销售收入	亿元	231.74	420.91	117.96	367.88	145.08	345.39	155.45	421.61	180.72
3.利税总额	亿元	39.97	240.27	-2.41	192.83	-3.20	154.25	10.89	208.96	11.54
其中:利润	亿元	4.02	178.40	-8.58	141.78	-13.18	108.65	0.00	154.13	-
4.企业增加值	亿元	177.84	287.30	18.94	290.73	27.80	256.76	42.96	328.82	53.45
5.总投资	亿元	104.07	101.59	17.13	104.50	20.68	102.79	13.72	102.28	15.99
其中:勘探直接投资	亿元	18.58	27.55	-	26.62	-	22.85	-	24.55	-
开发直接投资	亿元	52.00	68.33	-	69.67	-	70.14	-	67.94	-
二、经济运行质量指标										
1.资产负债率	%	57.02	54.00	59.21	29.66	61.34	28.19	59.78	24.17	69.35
2.净资产利润率	%	2.35	60.14	-8.87	34.88	-16.46	20.33	-2.12	26.52	-5.41
3.全员劳动生产率	万元/人	9.15	34.65	1.53	35.73	2.60	32.46	4.34	43.40	6.59
4.吨油完全成本	万/吨	681.62	811.41	-	768.96	-	832.34	-	881.49	-
5.天然气完全成本	元/千立方米	799.42	702.53	-	741.00	-	1214.93	-	1207.37	-
6.油气单位现金操作成本	元/桶	-	52.20	-	49.77	-	54.70	-	63.23	-
7.原油商品率	%	95.90	96.46	-	96.46	-	96.42	-	96.44	-
8.原油配置率	%	94.06	94.17	-	96.22	-	94.80	-	95.05	-
9.原油自用率	%	3.56	1.64	-	1.65	-	1.68	-	1.67	-
10.原油损耗率	%	1.83	1.91	-	1.88	-	1.91	-	1.89	-

指标名称	计算单位	年度								
		1999	2000		2001		2002		2003	
			有限公司	管理局	有限公司	管理局	有限公司	管理局	有限公司	管理局
11. 天然气商品率	%	59.81	59.59	-	52.68	-	51.13	-	48.15	-
12. 天然气外供率	%	30.01	35.90	-	48.59	-	46.48	-	43.95	-
13. 采油速度	%	0.85	0.83	-	0.80	-	0.77	-	0.75	-
14. 采出程度	%	22.19	22.23	-	22.38	-	22.43	-	22.65	-
15. 储采平衡率	%	125.65	101.10	-	103.79	-	103.54	-	104.15	-
16. 自然递减率	%	14.79	13.92	-	14.24	-	14.16	-	14.18	-
17. 综合递减率	%	6.93	6.30	-	7.08	-	6.21	-	6.08	-
18. 含水上升率	%	-0.23	0.36	-	0.12	-	0.00	-	0.00	-
19. 单位可采储量勘探开发投资	元/吨	235.19	347.24	-	347.74	-	371.62	-	368.45	-
20. 每亿吨探明石油地质储量需直接投资	亿元	17.86	25.75	-	23.44	-	20.74	-	19.94	-
21. 每百万吨产能需直接投资	亿元	18.57	20.58	-	20.62	-	25.32	-	24.26	-
三、主要实物量指标										
1. 累计探明石油地质储量	万吨	393856	404525	-	417072	-	428957	-	441272	-
2. 新增探明石油地质储量	万吨	10418	10669	-	11354	-	11885	-	12315	-
3. 累计探明天然气地质储量	亿立方米	341.43	356.69	-	367.2	-	382.39	-	382.39	-
4. 新增探明天然气地质储量	亿立方米	10.52	15.16	-	10.61	-	15.19	-	-	-
5. 原油产量	万吨	2665.23	2615.61	60.08	2605.98	62.03	2603.74	67.7	2598.36	67.15
6. 原油商品量	万吨	2555.99	2574.7	-	2573.67	-	2575.9	-	2570.71	-
7. 原油配置量	万吨	2506.97	2519.64	-	2567.11	-	2532.46	-	2533.64	-
8. 天然气产量	亿立方米	7.33	6.88	-	8.40	0.1	7.49	0.01	7.98	0.12
9. 天然气商品量	亿立方米	2.53	2.47	-	4.48	-	3.83	-	3.90	-
10. 天然气外供量	亿立方米	2.2	2.2	-	4.13	-	3.49	-	3.56	-
11. 轻烃产量	万吨	12.39	12.89	-	12.19	-	12.64	-	14.24	-
其中:轻油	万吨	8.64	9.4	-	8.61	-	9.11	-	10.57	-
12. 原油加工量	万吨	91.07	95.37	-	100		96.38	-	91.15	-
13. 新增原油生产能力	万吨/年	280	366.7	-	362	-	321.4	-	326.6	-

指标名称	计算单位	年度								
		1999	2000		2001		2002		2003	
			有限公司	管理局	有限公司	管理局	有限公司	管理局	有限公司	管理局
其中:新区	万吨/年	150	160	-	164.9	-	156.8	-	144.95	-
14.新增天然气生产能力	亿立方米/年	0.25	0.16	-	-	-	0.08	-	0.15	-
15.二维地震	公里	1499	3847	-	2490	-	2301.6	-	3818	4169
16.三维地震	平方公里	1210	1493	-	1616	-	896.9	-	1070	2718
17.钻井口数	口	971	1253	1282	1399	1384	217	1296	1138	1347
其中:探井	口	125	165	152	148	152	216	134	234	158
18.钻井进尺	万米	212.28	302.38	295.68	303.04	318.25	277.08	293.47	254.6	292.34
其中:探井	万米	36.19	45.66	41.11	42.06	43.35	58.5	39.41	54.54	45.01
四、其他指标										
1.员工总数	人	195043	82900	112130	79488	99121	75803	177496	75801	101629

2.员工平均工资	元	15628	18840		21727		23936		31545		
3.万元产值综合能耗(不变价)	吨标煤	6.83	6.13		5.72		5.90		5.80		
4.事故死亡率	‰	0.013	0.013	0.000	0.004	0.006	0.006	-	-	-	
5.二维地震单位成本	万元/千米	7.04	4.07	-	2.51	-	2.98	-	-	2.93	
6.三维地震单位成本	万元/平方千米	21.77	21.19	-	27.30	-	29.19	-	-	14.98	
7.钻井成本	元/米	1732.39	-	1684.91	-	1736.87	-	1823.30	-	1829.8	
其中:探井	元/米	2854.29	-	2663.23	-	3171.10	-	3273.04	-	3305.31	
开发井	元/米	1521.63	-	1505.14	-	1508.92	-	1592.08	-	1572.45	
8.平均井深	米	2175	2413	2249	2166	2305	2277	2225	2237	2170	
其中:探井	米	2803	2767	2718	2818	3006	2889	2767	2331	2849	
开发井	米	2083	2360	2186	2089	2217	2224	2163	2213	2080	
9.原油平均单井日产	吨	5.98	5.80	-	5.50	-	5.30	-	5.10	-	

注:1.2000—2003年有限公司原油产量中含清河和大明原油产量分别为68.01万吨、68.01万吨、71.51万吨、70.02万吨和40.09万吨、35.14万吨、35.54万吨、35.27万吨。

2.2000—2003年有限公司天然气产量中含清河产量为0.29亿立方米、0.25亿立方米、0.26亿立方米、0.26亿立方米。

3.二维地震、三维地震成本均为财务口径,不含资料处理及解释费用。

4.钻井口数及进尺含侧钻井。

二、工业总产值及主要产品产量

指 标 名 称	计 算 单 位	合 计
一、工业总产值(不变价)	万元	712968
其中:炼油	万元	39882
二、工业总产值(现价)	万元	4220900
其中:炼油	万元	187298
三、工业销售产值(现价)	万元	4220380
其中:炼油	万元	184087
四、主要产品产量		
(一)油气产品产量		
原油产量	吨	26655061
原油销售量	吨	25742323
原油配置量	吨	25336375
天然气工业产量	万立方米	81002
天然气供二化	万立方米	6312
凝析油	吨	105698
液化气	吨	36663
(二)石化总厂主要产品产量		
原油加工量	吨	911531
汽油	吨	206583
柴油	吨	363985
燃料油	吨	134183
化工轻油	吨	17203
液化气	吨	63165
(三)义和原油稳定产品产量		
汽油	吨	30002
柴油	吨	72959

三、企 业 增 加 值

（单位:万元）

	合 计	油 气	炼 油
一、总产出	4408198	4220900	1387298
二、中间投入	1575875	1407496	168379
（一）直接材料	989968	832294	157674
1. 外购材料	724805	571151	153654
2. 外购燃料	27788	–	
3. 外购动力	237375	23355	4020
（二）制造费用中的中间投入	394420	389774	4646
（三）管理费用中的中间投入	97576	96643	933
（四）销售费用中的中间投入	1216	1081	135
（五）利息支出净额	27861	27865	–4
（六）其他中间投入	64834	59839	4995
三、应交增值税	455896	451715	4181
四、生产法增加值	3288219	3265119	23100
五、分配法增加值	3288219	3265119	23100
（一）应得利润	15433145	1544596	–11451
（二）税金及附加	94771	83042	11729
（三）工资	347177	242123	5054
（四）应付福利费	34665	33957	708
（五）折旧	702861	694395	8466
（六）应交增值税	455896	451715	4181
（七）制造费用中的非中间投入	202839	199578	3261
（八）管理费用中的非中间投入	16175	15234	941
（九）销售费用中的非中间投入	690	479	211
（十）其他分配法增加值	–	–	–

四、油田开发主要指标

（单位：万吨）

油田名称	探明石油储量	动用储量(万吨)	年末日产水平(吨)	综合递减(%)	自然递减(%)	综合含水(%)	含水率上升(%)	采油速度(%)
胜坨	48599	44924	7741	4.09	11.31	94.2	-0.2	0.63
宁海	1579	1425	203	-3.12	15.26	92.0	-7.3	0.52
胜利厂	-	46349	7944	3.97	11.38	94.2	-0.2	0.63
东辛	25531	24130	5967	3.42	13.75	88.2	-	0.90
永安	5862	5562	829	6.19	17.88	90.1	-1.2	0.54
广利	4468	4468	401	10.75	11.41	94.7	-3.3	0.33
新立村	2105	2105	495	7.07	11.22	78.4	4.3	0.86
盐家	797	618	370	-14.92	22.80	60.0	-1.8	2.19
东辛厂	-	36883	8062	3.56	14.34	88.4	-0.4	0.80
郝家	3387	2340	753	21.62	28.15	88.7	2.4	1.17
现河庄	9100	7830	1788	2.50	19.86	91.8	3.1	0.83
王家岗	4576	3502	546	15.03	25.77	96.5	0.0	0.57
史南	2779	2609	718	1.50	14.75	85.5	1.2	1.00
草桥	-	8684	956	21.89	37.74	93.1	5.2	0.40
牛庄	8287	1717	683	12.42	17.20	64.9	9.0	1.45
现河厂	-	26682	5444	8.44	20.28	91.6	1.7	0.74
滨南	9646	8924	1096	5.68	9.06	56.1	11.9	0.45
平方王	6035	5978	506	5.17	5.78	66.1	31.7	0.31
尚店	7969	5509	447	12.92	19.89	85.7	2.1	0.30
利津	5454	4364	756	12.95	15.43	86.0	-1.2	0.63
王庄	7665	1141	171	-10.22	-7.28	76.2	-8.0	0.55

续表

油田名称	探明石油储量	动用储量(万吨)	年末日产水平(吨)	综合递减(%)	自然递减(%)	综合含水(%)	含水率上升(%)	采油速度(%)
单家寺	9477	7640	1572	7.27	48.44	72.7	-7.6	0.75
林樊家	3958	2581	352	9.59	26.33	56.5	3.9	0.50
平南	-	480	59	1.42	1.58	22.7	20.5	0.45
滨南厂	-	36617	4959	8.10	12.32	75.1	-3.7	0.49
纯化	6557	5921	732	8.00	11.11	74.8	1.4	0.45
梁家楼	4566	4566	688	7.64	11.30	89.9	-2.5	0.55
乔庄	602	602	28	20.89	23.01	82.9	13.9	0.17
小营	588	533	128	12.74	12.74	40.1	0.9	0.88
高青	1946	1503	240	4.35	9.07	69.2	-11.9	0.58
正理庄	2150	1976	369	5.56	10.24	70.2	0.7	0.68
金家	3524	315	29	0.00	0.00	-	0.0	0.34
大芦湖	4005	2798	464	5.35	12.15	58.3	-1.4	0.61
博兴	510	-	2	-	-	71.8	-	-
纯梁厂	-	18214	2650	7.27	11.60	80.0	-2.0	0.53
孤岛	39302	38736	9440	4.04	10.07	91.3	-0.3	0.89
孤南	1192	1192	105	14.74	15.97	92.3	3.6	0.32
垦利	2866	2866	289	12.63	13.84	90.0	1.6	0.37
垦西	2429	2363	339	15.92	17.22	91.9	3.4	0.52
河滩	1154	1154	196	3.04	7.66	93.6	-1.0	0.62
新滩孤岛	-	600	328	3.39	18.52	56.9	5.8	1.99
孤岛采油厂	-	46911	10698	5.35	9.66	91.1	-0.4	0.83
孤东	27104	26051	6558	3.03	14.13	94.2	-0.3	0.92
红柳	2012	2012	442	17.41	34.42	87.1	0.8	0.80

续表

项目名称	探明石油储量	动用储量(万吨)	年末日产水平(吨)	综合递减(%)	自然递减(%)	综合含水(%)	含水率上升(%)	采油速度(%)
新滩孤东	3804	706	303	-4.80	35.55	78.3	1.5	1.57
孤东厂	-	28769	7303	1.56	14.19	93.8	-0.3	0.93
五号桩	6630	4174	498	1.00	17.96	72.7	3.2	0.44
长堤	3196	2572	585	-10.21	9.29	95.2	-0.1	0.83
桩西	7595	2177	326	12.32	17.17	94.0	-0.2	0.55
老河口	2745	2389	754	3.07	11.00	88.3	-0.3	1.15
桩西云顶	-	-	804	9.00	9.00	-	-	-
桩西厂	-	11515	2967	2.19	12.57	91.8	-0.1	0.94
渤南	13811	11832	1344	3.14	5.47	85.7	0.3	0.41
埕东	6765	6455	1728	10.09	14.70	95.8	0.2	0.98
义和庄	1764	1764	73	15.85	15.85	96.0	3.6	0.15
义东	1980	1431	255	6.79	10.33	81.9	4.3	0.65
义北	692	692	34	11.73	12.10	63.3	-27.6	0.18
大王庄	2910	1291	174	0.50	1.88	58.3	25.8	0.49
大王北	2219	2219	478	2.63	8.08	50.9	0.9	0.79
英雄滩	1555	897	196	-17.58	-17.14	52.3	-6.9	0.80
邵家	2196	2196	223	26.81	29.46	94.1	1.7	0.37
罗家	2298	839	226	-5.89	-4.17	82.7	1.3	0.98
飞雁滩	2282	2214	1070	6.02	7.77	74.8	-0.2	1.76
陈家庄	3032	1798	437	4.51	8.02	83.4	1.1	0.89
太平	3761	775	153	9.98	13.04	79.0	12.7	0.72
富台	3207	1022	444	6.96	14.73	7.3	-3.3	1.58
河口厂	-	35425	6834	6.27	9.72	90.0	0.1	0.70

续表

油田名称	探明石油储量	动用储量(万吨)	年末日产水平(吨)	综合递减(%)	自然递减(%)	综合含水(%)	含水率上升(%)	采油速度(%)
临盘	15270	15064	2662	8.50	14.45	85.8	-0.9	0.64
临南	3023	2727	770	8.65	17.52	85.3	-1.0	1.03
商河	8262	4827	941	2.93	8.18	75.5	2.1	0.71
江家店	738	75	46	27.03	27.03	1.9	-2.3	2.24
临盘厂	-	22693	4419	7.52	13.75	84.1	-0.7	0.71
八面河	12946	9545	1835	8.58	16.50	89.9	1.5	0.70
清河采油厂	-	945	1835	8.58	16.50	89.9	1.5	0.70
埕岛	38462	17537	4571	8.06	13.67	40.4	4.4	0.95
海洋开发公司	-	17537	4571	8.06	13.67	40.4	4.4	0.95
其他公司	-	-	-	-	-	-	-	-
存续其他	-	-189	-104.37	-104.37	-	-	-	-
合作油	-	1510	-15.09	-15.09	-	-	-	-
新滩	3804	1306	631	-1.29	28.25	70.6	1.5	1.76
草桥稠油	-	7359	824	26.24	44.89	94.7	6.3	041
单家寺稠油	-	6369	1342	7.37	54.50	74.1	-7.3	0.77
金家稠油	-	315	-	-	-	-	-	-
孤岛稠油	-	1953	2356	3.45	14.99	82.9	-	4.40
孤东稠油	-	375	311	21.04	24.73	57.8	-3.8	3.03
红柳稠油	-	1086	386	23.37	42.98	80.9	1.5	1.30
胜利油田合计	441272	352806	72454	6.08	14.18	90.0	-	0.75

五、二级单位主要指标

单位	原油产量(万吨)			交油量(万吨)			天然气产量(万立方米)		
	2001年	2002年	2003年	2001年	2002年	2003年	2001年	2002年	2003年
合计	2668.01	2671.51	2665.51	2577.42	2580.09	2353.3	68805	85006	81002
孤岛	406.7	404.55	398.30	394.17	390.22	383.8	9605	10200	9251
孤东	276.93	271.81	268.81	267.26	263.07	260.2	4873	4941	4571
胜利	297.36	295.72	290.72	291.41	289.27	284.6	14086	14516	13420
东辛	300.01	296.71	294.70	293.91	290.30	287.0	8658	9234	8947
河口	245.95	248.21	247.90	239.09	241.76	241.5	6300	5560	5822
滨南	176.1	178.40	179.50	165.02	166.16	167.3	2114	3050	3700
现河	209.71	205.41	200.10	197.58	195.31	190.6	1369	1480	3328
临盘	162.23	162.20	162.20	158.72	158.45	157.7	2557	3900	4450
纯梁	97.2	98.04	98.01	94.53	95.06	94.8	2515	1950	3420
桩西	93.31	93.60	92.30	91.18	90.51	89.7	1773	2519	2475
海洋	213.6	212.20	301.13	208.85	207.31	196.1	3757	15600	15084
集输	—	—	—	—	—	—	8680	8546	2780
清河	68.01	71.51	70.02	64.71	67.97	—	2518	2527	2601
其他	120.90	133.15	-	110.99	124.70	—	—	983	-

六、胜利油田历年主要生产经营指标

指标名称	计算单位	1999年	2000年		2001年		2002年		2003年	
			有限公司	管理局	有限公司	管理局	有限公司	管理局	有限公司	管理局
原油产量	万吨	2665.23	2615.61	60.08	2605.98	62.03	2603.74	67.77	2598.36	67.15
天然气工业产量	亿立方米	7.33	6.88	–	8.4	0.1	7.49	0.01	7.98	0.12
原油销售量	万吨	2517.7	2574.7	–	2613.72	–	2563.61	–	2574.23	–
其中:统配原油销售量	万吨	2506.97	2519.64	–	2567.11	–	2532.46	–	2533.64	–
其中:出口	万吨	–	–	–	–	–	–	–	–	–
天然气销售量	亿立方米	2.53	2.47	–	4.12	–	3.49	–	3.56	–
其中:供二化	亿立方米	2.2	2.2	–	1.92	–	1.02	–	0.63	–
产品销售收入	亿元	231.74	420.91	117.96	367.88	145.08	345.39	155.45	421.61	180.72
原油单位成本	元/吨	683.95	812.34	–	768.96	–	844.95	–	881.49	–
原油平均销售单价	元/吨	819.94	1612.75	–	1387.84	–	1327.56	–	1627.41	–
上缴利税	亿元	41.64	229.22	2.14	188.91	9.85	161.77	11.26	205.94	10.37
实现利税	亿元	39.97	240.27	-2.41	192.83	-3.2	154.25	10.89	208.96	11.54
其中:税金	万元	371350	1242366	64333	1001630	116835	807418	124021	1104142	148506
勘探开发建设总工作量	亿元	104.07	101.59	17.13	104.5	20.68	102.79	13.95	102.28	15.99
其中:国家投资	亿元	0.08	–	–	–	–	–	–	–	–
新增原油生产能力	万吨/年	280	376.7	–	362	–	321	–	326.6	–
新增天然气综合配套能力	亿方/年	0.25	0.16	–	–	–	0.08	–	1.57	–
石油地质储量	万吨	10418	10669	–	11354	–	11885	–	12315	–
探明石油可采储量	万吨	3234	2705	–	2769	–	2766	–	2776	–
天然气地质储量	亿立方米	10.52	15.16	–	10.61	–	15.19	–	–	–
二维地震	千米	1499	3847	–	2490	–	2374.6	–	2318.0	4169
三维地震	平方千米	1210	1493	–	1616	–	896.9	–	1070.0	2718
石油钻井	口	971	1253	1282	1399	1386	1217	1296	1138	1347
其中:探井	口	125	165	152	148	152	216	134	234	158
钻井进尺	万米	212.28	302.38	295.68	303.04	318.25	279.78	293.47	254.60	292.34
其中:探井	万米	36.19	45.66	41.11	42.06	43.35	58.50	39.41	54.54	45.01
工业总产值(现行价)	亿元	233.08	439.36	–	383.34	–	361.72	–	493.66	–
企业增加值	亿元	177.84	287.3	18.94	290.73	27.8	256.76	42.96	328.82	53.45
原油加工量	万吨	91.07	95.37	–	100	–	96.38	–	91.15	–
汽油	万吨	22.17	24.92	–	27.13	–	24.18	–	20.66	–
柴油	万吨	38.28	38.14	–	42.1	–	41.36	–	36.4	–
沥青	万吨	0.25	0.2	–	–	–	–	–	–	–
年末固定资产原值	亿元	531.66	133.87	147.58	143.35	143.35	151.74	197.20	158.59	208.01
年末固定资产净值	亿元	244.92	84.1	96.17	86.72	86.73	92.86	121.80	96.14	131.10
新增房屋竣工面积	万平方米	144.57	–	73.1	–	8.18	–	5.24	–	8.18
年末设备拥有量	万台	5.08	1.85	1.39	3.38	1.73	3.26	1.81	33183	17571
年末职工人数	万人	19.5	8.29	11.31	7.95	9.91	7.58	10.17	7.58	10.16

七、分单位原油产量

单　　位	计　算　单　位	产　量
合计	吨	26655061
有限公司	吨	24570609
采油厂小计	吨	24336725
孤岛	吨	3983006
孤东	吨	2688138
胜利	吨	2907150
东辛	吨	2947002
河口	吨	2479010
滨南	吨	1795010
现河	吨	2001006
临盘	吨	1622020
纯梁	吨	980056
桩西	吨	923027
海洋	吨	2011300
井下小计	吨	233884
井下	吨	17551
鲁胜	吨	216333
存续公司	吨	671472
东胜	吨	512640
实业	吨	34314
工益	吨	8005
胜大	吨	27001
胜大租赁	吨	86000
开发中心	吨	3512
大明	吨	352748
清河	吨	700191
合作油	吨	360041

八、分单位天然气产量

单　　位	计 算 单 位	产　量
合计	万立方米	81002
孤岛	万立方米	9251
孤东	万立方米	4571
胜利	万立方米	13420
东辛	万立方米	8947
河口	万立方米	5822
滨南	万立方米	3700
现河	万立方米	3328
临盘	万立方米	4450
纯梁	万立方米	3420
桩西	万立方米	2475
海洋	万立方米	15084
集输	万立方米	2780
胜大	万立方米	1154
清河	万立方米	2601

九、勘探及固定资产投资完成情况

	计算单位	合计	勘探投资	基本建设	更新改造
一、本年计划投资	万元	1022017	251286	325300	445431
二、自年初至本月底累计完成投资	万元	1022815	252086	325299	445430
其中:不含进损益投资	万元	856588	85859	325299	445430
进损益勘探费用	万元	166227	166227	–	–
(一)按板块分					
1. 油田板块	万元	1012075	252086	325299	434690
2. 炼油板块	万元	10740	–	–	10740
(二)按构成分					
1. 建筑工程	万元	623880	176724	203084	244072
2. 安装工程	万元	177829	2724	88850	86255
3. 设备工器具购置	万元	98917	4707	17346	76864
4. 其他费用	万元	122189	67931	16019	38239
(三)按资金来源分					
1. 国内贷款	万元	337093	–	200000	137093
(1)工商银行贷款	万元	137093	–	–	137093
(2)其他国内贷款	万元	20000	–	200000	–
2. 企业自有资金	万元	682603	252086	125299	305218
(1)列入损益勘探费用	万元	166227	166227	–	–
(2)其他企业自有资金	万元	516376	85859	125299	305218
3. 其他	万元	3119	–	–	3119
三、本年新增固定资产	万元	752077	43163	280949	427966
四、本年施工房屋面积	平方米	26889	17737	1480	7672
本年竣工房屋面积	平方米	10777	1625	1480	7672
本年竣工房屋价值	万元	2016	304	277	1435

注:总投资中含石化总厂投资10740万元。

十、主要设备情况

设备名称	设备在册台数（台）	设备综合完好率(%)	设备原值（万元）	设备净值（万元）	新度系数
总　计	33183	96.75	7462784355	3220497629	0.43
一、石油钻机	18	22.17	745805	2237415	0.33
二、钻采特车	1190	95.91	898018287	358361833	0.4
1.井下作业机(车)	718	96.95	516777409	214358782	0.41
2.固井配套设备	204	94.43	148824578	41391937	0.28
3.压裂酸化配套设备	91	92.39	149381293	73755096	0.49
三、测井及物探设备	280	91.41	74770342	32787356	0.44
1.油井测试设备	73	97.12	27926838	11661816	0.42
2.试井设备	186	97.03	43069529	19314468	0.45
3.地震勘探设备	21	17.52	3773975	1811072	0.48
四、注采设备	18655	97.68	3197496341	1444366893	0.45
1.游梁式抽油机	13082	97.71	1682160006	659380500	0.39
2.无游梁抽油机	1065	98.65	233929197	138616101	0.59
3.电动潜油泵	318	99.77	56815153	33039758	0.58
4.热采锅炉	86	96.86	282958664	132734322	0.47
5.注聚合物装置	852	99.26	81415838	52802199	0.65
五、天然气加工处理与集输设备	154	98.31	141994302	47810840	0.34
六、起重搬运机械	520	93.14	113656092	38226962	0.34
七、运输车辆	5216	94.81	829543651	274863075	0.33
八、辅助专用车	498	94.12	83923544	36850514	0.44
九、铁路车辆	412	98.14	85969345	36719107	0.43
十、船舶	44	96.04	835676936	433051684	0.52
十一、动力设备	1414	96.38	287002206	167321301	0.58
十二、电器设备	1095	97.98	61480544	34644958	0.65
十三、金属切削机床	529	91.25	30214515	5519031	0.18
十四、工业炉	26	91.63	7866333	2632564	0.33
十五、锻压设备	45	96.38	2512861	356896	0.14
十六、焊接及切割设备	574	96.61	19516473	7840157	0.4
十七、木工机械	93	97.33	5501065	948907	0.17
十八、炼油化工设备	1153	98.8	429874759	204240271	0.48
十九、通讯设备	40	99.98	14309771	6500842	0.45

十一、主要专业队数及人数

专业队种	年末实有队数(单位:个)	正式职工人数(单位:人)
合　　计	1192	43249
地质队	5	199
测量队	2	216
地震队	14	1184
化学、放射性勘探队	1	—
电测队	60	548
射孔队	26	264
气测队	18	140
钻井队	131	5518
其中:海上钻井队	8	701
其中:超深井钻井队(4000 米以上)	54	2156
水井队	1	4
固井队	6	251
综合录井队	27	240
管子站(队)	7	380
井架安装队	10	572
钻井搬迁(家)队	5	187
采油队	304	13924
稠油热注气队	26	615
采气队	5	251
试油队	36	1028
大修(井)队	31	756
井下作业队	258	7270
酸化压裂队	3	123
试井队	19	595
油田建筑安装队(中队)	29	2080
输油(气)队	84	4066
汽车运输队	84	2738

十二、历年职工人数与工资

年度	年末职工人数	年平均工资（元/人）	年度	年末职工人数	年平均工资（元/人）
1963 年	5514	799	1984 年	132290	1664
1964 年	7259	817	1985 年	139634	1787
1965 年	16227	780	1986 年	144710	1924
1966 年	26430	642	1987 年	152856	2063
1967 年	31716	673	1988 年	162068	2540
1968 年	39113	642	1989 年	167616	2795
1969 年	41769	642	1990 年	173666	3208
1970 年	43042	645	1991 年	180213	3471
1971 年	52579	621	1992 年	185239	3784
1972 年	83161	680	1993 年	188214	4922
1973 年	82766	680	1994 年	187175	7246
1974 年	83578	694	1995 年	189980	8817
1975 年	92129	694	1996 年	192442	10329
1976 年	95326	667	1997 年	193457	12050
1977 年	100727	695	1998 年	194150	13092
1978 年	105683	747	1999 年	195043	15628
1979 年	111251	801	2000 年	195030	18840
1980 年	116450	921	2001 年	178609	21727
1981 年	101549	1007	2002 年	177496	23936
1982 年	104782	998	2003 年	177343	26142
1983 年	111713	1072			

十三、有限公司基本情况

	计算单位	数　量
一、员工人数	人	75801
二、储量及油(气)田个数		
1. 累计探明油气地质储量		
其中:石油	万吨	441272
天然气	亿立方米	382.39
2. 当年新增油气储量		
其中:石油	万吨	12315
天然气	亿立方米	0
3. 已发现油气田个数	个	70
其中:油田	个	68
气田	个	2
4. 已投入开发油气田个数	个	68
其中:油田	个	67
气田	个	1
三、经营总量指标		
1. 工业总产值(1990 年不变价)	亿元	71.3
2. 工业总产值(现行价)	亿元	493.66
3. 工业增加值	亿元	328.82
四、财务状况及效益		
1. 资产总额	亿元	510.14
2. 负债总额	亿元	123.3
3. 经营活动的净现金流量	亿元	188.02
4. 投资活动使用的现金净额	亿元	-111.11
5. 筹资活动使用的现金净额	亿元	-75.65
6. 销售收入	亿元	421.61
7. 利润总额	亿元	154.13
8. 实现利税	亿元	208.96

	计算单位	数　量
五、主要产品生产能力		
1.原油生产年末能力	万吨	2265.9
2.天然气生产年末能力	亿立方米	1.7
3.原油加工能力	万吨	150
六、主要产品产量		
1.原油	万吨	2655.51
2.天然气	亿立方米	8.1
3.原油加工量	万吨	91.15
4.汽油	万吨	20.66
5.柴油	万吨	36.4
七、总投资	亿元	102.28
其中:勘探投资	亿元	24.55
开发投资	亿元	67.94
其他投资	亿元	9.79
八、投资效果指标		
单位可采储量勘探开发投资	元/吨	368.45
每亿吨探明石油地质储量需直接投资	亿元	20.74
每百万吨产能需直接投资(新建能力投资)	亿元	25.32
九、主要专业队伍及人数		
地震队	个/人	14/1184
试油队	个/人	36/1028
井下作业队	个/人	258/7270
采油(气)队	个/人	295/13984
十、设备总量	台	33183
其中:井下作业机	台	718
注采设备	台	18655
炼油化工设备	台	1153

图书在版编目(CIP)数据

胜利油田年鉴.2004/胜利油田政策研究室编纂.
—北京:中国石化出版社,2004
ISBN 7-80164-686-X

Ⅰ.胜… Ⅱ.胜… Ⅲ.油田-东营市-2004-年鉴
Ⅳ.F426.22-54

中国版本图书馆CIP数据核字(2004)第133238号

中国石化出版社出版发行
地址:北京市东城区安定门外大街58号
邮编:100011 电话:(010)84271850
读者服务部电话:(010)84289974
http://www.sinopec-press.com
E-mail:press@sinopec.com.cn
胜利油田第六中学印刷厂排版印刷
*
787×1092毫米 16开本 32印张 24彩页 819千字
2004年12月第1版 2004年12月第1次印刷
定价:158.00元